Heinz Heineberg

Zentren in West- und Ost-Berlin

BOCHUMER GEOGRAPHISCHE ARBEITEN

Herausgegeben vom Geographischen Institut der Ruhr-Universität Bochum
durch Dietrich Hafemann · Karlheinz Hottes · Herbert Liedtke · Peter Schöller

Schriftleitung: Alois Mayr

Sonderreihe: Band 9

Heinz Heineberg

ZENTREN IN WEST- UND OST-BERLIN

Untersuchungen zum Problem der Erfassung und Bewertung
großstädtischer funktionaler Zentrenausstattungen
in beiden Wirtschafts- und Gesellschaftssystemen Deutschlands

Mit 40 Abbildungen, 39 Tabellen und 5 Anlagen im Anhang

FERDINAND SCHÖNINGH · PADERBORN

Als Habilitationsschrift auf Empfehlung der Abteilung Geowissenschaften der Ruhr-Universität Bochum gedruckt mit Unterstützung der Deutschen Forschungsgemeinschaft.

Alle Rechte, auch die des auszugsweisen Nachdrucks, der fotomechanischen Wiedergabe und der Übersetzung, vorbehalten. Dies betrifft auch die Vervielfältigung und Übertragung einzelner Textabschnitte, Zeichnungen oder Bilder durch alle Verfahren wie Speicherung und Übertragung auf Papier, Transparente, Filme, Bänder, Platten und andere Medien, soweit es nicht §§ 53 und 54 URG ausdrücklich gestatten.

© 1977 by Ferdinand Schöningh at Paderborn. Printed in Germany.

Herstellung: Ferdinand Schöningh, Paderborn.

Umschlaggestaltung und Kartographie: D. Rühlemann

ISBN 3-506-71229-2

Inhaltsverzeichnis

Vorwort 7
Verzeichnis der Abbildungen 9
Verzeichnis der Tabellen im Anhang 10
Verzeichnis der Anlagen im Anhang 12

Kapitel I
Einführung in Untersuchungsziele und Methoden geographischer Zentrenuntersuchungen 13
1. Problemstellung und Aufbau der Arbeit 13
2. Fachwissenschaftliche Einordnung und bisherige Methoden geographischer Zentrenuntersuchungen 16
2.1 Vorbemerkungen 16
2.2 Quantitative Ansätze und Modelle 17
2.3 Qualitative Ansätze 21
2.4 Geographische Zentrenuntersuchungen in der DDR 27
2.5 Abgrenzung zu Stadt-Umland-Studien 28

Kapitel II
Genese und räumlich-zeitliche Konsistenz der Zentrenausstattung Berlins . . . 30
1. Einführung in die Problemstellung 30
2. Hauptmerkmale der Zentrenausstattung Berlins vor dem 2. Weltkrieg und Kriegsauswirkungen 31
2.1 Die Berliner City 31
2.2 Wichtige Nebengeschäftszentren 43
2.2.1 Vorbemerkungen 43
2.2.2 Kurfürstendamm und Tauentzienstraße 44
2.2.3 Die Wilmersdorfer Straße als Beispiel eines Nebengeschäftszentrums . . 47

Kapitel III
Das ökonomische System des Sozialismus und der sozialistische Städtebau in der DDR 48
1. Die Entwicklung des ökonomischen Systems des Sozialismus in der DDR unter besonderer Berücksichtigung des tertiären Sektors 48
1.1 Allgemeine Grundlagen und Tendenzen 48
1.2 Umgestaltung des Konsumgüterbinnenhandels 50
1.3 Veränderung der Funktionen und Organisationsformen in anderen Bereichen des tertiären Sektors 54
1.3.1 Außenhandel 54
1.3.2 Bank- und Versicherungssystem 55
1.3.3 Übrige Dienstleistungen 56
2. Entwicklung und Grundsätze des sozialistischen Städtebaus in der DDR und ihre Auswirkungen auf die Zentrenplanung und -erneuerung in Ost-Berlin 57
2.1 Entwicklung bis 1955 57
2.2 Entwicklung von 1955 bis 1966 59
2.2.1 Allgemeine Prinzipien 59
2.2.2 Neuaufbau des Stadtzentrums in Ost-Berlin 62
2.3 Entwicklung von 1967 bis zur Gegenwart 67
2.3.1 Der Generalbebauungsplan und die sozialistische Umgestaltung des Stadtzentrums in Ost-Berlin 67
2.3.2 Entwicklungstendenzen der Stadtzentren der DDR in den 70er Jahren 70
2.3.3 Konzentrierter Aufbau des Stadtzentrums in Ost-Berlin 71

Kapitel IV

Zentrenplanung und weitere Bedingungen für die Zentrenausstattung in West-Berlin nach dem 2. Weltkrieg 74

1. Vorbemerkungen 74
2. Die Planungskonzeption des „Citybandes" und Neugestaltung des Zooviertels 75
3. Entwicklungen ausgewählter Nebengeschäftszentren 83
4. Entwicklung des Fremdenverkehrs 85

Kapitel V

Erfassung und Bewertung funktionaler Zentrenausstattungen in West- und Ost-Berlin 89

1. Räumlich-statistische Bezugseinheiten 89
2. Merkmale und Typisierung funktionaler Zentrenausstattungen . . . 91
2.1 Typisierung nach primären Merkmalen 91
2.1.1 Zentrentypische und zentrenbestimmende Einrichtungen 91
2.1.2 Merkmalkombinationen zur Bestimmung funktionaler Betriebstypen . . 93
2.1.2.1 Betriebsgrößenkategorien 93
2.1.2.2 Sortimentsdimensionen 94
2.1.2.3 Branchendifferenzierung und Bedarfsgruppengliederung des Einzelhandels 95
2.1.2.4 Qualitative Abstufungen im Einzelhandel 96
2.1.2.5 Gliederungen des Dienstleistungsbereiches 101
2.2 Typisierung nach sekundären Merkmalen 102
2.2.1 Physiognomische Gebäude- und Betriebstypen 102
2.2.2 Benutzer-(Besucher-)verkehr 103
2.2.3 Raumkosten 104
3. Zusammenfassung 104

Kapitel VI

Empirische Untersuchungsergebnisse 107

1. Die beiden Hauptzentren 107
1.1 Das Stadtzentrum in Ost-Berlin 107
1.1.1 Vorbemerkungen zur räumlichen Abgrenzung und Gliederung . . . 107
1.1.2 Funktionale Ausstattung 109
1.2 Das Hauptzentrum in West-Berlin 116
1.2.1 Verteilung citytypischer und citybestimmender Dienstleistungseinrichtungen und spezieller Einrichtungen der Wirtschaft 116
1.2.2 Einzelhandelsausstattung des Kurfürstendamm-Bereiches und des Zoorandgebietes 126
2. Funktionale Ausstattungen ausgewählter Nebengeschäftszentren . . . 131
2.1 Schloßstraße und Wilmersdorfer Straße in West-Berlin 131
2.2 Badstraße und Brunnenstraße in West-Berlin 134
2.3 Schönhauser Allee und Karl-Marx-Allee in Ost-Berlin 136
3. Die untersuchten Zentren im „Systemvergleich" 143

Quellenverzeichnis 152

1. Literatur 152
2. Karten 169
3. Atlanten 169

English Summary 170

Anhang 172

1. Tabellen 172
2. Anlagen 200

Im hinteren Kartonumschlag die Abbildungen: 1, 5, 17, 19, 20, 23, 26, 27, 28, 30, 31, 32, 33, 34 und 39

Vorwort

Vorbereitung und Ausarbeitung der vorliegenden Veröffentlichung erfolgten im wesentlichen in den Jahren 1970—1974, und zwar auf Anregung von Herrn Professor Dr. Peter Schöller, Bochum, dem ich für die vielseitige Unterstützung, insbesondere für die zahlreichen gemeinsamen Diskussionen zur gedanklichen Klärung einzelner methodischer und sachlicher Probleme, herzlich danke. Unter seiner Leitung wurde bereits im Jahre 1967 ein Geländepraktikum des Geographischen Instituts der Ruhr-Universität Bochum in beiden Teilen Berlins durchgeführt, wodurch ich mich, als sein damaliger Wissenschaftlicher Assistent, erstmalig mit der Themenstellung befassen konnte. Ein Jahr danach führte ich sodann — zusammen mit Herrn Dr. Hans Jürgen Buchholz und unter weiterer Mithilfe von Herrn Dr. Alois Mayr — empirische Zentrenuntersuchungen in West-Berlin im Rahmen eines neuen stadtgeographischen Praktikums des Geographischen Instituts der Ruhr-Universität Bochum durch. Für die mit meinem Freund und Kollegen H. J. Buchholz während der gemeinsamen Vorbereitung und Leitung der Praktikumsarbeiten geführten Diskussionsgespräche bin ich besonders dankbar. Denn diese trugen erheblich zu dem späteren persönlichen Entschluß bei, die von Herrn P. Schöller angeregte Forschungsfrage nach den Möglichkeiten des Zentrenvergleichs in den beiden Gesellschafts- und Wirtschaftssystemen Deutschlands erneut aufzugreifen und nach eigenen methodischen Überlegungen und mittels neuer empirischer Untersuchungen in West- und Ost-Berlin zu bearbeiten. Weitere fördernde Impulse ergaben sich aus der Mitbeteiligung an der Leitung zweier von Herrn P. Schöller in den Jahren 1969 und 1970 nach Berlin geführter Exkursionen sowie aus eigenen Seminaren über Methoden und Probleme der Stadt- und Wirtschaftsgeographie am Beispiel Berlins am Geographischen Institut der Ruhr-Universität Bochum.

Die der vorliegenden Untersuchung zugrundeliegenden Erhebungsergebnisse resultieren im wesentlichen aus eigenen Ermittlungen während eines Studienaufenthalts in Berlin im Herbst 1970, aus der gemeinsamen Arbeit mit einer geographischen Praktikumsgruppe im August 1971 und einer Exkursionsgruppe im November 1973. Den Studierenden des Geographischen Instituts der Ruhr-Universität Bochum, die sich an den umfangreichen Erhebungen und Kartierungen in ausgewählten Zentren West-Berlins und zum Teil auch in Ost-Berlin beteiligten, sei in diesem Zusammenhang ebenfalls herzlich gedankt.

Darüber hinaus bekam ich wertvolle Informationen und Hinweise von Mitarbeitern des Senators für Bau- und Wohnungswesen in West-Berlin, insbesondere von dem damaligen Senatsdirektor Herrn Dr. Klaus Schroeder. Auch für die Anregungen, die ich von Herrn Professor Dr. Dr. Karlheinz Hottes, Bochum, und Herrn Professor Dr. Rudolf Klöpper, Göttingen, erhielt, bedanke ich mich sehr.

Zu Dank verpflichtet bin ich Frau Ute Mansfeld für die Reinschriften von Manuskriptvorlagen und Frau Ika Loewen für die druckreife Herstellung des Tabellenteils der vorliegenden Veröffentlichung.

Mein Dank gilt ferner dem Fachkartographen des Geographischen Instituts der Ruhr-Universität Bochum, Herrn Dieter Rühlemann, für die Gesamtbetreuung der kartographischen Gestaltung der vorliegenden Veröffentlichung und den Entwurf der Farbkartographie, für die zahlreichen Reinzeichnungen und insbesondere für die Geduld, mit der die nicht seltenen Abänderungswünsche des Verfassers getragen wurden. Ergänzende kartographische Arbeiten wurden von Frau Ursel Baldenbach und Frl. Annette Tomaschewski sowie von Frl. Margrit Lind und Herrn Martin Dreseler, fotografische Reproduktionsarbeiten wurden von Frl. Christa Brüninghaus und Frl. Birgit Klaas und Schriftsatzarbeiten für die Karten von Herrn Roman Sartowski durchgeführt. Ihnen allen danke ich sehr herzlich für ihre Mitarbeit. Nicht zuletzt möchte ich mich bei meinem Kollegen Herrn Professor Dr. Heinz Pape für die tatkräftige Unterstützung bei der Farbkartenherstellung bedanken.

Schließlich möchte ich Herrn P. Schöller dafür danken, daß er mich mehrfach dazu ermutigte, die Untersuchung — trotz meines gewissen persönlichen Unbehagens an der nunmehr rd. acht Jahre zurückliegenden methodischen Konzipierung bzw. meines zwischenzeitlich teilweise gewandelten fachwissenschaftstheoretischen Verständnisses — in der größtenteils unveränderten ursprünglichen Fassung zu veröffentlichen.

Obwohl druckkostenbedingte Kürzungen des Originalmanuskripts und Streichungen zahlreicher kartographischer Darstellungen nötig waren, habe ich mich kurz vor Drucklegung noch darum bemüht, zumindest einige wichtige der in den vergangenen drei Jahren zur geographischen Zentrenanalyse erschienenen methodischen Beiträge sowie auch empirische Ergebnisse neuerer regionaler Darstellungen, darunter insbesondere des 1975 veröffentlichten West-Berlin-Werkes von B. Hofmeister, zu berücksichtigen oder wenigstens im Text anzumerken. Es muß jedoch betont werden, daß der methodische Ansatz der vorliegenden Untersuchung dadurch nicht mehr beeinflußt werden konnte.

Den Herausgebern der Bochumer Geographischen Arbeiten danke ich für die Aufnahme der Arbeit in die Sonderreihe.

Mein besonderer Dank gilt der Deutschen Forschungsgemeinschaft für die Gewährung einer Sachbeihilfe zur Reinzeichnung eines Teiles der Karten sowie vor allem für die umfassende Druckkostenbeihilfe.

Bochum, im April 1977

Heinz Heineberg

Verzeichnis der Abbildungen

Abb. 1   West- und Ost-Berlin: Verteilung der untersuchten Zentren . . . . . Anhang
Abb. 2   Banken- und Konfektionsviertel in der Berliner City um 1915 33
Abb. 3   Verteilung ausgewählter Einzelhandels- und Dienstleistungseinrichtungen in der Friedrichstraße und Leipziger Straße im Jahre 1886 39
Abb. 4   Wichtige Gebäudenutzungen im östlichen Teil der Berliner City um 1915 41
Abb. 5   Verteilung wichtiger Funktionsgruppen (Gebäudenutzungen) in der ehemaligen Berliner City um 1939 . . . . . Anhang
Abb. 6   Die Organisation des Binnenhandels im System des Ministeriums für Handel und Versorgung in der DDR 51
Abb. 7   Ost-Berlin: Plan des neuen Wohngebietes an der Karl-Marx-Allee 64
Abb. 8   Ost-Berlin: Stadtzentrum. Neugestaltung nach dem Generalbebauungsplan 1968 . . 68
Abb. 9   Ost-Berlin: Plan der Entwicklung der Zentren des gesellschaftlichen Lebens nach dem Generalbebauungsplan 1968 69
Abb. 10 Schema des „City- und Kulturbandes" in Berlin 79
Abb. 11 West-Berlin: Hauptzentrum — Flächennutzungsplan 81
Abb. 12 West-Berlin: Beherbergungsbetriebe und Beherbergungskapazität 1950—1973 . . 87
Abb. 13 West-Berlin: Wandlungen der Konzentration im Beherbergungsgewerbe zwischen 1956 und 1972 87
Abb. 14 West-Berlin: Fremde und Fremdenübernachtungen im Beherbergungsgewerbe 1950 bis 1973 87
Abb. 15 Merkmale und Typisierung der funktionalen Zentrenausstattung 92
Abb. 16 Standortbedingungen für Einzelhandelsbetriebe 98
Abb. 17 Ost-Berlin: Stadtzentrum. Verteilung ausgewählter Dienstleistungseinrichtungen um 1971 . . . . Anhang
Abb. 18 Ost-Berlin: Bereich Straße Unter den Linden. Verteilung wichtiger zentraler Einrichtungen 108
Abb. 19 Ost-Berlin: Stadtzentrum. „Komplex Liebknechtstraße" (Erdgeschoßnutzung) . Anhang
Abb. 20 Ost-Berlin: Stadtzentrum. „Komplex Rathausstraße" (Nutzung der Ladengeschosse) . . . Anhang
Abb. 21 West-Berlin: Hauptzentrum („West-City") und Verwaltungsschwerpunkte des Senats 117
Abb. 22 West-Berlin: Hauptzentrum. Verteilung der Banken, Versicherungen, des Beherbergungs- und Konfektionsgewerbes 1968 . 118
Abb. 23 West-Berlin: Hauptzentrum. Verteilung und Klassifizierung des Beherbergungsgewerbes . . . . Anhang
Abb. 24 West-Berlin: Hauptzentrum. Verteilung ausgewählter gehobener privater Dienstleistungseinrichtungen 122
Abb. 25 West-Berlin: Hauptzentrum. Citytypische und citybestimmende Dienstleistungseinrichtungen 123
Abb. 26 West-Berlin: Kurfürstendamm-Bereich. Erdgeschoßnutzung . . . . . . Anhang
Abb. 27 West-Berlin. Zoorandgebiet. Erdgeschoßnutzung . . . . Anhang
Abb. 28 West-Berlin: Europa-Center. Nutzung der Verkaufsebenen . . . . Anhang
Abb. 29 West-Berlin: Agglomeration des Antiquitätenhandels und Standorte von Antiquariatsbuchhandlungen im südöstlichen Randbereich des Hauptzentrums 1968 130
Abb. 30 Nebenzentrum Schloßstraße (Berlin-Steglitz). Erdgeschoßnutzung . . . . Anhang
Abb. 31 Nebenzentrum Wilmersdorfer Straße (Berlin-Charlottenburg). Erdgeschoßnutzung . . . . . . Anhang
Abb. 32 Integriertes Einkaufszentrum „Forum Steglitz" / Schloßstraße. Nutzung der Verkaufsebenen . . . . Anhang
Abb. 33 Nebenzentrum Badstraße-Brunnenstraße (Berlin-Wedding). Nördlicher Abschnitt. Erdgeschoßnutzung . . . . . Anhang
Abb. 34 Nebenzentrum Badstraße-Brunnenstraße (Berlin-Wedding). Südlicher Abschnitt. Erdgeschoßnutzung . . . . . Anhang
Abb. 35 Kurfürstendamm (West-Berlin) und Karl-Marx-Allee (Ost-Berlin). Schematische Darstellung der funktionalen Ausstattung ausgewählter Straßenabschnitte 138
Abb. 36 Ost-Berlin: Schönhauser Allee. Eigentumsformen, Bedarfsstufen und Bedarfsgruppen der Einzelhandelsbetriebe 1971 139
Abb. 37 Ost-Berlin: Karl-Marx-Allee und Schönhauser Allee. Bedarfsgruppen und Bedarfsstufen der Einzelhandelsbetriebe 1971 . . 141
Abb. 38 Ost-Berlin: Karl-Marx-Allee und Schönhauser Allee. Bedarfsstufengliederung des Einzelhandels 1971 142
Abb. 39 Ost-Berlin: Schönhauser Allee und Karl-Marx-Allee. Funktionale Ausstattungen wichtiger Geschäftsstraßenabschnitte 1971 . . . . Anhang
Abb. 40 West- und Ost-Berlin. Übersicht über die Bedarfsstufengliederung der Fach- und Spezialgeschäfte in den untersuchten Zentren 144

Verzeichnis der Tabellen im Anhang

Tab. 1 Funktionale Ausstattung der Hauptgeschäftsstraßen in der Berliner City 1886 172

Tab. 2 Funktionale Ausstattung der Straße Unter den Linden 1925 und 1971 172

Tab. 3 Branchenstruktur der Ladengeschäfte in der Friedrichstraße im Jahre 1935 (zwischen der Leipziger Straße und dem Bahnhof Friedrichstraße) 173

Tab. 4 Funktionale Ausstattung der Leipziger Straße im Jahre 1932 173

Tab. 5 Branchenstruktur der Ladengeschäfte in der Leipziger Straße im Jahre 1935 . . . 174

Tab. 6 Funktionale Ausstattung des Kurfürstendamms zwischen Kaiser-Wilhelm-Gedächtniskirche und Knesebeckstraße im Jahre 1932 174

Tab. 7 Funktionale Ausstattung der Wilmersdorfer Straße (Berlin-Charlottenburg) im Jahre 1932 175

Tab. 8 Einzelhandelsausstattung der Wilmersdorfer Straße (Berlin-Charlottenburg) im Abschnitt Kant- bis Bismarckstraße im Jahre 1932 175

Tab. 9 West-Berlin: Bettengrößenklassen der Beherbergungsbetriebe 1937—1972 176

Tab. 10 West-Berlin: Gliederung der Beherbergungskapazität nach Stadtbezirken 1956 und 1972 176

Tab. 11 Ost-Berlin: Stadtzentrum. Einzelhandelsausstattung der Hauptgeschäftsstraßen und -bereiche 1971/73 177

Tab. 12 Ost-Berlin: Stadtzentrum. Bedarfsgruppengliederung der Einzelhandelsausstattung der Hauptgeschäftsstraßen und -bereiche 1971/73 178

Tab. 13 West-Berlin: Banken, Sparkassen und Versicherungen 1968 178

Tab. 14 West-Berlin: Hotels und Pensionen 1970 179

Tab. 15 West-Berlin: Gaststätten- und Unterhaltungsgewerbe 1968 179

Tab. 16 West-Berlin: Ärztliche Einrichtungen 1968 180

Tab. 17 West-Berlin: Ausgewählte Vermittlungs- und Beratungsdienste 1968 180

Tab. 18 West-Berlin: Kurfürstendamm-Bereich. Dienstleistungseinrichtungen und spezielle Einrichtungen der Wirtschaft 1971 . . . 181

Tab. 19 West-Berlin: Zoorandgebiet. Dienstleistungseinrichtungen und spezielle Einrichtungen der Wirtschaft 1971 183

Tab. 20 West-Berlin: Übersicht über die Bedarfsgruppen- und Bedarfsstufengliederung der Fach- und Spezialgeschäfte in den untersuchten Zentren 1971 185

Tab. 21 West-Berlin: Kurfürstendamm-Bereich. Bedarfsstufen- und Bedarfsgruppengliederung und Verkaufsraumflächen der Fach- und Spezialgeschäfte 1971 185

Tab. 22 West-Berlin: Kurfürstendamm-Bereich. Angebotstiefen und Bedarfsstufengliederung der Fach- und Spezialgeschäfte 1971 186

Tab. 23 West-Berlin: Kurfürstendamm-Bereich. Schaufenstergestaltung und Bedarfsstufengliederung der Fach- und Spezialgeschäfte 1971 (in v. H.) 186

Tab. 24 West-Berlin: Zoorandgebiet. Bedarfsstufen- und Bedarfsgruppengliederung der Fach- und Spezialgeschäfte 1971 187

Tab. 25 West-Berlin: Nebengeschäftszentren Schloßstraße und Wilmersdorfer Straße. Bedarfsstufen- und Bedarfsgruppengliederung der Fach- und Spezialgeschäfte 1971 188

Tab. 26 West-Berlin: Nebengeschäftszentrum Schloßstraße. Angebotstiefen und Bedarfsstufengliederung der Fach- und Spezialgeschäfte 1971 (in v. H.) 189

Tab. 27 West-Berlin: Nebengeschäftszentrum Schloßstraße. Schaufenstergestaltung und Bedarfsstufengliederung der Fach- und Spezialgeschäfte 1971 (in v. H.) 189

Tab. 28 West-Berlin: Nebengeschäftszentrum Wilmersdorfer Straße. Angebotstiefen und Bedarfsstufengliederung der Fach- und Spezialgeschäfte 1971 (in v. H.) 189

Tab. 29 West-Berlin: Nebengeschäftszentrum Wilmersdorfer Straße. Schaufenstergestaltung und Bedarfsstufengliederung der Fach- und Spezialgeschäfte 1971 (in v. H.) . . 189

Tab. 30 West-Berlin: Übersicht über die Gruppierung der Dienstleistungseinrichtungen und speziellen Einrichtungen der Wirtschaft in den untersuchten Zentren 1971 190

Tab. 31 West-Berlin: Nebengeschäftszentrum Schloßstraße. Dienstleistungseinrichtungen und spezielle Einrichtungen der Wirtschaft 1971 190

Tab. 32 West-Berlin: Nebengeschäftszentrum Wilmersdorfer Straße. Dienstleistungseinrichtungen und spezielle Einrichtungen der Wirtschaft 1971 192

Tab. 33 West-Berlin: Nebengeschäftszentrum Badstraße — Brunnenstraße. Bedarfsstufen- und Bedarfsgruppengliederung und Verkaufsraumflächen der Fach- und Spezialgeschäfte 1971 193

Tab. 34 West-Berlin: Nebengeschäftszentrum Badstraße — Brunnenstraße. Angebotstiefen und Bedarfsstufengliederung der Fach- und Spezialgeschäfte 1971 (in v. H.) . . 194

Tab. 35 West-Berlin: Nebengeschäftszentrum Badstraße — Brunnenstraße. Schaufenstergestaltung und Bedarfsstufengliederung der Fach- und Spezialgeschäfte 1971 (in v. H.) 194

Tab. 36 West-Berlin: Nebengeschäftszentrum Badstraße — Brunnenstraße. Dienstleistungseinrichtungen und spezielle Einrichtungen der Wirtschaft 1971 195

Tab. 37 Ost-Berlin: Schönhauser Allee und Karl-Marx-Allee. Bedarfsstufengliederung der Einzelhandelsbetriebe 1971 196

Tab. 38 Ost-Berlin: Schönhauser Allee und Karl-Marx-Allee. Bedarfsstufen- und Bedarfsgruppengliederung der Einzelhandelsbetriebe 1971 197

Tab. 39 Ost-Berlin: Schönhauser Allee und Karl-Marx-Allee. Ausstattung mit Dienstleistungseinrichtungen 1971 198

Verzeichnis der Anlagen im Anhang

Anlage 1 Berlin-Praktikum 1968 (Leitung: *H. J. Buchholz, H. Heineberg, A. Mayr*), Kartierungsbogen (Geschäftsstraßenabschnitte) . . . 200

Anlage 2 Berlin-Praktikum 1971 (Leitung: *H. Heineberg*), Kartierungsanleitung 1: Einzelhandel 203

Anlage 3 Bedarfsstufengliederung des Einzelhandels in der DDR 204

Anlage 4 Gliederung der Dienstleistungseinrichtungen in den untersuchten Zentren West-Berlins 205

Anlage 5 Gliederung der Dienstleistungseinrichtungen in der DDR . . . 205

Kapitel I

EINFÜHRUNG IN UNTERSUCHUNGSZIELE UND METHODEN GEOGRAPHISCHER ZENTRENUNTERSUCHUNGEN

1. Problemstellung und Aufbau der Arbeit

Die Entwicklung unterschiedlicher Gesellschafts- und Wirtschaftsordnungen in beiden Teilen Deutschlands hat in den vergangenen Jahrzehnten die funktionalen Städtesysteme in der Bundesrepublik Deutschland und der Deutschen Demokratischen Republik erheblich beeinflußt und differenziert. Ihren besonderen, physiognomisch erfaßbaren und funktional bedeutsamen Niederschlag fanden die Differenzierungsprozesse in den Ausstattungen (groß)städtischer Zentren mit tertiären Einrichtungen, wofür die weitgehende Ausschaltung der freien wirtschaftlichen Aktivitäten und die staatlich gelenkten Eingriffe in das Zentrengefüge in der DDR auf der einen Seite, die weithin freie Entwicklung des marktwirtschaftlichen Konkurrenzprinzips in der Bundesrepublik Deutschland entscheidende Determinanten waren.

Wichtige Tendenzen der Veränderungen in der baulich-strukturellen Gestaltung und im Zentralitätsgefüge deutscher Städte in West und Ost wurden bereits von *P. Schöller* (1967, 1969 und 1974) vergleichend herausgestellt und bewertet. Nicht zuletzt aufgrund der geringen Möglichkeiten empirischer Detailforschung in der DDR fehlen jedoch konkrete West-Ost-vergleichende stadt- und wirtschaftsgeographische Einzeluntersuchungen, die genauere Aussagen über die heute unterschiedlichen funktionalen Zentrenausstattungen, insbesondere in den Großstadträumen, bzw. über die voneinander abweichenden Funktionstypen in der jeweiligen Zentrenhierarchie erlauben. Mit der vorliegenden Studie soll versucht werden, diese Forschungslücke wenigstens zum Teil zu schließen.

Diese Untersuchung verfolgt insgesamt jedoch eine zweifache *Zielsetzung*:

1. die Erfassung, Darstellung und Bewertung differenzierter Auswirkungen der unterschiedlichen Gesellschafts- und Wirtschaftssysteme in beiden Teilen Deutschlands auf die funktionale Ausstattung verschiedenrangiger großstädtischer Zentren;
2. die theoretische und empirische Überprüfung der Anwendbarkeit bisheriger stadt- und wirtschaftsgeographischer Methoden in bezug auf die Problematik des Zentrenvergleichs in beiden ökonomischen und sozialen Systemen.

Unter „funktionaler Ausstattung" eines Zentrums bzw. *„funktionaler Zentrenausstattung"* soll im Rahmen dieser Untersuchung die Gesamtheit der im jeweiligen zentralen Standortraum konzentrierten Versorgungs-, Verteilungs-, Vermittlungs- und Verwaltungseinrichtungen verstanden werden, die zentrale Güter (Waren, Dienste, Informationen) für entsprechende Versorgungsbereiche anbieten[1]. Geht man nun mit *D. Bökemann* (1967) theoretisch davon aus, daß „jeder Artengruppe von sich ergänzenden zentralen Gütern mit gleichem Spezialisierungsgrad eine bestimmte Funktionsgruppe (entspricht), welche durch einen gleichen Rang ... in der funktionalen Hierarchie gekennzeichnet ist" (S. 21), so besteht gerade bei empirischen Untersuchungen die grundsätzliche Problematik in der Erfassung dieser Hierarchie. Besonders für polyzentrische oder mehrkernige und sozial-räumlich stark differenzierte großstädtische Verdichtungsräume mit ihren vielfältigen (innerstädtischen) Funktionsteilungen und funktionsräumlichen Überlagerungen gilt, daß eindeutig abgrenzbare, abgestufte zentralörtliche Bereichsbildungen kaum existent bzw. nur unter erheblichem Arbeitsaufwand bei gleichzeitiger starker Generalisierung erfaßbar sind[2]. Daraus resultiert, daß der Erfassung und Bewertung funktionaler Ausstattungen großstädtischer Zentren mit Hilfe differenzierter

---

[1] Unter partieller Anlehnung an *D. Bökemann*, 1967, S. 5 und 21. Zum Funktionsbegriff vgl. besonders *K. A. Boesler*, 1960.

[2] Vgl. die grundsätzlichen Ausführungen von *P. Schöller*, 1967, S. 245 und 1973, S. 31 über die Variabilität der Zentrenbezogenheit in städtischen Ballungsgebieten sowie *K. Ganser*, 1969, S. 42 f., der mit Recht die Anwendung verfeinerter (geo-)statistischer Methoden und Grundsätze zur exakten Erfassung der Einzugsbereiche zentraler Orte fordert.
Im Rahmen dieser Untersuchung war die Durchführung eigener repräsentativer „Umlanderhebungen" in der DDR in Form mündlicher Interviews oder schriftlicher Befragungen praktisch nicht möglich.

Erhebungsmethoden eine besonders große Bedeutung zur Ermittlung des zentralen Ranges (d. h. der Zentralität) eines Zentrums zukommt. Dabei soll unter Zentralität im folgenden, in Anlehnung an *H. Bobek* (1969, S. 202), die jeweilige absolute Bedeutung (Gesamtbedeutung) aller an einem Standort versammelten bzw. in einem zentralen Standortraum konzentrierten zentralen Einrichtungen verstanden werden.

Da für den West-Ost-Vergleich der Zentrenausstattungen möglichst mehrere Zentren unterschiedlichen funktionalen Ranges erfaßt werden sollten, bot sich das *Beispiel Berlin* mit seinen in sich abgestuften Zentrensystemen im West- und Ostteil dieses Großstadtraumes an (vgl. Abb. 1).

Berlin bildet für vergleichende stadtgeographische Untersuchungen ein einmaliges und wissenschaftlich reichhaltiges Untersuchungsobjekt. Nach weitgehender Kriegszerstörung des hochorganisierten Citybereiches der ehemaligen Haupt- und Weltstadt Berlin nach der politischen Spaltung durch eine binnenstädtische Grenze, die zwei verschiedene Sozial-, Wirtschafts- und Staatssysteme voneinander trennt, nach der Abschnürung West-Berlins von seinem Hinterland stellte sich seit 1945 in beiden Teilen Berlins ein äußerst differenzierter Prozeß der Zentrenumgestaltung ein. „Im Berlin der Gegenwart stehen sich (nunmehr) zwei Zentrenstrukturen gegenüber, die keine Konvergenz der Systeme erkennen lassen, die eher Gegensätze bezeichnen" (*P. Schöller*, 1974 a, S. 426).

Im heutigen *Ost-Berlin* entstand im ehemaligen Citygebiet Groß-Berlins unter Einschluß des Alexanderplatzes und des westlichen Abschnittes der heutigen Karl-Marx-Allee ein nach sozialistischen städtebaulichen und ökonomischen Prinzipien gestaltetes neues *Stadtzentrum*, das wiederum hauptstädtische Funktionen wahrnimmt. Wenn auch der Wiederaufbau noch keineswegs abgeschlossen ist, so sind doch die neuen Leitfunktionen in ihrer räumlichen Verteilung, in der hierarchischen Stufung entsprechend ihrer bereichsbildenden Wirkung und nach ihren bestimmenden Standortfaktoren weitgehend faßbar. Von besonderem Interesse ist dabei auch die Frage, inwieweit traditionelle (historische) Standortgegebenheiten die heutigen Funktionsausprägungen und -mischungen innerhalb des Hauptstadtzentrums der DDR beeinflußt haben. Die gravierenden Auswirkungen der politisch-ökonomischen Grundlagen des Sozialismus und der Zielvorstellungen des sozialistischen Städtebaus auf die funktionale Ausstattung eines Hauptstadtzentrums werden besonders verdeutlicht durch den Vergleich mit dem multifunktionalen *Zooviertel*, d. h. dem *Hauptzentrum in West-Berlin*, das die pulsierende Verkehrs- und Hauptgeschäftsachse Kurfürstendamm — Breitscheid-Platz — Tauentzienstraße einschließt.

Der Vergleich wird jedoch besonders dadurch erschwert, daß einerseits das Stadtzentrum Ost-Berlins nicht nur politisch-administrative und gesellschaftliche Hauptstadtfunktionen für das Staatsgebiet der DDR ausübt, sondern u. a. auch Standort einer wachsenden Zahl internationaler politischer Vertretungen ist, während andererseits im Hauptzentrum West-Berlins öffentliche Verwaltungs- und Vermittlungsfunktionen von nationaler Bedeutung bzw. Reichweite von geringer Bedeutung sind.

Eine besondere Stellung nimmt aufgrund ihrer physiognomischen Gestaltung und Gesamtfunktion als „Magistrale" die *Karl-Marx-Allee*, die „erste sozialistische Straße" Berlins, ein. Obwohl die Karl-Marx-Allee den einzigen verwirklichten Komplex der ersten neuen Zentrumspläne in Ost-Berlin darstellt, besitzt sie im älteren Abschnitt nach Fertigstellung der Achse Unter den Linden — Alexanderplatz heute jedoch die funktionale Bedeutung eines an das Stadtzentrum angegliederten, dieses jedoch teilweise in gehobenen Funktionen ergänzenden Nebengeschäftszentrums.

Eher vergleichbar mit Westberliner Nebengeschäftszentren ist die *Schönhauser Allee* in Ost-Berlin im Bezirk Prenzlauer Berg, deren funktionale Ausstattung — im Gegensatz zur Karl-Marx-Allee — (noch) in erheblichem Maße von dem privaten Einzelhandel bestimmt wird. Hier bietet sich eine vergleichende Analyse der nahezu parallel verlaufenden Geschäftsstraßenachse *Bad-/Brunnenstraße* im Westberliner „Arbeiterbezirk" Wedding an, wenngleich auch dieses Geschäftszentrum wegen der Auswirkungen der grenznahen Lage eine gewisse Sonderstellung einnimmt. Beide Zentren wurden mit in die Untersuchung einbezogen.

Kein eigentliches Gegenstück in Ost-Berlin finden die als Untersuchungsobjekte ausgewählten Nebengeschäftszentren *Schloßstraße in Steglitz* und *Wilmersdorfer Straße in Charlottenburg (West-Berlin)*, die seit dem Kriege, d. h. nach Fortfall der ehemaligen City, unter allen Zentren der Berliner „Teilgroßstädte" (*W. Behrmann*, 1954, S. 92) eine besonders kräftige Entwicklung erfahren haben. Die hierarchischen Abstufungen in den unterschiedlichen Zentrensystemen West- und Ost-Berlins können aber besonders durch qualitative Bewertung der funktionalen Ausstattung dieser beiden Zentren und durch Gegenüberstellung mit derjenigen des Zooviertels einerseits sowie der beiden Ostberliner Nebengeschäftszentren Karl-Marx-Allee und Schönhauser Allee andererseits verdeutlicht werden.

Schließlich erwies es sich als notwendig, auch kleinere *lokale Versorgungszentren* mit in die Untersuchung einzubeziehen. Um eine sinnvolle Vergleichsbasis zu erhalten, wurden ausschließlich geplante Zentren in neuen „Wohnkomplexen" ausgewählt: Britz-Süd, „Gropius-Stadt" und Märkisches Viertel in West-Berlin, Hans-Loch-Viertel und der Wohnkomplex beiderseits des neueren Abschnittes der Karl-Marx-Allee in Ost-Berlin. Eine umfangreiche Darstellung der empirisch gewonnenen Untersuchungsergebnisse hätte jedoch den Rahmen der vorliegenden Darstellung gesprengt. Die Analyse dieser Lokalzentren war im Rahmen dieser Arbeit besonders wichtig für die Entwicklung in sich abgestufter Gliederungssysteme des Einzelhandels und der Dienstleistungen in West und Ost (vgl. Kap. V. 2.).

Die Tatsache, daß die Untersuchungsgebiete West- und Ost-Berlin in mehrfacher Hinsicht regionale „Sonderfälle" darstellen, erwies sich im Laufe der Arbeit für unsere Problemstellung erkenntnismäßig als ein Vorteil: Bei der unmittelbaren, extrem ausgeprägten „räumlichen Konfrontation" der unterschiedlichen Zentrenausstattungen in zwei politisch getrennten Teilen eines historisch gewachsenen Stadtraumes stellten sich die Bewertungsmaßstäbe besonders deutlich heraus. Dies auch deshalb, weil aufgrund des weitgehenden Fehlens anderer ausreichender Informationsquellen die vorwiegend angewandte empirische Untersuchungsmethode nur die „qualitative Beobachtung" sein konnte. Leider bewirken jedoch die geringen Möglichkeiten für empirische Untersuchungen in Ost-Berlin und das Fehlen genauer großmaßstäblicher Kartenunterlagen, daß die erforderlichen, unter verschiedenen methodischen Gesichtspunkten vorbereiteten Zentrenerhebungen bzw. -kartierungen im Vergleich zu denjenigen in West-Berlin nur in beschränktem Umfang realisiert werden konnten.

Bevor jedoch die ausgewählten Zentren eingehender nach ihrer funktionalen Ausstattung analysiert, typisiert und nach ihrer hierarchischen Stellung zueinander untersucht und auch — soweit wie möglich — nach wichtigen Merkmalen miteinander verglichen werden, bedarf es einer eingehenden *Einordnung unserer Problemstellung in die geographische Fachmethodik* (Kap. I. 2).

Im Kapitel II. werden sodann *wichtige raumrelevante genetische Voraussetzungen* im Hinblick auf die Erklärung und Bewertung der spezifischen funktionalen Zentrenausstattungen im Bereich der ehemaligen Berliner City und ausgewählter wichtiger Nebenzentren behandelt. Mit der weitgehend zusammenfassend-referierenden, jedoch auch qualitativ-bewertenden Betrachtungsweise und Darstellung in diesem und den folgenden beiden Kapiteln sollen wesentliche Grundlagen und Sachverhalte nicht nur idiographisch-raumbezogen „geklärt" werden, sondern in methodologischer Hinsicht als Basis für die spätere Erörterung der angewandten empirischen Untersuchungsmethoden (Kap. V.) dienen.

Im Kapitel III. (Abschnitt 1.) werden zunächst wichtige *Auswirkungen des „ökonomischen Systems des Sozialismus"* der Deutschen Demokratischen Republik auf den tertiären Sektor und damit auf die Zentrenentwicklung in der DDR aufgezeigt. Dies nicht nur, weil sie in der geographischen Literatur bisher weitgehend vernachlässigt wurden, sondern weil sie für das Verständnis der West-Ost-Unterschiede im Zentrengefüge und besonders für die Erfassung und Wertung der heutigen funktionalen Ausstattung im Ostberliner Bereich der ehemaligen Berliner City eingehend erörtert werden müssen. Zentrengefüge und -funktionen im heutigen Ost-Berlin wurden in ihren räumlichen Ausprägungen außerdem durch die allgemeinen und speziellen Planungsprinzipien des sog. sozialistischen Städtebaus der DDR bestimmt. Wenngleich Ökonomie und Städtebau in der DDR heute in starkem Maße gemeinsam für den Aufbau und die Umgestaltung der städtischen Zentren verantwortlich sind, so erscheint doch eine getrennte *Darstellung der Entwicklung und Grundsätze des sozialistischen Städtebaus und ihrer Auswirkungen* auf die Zentrenplanung und -erneuerung in Ost-Berlin (III. 2.) methodisch gerechtfertigt.

Die Zentrenentwicklung im Westteil des Raumes Berlin wurde ebenfalls durch eine Anzahl unterschiedlichster Faktoren „gesteuert", die jedoch in ihrer jeweiligen Einzelbedeutung weit weniger bewertet werden können als im planwirtschaftlich beeinflußten und zentralistisch organisierten „Zentrensystem" der DDR. Der komplizierte, politisch-geographisch, d. h. durch den „Faktor Grenze", bedingte Prozeß der „Citybildung und Zentrenwanderung", der bereits von *P. Schöller* (1953 a) angedeutet wurde, soll im Kapitel IV. im Zusammenhang mit den Bestrebungen und Auswirkungen der Zentrenplanung in West-Berlin erörtert werden. Entscheidende Bedingungen für die im Vergleich zu Ost-Berlin weitaus differenzierteren funktionalen Zentrenausstattungen West-Berlins waren besonders die Eingliederung der Stadt in das westliche, stark arbeitsteilige marktwirtschaftliche System sowie die umfangreichen direkten und indirekten Förderungsmaßnahmen zur Verbesserung der wirtschaftlichen Leistungsbilanz und „Attraktivität" West-Berlins durch die Bundesrepublik Deutschland. Zu der erheblich größeren Kaufkraft der Westberliner Bevölkerung tritt schließlich noch die ökonomische Auswirkung des bis zu Beginn der 70er Jahre nahezu stetig angewachsenen „kapitalkräftigen" Besucher- und Fremdenverkehrs, worauf noch gesondert eingegangen werden soll (IV. 3.).

Danach läßt sich in Verbindung mit den empirischen Erfahrungen methodologisch das *Problem der Typisierung der Funktionsbereiche und Betriebsformen des tertiären Sektors* im marktwirtschaftlichen System der Bundesrepublik Deutschland sowie in der Planwirtschaft der DDR differenzierter behandeln (Kap. V.). Dabei sollen in systematischer Weise bisher von Geographen bei Zentrenuntersuchungen angewandte Methoden und — die in der stadtgeographischen Forschung häufig unberücksichtigt geblieben, jedoch standorträumlich relevanten — Ergebnisse der Betriebswirtschaftslehre, insbesondere des Einzelhandels, einbezogen werden.

In einem nächsten größeren Abschnitt der Studie (Kap. VI.) können und sollen dann aufgrund der genannten theoretischen Vorüberlegungen bzw. nach der vorangegangenen Ableitung der Erhebungs- und Bewertungskriterien *wichtige empirische Untersuchungsergebnisse* vorgestellt und diskutiert werden. Daß damit keine vollständigen monographischen Abhandlungen für jedes räumliche Beispielobjekt beabsichtigt sind, ergibt sich aufgrund der methodischen Grundsatzerörterung und des bereits formulierten Untersuchungszieles. Im letzten Abschnitt dieses Kapitels liegt der Schwerpunkt auf der konzentrierten zusammenfassenden Darstellung der Auswirkungen der beiden unterschiedlichen Wirtschafts- und Gesellschaftssysteme auf die großstädtischen funktionalen Zentrenausstattungen in West- und Ost-Berlin. Damit wird abschließend das Problem der qualitativen Bewertung der Zentrenausstattungen und -hierarchien in beiden Teilen Deutschlands im „Systemvergleich" erörtert.

2. Fachwissenschaftliche Einordnung und bisherige Methoden geographischer Zentrenuntersuchungen

2.1 Vorbemerkungen

Die vorliegende Studie fügt sich ein in die Reihe derjenigen jüngeren kulturgeographischen Detailuntersuchungen, die nicht mehr eindeutig *einer* Teildisziplin im traditionellen System und Organisationsplan der Geographie zugeordnet werden können. So läßt sich das Thema einordnen in die von *H. Bobek* (1927) und besonders von skandinavischen Stadtgeographen begründete, in den letzten Jahrzehnten jedoch weiter vertiefte und erweiterte funktionale Richtung innerhalb der Stadtgeographie („funktionelle Stadtgeographie", vgl. *P. Schöller*, 1953 b, S. 166 ff.), ebenso jedoch in eine stärker standorträumlich-ökonomisch ausgerichtete, jedoch nur in Ansätzen entwickelte „Geographie des tertiären Wirtschaftssektors" (vgl. *H. Uhlig*, 1970) bzw. „Geographie des übrigen tertiären Sektors" (*K. Hottes*, 1968) oder „Geographie der zentralen Einrichtungen und Berufe" innerhalb der Wirtschaftsgeographie *(G. Voppel,* 1970) sowie z. T. auch in die Konzeption einer übergreifenden „Zentralitätsforschung" im Sinne von *P. Schöller* (1972)[3]. Außerdem ergeben sich zahlreiche, bei geographischen Zentrenuntersuchungen bisher zu wenig beachtete Überschneidungen mit ebenfalls räumlich orientierten und in verschiedener Hinsicht an der komplexen Stadtforschung beteiligten wirtschafts- und sozialwissenschaftlichen Teildisziplinen, vor allem mit der weit ausgereiften betriebswirtschaftlichen Standortlehre des Einzelhandels (vgl. u. a. *K. Chr. Behrens,* 1965), mit der „Regionalen Handelsforschung" (*B. Tietz,* 1962/63), der sozialwissenschaftlichen Großstadtforschung und dem Städtebau (vgl. *H. Soldner,* 1968, S. 55 ff.). Unter Berücksichtigung der in diesem Zusammenhang zunächst nur angedeuteten vielseitigen wissenschaftlichen Forschungsansätze (vgl. auch Kap. V.) wurde für diese vergleichende Untersuchung komplexer funktionaler Zentrenausstattungen eine problembezogen-synthetische, dabei primär stadt- und wirtschaftsgeographisch ausgerichtete Betrachtungsweise angestrebt.

Für die Erfassung, Beschreibung, Bewertung und Erklärung, darunter teilweise auch für den Vergleich komplexer städtischer (Geschäfts-)Zentren wurden besonders in (stadt)geographischen Arbeiten des skandinavischen, englisch- und deutschsprachigen Raumes unterschiedlichste Methoden entwickelt. Im folgenden sollen nun wichtige der in zahlreichen Untersuchungen angewandten quantitativen und vor allem auch qualitativen Ansätze zusammengefaßt und — in erster Linie in bezug auf unsere Problemstellung — kritisch gewürdigt werden. Um den „methodischen Stand" aufzuzeigen, werden auch eine Reihe neuester Arbeiten berücksichtigt, wenngleich sie für die methodische Konzipierung der vorliegenden Untersuchung, die bereits in den Jahren 1969/70 erfolgte, nicht herangezogen werden konnten.

Unberücksichtigt bleiben in der folgenden Betrachtung methodischer Ansätze zur geographischen Zentrenanalyse sowie im weiteren Verlauf der vorliegenden Arbeit diejenigen (neueren) Untersuchungen, bei denen die direkte (oder auch indirekte) Erfassung und Bewertung der wechselseitigen Kontakt- bzw. Kommunikationsbedürfnisse (bzw. -systeme) unterschiedlicher Gruppen tertiärer Einrichtungen das Hauptziel darstellt. Wie die bisherigen Arbeiten, z. B. die wichtigen Beiträge *J. B. Goddards* über Bürostandortverflechtungen in Zentral-London (u. a. 1967, 1970, 1973)[4] oder auch die Untersuchungen des Schweden *G. Törnqvist* (1968, 1970 sowie in: *A. Pred* und *G. Törnqvist* 1973) über die verschiedenen Kontaktbedürfnisse innerhalb sowie zwischen Unternehmensstrukturen, zeigen, müssen

---

[3] Durch die Wahl des Terminus „Zentralitätsforschung" (anstelle der einseitigen Begriffe „Stadt-Land-Beziehungen", „Stadt-Umland-Forschung" etc.) will *P. Schöller* (1972, S. XV) der neueren Forschungsentwicklung Rechnung tragen und diesen Forschungszweig von seiner verengenden Einbindung in die Siedlungsgeographie lösen.

[4] Vgl. auch die Forschungsberichte bzw. zusammenfassenden Darstellungen über Bürostandortuntersuchungen im englischsprachigen und skandinavischen Raum von *J. B. Goddard,* 1971 und 1975.

für derartige Analysen jedoch inner- oder zwischenbetriebliche Daten über Geschäftskontakte bzw. Informationsflüsse oder auch indirekte Verflechtungsdaten (z. B. für den „Ersatzindikator" Taxifahrten zwischen Standorten) zur Verfügung stehen, was bei unserer West-Ost-vergleichenden Zentrenuntersuchung nicht nur wegen der außerordentlich großen Zahl von Einzelbetrieben in den verschiedenen Zentren, sondern auch wegen der in der DDR bzw. in Ost-Berlin nicht bestehenden Möglichkeit von Betriebsbefragungen nicht der Fall war. Aus den gleichen Gründen mußte in der vorliegenden Arbeit auch die Anwendung neuerer verhaltens- oder entscheidungstheoretischer Ansätze, insbesondere zur Erfassung der Bewertung von Einzelstandorten tertiärer Einrichtungen bzw. Geschäftszentren durch Konsumenten und Betriebsleiter, entfallen, obwohl auch ihnen — trotz ihrer bisher weitgehenden Vernachlässigung bei geographischen empirischen Standort- und Einzugsbereichsuntersuchungen — eine erhebliche Bedeutung zukommt bzw. in der zukünftigen Zentrenforschung zukommen muß.

Die folgenden Ausführungen beziehen sich daher im wesentlichen auf Beiträge, in denen — wie in der vorliegenden Untersuchung — die Erhebung (Kartierung) von Einzelstandorten und Flächennutzungen tertiärer Einrichtungen die empirische Basis darstellt. Durch Analyse der Standortverteilungs- bzw. Nutzungsstrukturen sowie ergänzender, ebenfalls für einzelne Geschäftszentren vollständig zu erhebender primärer und sekundärer Ausstattungsmerkmale und unter Einbeziehung der genetischen Betrachtungsweise sowie unter Berücksichtigung der Auswirkungen von Planungskonzeptionen lassen sich — wie in der vorliegenden Arbeit aufgezeigt werden soll — bereits wichtige erklärende Aussagen in bezug auf die funktionalen Zentrenausstattungen und Funktionszusammenhänge zwischen Gruppen tertiärer Einrichtungen ableiten.

Betrachten wir zunächst kurz die Entwicklung der Stadtgeographie seit der Zeit zwischen den beiden Weltkriegen, so läßt sich feststellen, daß — angeregt durch wegweisende Untersuchungen in Schweden, d. h. besonders von *S. de Geer* (1923), *H. Ahlmann* u. a. (1934) und *W. William-Olsson* (1940) mit ihren Arbeiten über die innere Differenzierung der Stadt Stockholm — die Herausarbeitung von städtischen Viertelsbildungen bzw. -gliederungen ein, wenn nicht sogar *das* Hauptanliegen der geographischen Stadtforschung war[5]. Wenngleich in zahlreichen, seit den dreißiger Jahren veröffentlichten stadtgeographischen Monographien die zentrenbestimmenden und -typischen Funktionen im allgemeinen nur mit groben Arbeitsmethoden erfaßt und bewertet wurden, so galt andererseits in einer wachsenden Zahl von Spezialuntersuchungen, wenn auch erst seit den fünfziger Jahren, das besondere wissenschaftliche Interesse der Problematik der *Abgrenzung, begrifflichen Fassung und funktionalen Ausstattung städtischer Zentren*[6]. Dabei stand jedoch das Problem der räumlichen Gliederung unter häufiger Vernachlässigung einer tieferen Analyse und (qualitativen) Bewertung der differenzierten Funktionen bzw. Funktionsgruppen im allgemeinen noch zu sehr im Vordergrund.

2.2 Quantitative Ansätze und Modelle

Die zuletzt geäußerte Kritik gilt in erster Linie einer Reihe einseitig quantitativ ausgerichteter Zentrenuntersuchungen, darunter den frühen Arbeiten von *R. E. Murphy* und *J. E. Vance* (1954 a und b), die am Beispiel von neun amerikanischen Städten eine — inzwischen sehr häufig zitierte — Methode zur Bestimmung und Abgrenzung von *„Central Business Districts"* (CBDs) mittels der Berechnung spezieller Raumnutzungsindizes und der Festlegung bestimmter Schwellenwerte erprobten (vgl. auch *R. E. Murphy, 1971*). Abgesehen von der für entsprechende deutsche stadtgeographische Untersuchungen ungünstigen Wahl der Baublöcke als kleinste statistische Bezugseinheiten, besitzt diese Methode für uns besonders den Nachteil, daß keine spezielle Bewertung der einzelnen Funktionen, sondern lediglich eine — für West-Ost-Vergleiche unzureichende — Einteilung in zentrale und nicht-zentrale Stockwerk-Flächennutzungen (central business uses bzw. non central business uses) vorgenommen wurde[7]. Hinzu kommt, daß in den kriegszerstörten deutschen Innenstädten — das gilt besonders für Berlin — die Zahl der Stockwerke auf engem Raum oft sprunghaft verschieden ist. Damit wird die Aussagekraft von Raumnutzungsindizes sehr eingeschränkt (vgl. *G. Niemeier*, 1969, S. 300).

Daß die „CBD-Bestimmungs- und Abgrenzungsmethode" von *Murphy* und *Vance* dagegen für die relativ jungen, in der Regel in rechteckige Baublöcke aufgeteilten Städte Nordamerikas sowie auch Australiens und Südafrikas in bestimmter Hinsicht auch für Vergleichszwecke zu benutzen ist, zeigen die spätere Anwendung durch J. E. *Bohnert* und *P. F. Mattingly* (1964) bei der Untersuchung von Städten in Illinois und zeitlich zuvor die Studie von *P. Scott* (1959) über den „Central Business District" in australischen Städten sowie die Arbeiten von *D. H. Davies* (1959, 1960) über Kapstadt.

---
[5] Vgl. u. a. die Arbeiten von *H. Louis*, 1936; *L. Aario*, 1951; *H. Winz*, 1952; *E. Michel*, 1955; *E. Kant*, 1960; *A. Kremer*, 1961 b; *H. Fischer*, 1963; *H. Hahn*, 1964; *D. Scheder*, 1967; *H. Förster*, 1968; *A. Mayr*, 1968; *K. Ruppert*, 1968; *W. Taubmann*, 1968; *K. Dettmann*, 1968/69; *H. Schäfer*, 1968/69; *D. Glatthaar*, 1969; *G. Niemeier*, 1969.
[6] Vgl. dazu besonders die zusammenfassenden Ausführungen von *G. Schwarz*, 1966, S. 443—493 und *B. Hofmeister*, 1976³, S. 63 ff.
[7] Vgl. auch die von *R. Klöpper*, 1961, S. 151, *G. Gad*, 1968, S. 161, *K. Wolf*, 1971 a, S. 16—17 und *H. Carter*, 1975, S. 212 bis 213 sowie jüngst von *K. H. Maurmann*, 1976, S. 214 geäußerte Kritik.

Das Problem der Erfassung und Abgrenzung der inneren Differenzierung von Innenstadtgebieten versuchte W. Taubmann (1969) ebenfalls mit Hilfe eines quantitativen Ansatzes zu lösen. Wegen der Nachteile des Verfahrens von Murphy und Vance, die sich insbesondere aus dem Arbeiten mit zwei verschiedenen Schwellenwerten ergeben, benutzte Taubmann einen von M. N. Pal (1963) entwickelten, mathematisch recht komplizierten und daher auch schwer zu interpretierenden Konzentrationsindex[8]. Die Methode von Taubmann basierte auf einer ausgezeichneten Materialgrundlage, die in dieser Form für unsere Untersuchungsgebiete, insbesondere für die Zentren in Ost-Berlin, nicht zur Verfügung stand. Sie mußte jedoch andererseits aufgrund des gewählten mathematisch-statistischen Ansatzes auf eine feinere Differenzierung bzw. qualitative Bewertung der unterschiedlichen Funktionen innerhalb der ausgegliederten Nutzungsgruppen verzichten und wäre daher für den vorgesehenen Vergleich funktionaler Zentrenausstattungen nur bedingt anwendbar bzw. aussagefähig.

Bei dem von G. Abele angewandten quantitativen Verfahren zur Abgrenzung und Bewertung von Geschäftszentren verschiedenen Ranges in Karlsruhe wurde ebenfalls bewußt „darauf verzichtet, die verschiedenen Einrichtungen nach ihrer zentralen Bedeutung zu klassifizieren"[9]. Es „wurden zunächst alle Geschäftseinrichtungen als gleichwertig betrachtet und nur deren horizontale und vertikale (stockwerksweise) Häufung als Indikator zur Abgrenzung und Bewertung der Zentren benutzt" (ebd., S. 242). Die einzelnen Geschäftszentren wurden von G. Abele nach einem einheitlichen Generalisierungsschema je nach Häufigkeitsgrad der Geschäfte lokalisiert, abgegrenzt und bewertet (ebd., S. 243). Hierzu wurden sechs Stufen unterschiedlichster Geschäftsdichte entwickelt[10]. Abele versuchte jedoch nachzuprüfen, ob diese rein quantitativ ermittelte Abstufung „auch qualitative Aussagen über den Rang der verschiedenen Zentren zuläßt" (ebd., S. 244). Dazu wurde mit Hilfe vergleichbarer Maßzahlen untersucht, inwieweit eine *Bindung der einzelnen Branchen an die Geschäftsdichtestufen* besteht[11]. Aus den von Abele aufgeführten Beispielen ergab sich u. a., „daß die Branchen, die auf einen großen Kundenkreis und infolgedessen auf eine möglichst zentrale Lage angewiesen sind, die dichter besetzten Zonen bevorzugen, während die Einrichtungen des täglichen Bedarfs dispers über die Stadt verteilt oder an lockere Geschäftsagglomerationen gebunden sind" (ebd., S. 246). Bezüglich des Bindungsgrades einzelner Branchen an die verschiedenen Dichtezonen wurden für Karlsruhe sechs Haupttypen herausgestellt (G. Abele, 1969, S. 62 f.). Die von Abele aufgezeigten Branchenspektren und Kurven des Bindungsgrades zeigen, „daß mit zunehmender quantitativer Häufung der Geschäftseinrichtungen eine qualitative Auslese einhergeht" (ebd., S. 68).

Diese quantitative Erfassung der Raumnutzung erlaubte zwar die Abgrenzung verschiedenrangiger Geschäftszentren. Ein differenzierter Vergleich funktionaler Zentrenausstattungen unterblieb jedoch.

K. Wolf stellte 1969 zu Recht heraus, daß sich die bisher vorliegenden geographischen Zentrenuntersuchungen überwiegend nur auf „höchstwertige städtische Geschäftszentren" beziehen. Dagegen haben bis dahin nachgeordnete städtische Geschäftszentren kaum gesonderte Betrachtung gefunden[12]. Wolf hielt die quantitative Analyse der funktionsbedingten Struktur von *Stadtteil-Geschäftsstraßen* der Stadt Frankfurt am Main „für die Erlangung großstadttypischer Ergebnisse (als) besonders geeignet" (ebd., S. 11). Darüber hinaus sollten „die Ergebnisse für eine Prognose zur Neuerrichtung ähnlicher Einrichtungen genutzt werden, um so den Wert der stadtgeographischen Strukturanalyse für das Gebiet der praktischen Anwendung zu dokumentieren" (ebd.). Ziel der Arbeit war es nun, „möglichst mit Hilfe eines Wertes das quantitativ vergleichbare Gewicht jeder einzelnen Subzentrenstraße zu erarbeiten" (ebd., S. 15).

Das methodische Vorgehen von Wolf setzt ein mit einer Standardisierung, d. h. einer Einteilung der Straßenseiten der Stadtteil-Geschäftszentren in Abschnitte von 100 m „effektiver Straßenfrontlänge", um somit auf relativ kurzen Straßenabschnitten „Branchendifferenzierungen und typische Vergesellschaftungen lokalisieren zu können" (ebd., S. 12). Mit Hilfe von Kartierungen in den drei Nebenzentren, d. h. auf induktivem Wege, ermittelte Wolf nunmehr insgesamt 13 Funktions- bzw. Nutzungsgruppen, die teilweise nach Branchen weiter unterteilt wurden. Wolf verzichtete dabei bewußt auf jedes wertende Gliederungskriterium (z. B. den Ausstattungsgrad von Einzelhandelsgeschäften) und gliederte Gruppen aus, die nicht nur Einzelhandelsfunktionen einbeziehen, sondern weitere städtische Nutzungen einschließlich der im allgemeinen sehr vernachlässigten Dienstleistungen i. e. S. umfassen[13]. Die verschiedenen Branchen bzw. Betriebsformen innerhalb dieser Gruppen sind aber im allgemeinen, gemessen an ihren Standortansprüchen und funktio-

---

[8] „Diese Berechnungsmethode kann die Konzentration einer Variablen in ihrer sektorellen (zentrales Etagenareal in v. H. des gesamten Etagenareals) und in ihrer räumlichen Dimension (zentrales Etagenareal: Grundetagenareal) messen, wobei bei der Konstruktion des Indexes die beiden Konzentrationsarten (räumliche und sektorelle) gewichtet werden" (W. Taubmann, 1969, S. 351—352).
[9] G. Abele, in: G. Abele und K. Wolf, 1968, S. 241.
[10] Vgl. auch G. Abele und A. Leidlmair, 1968, S. 221 ff.
[11] Der Bindungsgrad G einer Branche an eine Dichtestufe wurde gleich $\frac{a}{b \times c}$ gesetzt, wobei a die Zahl der Einrichtungen der Branche innerhalb der entsprechenden Stufe, b die Zahl der Einrichtungen dieser Branche in der Gesamtstadt und c die Summe der Einrichtungen aller Branchen in der zu untersuchenden Stufe (vgl. u. a. G. Abele und A. Leidlmair, 1968, S. 225).
[12] Zu den wenigen Ausnahmen zählen die Arbeiten von B. Hofmeister, 1962 und E. Neef, 1963.
[13] Ausgenommen sind besonders die öffentlichen Gebäude und Wohnfunktionen.

nellen Reichweiten, so heterogen, daß m. E. nicht nur die Gruppenbildung selbst,[14] sondern insbesondere ihre Aussagekraft für vergleichende Zentrenuntersuchungen auf verschiedenen Rangebenen in Frage gestellt werden muß.

Ungeachtet dieser Vorbehalte ermittelte *Wolf* die jeweiligen prozentualen Anteile der Branchengruppen-Gebäudefrontlängen an den Hundertmeter-Straßenfrontabschnitten und entwickelte daraus einen „Bezugswert", der als „arithmetisches Mittel aller Branchengruppenanteile der einzelnen Geschosse und Straßenseiten der untersuchten Frankfurter Subzentrenstraßen" (ebd., S. 15) berechnet wurde[15]. Daraus ließen sich die Abweichungen (BAJ) der einzelnen Branchengruppenanteile vom Bezugswert ermitteln[16]. Nunmehr wurden die gefundenen, indizierten Branchengruppenanteile pro 100 m Straßenfrontlänge und Straßenseite zu einem „subzentralen Straßenindex" J_S zusammengefaßt[17]. Nach *Wolf* ist nun „mit Hilfe dieses Wertes J_S ... ein quantifizierter Vergleich der Frankfurter Subzentrenstraßen untereinander in ihrer Rangordnung sowie mit Subzentrenstraßen anderer Städte, die mit der gleichen Methode aufgenommen wurden, möglich" (ebd., S. 16).

Einen anderen quantitativen Ansatz zur Bestimmung der Zentralität von Geschäftszentren innerhalb eines Großstadtgebietes wählte *P. Sedlacek* (1973) am Beispiel von 22 „zentralen Einkaufsorten" der Stadt Münster, wobei ebenfalls das Hauptgeschäftszentrum (City) unberücksichtigt blieb.

Die Zentralität ZP_{ij} einer Einkaufsstätte wurde mathematisch durch das Produkt von Bevölkerungszahl E eines Gebietes, Frequenzkoeffizient f_i (= Häufigkeit des Kundenbesuches) der jeweiligen Branche und Zahl der Arbeitskräfte A_{ji} der Einkaufsstätte, dividiert durch die Zahl der Arbeitskräfte A_i der jeweiligen Branche, definiert. Die Zentralität eines gesamten Einkaufsortes wurde durch die Summation der ZP_{ij}-Werte bestimmt. Mit diesem Ansatz wurde versucht, sowohl die „Qualität der Branchen" wie auch die „Qualität der Zentralpunkte" (d. h. Einzelstandorte) jeder Branche zu berücksichtigen (ebd., S. 24—25).

Empirische Grundlagen zur Bestimmung der ZP_{ij}-Werte bildeten einerseits die Ergebnisse der amtlichen Arbeitsstättenzählung, andererseits eigene Erhebungen, wobei die Problematik vor allem in der Ermittlung geeigneter Frequenzkoeffizienten für die einzelnen Wirtschaftsuntergruppen (der amtlichen Statistik) durch Befragung von Haushalten „nach der Häufigkeit ihrer Besuche bestimmter Geschäfte bzw. des Einkaufs spezifischer Waren in einem bestimmten Zeitraum" (ebd., S. 26) bestand. Auch bleibt offen, ob — wie aufgrund einer positiv ausgefallenen Signifikanzüberprüfung angenommen wurde — die Zahl der Arbeitskräfte wirklich „die unterschiedliche Zentralität von Geschäften, die derselben Wirtschaftsgruppe angehören" (ebd., S. 28), wiedergibt.

Die Übertragung des hier nur kurz charakterisierten methodischen Ansatzes von *P. Sedlacek* auf die Analyse komplexerer großstädtischer Zentrenstrukturen ist, insbesondere bei einem West-Ost-Vergleich, wegen des Mangels an geeignetem empirischen Grundlagenmaterial leider derzeitig nicht möglich.

Die unterschiedlichen Geschäftsfunktionen versuchte *J. Dahlke* (1972) durch Anwendung einer einfachen quantitativen Methode indirekt zu erfassen. Am Beispiel von Freiburg wurde „die Intensität der Anzeigenwerbung als Kriterium für die zentrale Bedeutung eines Geschäftes, geschäftlich genutzten Straßenabschnittes oder Stadtteils" herangezogen (ebd., S. 216). Aufgrund der sehr unterschiedlichen Bedeutung der Werbung für den Dienstleistungssektor im planwirtschaftlichen System der DDR einerseits wie im westlichen marktwirtschaftlichen Wettbewerbssystem andererseits und aufgrund des enormen Arbeitsaufwandes wäre die Anwendung dieser Untersuchungsmethode für unsere Problemstellung jedoch kaum sinnvoll gewesen.

Entsprechend der hochgradigen Vielfalt des europäischen (besonders des mitteleuropäischen) Städtewesens, d. h. im strukturellen Aufbau und in der funktionalen Gliederung der Städte unterschiedlichster Größenordnung sowie in der Stellung (ihrer Zentren) im hierarchischen System des zentralörtlichen Gefüges, kann es nicht überraschen, daß die bereits frühzeitig von der amerikanischen Stadtgeographie *deduktiv entwickelten Modellvorstellungen*[18] keinen größeren Einfluß auf die stadtgeographischen Untersuchungen in Mitteleuropa genommen haben[19]. Eine bemerkenswerte Ausnahme bil-

---

[14] So umfaßt beispielsweise die Gruppe V „Dienstleistungsunternehmen des Einzelhandels" neben echten Einzelhandelsbetrieben (Drogerien) reine einfache Dienstleistungen (Lotterie-Annahmen) und sogar Reisebüros und Kinos!

[15] D. h. es gilt für den Bezugswert: $B_W = \dfrac{\sum_{i=1}^{XIII} BA_i}{XIII}$,

wobei BA_i der jeweilige Branchengruppenanteil pro 100 m Straßenfront ist.

[16] D. h. $BAJ = \dfrac{BA_i}{B_W}$

[17] Zur Berechnungsgrundlage vgl. *K. Wolf*, 1969, S. 16.

[18] Die von *E. W. Burgess*, 1925, *H. Hoyt*, 1943 sowie *C. D. Harris* und *E. D. Ullmann*, 1945, veröffentlichten Modelle der strukturell-funktionalen Stadtgliederung, die von *D. H. Davies*, 1965, am Beispiel von Kapstadt auf das Stadtzentrum übertragen wurden, waren dabei von besonderer Bedeutung. Wichtiger sind jedoch in diesem Zusammenhang die „Geschäftszentrenmodelle", die u. a. von *B. J. L. Berry, R. J. Tennant, B. J. Garner* und *J. W. Simmons*, 1963, sowie von *E. Horwood* und *R. Boyce*, 1959, entwickelt wurden (vgl. dazu auch *K. Wolf*, 1971, S. 15—16). Nach *E. Lichtenberger*, 1972, S. 217 fehlt jedoch „den angelsächsischen ‚urban economics' trotz einiger Ansätze noch ein befriedigendes ‚interaction model' für das innerstädtische Gefüge".

[19] Zwar liegen bereits einige von deutschen Geographen induktiv erarbeitete Raummodelle außereuropäischer Stadt- (bzw. Stadtteil-)typen vor, so z. B. das „Idealschema" der traditionellen islamisch-orientalischen Stadt nach *K. Dettmann*, 1969, oder — für unsere Problemstellung noch wichtiger — das „Modell der Branchenverteilung im westlich beeinflußten Bazar der Gegenwart" nach *E. Wirth*, 1969, jedoch fehlen für den mitteleuropäischen Raum noch weitgehend quantifizierend-vergleichende Untersuchungen, die insbesondere für die differenzierten Großstadtzentren zu allgemeinen stadtgeographischen Struktur- oder Funktionsmodellen geführt hätten. Vgl. auch den kritischen Bericht von *P. Schöller*, 1973.

det in dieser Hinsicht die von *K. Wolf* 1971 a vorgelegte Untersuchung[20], die anhand 15 in der Bundesrepublik Deutschland ausgewählter Städte versucht, „den Regelhaftigkeiten ihres inneren funktionellen Gefüges nachzuspüren, quantifizierte vergleichende Modellvorstellungen zu entwickeln und Entscheidungshilfen für die Zukunft an die Hand zu geben" (S. 12). Hierzu übernahm *Wolf* jedoch im wesentlichen die bereits am Beispiel von Stadtteil-Geschäftszentren entwickelte und von ihm 1969 veröffentlichte Methode (s. o.). Dieser Arbeit liegt jedoch ebenfalls keine unserer Problemstellung adäquate Typologie der Betriebsformen des tertiären Sektors zugrunde.

Die mit Hilfe von Kartierungen in den drei Nebenzentren Frankfurts gefundenen Nutzungsgruppen (vgl. *K. Wolf*, 1969 S. 13—14) wurden ausnahmslos (auch mit ihren Untergliederungen) für die Analyse der 15 Stadtzentren übernommen und lediglich um zwei Gruppen (öffentliche Gebäude bzw. Wohnungen) erweitert (vgl. *K. Wolf*, 1971, Abb. 3, S. 31—32).

Außer den bereits genannten Einwänden besitzt das von *Wolf* gewählte quantitative Verfahren noch weitere gravierende Nachteile: Es ist im wesentlichen nur anwendbar in den Zentren bzw. -teilkomplexen, in denen die Funktionen (besonders die Geschäftsnutzung im Erdgeschoß) räumlich geschlossen auftreten. Dieses gilt jedoch beispielsweise nicht für weite Bereiche des stark kriegszerstörten und „enttrümmerten" Gebietes der ehemaligen Berliner City bzw. des heutigen Stadtzentrums Ost-Berlins. Problematisch ist weiterhin, daß lediglich der Straßenfrontanteil einer Nutzungsart „als Maßzahl der Gesamtfläche" (*K. Wolf*, 1971, S. 20) genommen und nicht die zum großen Teil leicht zu ermittelnden Nutzungsflächen (besonders die Verkaufsflächen der Geschäfte) berücksichtigt wurden. Dadurch können sich gerade beim Vergleich unterschiedlich großer Zentren erhebliche Verzerrungen in der quantitativen Bewertung ergeben. Schließlich sind in vielen Fällen, besonders in großstädtischen Zentren, die Straßenfrontanteile nur mit erheblichem Aufwand zu ermitteln bzw. kartographisch kaum noch darstellbar. Das gilt z. B. für Bürohochhäuser, die von zahlreichen, unterschiedlichsten Dienstleistungsunternehmen genutzt werden, besonders jedoch für mehrgeschossige „integrierte Einkaufszentren".

K. Wolf und *G. Abele* knüpfen mit ihren o. g. Arbeiten an *neuere Untersuchungen zur Zentren- bzw. Geschäftsgebietsbewertung aus dem englischen Sprachraum* an[21], die mit Hilfe standardisierter quantitativer Verfahren objektiv vergleichbare Ergebnisse und darauf aufbauend Regelhaftigkeiten erarbeiten wollen. Das setzt jedoch — wie in den Untersuchungen von *Abele* und *Wolf* geschehen — voraus, daß die als „inputs" für statistische Verfahren anzusehenden Funktionen keiner vorherigen Bewertung unterzogen werden.

Auch *K. H. Mauermann* (1974/76) legte in seiner Analyse der Geschäftszentren in der Mittelstadt Neheim-Hüsten lediglich „objektiv abgrenzbare" Nutzungsgruppen zugrunde und verzichtete auf die Kennzeichnung der Konsumwertigkeit des Warenangebots bzw. der Spezialisierungsgrade der Einzelhandels- und Dienstleistungseinrichtungen. Zugleich wurde versucht, die Vorzüge der von *R. E. Murphy* und *J. E. Vance* sowie *K. Wolf* praktizierten quantitativen Methoden zu kombinieren und die von diesen angewandten Indizes auf leicht zu bestimmende Maße zu reduzieren.

Die von *Mauermann* entwickelten Meßwerte (sog. gewerbliche Fronthöhe, Fronthöhe, gewerblicher Nutzungsgrad und Nutzungsgruppenverteilung) berücksichtigen — abweichend von den Flächennutzungsindizes nach *Murphy/Vance* — lediglich die Straßenfrontlagen jeder Nutzung pro Geschoß und beziehen sich — in Anlehnung an *Wolf* — auf standardisierte Bezugslängen (100 m-Abschnitte „effektiver Straßenfrontlänge"). *Mauermann* konnte, zumindest am Beispiel der von ihm untersuchten Mittelstadt, nachweisen, daß besonders den Werten für die gewerbliche Frontlänge eine indikatorische Bedeutung zur Erfassung unterschiedlicher Ränge mehrerer Geschäftszentren zukommt. Die generelle Anwendbarkeit dieser Methode, insbesondere für den Vergleich unterschiedlich strukturierter Großstadtzentren, ist jedoch u. a. dadurch erheblich eingeschränkt, als die Berechnung der Meßwerte nur bei „geschlossenen Reihung(en)" von Einzelhandelsgeschäften sinnvoll ist.

Den durch teilweise sehr komplizierte quantitative Analysen des städtischen Zentren- bzw. zentralörtlichen Systems gewonnenen Ergebnissen geographischer Zentrenuntersuchungen ist gemein, daß sie — innerhalb einer Region mit einheitlichem Wirtschaftssystem — in weitem Maße vergleichbar sind. Bei der Interpretation der gewonnenen Meßwerte bzw. Indizes darf jedoch nicht übersehen werden, daß die zugrundegelegten Variablen häufig nur mit einer Merkmalsausprägung erfaßt wurden. *W. K. D. Davies* (1966, S. 60) weist zu Recht darauf hin, daß in den englischsprachigen Arbeiten zur Bestimmung der Rangfolgen von Zentren („ranking of centres") beispielsweise zu wenig die Größenstruktur sowie die Anzahl jedes unterschiedlichen Funktionstyps in die Ranganalyse eingegangen sind. So wurde zwar in der Untersuchung von *B. J. L. Berry*, *H. Barnum* und *R. L. Tennant* (1962) die Faktorenanalyse zur Bestimmung der Hierarchie der zentralen Funktionen herangezogen, in die Ausgangsmatrix wurden

---

[20] Vgl. dazu auch die bereits 1968 von *K. Wolf* veröffentlichten methodischen Grundsätze und Erläuterungen sowie den Geographentagsvortrag im Jahre 1969.
[21] Vgl. dazu den von *W. K. D. Davies*, 1966, veröffentlichten kritischen Bericht über die bis dahin erschienenen englischsprachigen Arbeiten zum Problem des „ranking of service centres", den einführenden Überblick in der Untersuchung von *J. E. Brush* und *H. L. Gauthier*, 1967, S. 1—12 sowie die lehrbuchartigen Darstellungen von *B. J. L. Berry*, 1967 und *P. Scott*, 1970.

jedoch lediglich das Vorhandensein oder Fehlen einer Funktion aufgenommen, nicht jedoch die Anzahl bzw. die unterschiedliche Größe einer jeweils vorkommenden Dienstleistungseinrichtung. Daneben besteht nach *Davies* u. a. die Tendenz, die Messung des Ranges einer Funktion aufgrund der (durchaus zweifelhaften) Annahme vorzunehmen, daß die Funktionen, die in unmittelbarer Nachbarschaftslage angetroffen werden, ähnliche „centrality values" aufweisen. *Davies* verweist in diesem Zusammenhang auf die Untersuchung von B. J. L. *Berry* u. a. (1963).

Auch die zur Absicherung der Rangfolge sowie zur Unterscheidung der Ranggruppen durchgeführten Assoziations- bzw. Signifikanztests sind teilweise nur begrenzt aussagefähig. Als Beispiel hierfür nennt *Davies* die methodisch interessante Arbeit von B. J. L. *Berry* und W. *Garrison* (1958), in der die Anzahl der „activities" in den Zentren innerhalb des Snohomish County mit den jeweiligen Einwohnerzahlen der Zentren unter Benutzung des Chiquadrat-Tests in Beziehung gesetzt wurde. Die Umland- und Hinterlandbevölkerung wurde dabei jedoch nicht berücksichtigt!

2.3 Qualitative Ansätze

Bei der Zentrenanalyse in West- und Ost-Berlin wurde von vornherein angestrebt, entsprechend der spezifischen funktionalen Ausstattungen und der verschiedenen sozio-ökonomischen Grundbedingungen in West und Ost kombinierte qualitative Merkmalsgliederungen zugrundezulegen. Letztere erlauben zwar nur Quantifizierungen auf den unteren Meßskalenniveaus, können m. E. jedoch — selbst bei teilweise beschränkter Material- bzw. Erhebungsgrundlage — zu aussagefähigen Gesamtbewertungen und Vergleichen führen. Unser Untersuchungsansatz fällt damit überwiegend in einen „phänomenologisch-typologisch" ausgerichteten Bereich der Stadtgeographie im Sinne E. *Lichtenbergers* (1972, S. 218).

Zur fachmethodischen Einordnung unserer Fragestellung und der im Kapitel V. ausführlich dargelegten Erhebungs- und Darstellungsmethoden zum Vergleich der funktionalen Zentrenausstattungen in Berlin sollen im folgenden wichtige, überwiegend *qualitativ ausgerichtete Verfahren zur geographischen Zentrenuntersuchung* kritisch analysiert werden, wobei auch eine knappe Darstellung der diesbezüglichen Entwicklung der geographischen Zentrenforschung angestrebt wird. In bezug auf den Untersuchungsraum Berlin und die zu berücksichtigenden qualitativen Merkmale ist im folgenden eine Beschränkung auf die Behandlung derjenigen bisher angewandten und veröffentlichten Fragestellungen bzw. Methoden gerechtfertigt, die sich auf Untersuchungsobjekte (Zentren) im deutschen Sprachraum beziehen. Dieses auch deshalb, weil sich die stadtgeographische Forschung in Mitteleuropa — im Gegensatz etwa zur Geographie in den englischsprachigen Ländern — seit zwei Jahrzehnten stärker mit dem Problem der direkten qualitativen Erfassung und Bewertung von Geschäftszentren befaßt hat.

Mittels des weitgehend empirischen, d. h. induktiven Vorgehens bei der Analyse der innerstädtischen Differenzierung europäischer Städte und damit auch bei der jeweiligen Abgrenzung und Funktionsanalyse von (Geschäfts-) Zentren wurden bis zur Gegenwart zahlreiche primäre Merkmalsgliederungen (Art und Funktion der Dienstleistungseinrichtungen i. w. S.) oder sekundäre Indikatoren (Bodenwerte, Ladenmieten, Fußgängerverkehr, Schaufensterlängen im Verhältnis zur Hausfrontlänge etc.) der funktionalen Zentrenausstattung einzeln oder in Kombinationen berücksichtigt. Diese sollen später (Kap. V.) in systematischer Form dargestellt werden.

Unter den deutschsprachigen Arbeiten behandelt die durch W. *Hartke* angeregte sozialgeographische Studie über die Frankfurter Zeil von E. W. *Hübschmann* (1952) erstmals detailliert eine einzelne großstädtische „Repräsentativstraße". Im Vordergrund dieser Untersuchung steht das Problem der Wechselbeziehungen zwischen Physiognomie und Funktion im zeitlichen Ablauf[22]. Zur Charakterisierung der Entwicklung der Zeil zur Citystraße werden von *Hübschmann* die jeweils ansässigen Betriebe, Haushalte mit Betrieben und Haushaltungen, die Bevölkerungsentwicklung, die Anteile arbeitender und wohnender Bevölkerung, die Häufigkeit des Besitzwechsels als Maßstab einer gewissen „Mobilität in Physiognomie und Funktion", die Bodenwerte und der Fußgängerverkehr dargestellt. Eine genauere funktionale Analyse der Einrichtungen des tertiären Sektors nach primären Merkmalen erfolgte jedoch noch nicht.

E. *Neef* beschäftigte sich dagegen in den ersten Nachkriegsjahren eingehend mit der *Entwicklung von „Nebenzentren des Geschäftslebens im Großstadtraum"* am Beispiel des früheren, noch unzerstörten Dresden[23]. *Neef* stellte nicht nur Prinzipien der Entwicklungstendenzen, Standortbedingungen, Beziehungen und formalen Gestaltung der Nebenzentren heraus, wobei er sehr häufig zu allgemeinen qualitativen Aussagen kam. Die Analyse der Geschäfte nach ihren spezifischen Lokalisationsvoraussetzungen führte außerdem zur Aufstellung gewisser Geschäftstypen (ebd., S. 446—449).

Eine der frühen wichtigen Arbeiten ist auch die Untersuchung der Kölner Altstadt als „wirtschafts-

---

[22] Vgl. dazu auch entsprechende Ausführungen von G. *Steinmüller*, 1958, über die Beziehung zwischen Physiognomie und Funktion im Stadtkern bei der Citybildung von München (ebd., S. 39 ff.).
[23] Das bereits 1949 abgeschlossene Manuskript wurde mit einigen neueren Ergänzungen und Hinweisen in Form von Anmerkungen erst 1963 veröffentlicht.

geographische *Standortgemeinschaft*" von *E. Michel* (1955)[24], in der allgemein „unter einer Standortgemeinschaft eine gruppenweise Lokalisation von Betrieben bestimmter Art verstanden (wurde)" (ebd., S. 22).

Von größerem Einfluß waren jedoch die Studien von *H. Carol* (1955, 1960/62), der wohl als erster den Versuch unternahm, die von *W. Christaller* (1933) entwickelte zentralörtliche Theorie auf die innere Gliederung von Städten anzuwenden und den *Nachweis einer innerstädtischen Zentrenhierarchie* zu erbringen[25]. Zur genaueren Charakterisierung der Funktionen ausgewählter Einzelhandelsbetriebe in den von ihm untersuchten Zentren benutzte er dabei als Merkmale die Breite, Sortimentstiefe und Preislagen[26] des Warenangebotes. Nach Untersuchung der entsprechenden Einzugsgebiete („service areas"), d. h. bei Berücksichtigung der absoluten (und nicht der relativen) Zentralität stellte sich eine klare hierarchische Rangordnung der einzelnen zentralen Funktionen bzw. zentralen „Orte" innerhalb der Gesamtstadt heraus. Auch ergab sich eine enge Beziehung zwischen dem Rang der Geschäftszentren und abgestuften Passantenströmen zu bestimmten Tageszeiten.

Gleichzeitig gingen *W. Hartke* und Mitarbeiter (ebenfalls seit 1952) in München speziellen stadt- und sozialgeographischen Studien nach, deren vorläufige Ergebnisse in dem Aufsatz *Hartkes* über „Die Passage" 1961 veröffentlicht wurden[27]. Die Passagen in der City Münchens wurden nicht nur nach den Standortvoraussetzungen und — in Anlehnung an die Arbeiten von *H. Carol* u. a. — der Verkaufsgunst bzw. Marktgunst[28] sowie auch nach dem „Fußgängerverhalten" untersucht, sondern es wurden qualitativ verschiedene Funktionstypen der Passagen, d. h. „funktionelle *Passagen-Typen*", unterschieden.

Zur Kennzeichnung der Citybildung in West-Berlins „Teilgroßstädten" berücksichtigte *B. Hofmeister* (1962) bereits eine große Zahl physiognomischer und funktionaler bzw. primärer und sekundärer Merkmale[29], so — unter Bezugnahme auf *H. Carol* — auch die Preislagen des Warensortiments in einigen ausgewählten Einzelhandelsbranchen. Eine auf kombinierten Merkmalen basierende Gruppierung bzw. Klassifizierung der einzelnen Dienstleistungseinrichtungen sowie eine Bedarfsstufengliederung wurden jedoch nicht erarbeitet.

Etwa zur gleichen Zeit entwickelte *R. Klöpper* (1961) am Beispiel der Stadt Mainz zur Abgrenzung des Stadtkerns eine an die naturräumliche Gliederung angelehnte „*Gefügemethode*". Dabei wurden die vorgefundenen Elemente („Stadtfliesen") klassifiziert „in solche, die funktional zum Stadtkern gehören, und in solche, die dem funktionalen Charakter des Kerns nicht entsprechen, und schließlich in solche, die ihrer Funktion nach gegenüber der Lage im Stadtkern indifferent sind" (ebd., S. 152). *Klöpper* betont ausdrücklich, daß „bei der Klassifizierung von Elementen nach funktionalen Prinzipien objektive unabhängige Merkmale zurücktreten (müssen) gegenüber der Rolle, die das Element zum Funktionieren des Ganzen spielt" (ebd., S. 154). Die in der späteren Kritik[30] immer wieder herausgestellte „subjektive Bewertung" versuchte *Klöpper* bereits mit dem Hinweis zu entkräften, daß jedes Element ständig durch mehrere Beobachter (Studententeams) verglichen und beurteilt wurde" (ebd., S. 155). *H. Schäfer* (1969) hat jedoch zu Recht hervorgehoben, daß die Methode *Klöppers* „wegen ihres gedanklichen Ansatzes für die Entwicklung stadtgeographischer Untersuchungstechniken größere Bedeutung (hat), als ihre Ergebnisse aus individuellen Einzelfällen vermuten lassen" (ebd., S. 288). Diese Aussage gilt auch in bezug auf eine weitere von *Klöpper* (1961) entwickelte Methode: Für einen überörtlichen Stadtkernvergleich wurden „*ökonomisch bestimmte Reihen verwandter Einrichtungen*", d. h. „Reihen von Läden einer Branche gebildet" ..., „wobei jedes folgende Glied sich durch geringere Warenspezialisierung und Verschiebung des Angebotsschwerpunktes auf einfachere Waren und Dienste unterscheidet" (ebd., S. 160). Bemerkenswert ist jedoch, daß die Spezialisierungsreihen jeweils nicht in Bedarfsstufen (etwa nach der Periodizität der Bedarfsdeckung) gegliedert wurden. Außerdem vernachlässigte *Klöpper* das differenzierte Angebot an Dienstleistungen i. e. S., so daß für die nachfolgende Bestimmung der (inneren) Ränge von Stadtkernen nur ein Teil der City-Funktionen berücksichtigt wurde (vgl. ebd., S. 161—162).

Die differenzierte *Nutzflächen- und Benutzerstruktur eines Stadtzentrums* hat *W. Duckert* (1968)[31] am Beispiel von Darmstadt sowohl quantitativ, z. B. durch die Ermittlung von Wohnflächenindizes, Geschoßflächennutzungsziffern und Arbeitsintensitätsindizes, wie auch qualitativ untersucht. In dieser Arbeit wurde versucht, den jeweiligen *Zentralitäts-*

---

[24] Die kartographischen Aufnahmen wirtschaftlicher Lokalisationen wurden von *E. Michel* bereits 1949, die gesamte Untersuchung 1952 abgeschlossen.
[25] Vgl. auch die Ausführungen von *P. Sedlacek*, 1973, S. 4—5.
[26] Der von *H. Carol* unternommene Versuch, bestimmte vergleichbare Waren in einzelnen Geschäften nach Preis und Häufigkeit in verschiedenen Preisgruppen zu erfassen, wurde — zur Charakterisierung der Versorgung der Bevölkerung — in einer neueren Arbeit von *H. J. Buchholz* (1970) erfolgreich weiterentwickelt und fand auch Anwendung bei der Zentrenuntersuchung in West-Berlin (vgl. die entsprechenden Ausführungen unter V.).
[27] Der Ergebnisbericht von *W. Hartke* (1961) fußt weitgehend auf der Maschinenschrift von *W. Hantschk* (1960). Vgl. auch die darauf basierenden, späteren Ausführungen von *W. Hantschk* (1969).
[28] *W. Hartke*, 1961, S. 303 bzw. *W. Hantschk*, 1969, S. 137.
[29] Vgl. auch die allgemeineren Ausführungen von *B. Hofmeister*, 1976, S. 63 ff.
[30] Vgl. u. a. *H. Schäfer*, 1969, S. 286 und *W. Taubmann*, 1969, S. 333.
[31] Vgl. auch *W. Duckert*, 1966 (Diss.).

grad einzelner Dienstleistungsbetriebe nach den unterschiedlich großen Einzugsbereichen dieser Einrichtungen zu bestimmen.

Die Einteilung basierte auf der von *H. Carol* (1960) angegebenen Zuordnung von einzelnen Dienstleistungsbetrieben zu Zentralitätsstufen. Aufgrund der am Beispiel von Mainz durch *R. Klöpper* (1961) gewonnenen prinzipiellen Untersuchungsergebnisse konnte *Duckert* jedoch stärker als *Carol* berücksichtigen, „daß innerhalb der einzelnen Branchen verschiedene Zentralitätsstufen auftreten können, erkennbar an Unterschieden in der Spezialisierung des Angebots, in den Preisen, in Größe, Lage und Ausstattung der einzelnen Betriebe" (ebd., S. 220). Problematisch bei der Zuordnung einzelner Funktionen zu Zentralitätsstufen ist jedoch die Festlegung der Schwellenwerte für Einwohnerzahlen bezüglich der jeweiligen Einzugsbereiche. In unseren Untersuchungsgebieten West- und Ost-Berlins war außerdem die Anzahl unterschiedlichster Funktionen so groß, daß — über relativ eindeutig einzustufende Beispielfunktionen hinausgehend — kein vollständiger Katalog entsprechend den von *Duckert* definierten Zentralitätsstufen erarbeitet werden konnte.

I.-D. Wolcke (1968) hat in ihrer Arbeit über die Entwicklung der Bochumer Innenstadt den Versuch unternommen, die *qualitative Änderung des Hauptgeschäftszentrums* seit Beginn dieses Jahrhunderts zu erfassen. Ebenfalls angeregt durch die Untersuchung *Klöppers* (1961) wurden die „Geschäfte und Dienstleistungsbetriebe ... nach ihrer Spezialisierung und damit nach ihrem Einzugsbereich klassifiziert" (ebd., S. 85).

Dabei wurden jedoch nur die Geschäfte in (insgesamt vier) Rangstufen untergliedert[32], während als sonstige Cityelemente nur Verwaltungsgebäude (zentrale oder öffentliche Gebäude) und Büros unterschieden wurden. Die Zahl der Geschäfte in jeder Rangstufe sowie die Anzahl der Verwaltungsgebäude und Büros wurden für jeden Straßenabschnitt der Bochumer Innenstadt so geordnet, daß sich einige wenige Straßentypen (Hauptgeschäftsstraßen, Nebengeschäftsstraßen, Wohnstraßen) herausstellten (ebd., S. 86—87). Trotz einiger Zuordnungsprobleme — so wurden z. B. die schwer einzuordnenden Warenhäuser wie auch Supermärkte unverständlicherweise in die qualitativ am höchsten stehende Gruppe „Geschäfte des spezialisierten Bedarfs" aufgenommen — konnten mit dem qualitativen Verfahren *Wolckes* die differenzierte Entwicklung von Geschäfts-„Straßentypen" in der Innenstadt Bochums sowie das „allmähliche Abklingen (des Haupteinkaufszentrums) nach außen hin" überzeugend nachgewiesen werden.

Die Arbeit von *Wolcke* erhält nach *H. Schäfer* (1969, S. 289) „dadurch allgemeinere Bedeutung, daß sie die „Fliesenmethode" *Klöppers* in einigen Elementen quantifiziert, so daß zumindest die Entscheidung, was als citygerechter Straßenabschnitt anzusehen ist oder nicht, mit Hilfe der Diagramme leichter fällt als allein durch subjektive Beurteilung".

Gleichfalls ausschließlich bzw. zumindest überwiegend auf die Analyse der Einzelhandelsfunktionen von Stadtzentren ausgerichtet sind die Arbeiten von *A. Kremer* (1961) und *E. Lichtenberger* (1963, 1969). Unbeeinflußt von den „Gefüge- und Cityrangmethoden *Klöppers* — jedoch unter Berücksichtigung der betriebswirtschaftlichen Standortlehre des Einzelhandels (insbesondere nach *R. Seyffert*) — entwickelte *Kremer* eine bemerkenswerte *Bedarfsstufengliederung des Einzelhandels,* die in wichtigen neueren Arbeiten größtenteils nicht beachtet worden ist[33]. Stark abweichend von der nicht nur in der funktionellen Stadtgeographie, sondern auch in der Betriebslehre des Einzelhandels immer noch vorgenommenen problematischen Einteilung der Einzelhandelsbetriebe nach der sog. kurzfristigen (oder täglichen), mittelfristigen (oder periodischen) und langfristigen (oder episodischen) Bedarfsdeckung bzw. Nachfragehäufigkeit differenzierte *Kremer* Geschäfte gleicher Branchenzugehörigkeit nach Konsumhäufigkeit *und* Wertigkeit der Warensortimente. Von den somit am Beispiel von Köln und seinen Nachbarorten ermittelten neuen drei Bedarfsstufen wurde die oberste nach besonders strengen Gesichtspunkten abgegrenzt, „damit trotz der Vielzahl der kartierten Orte immer noch eine klare Abstufung ihrer zentralen Bedeutung hinsichtlich des Einzelhandels gewährleistet (war)" (S. 6). Mit nur wenigen Ergänzungen wurde die *Kremersche* Bedarfsstufenklassifikation von *H. Toepfer* (1968) in seiner Arbeit über die Bonner Geschäftsstraßen übernommen. Unter Berücksichtigung weiterer Kriterien konnte *Kremer* darüber hinaus ein Rangstufensystem von Geschäftsstraßen entwickeln (vgl. auch die Ausführungen unter V. 2. 1.).

In der Untersuchung der Einzelhandelsstruktur der Stadt Kiel durch *R. Stewig* (1971) — einer der wenigen deutschsprachigen geographischen Beiträge, die sich auf die gesamte Zentrenstruktur einer Stadt beziehen — wurde bei der Auswertung des empirischen Materials zunächst die Klassifizierung der Bedarfsdeckungsfunktion der Geschäfte nach *A. Kremer* zugrundegelegt. Anschließend wurde diese Abstufung „nach dem Grad der Streuung bzw. Ballung der Einzelhandelsgeschäfte einer Branche über das Stadtgebiet festgelegt" (ebd., S. 315). Leider wurde die dadurch erzielte „Korrektur der *A. Kremer*schen Einteilung" (ebd., S. 324) nicht im einzelnen darlegt. Auch *Stewig* konnte anhand weniger Ausstattungskriterien, insbesondere aufgrund der „unterschiedlichen Vergesellschaftung der

---

[32] Geschäfte des spezialisierten Bedarfs, des gehobenen periodischen Bedarfs, der periodischen Bedarfs und des täglichen Bedarfs (ebd., S. 86).
Eine ähnliche Klassifizierung der Geschäfte nach der Art der Bedarfsdeckung in vier Gruppen („Geschäftstypen") wurde bereits 1962 von *H. Fischer* in seiner Untersuchung über die Struktur und zentralörtliche Funktion der Stuttgarter Vororte entwickelt (ebd., S. 24), worauf *I.-D. Wolcke* jedoch keinen Bezug nimmt.

[33] Z. B. blieb die Arbeit *Kremers* unerwähnt bei *W. Duckert* (1968), *E. Lichtenberger* (1963, 1969), *I.-D. Wolcke* (1968) und *K. Wolf* (1969, 1971).

Branchen" und der Art der Bedarfsdeckungsfunktion, eine hierachische Stufung (Rangfolge) der Haupt- und Nebengeschäftszentren sowie innerhalb des Hauptgeschäftszentrums eine „räumlich differenzierte, unterschiedliche qualitative Ausstattung" nachweisen.

Von Bedeutung ist auch die anhand der Geschäftsstraßen Wiens von *E. Lichtenberger* (1963, 1967 b, 1969) entwickelte sog. *physiognomisch-statistische Methode*. Die Verfasserin unternahm damit „erstmals den Versuch, zwischen dem historisch-physiognomischen Aspekt und einer statistischen Analyse eine Brücke zu schlagen" (1967 b, S. 325). Letztere sollte zu „einer exakten Quantifizierung[34] und damit überregional vergleichbaren Typisierung des Geschäftslebens" beitragen (1963, S. 465).

Zur qualitativen Einstufung der Geschäfte nach dem Warensortiment, mit dem Ziel „Funktionstypen von Geschäften" zu unterscheiden, „mußte das Problem einer möglichst einfachen und zugleich objektiven Gruppenbildung gelöst werden" (1969, S. 231). *Lichtenberger* wählte zu diesem Zweck „Konsumgruppen des menschlichen Bedarfs", in denen Einzelhandels- und Dienstleistungsbranchen gemischt auftreten. Selbstverständlich sind derartige Gruppen eindeutiger abzugrenzen und damit — besonders für Städte verschiedener Größenordnungen — eher vergleichbar als Einstufungen nach der Nachfragehäufigkeit oder Spezialisierung des Waren- bzw. Dienstleistungsangebots. Aus diesem Grunde scheint das methodische Vorgehen *Lichtenbergers* zunächst gerechtfertigt. Da jedoch die Standortansprüche der Geschäfte und Dienstleistungen innerhalb der einzelnen Konsumgruppen teilweise sehr unterschiedlich sind, ist der Aussagewert eines auf derartigen Einordnungen basierenden Vergleichs von Geschäftszentren immer sehr beschränkt. Zur Bestimmung von „Funktionstypen der Geschäftsstraßen" sah sich *Lichtenberger* gezwungen, die Konsumgruppen „unter Berücksichtigung der unterschiedlichen Standorttendenzen" zu den (üblichen) drei Hauptbedarfsgruppen zusammenzufassen. Damit wurde letztlich eine Kombination von Bedarfsgruppen und Bedarfsstufen gewählt, die sich prinzipiell ebenfalls bei den empirischen Untersuchungen in Berlin (wenn auch mit anderen Einstufungen und Abgrenzungen) für den Vergleich als zweckmäßig und aussagekräftig erwiesen hat (vgl. Kap. V. und VI.).

Schließlich wurden von *Lichtenberger* unter Berücksichtigung „historischer Ausstattungstypen der Geschäfte" „Entwicklungstypen von Geschäftsstraßen" bestimmt (1967, S. 326—327).

Trotz der genannten und weiterer kritischer Einwände[35] ist die Leistung *Lichtenbergers* besonders zu würdigen, handelt es sich doch m. E. um den ersten Versuch im deutschen Sprachraum, qualitative und quantitative Methoden zur Typisierung des komplexen Geschäftslebens einer Großstadt miteinander zu verbinden. Dieser doppelte methodische Ansatz kommt ebenfalls in der jüngeren, umfangreicheren Veröffentlichung *Lichtenbergers* über die Wirtschaftsfunktion und Sozialstruktur der Wiener Ringstraße (1970 a) sowie in den neueren, mehr verallgemeinernden und stärker abstrahierenden Aufsätzen über das europäische Städtewesen (1970 b) und die kontinentaleuropäische Citybildung (1970) zum Ausdruck. Besondere Beachtung schenkte *E. Lichtenberger* (1972) den Regelhaftigkeiten der „Standortdifferenzierung großstädtischer Funktionen" in Abhängigkeit von der Größenordnung der Städte, wobei im wesentlichen österreichische Städte (Wien, Graz und Klagenfurt) als Beispiele herangezogen wurden.

Die o. g. „physiognomisch-statistische Methode" *Lichtenbergers* hat *jüngere Arbeiten über Geschäftszentren* erheblich beeinflußt: So übernahm z. B. *H. Toepfer* (1968) die genannte Konsumgruppeneinteilung und erweiterte sie nur um eine zusätzliche Gruppe (Geschenkartikel, Blumen, Süßwaren) (vgl. ebd., S. 11). Der vergleichenden Studie von *H. D. Orgeig* (1972) über den Einzelhandel in den Cities von Duisburg, Düsseldorf, Köln und Bonn liegt zur Klassifizierung der City-Geschäftsstraßen weitgehend die Branchengruppierung *Lichtenbergers* zugrunde (vgl. ebd., S. 5 u. 148). Auch *K. Wolf* (1971, S. 30 ff.) bezieht sich auf die Konsumgruppen *Lichtenbergers*, faßt sie jedoch zusammen und erweitert sie um weitere Nutzungsgruppen aus dem Dienstleistungssektor und dem sekundären Bereich. *J. Beyer* (1972) benutzte in seiner Arbeit über Geschäftszentren im US-amerikanischen Pittsburgh die von *H. Toepfer* (1968) ergänzte Gliederung der Konsumgruppen. Er übernahm außerdem — wie *Toepfer* selbst — weitgehend die von *A. Kremer* (1961) erarbeitete Bedarfsstufengliederung, wobei jedoch die von mitteleuropäischen Geschäftszentren abweichenden Ausstattungsstrukturen berücksichtigt wurden.

In seiner vergleichenden Untersuchung über die „Weltstraßen-Gebiete" Kurfürstendamm (West-Berlin) und Champs-Élysées (Paris) versuchte *K. D. Wiek* (1967), den besonderen Funktionen dieser Straßen durch ein Klassifikationsverfahren gerecht zu werden, das sich deutlich von allen bisher diskutierten abhebt. Während *Wiek* zur „quantitativen Erfassung der Funktionen" lediglich die Zahl der Firmen als Kriterium wählte, wurden die Betriebe qualitativ nicht Bedarfsstufen, sondern entsprechend der *„geographischen Reichweite der Funktionen"* (ebd., S. 52) bzw. in Anlehnung an *K.-A.*

---

[34] Auf die Problematik des in diesem Zusammenhang von *E. Lichtenberger* entwickelten Schaufensterindexes (prozentuales Verhältnis zwischen Schaufensterlänge und Hausfrontlänge) als „Maßstab für die Bewertung der Intensität des Geschäftslebens" (1967 b, S. 325) soll später noch eingegangen werden. Vgl. dazu Kap. V. sowie auch die von *H. Toepfer* (1968, S. 10) und *K. Wolf* (1971, S. 15) vorgebrachte Kritik.

[35] Vgl. dazu die Ausführungen unter V. 1.

Boesler (1960) vier Funktionsbereichen zugeordnet: Betriebe mit lokaler Funktion, regionalem Funktionsradius, nationalem Funktionsradius und mit supranationalem Funktionsbereich.

Wiek wollte „mit dieser Gliederung kein festes Gerüst der ganz und gar dynamischen funktionalen Zusammenhänge errichten, sondern einen Zahlenstab geben, auf dem für die Wirtschaftsbereiche gewisse Werte der Konzentration der Firmen und ihrer funktionalen Reichweite ablesbar sind" (ebd., S. 53). Die Zuordnung der einzelnen Betriebe zu den Funktionsbereichen ist jedoch äußerst problematisch und zum großen Teil willkürlich, wie die aufgeführten Beispiele zeigen (ebd., S. 52—53). Diese Schwäche im methodischen Vorgehen läßt sich auch nicht durch die folgenden Einschränkungen beheben, die *Wiek* selbst herausstellt: „Sodann haben wir jede Branche dem Bereich, aus dem die stärkste Nachfrage kommt[36], zugewiesen. Nicht alle Betriebe dieser Branche müssen den zugeordneten Funktionsbereich wirklich erfüllen; es soll lediglich angedeutet werden, daß die Institutionen ihn im allgemeinen verfolgen" (ebd., S. 52).

Spezielle Ergebnisse der Studie *Wieks* bezüglich des Hauptgeschäftszentrums West-Berlins, die nicht in unmittelbarem Zusammenhang mit dem methodischen Ansatz stehen, werden jedoch in der vorliegenden Untersuchung mehrfach herangezogen.

D. Richter (1969) gliederte in seiner Untersuchung des Westberliner „Profilbandes Potsdamer Platz — Innsbrucker Platz" die Einzelhandels- und Dienstleistungsfunktionen — ähnlich wie G. *Duckert* (1968) — in drei *Zentralitätsstufen*: sog. „Standplätze mit geringer Zentralität", „Standplätze mit mittlerer Zentralität" und „Standplätze mit gehobener und höchster Zentralität" (ebd., S. 13).

Bei der Einordnung wurden mehrere qualitative Merkmale berücksichtigt: Warensortimente, Grad der Spezialisierung, Preise; Lage, Größe und Bauausführung des Landes; Art und Umfang der Reklameflächen. Die Dienstleistungsfunktionen wurden wie der Einzelhandel in drei rangmäßig geordnete Gruppen eingeteilt. Es fehlen in dieser Arbeit jedoch standorttheoretische Begründungen für die qualitative Einstufung der einzelnen Funktionen.

Mit seiner Dissertation über ausgewählte „*Sekundärzentren*" *in West-Berlin* ergänzt B. *Aust* (1970) die Untersuchungen von B. *Hofmeister* (1962), K. D. *Wiek* (1967) und D. *Richter* (1968) in regionaler Hinsicht. Leider sind jedoch die Hauptergebnisse aller vier Arbeiten nicht miteinander vergleichbar, da jeweils unterschiedliche Erhebungs- und Bewertungsmethoden bevorzugt wurden. *Aust* wendet sich grundsätzlich gegen die in den meisten Zentrenuntersuchungen vorgenommenen Klassifikation empirisch erfaßter Funktionseinheiten: „Bewertende Aussagen über Funktionen, die nur auf einer Kartierung basieren, müssen abgelehnt werden" (ebd., S. 21). Der Verfasser übersieht dabei jedoch offensichtlich, daß die von ihm vorgenommene, ebenfalls auf Kartierungen basierende Einteilung der „Nutzungsarten" in den Sekundärzentren qualitativ kategorialer Art und in der jeweiligen Zuordnung[37] keineswegs frei von subjektivem Ermessen ist.

„Die vom Verfasser als typisch für ein Sekundärzentrum erachteten Nutzungsarten werden zu einer Gruppe zusammengefaßt („typische Nutzungsarten" ...). Diese Gruppe umfaßt die Institutionen des Einzelhandels, private Dienstleistungsinstitutionen (z. B. Banken, Versicherungen, Arzt- oder Anwaltpraxen) sowie Gaststätten, Imbißstuben und Cafés" (ebd., S. 23). Die Wohnnutzung wird dagegen von *Aust* in bezug auf die Sekundärzentren als atypisch angesehen (= zweite Gruppe). In einer dritten Gruppe werden schließlich alle „anderen Nutzungsarten" vereinigt. „Diese Gruppe ist sehr weitgespannt und heterogen, denn in ihr werden z. B. öffentliche Einrichtungen, Industrie und Handwerk, Industrieverwaltung, Theater oder Hotels zusammengefaßt" (ebd., S. 23).

In nur einer „Spezialstudie" eines Teilbereiches (sieben Baublöcke) des Sekundärzentrums Charlottenburg-Wilmersdorfer Straße[38] wurden die Nutzungsarten detaillierter in 16 Gruppen aufgeteilt[39]. Eine entsprechende vergleichende Betrachtung der übrigen untersuchten Zentren fehlt jedoch. Mittels der gewählten Klassifikationsverfahren bzw. aufgrund des Fehlens einer genaueren Analyse der funktionalen Ausstattung für die übrigen Sekundärzentren konnte *Aust* keine Rangfolge aller Zentren nach den jeweiligen spezifischen Funktionen aufstellen. Eine Hierarchie der untersuchten Zentren wurde vielmehr gemäß der Anzahl der durch eine (Quoten-) Teilerhebung[40] ermittelten „potentiellen Kunden"[41] erarbeitet.

In seiner Untersuchung über die „*Zentrenausrichtung* in mehrkernigen Verdichtungsräumen an Beispielen aus dem rheinisch-westfälischen Industriegebiet" entwickelte M. *Hommel* (1972) eine qualitative Bedarfsgruppengliederung, die sich deutlich nicht nur von den in der Zentralitätsforschung häufig benutzten, i. a. nur wenig differenzierten Ausstattungskatalogen, sondern auch von den bisher genannten qualitativen Einteilungen unterscheidet.

Ausgegangen wurde dabei vom Bedarf der Bevölkerung, der nach folgenden Kriterien differenziert wurde: 1. nach der Häufigkeit des Auftretens (ständig / nicht

---

[36] Dieses wird in der Untersuchung von *Wiek* für die einzelnen Branchen *nicht* bewiesen, sondern lediglich angenommen.
[37] Dieses betrifft besonders die erste und letzte der folgenden Gruppen.
[38] Vgl. B. *Aust*, 1960, S. 35—41 sowie Karte 3 im Anhang.
[39] Die Einteilung hätte jedoch weiter verfeinert werden können. So wurde beispielsweise der Einzelhandel untergliedert in 1. Warenhäuser, 2. Bekleidungs-, Textil- und Schuhgeschäfte, 3. andere Spezialgeschäfte und 4. Einzelhandel für den kurzfristigen Bedarf.
[40] Im Zusammenhang mit einer vom Berliner Institut für Markt- und Meinungsforschung im Jahre 1967 durchgeführten Umfrage wurden 600 Personen als repräsentativ für Gesamt-Berlin mit 10 Einzelfragen interviewt (*Aust*, 1970, S. 94 ff.).
[41] Die Anzahl sog. potentieller Kunden wurde als Ersatzkriterium für (nicht zur Verfügung stehende) Umsatzzahlen herangezogen (vgl. B. *Aust*, 1970, S. 112).

ständig auftretender Bedarf), 2. nach den Bevölkerungsgruppen, in denen er auftritt [Bedarf der gesamten Bevölkerung (oder zumindest breiter Schichten) / Bedarf spezieller Bevölkerungsgruppen (z. B. Jugendliche, Gastarbeiter, Tierhalter) / Bedarf der Bevölkerungsgruppen mit hohem Lebensstandard], 3. nach der Art der Deckung (häufige und regelmäßige / weniger häufige, aber regelmäßige / seltenere und unregelmäßige Bedarfsdeckung) (ebd., S. 57). „Durch sinnvolle Kombination dieser Kriterien ergaben sich insgesamt sieben Bedarfsgruppen, denen entsprechende Versorgungseinrichtungen zugeordnet wurden" (ebd.). Diese reichen in der Rangfolge von der Gruppe I „ständiger Bedarf der gesamten Bevölkerung (oder zumindest breitester Schichten), der häufig und regelmäßig gedeckt wird" (z. B. Lebensmittelgeschäfte, Gaststätten) bis zur Gruppe VII „Nicht-ständiger Bedarf von Bevölkerungsgruppen mit hohem Lebensstandard" (z. B. Modegeschäfte, Hutmoden, Krawatten) (ebd., S. 57, 59). Unberücksichtigt blieben selten vorkommende zentrale Einrichtungen (Theater, Konzertsäle etc.) bzw. Dienstleistungen, die in den Untersuchungsgebieten eine nur geringe Tendenz zur Konzentration aufweisen (Arztpraxen) (ebd., S. 55).

Hat sich die Anwendung der von M. Hommel erarbeiteten Bedarfsgruppengliederung m. E. für die Kartierung und Typisierung der funktionalen Ausstattung in kleineren mittelstädtischen Zentren bewährt[42], so würde das mit der gleichen Einteilung nur bedingt für großstädtische Zentren gelten. Die weitaus vielseitigere Dienstleistungsausstattung derartiger komplexer Zentren sowie die im allgemeinen noch schwieriger abzugrenzenden „Konsumentengruppen" erschweren bei einer differenzierten Bedarfsgruppengliederung die jeweilige Zuordnung spezieller Funktionen erheblich bzw. machen diese in vielen Fällen unmöglich.

Stark abweichend von den bisher genannten Bedarfsdifferenzierungen des Einzelhandels nahm A. Meynen (1975) in ihrer interessanten Analyse der Ausstattung und Entwicklung der Geschäftszentren der Stadt Köln (mit einer knappen vergleichenden Betrachtung der Geschäftszentren in den Großstädten der Bundesrepublik Deutschland), ausgehend von der im anglo-amerikanischen Bereich benutzten Einteilung der Geschäfte[43] nach „shopping-goods" (Auswahl- oder Einkaufsgüter), „convenience-goods" (Alltags- oder Einholgüter) und „speciality-goods" (Spezialgüter), eine Branchengliederung nach der typischen Lage einzelner Branchen" vor (ebd., S. 2, 7).

Dabei umfassen die Auswahl- oder Einkaufsgüter Waren, für deren Besorgung im allgemeinen ein größerer Zeitaufwand (Einkaufsfahrten) in Kauf genommen wird (z. B. Angebote von Warenhäusern, Textilien, Lederwaren, Schuhe, Schmuck). Als Alltags- oder Einholgüter werden Massen- und Markenartikel (d. h. Standardwaren wie z. B. Lebensmittel, Tabakwaren, Blumen, pharmazeutische Artikel) bezeichnet, die „dort eingekauft werden, wo sie am bequemsten zu erwerben sind, so z. B. in der Nähe der Wohnung, auf dem Wege zur Stadt oder zur Arbeitsstätte ...". Geschäfte mit Spezialgütern[44] suchen nicht nur zentrale, sondern auch dezentrale, d. h. Spezialstandorte auf. Die Einkaufs-, Einhol- und Spezialgüter lassen sich nun wiederum grundsätzlich nach der kurz-, mittel- und langfristigen Bedarfsdeckung unterscheiden. Dieses Gliederungsprinzip wurde jedoch von A. Meynen nur teilweise angewandt: Die Gruppierung der Geschäfte mit Einkaufsgütern erfolgte nach der „zentralen Lage" oder „Randlage". Innerhalb dieser (Unter)Gruppen wurden Zusammenfassungen nach Branchen (etwa Textilien) und genauere Branchenkennzeichnungen (z. B. Pelze), jedoch — anders als in der früheren Kölner Untersuchung von A. Kremer — keine rangmäßige Abstufung nach der Wertigkeit der Warensortimente (Konsumwertigkeit) vorgenommen. Lediglich bei den Geschäften mit Einholgütern wurde eine Gruppe nach der Bedarfsfristigkeit (kurzfristiger Bedarf) unterschieden. Außer den Branchengruppen Einkaufsgüter und Einholgüter berücksichtigte A. Meynen „Dienstleistungsbetriebe, die dem Einzelhandel beigeordnet sind" (z. B. gastronomisches Gewerbe, Banken, Kinos, Tankstellen), vernachlässigte dabei jedoch eine Reihe gehobener privater Dienstleistungen (z. B. Ärzte, Rechtsanwälte), die heute charakteristischer Bestandteil der funktionalen Ausstattung der Hauptgeschäftsstraßen in den Großstädten der Bundesrepublik Deutschland sind.

Trotz der nicht ganz konsequenten Gruppierung des Einzelhandels und der genannten Einschränkung in der Berücksichtigung der Dienstleistungseinrichtungen kam A. Meynen aufgrund der vorgenommenen Branchengliederung zu wichtigen detaillierten Ergebnissen und allgemeinen Aussagen bezüglich der typischen Merkmale und Entwicklungstendenzen großstädtischer Geschäftszentren. Insbesondere konnten verschiedene Straßengruppen und -typen nach ihrer Ausstattung in hierarchischer Abstufung klar voneinander unterschieden werden.

Von besonderer Bedeutung für die Methodik der modernen Stadtforschung ist die Untersuchung von G. Gad (1968), die sich am Beispiel Nürnbergs einem in der Kulturgeographie bzw. in den meisten der bisher genannten Arbeiten vernachlässigten Bereich des Dienstleistungssektors widmet: den *Büros im Stadtzentrum*. Diese Arbeit zeigt besonders deutlich, wie erschwerend für die qualitative Einteilung (nur) der Büros und damit für eine derartige Analyse sich die „äußerst heterogene Gesamtmasse" dieser Betriebe auswirkt (ebd., S. 194).

Selbst durch eine wirtschaftliche Gliederung der etwas über 1000 Büros in 11 Hauptgruppen[45] und eine weitere Aufsplitterung in 53 Untergruppen konnte nicht verhindert werden, daß in manchen Untergruppen noch sehr verschiedenartige Betriebe zusammengefaßt werden muß-

---

[42] Vgl. die in Castrop-Rauxel, Gevelsberg und Ennepetal vorgenommenen Zentrenkartierungen und ihre Interpretationen bei *Hommel* (1972 bzw. 1974).
[43] Vgl. die diesbezüglichen Ausführungen unter V. 2.1.2.4.
[44] Diese wurden in der Untersuchung von A. Meynen nicht als getrennte Branchengruppe berücksichtigt.
[45] Als Büro-Hauptgruppen wurden unterschieden: Geld- und Kreditwesen, Versicherungen, Industriebüros, Handelsbüros, Bauwirtschaft, Rechtsberatung, Wirtschaftsdienste und Verlage, Verkehr, Öffentliche Verwaltung und Verschiedenes (Ebd., S. 195).

ten. Als weitere Gliederungsmerkmale wurden quantitativ die Betriebsgrößenstruktur nach Anzahl der Beschäftigten sowie qualitativ der „Status der Büros" (Stellung innerhalb der Hierarchie eines Unternehmens)[46] und die Physiognomie der Gebäude zur Kennzeichnung des Prestige- und Repräsentationsbedürfnisses der einzelnen Unternehmen unterschieden. *Gad* hat nicht nur versucht, die absolute Standortverteilung der Bürogruppen, sondern ebenfalls — mit Hilfe statistischer Indizes zur Beschreibung von Verteilungsmustern — die relative Standortstruktur detailliert darzustellen. In einem letzten, methodisch wichtigen Hauptteil seiner Untersuchung (Erklärung der Bürostandorte und der räumlichen Struktur des Stadtzentrums) stellt *Gad* die datenmäßig besonders schwierige Erfassung des Interaktionsprozesses der Büros in den Vordergrund, verzichtet aber auch nicht auf die genetisch-erklärende Betrachtung der Bürostandorte.

Die von *Gad* entwickelte vorbildliche Verknüpfung qualitativer und quantitativer Kriterien bzw. Methoden konnte in dieser detaillierten Form nicht auf die Zentrenuntersuchung in Berlin übertragen werden, da dieser durch die beschränkte, im wesentlichen durch Kartierungen gewonnene Materialbasis enge Grenzen gesetzt waren.

In den Arbeiten von *H. J. Buchholz* und *H. Heineberg* (1969, S. 71 ff.) und *H. J. Buchholz* (1970 S. 18 ff.) wurde ebenfalls einer sinnvollen gruppenmäßigen Einteilung des engeren Dienstleistungsbereiches besondere Beachtung geschenkt. Die teilweise nach spezifischen Qualifikationsmerkmalen unterschiedenen (z. B. einfache gehobene private Dienstleistungen), andererseits nach ähnlichen Standortansprüchen abgegrenzten Untergruppen (z. B. Rechtspflege, technische Büros) wurden jedoch aufgrund der empirischen Ermittlung differenzierterer Dienstleistungen in Berlin inhaltlich z. T. erheblich ergänzt (vgl. Kap. V. 2.).

2.4 Geographische Zentrenuntersuchungen in der DDR

Bei den bisher analysierten und in die fachwissenschaftsmethodische Entwicklung eingeordneten deutschsprachigen Arbeiten wurden Zentrenuntersuchungen durch Geographen aus der Deutschen Demokratischen Republik bewußt noch nicht berücksichtigt, weil für sie eine besondere, relativ einheitliche Ausrichtung charakteristisch ist. Eine Ausnahme bildet dabei jedoch der bereits genannte Aufsatz von *E. Neef* (1963), der sich auf die frühere (Neben-)Zentrenstruktur eines Großstadtraumes (Dresden) vor der Kriegszerstörung bezieht.

Über die städtischen Zentrenausstattungen in der DDR, die durch die Entwicklung des ökonomischen (planwirtschaftlichen) Systems des Sozialismus und des sozialistischen Städtebaus bis zur Gegenwart erhebliche Wandlungen erfahren haben, liegen nur wenige geographische Untersuchungen vor, die insgesamt schwerpunktmäßig auf die ökonomisch-geographische Analyse des „Einzelhandelsnetzes" und auf die Möglichkeiten der Anwendung der Untersuchungsergebnisse in der Planungspraxis orientiert sind (vgl. auch den folgenden Abschnitt 2.5.).

Vor einem Jahrzehnt stellte *F. Köhler*[47] (1963) noch fest, daß die Behandlung des Einzelhandels zwar in der Stadtgeographie und in den zentralörtlichen Studien von Bedeutung, jedoch für die meisten geographischen Untersuchungen eine undifferenzierte Analyse des Verkaufsstellennetzes charakteristisch sei (ebd., S. 51—52). *Köhler* hob daher in seinem methodischen Beitrag die — im wesentlichen bisher von Ökonomen herangezogenen — Merkmale hervor, die bei ökonomisch-geographischen Untersuchungen zur Standortverteilung des Einzelhandels[48] relevant sind[49]. Dabei stehen in „einer ökonomisch-geographischen Analyse ... der Standort, die Standortwahl, die ökonomischen Gesetzmäßigkeiten für die Standortwahl im Vordergrund", wobei allerdings das Warensortiment und die jeweilige Eigentumsform nicht unberücksichtigt gelassen werden dürfen (ebd., S. 58). *Köhler* hielt es für zweckmäßig, die Verkaufsstellen innerhalb einer Stadt oder eines Kreises für Gebiete ähnlicher wirtschaftlicher Bedingungen zu sog. *Standortkomplexen*[50] zusammenzufassen und gemeinsam zu untersuchen. Jeder Standortkomplex sollte dem Standort als sozial-ökonomischer Kategorie gerecht werden, das Typische erfassen sowie in der Praxis leicht abzugrenzen sein (ebd., S. 59—60). Innerhalb eines räumlich fixierten Standortkomplexes wurde nun — am Beispiel von Greifswald — die Einzelhandelsstruktur nicht empirisch mittels Kartierungen oder Befragung untersucht. Die Basis bildete vielmehr als wichtigste Quelle das Urmaterial der amtlichen Einzelhandelserhebung[51] sowie — zur Einordnung der Verkaufsstellen — die von der Staatlichen Zentralverwaltung für Statistik beim Ministerrat herausgegebene „Branchennomenklatur" (vgl. *F. Köhler*, 1963, S. 66—67). Damit konnten für jede amtlich ausgewiesene Branchengruppe wichtige Merkmale

---

[46] Die von *Gad* vorgenommene Befragung der Betriebe zur Gewinnung detaillierter Daten konnte in Ost-Berlin grundsätzlich nicht und in West-Berlin wegen der sehr großen Anzahl der Dienstleistungsunternehmen in den untersuchten Zentren arbeitsmäßig nicht durchgeführt werden.
[47] Als Geograph an der Hochschule für Binnenhandel in Leipzig tätig.
[48] Zum Einzelhandel in der DDR zählt auch das gesamte Gaststättengewerbe.
[49] Diese Merkmale werden ausführlich im Kap. V diskutiert.
[50] *E. Michel* (1955) hat in ähnlicher Weise Einzelhandelsbetriebe zu „Standortgemeinschaften" zusammengefaßt (s. oben).
[51] Berichterstattung über den Einzelhandelsumsatz, die Arbeitskräfte und andere wichtige Kennziffern der Verkaufsstellen des sozialistischen und privaten Einzelhandels, die am 30. September der Jahre 1959 und 1960 an die Staatliche Zentralverwaltung für Statistik eingereicht werden mußten. Diese aufschlußreichen Erhebungsbögen standen für diese Berlin-Untersuchung nicht zur Verfügung.

bzw. Kennziffern (Zahl der Verkaufsstellen, Umsatz[52], Verkaufskraft, Umsatz je m² etc.) ermittelt werden. Wichtig ist weiterhin, daß *Köhler* mit seiner Untersuchung einen unmittelbaren Bezug zur Wirtschafts- bzw. Planungspraxis herzustellen versucht, denn auf der Grundlage von Kennziffern für die einzelnen Branchen erfolgte bereits in dieser Zeit die Planung des Einzelhandelsnetzes in der DDR.
Basierend auf der methodischen Konzeption *Köhlers* untersuchte *R. Thamm* (1964, 1965) die Probleme der Standortverteilung des Einzelhandels in der schwer zerstörten Stadt Nordhausen. In diesem Beitrag zur „Handelsnetzentwicklung" wurden ebenfalls Standortkomplexe abgegrenzt und mittels Kennziffern sowie nach der Verteilung der wichtigsten Branchen untersucht. Aus dem Vergleich der unterschiedlichen Einzelhandelsbetriebe entsprechend der Nachfragehäufigkeit und dem Spezialisierungsgrad („konzentrischer Aufbau des Handelsnetzes"[53]) wurden von *Thamm* Schlußfolgerungen für die weitere Entwicklung der Einzelhandelsstruktur in Nordhausen gezogen.
In seiner ökonomisch-geographischen Untersuchung der Einzelhandelsstruktur der Stadt Brandenburg wendet *H. Schrader* (1966) ebenfalls die von *Köhler* und *Thamm* benutzten Kennziffern zur Charakterisierung der ökonomischen Leistungen der Verkaufsstellen an. Er unterscheidet jedoch nicht einzelne Standortkomplexe, sondern untersucht die Standortverteilung sowie die Bedingungen der Standortwahl innerhalb sog. Versorgungsbereiche. Diese sollen in der Hierarchie der Versorgungsgebiete die untersten räumlichen Einheiten darstellen und möglichst mit den Wohngebieten der „Nationalen Front" übereinstimmen (vgl. Kap. III. 2.).
Die von der Ökonomischen Geographie, der Ökonomie und dem Städtebau sowie nicht zuletzt vom Ministerium für Handel und Versorgung in der Deutschen Demokratischen Republik entwickelten Planungsprinzipien für die räumliche Verteilung, Strukturierung und Organisation der hierarchisch angeordneten Versorgungszentren und ihrer zugeordneten Bereiche hat *K. Illgen* (1969) in seiner lehrbuchartigen Darstellung „Geographie und territoriale Organisation des Binnenhandels" übernommen und methodisch sowie auch sachlich erweitert. Berücksichtigt wurde neben dem Einzelhandel auch die territoriale Organisation des Großhandels. Auch diese Darstellung, die allgemein in die Geographie des Binnenhandels einführen will, ist schwerpunktmäßig (1) auf die perspektivische Planung und Prognose des Binnenhandelsnetzes innerhalb des ökonomischen Systems des Sozialismus in der DDR, (2) auf die prinzipiellen Ergebnisse der Ökonomie des Binnenhandels in der DDR (vgl. Kap. III. 1.2.), (3) auf die Benutzung einfacher standardisierter Kennziffern zur Kennzeichnung des Leistungsstandes des Handels und (4) überwiegend auf die Erfassung bzw. Bestimmung von Einzugsgebieten der Handels- und Versorgungseinrichtungen orientiert. Auf die Aussagemöglichkeit differenzierter empirischer Analysen der funktionalen Zentrenausstattung wird von *K. Illgen* kaum Bezug genommen.

Eine ökonomisch-geographische empirische Untersuchung der Versorgungszentren im Großstadtraum Ost-Berlin liegt bislang nicht vor. Unsere Untersuchung kann sich jedoch teilweise auf die in der städtebaulichen Literatur der DDR veröffentlichten Pläne und Planungskriterien für die Gestaltung des Hauptstadtzentrums und sozialistischer Wohnkomplexe mit ihren Versorgungszentren in Ost-Berlin stützen (vgl. Kap. III. 2.).

2.5 Abgrenzung zu Stadt-Umland-Studien

Die vorliegende Untersuchung über die funktionale Zentrenausstattung in Berlin reiht sich ein in die unter 2.3 genannten, überwiegend qualitativ ausgerichteten stadtgeographischen Studien, die sich fast ausnahmslos auf die direkte Analyse und Bewertung städtischer Zentren ohne genauere Erfassung korrespondierender Einzugsbereiche beschränken. Sie hebt sich damit ab von den zahlreichen neueren deutschsprachigen Arbeiten aus dem ebenfalls stark spezialisierten Bereich der zentralörtlichen „Stadt-Umland-Forschung", in denen das Problem funktionsräumlicher Gebietsgliederungen bzw. -abgrenzungen insgesamt im Vordergrund stand.
Gestützt auf die wissenschaftlichen Grundsätze und Erfahrungen großräumiger Zentralitätsuntersuchungen in Deutschland — u. a. von *K. Hottes* (1954), *P. Schöller* (1955), *E. Meynen, R. Klöpper* u. *J. Körber* (1957) — wurde auf Initiative und unter Beratung des Zentralausschusses für deutsche Landeskunde in allen Ländern der Bundesrepublik Deutschland eine umfassende geographisch-landeskundliche Bestandsaufnahme der zentralen Orte und zentralörtlichen Bereiche vorgenommen[54]. Bei der zugrundegelegten „empirischen Umlandmethode" wurde zunächst nicht vom zentralen Ort und seiner Ausstattung ausgegangen, sondern es wurde mittels schriftlicher Befragung und Kontrollinterviews versucht, „zentralörtliche Einzugsbereiche mit ihren Grenzen und Übergangsräumen aufzuzeigen" (G. *Kluczka, 1970 a*, S. 8). Dabei wurden „die zentralen Orte selbst ... überwiegend nach ihrer Be-

---

[52] Bei Verkaufsstellen, die mehrere Warengruppen umsetzen, konnte der Gesamtumsatz jedoch nicht nach einzelnen Warengruppen aufgeteilt werden. Die Aussagekraft der Umsatzangaben wird außerdem dadurch erheblich gemindert, daß in der zugrundeliegenden Einzelhandelserhebung lediglich der Umsatz eines Quartals erfaßt wurde.
[53] Vgl. die genaueren Ausführungen unter III. 1.2.
[54] Vgl. besonders G. *Kluczka* (1970 a) und die methodischen Darstellungen in *J. Körber* (1956), G. *Kluczka* (1969, 1970 b, 1970 c), H. *Overbeck* u. a. (1967), die Arbeiten von U. *Högy* (1966), R. *Klöpper* (1968) und *J. Rechtmann* (1970) und die kritischen Ausführungen von P. *Schöller* (1973, S. 31).

deutung für die jeweilige Umlandbevölkerung bewertet, d. h. nicht die Ausstattung der zentralen Orte (war) ihr entscheidendes Kriterium, sondern ihre Stellung im Umland" (ebd.). Aus dieser methodischen Konzeption wie auch aus der Vielzahl der zu untersuchenden Zentren mit ihren abgestuften Bereichen ergab sich, daß für die Ausstattungen der aufgrund der empirischen Untersuchungsergebnisse unterschiedenen Stufen zentraler Orte — ähnlich wie in der grundlegenden Untersuchung von *W. Christaller* (1933) — eine beschränkte Anzahl jeweils charakteristischer *Leit- bzw. Schlüsselfunktionen* angegeben wurde (vgl. u. a. *Kluczka*, 1970 a, S. 12—14 sowie *Kluczka*, 1970 b, S. 16—18).

In relativ entsprechender Form sind auch in zahlreichen englischsprachigen Zentralitätsstudien bestimmte, jedoch von Arbeit zu Arbeit zumeist unterschiedliche „key functions" zur Charakterisierung verschiedener Rangstufen von Versorgungszentren bzw. zentralen Orten herangezogen worden[55].
W. K. D. Davies (1966) bemerkte zu diesem methodischen Vorgehen: „its usefulness depends upon the grounds for the selection of the key criteria, and the objective demonstration that the criteria are significant" (ebd., S. 53). Hinzu kommt die Feststellung, daß sich die „Schlüsselfunktionen" nicht nur in zeitlicher Dimension stark ändern, sondern regional (besonders für Räume mit unterschiedlichen Sozial- und Wirtschaftsordnungen) sehr verschieden sein können.

In der DDR wurde mit einer systematischen, das gesamte Staatsgebiet umfassenden Erforschung der Stadt-Umland-Beziehungen verhältnismäßig spät begonnen. Erst in den letzten Jahren, d. h. nach Abschluß unserer empirischen Untersuchungen, wurden eine Reihe von wichtigen Grundsatzbeiträgen und auf empirischen Arbeiten aufbauenden Darstellungen zur Typisierung von Städten und Gemeinden bzw. Zentren bezüglich ihrer infrastrukturellen Ausstattung und Umlandbedeutung veröffentlicht. Insbesondere wurde mit den vom Geographischen Institut der Akademie der Wissenschaften der DDR auf breiter empirischer Basis durchgeführten vergleichenden Untersuchungen erstmals eine systematische Übersicht der Zentren der DDR nach einheitlichen Materialgrundlagen vorgelegt. Sie dienten dem „Ziel, durch fundierte Kenntnis der Wechselbeziehungen zwischen Stadt und Umland einen Beitrag zur optimalen Gestaltung dieser Beziehungen und damit zur Überwindung von Niveauunterschieden zwischen Stadt und Land zu leisten" (*F. Grimm* u. *I. Hönsch*, 1974, S. 282).

Eine gute Zusammenfassung der Methodik und wichtigsten Ergebnisse dieser Stadt-Umland-Forschungen, die in einer Typisierung aller Städte und Gemeinden der DDR über 5000 E resultierten, geben *F. Grimm* und *I. Hönsch* (1974). Eine ausführliche Darstellung der Ergebnisse und Erfahrungen dieser Untersuchungen wurden von *F. Grimm* und *I. Hönsch* 1975 veröffentlicht. Von besonderem Interesse ist auch die Systematisierung der infrastrukturellen Ausstattung einzelner hierarchisch abgestufter Siedlungskategorien durch *K. Kluge* (1974).

Die von *F. Grimm* und *I. Hönsch* (1974) unterschiedenen 15 sog. Haupttypen der Zentren (z. B. Berlin, Leipzig und Dresden als erster Haupttyp) und die — ebenfalls hierarchisch abgestuften — 48 sog. Elementartypen, die sich „aus der Kombination der versorgungsräumlichen, politisch-administrativen und arbeitsräumlichen Umlandbedeutung" ergaben, beziehen sich lediglich auf Städte und Gemeinden. So werden zwar sog. Lokalzentren bzw. partielle Lokalzentren unterschieden, Stadtbezirks- oder etwa Wohnbezirkszentren innerhalb von Großstädten — die z. B. in Ost-Berlin das Versorgungs- bzw. Zentrengefüge in erheblichem Maße bestimmen — wurden jedoch nicht explizit als Zentrentypen berücksichtigt.

Festzuhalten ist, daß zwar prinzipiell die Ergebnisse der modernen, von der Geographie entwickelten „Stadt-Umland-Forschung" bei stadtgeographischen Zentrenanalysen Berücksichtigung finden sollten. Jedoch muß betont werden, daß die häufig als Indikatoren benutzten sog. Leit- oder Schlüsselfunktionen bzw. die zur Kennzeichnung der Rangfolgen Zentraler Orte aufgestellten „Ausstattungskataloge" (Katalog-Methode[56]), einer differenzierten qualitativen Bewertung funktionaler Zentrenausstattungen, insbesondere bezüglich branchenspezifischer Standorttendenzen, zumeist nur in beschränktem Maße gerecht werden. Auch hat sich die (geographische) Stadt-Umland-Forschung, sowohl in der Bundesrepublik Deutschland wie in der DDR, zu sehr auf die Typisierung ganzer Städte bzw. Gemeinden als sog. Zentrale Orte oder Zentren bezogen und dabei das differenzierte, in sich abgestufte innerstädtische Zentren- bzw. Zentralitätsgefüge innerhalb der Großstadträume noch weitgehend vernachlässigt.

---

[55] Vgl. u. a. die Untersuchungen von *A. E. Smailes* (1944); *J. E. Brush* (1953); *H. Carter* (1955); *J. S. Duncan* (1955); *G. Hartley* u. *A. E. Smailes* (1961) (zusammengestellt nach dem zusammenfassenden Bericht von *W. K. D. Davies* [1966]) sowie *F. H. W. Green* (1958).
[56] Vgl. auch die von *P. Sedlacek* (1973, S. 21—22) an der „Katalog-Methode" geäußerte Kritik.

Kapitel II

GENESE UND RÄUMLICH-ZEITLICHE KONSISTENZ DER ZENTRENAUSSTATTUNG BERLINS

1. Einführung in die Problemstellung

Vor einer späteren eingehenden Erörterung der bei der Zentrenuntersuchung in Berlin angewandten empirischen Erhebungsmethoden und darauf basierender Untersuchungsergebnisse sollen in den folgenden Abschnitten zunächst wichtige raumrelevante genetische Voraussetzungen und Bedingungen für die heutigen funktionalen Zentrenausstattungen in beiden Teilen des Großstadtraumes vorangestellt werden, da diese nicht nur bei der Erarbeitung der Methoden, sondern auch bei der nachfolgenden Bewertung der Funktionen berücksichtigt werden.

Im Sinne des von *H. D. de Vries-Reilingh* (1968) erläuterten *Prinzips der räumlich-zeitlichen Konsistenz*[1] von Infrastrukturen bzw. „funktionierenden Stätten" sowie der von *D. Storbeck* (1964, S. 133 ff.) für Berlin herausgestellten „allgemeinen Beharrungstendenz der Standorte" wirken frühere Strukturen und Funktionsausprägungen noch in erheblichem Ausmaß nach. Dies gilt in unserem Falle nicht nur für die räumliche Verteilung der Zentren, die Beibehaltung von Straßenverlauf und teilweise auch von Parzellierungen, sondern ebenfalls für die Auswirkung ehemaliger funktioneller Viertelsbildungen innerhalb der Innenstadt sowie für die Konsistenz spezifischer Zentrenfunktionen. Daher sollen im Abschnitt 2. zunächst Hauptmerkmale der funktionalen Ausstattung wichtiger Zentren Berlins für die Zeitphase vor dem Zweiten Weltkrieg dargestellt und — soweit wie bereits in diesem Zusammenhang erforderlich — in Bezug zur heutigen Nutzungsstruktur abrißartig analysiert werden.

Es muß jedoch die Auswirkung der Beharrungskraft traditioneller Standortgegebenheiten bzw. funktionaler Ausprägungen in Berlin stets im Zusammenhang mit einer Reihe teilweise sehr stark modifizierender Faktoren bzw. veränderter Standortbedingungen gesehen werden. Dazu zählen zunächst die *schweren Kriegszerstörungen*. Das betrifft besonders den größtenteils flächenhaft zerstörten Bereich der ehemaligen Berliner City, jedoch auch das zweitwichtigste Vorkriegszentrum Kurfürstendamm-Bereich/Tauentzienstraße sowie in unterschiedlicher Stärke andere wichtige Nebenzentren[2]. Wie im folgenden Abschnitt besonders herausgestellt wird, haben die Kriegsschäden jedoch die Konsistenz der räumlichen Verteilung wichtiger Leitfunktionen selbst in dem am meisten betroffenen Bereich der ehemaligen Berliner City nicht vollständig „auflösen" können. Die wirtschaftliche Notlage sowie das Fehlen einer generellen Stadtplanung und speziellen Zentrenplanung in beiden Teilen Berlins haben in der ersten Nachkriegszeit u. a. zur Rekonstruktion zahlreicher älterer, weniger zerstörter Gebäudekomplexe beigetragen. Diese (Groß-)Bauten (z. B. ehemalige Regierungs- und Bankgebäude) waren zumeist wenig geeignet für andersartige Nutzungen mit sehr abweichenden Raumansprüchen. Außerdem wurden später mit beträchtlichem finanziellen Aufwand die zum großen Teil erheblich zerstörten, kulturhistorisch bedeutendsten Gebäude (besonders im Bereich des Berliner Forums/Straße Unter den Linden) wiedererrichtet. Die beiderseitige Ungewißheit über die politische Zukunft Deutschlands sowie das jahrelange Festhalten an der Vorstellung von einem wiedervereinigten Deutschland und einem Berlin mit früheren Hauptstadtfunktionen haben zur Konsistenz zahlreicher traditioneller Standortgegebenheiten — besonders im Bereich der alten Innenstadt — beigetragen. Nicht zuletzt hat die Ostberliner Stadtplanung bei der späteren Neuplanung und sozialistischen Umgestaltung des Stadtzentrums (ab 1961) versucht, die historischen Leitfunktionen wichtiger Straßen und Plätze — soweit sie den allgemeinen Prinzipien des sozialistischen Städtebaus und dem ökonomischen System des Sozialismus in der DDR nicht widersprachen — zu be-

---

[1] D. h. Konsistenz als „Beharrlichkeit" oder „Dauerhaftigkeit" (ebd., S. 111 ff.) bzw. als „Kontinuität traditioneller Standortgefüge" (*P. Schöller*, 1974 b, S. 426); vgl. dazu auch *K. Ruppert* und *F. Schaffer*, 1969, S. 211. Der Begriff Konsistenz wird im folgenden gleichbedeutend mit der häufig benutzten Bezeichnung „Persistenz" angewandt.
[2] Vgl. Atlas von Berlin, Deutscher Planungsatlas, Bd. IX, 1962, Abb. 30—32.

rücksichtigen bzw. in (zumeist) abgewandelter Form neu entstehen zu lassen.
Weitere *Folgewirkungen* des Zweiten Weltkrieges, die die Standortbedingungen der tertiären Einrichtungen verändert und damit die Entwicklung des Zentrengefüges Berlins bis zur Gegenwart ebenso nachhaltig beeinflußt haben wie die Kriegszerstörungen selbst, waren *politischer Art:* Durch die Aufgliederung Deutschlands in Besatzungszonen und die Aufteilung Groß-Berlins in vier Sektoren der Besatzungsmächte, durch die Abschnürung West-Berlins von der Sowjetischen Besatzungszone und damit von seinem „Brandenburgischen Bezugs- und Absatzraum" (*P. Schöller,* 1953 a, S. 1) sowie durch den Verlust der früheren Hauptstadtfunktionen mußte Berlin und im besonderem Maße die Berliner Innenstadt, die überwiegend zum Sowjetischen Sektor gehört, wesentliche übergeordnete — gesamtdeutsche oder selbst gesamtberliner — Aufgaben einbüßen. Hinzu kam die folgenschwere Spaltung des „hochorganisierten, eng verwachsenen und verflochtenen Raumes" der Weltstadt Berlin (*P. Schöller,* 1953 a, S. 1) in zwei Teile (1948)[3], die mit dem Bau der Mauer im Jahre 1961 bekräftigt wurde (vgl. *D. Mahncke,* 1961, S. 219 ff.). Bis dahin war der wechselseitige Zentrenbesuch in beiden Teilen der Stadt durch die Bevölkerung West- und Ost-Berlins noch möglich gewesen, was anfangs u. a. auch zur Bildung von stark frequentierten „Grenzmärkten" (zumeist in Form einfachster Verkaufsstände oder in Notbauten untergebrachter „Budenläden") in unmittelbarer Nähe der Sektorengrenze geführt hatte[4]. Bereits im Jahre 1952 wurde jedoch der Verkauf von Lebensmitteln und Industriewaren an Westberliner in Ost-Berlin verboten; die Grenzmärkte des westlichen Berlin wurden durch die gestiegene Kursdifferenz zwischen den beiden deutschen Währungen von einer starken Umsatzverringerung betroffen (*P. Schöller,* 1953 a, S. 6 u. 11).
Erst nach dem Bau der Mauer konnte sich die Ostberliner Stadtplanung ganz auf die Umgestaltung konsistent gebliebener Strukturen und auf die eigenständige, „sozialistische Neugestaltung" des vom Westteil Berlins vollständig abgeschnittenen, jedoch durch neue hauptstädtische Funktionen gekennzeichneten Stadtzentrums konzentrieren, das größtenteils den Raum der ehemaligen Berliner City einnimmt.

2. Hauptmerkmale der Zentrenausstattung Berlins vor dem 2. Weltkrieg und Kriegsauswirkungen

2.1 Die Berliner City

Beherrschend im Zentrengefüge Groß-Berlins war bis zu den schweren Kriegszerstörungen die ehemalige City, die sich zwischen dem Brandenburger Tor (im Westen), der Weidendammbrücke nördlich des Bahnhofs Friedrichstraße, dem Alexanderplatz (im Osten) und dem Mehringplatz entwickelt hatte[5] und außer dem größten Teil des Stadtbezirks Mitte (im heutigen Ost-Berlin) auch angrenzende Bereiche der südlichen „Friedrichstadt" und der westlichen „Luisenstadt" im heutigen Westberliner Stadtbezirk Kreuzberg sowie im Westen des Leipziger Platzes auch einen kleinen Bereich des Bezirks Tiergarten umfaßte (vgl. im folgenden Abb. 5). Die Grenzen des Citybereiches waren nach *H. Louis* (1936, S. 150) „in der Regel ziemlich scharf, wenigstens wenn man ... nur solche Teile der City zurechnet, in denen nicht nur die Hauptstraßen, sondern auch die Nebenstraßen vorwiegend von Geschäftsstraßen eingenommen (waren)". Die erste Konzentration der Standorte wichtiger Cityfunktionen entstand in diesem Stadtgebiet bereits im 18. Jahrhundert, besonders im östlichen Abschnitt der Straße Unter den Linden. Die eigentliche Citybildung, d. h. die fortschreitende Entvölkerung der Kernbereiche[6] der Innenstadt Berlins zugunsten der Entstehung reiner Verwaltungs- und Geschäftsviertel, hatte nach *R. Krause* (1958, S. 29) jedoch erst um die Mitte des 19. Jahrhunderts eingesetzt (vgl. auch *F. Leyden,* 1933, S. 97). Die räumliche Entwicklung der Berliner City zeigte bis zum 2. Weltkrieg sehr klar die von *E. Lichtenberger* (1972 a, S. 227—228) allgemein beschriebenen Kennzeichen eines asymetrischen Cityentwicklungsmodells. Dies war u. a. bedingt durch den westöstlichen Verlauf der wichtig-

---

[3] Während der von sowjetischer Seite veranlaßten Blockade Berlins kam es zur Aufhebung der Vier-Mächte-Verwaltung durch die Alliierte Kommandantur (Juli 1948) und zur Spaltung der bis dahin noch gemeinsamen Berliner Stadtverwaltung (1. 12. 1948) (Vgl. *P. Schöller,* 1953 a, S. 5 und *K. H. Katsch,* 1959, S. 125).
In den darauffolgenden Jahren wurde West-Berlin in das Rechts-, Währungs- und Wirtschaftssystem der Bundesrepublik Deutschland eingegliedert und quasi wie ein Bundesland organisiert.
[4] Vgl. *P. Schöller,* 1953 a, S. 6, *B. Hofmeister,* 1975 b, S. 79 und 324 sowie die Ausführungen unter IV. 3.
[5] Vgl. *W. Lesser,* 1915, Abb. 7; Statistisches Amt der Stadt Berlin (Hrsg.): Berliner Wirtschaftsberichte, 1932, S. 152; *H. Louis,* 1936, Abb. „Spezialkarte zur geographischen Gliederung des Inneren von Berlin" und *R. Krause,* 1958, S. 15.
[6] *E. Lichtenberger* (1972 a, S. 222) hat zu Recht darauf hingewiesen, daß eine derartige Definition der Citybildung für die heutigen Verhältnisse nicht mehr uneingeschränkt akzeptiert werden kann.

sten Verkehrsachsen, der Straße Unter den Linden in der „Dorotheenstadt" sowie auch der Leipziger Straße im Bereich der „Friedrichstadt", die zu den gehobenen Wohnvierteln hinführten, während im östlichen Teil der Berliner Innenstadt die „mangelnde Durchlässigkeit" die Ausweitung des zentralen Geschäftsbezirks stark behinderte.

Von entscheidender Auswirkung auf die Entwicklung der funktionalen Zentrenausstattung der City und ihrer inneren räumlichen Gliederung (Viertelsbildung) war, daß sich Berlin nicht nur als Landeshauptstadt Preußens, sondern (ab 1871) zugleich als Reichshauptstadt zum bedeutendsten kulturellen, Wirtschafts-, Handels- und Verkehrszentrum des Deutschen Reiches entwickeln konnte[7], was erst spät (1920) in einem kommunalen Zusammenschluß des engeren, stark verflochtenen Großstadtraumes zu einem „Groß-Berlin" mit 3,86 Millionen Einwohnern Berücksichtigung fand.

Die eigentliche Verstädterungszone um Berlin, die sich vor allem entlang der zahlreichen Vorortlinien der S-Bahn erstreckte, lag noch außerhalb der relativ weitgestreckten neuen administrativen Grenze. Noch ausgedehnter war der Berufspendlereinzugsbereich der Reichshauptstadt (vgl. *D. Storbeck*, 1964, S. 15—16).

Berlin überschritt Anfang 1926 die Viermillionengrenze (4,08 E) und erreichte Anfang 1943 mit 4,48 Millionen Einwohnern das bisherige Bevölkerungsmaximum.

Die Standorte der Reichs- und Landesregierung und der zahlreichen zugeordneten Dienststellen in Berlin strebten von Anfang an zu einer räumlichen Konzentration im westlichen Bereich der City. Zur „Ader" der sog. *Regierungsviertels* entwickelte sich die Wilhelmstraße (heutige Otto-Grotewohl-Straße in Ost-Berlin) im Westsaum der Friedrichstadt, die zuvor (seit Ende des 18. Jahrhunderts) bevorzugter Standort der mit großen Gärten ausgestatteten Stadtrandpalais des hohen Adels und zeitweilig auch des Antiquitätenhandels gewesen war[8]. Weitere Ämter und Behörden der Reichsverwaltung verteilten sich über andere Citybereiche: besonders im südlichen Tiergarten, im Bereich des „Friedrichswerder" und Alt-Berlins sowie östlich der Lindenstraße[9] (vgl. Abb. 5).

Trotz der erheblichen Kriegszerstörungen im Regierungsviertel, das nach Abtragen der Ruinen westlich der heutigen Otto-Grotewohl-Straße teilweise zu einer ausgedehnten Freifläche umgestaltet wurde, blieben bei fast allen ehemaligen Standorten der Reichsregierung kompakte Baukörper erhalten, die verhältnismäßig wenig in Mitleidenschaft gezogen wurden. So wurden beispielsweise das einstige, 1934—36 errichtete Gebäude des Reichsluftfahrtministeriums in der Leipziger Straße sowie das anschließende „Preußische Herrenhaus" (Preußenhaus) und das dahinterliegende Abgeordnetenhaus nur unbedeutend zerstört. Da aus wirtschaftlichen Gründen nach dem Krieg „alles Erhaltengebliebene oder Wiederherstellbare" berücksichtigt werden mußte und sich die ganz oder teilweise erhaltenen Regierungsgebäude überhaupt nicht für gänzlich andere Nutzungen eigneten, war in den ersten Nachkriegsjahren nicht anzunehmen, „daß der ausgedehnte staatliche Grundbesitz im einstigen Regierungsviertel anderen Zwecken zugeleitet wird" (*H. Borstorff*, 1948, S. 17). In der Tat dienen die hier angesprochenen Gebäudekomplexe im heutigen Stadtzentrum Ost-Berlins aus den o. g. Gründen der Regierung der DDR als Verwaltungsgebäude[10]. Sie blieben auch in dem in West-Berlin gelegenen Bereich der ehemaligen City im staatlichen Besitz[11].

Funktionell und damit auch räumlich gebunden an das Regierungsviertel waren in der Berliner City die zahlreichen ausländischen Vertretungen, die ihre Standorte vornehmlich im südlichen Tiergarten, dem damals gehobensten Wohngebiet Berlins, fanden. Dieses im Kriege ebenfalls stark zerstörte und überwiegend im heutigen West-Berlin gelegene *Diplomatenviertel*[12] (Abb. 5) blieb — aufgrund des Verlustes der früheren Hauptstadtfunktionen Berlins und der besonderen politischen Stellung des westlichen Teils des Großstadtraumes — jahrelang weitgehend ungenutzt. In Ost-Berlin, das über neue hauptstädtische Funktionen und eine wachsende Zahl diplomatischer Vertretungen verfügt, wurde jedoch an der räumlichen Bindung einzelner Standorte der Regierung und der Auslandsvertretungen festgehalten[13].

Enge standortmäßig-funktionelle Bindungen besaß die Reichsregierung in der ehemaligen City vor den Kriegszerstörungen außerdem mit den führenden Großbanken und Versicherungsgesellschaften. Während das *Bankenviertel*[14] Berlins ursprünglich zunächst im Bereich der Burgstraße und des Mühlendamms in der Nähe der 1859—64 errichteten Börse (Burgstraße) entstanden war, entwickelte sich im Zuge des wirtschaftlichen Aufschwungs nach 1871, als die Reichshauptstadt auch zum Sitz der Ver-

---

[7] Vgl. dazu besonders die Ausführungen von *E. Gerlach*, 1953, S. 87—107; *E. Pohmer*, 1961, S. 95 ff.; *D. Storbeck*, 1964, S. 22—32.
[8] Vgl. *F. Leyden*, 1933, S. 156—158; *H. Louis*, 1936, S. 154 und *H. Borstorff*, 1948, S. 14—17.
[9] Vgl. auch *W. Lesser*, 1915, S. 28; *F. Leyden*, 1933, Abb. 69; *H. Borstorff*, 1948, S. 13 und Abb. „Regierungsstandort 1939".
[10] Z. B. wird das ehemalige Reichsluftfahrtministerium von 11 Ministerien und 6 sonstigen zentralen Dienststellen der DDR-Regierung genutzt (1971); vgl. auch *F. Fürlinger*, 1953 b, S. 198.
[11] Etwa die Bundesdruckerei oder das Reichstagsgebäude.
[12] Das Diplomatenviertel fand im Bereich des Pariser Platzes und im westlichen Teil der Straße Unter den Linden, also im heutigen Ost-Berlin, seine Fortsetzung. Vgl. auch *F. Leyden*, 1933, Abb. 69 und S. 158, *H. Borstorff*, 1948, S. 18 sowie *B. Hofmeister*, 1975 b, S. 312—314 und Fig. 28.
[13] Im westlichen Abschnitt der Straße Unter den Linden erhielten wiederum Botschaften (sozialistischer Nachbarstaaten) repräsentative Standorte.
[14] Vgl. auch die ausführliche Darstellung der Entwicklung des Bankwesens bei *H. Weber*, 1957.

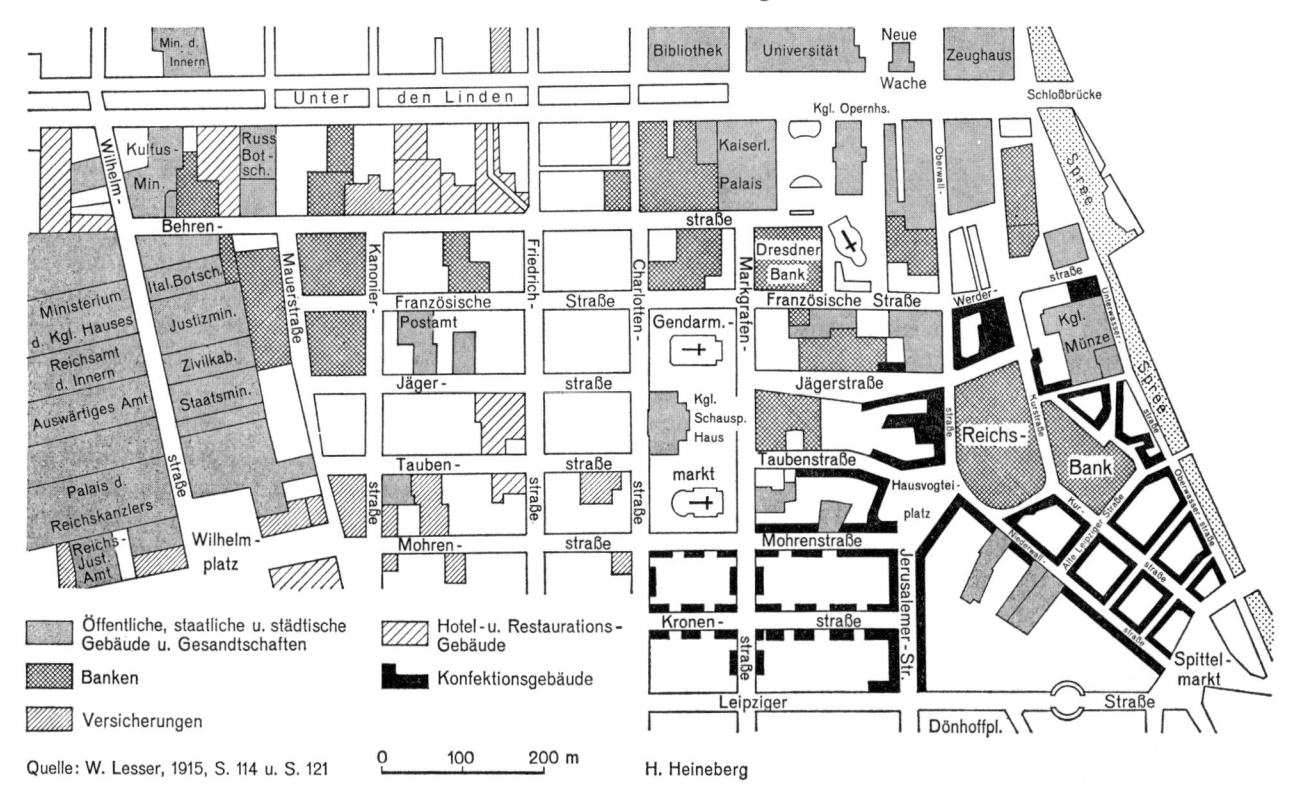

Abb. 2 Banken- und Konfektionsviertel in der Berliner City um 1915

Quelle: W. Lesser, 1915, S. 114 u. S. 121

H. Heineberg

Legende:
- Öffentliche, staatliche u. städtische Gebäude u. Gesandtschaften
- Banken
- Versicherungen
- Hotel- u. Restaurations-Gebäude
- Konfektionsgebäude

waltungsspitzen der großen Industrieunternehmen wurde, mit einer „Flut von (Bank-)Neugründungen, insbesondere von Bodenkreditinstituten und Niederlassungen von bedeutenden Kreditinstituten[15] anderer deutscher Länder" ein neues Bankenviertel im Bereich der Behrenstraße, Französischen Straße und Jägerstraße, d. h. also in direktem Anschluß an das Regierungsviertel (*U. Köhler*, 1971, S. 220) (vgl. Abb. 2).

Die Zeit der wirtschaftlichen Hochkonjunktur von 1895 bis 1913 war eine weitere Periode der Bankneugründungen. Mehrere auswärtige Banken eröffneten Niederlassungen, darunter die späteren Großbanken (u. a. die Dresdner Bank sowie die Commerz- und Discontobank aus Hamburg). Die neuen „Bankpaläste" zeichneten sich „durch eine repräsentative Fassadengestaltung aus, die durch Verwendung von Natursteinen und Stilformen italienischer Renaissancepaläste geprägt (war)" (ebd., S. 220). Nur wenige Banken ließen sich in dieser Periode außerhalb des engeren Bankenviertels nieder. Die während des 1. Weltkrieges vorgenommenen zahlreichen Geschäftsfusionen und -übernahmen führten zu erheblichen Kapitalkonzentrationen, so daß „1918 ... schließlich 87 Prozent des gesamten deutschen Bankkapitals in der Hand der führenden acht Berliner Großbanken (lag)" (ebd., S. 225). Die Folge war eine erneute Bauperiode der Banken, wofür die räumliche Ausweitung bzw. Aufstockung der Deutschen Bank im Bereich der Behren-, Französischen, Kanonier- (jetzt Glinka-), der Jäger- (jetzt Otto-Nuschke-) und Mauerstraße, deren Hauptgebäude durch Schwibbögen miteinander verbunden wurden, ein besonders eindrucksvolles Beispiel ist. Die Ausdehnung der Banken in der Behrenstraße erreichte ihren Höhepunkt zur Zeit der Inflation. Große Neu- und Ergänzungsbauten wurden erst wieder seit dem mittleren Drittel der dreißiger Jahre ausgeführt (ebd., S. 226 bis 227). Insbesondere entstand in dieser Zeit (1934—40) als bedeutendster und größter Bankbau zwischen den beiden Weltkriegen ein Erweiterungsbau für die Reichsbank, in unmittelbarer Nähe des Altbaus der Reichsbank zwischen der Kurstraße und dem Nebenarm der Spree gelegen (ebd., S. 228).

Das Kriegsende und die erste Nachkriegszeit brachten für das Bank- und Versicherungswesen in Berlin einschneidende Veränderungen mit sich. Auf Befehl des russischen Stadtkommandanten wurden 1945 sämtliche rund 150 Banken in Berlin geschlossen. „Für das laufende Neugeschäft wurden von den Besatzungsmächten bald drei Institute zugelassen: die Sparkasse der Stadt Berlin, das Berliner Stadtkontor und die Berliner Volksbank eGmbH"[16] (ebd., S. 231). „Die einstmals in der City ansässigen Großbanken Dresdner Bank, Deutsche Bank und die Commerzbank (wurden dagegen) in eine Anzahl von regionalen Instituten aufgeteilt, was für jede der neu entstandenen Gruppen eine Schwerpunktbildung im Bundesgebiet zur Folge hatte" (*R. Krau-*

---
[15] Wie die Bank für Handel und Industrie aus Darmstadt.
[16] Nach der Spaltung der Währung entstanden in West-Berlin entsprechend die Sparkasse der Stadt Berlin-West, die Berliner Volksbank (West) eGmbH. und das Berliner Stadtkontor West. Nach der Berlin-Blockade erfolgte der allmähliche Neuaufbau des Berliner Bankwesens durch Neugründung, Rekonstruktionen und Wiederzulassung alter Bankfirmen (*U. Köhler*, 1971, S. 232).

se, 1958, S. 66)¹⁷. Hinzu kam, daß im Sowjetsektor Berlins wie in der gesamten Sowjetischen Besatzungszone das Privatbankwesen aufgehoben wurde (vgl. III. 1. 3. 2.). Damit verlor Berlin auf dem Gebiet des Bankwesens seine beherrschende Stellung in Deutschland.

Wichtig für unsere Fragestellung ist nun, daß einige z. T. wenig zerstörte Gebäudekomplexe im ehemaligen Bankenviertel der Berliner City Standorte der neuen Staatsbank der DDR sowie mehrerer sozialistischer Geschäftsbank-Zentralen wurden, so daß auch im (stark konzentrierten) Bankwesen zumindest teilweise eine räumliche Konsistenz nachweisbar ist. Mehrere große Bankgebäude gingen in andere zentrale Nutzungen über: So beherbergt der Erweiterungsbau der ehemaligen Reichsbank nunmehr das Zentralkomitee der Sozialistischen Einheitspartei (SED), während ein Teil des Komplexes der früheren Deutschen Bank heute Standort des Ministeriums des Innern der DDR ist.

In unmittelbarer Nachbarschaftslage zum Bankenviertel, besonders nördlich und südlich der Mohrenstraße, hatten in der ehemaligen Berliner City zahlreiche *Lebens- und Feuerversicherungen* ihre Hauptstandorte (vgl. Abb. 2). Während die großen Versicherungsgesellschaften nach dem Kriege ihren Hauptsitz fast ausnahmslos nach Westdeutschland verlegt haben¹⁸, war die Konzentration im neuen Versicherungswesen in der SBZ noch gravierender als im Bankwesen. Die wenigen Versicherungsstandorte im Stadtzentrum Ost-Berlins verteilen sich heute jedoch außerhalb des früheren Versicherungsviertels (vgl. III. 1.3.2).

Südlich der Leipziger Straße, teilweise auch nördlich davon bis zur Mohrenstraße, war nach *W. Lesser* (1915, S. 29) seit Anfang des Jahrhunderts durch Abriß alter Gebäude und Zusammenfassung zahlreicher Grundstücke ein „Viertel der Geschäftshäuser für Büro- und Engroszwecke verschiedenster Art" entstanden. Einen Ausläufer davon bildete das *Zeitungsviertel*, genauer: ein relativ geschlossenes Viertel zahlreicher Zeitungs-, Verlags- und Druckereibetriebe, das sich im Süden der Leipziger Straße schwerpunktmäßig zwischen der Koch-, Zimmer- und Schützenstraße¹⁹ erstreckte²⁰.

„In diesem Bereich lagen fast alle großen Tageszeitungen mit ihren Druckereien, die Fachzeitungen und Zeitschriften, die Nachrichtenbüros und Korrespondenzen, die Redaktionen auswärtiger und ausländischer Blätter, selbständige Bildredaktionen, Maternverlage, Klischee- und lithographische Anstalten, Zeitungsgroßvertriebe, Großdruckereien, Buchverlage, Großbuchbindereien, Kunstverlage usw." (*H. Borstorff*, 1948, S. 27). Daran anschließend, vorwiegend im Bereich der Lindenstraße, konzentrierten sich außerdem die Standorte zahlreicher Berlin-Niederlassungen auswärtiger Papierfabriken sowie von Papiergrossisten (mit ausgedehnten Lagerräumen), die das Druckereigewerbe unmittelbar beliefern konnten (ebd., S. 28).

Dieses Viertel wurde im Krieg nicht nur erheblich zerstört, sondern durch die Teilung der Stadt nochmals betroffen: die Grenze zwischen dem sowjetischen und dem amerikanischen Sektor verläuft durch die Zimmerstraße und damit mitten durch das alte Berliner Zeitungsviertel. Der erneute räumliche Zusammenschluß im Zeitungs- und Verlagswesen wurde außerdem erheblich erschwert durch den Sachverhalt, daß in den Nachkriegsjahren Zeitungen, Zeitschriften, Nachrichtenbüros usw. nicht von deutschen Behörden, sondern von den verschiedenen Besatzungsmächten lizensiert wurden und sich dementsprechend jeweils in dem Sektor niedergelassen haben, von dessen Besatzungsmacht die Lizenz erteilt wurde (*H. Borstorff*, 1948, S. 28—29).

Trotz dieser — größtenteils aufgezwungenen — Dezentralisierungstendenz im gesamten Berliner Zeitungs-, Verlags- und Druckereiwesen bestand sowohl auf westlicher wie auch auf östlicher Seite bis zur Gegenwart das Bestreben zur Schaffung einer erneuten Konzentration dieser jeweils eng miteinander verflochtenen Funktionen im alten Zeitungsviertel beiderseits der Sektorengrenze oder an benachbarten Standorten im heutigen Stadtzentrum Ost-Berlins. In West-Berlin bemühte man sich gegen Ende der 50er Jahre u. a. um die Errichtung eines „Graphischen Zentrums" auf einem Senatsgrundstück im ehemaligen Zeitungsviertel. Der größte Teil der dafür vorgesehenen Bausubstanz (insbesondere ein 18geschossiges Hochhaus) konnte jedoch lediglich die Funktion eines Bürohochhauses für eine Baugesellschaft übernehmen, was die stadtplanerische Problematik besonders verdeutlicht (*K. A. Boesler* u. *R. Dachmann*, 1972, S. 102—103). Bedeutende Einrichtungen entstanden in diesem Bereich der ehemaligen City jedoch durch den neunzehngeschossigen Neubau des Axel Springer-Großverlages und -Druckereigebäudes (auf dem Gelände zwischen Zimmer-, Koch-, Linden- und Markgrafenstraße) und die Einrichtung der Bundesdruckerei östlich der Lindenstraße. In Ost-Berlin sind der nördliche Bereich des früheren Zeitungsviertels sowie auch das ehemalige Bankenviertel (Französische

---

[17] Besonders Frankfurt/M., als Sitz der Deutschen Bundesbank, sowie Hamburg, München, Düsseldorf und Köln entwickelten sich im Westen Deutschlands zu den bedeutendsten Zentren des Geld-, Bank- und Börsenwesens (vgl. auch *P. Iblher*, 1970, S. 73—74). Funktionsnachfolger der Dresdner Bank wurde in West-Berlin die Bank für Handel und Industrie, der Deutschen Bank die Berliner Commerzbank und die Berliner Discontobank (*U. Köhler*, 1971, S. 232).

[18] Die Allianz-Versicherung nach München, der Gerling-Konzern nach Köln, die Victoria-Versicherung nach Düsseldorf, die Berlinische Lebensversicherung nach Wiesbaden, der Deutsche Lloyd nach München (*R. Krause*, 1958, S. 67).

[19] Heutige Reinhold-Huhn-Straße in Ost-Berlin.

[20] Mit über 53 000 Beschäftigten in der Druckindustrie — das waren rund ein Fünftel aller deutschen Beschäftigten — war Berlin mit weitem Abstand der wichtigste Standort dieses Industriezweiges (vgl. *D. Storbeck*, 1964, S. 29).

Straße, Otto-Nuschke-Str. usw.) Standorte mehrerer wichtiger Verlage und Druckereien.

Das Westberliner Zeitungs-, Verlags- und Druckereiwesen hat besonders stark durch den Verlust der ehemaligen Hauptstadtfunktionen Berlins für das Reich und Preußen und die politische Teilung Deutschlands gelitten, denn damit entfielen nicht nur viele der bedeutendsten Auftraggeber (Hauptstadtbehörden etc.), sondern es machten sich auch die erheblichen Standortnachteile (insbesondere in bezug auf Kundenbetreuung, Transportkosten) gegenüber den konkurrierenden Verlags- und Druckereizentren in der Bundesrepublik Deutschland (vor allem München, Hamburg, Stuttgart, Düsseldorf) negativ bemerkbar (*B. Hofmeister,* 1975 b, S. 205—206).

Noch erheblichere Bedeutungs- bzw. Funktionsverluste erlitten durch Kriegszerstörungen und Auswirkungen der politischen Teilung in der City Berlins das Viertel der Bekleidungsindustrie, das „Exportviertel" und der sog. „Filmstandort".

Das Angebot der im gesamten damaligen Reichsgebiet führenden Berliner Damenoberbekleidungsindustrie[21] sowie teilweise auch anderer Zweige der Konfektionsbranche[22] konzentrierte sich schwerpunktmäßig im Bereich um den Hausvogteiplatz, genauer: zwischen Werderschem Markt, Spittelmarkt, Dönhoffplatz und Gendarmenmarkt (vgl. Abb. 2), und im anschließenden nördlichen Teil des Bezirks Kreuzberg. Die Agglomeration zahlreicher Engrosfirmen in diesem *Konfektionsviertel,* dem damaligen „Modezentrum" Deutschlands, war einerseits absatzwirtschaftlich bedingt und bezweckt, denn die Konfektionseinkäufer aus dem In- und Ausland konnten dadurch auf kleinem Raum mit relativ geringem Zeitaufwand die Kollektion der zahlreichen Berliner Fabrikanten durchsehen. Hinzu kamen noch betriebswirtschaftliche Gründe aufgrund der engen Verflechtungen einiger Spezialbereiche und Zuliefererfirmen der Konfektionsindustrie (*R. Krause,* 1958, S. 34). Das Konfektionsviertel war außerdem durch das vorherrschende Verlagssystem (Zwischenmeister mit kleineren Handwerksbetrieben und Beschäftigung von Heimarbeiterinnen) funktionell eng mit den im östlichen Halbkreis an die Berliner City angrenzenden, dicht besiedelten Arbeiterwohnbezirken verbunden[23]. Im Kriege wurde das Viertel um den Hausvogteiplatz größtenteils zerstört. Zahlreiche Firmen der Bekleidungsindustrie wanderten nach West-Berlin ab[24], wo sie vornehmlich im Bereich Kurfürstendamm/Breitscheidplatz, u. a. in einem größeren neuen Gebäudekomplex im Zoorandgebiet[25], neue geeignete Standorte fanden, so daß die absatz- und betriebswirtschaftlich notwendige räumliche Konzentration dieses wichtigen Berliner Wirtschaftszweiges — wenn auch außerhalb des ehemaligen Citybereiches — in weitem Maße wiederhergestellt war.

Neben der Ost-West-Wanderung der DOB-Industrie innerhalb Berlins fanden jedoch auch zahlreiche Betriebsverlagerungen nach der Bundesrepublik Deutschland statt, wo Düsseldorf, Frankfurt, Hamburg, München und Stuttgart erhebliche Bedeutung als Modemessestädte errangen. Die Westberliner DOB-Industrie war bis zur Gegenwart außerdem durch erhebliche Rationalisierungs- und Konzentrationsbestrebungen gekennzeichnet, so daß die Zahl der DOB-Betriebe in West-Berlin stark zusammenschrumpfte. 1973 bestanden hier noch 148 Betriebe, deren Produktion zu Beginn der 70er Jahre nur rd. 15% der Gesamtproduktion der DOB-Industrie in der Bundesrepublik Deutschland (einschl. West-Berlin) ausmachte (*B. Hofmeister,* 1975 b, S. 202—203).

Im nationalen und internationalen Handel ebenso bekannt wie das Viertel der Bekleidungsindustrie um den Hausvogteiplatz war das — im Kriege gleichfalls nahezu restlos zerstörte — „*Exportviertel Ritterstraße*", das sich seit Beginn der 2. Hälfte des 19. Jahrhunderts besonders im Bereich eines größeren Baublocks, östlich des Zeitungsviertels, im südlichen Citygebiet konzentriert entwickelt hatte[26]. Dieses dicht bebaute Viertel war funktionell eine ständige Werbemusterschau für zahlreiche Artikel[27], d. h. „eine Dauer-Mustermesse für den gewerblichen Einkäufer aus dem gesamten Reichsgebiet und aus dem Ausland" mit Musterlägern der großen Einkaufsgesellschaften und -genossenschaften *und* zugleich Fabrikationsstandort (*H. Borstorff,* 1948, S. 29—30). Nach dem Kriege entwickelte sich jedoch aufgrund der Zerstörungen und der politischen Teilung der Export dezentralisiert in den einzelnen Sektoren Berlins ab, obwohl schon früh Bestrebungen zur Wiedererrichtung des einzigartigen Exportviertels eingesetzt hatten. Die Pläne zur Errichtung von „Gewerbehöfen" ließen sich jedoch aufgrund der ökonomischen Standortprobleme nicht verwirklichen. Vielmehr wurde dieser Bereich der

---

[21] Beispielsweise betrug im Jahre 1936 der auf Berlin entfallende Anteil am Gesamtumsatz der stark arbeits- und konsumorientierten Damenoberbekleidungsindustrie des Reiches 85 v. H. (*R. Krause,* 1958, S. 33).

[22] Der Hauptstandort der Herrenkonfektions-Engros befand sich jedoch im Bereich des Neuen Marktes bis hin zum Hackeschen Markt (*H. Borstorff,* 1948, S. 25).

[23] Zur Arbeitsteilung bzw. betriebswirtschaftlichen Verflechtung innerhalb der Bekleidungsindustrie vgl. *H. Borstorff,* 1948, S. 21—27.

[24] Zur geographischen Struktur der Westberliner Bekleidungsindustrie vgl. *H. Borstorff,* 1948, S. 21—27 und *B. Hofmeister,* 1975 b, S. 202—204.

[25] Im Bereich des Breitscheidplatzes, südlich des Bahnhofs Zoo (vgl. auch Kap. IV. 1.).

[26] D. h. zwischen Ritter-, Alte Jakob-, Oranien- und Alexandrinenstraße (Bezirk Kreuzberg im heutigen West-Berlin), darüber hinaus im gesamten Stadtteil zwischen Lindenstraße und Görlitzer Bahnhof sowie zwischen der Köpenicker Straße und dem Landwehrkanal (*H. Borstorff,* 1948, S. 29). Vgl. auch die detaillierte Untersuchung von *L. Lobes,* 1953, S. 201 bis 210.

[27] Besonders für Glas- und Porzellanwaren, Haus- und Küchengeräte, Papier- und Lederwaren, Spielzeuge, Eisen-, Stahl- und Metallwaren, Beleuchtungs- und Elektroartikel, Galanterie- und Schmuckwaren sowie Kunstgewerbe (*L. Lobes,* 1953, S. 201).

alten City durch den Bau der „Otto-Suhr-Siedlung" und des „Springobjektes" zu einem reinen Wohnsiedlungsgebiet umgestaltet (*K.-A. Boesler* u. *R. Dachmann*, 1972, S. 105).

Während das Berliner Exportviertel bereits vor dem 2. Weltkrieg durch die nach 1933 einsetzenden Autarkiebestrebungen der Reichsregierung einen Teil seiner früheren Bedeutung eingebüßt hatte (*L. Lobes*, 1953, S. 208), erlebte ein anderes funktionell bestimmtes Stadtviertel innerhalb der ehemaligen City in dieser Zeit eine fast vollständige „Auflösung": der sog. „*Filmstandort*" im Bereich des südlichen Abschnittes der Friedrichstraße zwischen dem Halleschen Tor und der Leipziger Straße. Dieses ursprünglich sehr stark international orientierte Viertel, das z. B. im Jahre 1929 Standort von etwa 250 Filmunternehmen war, verlor durch die staatliche Lenkung und Kontrolle der Filmproduktion (nach 1933) und gleichzeitige Abwanderung zahlreicher Großunternehmen schon vor Kriegsende weitgehend seine frühere spezifische funktionale Ausstattung (*H. Borstorff*, 1948, S. 32 bis 33).

Die Friedrichstraße in ihrem mittleren Abschnitt zwischen Leipziger Straße und dem S-Bahnhof Friedrichstraße, die Leipziger Straße und der westliche Abschnitt der Straße Unter den Linden dominierten in der ehemaligen Berliner City als *Hauptgeschäftsstraßen*, unterschieden sich jedoch beträchtlich voneinander in bezug auf ihre jeweilige Entwicklung und funktionale Ausstattung.

Die schon vor Mitte des 17. Jahrhunderts vom Großen Kurfürsten als Lindenallee angelegte *Straße Unter den Linden* wurde besonders unter Friedrich II. (nach 1740) als „Prachtstraße und kultureller Mittelpunkt" Berlins (*W. Volk*, 1972, S. 16) ausgebaut und stellte später eine ausgezeichnete Verbindung zwischen dem Schloß- und Museumsbezirk und den westlich gelegenen Stadtteilen her. Der östliche Abschnitt dieser Straße war jedoch nicht als Geschäftsstraße, sondern — bis gegen Ende des 18. Jahrhunderts — durch mehrere öffentliche Gebäude gestaltet worden: Opernhaus, Königliche Bibliothek, Universität[28] und St. Hedwigskathedrale bildeten westlich des Zeughauses als „Forum Fridericianum" (Berliner Forum) eine städtebaulich und architektonisch aufeinander abgestimmte Einheit in der nordöstlichen „Dorotheenstadt", die vor dem Zweiten Weltkrieg noch „am meisten vom Charakter der einstigen preußischen Residenz bewahrt (hatte)" (*H. Louis*, 1936, S. 154) und nach den Kriegszerstörungen mit erheblichem Aufwand entsprechend ihrem ursprünglichen Zustand rekonstruiert wurde. Der westlich anschließende Bereich der Straße Unter den Linden bis hin zum Brandenburger Tor, der noch bis zur Mitte des 19. Jahrhunderts überwiegend als reine, vom Adel und wohlhabenden Bürgertum bevorzugte Wohnstraße gekennzeichnet war, entwickelte sich danach rasch zu einem bedeutenden Geschäftsviertel und Touristenzentrum (*W. Volk*, 1972, S. 27—28).

Die bauliche Gestaltung und die funktionale Ausstattung dieses Straßenabschnittes hatten sich bis zu den umfangreichen Zerstörungen des Zweiten Weltkrieges[29] mehrfach gewandelt. Wichtig jedoch ist, daß charakteristische, über längere Zeit konsistent gebliebene Leitfunktionen beim Wiederaufbau in besonderem Maße berücksichtigt wurden (s. unten).

Die *kommerzielle Entwicklung der Straße Unter den Linden* hatte bereits in den 20er Jahren des 19. Jahrhunderts mit der Eröffnung von Weinrestaurants und Cafés (Konditoreien) begonnen. Diese richteten sich in ehemaligen Bürgerhäusern ein, die jedoch bereits in den Jahren 1840/50 in klassizistischen Formen umgebaut und „modernisiert" wurden (*W. Volk*, 1972, S. 28). Besonders der für Berlin neue Typ des „Wiener Cafés" (mit dem Lesezimmer als Innovation) gab den „Linden" ein eigenes Gepräge. Die Cafés konzentrierten sich vornehmlich auf der Südseite der Straße beiderseits der Einmündung der Friedrichstraße, darunter die berühmte Konditorei Kranzler und das elegante Café Bauer (SO-Ecke), dessen traditioneller Standort heute von einem modernen Gaststättenkomplex („Linden-Corso") repräsentiert wird.

Die Linden wurden gleichzeitig bereits vor Mitte des 19. Jahrhunderts bevorzugter Standort der gehobenen Hotels (bzw. „Gasthöfe"). Das erste moderne Hotel mit internationalem Niveau wurde jedoch erst im Jahre 1865 im Baublock zwischen der Straße Unter den Linden/Charlottenstraße/Mittelstraße/Friedrichstraße errichtet (*W. Volk*, 1972, S. 28), an dessen westlicher Seite in der Gegenwart ein neues „Interhotel" entstand[30]. Seit Ende des 19. Jahrhunderts, d. h. nach Ablauf der ersten allgemeinen Weltwirtschaftskrise der Jahre 1873 bis 1880, begann in Berlin und damit für die ehemalige City eine neue gründerzeitliche Entwicklung. Mit der wachsenden Anziehungskraft Berlins als wichtiges Zentrum des nationalen und internationalen Fremden- und Geschäftsreiseverkehrs wuchs auch die Zahl der gastronomischen und Beherbungseinrichtungen in der Berliner City.

Allein in der Straße Unter den Linden war bereits im Jahre 1886 die Zahl der Cafés, Konditoreien und Restaurants auf insgesamt 20, diejenigen der Hotels auf 10 — davon 9 „vornehme Gasthöfe I. Ranges" (*E. Friedel*, 1886, S. 40—41) — angewachsen (vgl. Tabelle 1). Bis zum 1. Weltkrieg bildete sich nach *W. Lesser* (1915, S. 28) nördlich der Linden bis zur Weidendammer Brücke im Bereich zwischen der Neuen Wilhelm- und der Charlotten-

---

[28] Ehemaliges Palais des Prinzen Heinrich. Die Universität wurde erst 1810 gegründet.
[29] Von den 64 Gebäuden zwischen der Universität und dem Pariser Platz sind lediglich 13 Häuser erhalten geblieben (*W. Volk*, 1972, S. 38).
[30] Vgl. *G. Boy* und *H. Kruck*, 1964, S. 84—86 und *H. Scharlipp*, 1967, S. 20—26.

straße ein *Hotelviertel*, das — mit verringerter Standortdichte — heute noch existent ist.

In dieser Zeit entstand auch das bereits genannte Bankenviertel um die Behrenstraße, das auch auf die Straße Unter den Linden übergriff: Bis zum Ersten Weltkrieg wurden nach *W. Volk* (1972, S. 30) „allein in der Behrenstraße mindestens 10 und Unter den Linden 4 Bankpaläste größten Ausmaßes" errichtet.

Auch die Reichsregierung, deren Hauptstandort der unmittelbar angrenzende Bereich der Wilhelmstraße war, fand in der Achse Unter den Linden/Pariser Platz für zwei Ministerien — darunter das Ministerium des Innern — und für wichtige ausländische „Gesandtschaften" (Frankreich, Großbritannien und Österreich-Ungarn am Pariser Platz, Rußland an der Straße Unter den Linden) repräsentative Standorte, die auch nach der Gründung der DDR teilweise wiederum entsprechenden Funktionen vorbehalten blieben.

An dem Standort des ehemaligen Ministeriums des Innern auf der nördlichen Seite der „Linden" entstanden die Botschaften Ungarns und Polens, in der Nähe davon das neue Ministerium für Außenhandel und Innerdeutschen Handel, während auf der gegenüberliegenden südlichen Straßenseite der frühere Standort der russischen Gesandtschaft für die neue sowjetische Botschaft reserviert und räumlich erheblich erweitert wurde. An der Stelle des früheren Ministeriums der geistlichen, Unterrichts- und Medizinal-Angelegenheiten wurde das neue Ministerium für Volksbildung (Ecke Otto-Grotewohl-Straße) errichtet.

Die Anzahl sowie auch die Branchenzusammensetzung des größtenteils gehobenen und höchstrangigen *Fachhandels* in der Straße Unter den Linden hatte sich zwischen den Jahren 1886 und 1925 (für die verhältnismäßig genaue Unterlagen zur Verfügung stehen) erheblich gewandelt (vgl. Tabellen 1 und 2). Die Repräsentationsstraße wurde im westlichen Teil zunehmend zum Standort der Berliner Vertretungen der großen Automobilfirmen, der Juwelier- und Bijouteriegeschäfte, der Mode, des Kunsthandels und anderer Spezialläden, von denen die Zigarrengeschäfte (1925) in auffallend großer Zahl vertreten waren (vgl. auch *A. Schwarzlose*, 1931). Während die viel Ausstellungsraum beanspruchenden Automobilvertretungen vornehmlich auf der Nordseite der Straße einen Standortkomplex bildeten, verteilten sich die zahlreichen in- und ausländischen Reisebüros und Niederlassungen der Schiffahrtsgesellschaften, die in der Zwischenzeit eröffnet worden waren, fast ausschließlich auf der Südseite, wo sie zusammen mit den Hotels eine Standortgemeinschaft bildeten (vgl. *H. Borstorff*, 1948, S. 44). Beide Branchen (Autovertretungen sowie Reise- und Verkehrsbüros) machten jeweils rund 30% der (Laden-)Geschäftseinrichtungen auf der entsprechenden Straßenseite aus (*H. Borstorff*, 1935, S. 135). Die Entwicklung der Straße Unter den Linden zu einer Autoschnellstraße für den Ost-West-Durchgangsverkehr hatte zu der unterschiedlichen funktionalen Ausstattung der durch den breiten Promenaden-Mittelstreifen und die beiden Fahrbahnen voneinander getrennten Straßenseiten beigetragen. Charakteristisch für die Linden — im Gegensatz zu den übrigen Hauptgeschäftsstraßen der City — war zwar eine weit geringere Anzahl von Einzelhandelseinrichtungen mit einer nicht so vielfältigen Branchenzusammensetzung, jedoch mit einem hochqualifizierten Warenangebot, das auf enger begrenzte „Kaufkreise" ausgerichtet war (*H. Borstorff*, 1935, S. 135). Zu den „typischen" Branchen zählte somit besonders der Schmuck- und Silberwareneinzelhandel, von dessen 6 Betrieben im Jahre 1935 sich allein 5 auf der „Hotelseite" der Straße konzentrierten. Dadurch wird auch die Rückwirkung der größeren Beherbungsbetriebe (bzw. der kaufkräftigen Besucher Berlins) auf das Warensortiment verdeutlicht (ebd., S. 134).

Ein wesentlicher Unterschied zu anderen Hauptgeschäftsstraßen bestand darin, daß unter den 50 Einzelhandelsbetrieben[31] der Straße Unter den Linden der Anteil der Filialgeschäfte im Jahre 1935 lediglich 35% ausmachte. Für die Leipziger Straße betrug der entsprechende Wert immerhin 70% (ebd., S. 135).

Mit den genannten Geschäfts- und Dienstleistungsfunktionen stellte die Straße Unter den Linden vor dem 2. Weltkrieg eine typische „Luxus- und Fremdenstraße" im Sinne von *W. Lippmann* (1933, S. 29 bis 31) dar[32].

Beim Wiederaufbau der „Linden" wurde auch versucht, diesen früheren, besonderen Geschäftscharakter der Straße durch die Ansiedlung von speziellen gehobenen Fachgeschäften (größtenteils sog. „Exquisit-Läden")[33] in gewisser Weise neu entstehen zu lassen. Allein durch die heutige geringe Geschäftsdichte — die Zahl der Geschäfte beträgt kaum 25% der Einzelhandelseinrichtungen des Jahres 1925 — ist jedoch die Bedeutung der Straße Unter den Linden als Hauptgeschäftsstraße erheblich zurückgegangen.

Die zweite wichtige Straße in der ehemaligen Berliner City, die *Friedrichstraße*, war nach *W. Lippmann* (1933, S. 20) der Typ einer echten „City-Geschäftsstraße". Bereits im Jahre 1886 war sie Standort einer größeren Zahl „empfehlenswerter Geschäfte" als die Straße Unter den Linden (vgl. Tabelle 1 und Abb. 3). Die Einzelhandelseinrichtungen konzentrierten sich hauptsächlich im mittleren Abschnitt dieser 3 km langen Straße, d. h. zwischen den Linden und der Leipziger Straße. Hier dominierten

---

[31] Nicht berücksichtigt sind dabei die Verkaufsniederlassungen der Autoindustrie.
[32] Vgl. dazu auch die weiteren Ausführungen von *H. Borstorff*, 1935, S. 134—135.
[33] Vgl. die speziellen Ausführungen unter V. und VI.

die Bekleidungsgeschäfte vor der Uhren- und Schmuckwaren-Einzelhandelsgruppe und den zahlenmäßig gleich stark vertretenen Geschäften der Delikatessen- und Genußmittelbranchen sowie weiteren speziellen Fachgeschäften. Eine Standortgemeinschaft mit den Einzelhandelsgeschäften bildeten mehr und mehr Gaststätten- und Vergnügungseinrichtungen. Diese Entwicklung hatte nach 1870/71 zwischen Unter den Linden und Weidendammbrücke eingesetzt. Die Friedrichstraße wurde in kurzer Zeit „der Inbegriff des Berliner Vergnügungsviertels und der vornehmen Kaufstraße" (ebd., S. 51—52).

Ein wichtiger Schwerpunkt entstand bis zum Zweiten Weltkrieg im Bereich des Zentralbahnhofs der Stadtbahn und des Fernbahnhofs (Bahnhof Friedrichstraße) durch den Bau der Komischen Oper (1905) und des sehr aufwendig gestalteten Admiralspalastes[34] (1911 mit den Einrichtungen eines Cafés, Theaters und Luxusbades gebaut)[35]. In unmittelbarer Nachbarschaft, nordwestlich der Weidendammbrücke, erhielt das Theater des Volkes[36], das 1919 von einem Zirkus zu einem Massentheater umgestaltet worden war (*K. Baedecker*, 1936, S. 45), seinen Standort. Diese Einrichtungen hatten ebenfalls zur räumlichen Ausweitung der Gaststätten- und Vergnügungsstandorte beigetragen, die sich von der Friedrichstraße ausgehend in den Seitenstraßen (in erster Linie Behren-, Französische und Jägerstraße) entwickelten. Zwischen der Straße Unter den Linden und der Georgenstraße, also südlich des Stadtbahn- und Fernbahnhofs Friedrichstraße, entstand — wie oben bereits angedeutet wurde — eine Konzentration großer und gehobener Hotels, das „große *Hotelviertel*, das dem benachbarten Vergnügungsviertel ununterbrochen ein zahlungsfähiges und für Großstadtvergnügungen aufnahmefreudiges Publikum vermittelte" (*H. Borstorff*, 1948, S. 52). Mit dem Entstehen eines neuen attraktiven und vielseitigen Vergnügungsviertels im „Berliner Westen" (s. unten) verlor jedoch die Friedrichstraße als Gaststätten- und Unterhaltungsbereich nach dem 1. Weltkrieg zunehmend ihre ehemalige Bedeutung und Anziehungskraft.

Die Friedrichstraße hatte sich bis zum 2. Weltkrieg als führende Geschäftsstraße Berlins für den „Herrenbedarf" entwickelt (vgl. *H. Borstorff*, 1935, S. 133; 1948, S. 36). Dieses beweist einmal das starke Zurücktreten der Damenmodenwarengeschäfte zugunsten der Herrenbekleidungsbranchen (vgl. Tabelle 3). Auch die übrige Einzelhandelsstruktur mit der großen Anzahl der Zigarrengeschäfte, den Waffen- und Briefmarkenhandlungen und weiteren charakteristischen Branchen stützt diese These, besonders wenn man einen (ersten) Vergleich mit der Geschäftsstruktur der Leipziger Straße vornimmt: Läden für Büromaschinen gab es im Verhältnis 3 : 1 zugunsten der Friedrichstraße, Optik- und Fotohandlungen sogar 10 : 1, Gemäldehandlungen 5 : 1, Füllfederhaltergeschäfte 6 : 2. Außerdem verfügte *nur* die Friedrichstraße über Verkaufsläden für Registrierkassen, Vervielfältigungsapparate oder — aus dem Bereich der Dienstleistungen — über Wechselstuben und Lotterieannahmestellen. Von besonderer Auswirkung auf das Warensortiment war der „Fremdenverkehrscharakter" der Straße, bedingt durch die Nähe der großen und bedeutenden Hotels. Dieses zeigte sich u. a. in der relativ großen Anzahl der Geschäfte für „echten Schmuck und Silberwaren", womit die Friedrichstraße ebenfalls eine Sonderstellung einnahm.

Nach dem Zweiten Weltkrieg erhielten in der schwer zerstörten und bisher nur teilweise wieder aufgebauten Friedrichstraße einige der früheren Leitfunktionen neue Standorte (vgl. Kap. VI). Die Straße soll als fußläufiger, wesentlich verbreiterter Boulevard und damit als neue Hauptgeschäftsstraße zwischen der Leipziger Straße und dem Bahnhof Friedrichstraße umgestaltet werden.

Eine noch stärkere Konzentration von spezialisierten und gut ausgestatteten Einzelhandelseinrichtungen als die Friedrichstraße wies bereits gegen Ende des 19. Jahrhunderts die zweite City-Geschäftsstraße, die *Leipziger Straße,* auf (vgl. Tabelle 1). Diese war vor dem 2. Weltkrieg „in ihrer ganzen 1,5 km langen Ausdehnung vom Spittelmarkt bis zum Potsdamer Platz mit der ununterbrochenen Reihe von Läden in den zwischen 1870 und 1900 entstandenen, jetzt teilweise erneuerten Geschäftshäusern die Hauptgeschäftsstraße der Innenstadt und zugleich deren zweite den Linden parallel laufende westöstliche Hauptdurchgangsstraße" (*K. Baedecker*, 1936, S. 48). Diese Geschäftskonzentration wurde jedoch im östlichen Abschnitt der Straße unterbrochen durch den Dönhoffplatz, im Westen durch die im Kriege relativ geringfügig zerstörten Gebäude des ehemaligen Reichspostministeriums und -museums (Ecke Mauerstraße), des Reichsluftfahrtministeriums (Ecke Wilhelmstraße bzw. Otto-Grotewohl-Straße) sowie einige Behördenbauten am Leipziger Platz. Hauptanziehungspunkte für den Einkaufs- und Besucherverkehr waren besonders zwei Geschäftsgroßbauten: das Warenhaus Wertheim im westlichen Abschnitt der Leiziger Straße (östlich des Leipziger Platzes), das bereits um die Jahrhundertwende (1897—1904) „als erstes Beispiel eines neuzeitlichen Kaufhauses errichtet und später wiederholt erweitert wurde" (*K. Baedecker*, 1936, S. 48) sowie am östlichen Ende der Straße das Warenhaus Tietz[37]. Am Potsdamer Platz konzentrierten sich mit dem Haus Vaterland (Kempinski) und dem Europahaus stark frequentierte, äußerst vielseitige Vergnügungseinrichtungen (mit Cafés, Restaurants, Tanzsälen, Bars, Kabarett, Lichtspieltheatern etc.) (ebd., S. 27).

Bereits gegen Ende des 19. Jahrhunderts war nach der Aufstellung von *E. Friedel* (1886, S. 158—164)

---

[34] Der heutige Standort des Metropol-Theaters.
[35] Vgl. dazu *K. Baedecker*, 1927, S. 138.
[36] Der heutige Standort des Friedrichstadt-Palastes.
[37] Dieses wurde 1900 in der Leipziger Straße erbaut, 1912 bis zum Dönhofplatz erweitert und 1926 nochmals vergrößert (*K. Baedecker*, 1927, S. 121).

Abb. 3 Verteilung ausgewählter Einzelhandels- und Dienstleistungseinrichtungen in der Friedrichstraße und Leipziger Straße im Jahre 1886

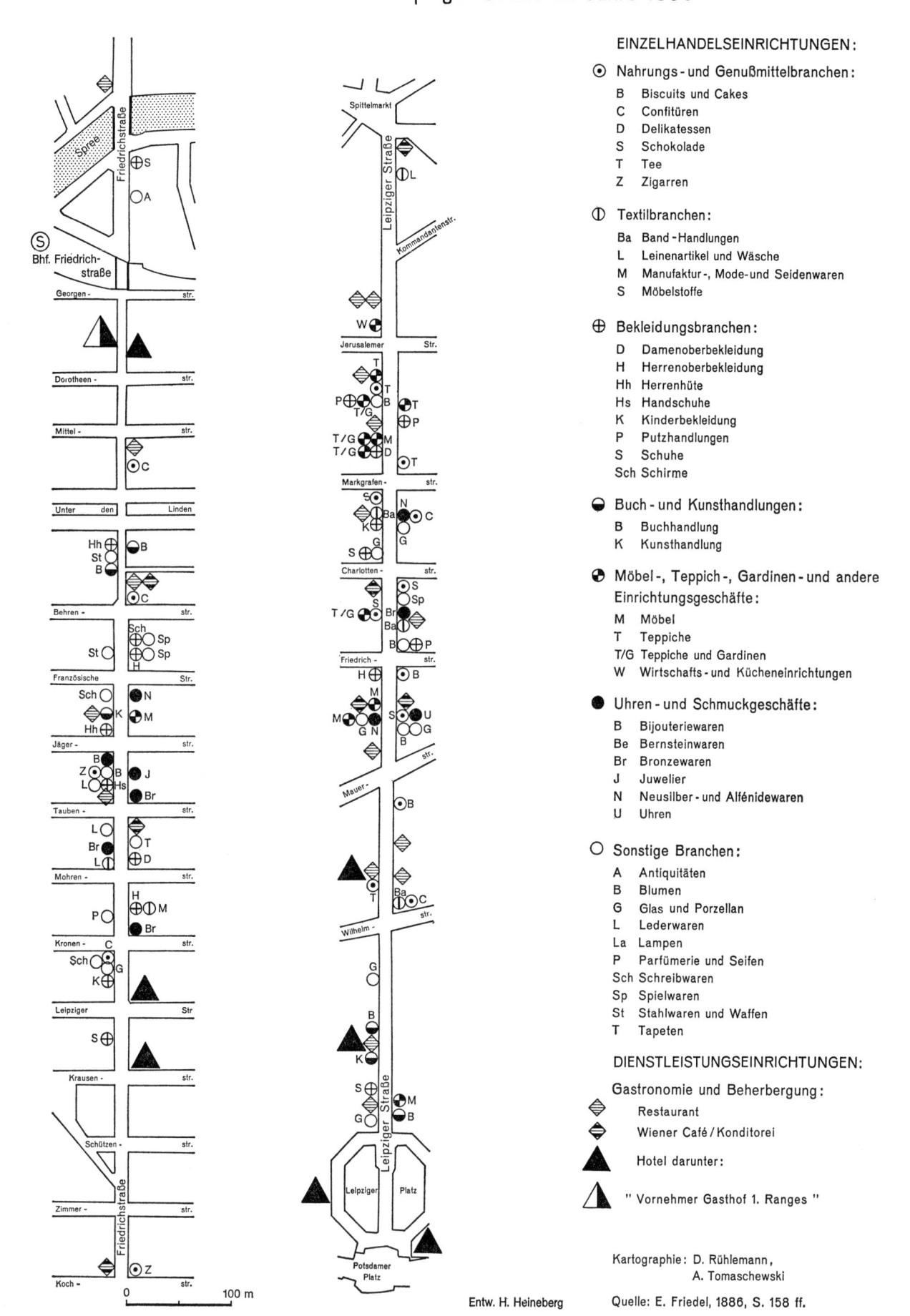

EINZELHANDELSEINRICHTUNGEN:

⊙ Nahrungs- und Genußmittelbranchen:
- B Biscuits und Cakes
- C Confitüren
- D Delikatessen
- S Schokolade
- T Tee
- Z Zigarren

⌽ Textilbranchen:
- Ba Band-Handlungen
- L Leinenartikel und Wäsche
- M Manufaktur-, Mode- und Seidenwaren
- S Möbelstoffe

⊕ Bekleidungsbranchen:
- D Damenoberbekleidung
- H Herrenoberbekleidung
- Hh Herrenhüte
- Hs Handschuhe
- K Kinderbekleidung
- P Putzhandlungen
- S Schuhe
- Sch Schirme

◒ Buch- und Kunsthandlungen:
- B Buchhandlung
- K Kunsthandlung

◕ Möbel-, Teppich-, Gardinen- und andere Einrichtungsgeschäfte:
- M Möbel
- T Teppiche
- T/G Teppiche und Gardinen
- W Wirtschafts- und Kücheneinrichtungen

● Uhren- und Schmuckgeschäfte:
- B Bijouteriewaren
- Be Bernsteinwaren
- Br Bronzewaren
- J Juwelier
- N Neusilber- und Alfénidewaren
- U Uhren

○ Sonstige Branchen:
- A Antiquitäten
- B Blumen
- G Glas und Porzellan
- L Lederwaren
- La Lampen
- P Parfümerie und Seifen
- Sch Schreibwaren
- Sp Spielwaren
- St Stahlwaren und Waffen
- T Tapeten

DIENSTLEISTUNGSEINRICHTUNGEN:

Gastronomie und Beherbergung:
- ⬨ Restaurant
- ⬨ Wiener Café / Konditorei
- ▲ Hotel darunter:
- △ " Vornehmer Gasthof 1. Ranges "

Kartographie: D. Rühlemann, A. Tomaschewski

Entw. H. Heineberg   Quelle: E. Friedel, 1886, S. 158 ff.

die Zahl der gehobenen, überwiegend stark spezialisierten Textil- und Bekleidungsgeschäfte in der Leipziger Straße erheblich größer als in der Friedrichstraße, wenn man noch den Teppich- und Gardineneinzelhandel berücksichtigt (vgl. Tabelle 1 und Abb. 3). Sehr stark vertreten waren außerdem Fachgeschäfte der Delikatessen- und Genußmittelbranchen sowie spezielle Wohnungsausstattungs- und -einrichtungsläden (Glas/Porzellan, Möbel usw.), während die Uhren- und Schmuckwarenbranche sowie der Buch- und Kunsthandel hinter den entsprechenden Einrichtungen in der Straße Unter den Linden zahlenmäßig zurückstanden. Die Anziehungskraft der Leipziger Straße war nicht zuletzt bedingt durch die verhältnismäßig große Zahl von Restaurationsbetrieben, die sich über den gesamten Straßenzug verteilten.

Bis zur Zeit vor den schweren Kriegszerstörungen hatte sich die Leipziger Straße nach *H. Borstorff* (1948, S. 36) „vorwiegend zur modischen Einkaufsstraße unter bewußter Betonung der Damenmoden als Einkaufsstraße für die Frau entwickelt". Dieses beweist auch die von *W. Lippmann* im Jahre 1932 erfaßte Branchenstruktur der Straße (vgl. Tabelle 4): Kennzeichnend war die relativ große Anzahl der Filialen von Schokoladenfabriken, die geringe Zahl von Tabakwarenhandlungen und der große Anteil von Damenbekleidungsgeschäften an den insgesamt breit entwickelten Konfektionsbranchen.

Aus der Aufstellung der Branchenstruktur der Ladengeschäfte nach *H. Borstorff* für das Jahr 1935 (Tabelle 5), die von den Erhebungen *W. Lippmanns* aus dem Jahre 1932 (Tabelle 4) teilweise abweicht, ist ersichtlich, daß fast die Hälfte der Einzelhandelseinrichtungen der Leipziger Straße Damen- und Herrenbekleidung (im weitesten Sinne) anboten. Dabei ist hervorzuheben, „daß unter diesen 74 Geschäften 7 besonders große Bekleidungshäuser zu verzeichnen (waren), die teilweise einen ganzen Block beansprucht(t)en" (*H. Borstorff*, 1935, S. 133). In der Tabelle 5 kommt außerdem das relativ starke Zurücktreten der charakteristischen „Herrenbedarfsbranchen" klar zum Ausdruck. Nur ein einziges Unternehmen hatte sich im Jahre 1935 auf konfektionierte Herrengarderobe spezialisiert!

Die große Attraktivität der Leipziger Straße vor dem Zweiten Weltkrieg war wesentlich durch ihre hervorragende Stellung im innerstädtischen Straßensystem und öffentlichen Nahverkehrsnetz bedingt: Sie bildete die direkte Straßenverbindung zwischen den stark frequentierten Verkehrsknotenpunkten Potsdamer Platz[38] (im Westen) und Alexanderplatz (im Osten). Im Jahre 1932 beispielsweise wurde sie von nicht weniger als 23 Straßenbahnlinien und 4 Autobuslinien durchfahren, von weiteren 18 Straßenbahn- und 6 Omnibuslinien entweder gekreuzt oder an ihren Endpunkten berührt (*W. Lippmann*, 1933, S. 23). Am Anfangs- und Endpunkt der Leipziger Straße lagen Bahnhöfe der wichtigen West-Ost-Linie der Untergrundbahn, und in der Mitte (im Verlauf der Friedrichstraße) wurde sie von der Nord-Süd-U-Bahnlinie gekreuzt. Von besonderer Bedeutung waren außerdem die Fernbahnhöfe Anhalter Bahnhof und Potsdamer Bahnhof im Westen der Leipziger Straße.

Durch die erheblichen Kriegsverwüstungen im südlichen Teil von Berlin-Mitte und damit im ganzen Bereich der Leipziger Straße, durch die Grenzsicherungsmaßnahmen (Verlauf der Mauer) parallel zu dieser Straße sowie besonders auch im Bereich des Potsdamer Platzes und des Leipziger Platzes (seit 1961), durch die nachfolgende oberirdische Schließung der U-Bahnhöfe in der Friedrichstraße und am Leipziger Platz, durch die jahrelange Enttrümmerung, der zunächst kein Wiederaufbau folgte, ist die ehemalige Hauptgeschäftsstraße der alten Berliner City zu einer äußerst verkehrsarmen, im westlichen Abschnitt sogar zu einer verkehrstoten Zone geworden. Die Konsistenz „funktionierender Stätten" läßt sich lediglich für einige im Kriege relativ wenig zerstörte öffentliche Großbauten feststellen: Das ehemalige Reichsluftfahrtministerium dient gegenwärtig 9 Ministerien und weiteren staatlichen Dienststellen der DDR als Standort, während das Gebäude des früheren Reichspostministeriums (mit Museum) heute entsprechenden Funktionen für den Bereich der DDR vorbehalten ist.

Die Leipziger Straße ist seit Ende der 60er Jahre wesentlicher Bestandteil der neuen städtebaulichen Planungskonzeption für das sozialistische Stadtzentrum der Hauptstadt der DDR. Der Bereich dieser Straße wird Teil einer relativ geschlossenen Zone verdichteter Wohnbebauung in den Randgebieten des neuen Zentrums und — entsprechend den geänderten Lagebedingungen — keine dominanten Hauptgeschäftsstraßenfunktionen mehr ausüben (vgl. III. 2. 3.).

Das bislang herausgestellte Verteilungsmuster funktionell unterschiedlicher Stadtviertel und Hauptgeschäftsstraßen bezog sich räumlich im wesentlichen auf die Bereiche der ehemaligen Vorstädte „Dorotheenstraße", „Friedrichstadt", „Luisenstadt" und „Friedrichswerder" im westlichen Teil der Berliner Innenstadt. Östlich anschließend, auf der Spreeinsel („Alt-Cölln") und im Bereich von „Alt-Berlin", war vor dem 2. Weltkrieg eine klare Viertelsgliederung nur teilweise ausgeprägt (vgl. im folgenden Abb. 4 und 5).

Die nördliche Hälfte der *Spreeinsel* wurde von den Bauten der „Museumsinsel", dem Dom, Lustgarten und Schloß eingenommen. Während die zwischen 1830 und 1930 errichteten Museen nach dem Krieg — mit Ausnahme des immer noch schwer beschädigten Neuen Museums — entsprechend ihrer früheren Nutzung wieder eingerichtet wurden und auch

---

[38] Auf dem Potsdamer Platz wurde in den 20er Jahren die größte Verkehrsdichte auf dem europäischen Kontinent gemessen (*K. Baedecker*, 1966, S. 135). Nach *W. Lippmann* (1933, S. 23) haben z. B. im Jahre 1929 allein rund 36 Millionen Fahrgäste mit der Straßenbahn und etwa 26 Millionen Fahrgäste mit dem Omnibus die Straßenkreuzung Leipziger Straße/Wilhelmstraße passiert. Vgl. dazu auch *M. Richard*, 1930, S. 9.

der 1894—1905 entstandene, im Krieg sehr betroffene Dom zumindest vor dem weiteren Verfall geschützt wird, mußte der (zwar ebenfalls erheblich beschädigte) mächtige barocke Schloßbau 1950/51 einem an gleicher Stelle geschaffenen großflächigen Demonstrationsplatz (Marx-Engels-Platz) weichen (vgl. II. 2.). Diese Platzanlage ist somit eine Erweiterung des ehemaligen Lustgartens, d. h. des alten, wiederholt veränderten Schloßgartens, der bereits im 18. Jahrhundert unter Friedrich Wilhelm I. zu einem Exerzierplatz und in der Vorkriegszeit (1935/36) zu einem weiträumigen Versammlungsplatz umgestaltet worden war (*K. Baedecker*, 1936, S. 41). Entsprechend der neueren Konzeption der sozialistischen Umgestaltung des Stadtzentrums der Hauptstadt der DDR wird gegenwärtig an dem früheren Standort des Schlosses ein „Zentrales Gebäude", der sog. Palast der Republik, für die Oberste Volksvertretung der DDR (Volkskammer) und mit Einrichtungen für Großveranstaltungen, Gastronomie und Unterhaltung, errichtet. Mit diesem Gebäude wird der Prozeß der räumlichen Konzentration der wichtigsten Funktionsstandorte der Regierung und der Partei(en) in dem zentralsten Teil der städtebaulichen Achse Unter den Linden/ Marx-Engels-Platz/Rathausstraße und Liebknechtstraße/Alexanderplatz abgeschlossen[39]. Denn in unmittelbarer Nähe entstand bereits früher (1964) das

---

[39] Die Ähnlichkeit sozialistischer städtebaulicher Leitideen in der Stadtkernplanung mit Konzeptionen aus der Zeit des preußischen Absolutismus wird durch die Gestaltung des „zentralen Bereiches" innerhalb des Ostberliner Stadtzentrums besonders verdeutlicht. Vgl. die detaillierten Ausführungen unter III. 2.

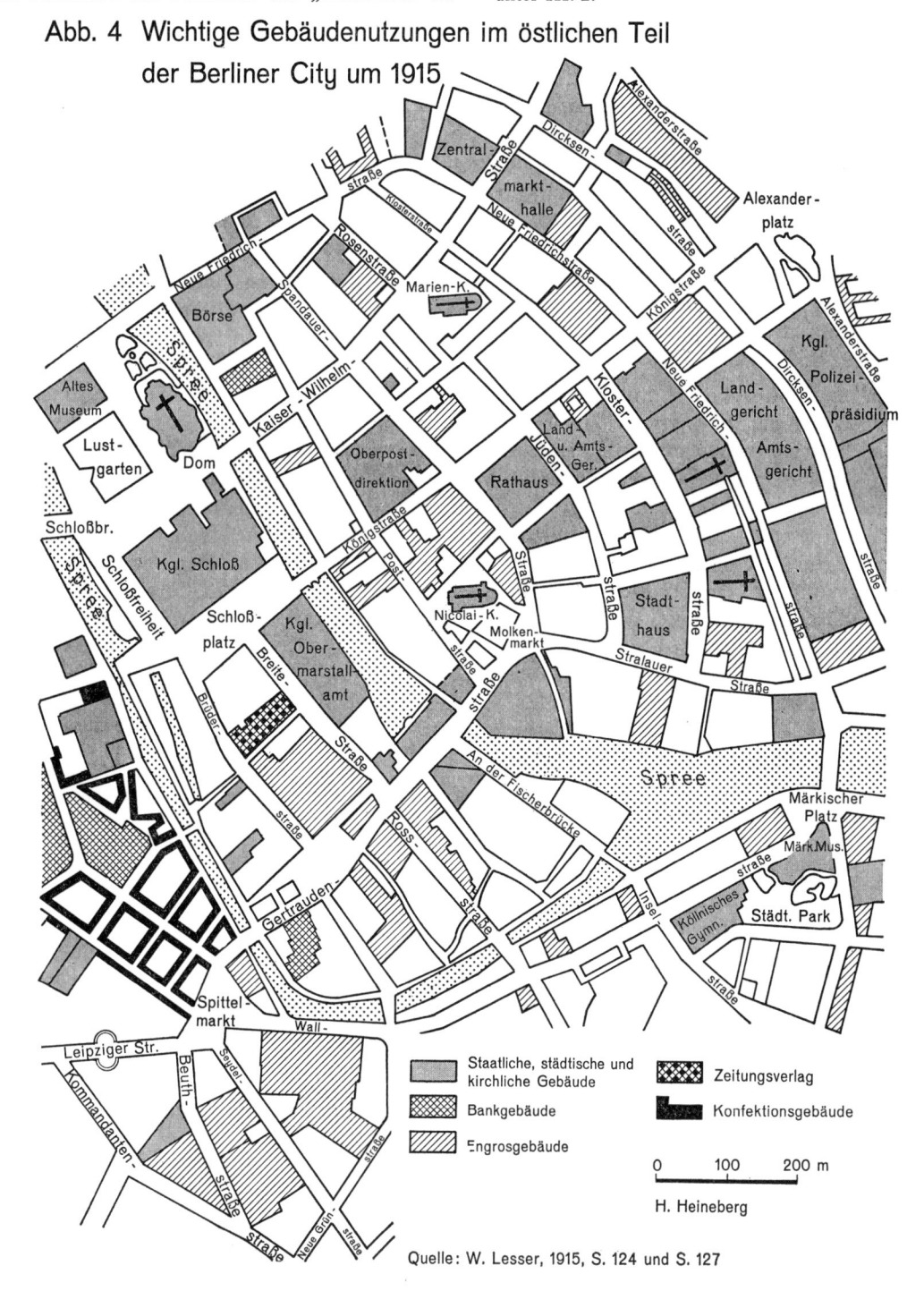

Abb. 4 Wichtige Gebäudenutzungen im östlichen Teil der Berliner City um 1915

Quelle: W. Lesser, 1915, S. 124 und S. 127

Staatsratsgebäude an der Südseite des Marx-Engels-Platzes, westlich daran anschließend belegte das Zentralkomitee der SED den Gebäudekomplex der ehemaligen Reichsbank (s. oben), und die Südwestseite des Marx-Engels-Platzes nimmt der neue Bau des Ministeriums für Auswärtige Angelegenheiten ein (1967 fertiggestellt).

Im südlich anschließenden Teil der Spreeinsel war der ehemalige königliche Marstall — bestehend aus dem barocken Alten Marstall (1955/70), dem Ribbeckhaus als dem einzigen erhaltenen Renaissancewohnhaus und dem 1896/1902 angegliederten Marstallgebäude auf der Ostseite der Breiten Straße (vgl. Abb. 4) — vor dem 2. Weltkrieg der wichtigste, öffentlich genutzte Gebäudekomplex. Auch heute dient er wieder der Stadtbibliothek und darüber hinaus anderen kulturellen Einrichtungen von zentraler Bedeutung (Archive, Galerie, Kulturbund usw.). Dagegen ist der früher im wesentlichen von der privaten Wirtschaft genutzte Bereich westlich der Breiten Straße nach seinem Wiederaufbau heute Standort einiger wichtiger öffentlicher Funktionen (u. a. zwei Ministerien, Staatliche Versicherung der DDR) und gliedert sich somit noch ein in den „zentralen Bereich" innerhalb des neuen Stadtzentrums, während der im südlichen Teil der Spreeinsel gelegene „Fischerkietz" von der Stadtplanung in die relativ geschlossene Zone verdichteter moderner Wohnbebauung am Südrand des Stadtzentrums mit einbezogen wurde (vgl. III. 2. 3. 3.).

Östlich des Berliner Schlosses, d. h. im Bereich von *Alt-Berlin*, konnte man nach *W. Lesser* (1915, S. 30) nur „schwer Geschäftsviertel bestimmten Charakters unterscheiden". Größere private Geschäftsgründungen wurden hier einerseits erheblich erschwert durch die vorherrschende starke Parzellierung und die teilweise überalterte Bausubstanz[40], andererseits durch den relativ großen Anteil städtischen und staatlichen Grundbesitzes[41]. „So ist allein um den Molkenmarkt im Zuge der großen Ost-West-Straße und nördlich der Königstraße, in dem nach Westen offenen Bogen der Neuen Friedrichstraße ein Geschäftsviertel entstanden, in dem die Tuch- und Wäschebranche zahlreich vertreten ist" (ebd., S. 30). Diese Nutzungsgruppe erhielt nach den Kriegszerstörungen in diesem Teil des Stadtzentrums keine neuen Standorte.

Dagegen läßt sich das Prinzip der räumlichen Konsistenz „funktionierender Stätten" nachweisen für mehrere Bereiche der öffentlichen Verwaltung. So blieb die überwiegende Anzahl der Dienststellen des „Magistrats von Groß-Berlin" konzentriert im ehemaligen Alt-Berlin lokalisiert mit dem „Roten Rathaus" als Verwaltungsmittelpunkt[42], wenngleich das ehemalige „Alte Stadthaus" (1902/11 errichtet) nach der Gründung der DDR Sitz des Ministerrates wurde. Der Gebäudekomplex der ehemaligen Land- und Amtsgerichte in der Littenstraße (ehemals Neue Friedrichstraße) ist heute wiederum Standort wichtiger Gerichte (u. a. „Stadtgericht von Groß-Berlin"). Die Konsistenz gleicher oder ähnlicher Funktionen trifft — wie mit den obigen Beispielen gezeigt werden sollte — im wesentlichen nur für den südlichen Teil von „Alt-Berlin" zu. Der zentral gelegene Bereich um die Marienkirche, zwischen dem S-Bahnhof Alexanderplatz im Osten, der heutigen Rathaus- (früher: König-)straße im Süden und der Liebknecht- (früher: Kaiser-Wilhelm-)straße im Norden, erfuhr zusammen mit dem Alexanderplatz in den letzten Jahren eine komplexe Neugestaltung und funktionelle Umwandlung, wenngleich auch hier z. T. frühere Funktionen, wie beispielsweise im Falle der Berliner Zentralmarkthalle, in der städtebaulichen Konzeption Berücksichtigung fanden[43].

Eine heterogene *Übergangszone* zwischen dem engeren Citybereich und dem Wilheminischen Wohn- und Gewerbegürtel bildete vor dem 2. Weltkrieg der nordwestliche Teil von Berlin-Mitte beiderseits des nördlichen Abschnitts der Friedrichstraße sowie der südlichen Chausseestraße, d. h. jenseits der Weidendammbrücke bzw. des Spreelaufes. Die hier lokalisierten Krankenhäuser und Kliniken, darunter die berühmte Charité[44] (vgl. Abb. 5), die Standorte der Tierärztlichen Fakultät, einiger Kasernen und mehrerer Theater bildeten nach *H. Louis* (1936, S. 158) sämtlich „typisch randständige Anlagen". Hinzu kamen allerdings noch weitere zentrale Einrichtungen: u. a. mehrere Universitäts-Fachbuchhandlungen, Vertretungen von Filmunternehmen, Museen und Hotels. Auch für diesen zum Teil stark kriegszerstörten Bereich von Berlin-Mitte läßt sich eine raum-zeitliche Konsistenz wichtiger Funktionslokalisationen feststellen: So besteht hier wieder eine Konzentration von Beherbergungseinrichtungen (Hotels), besonders zwischen der Invaliden- und der (heutigen) Wilhelm-Pieck-Straße. Große Flächen nehmen die Komplexe der Universitätskliniken ein.

---

[40] Vgl. *H. Louis*, 1936, S. 149: „Freilich bilden die niedrigen Häuser des 17., 18. und beginnenden 19. Jahrhunderts noch einen sehr beträchtlichen Anteil der Bebauung" (in der Kurfürstenstadt, d. h. insbesondere im Bereich von Alt-Berlin) ... „Spärlich sind die Patrizierhäuser aus alter Zeit, die für die brandenburgisch-preußische Hauptstadt zeugen, denn schon seit Beginn des 18. Jahrhunderts wird die Kurfürstenstadt zugunsten der neugegründeten Dorotheen- und Friedrichstadt durch die Herrscher baulich vernachlässigt."

[41] Vgl. Abb. 4 sowie auch: Bundesminister für Wohnungsbau und Senator für Bau- und Wohnungswesen Berlin (Hrsg.), 1957, S. 38, Abb. „Öffentlicher Grundbesitz im Wettbewerbsgebiet".

[42] Demgegenüber entstanden in West-Berlin für den nach der Teilung der Stadt konstituierten Senat zusätzliche neue Dienststellen, die sich — mit dem Hauptsitz im Rathaus Schöneberg und mit einem neuen Konzentrationspunkt der städtischen Verwaltung um den Fehrbelliner Platz in Wilmersdorf — über mehrere Stadtbezirke verteilten.

[43] Vgl. die ausführlichere Darstellung der Planungskonzeption unter III. 2.3.3.

[44] Diese war seit 1810 Bestandteil der Berliner Universität.

Die zu 56% zerstörten Gebäde der Charité wurden nicht nur instandgesetzt, sondern durch modernste Institute, Kliniken und Polikliniken erweitert (*A. Lange*, 1973, S. 51). Von erheblicher zentralörtlicher Bedeutung sind heute wiederum spezielle kulturelle Einrichtungen: Das unmittelbar nördlich der Spree gelegene Theater des Berliner Ensembles bildet eine Standortgemeinschaft mit dem alten Friedrichstadt-Palast (ehem. „Großes Theater"), das als Revue- und Varieté-Theater ausgebaut wurde. „Standortergänzend" treten hinzu das äußerlich unveränderte Deutsche Theater, seit 1945 Staatstheater der DDR, mit den Kammerspielen und der Kleinen Komödie in der Schumannstraße und dem Zentralen Bühnenklub der DDR („Die Möwe") in der Hermann-Matern-Straße (ehem. Luisenstraße). Hier befanden sich (1971) außerdem der Gebäudekomplex der Volkskammer der DDR (im mittleren Abschnitt der Hermann-Matern-Straße) sowie der Standort der Akademie der Künste der DDR (südwestlich des Robert-Koch-Platzes). Nördlich der Invalidenstraße schließlich erstreckt sich der große Komplex des Zentralen Geologischen Instituts der DDR mit dem Museum für Naturkunde (Paläontologisches, Zoologisches und Mineralogisches Museum).

Die bisherige, zum großen Teil bewußt überblicksmäßig gestaltete und damit in unsere Problemstellung einführende Darstellung der Standortdifferenzierung in der ehemaligen Berliner City und ihrer heutigen funktionellen Ausprägung hat gezeigt, daß zu einer geographischen Analyse und Bewertung der heutigen funktionalen Ausstattung des Ostberliner Stadtzentrums genetische Faktoren in weit stärkerem Maße berücksichtigt werden müssen, als es angesichts der komplexen sozialistischen Neu- bzw. Umgestaltung zunächst den Anschein haben mag. Die Ausführungen sollten jedoch auch deutlich machen, daß die — in den vergangenen zweieinhalb Jahrzehnten keineswegs konstant gebliebenen — Gestaltungsprinzipien und Leitideen beim Aufbau einer Ökonomie des Sozialismus und bei der Entwicklung der sozialistischen Stadtkernplanung in der DDR eine detailliertere theoretische und auch auf unser Untersuchungsgebiet Ost-Berlin bezogene, gesonderte Analyse erfahren müssen (vgl. dazu Kap. III.).

2.2 Wichtige Nebengeschäftszentren

2.2.1 Vorbemerkungen

Außerhalb des ehemaligen Citybereiches konzentrierten sich bereits vor dem Zweiten Weltkrieg Geschäfts- und Dienstleistungsstandorte in wichtigen Nebenzentren, die sich vor allem entlang der strahlenförmig aus der City herausführenden Hauptausfallstraßen innerhalb der einzelnen stark verdichteten „Teilgroßstädte" Berlins entwickelt hatten. Bei den heutigen Nebenzentren in Berlin handelt es sich somit keineswegs nur um gänzlich „neue", d. h. nach dem Kriege entstandene Zentren, wie es in der Darstellung von *W. Behrmann* (1954, S. 93 und Abb.)[45] zum Ausdruck kommt. Jedoch haben die verstärkte Neubildung und Umwandlung älterer Zentrenstrukturen, besonders im Bereich der Schloßstraße (Steglitz) sowie der Bad- und Brunnenstraße (Wedding) in West-Berlin, die von *P. Schöller* (1953 a, S. 9) insgesamt als Prozeß einer durch den Faktor Grenze ausgelösten „Zentrenwanderung" gekennzeichnet wurden, das Zentrengefüge erheblich verändert.

Neben dem *Kurfürstendamm*, der schon in den 20er Jahren als attraktive Geschäfts- und Vergnügungsstraße mit zahlreichen „Luxusgeschäften, Dielen, Kaffeehäusern und Kinotheatern" (*K. Baedekker*, 1927, S. 174) eine große Anziehungskraft besaß, und der östlich anschließenden *Tauentzienstraße* waren nach *W. Lippmann* (1933, S. 38—39) vor dem 2. Weltkrieg folgende, jeweils zusammenhängende und teilweise über mehrere Stadtbezirke sich erstreckende Straßenzüge die *wichtigsten Nebengeschäftszentren*[46] Berlins:

Im heutigen *West-Berlin* die
— Wilmersdorfer Straße (Charlottenburg),
— Haupt-, Rhein- und Schloßstraße (Schöneberg, Friedenau und Steglitz),
— Berliner Straße (heute Karl-Marx-Straße) und Bergstraße (Neukölln),
— Brunnenstraße (Wedding),
— Chaussee- und Müllerstraße (Wedding),
— Turmstraße (Moabit)

sowie im heutigen *Ost-Berlin* die
— Große Frankfurter Straße (heute Karl-Marx-Allee) und Frankfurter Allee (Friedrichshain und Lichtenberg),
— Schönhauser Allee (Prenzlauer Berg).

Diese Geschäftszentren wurden in unterschiedlich starkem Maße durch Kriegszerstörungen betroffen. Größtenteils vernichtet und in den 50er Jahren gänzlich neugestaltet wurde die Bebauung an der citynah gelegenen ehemaligen Großen Frankfurter Allee, der heutigen Karl-Marx-Allee (vgl. III. 2.). Innerhalb des großflächigen Bereiches mit mehr als 50% Kriegszerstörungen[47] lagen auch die Tauentzienstraße, Turmstraße und Brunnenstraße sowie große Teile des Kurfürstendamms und der Müller- und Chausseestraße. Größtenteils vernichtet wurde auch die Bebauung an der Wilmersdorfer Straße, besonders in ihrem mittleren, am intensivsten ge-

---

[45] Die „Hauptkaufstraßen" und „Nebenkaufstraßen" außerhalb des ehemaligen Citybereiches wurden von *W. Behrmann* (1954) insgesamt unzutreffend als „neue Zentren" gekennzeichnet (vgl. insbesondere die Abb. „Die Struktur Berlins 1954", ebd.).
[46] Von *W. Lippmann* (1933) „Vorstadt-Geschäftszentren" genannt.
[47] Vgl. *W. Behrmann*, 1954, Abb. „Die Struktur Berlins 1950".

nutzten Abschnitt zwischen der Bismarckstraße und der Kantstraße. Dagegen erlitten die Schönhauser Allee im Osten sowie die Haupt-, Rhein- und Schloßstraße und die Berliner Straße im Westen keine Flächenzerstörungen, sondern überwiegend nur Teilschäden bzw. blieben in wesentlichen Abschnitten unbeschädigt[48]. Dieses unterschiedliche Ausmaß der Kriegszerstörungen war entscheidend für die Zentrenentwicklung bzw. die räumliche Ausprägung der „Zentrenwanderung" in den Nachkriegsjahren und hat damit die heutigen funktionalen Zentrenausstattungen bzw. das Zentrengefüge in Berlin erheblich mitbestimmt.

Leider liegen für die Vorkriegszeit keine differenzierten geographischen Ausstattungsanalysen der wichtigsten Nebenzentren Berlins vor. Auch die Arbeiten von *K. D. Wiek* (1967) über den Kurfürstendamm-Bereich und von *B. Aust* (1970, 1972) über ausgewählte „Sekundärzentren" in West-Berlin beschränken sich auf die Untersuchung der gegenwärtigen Nutzung, wobei nur teilweise (*Wiek*) oder überhaupt nicht *(Aust)* das Nachwirken früherer Funktionsausprägungen bzw. Leitfunktionen berücksichtigt wurde.

In der Veröffentlichung von *W. Lippmann* (1933), auf die bereits im Abschnitt 2.1 dieses Kapitels Bezug genommen wurde, wurden — wenn auch unter einer allgemeineren betriebswirtschaftlichen Fragestellung — der Kurfürstendamm als Typ einer „Luxus- und Fremdenstraße" sowie die Wilmersdorfer Straße als Beispiel einer „Vorstadt-Geschäftsstraße" nach der jeweiligen Einzelhandelsverteilung und den entsprechenden Standortbedingungen (des Jahres 1932) analysiert. Obgleich von *W. Lippmann* nicht sämtliche Funktionen dieser Straße erfaßt wurden und das Klassifikationsverfahren von dem für unsere Untersuchung gewählten abweicht (vgl. Kap. V), sind die Ergebnisse für unsere Problemstellung von besonderer Wichtigkeit. Sie sollen daher in den folgenden beiden Abschnitten — ergänzt durch andere Darstellungen (insbesondere von *H. Borstorff*, 1948) — ausgewertet werden.

Unberücksichtigt müssen jedoch die zahlreichen kleineren lokalen Geschäftsviertel bzw. Geschäftsstraßenabschnitte in den dicht besiedelten Wohngebieten Berlins bleiben, in denen Betriebe des täglichen Bedarfs in der Regel den größten Raum einnahmen (vgl. dazu *W. Lippmann*, 1933, S. 43 ff.).

2.2.2 *Kurfürstendamm und Tauentzienstraße*

Der Kurfürstendamm[49] ähnelt mit seiner breiten Anlage, den beiden durch eine Mittelpromenade (sehr bald jedoch durch Straßenbahngleise) getrennten Fahrbahnen[50] und dem starken Durchgangsverkehr der Straße Unter den Linden. Überraschend ist, daß der Kurfürstendamm — die Mittelachse der in den letzten beiden Jahrzehnten des 19. Jahrhunderts und in den ersten Jahren nach der Jahrhundertwende im Westen Berlins entstandenen neuen, gehobenen Wohnviertel — als reine Wohnstraße[51] und damit ohne Läden und nur mit vereinzelten Gaststätten geplant wurde (*F. Führlinger*, 1950, S. 513). Die nachfolgende Entwicklung zu einer Hauptgeschäfts- und Vergnügungsstraße verlief somit ähnlich wie zeitlich zuvor für die Straße Unter den Linden und die Friedrichstraße (*H. Borstorff*, 1948, S. 45 u. 53). Zu Beginn dieses Wandlungsprozesses entstanden zunächst im östlichen, d. h. ältesten Teil des Kurfürstendamms (zwischen der erst 1891 bis 1895 erbauten Kaiser-Wilhelm (I.)-Gedächtniskirche und der Fasanenstraße)[52] die „ersten Gaststätten: Weinhandlungen, Weinstuben, zwei Cafés und bald auch einige Bars", die sich in der Ausstattung auf die Ansprüche der vorherrschenden wohlhabenden, bürgerlichen Bevölkerungsschicht des „Berliner Westens" einstellten (ebd., S. 53—54). Das erste Café wurde im Jahre 1893 an dem jetzigen Standort des Cafés und der Konditorei Kranzler (Ecke Joachimstaler Straße) eröffnet. Die Entwicklung des Gaststättengewerbes im Gebiet um den Zoologischen Garten wurde besonders gefördert durch den Bau eines Bahnhofs der Stadtbahn (1882), durch Eröffnung einer Technischen Hochschule (1884) und der Hochschule für Musik und Bildende Künste (1902) im Bereich zwischen der Bismarckstraße und der Hardenbergstraße sowie durch Errichtung des „Theater des Westens" (1895/96) in der Kantstraße, des Schiller-Theaters in der Bismarckstraße und des „Renaissance Theaters" in der Hardenbergstraße (1906). Gleichzeitig wurden am

---
[48] Vgl. Atlas von Berlin, 1962, Abb. 30: Kriegsschäden Stand 1945.
[49] Der Kurfürstendamm war ursprünglich in Gestalt eines Knüppeldamms als Verbindung zwischen der südwestlich des Tiergartens gelegenen Fasanerie und dem im Jahre 1542 vom Kurfürsten von Brandenburg (Joachim II.) am Grunewaldsee errichteten Jagdschloß angelegt worden (*K. D. Wiek*, 1967, S. 17—18).
[50] Nach *W. Gundlach* (1905, Bd. 1, S. 384) wurde 1875 die Breite des Kurfürstendamms zwischen der Hardenberg- und der Leibnizstraße auf 53 Meter festgelegt. Die Straße wurde aufgeteilt in zwei je 10 Meter breite Fahrdämme, eine Promenade und einen Reitweg von je 5 Metern, Bürgersteigen von je 4 Metern und Vorgärten von je 7,5 Metern Breite (vgl. auch *K. D. Wiek*, 1967, S. 19 und *F. W. Lehmann*, 1964, S. 22).
[51] „Die Wohngebäude — in geschlossener Bauweise errichtet — bestanden in der Regel aus reich ausgestatteten und repräsentativ gestalteten Vorderhäusern und aus einfacher gehaltenen, jeweils das ganze Grundstück einfassenden Seiten- und Gartenhäusern" (*H. Hecklau*, 1972, S. 81).
[52] In der ersten Phase der geschlossenen Bebauung (in der Zeit kurz vor 1890) wurden die „wenigen (älteren) Einzelhäuser, die vor der ‚Gründung' des Damms (1875) vorhanden waren", abgerissen. In der zweiten Bauperiode (1890—1899) wurde die östlich anschließende Tauentzienstraße lückenlos bebaut; die Entwicklung des Kurfürstendamms ging in dieser Zeit westwärts bis zur Knesebeckstraße, während sich von Westen, d. h. von Halensee aus, eine zweite Siedlungsspitze vorschob. Bis zum 1. Weltkrieg war der Kurfürstendamm mit Ausnahme weniger Baublöcke (im Bereich der Cicerostraße) geschlossen bebaut (*K. D. Wiek*, 1967, S. 33).

Kurfürstendamm und in der Tauentzienstraße zahlreiche Erdgeschoßwohnungen in „exquisite" Einzelhandelsgeschäfte umgewandelt, so daß bereits vor dem 1. Weltkrieg im Westen Berlins ein *neues Zentrum mit den Leitfunktionen des gehobenen Einzelhandels, der Vergnügung und Kultur* bestand. Verstärkend auf die Entwicklung der Einzelhandelsfunktionen hatte sich im besonderen Maße die Ansiedlung eines Großwarenhauses, des „Kaufhaus des Westens", im östlichen Abschnitt der Tauentzienstraße (1907) ausgewirkt (vgl. *M. Osborn*, 1929, S. 183).

„Die große Umformung dieses Bereiches vollzog sich jedoch erst nach dem Ersten Weltkriege, als das damals alle elektrisierende Schlagwort vom „Zug nach dem Westen" und von den ungeahnten wirtschaftlichen Möglichkeiten des Kurfürstendamms sowohl den Einzelhandel als auch das Gaststättengewerbe zu überstürzten Handlungen hinriß" (ebd., S. 54). In dem nun anhaltenden Konkurrenzkampf des Vergnügungsgewerbes zwischen der Berliner City (besonders den Vergnügungseinrichtungen in der „Friedrichstadt") und dem Kurfürstendamm-Bereich wurde der attraktive Westen (in verstärktem Maße nach der Weltwirtschaftskrise der Jahre 1928—29) der bevorzugte Standort dieser Einrichtungen. Mit dieser Entwicklung des Kurfürstendamms zu einem neuen Hauptvergnügungsviertel Berlins blieb in der Straße Unter den Linden lediglich „ein sehr schmaler Gaststättenbereich zwischen der Ecke der Friedrichstraße und der Charlottenstraße (übrig). Ähnlich war die rückläufige Bewegung in der Behren-, Französischen- und Jägerstraße" (ebd., S. 57).

Zu Beginn der 30er Jahre erstreckte sich der am intensivsten durch Einzelhandels- und Dienstleistungsbetriebe genutzte Teil des rund 3,5 km langen Kurfürstendamms zwischen der Kaiser-Wilhelm-Gedächtniskirche im Osten und der Knesebeckstraße im Westen.

W. Lippmann (1933, S. 32) betont jedoch ausdrücklich, daß die Abgrenzung nach Westen — gemessen an der Verkehrsdichte — „stufenweise" war: „Der intensivere Verkehr vermindert sich etwas an der Kreuzung Fasanenstraße und hört mit der Kreuzung Uhlandstraße auf, da hier auf der nördlichen Laufseite zugleich zwei Straßen einmünden und den Fußgängerverkehr hemmen. Bis zur nächsten Querstraße (d. h. der Knesebeckstraße) setzt sich ein relativ starker Strom noch fort, der dann dort, wo bereits die pausenlose Ladenfront aufhört, endgültig abebbt."

Der Kurfürstendamm wurde — im Gegensatz zur Leipziger Straße in der Berliner City (s. oben) — von relativ wenigen öffentlichen Nahverkehrslinien bedient[53]. Die Frequenz des (1913 errichteten) Untergrundbahnhofs Uhlandstraße beispielsweise war mit 4,2 Millionen Fahrgästen (1929) vergleichsweise gering (*W. Lippmann*, 1933, S. 32). Bedeutender als für die Leipziger Straße war der private Auto-Zubringerverkehr und — aufgrund des geringeren Anteils der Berufstätigen an den Zentrumsbesuchern — der „Geh-, Flanier- und Shoppingverkehr", der von *H. Silbe* (1930, S. 394) als nicht eiliger Personenverkehr" gekennzeichnet wurde (*W. Lippmann*, 1933, S. 33).

Unter den im Jahre 1932 erfaßten *Einzelhandelsbetrieben* im östlichen Abschnitt des Kurfürstendamms waren die Nahrungs- und Genußmittelgeschäfte anteilmäßig gleich gering vertreten wie in der Leipziger Straße (vgl. Tabellen 4 und 6). Es waren ausschließlich Filialbetriebe (z. B. Einzelhandelsfilialen führender Süßwarenfabriken), die in dieser Straße repräsentative Standorte fanden. Im übrigen Einzelhandelsangebot ähnelte der Kurfürstendamm nur teilweise der Hauptgeschäftsstraße Berlins. In der Bekleidungsgruppe waren die Geschäfte mit Damenkleidung zwar ebenfalls am stärksten vertreten. Es handelte sich jedoch nicht um die großen Damenbekleidungsgeschäfte — was sich auch im Vorkommen von nur einem Filialbetrieb zeigte —, sondern um „elegantere Geschäfte, zum Teil (um) Modellhäuser, deren Waren zum erheblichen Teil Luxusbedarf darstell(t)en" (*W. Lippmann*, 1933, S. 33). Das Angebot in der Damenbekleidung wurde außerdem noch durch Damenwäsche-, Damenhut- und Pelzgeschäfte ergänzt. Dagegen traten vor dem 2. Weltkrieg die Bekleidungsgeschäfte für den „Herrenbedarf" sehr stark in den Hintergrund. Im Jahre 1935 ermittelte *H. Borstorff* (1935, S. 136) auf dem Kurfürstendamm in dem Abschnitt zwischen Kaiser-Wilhelm-Gedächtniskirche und Uhlandstraße von den insgesamt 46 Bekleidungs- und Modenwarengeschäften — das waren immerhin 63% aller Einzelhandelsbetriebe! — lediglich 7 Herrenartikel- und 3 Herrenhutgeschäfte. Damit konnte der Kurfürstendamm als „westliche Einkaufsstraße der Dame" gekennzeichnet werden (ebd.).

Bezeichnend für die besondere funktionale Ausstattung des Kurfürstendamms war außerdem die Existenz von zwei Luxus-Schuhgeschäften (unter 5 Betrieben dieser Branche), einer relativ großen Zahl von Parfümerien und einigen Automobilgeschäften (Tabelle 6). Es fehlte dem bedeutendsten „Verkehrsabschnitt" des Kurfürstendamms jedoch der „gerade der Leipziger Straße anhaftende Charakter einer Kaufstraße für ‚Alles'. Hierzu zeigt(e) er eher eine gewisse Ähnlichkeit mit den Linden, denn Haushalt, Hauswirtschaft, Einrichtungsgegenstände, Optik, Photobedarf, Nähmaschinen, Spielwaren usw., alle jene Gruppen, die das Gesicht der Leipziger Straße mitbestimm(t)en" (ebd., S. 136), waren im Warensortiment nicht vorhanden. Ein

---

[53] Der Kurfürstendamm wurde von drei Omnibus- und drei Straßenbahnlinien durchfahren sowie von zwei Omnibus- und zehn Straßenbahnlinien gekreuzt bzw. berührt. Hinzu kam die Untergrundbahnverbindung zwischen Auguste-Viktoria-Platz und Uhlandstraße sowie der Stadtbahnhof Zoologischer Garten, der mit 9,9 Mill. Fahrgastfrequenz (1930) keine besonders große Bedeutung hatte (*W. Lippmann*, 1933, S. 32).

wichtiger Unterschied zur Straße Unter den Linden bestand jedoch darin, daß der Kurfürstendamm zwischen der Kaiser-Wilhelm-Gedächtniskirche und der Knesebeckstraße nicht ein einziges Gold- und Silberwarengeschäft besaß (ebd., S. 134).

W. *Lippmann* stellt heraus, daß sich nach der „Hochflut der Filialgründung und Wanderung Berliner Geschäfte zum Kurfürstendamm" (zwischen 1927 und 1929), die bei den Filialbetrieben besonders aus Repräsentationsgründen erfolgten, erhebliche, ökonomisch bedingte Geschäftsaufgaben und Standortverschiebungen ereigneten. Darauf weist auch die relativ große Zahl von 8 leerstehenden Läden im Jahre 1932 hin (vgl. Tabelle 6). Ein Teil der zunächst am Kurfürstendamm ansässigen Geschäfte, die mehr mit Stamm- als mit Laufkundschaft rechneten, suchten in den angrenzenden Nebenstraßen neue Standorte mit geringeren Miet- und Grundstückspreisen[54]. „Deshalb (fand) man in den Nebenstraßen oft ein merkwürdiges Nebeneinander von relativ teuren, eleganten Geschäften und primitiven Lebensmittel- und Gemüsegeschäften, die dem täglichen Bedarf der dort Wohnenden dien(t)en" (ebd., S. 34).

Die funktionale Ausstattung des Kurfürstendammabschnitts zwischen Knesebeckstraße und Kaiser-Wilhelm-Gedächtniskirche wurde in relativ starkem Maße von den Betrieben des „Dienstleistungs- und Darbietungsgewerbes" bestimmt, die genau ein Drittel der erfaßten Einrichtungen ausmachten (vgl. Tabelle 6). Es handelte sich hierbei nicht nur etwa um Hotels oder Reisebüros, die speziell dem Fremdenverkehr dienten, sondern — wie bereits angedeutet wurde — in besonders starkem Maße um verschiedenste Unterhaltungs- und Vergnügungsbetriebe, die — in ihrer abwechslungsreichen Standortgemeinschaft mit dem vielseitigen und gehobenen Einzelhandelsangebot — dieser Straße ihre spezifische Attraktivität und Ausstrahlung verliehen. Die Branchenvielfalt reichte von Weinrestaurants, Konditoreien, Cafés und Restaurants bis hin zu Likörstuben, Kabaretts und Tanzlokalen (vgl. *H. Borstorff,* 1948, S. 59—60).

Jedoch erfuhr der Kurfürstendamm zwischen den beiden Weltkriegen besonders im gastronomischen Gewerbe einen deutlichen Strukturwandel: Die zahlreichen Weinrestaurants, die Anfang der 20er Jahre bestanden hatten, wurden „nach und nach von Gaststätten abgelöst, die der Unterhaltung, dem Vergnügen dien(t)en" (*H. Borstorff,* 1948, S. 60). Dieses war die Zeit, in der sich in dem Vergnügungsgewerbe der City ein Auflösungsprozeß ereignete, während sich im Berliner Westen das Gaststättengewerbe vom Kurfürstendamm ausgehend räumlich weiter auf benachbarte Straßenzüge ausweiten konnte: Um die Gedächtniskirche, besonders in der Hardenbergstraße sowie auch in der Kantstraße und Tauentzienstraße entstanden großräumige „Gaststättenpaläste" (ebd., S. 58). So war beispielsweise der „Tauentzien-Palast" (Ecke Nürnberger Straße) in seiner Ausstattung und seinen Größenverhältnissen eine fast genaue Kopie des bereits genannten Cafés „Vaterland" am Potsdamer Platz.

Unterstrichen wurde der Charakter des Kurfürstendamm-Bereichs als gehobenes Unterhaltungs- und Vergnügungszentrum außerdem durch die Ansiedlung von *Uraufführungslichtspieltheatern,* die sich besonders an die gehobenen Sozialgruppen des Berliner Westens wandten. Während es im gesamten Norden, Süden und Osten Berlins keine derartigen Theater gegeben hatte und in der Innenstadt lediglich eine Uraufführungsbühne (Ufa-Theater-„Friedrichstadt") bestand, entstanden im Vergnügungsbereich des Kurfürstendamm allein sechs Uraufführungstheater (ebd.).

Im Gegensatz zur Berliner City hatte sich im Kurfürstendamm-Bereich bzw. um den Zoologischen Garten bis zum 2. Weltkrieg keine bedeutende Hotelkonzentration entwickelt, obwohl dieses „Repräsentationsgebiet" eine starke Anziehungskraft auf den Fremdenverkehr ausübte. „Der Mangel an Hotels wurde hier vor allem durch eine große Auswahl vornehmer Pensionen (im Zuge des Kurfürstendamms und auch der Hardenbergstraße) ausgeglichen" (*H. Borstorff,* 1948, S. 65).

Die östliche Fortsetzung des Kurfürstendamms, die *Tauentzienstraße,* besaß vor dem 2. Weltkrieg in der funktionalen Ausstattung kaum Gemeinsamkeiten mit der Repräsentationsstraße des Berliner Westens. Sie verfügte als wichtige Berliner Geschäftsstraße sogar über ein umfassenderes Branchen- und Warensortiment und ähnelte damit sehr stark der Leipziger Straße. Von besonderer Bedeutung war nicht nur der Standort des bereits im Jahre 1907 errichteten „Kaufhaus des Westens" („Kadewe") an der Ecke Tauentzienstraße/Wittenbergplatz, sondern auch die führende große Gruppe der Bekleidungs- und Modewarenbranchen. Von den insgesamt 85 Einzelhandelsbetrieben machten letztere einen Anteil von 53% aus. Den Herrenartikelgeschäften von 9 unter 45 Modegeschäften (20%) kam — selbst unter Hinzurechnung von anderen überwiegend dem Herrenbedarf dienenden Branchen (z. B. nur 2 Zigarrenhandlungen) — keine ausschlaggebende Bedeutung zu (*H. Borstorff,* 1935, S. 36).

Die restlichen angebotenen Warensortimente — Foto, Optik, sanitärer Bedarf, Porzellan, Musikalien, Kleinmöbel, Tapeten, Nähmaschinen usw. — waren gerade alle jene „Ergänzungsartikel", die dem Kurfürstendamm im Angebot fehlten. Selbst der Gold- und Silberwarenhandel war auf der Tauentzienstraße mit gleich 6 Geschäften vertreten, von denen 5 auf der nördlichen Straßenseite lokalisiert waren (ebd.).

---

[54] Die Entwicklung der Wertsteigerung der Grundstücke am Kurfürstendamm wurde von *K. D. Wiek* (1967, S. 34—35) relativ genau belegt.

Charakteristisch für diesen Geschäftsstraßentyp war auch der hohe Anteil der Filialbetriebe. Nahezu 65% aller Geschäfte (55 von 85) waren im Jahre 1935 Filialniederlassungen. Die südliche Straßenseite („Kadewe"-Front) war sogar zu 73,5% (!) mit Filialen durchsetzt (25 unter 34 Geschäften) (ebd.).

Wie später im Kapitel VI. eingehend dargestellt wird, sind für den Kurfürstendamm-Bereich und die Tauentzienstraße die räumlich-zeitliche Konsistenz der früheren Leitfunktionen in besonders starkem Maße charakteristisch. Es wird sich jedoch auch zeigen, daß der Kurfürstendamm nach dem 2. Weltkrieg wichtige Funktionen der früheren „Luxus- und Fremdenstraße" Unter den Linden übernommen hat.

2.2.3 Die Wilmersdorfer Straße als Beispiel eines Nebengeschäftszentrums

Die Wilmersdorfer Straße inmitten des am dichtesten besiedelten Bereiches von Berlin-Charlottenburg war bzw. ist zwar nicht der Typ eines „Ausfallstraßen-Geschäftszentrums", sie stellt jedoch bis heute die (Nord-Süd-) Verbindung zwischen mehreren wichtigen Straßenzügen (Kurfürstendamm, Kantstraße, Bismarckstraße und Otto-Suhr-Allee) her[55]. Mit ihrer Erstreckung östlich des (Reichsbahn-) Bahnhofs Charlottenburg, der mit 11,6 Millionen abgefahrenen Fahrgästen (im Jahre 1930) zu den bedeutendsten Berlins gehörte (W. Lippmann, 1933, S. 39), kreuzt die Straße die Bahnlinie, wodurch die räumliche Schwerpunktbildung in der Geschäftsausstattung der Straße erheblich beeinflußt wurde (s. unten). Die Wilmersdorfer Straße wurde zwar nur von einer Omnibuslinie, jedoch immerhin von 5 Straßenbahnlinien durchfahren. Weitere 5 Linien sowie außerdem die Untergrundbahn leisteten zu den wichtigsten Geschäftsstraßenabschnitten Zubringerdienste (ebd.).

Die von fünfstöckigen Mietshäusern (mit je einem oder z. T. auch zwei Hinterhöfen)[56] bebaute Wilmersdorfer Straße besaß 1932 nach W. Lippmann (1933, S. 39) im Bereich ihrer ganzen Ausdehnung zwischen Kurfürstendamm und der Berliner Straße (heutige Otto-Suhr-Allee) allein 363 „Frontausbauten für gewerbliche Zwecke" (vgl. Tabelle 7). Davon waren 85% Einzelhandelsbetriebe, nur 4% leerstehende Läden und der Rest (11%) Handwerks- und Dienstleistungsbetriebe. Daneben bestanden nach W. Lippmann (ebd.) an Straßenecken und in Hausfluren 40 Verkaufsstände, von denen 15 Nahrungs- und Genußmittel anboten.

Ein wesentlicher Unterschied zur funktionalen Ausstattung der bisher analysierten Hauptgeschäftsstraßen Berlins lag in dem großen Anteil des Nahrungs- und Genußmittelhandels, der 37% sämtlicher Einzelhandelsbetriebe (gegenüber 9% am Kurfürstendamm, 11% in der Leipziger Straße und 18% in der Friedrichstraße) umfaßte (ebd., S. 40).

Charakteristisch war andererseits die relativ große Zahl von Filialunternehmen mit speziellem Angebot (besonders bei den Kaffee- und Buttergeschäften, jedoch auch bei den Kolonialwaren-, Feinkost- und Süßwarenläden), die mit ihren günstigeren Einkaufsmöglichkeiten und der größeren Kapitalkraft (bei der Einrichtung der Geschäfte) größere Handelsspannen bzw. Umsätze erreichten. Nach W. Lippmann (1933, S. 35) wurden in den Vorstadtgeschäftsstraßen der Großstädte grundsätzlich die gleichen Warengruppen des periodischen Bedarfs wie in eigentlichen City-Geschäftsstraßen angeboten, soweit diese „nicht in die Sparte des höheren Luxus hineinreich(t)en". Ein entscheidender Unterschied in der funktionalen Ausstattung dieser beiden Geschäftsstraßentypen lag damit in den verschiedenen Preis- und Qualitätsniveaus der Warenangebote entsprechender Branchen. Aus den bisherigen Ausführungen erklärt sich der geringere Anteil der Geschäfte mit Bekleidungsartikeln in der Wilmersdorfer Straße: lediglich 32% gegenüber 48% in der Leipziger Straße und 44,5% am Kurfürstendamm. In den 30er Jahren lag — wie in der Gegenwart — der am intensivsten genutzte Teil der Wilmersdorfer Straße zwischen den beiden Ausfallstraßen Kant- und Bismarckstraße. Für diesen Geschäftsstraßenabschnitt ergibt die Verteilung der Einzelhandelsbetriebe auf die einzelnen Gruppen ein wesentlich anderes Bild als bei der Betrachtung der gesamten Straße (vgl. Tabelle 8). Nach W. Lippmann spielte hier die Deckung des „Auswahlbedarfs" eine große Rolle (ebd., S. 42): Dies zeigt sich darin, daß einerseits von den gesamten Einzelhandelsbetrieben der Wilmersdorfer Straße lediglich 28% in dem engeren Straßenabschnitt lagen, andererseits aber 41% aller Bekleidungsgeschäfte der Wilmersdorfer Straße hier ihren Standort hatten. Umgekehrt lagen von den Lebens- und Genußmittelbetrieben nur 22% in diesem Abschnitt. Innerhalb dieses Schwerpunktbereiches der Geschäftsstraße standen auch nur 3 Läden leer.

Mit ihren rund 350 (erfaßten) Einrichtungen wies die Wilmersdorfer Straße, die nach B. Aust (1970 bzw. 1972) hinter dem Zoorand-Kurfürstendamm-Gebiet und der Schloßstraße (Steglitz) heute das drittwichtigste Geschäftszentrum West-Berlins darstellt, somit bereits vor dem 2. Weltkrieg eine bemerkenswerte Geschäftskonzentration auf, die nach W. Lippmann (1933, S. 39) von dem Mittelstand und der Arbeiterbevölkerung Charlottenburgs genutzt wurde.

---

[55] Die Wilmersdorfer Straße in Charlottenburg war früher der nördliche Abschnitt der alten Landstraße zwischen Lietzow (Charlottenburg) und Wilmersdorf (B. Hofmeister, 1975 b, S. 372).
[56] B. Aust, 1972, S. 96 ff.

Kapitel III

DAS ÖKONOMISCHE SYSTEM DES SOZIALISMUS UND DER SOZIALISTISCHE STÄDTEBAU IN DER DDR

1. Die Entwicklung des ökonomischen Systems des Sozialismus in der DDR unter besonderer Berücksichtigung des tertiären Sektors

Die politische Teilung Deutschlands und die Eingliederung der SBZ bzw. der DDR in den östlichen Wirtschaftsblock, die Entwicklung eines sozialistischen Systems der staatlichen Planwirtschaft und die Veränderung der Gesellschaftsordnung nach kommunistischen Grundsätzen haben bis zur Gegenwart entscheidende Auswirkungen auf die Organisation und den strukturellen Wandel der Wirtschaft in der DDR gehabt. Die wichtigsten Bereiche („Kommandohöhen") der Volkswirtschaft (Pol. Ök. Soz., 1969, S. 110 ff.), insbesondere des tertiären Sektors, gerieten in die Hand der „Arbeiterklasse", d. h. des sozialistischen Staates, und konnten nunmehr zentral durch einen komplizierten und mehrmals reorganisierten wirtschaftsleitenden Verwaltungsapparat gesteuert werden.

Es sollen im folgenden einige wichtige Grundlagen bzw. Faktoren und Tendenzen in der Entwicklung des sog. ökonomischen Systems des Sozialismus der DDR[1] aufgezeigt werden, ohne deren Kenntnis ein Verständnis der wirtschaftlichen und gesellschaftlichen Funktionen der städtischen Zentren und damit der funktionalen Zentrenausstattungen nicht möglich ist.

1.1 Allgemeine Grundlagen und Tendenzen

Im Vergleich zur Westzone hatte die SBZ nach 1945 eine noch ungünstigere *wirtschaftliche Ausgangslage*. Diese war u. a. bedingt durch die ausgedehnteren Kriegszerstörungen, Demontagen, Besatzungskosten und Reparationsleistungen, die erheblichen Disproportionen in der produktiven Wirtschaft (weitgehendes Fehlen notwendiger Rohstoffe und Grundstoffindustrien) und den Verlust wichtiger Absatzmärkte aufgrund der deutschen Teilung bzw. durch die Spaltung einer arbeitsteilig eng verflochtenen Volkswirtschaft.

Schwierigkeiten bereiteten außerdem die Enteignung der Industrie, d. h. die Umwandlung von mehr als 200 Großbetrieben in sowjetische Aktiengesellschaften (SAG)[2], und die Verstaatlichung von fast 4000 Industriebetrieben, die Zuwanderung von Vertriebenen aus den polnisch und russisch verwalteten Ostgebieten und der anwachsende Flüchtlingsstrom in die Westzone. Entscheidend war die radikale Umgestaltung des Eigentums an weiteren Produktionsmitteln: Bodenreform (Aufteilung des Großgrundbesitzes) und spätere Kollektivierung in der Landwirtschaft, Zusammenschluß von handwerklichen Einzelbetrieben zu Produktionsgenossenschaften des Handwerks (PGH), Gründung von staatlichen oder genossenschaftlichen Handelsorganisationen (HO bzw. Konsum), entschädigungslose Enteignung aller Banken und Sparkassen[3].

Die schwierige *Umformung* einer kapitalistischen Wirtschaftsorganisation *in eine sozialistische zentrale Planwirtschaft* nach sowjetischem Muster wurde zunächst von der sowjetischen Militär-Administration (SMAD) mit Hilfe der Wirtschaftsplanungsinstanzen der Länder und der ökonomischen Zentralverwaltungen der SBZ übernommen (Dt. Inst. Wi., 1971, S. 26). Im Jahre 1948 wurde die „Deutsche Wirtschaftskommission" (DWK) als zentrale wirtschaftsleitende Instanz in der SBZ eingerichtet[4]. Nach Gründung der DDR wurde schließlich im Jahre 1950 die Staatliche Planungskommission als oberste Planungsinstanz geschaffen.

In der *Zeit der ersten Wirtschaftspläne* (Zweijahresplan 1949—50, Erster Fünfjahrplan 1951—55, Zweiter Fünfjahrplan 1956—60) waren die staatlichen Planungsbehörden zu einer außerordentlichen Konzentration der sehr knappen Investitionsmittel auf einige Bereiche der Schwer- bzw. Grundstoffindustrie gezwungen: d. h. auf den Kohlebergbau, die Energiewirtschaft, die Roheisen- und Stahlproduk-

---

[1] Über einzelne neuere Entwicklungstendenzen seit Beginn der 70er Jahre, die in der folgenden Darstellung nicht mehr berücksichtigt werden konnten, informiert das 1975 vom Bundesministerium für innerdeutsche Beziehungen herausgegebene „DDR-Handbuch".
[2] Viele SAG-Betriebe bestanden bis 1953. Ihre Produktion wurde als Wiedergutmachungsleistung an die Sowjetunion geliefert (*W. Sühlo*, in: *W. Bröll* u. a., 1971, S. 64).
[3] Dt. Inst. Wi., 1971, S. 25 ff.; *W. Sühlo*, in: *W. Bröll* u. a., 1971, S. 56, 64.
[4] *W. Sühlo*, in: *W. Bröll* u. a., 1971, S. 58.

tion, den Schwermaschinenbau und die Grundchemie (Pol. Ök. Soz., 1969, S. 124—125). Außerdem mußte die Produktion von Investitionsgütern erweitert werden. Dies alles geschah zu Lasten der Erzeugung von (privaten) Verbrauchsgütern, so daß die Versorgung der Bevölkerung in dieser Zeit stark vernachlässigt wurde, zumal auch ausländische Hilfe (anders als in der Westzone) fehlte bzw. — was die Marshall-Plan-Hilfe anbelangt — von der SED verweigert wurde. „Das trotz steter Anspannung deshalb immer deutlicher werdende Zurückbleiben des Lebensstandards in der DDR führte ebenso wie die starke Reglementierung und die Sozialisierung zu ständiger Abwanderung von Arbeitskräften nach Westdeutschland" (Dt. Inst. Wi., 1971, S. 27).

Besonders in der Zeit des zweiten Fünfjahrplanes wurde versucht, die Angehörigen des Mittelstandes schrittweise in den Sozialismus einzubeziehen: Privaten Industriebetrieben wurde die Aufnahme staatlicher Beteiligungen empfohlen, die Zahl der Produktionsgenossenschaften des Handwerks wuchs erheblich, privaten Einzelhändlern und Gewerbetreibenden wurden Kommissionsverträge mit der Staatlichen Handelorganisation (HO) nahegelegt[5].

Trotz Aufstellung eines ersten Siebenjahresplanes nach sowjetischem Vorbild bereits im Jahre 1958, der als ökonomische Hauptaufgabe die Anpassung der Konsumgüterversorgung an das westdeutsche Niveau und das Ein- und Überholen der westdeutschen Arbeitsproduktivität herausstellte, konnten die ernsthaften *Versorgungsschwierigkeiten* zunächst nicht behoben werden. Außerdem bedingt durch die Kollektivierungsmaßnahmen im Jahre 1960 kam es — bis zur Abriegelung Ost-Berlins am 13. August 1961 (Mauerbau) — zu einem erneuten Anschwellen des Flüchtlingsstromes, d. h. zu einer verstärkten Abwanderung von qualifizierten Arbeits- und Führungskräften, die die DDR wegen des drohenden Verfalls der wirtschaftlichen Produktivität in eine schwere innere Krise stürzte[6].

Die Aufgabe des Siebenjahresplanes bereits im Jahre 1961 zugunsten einer kurzfristigen Jahresplanung offenbarte die Einsicht der zentralen Planungsbehörden dahingehend, „daß Planungsmethoden und Wirtschaftsorganisation offensichtlich den Erfordernissen einer entwickelten Industriewirtschaft nicht mehr entsprachen" (Dt. Inst. Wi., 1971, S. 57). Besonders im Konsum- und Investitionsgüterbereich machten sich immer noch — nicht zuletzt aufgrund der einseitigen Betonung der Schwerindustrie — ernste Versorgungsprobleme bemerkbar[7].

Die Abriegelung der offenen Grenze in Berlin durch den Mauerbau ermöglichte jedoch in der Folgezeit — d. h. nach Überwindung der schweren Wachstumskrise — eine wirtschaftliche Aufwärtsentwicklung in der DDR. Die Wirtschaftsplanung konnte von nun ab von einem ziemlich konstanten Potential an Arbeitskräften ausgehen. Die ehemaligen „Grenzgänger", d. h. Bewohner Ost-Berlins und seiner Randgebiete, die in West-Berlin arbeiteten, wurden (bis auf wenige Ausnahmen) in den eigenen Wirtschaftsprozeß eingefügt.

Auf dem VI. Parteitag der SED im Jahre 1963 wurde „der Sieg der sozialistischen Produktionsverhältnisse festgestellt"[8], jedoch gleichzeitig ein *„neues ökonomisches System der Planung und Leitung"* (n. ö. S.) als wichtige „Etappe bei der Gestaltung des ökonomischen Systems des Sozialismus", d. h. des „Kernstücks des entwickelten gesellschaftlichen Systems des Sozialismus", eingeführt (Wörterb. Ök. Soz., 1969, S. 566, 587). Ziel der damit eingeleiteten Wirtschaftsreformen war eine Verbesserung, d. h. Rationalisierung des Planungssystems, besonders durch eine optimale Verbindung der zentralen staatlichen Planung mit einer Steuerung der Betriebe über indirekte Lenkungsmittel (sog. „ökonomische Hebel" wie Rentabilitäts- und Gewinnkennziffern, Preise, Zinsen und Steuern[9]).

Im Jahre 1963 wurde die Stellung des Ministerrates, des höchsten Regierungs- und Verwaltungsorgans der DDR, dadurch aufgewertet, daß er sich nun verstärkt mit wirtschaftlichen Grundsatzentscheidungen befassen mußte, denen ihrerseits Beschlüsse und Entscheidungen der SED zugrunde liegen (Dt. Inst. Wi., 1971, S. 62).

Die *Staatliche Planungskommission*, als Organ des Ministerrats, ist verantwortlich für die Gestaltung des Planungssystems. Ihr obliegt u. a. „die Aufgabe der zusammenfassenden Koordinierung und volkswirtschaftlichen Bilanzierung der Volkswirtschaftspläne (Perspektiv- und Jahrespläne) sowie der Kontrolle über deren Verwirklichung" (Wörterb. Ök. Soz., 1969, S. 749).

Selbstverständlich erhielten der Ministerrat und die Staatliche Planungskommission ihre „Standorte" im Stadtzentrum Ost-Berlins. Das gleiche gilt für die acht *Industrieministerien*, die an die Stelle des 1965 aufgelösten Volkswirtschaftsrates traten und mit der fachlichen Steuerung der Entwicklung in den einzelnen Industriebereichen betraut wurden (Dt. Inst. Wi., 1971, S. 63).

Inwieweit die *Vereinigungen Volkseigener Betriebe* (VVB), die als Leitungsinstanzen („Ökonomische Führungsorgane") zentralgeleiteter Volkseigener Betriebe einer Branche zwischen der zentralen Ebene (d. h. insbesondere dem jeweiligen übergeordneten

---

[5] *W. Sühlo*, in: *W. Bröll* u. a., 1971, S. 67.
[6] Dt. Inst. Wi., 1971, S. 56—57; *W. Sühlo*, in: *W. Bröll* u. a., S. 71.
[7] *W. Bröll*, in: *W. Bröll* u. a., 1971, S. 113.
[8] Pol. Ök. Soz., 1969, S. 49. Im Jahre 1963 wurden bereits 93% des Nationaleinkommens der DDR in sozialistischen Betrieben oder Betrieben mit staatlicher Beteiligung erzeugt (Wörterb. d. Ökon. Sozialismus, 1969, S. 908).
[9] Dt. Inst. Wi., 1971, S. 69—82; *W. Bröll*, in: *W. Bröll* u. a., 1971, S. 128.

Industrieministerium) und der Ebene der Produktionsbetriebe stehen[10], (haupt-)zentrumsgebundene Funktionsträger sind, soll im Kap. VI dargelegt werden. Entsprechend wird gefragt, welche Standorte neben diesen Leitungsorganen der „zentral geleiteten" Industrie diejenigen der sog. „bezirksgeleiteten" Industrie, d. h. die „Wirtschaftsräte der Bezirke" (WRB) bevorzugen. Den Wirtschaftsräten der Bezirke, denen ähnliche Aufgaben wie den VVB übertragen wurden, unterstehen nicht nur Volkseigene Betriebe (VEB) und Kombinate, sondern auch genossenschaftliche (PGH), halbstaatliche und private Betriebe. In die Verantwortlichkeit der Kreise, Städte und Gemeinden fallen (dagegen) nur die örtliche Versorgungs- und Kommunalwirtschaft sowie das nicht produzierende Handwerk (Dt. Inst. Wi., 1971, S. 64—65).

Bestandteil der Reformen auf dem Wege zu dem angestrebten ökonomischen System des Sozialismus war außerdem die *Umgestaltung des Banksystems.* (vgl. III. 1.3.2).

Auf der 9. Tagung des ZK (1968) wurde von W. *Ulbricht* die Grundlinie für den Perspektivplan 1971/75 begründet. Für diese neue Etappe der Wirtschaftspolitik wurde die Aufgabe gestellt, das „ökonomische System des Sozialismus" (bis 1975) vollständig auszuarbeiten und in der Praxis anzuwenden (Wörterb. Ök. Soz., 1969, S. 909). Das ökonomische System des Sozialismus beruht auf dem Grundgedanken, „die zentrale staatliche Planung und Leitung der Grundfragen des gesellschaftlichen Gesamtprozesses organisch mit der eigenverantwortlichen Planungs- und Leitungstätigkeit der sozialistischen Warenproduzenten und der örtlichen Staatsorgane zu verbinden" (Wörterb. Ök. Soz., 1969, S. 908).

Vor diesem kurz skizzierten Hintergrund der Entwicklung des ökonomischen Systems des Sozialismus in der DDR unter besonderer Berücksichtigung der zentralen Leitung der Industrie sollen nun im folgenden die Wandlungen in der Organisation und Struktur anderer wichtiger „zentrenrelevanter" Bereiche des tertiären Sektors gesondert betrachtet werden.

1.2 Umgestaltung des Konsumgüterbinnenhandels

Der Konsumgüterbinnenhandel[11] als wichtiger Bestandteil des ökonomischen Systems des Sozialismus der DDR hat seit 1945 bedeutende organisatorische Wandlungen erfahren, wodurch sich die funktionalen Zentrenausstattungen und das Zentralitätsgefüge insgesamt erheblich verändert haben.

Nach dem 2. Weltkrieg ging es in der damaligen SBZ zunächst darum, die Warenknappheit[12], die Unübersichtlichkeit der Warenbewegungen und besonders die Schwarzmarkt- und Spekulationsgeschäfte zu beseitigen[13]. Im Jahre 1945 wurden als erste gesellschaftliche Handelsorgane *Konsumgenossenschaften* neu gegründet. Ein entscheidender Schritt in der Umwandlung der Einzelhandels-Besitzstruktur war sodann die Gründung der *Staatlichen Handelsorganisation (HO)* als „Hauptteil des volkseigenen Einzelhandels und des volkseigenen Gaststätten- und Hotelwesens" im Jahre 1948 (Wörterb. Ök. Soz., 1969, S. 349; vgl. im folgenden die Abb. 6).

Um aber die „ökonomischen Kommandohöhen im Handel durch die Arbeiterklasse und ihre Verbündeten" zu beherrschen, mußte besonders der privatkapitalistische *Großhandel,* der die Schlüsselstellung in der Warenbewegung zwischen Produktion und Einzelhandel einnahm, durch den sozialistischen Großhandel ersetzt werden.

Im Jahre 1946 wurden bereits administrative Organe zur Leitung des Großhandels gebildet (Industrie- und Handelskontore bzw. seit 1948 die Deutsche Handelsgesellschaft [DHG]), die teilweise ökonomische Funktionen bis zur Errichtung eines selbständigen volkseigenen Großhandels (Deutsche Handelszentralen [DHZ]) zwischen 1949 und 1951 übernahmen[14]. Durch den organisierten Zusammenschluß volkseigener und konsumgenossenschaftlicher Großhandelsbetriebe entstanden im Jahre 1960 Großhandelsgesellschaften (GHG), denen neben den Konsumgenossenschaften auch private Großhändler beitreten konnten[15]. Die Abgrenzung der Versorgungsgebiete der Großhandelsgesellschaften und ihrer Niederlassungen wurde entsprechend den Bezirks- und Kreisgrenzen vorgenommen. Die Problematik dieser räumlichen Zuordnung wird von K. *Illgen* (1969, S. 65 ff.) eingehend diskutiert.

Der volkseigene Einzelhandel (HO) und der konsumgenossenschaftliche Einzelhandel entwickelten sich bis zur Gegenwart zu den wichtigsten *Einzelhandelssystemen.* Der durch die Industrie- und Handelskammer gelenkte *private Einzelhandel* sollte (besonders seit 1956) durch den Abschluß von Kommissionshandelsverträgen[16] und durch Aufnahme staatlicher Beteiligungen in den „sozialistischen Aufbau" einbezogen werden. Entscheidend war, daß die Bereitschaft der Inhaber privater Einzelhandelsbe-

---

[10] Dt. Inst. Wi., 1971, S. 63—64.
[11] Zum Konsumgüterbinnenhandel zählen in der DDR neben dem Einzelhandel und Großhandel auch Gaststätten und Hotels (vgl. W. *Bergner* u. a., 1970, S. 109).
[12] Die Rationierung wurde erst 1958 aufgehoben.
[13] Handelsökonomik f. d. Berufsbildung, Teil 1, 1970, S. 29.
[14] Handelsökonomik f. d. Berufsbildung, Teil 1, 1970, S. 29; Dt. Inst. Wi., 1971, S. 160).
[15] Wörterb. Ök. Soz., 1969, S. 335. Der Anteil des privaten Handels am Großhandelsumsatz betrug z. B. 1968 knapp 2% (ebd., S. 345).
[16] Der private Einzelhändler kann auf vertraglicher Basis Waren in Kommission nehmen, die bis zum Verkauf Eigentum des sozialistischen Handels bleiben. Die Händler bekommen ihre Kosten ersetzt und erhalten Provisionen. Damit soll die Kapitalbildung eingeschränkt werden (Pol. Ök. Soz., 1969, S. 165).

triebe zur Betriebsaufgabe oder zur Änderung ihrer Rechtsform durch Kredit- und steuerliche Maßnahmen und durch die Tatsache zum Teil erzwungen wurden, daß den Konsumgenossenschaften und dem volkseigenen Einzelhandel bevorzugte Warenzuteilungen zugute kamen. Den HO-Betrieben stand nach ihrer Gründung (1948) zunächst der freie Verkauf bewirtschafteter Waren und später qualitativ hochwertiger Erzeugnisse zu (Dt. Inst. Wi., 1971, S. 158). Eine gänzliche Beseitigung des Privathandels ist jedoch nicht vorgesehen, denn seine Bedeutung wird offenbar nicht unterschätzt[17]. Der Anteil des privaten Handels am Einzelhandelsumsatz der DDR betrug z. B. 1968 etwa 22% (Wörterb. Ök. Soz., 1969, S. 345). In jüngerer Zeit (1972) waren jedoch neue Maßnahmen gegen den privaten Handel und auch die Industrie im Privatbesitz spürbar, was zur weiteren Verstaatlichung von Handels- und Industriebetrieben geführt hat.

Bereits im Jahre 1966 erreichte der Umsatz der Verkaufsstellen und Gaststätten der *HO* (insgesamt 37 049 Betriebe) schon 34,4% des gesamten Einzelhandelsumsatzes der DDR (Wörterb. Ök. Soz., 1969, S. 350). Im Jahre 1969 war der Umsatz des volkseigenen Handels schon auf 44% gestiegen, derjenige der Konsumgenossenschaften auf 34%, so daß auf den privaten Einzelhandel (einschließlich Handwerk mit Einzelhandel sowie Gaststätten) und Kommissionshandel (einschließlich Betriebe mit staatlicher Beteiligung) insgesamt nur noch 20% an Umsatz entfielen (Dt. Inst. Wi., 1971, S. 160). Die HO, die dem Ministerium für Handel und Versorgung direkt untersteht, betrieb besonders die schwerpunktmäßige Entwicklung moderner Handelseinrichtungen (Warenhäuser, Kaufhäuser, Kaufhallen und Versandhandel). Zu ihren wichtigsten Systemen gehören: die „Vereinigung Volkseigener Warenhäuser Centrum" als zentrales ökonomisches Leitungsorgan der volkseigenen Warenhäuser der DDR

---

[17] Vgl. Zitat: „In allen Abschnitten des sozialistischen Aufbaus spielte und spielt der private Einzelhandel eine wichtige Rolle für die Versorgung der Bevölkerung. Er hat wesentlich mitgeholfen, die Qualität der Versorgung zu heben, den Wettbewerb im Einzelhandel zu entwickeln, ein vielgestaltiges Sortiment des Angebots zu sichern" (Pol. Ök. Soz., 1969, S. 163).
H. Karsten, G. Nicolai und *H. Paeper* wiesen noch 1964 (S. 27) darauf hin, daß es volkswirtschaftlich nicht zu verantworten wäre, wenn der sozialistische Handel dort neue Verkaufsstellen einrichten würde, wo an gleicher Stelle ausreichende Kapazitätsreserven des privaten Einzelhandels vorhanden seien.

Abb. 6   Die Organisation des Binnenhandels im System des Ministeriums für Handel und Versorgung in der DDR

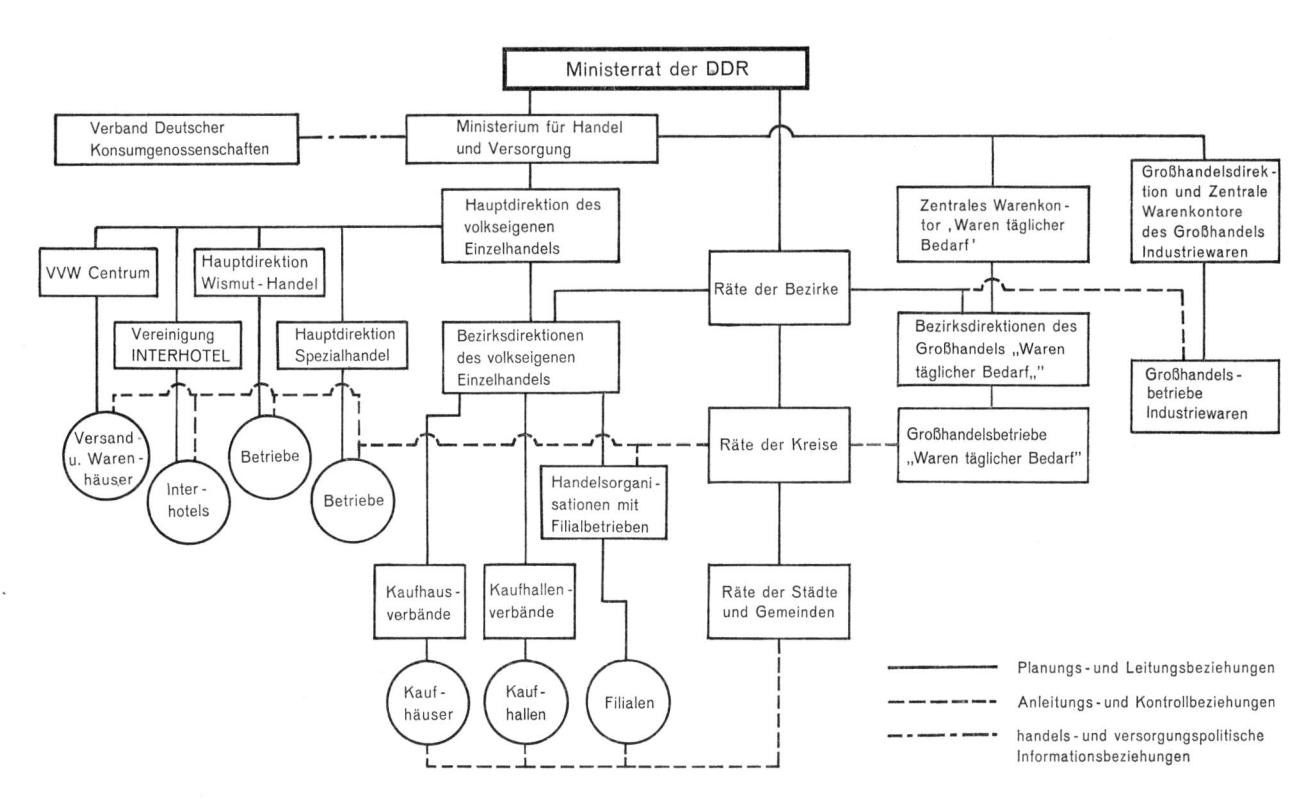

Quelle: Handelsökonomik für die Berufsbildung, Teil 1, 1970, S. 33

(Sitz in Leipzig), der volkseigene Versandhandel[18] und die Vereinigung Interhotel (Sitz in Ost-Berlin, Hotel Berolina). Die Hauptdirektion des „volkseigenen Einzelhandels" hat ihren Sitz selbstverständlich im Stadtzentrum Ost-Berlins (Behrenstraße).

Während die Handelsorganisation (HO) vor allem die Aufgabe hat, die Versorgung in den Städten zu sichern, haben die *Konsumgenossenschaften* schwerpunktmäßig den Landhandel zu entwickeln. Letztere stellen heute ebenfalls ein bedeutendes Wirtschaftsorgan der DDR dar. Ost-Berlin ist auch der Sitz des ökonomischen Führungszentrums der Konsumgenossenschaften, d. h. des Verbandes Deutscher Konsumgenossenschaften (VDK), der sich weiter aufgliedert in Bezirks- und Kreisverbände (letztere umfassen die Stadt- und Dorf-Konsumgenossenschaften)[19]. Der Umsatz der Konsumgenossenschaften hat sich z. B. von 1950 bis 1967 auf rd. 640% gesteigert (Wörterb. Ök. Soz., 1969, S. 430).

Die *zentrale staatliche Planung und Leitung des Binnenhandels* der DDR erfolgt durch den Ministerrat und speziell durch das Ministerium für Handel und Versorgung als Organ des Ministerrates. Diesem sind direkt unterstellt: außer der bereits genannten Hauptdirektion des volkseigenen Einzelhandels verschiedene Zentrale Warenkontore (ZWK) und eine Großhandeldirektion (GHD) (vgl. Abb. 6). Die ZWK sind branchenmäßig gegliedert (z. B. ZWK Möbel, ZWK Technik) und üben u. a. Anleitungs- und Kontrollfunktionen gegenüber den speziellen Großhandelsgesellschaften (GHG) aus. Die ZWK sollen zu echten wirtschaftsleitenden Organen entwickelt und dann in Großhandelsdirektionen (GHD) umbenannt werden (Wörterb. Ök. Soz., 1969, S. 931).

Weitere spezifische Handelsorgane, der sog. *sonstige sozialistische Einzelhandel*, sind darüber hinaus anderen Ministerien, Wirtschaftsorganisationen, Produktionsbetrieben und gesellschaftlichen Organisationen unterstellt, so z. B.:

die *Mitropa* (= Mitteleuropäische Schlafwagen- und Speisewagen AG.) dem Ministerium für Verkehrswesen (Direktion im Stadtzentrum Ost-Berlins),

der Volksbuchhandel dem Ministerium für Kultur,

die Apotheken dem Ministerium für Gesundheitswesen,

der Industrievertrieb Fahrzeuge der VVB IFA,

der Industrievertrieb Rundfunk und Fernsehen der VVB RFT,

die sog. *Industrieläden* den volkseigenen Produktionsbetrieben (Handelsökonomik f. d. Berufsbildung, Teil 1, 1970, S. 34).

„Trotz der unterschiedlichen Unterstellung der einzelnen Handelsorgane ist das Ministerium für Handel und Versorgung ... stets verantwortlich für die Sicherung der zentralen Planung, Kontrolle und einheitlichen Orientierung der Versorgungsaufgaben aller an der Versorgung der Bevölkerung mit Konsumgütern beteiligten Handelsorgane" (ebd.).

In den Bezirken, Kreisen und Gemeinden der DDR sind die *örtlichen Volksvertretungen* und ihre Organe verantwortlich für die Versorgung der Bevölkerung ihres Zuständigkeitsbereiches mit Konsumgütern und für wichtige Aufgaben bei der Planung und Organisation des Verkaufsstellennetzes (vgl. *H. Karsten, G. Nicolai* und *H. Paeper*, 1964, S. 25—28).

Unter „*Verkaufsstellennetz*", der wichtigsten Form des Einzelhandelsnetzes, werden nach *H. Karsten, G. Nicolai* und *H. Paeper* (1964, S. 15 ff.) und dementsprechend auch im folgenden Text standortgebundene Verkaufseinrichtungen des Einzelhandels verschiedener Art und Größe, u. a. auch Kauf- und Warenhäuser, feste Verkaufsstände, Kioske und Betriebsverkaufsstellen zusammengefaßt. Darüber hinaus existieren der ambulante Handel, der Versandhandel u. a. m., die in dieser Untersuchung unberücksichtigt bleiben.

Die auf den verschiedenen genannten Ebenen der Leitung und Planung des Konsumgüterbinnenhandels erfolgten erheblichen Bemühungen um eine planmäßige Entwicklung und rationale Organisation des Verkaufsstellennetzes führten jedoch jahrelang zu unbefriedigenden Ergebnissen[20]. Aufgrund von Beschlüssen der Handelskonferenz der Zentralkomitees der SED und des Ministeriums für Handel und Versorgung im Jahre 1959 wurden in der Folgezeit eine Reihe von wirtschaftspolitischen Direktiven erlassen mit dem Ziel, die noch aus der „kapitalistischen Zeit" vorhandenen „Disproportionen" im Verkaufsstellennetz zu beseitigen und somit eine allseitige Versorgung der Bevölkerung zu sichern. „Ihre praktische Verwirklichung blieb aber in wenigen Anfängen stecken"[21]. Die hauptsächliche Ursache dafür wird darin gesehen, daß sich die staatlichen Organe ungenügend um eine straffe Leitung und Kontrolle der planmäßigen Entwicklung des Verkaufsstellennetzes bemühten[22].

Karsten, Nicolai und *Paeper* stellten 1964 (S. 19 ff.) besonders folgende *Mängel in der vorhandenen Binnenhandelsstruktur* heraus:

1. Starker Übersatz des Verkaufsstellennetzes in den Zentren städtischer Gebiete, jedoch Untersatz in ländlichen Gebieten und an der Peripherie der Städte, d. h. eine unausgeglichene Standortverteilung (vgl. auch *K. Kluge*, 1963 b, S. 416). Die Folgen waren eine ungenügende Kapazitätsauslastung und eine entsprechend niedrigere Arbeitsproduktivität;

---

[18] Der Versandhandel wird in der DDR vor allem vom volkseigenen Versandhaus Leipzig und vom Versandhaus des zentralen Konsum-, Handels- und Produktionsunternehmens „Konsument" in Karl-Marx-Stadt betrieben.
[19] Vgl. die Übersicht in: Handelsökonomik für die Berufsbildung, Teil 1, 1970, S. 35.
[20] *H. Karsten, G. Nicolai* und *H. Paeper*, 1964, S. 9 ff.
[21] Ebd., S. 18.
[22] Ebd., S. 18.

2. erhebliche Disproportionen in der Flächenverteilung zwischen den einzelnen Branchen- und Warengruppen;
3. unzulängliche Durchschnittsgrößen der Verkaufsstellen;
4. außerordentlich starke Zersplitterung der Sortimente, insbesondere bei Waren des periodischen und langfristigen Bedarfs, auf eine Vielzahl von Verkaufsstellen;
5. unzureichende Sortimentsabgrenzung im gesamten Verkaufsstellennetz (vgl. *F. Köhler*, 1963, S. 52).
6. Der Neubau von Verkaufsstellen im Rahmen des Wiederaufbaus der Städte wurde sehr häufig — nicht zuletzt wegen des Fehlens einer generellen Stadtplanung — unabhängig von der vorhandenen Einzelhandelsausstattung (insbesondere der Altsubstanz des Verkaufsstellennetzes) geplant. Damit blieben echte Kapazitätserfordernisse vielfach unbeachtet.

Erhebliche Schwierigkeiten in der örtlichen Planung des Versorgungsnetzes ergaben sich immer aus der Tatsache, daß in einem Versorgungsgebiet in der Regel nicht nur der volkseigene, konsumgenossenschaftliche und sonstige sozialistische Einzelhandel gemeinsam wirksam sind, sondern darüber hinaus unterschiedlichste Verkaufsstellen der Handwerker- und landwirtschaftlichen Produktionsgenossenschaften, des Handwerks und des privaten Einzelhandels mit und ohne Kommissionsverträgen nebeneinander bestehen (*H. Karsten, G. Nicolai* und *H. Paeper*, 1964, S. 26—27).

Besonders die Beschlüsse des VI. Parteitages (1963) der SED über den umfassenden Aufbau des Sozialismus in der DDR forderten, die planmäßige und den perspektivischen Erfordernissen entsprechende Entwicklung und Organisation des Einzelhandelsnetzes mit aller Konsequenz voranzutreiben.

Die weitere *Umstrukturierung des Verkaufsstellennetzes* im vergangenen Jahrzehnt stand im engen Zusammenhang mit der komplexen Neuplanung bzw. Rekonstruktion der Stadtzentren, dem Bau von neuen sozialistischen Wohnkomplexen sowie der Entwicklung einer generellen Stadtplanung in den wichtigsten Städten der DDR[23]. Die bis zur Gegenwart für die Planung und die Verbesserung der Organisation des Verkaufsstellennetzes zugrunde gelegten *Gestaltungsprinzipien* wurden 1965 vom Ministerium für Handel und Versorgung veröffentlicht[24]:

— das Prinzip der komplex-regionalen Planung und Organisation,
— das Prinzip des konzentrischen Aufbaus und
— das Prinzip der Bildung von Bedarfskomplexen und der Spezialisierung.

Das *Prinzip der komplex-regionalen Planung und Organisation* des Verkaufsstellennetzes soll einmal die Komplexität aller beteiligten Eigentumsformen, Handelssysteme und Betriebstypen, ihre planmäßige Arbeitsteilung und die Wechselbeziehungen zwischen dem Verkaufsstellennetz und dem übrigen Einzelhandel zum Ausdruck bringen. Die regionalen Planungseinheiten sind sog. *Versorgungsgebiete*, die jeweils politisch-administrative Einheiten (Stadt, Kreis, Bezirk) umfassen. Innerhalb der Großstädte wird eine eindeutige hierarchische Gliederung der Versorgungsgebiete in Versorgungsbereiche, Wohnbereiche, Wohnbezirke und Stadtbezirke angestrebt[25]. *K. Illgen* (1969, S. 116) wies jedoch zu Recht darauf hin, daß bei dieser schematischen Abgrenzung die wirklichen Einzugsgebiete des Verkaufsstellennetzes oft erheblich von den Versorgungsgebieten abweichen.

Das *Prinzip des konzentrischen Aufbaus* beinhaltet die Organisation des Verkaufsstellennetzes entsprechend der unterschiedlichen Häufigkeit (Periodizität) der Nachfragen, die nach Waren des täglichen, periodischen und aperiodischen (seltenen) Bedarfs unterschieden wird (vgl. Kap. V.). Daraus resultieren drei Gliederungsstufen: Die erste Stufe sollen Verkaufsstellen für Waren des täglichen Bedarfs bilden, die grundsätzlich in allen Versorgungsbereichen anzubieten sind. Die zweite Stufe umfaßt neben diesen Verkaufseinrichtungen Geschäfte mit Waren der periodischen Nachfrage, insbesondere universelle Industriewaren und ausgewählte Fachhandelssortimente. In den Großstädten sollen sie sich teilweise in den Wohnbezirkszentren, größtenteils jedoch in den Geschäftsstraßen der Stadtbezirkszentren lokalisieren. Die dritte Stufe schließlich besteht aus Verkaufsstellen mit Waren der seltenen Nachfrage sowie mit hochspezialisierten Sortimenten, deren Standortbereiche die Stadtzentren, in den Großstädten teilweise auch die Stadtbezirkszentren sein sollen.

Angestrebt wurde außerdem die sog. *räumliche und*

---

[23] Vgl. dazu auch die übergreifenden Ausführungen unter III. 2.
[24] „Grundsätze für die Planung und Organisation des Verkaufsstellennetzes"; vgl. dazu die bereits 1964 veröffentlichte ausführliche Darstellung der Prinzipien in: *H. Karsten, G. Nicolai* und *H. Paeper* (S. 31 ff.) sowie *W. Bergner* u. a. (1970, S. 111 ff.) und *K. Illgen* (1969, S. 113 ff.), worauf sich die folgenden Ausführungen beziehen.
F. Köhler stellte 1975 heraus, daß die sozialistische Handelspraxis in der DDR bis etwa Anfang der 60er Jahre sehr weitgehend nach den „Grundzügen" der sowjetischen Standortpolitik im Einzelhandel verfuhr, die 1952 ins Deutsche übertragenen Werk von *S. W. Serebrjakow* (S. 139 ff.) herausgestellt wurden. Diese Grundzüge — 1. das Prinzip der größtmöglichen Annäherung an den Verbraucher, 2. das Prinzip des konzentrischen Aufbaus des Handelsnetzes, 3. das Prinzip der Bildung von Knotenpunkten im Verkaufsstellennetz und 4. das Prinzip der gleichmäßigen Verteilung der Verkaufsstellen — wurden zum Teil in die „Grundsätze" des Ministeriums für Handel und Versorgung der DDR aus dem Jahre 1965 integriert.
[25] Vgl. dazu die Darstellung unter III. 2. In Klein- und Mittelstädten fehlen die Gliederungsstufen Wohnbezirk und Stadtbezirk.

territoriale Konzentration des Verkaufsstellennetzes. Die „räumliche Konzentration ... bedeutet Erhöhung der Durchschnittsgröße der Verkaufsstellen bei gleichzeitiger Verringerung ihrer Anzahl" (*W. Bergner* u. a., 1970, S. 116). Diese wurde in den vergangenen Jahren einmal teilweise durch den erheblichen Rückgang des privaten Einzelhandels bewirkt. Sie sollte aber besonders erreicht werden durch den Bau großer, moderner Verkaufsstellentypen, d. h. (1) durch *Warenhäuser*, die das gesamte universelle Industriewarensortiment komplex anbieten und ihre Standorte vorrangig in den Stadtzentren haben; (2) durch *Kaufhäuser*, die Sortiments- und Bedarfskomplexe industrieller Konsumgüter führen (z. B. Bekleidung und Möbel oder „Komplexe Raumgestaltung", „Alles für die Dame", „Camping- und Freizeitbedarf") und mit den Warenhäusern das Grundgerüst der städtischen Einkaufszentren (Stadtzentrum und Stadtbezirkszentrum) bilden sollen (*K. Illgen*, 1969, S. 114) und (3) durch größere sog. *Kaufhallen*, die Waren des täglichen Bedarfskomplexes anbieten (Nahrungs- und Genußmittel, kurzfristig benötigte Industriewaren mit Massenbedarfscharakter).

Die durchschnittlichen Verkaufsraumflächen der den westdeutschen Supermärkten weitgehend entsprechenden Kaufhallen, die die wichtigsten Versorgungseinrichtungen für Waren des täglichen Bedarfs in den neu errichteten „sozialistischen Wohnkomplexen" — und bereits teilweise auch schon in Altbaugebieten — darstellen, haben sich in den vergangenen Jahren laufend erhöht. Wurden zunächst vorwiegend Kaufhallen mit 200—400 m² Verkaufsflächen gebaut, so betragen die Kaufhallenflächen der neuen „Einheitsserie Kaufhallen (ESK)" jeweils mehr als 1000 m² (*K.-H. Wolf*, 1974, S. 732—734).

Als sog. *territoriale Konzentration* des Verkaufsstellennetzes wird dagegen die (anzustrebende) Agglomeration mehrerer Verkaufsstellen an einem Standort in Form von sog. Standortkomplexen und Einkaufszentren verstanden (*W. Bergner* u. a., 1970, S. 116). Bei den *Standortkomplexen* handelt es sich um die räumliche Konzentration mehrerer, einander in den Sortimenten ergänzender Verkaufsstellen an einem Standort (z. B. Bekleidungsbedarf als ein Komplex in einem bestimmten Teilabschnitt einer Einkaufsstraße).

Das *Prinzip der Bildung von Bedarfskomplexen und der Spezialisierung des Angebots* soll einem konsumorientierten Warenangebot Rechnung tragen. Als nachteilig für den Einkauf und die Wirtschaftlichkeit des Einzelhandels wird die zu starke Spezialisierung der Verkaufsstellen angesehen, die durch die Zersplitterung des Verkaufsstellennetzes in der Vergangenheit begünstigt wurde (*K. Illgen*, 1969, S. 129). Nach *W. Bergner* u. a. (1970, S. 118) entspricht die bisherige Spezialisierung der Verkaufsstellen nach produktionsorientierten Branchen bzw. Warengruppen nicht mehr den sozialistischen Lebens-, Verbrauchs- und Einkaufsgewohnheiten. „Die neuen Formen der Spezialisierung bestehen entweder in der Zusammenfassung universeller Sortimente in Warenhäusern — gegliedert nach Bedarfskomplexen —, in der Zusammenfassung zusammengehöriger Warengruppen und -untergruppen zu Bedarfskomplexen in Kaufhäusern, Kaufhallen und Großraumverkaufsstellen sowie in der territorialen Annäherung mehrerer Fachverkaufsstellen mit spezialisierten Sortimenten zu einem Standortkomplex" (ebd.).

Die erläuterten Gestaltungsprinzipien zur Organisation des Verkaufsstellennetzes sollen bei der Einstufung und Bewertung der Einzelhandelsbetriebe der untersuchten Zentren Berücksichtigung finden, da sie die funktionalen Zentrenausstattungen in der DDR, insbesondere in Ost-Berlin, bereits erheblich geprägt haben (vgl. Kap. V. und VI.).

Seit 1967 wurden außerdem zunächst im Technik-Handel, dann auch im Textil- und Kurzwaren-Handel — *neue Handelsgemeinschaften* erprobt. „Das Kernstück der qualitativ neuen kooperativen Beziehungen ist die ökonomische Verflechtung der Großhandelsbetriebe mit leistungsfähigen Einzelhandelseinrichtungen im Rahmen des *Kontaktringsystems*". In zahlreichen bereits bestehenden Kontaktringverkaufsstellen soll die Versorgungsleistung besonders in Richtung verbesserter Kundendienste und Dienstleistungen durch den Einzelhandel in der Marktforschung unterstützt werden. In den technisch-materiell gut auszustattenden Kontaktringverkaufsstellen soll ein qualifiziertes Verkaufspersonal mit „vorbildlicher Kundenbedienung" und „betriebswirtschaftlichem Denken" eine rationale Handelstechnologie anwenden[26].

Trotz der genannten Bestrebungen zur Verbesserung des Warenangebots bzw. des Einzelhandelsnetzes wurde von *E. Honecker* noch auf dem VIII. Parteitag der SED (1971) die „Lückenhaftigkeit und Unbeständigkeit" ... „in der Versorgung der Bevölkerung mit Waren des täglichen Bedarfs, mit Konsumgütern, Ersatzteilen und Dienstleistungen" besonders herausgestellt. Damit sei „ein neues Herangehen an die Leitung, Planung und Organisation der Versorgung der Bevölkerung notwendig geworden" (*E. Honecker*, 1971, S. 40—41).

1.3 Veränderung der Funktionen und Organisationsformen in anderen Bereichen des tertiären Sektors

1.3.1 Außenhandel

Wie in allen sozialistischen Ländern, so besteht auch in der DDR ein *staatliches Außenwirtschaftsmonopol*. Der Außenhandel ist damit ein integrierter Bestandteil der staatlichen Planung, wodurch sich auch spezifische Standortansprüche für die einzelnen Außenhandelsorgane und -unternehmen ergeben.

---

[26] *G. Randel* und *G. Heinig*, 1971, S. 121—123; vgl. auch *R. Lorenz*, 1969.

Die heutige *Organisation des Außenhandels* der DDR, die vom kapitalistischen Außenhandelssystem erheblich abweicht, hat sich seit 1945 in mehreren Schritten entwickelt. Bis zur Mitte des Jahres 1947 unterlag der sowjetzonale Außenhandel zunächst der sowjetischen Besatzungsbehörde, d. h. der Verwaltung für Außenwirtschaft bei der SMAD (Sowjetische Militäradministration). Danach erfolgte der Aufbau eines nach sowjetischen Anweisungen handelnden „Außenhandelsapparates" (Deutsche Verwaltung für Interzonen- und Außenhandel) (*W. Förster*, 1957, S. 17—18).

In der Zeit der ersten Wirtschaftspläne entstanden verschiedene wichtige *Außenhandelsorgane*, die nach der Regierungsbildung in der DDR (1949) dem zuständigen Ministerium unterstellt wurden, sich jedoch in der Organisation mehrfach änderten[27]. Im Jahre 1952 wurden als Hauptträger des Außenhandels der DDR die damals neuen, heute noch bestehenden Einrichtungen mit der Bezeichnung „Deutscher Innen- und Außenhandel" (DIA) zu „volkseigenen Handelsunternehmen" (VEH) erklärt. Diese wurden in Fachorgane aufgegliedert (insgesamt 13 im Jahre 1957), die sämtlich ihre Standorte in Ost-Berlin (Stadtbezirk Mitte) erhielten. Außerdem wurden in den 50er Jahren mehrere neue staatliche *Außenhandelsunternehmen* in GmbH-Form errichtet, z. T. als Umgründungen der bisherigen entsprechenden DIA[28]. Daneben wurden im Laufe des Jahres 1956 im Zuge einer gewissen Dezentralisierung des Außenhandels verschiedene spezielle Warenbereiche aus DIA-Fachanstalten ausgegliedert und neuen Außenhandelsunternehmen (AHU) übertragen.

Auch hier wurde die Form der GmbH gewählt. Die größten und führenden Betriebe des jeweiligen Industriezweiges gehören den neuen Außenhandelsunternehmen als Gesellschafter an[29]. „Ziel der Neugründung (war) vor allem, durch Konzentration auf bestimmte engere Warenbereiche eine bessere Zusammenarbeit zwischen Außenhandel und Produktion sowie eine kommerziell bessere und beweglichere Abwicklung des Exports und Imports zu erreichen" (*W. Förster*, 1957, S. 23). Auch diese Neugründungen stellen in Wirklichkeit staatliche Export- und Importgesellschaften dar, denn ihre Gesellschafter sind durchweg „volkseigene Betriebe".

Außer dem Ministerium für Außenwirtschaft mit Sitz in Ost-Berlin (Straße Unter den Linden) und den genannten staatlichen Organen des Außenhandels bestehen weitere *Institutionen mit bestimmten Spezialfunktionen*, die fast ausschließlich ihre Standorte im Stadtzentrum Ost-Berlins erhielten.

Dazu zählen die „Kammer für Außenhandel" zur allgemeinen Förderung des Außenhandels (Unter den Linden), die Zollverwaltung der DDR (Otto-Nuschke-Str.), als Spezialunternehmer für die Abwicklung von Außenhandelstransporten die „VEB Deutrans" (Otto-Grotewohl-Str.), das „Deutsche Institut für Marktforschung" (Clara-Zetkin-Str.), die „Außenhandelswerbegesellschaft mbH" (Interwerbung; Tucholskystr.), die „Deutsche Warenkontrollgesellschaft" (Intercontrol GmbH.; Clara-Zetkin-Str.), die „Deutsche Auslands- und Rückversicherungs-AG (DARAG)" (Inselstr.), VEB Leipziger Messeamt (Zweigstelle in der Friedrichstr.). An der Realisierung des Außenhandels sind ferner die Staatsbank der DDR und die Deutsche Außenhandelsbank beteiligt (vgl. auch die Abb. 17).

1.3.2 Bank- und Versicherungssystem

Nach dem 2. Weltkrieg erfolgte in der SBZ mit der Verstaatlichung der privaten Banken (Enteignung der früheren Eigentümer) und der Übereignung der Aktiva der Banken an die Besatzungsmacht praktisch die Auflösung der alten Banken (A bis Z, 1969, S. 79). Das gegenwärtige Banksystem der DDR wurde in seinen Grundprinzipien bereits gegen Ende der vierziger Jahre, d. h. unmittelbar nach der Währungsreform geschaffen, jedoch erst Ende 1967/Anfang 1968 durch die Bankenreform neu organisiert. Die Banken[30] sind heute „entscheidende Instrumente der zentralen staatlichen Planung und der Verbindung der zentralen staatlichen Planung mit der eigenverantwortlichen Tätigkeit der sozialistischen Warenproduzenten" (Wörterb. Ök. Soz., 1969, S. 114).

Zur Wahrnehmung der Zentralbankaufgaben steht die *Staatsbank der DDR* mit Sitz im Stadtzentrum Ost-Berlins (Charlottenstr.) an der Spitze der Geldinstitute. Daneben bestehen die sog. *Geschäftsbanken*, die als finanziell verselbständigte Bankinstitute „unmittelbare ökonomische Partner der sozialistischen Warenproduzenten sind" (Pol. Ök. Soz., 1969, S. 407—408).

Als *sozialistische Geschäftsbank* für die Betriebe und wirtschaftsleitenden Organe der Industrie, des Bauwesens, des Handels und des Verkehrs ist die „Industrie- und Handelsbank" (mit Zentraldirektion im Stadtzentrum Ost-Berlins, Behrenstr.) am bedeutendsten. Zwecks Gestaltung der Geschäftsbeziehungen zu den wirtschaftsleitenden Organen (VVB) gliedert sich das Netz der Filialen der Industrie- und Handelsbank nach dem Zweigprinzip (Industriebankfilialen), zur Abwicklung der Geldgeschäfte mit den Betrieben bestehen daneben sog. Kreisfilialen (Wörterb. Ök. Soz., 1969, S. 378).

Eine spezielle Geschäftsbank ist ebenfalls die „Bank für Landwirtschaft und Nahrungsgüterwirtschaft der DDR" mit ihrer Zentrale im Stadtzentrum Ost-Berlins (Clara-Zetkin-Str.). Der „Deutschen Han-

---

[27] Vgl. dazu und im folgenden *W. Förster*, 1957, S. 17—36.
[28] Z. B. „Bergbau-Handel, Gesellschaft für Ausfuhr und Einfuhr von Bergbauerzeugnissen mbH" (Sitz: Stadtzentrum Ost-Berlin); „Deutsche Export- und Import-Gesellschaft Feinmechanik-Optik mbH" (Stadtzentrum Ost-Berlin).
[29] Z. B. „Polygraph-Exportgesellschaft für den Export von Büro- und polygraphischen Maschinen mbH" (Sitz: Stadtzentrum Ost-Berlin); „Wiratex-Exportgesellschaft für Wirkwaren und Raumtextilien mbH" (Sitz: Stadtzentrum Ost-Berlin).
[30] Vgl. im folgenden die Standortverteilung der Banken im Stadtzentrum Ost-Berlins in Abb. 17.

delsbank AG" in der Ostberliner Behrenstraße (Stadtzentrum) „obliegen die Bankgeschäfte bei Einfuhren, Ausfuhren und im Transithandel der DDR mit dem kapitalistischen Ausland" (Wörterb. Ök. Soz., 1969, S. 188). Auch die „Deutsche Außenhandelsbank AG", die alle im internationalen Bankverkehr üblichen Geschäftsoperationen abwickelt, hat im Stadtzentrum Ost-Berlins den Standort ihrer Zentrale sowie weitere Nebenstellen (Otto-Nuschke-Str. bzw. Clara-Zetkin-Str. und Behrenstr.).

Die „Banken für Handwerk und Gewerbe" sind dagegen örtliche genossenschaftliche Geschäftsbanken, deren Geschäftspartner im wesentlichen Produktionsgenossenschaften, sonstige Genossenschaften und Einrichtungen des Handwerks, private Handwerker sowie Gewerbetreibende sind (Wörterb. Ök. Soz., 1969, S. 115).

Die Sparkassen in der DDR sind volkseigene Geld- und Kreditinstitute. Ihre Hauptaufgaben liegen in der Finanzierung des gesamten Wohnungsbaus (seit 1958) und der örtlichen Wirtschaft sowie in der Kreditgewährung für die Bürger und die private Wirtschaft (Wörterb. Ök. Soz., 1969, S. 742). Neben den Stadt-[31] und Kreissparkassen bestehen in der DDR die Reichsbahnspar- und Darlehnskasse GmbH[32] und die Postsparkasse.

Entsprechend dieser funktionellen Einteilung des Banksystems nach bestimmten bankpolitischen Aufgaben bzw. Kundenkreisen ist eine Konkurrenz der Bankinstitute untereinander ausgeschlossen. Aufgrund des Fehlens privater Geld- und Kreditinstitute bestehen verhältnismäßig wenige Bankeinrichtungen, die jedoch nach der jeweiligen Reichweite ihrer Kundenbetreuung sehr klar hierarchisch (in Zentralen; Bezirksdirektionen/Regionalfilialen/Hauptstellen; lokale Zweigstellen) gegliedert sind.

Noch gravierender war die Konzentration im *Versicherungswesen*, d. h. die Reduzierung in der Anzahl der Versicherungen. Seitdem im Jahre 1945 auf Befehl der SMAD sämtliche private und öffentlich-rechtliche Versicherungsunternehmen aufgelöst wurden, ist das Versicherungssystem in der DDR ebenfalls zentral (staatlich) organisiert (A bis Z, 1969, S. 151).

Zu den wenigen Versicherungen zählt zunächst die Staatliche Versicherung der DDR[33] mit Sitz im Stadtzentrum Ost-Berlins (Brüderstr.), die in allen Bezirken Bezirks- und Kreisdirektionen unterhält.

Sie ist eine „sozialistische Versicherungseinrichtung für die Sach-, Haftpflicht- und Personenversicherung, ferner Träger der Sozialversicherung der Mitglieder der sozialistischen Produktionsgenossenschaften, der in den Betrieben mit staatlicher Beteiligung tätigen, persönlich haftenden Gesellschafter, der Handwerker, der selbständig Erwerbstätigen und Unternehmer sowie der freiberuflich Tätigen" (Wörterb. Ök. Soz., 1969, S. 754).

Träger der Sozialversicherung der Arbeiter und Angestellten in der DDR ist dagegen der Freie Deutsche Gewerkschaftsbund (FDGB). Die Verwaltung der Sozialversicherung beim FDGB hat ihren Sitz im Stadtzentrum Ost-Berlins (Am Köllnischen Park). Schließlich hat auch die Zentrale der Auslands- und Rückversicherungs-AG (DARAG), die nur Außenstellen in Leipzig und Magdeburg sowie eine Filialdirektion in Rostock unterhält, ihren Standort im Stadtzentrum Ost-Berlins (Inselstr.). Die DARAG ist u. a. zuständig für die Transportversicherung der Exporte und Importe, die Schiffs- und Luftfahrtversicherung (Wörterb. Ök. Soz., 1969, S. 186).

1.3.3 Übrige Dienstleistungen

Auch die übrigen Bereiche des Dienstleistungssektors waren in den beiden vergangenen Jahrzehnten von Rationalisierungs- und damit von erheblichen organisatorischen und räumlichen Konzentrationsmaßnahmen betroffen.

Dies gilt zunächst für die *gehobenen personenbezogenen Dienstleistungen*. Besonders im *Gesundheitswesen* wurden die staatlichen Mittel auf Schwerpunktvorhaben konzentriert. Die Zahl der Arztpraxen reduzierte sich mit der weitgehenden Verstaatlichung aller ärztlichen Tätigkeit und der Bildung eines abgestuften Systems fest abgegrenzter „Versorgungsbereiche" (A bis Z, 1969, S. 49). In diesem sog. Bereichsarztsystem wird damit die freie Arztwahl erheblich eingeengt (ebd., S. 83). „Alle ambulanten Behandlungen sollen in Staffelung von Staatlichen (auch „Halbstaatlichen" wie „eigenen") Praxen über Ambulatorien zu übergeordneten Polikliniken erfolgen..." (ebd., S. 49).

Im Bereich der *Rechtsberatung* wurde bereits sehr früh (zunächst ohne großen Erfolg) versucht, Anwaltskollektive nach sowjetischem Muster auf freiwilliger Basis entstehen zu lassen. Nach einer Verordnung aus dem Jahre 1953 wurden sodann freiberuflich tätige Rechtsanwälte nicht mehr neu zugelassen. Die wesentlichen Funktionen der Rechtsanwaltschaft wurden sog. Kollegien der Rechtsanwälte übertragen (A bis Z, 1969, S. 511). Die Folge dieser und weiterer einschränkender Maßnahmen war, daß gegen Ende der 60er Jahre die Zahl der gesamten Rechtsanwälte in der DDR (einschließlich Ost-Berlins) weniger als die Hälfte der in West-Berlin zugelassenen Rechtsanwälte betrug. Von den 630 Rechtsanwälten der DDR gehörten rund 460 den Kollegien an (ebd., S. 512). Ähnliche organisatorische und damit auch standortmäßig-räumliche Konzentrationen erfolgten bis zur Gegenwart auch in anderen gehobenen Dienstleistungsbereichen.

Die *einfachen sachbezogenen Dienste* (Instandhaltungen und Reparaturen von Konsumgütern wie Schuhreparaturen, Wäschereien usw.) blieben in der

---

[31] Die Zentrale der Sparkasse der Stadt Berlin ist am Alexanderplatz lokalisiert.
[32] Ebenfalls mit Zentrale im Stadtzentrum Ost-Berlins (Krausenstr.).
[33] Von 1952 bis 1969 unter der Bezeichnung „Deutsche Versicherungs-Anstalt".

DDR bis zur Gegenwart nach dem Leistungsvermögen unterentwickelt (Dt. Inst. Wi., 1971, S. 167). Zur Steigerung der Leistungsfähigkeit der hauswirtschaftlichen Dienstleistungen und Reparaturen wurden besonders seit dem VI. Parteitag der SED (1963) im Zusammenhang mit der Reform des Wirtschaftsapparates vor allem in den Großstädten volkseigene „*Dienstleistungskombinate*" entwickelt. Das Programm dieser Betriebe umfaßt eine Vielzahl gleichzeitig ausgeführter Dienstleistungen (z. B. Waschen, Reinigen, Besorgungs- und Wartungsdienste, Einzelanfertigung von Textilien, Reparatur von Textil-, Schuh- und Lederwaren sowie von technischen Gebrauchsgütern). „Damit soll die Versorgung der Bevölkerung bestimmter Wohnkomplexe an zentraler Stelle gesichert und durch Konzentration der Verwaltungsarbeit beschleunigt und verbilligt werden" (Dt. Inst. Wi., 1971, S. 167). Als untere Kapazitätsgrenze eines hauswirtschaftlichen Dienstleistungskombinats wurden bereits 1963 ein Einzugsbereich von 40 000 bis 50 000 Einwohnern angenommen, wobei komplexe Annahmestellen für rund 10 000 Einwohner entstehen sollten. Letztere fassen die Annahmestellen für Textilreinigung und -reparatur, der Reparatur technischer Gebrauchsgüter und der Schuhreparatur zusammen (*K. H. Urban*, 1963, S. 435—436). Sämtliche Ausleihdienste und alle unmittelbar mit Kauf verbundenen Dienstleistungen wurden vom Handel übernommen (ebd.).

Ein großer Teil der hauswirtschaftlichen Dienstleistungen, die Bestandteil der sog. örtlichen Versorgungswirtschaft sind, wird gegenwärtig vom *Handwerk* erbracht. Gegen Ende der 60er Jahre betrug der Anteil des Handwerks rund 86% der Gesamtleistung der örtlichen Versorgungswirtschaft (Wörterb. Ök. Soz., 1969, S. 352). Auch im Handwerk erfolgten erhebliche Konzentrationen durch den Zusammenschluß vieler privater Handwerksbetriebe zu sozialistischen Produktionsgenossenschaften des Handwerks (PGH).

2. Entwicklung und Grundsätze des sozialistischen Städtebaus in der DDR und ihre Auswirkungen auf die Zentrenplanung und -erneuerung in Ost-Berlin

Der sog. sozialistische Städtebau bzw. die Bauwirtschaft in der DDR sind „Aufgabe staatlicher Organe" (*D. Richter*, 1974, S. 183) bzw. „Objekt der staatlich gelenkten volkswirtschaftlichen Gesamtplanung" (*W. Wallert*, 1974, S. 177). Die städtebauliche Entwicklung in der SBZ und DDR erfolgte in verschiedenen Aufbauphasen, die sich mit ihren unterschiedlichen Zielvorstellungen und planerischen Auswirkungen in drei größere Zeitabschnitte zusammenfassen lassen.

2.1 Entwicklung bis 1955

In den *ersten Nachkriegsjahren* war die Beseitigung der Trümmer- und Ruinenfelder in den kriegszerstörten Städten eine der wichtigsten Aufgaben. Dies galt in besonderem Maße für Ost-Berlin, wo 30% aller Gebäude zerstört wurden bzw. 180 000 Wohnungen verloren gegangen waren (*L. Brüss*, 1953, S. 189).

Die beschädigten Wohn- und Industriegebäude sowie Verkehrseinrichtungen konnten größtenteils nur behelfsmäßig instand gesetzt werden. Der Bauindustrie mangelte es an Baustahl und Zement, nicht zuletzt aufgrund der Demontagen und Lieferungen an die Sowjetunion. Im Jahre 1948 wurde jegliche private Bautätigkeit auf Befehl der „Deutschen Wirtschaftskommission" der SBZ verboten.

Nach der Gründung der Deutschen Demokratischen Republik im Jahre 1949 und der Annahme der ersten Verfassung des neuen Staates verabschiedete die Volkskammer bereits am 6. 9. 1950 das Gesetz über den Aufbau der Städte der DDR (Aufbaugesetz). Dieses Gesetz, dem in Ost-Berlin völlig sinngemäß die Aufbauverordnung vom 18. 12. 1950 entsprach (*F. Werner*, 1969, S. 11), wurde — zusammen mit den „Sechzehn Grundsätzen des Städtebaus" (s. unten) — die gesetzliche Grundlage der Städtebaupolitik der DDR. Die städtebauliche Entwicklung in dieser *zweiten Etappe*, die bis etwa 1955 reichte, stand außerdem im engsten Zusammenhang mit der Durchführung des 1. Fünfjahresplanes (1951—1955)[34], mit der Begründung des Nationalen Aufbauprogramms (1951)[35] und den Beschlüssen der 2. Parteikonferenz der SED über den planmäßigen Aufbau der Grundlagen des Sozialismus in der DDR (1952). „Städtebau und Architektur wurden bewußt als Aufgabe nationaler Politik betrachtet" (*G. Krenz*, 1969, S. 13). Jedoch wurde auch diese zweite Etappe noch stark bestimmt von den unmittelbaren Folgen des Krieges, der „Enttrümmerung". „Die Baulücken der Städte

---

[34] Der erste Fünfjahresplan sah als Schwerpunkte den weiteren Auf- und Ausbau der wichtigsten Industriezentren und den Aufbau von 53 Städten in der DDR vor (Deutsche Bauakademie, Institut für Städtebau u. Architektur [Hrsg.], 1969, S. 17).
[35] Am 22. 11. 1951 wurde zum Aufbau in Ost-Berlin aufgerufen (*J. Näther*, 1969 a, S. 23); vgl. auch *E. Collein*, 1952, S. 13 ff.

schlossen sich zu weiten Freiflächen zusammen", wodurch vielfach erst das volle Ausmaß der Kriegsverwüstungen erkennbar wurde (*P. Schöller*, 1961, S. 558).

Eine entscheidende Grundlage für alle großzügigen städtebaulichen Umgestaltungen bzw. Planungen war das *veränderte Bodenrecht* (sozialistische Bodenordnung), d. h. das Recht auf Inanspruchnahme von Baugelände für volkseigene Bauvorhaben (Enteignung von Grund und Boden), das im Aufbaugesetz des Jahres 1950 verankert war und im Jahre 1963 durch eine Grundstücksverkehrsordnung erweitert wurde[36]. Das Stadtzentrum von Ost-Berlin wurde bereits 1951 zum Aufbaugebiet erklärt. Das gleiche galt für die Zentrenbereiche anderer wichtiger Städte der DDR, wie Leipzig, Dresden, Magdeburg, Chemnitz, Dessau, Rostock und Wismar (*E. Collein*, 1955, S. 532). In der Regel wurden die zum Aufbau benötigten Grundstücke enteignet.

Die *städtebaulichen Zielvorstellungen* stützten sich in dieser Zeit auf die *„Sechzehn Grundsätze des Städtebaus"* vom 27. 7. 1950, die wiederum fast ausschließlich auf den Erfahrungen in bzw. mit der Sowjetunion beruhten (*G. Krenz*, 1969, S. 12). Gemeint war: „Die strikte Durchführung der Leitlinien des sowjetischen Städtebaus der Stalin-Periode" (*P. Schöller*, 1961, S. 559). Das *Zentrum* als bestimmender Kern und politischer Mittelpunkt der Stadt sollte die wichtigsten politischen, administrativen und kulturellen Einrichtungen erhalten. Wichtig war dabei die Forderung nach der Übereinstimmung der höchsten gesellschaftlichen Funktionen mit dem künstlerischen Höhepunkt der Stadtkompositionen (*E. Collein*, 1955, S. 533). „So mußte die beherrschende Rolle der Partei in der städtebaulichen Struktur zum Ausdruck kommen, im Zuschnitt des Zentrums, der Größe des Straßenraumes, der Gestaltung der Gebäudefronten und der Auswahl der „Dominanten" (*P. Schöller*, 1961, S. 559). Die *Straße* sollte nach den Grundsätzen „ihre höchste Bedeutung" erst erhalten, „wenn sie Schauplatz von Demonstrationen ... wird" (*F. Werner*, 1969, S. 22). Die *Plätze*, als Konzentrationspunkte für Aufmärsche, politische Demonstrationen und Volksfeiern an Festtagen, sollten die strukturelle Grundlage der Planung der Stadt und ihrer architektonischen Gesamtkomposition sein (*E. Collein*, 1955, S. 533). Die Leitlinien der ersten Stadtkernplanungen im sozialistischen Städtebau der DDR waren damit vorgegeben: der große zentrale Platz für Parteikundgebungen und Staatsfeiern, die breite Hauptmagistrale für Demonstrationen und Volksfeste, die zentralen Partei- und Kulturhochhäuser in beherrschender Stellung und die Verwaltungsgebäude als monumentaler Ausdruck der Staatsmacht (*P. Schöller*, 1961, S. 560). Als wichtig wurde jedoch andererseits die Einbeziehung der städtebaulich und architektonisch wertvollen historischen Bausubstanz in die neuen Zentrenkompositionen angesehen (*E. Collein*, 1952, S. 16). In den sechzehn Grundsätzen wurde insgesamt die Forderung nach einem „individuellen Antlitz" der Stadt gestellt.

In dieser zweiten städtebaulichen Entwicklungsphase wurden erstmalig größere, einheitlich geplante „städtische Ensembles" nach einem komplexen Aufbauplan errichtet (*G. Krenz*, 1969, S. 13). Der vorgesehene verstärkte Neuaufbau der Stadtzentren begann jedoch erst ab 1952/53. In *Ost-Berlin* betraf dieses in erster Linie den Beginn des Aufbaus sowie auch der Rekonstruktion der ersten „Magistralen", d. h. der Stalinallee (heutige Karl-Marx-Allee)[37], der Bersarin- und Dimitroffstraße und der Schönhauser Allee, die die neue städtebauliche Struktur Ost-Berlins andeuten sollten (*J. Näther*, 1967 a, S. 6). „Das gefeierte Repräsentationsstück neuer Architektur, neuen Städtebaus und auch neuer Innenarchitektur", das auch zunächst der einzige verwirklichte Komplex der neuen Zentrumspläne blieb, war die *Stalinallee*, die „erste sozialistische Straße Berlins" (vgl. Abb. 39). Die städtebauliche Grundidee ging auf den damaligen Generalsekretär der SED, Walter Ulbricht, zurück: Die Achse Unter den Linden — Marx-Engels-Platz sollte nach Osten über die Rathausstraße und den Alexanderplatz bis zur Stalinallee fortgesetzt werden. Damit sollten von Westen und Osten kommend zwei wichtige Magistralen als zentrale Achse Berlins zum zentralen Platz der Hauptstadt der DDR führen (*E. Collein*, 1952, S. 16). Die 1,8 km lange Stalinallee, die im Bereich bzw. in Richtung der früheren Frankfurter Allee, d. h. im kriegszerstörten Arbeiter- und Mietskasernenviertel des Stadtbezirks Friedrichshain, ausgebaut wurde, war bewußt als Gesamtkomposition bis in alle Details der Fassaden- und Innenarchitektur geplant[38]. In der Gestaltung zweier Plätze mit ringförmig angelegten Straßenkreuzungen, d. h. des Platzes an der Bersarinstraße als „Eingang zum zentralen Bezirk" und des Strausberger Platzes, dem „östlichen Tor zum Zentrum", sollte eine architektonische Steigerung zum Zentrum hin erreicht werden, die sich (später) über den Alexanderplatz bis zum „Höhepunkt des Marx-Engels-Platzes"[39] fortsetzen sollte (*E. Collein*, 1952, S. 16). Durch monumentale Gebäude sollte das Zentrum nicht nur ein „charakteristisches Bild" erhalten, sondern in der

---

[36] Vgl. *J. Näther*, 1969, S. 23 und die ausführlichen Erläuterungen von *F. Werner*, 1969, S. 11 ff.
Zur Entwicklung der Bodenpolitik in der DDR vgl. auch *M. Hoffmann*, 1975, S. 140 ff.
[37] Die heutige Karl-Marx-Allee wurde seit dem 70. Geburtstag Stalins im Jahre 1950 (bis 1961) Stalinallee genannt.
[38] Über die Einzelheiten der baulichen Gestaltung berichten ausführlich *E. Collein*, 1952, S. 14—19; *H. Hopp*, 1952, S. 66 bis 72; *H. Henselmann*, 1952, S. 156—165; *J. Käding*, 1953 sowie *A. Lange*, 1966, S. 72 ff.
[39] Der Marx-Engels-Platz wurde bereits 1951 im Bereich des früheren Lustgartens, des Schloßplatzes und der kurz zuvor abgetragenen Schloßruine geschaffen.

architektonischen Gesamtkomposition der Bedeutung der Hauptstadt gerecht werden[40]. Zu den wichtigsten sozialistischen Einrichtungen des Stadtzentrums mußte daher das „Zentrale Hochhaus" zählen, das den „Demonstrations- und Festplatz" flankiert (*K. Menzel*, 1954, S. 209). Neben der „zentralen Achse" stellte ein später vorgesehenes Straßen-Tangentensystem, das das Zentrum ringförmig umschließen sollte, ein wichtiges Element der Zentrumsplanung dar. Ansonsten wurde in den Entwürfen das historische Straßennetz im wesentlichen beibehalten.

Der 75—80 Meter breite Straßenraum der neuen Stalinallee bzw. heutigen *Karl-Marx-Allee* zwischen Strausberger Platz und Frankfurter Tor wird von einer im allgemeinen sieben- bis neungeschossigen Wohnbebauung[41] flankiert, deren Fassaden mit klassizistischen Stilelementen gestaltet wurden (vgl. *K. Souradny*, 1953, S. 6—12). Die Erdgeschosse wurden mit rund 105 Verkaufsstellen und weiteren Dienstleistungseinrichtungen ausgestattet (*K. Kluge*, 1963, S. 415). Die grundsätzliche Kritik an der Gesamtkonzeption der Stalinallee, die sehr rasch einsetzte, beschränkte sich nicht nur auf die künstlerische Gestaltung[42], sondern bezog sich besonders auf die Mischung von Wohn- und Geschäftsfunktionen beiderseits der „Magistrale", die zugleich auch wichtige innerstädtische Ausfallstraße in Richtung Ost ist (vgl. Abb. 39). Die Breite der Straße und besonders die Längsorientierung der relativ geräumigen Läden (mit durchschnittlich 140 qm Verkaufsraumfläche)[43] zu den Straßenseiten bedeuten für die Konsumenten viel zu lange Einkaufswege[44]. Die Unwirtschaftlichkeit der über drei Kilometer langen Aufreihung der Geschäfte wurde sogar quantitativ belegt (vgl. *K. Kluge*, 1963, S. 415). Hinzu kommt die unzureichende Berücksichtigung des ruhenden Verkehrs.

Kennzeichnend für diese städtebauliche Etappe in der DDR war insgesamt das *Fehlen einer generellen Stadtplanung*. Wie im Falle der Stalinallee wurden immer nur Teilgebiete der Stadt ohne detaillierte Analyse der Gesamtstruktur und deren ausreichende langfristige „Perspektivplanung" projektiert[45]. Speziell für Ost-Berlin kam hinzu, daß es bereits in dieser Phase — abgesehen von der gegenseitigen Beachtung der Verkehrsplanung — keine offizielle gemeinsame gesamtberliner Planung gab (*F. Werner*, 1969, S. 32). Obwohl in der ersten Hälfte der 50er Jahre mehrere Pläne für das Zentrum Ost-Berlins ausgearbeitet wurden[46] und am 28. 10. 1955 auf Beschluß des Magistrats dem Ministerrat eine Berliner städtebauliche Perspektivplanung vorgelegt wurde, konnte man 1955 „noch nicht von einer endgültigen durchgearbeiteten Gesamtkonzeption für das Zentrum Berlins sprechen" (*E. Collein*, 1955, S. 538).

D. Richter (1974) charakterisierte diese erste Aufbauphase in der DDR vereinfachend als Phase des „Konservativen Formalismus", in der „doktrinär in Anlehnung an die durch *Stalin* in der Sowjetunion geprägte Bauauffassung historisierende Strukturen und Formgebungen übernommen und die Fassadengestaltung ... in aufdringlicher Weise betont" (wurde) (ebd., S. 184).

Die darauf folgende zweite Aufbauphase (ab 1955/56) wurde von *Richter* treffend als Phase der „Rückkehr zur Neuen Sachlichkeit" bezeichnet (ebd., S. 185).

2.2 Entwicklung von 1955 bis 1966

2.2.1 Allgemeine Prinzipien

Die nächste größere Etappe in der Entwicklung des Städtebaus der DDR wurde durch die 1. Baukonferenz der DDR (1955) mit dem sog. Programm für die Industrialisierung und Typisierung des Bauens eingeleitet und erstreckte sich nach *G. Krenz* (1969, S. 14) über einen längeren Zeitraum, etwa bis zum Jahre 1966[47]. Durch die Einführung großindustrieller Produktions- bzw. Fertigungsmethoden sollten nicht nur die Baukosten gesenkt, sondern besonders der Wohnungsmangel beseitigt und der Aufbau der Stadtzentren wesentlich beschleunigt werden (*P. Schöller*, 1961, S. 562).

In dieser Zeit bestand ebenfalls der Zwang, die Investitionsmittel zu konzentrieren (*W. Weigel*, 1963 b, S. 478). Zusammen mit der Entwicklung von Standardtypen im Wohnungsbau entstanden zwar große, einheitlich geplante Wohnsiedlungskomplexe, jedoch zeichneten sich schnell „Tendenzen des Schematismus und der Monotonie ab". Außerdem wurde die geforderte Großzügigkeit bei der Gestaltung der

---

[40] *W. Ulbricht* auf dem III. Parteitag der SED; vgl. auch *E. Collein*, 1955, S. 532.
[41] Der überwiegende Teil der Wohnungen besteht aus nur zwei Zimmern mit durchschnittlich 67 m² Nutzfläche (ca. 57%), gefolgt von 3-Zimmer-Wohnungen (rd. 29% zu durchschnittlich 75 m²). Weniger als 9% machen größere Wohnungen aus (*E. Collein*, 1952, S. 17).
[42] Vgl. z. B. Deutsche Architektur, 1953, S. 99.
[43] Vgl. *K. Kluge*, 1963, S. 415 und die ausführliche Darstellung und Bewertung der funktionalen Ausstattung der Karl-Marx-Allee unter Kap. VI.
[44] Entsprechende Planungsfehler wurden auch beim Aufbau anderer Stadtzentren in der DDR begangen (z. B. in Magdeburg und Karl-Marx-Stadt) (*H. Paeper*, 1967, S. 519). Vgl. auch die jüngst von *P. Schöller* (1974 b, S. 426—427) an der Konzeption der Magistralen Ost-Berlins sowie anderer Städte der DDR geäußerte Kritik.
[45] *K. Kluge*, 1963, S. 413; vgl. auch *P. Schöller*, 1961, S. 561, der die von *K. W. Leucht*, 1955, geäußerte Kritik am Städtebau in der Zeit des ersten Fünfjahrplanes aufgreift.
[46] Vgl. dazu die Zusammenstellung bei *F. Werner*, 1969, S. 43—46.
[47] Diese Etappe läßt sich nach *P. Schöller* (1961, S. 561 f.) in zwei Abschnitte weiter unterteilen. Der zweite Abschnitt begann nach dem am 30. 9. 1959 verkündeten Gesetz über den Siebenjahresplan. Vgl. auch: Deutsche Bauakademie, Institut für Städtebau und Architektur (Hrsg.), 1969, S. 23 ff. Nach *D. Richter* (1974) begann im Städtebau der DDR allerdings erst etwa ab 1962 eine dritte Aufbauphase des „Industriemäßigen Massenwohnungsbaus" (ebd., S. 186).

Wohngebiete verschiedentlich in eine unvertretbare Weiträumigkeit übersetzt (*G. Krenz*, 1969, S. 14).

„... die großen Montagestraßen führten zu einer uniform-rechtwinkligen Gruppierung mehrgeschossiger Reihenblocks. Die Kranbahn bestimmte die Struktur des Städtebaus" (*P. Schöller*, 1974 b, S. 301).

Wichtig ist, daß in dieser Etappe bei der Planung und Bebauung von Wohngebieten versucht wurde, dem „sozialistischen Gemeinschaftsleben" bzw. den „künftigen Lebensbedingungen in der kommunistischen Gesellschaft" Rechnung zu tragen (*K. W. Leucht*, 1962, S. 154). Mit städtebaulichen Mitteln sollte dieses in verstärktem Maße durch die Schaffung eines Systems *„gesellschaftlicher Zentren"* bei gleichzeitiger Untergliederung der Städte in geordnete und überschaubare (Wohnsiedlungs-)Einheiten und Gruppierungen erreicht werden.

Bereits in den Grundsätzen des Städtebaus aus dem Jahre 1950 waren eine Einteilung der Wohngebiete in „Wohnbezirke" und „Wohnkomplexe" und der Ausbau bzw. die Errichtung zugeordneter Versorgungszentren gefordert worden (Grundsatz 10) (*K. Junghanns*, 1952, S. 168). Die Pläne für die Entwicklung eines hierarchisch gestuften Versorgungsnetzes bzw. Zentrensystems und ihre Realisierung blieben jedoch zumindest bis Anfang der 60er Jahre völlig unzureichend.

Noch 1963 stellten *H. Klauschke, W. Ortmann* und *M. Heinze* fest, daß bis zu diesem Zeitpunkt die Einzugsbereiche der verschiedenen gesellschaftlichen Einrichtungen weder auf festgelegte Optimalgrößen der Wohnkomplexe, noch untereinander in den „Kapazitätssprüngen" abgestimmt waren (ebd., S. 429). Durch den konzentrierten Aufbau neuer sog. sozialistischer Wohnkomplexe und den beschleunigten Wiederaufbau der wichtigsten Stadtzentren[48] sollten in dem zweiten Abschnitt der Industrialisierungsphase des Bauens gleichzeitig ein rationelles, ökonomisches System von Versorgungszentren sowie eine funktionale Bereichseinteilung der Städte entstehen. Für die Zentren bzw. ihre entsprechenden Versorgungsgebiete wurde prinzipiell eine dreistufige (bei Großstädten mit Stadtbezirken eine vierstufige) Hierarchie vorgesehen (*H. Karsten, G. Nicolai* und *H. Paeper*, 1964, S. 70—71). Dabei sollten die Einzelhandelseinrichtungen soweit als möglich in den Zentren konzentriert und mit den Standorten der anderen gesellschaftlichen Einrichtungen zusammengefaßt werden (*K. Kluge*, 1963, S. 413).

In der funktionalen Bereichsgliederung bilden die sog. *Versorgungsbereiche* die untersten Einheiten. Diese sollen „auf Grund ihrer traditionellen Entwicklung und ihrer Struktur organisch zusammengehörige Wohnkomplexe"[49] mit 500—7000 Einwohnern (in Neubaugebieten mit bis zu 12 000 Einwohnern) sein[50]. Die Grenzen der Versorgungsbereiche sollen, soweit wie möglich, mit den Grenzen der Wirkungsbereiche der Nationalen Front in Übereinstimmung gebracht werden. Diese von Ökonomen vorgeschlagene Größe und Abgrenzung der Versorgungsbereiche entspricht nur ungefähr den von der Deutschen Bauakademie in dieser Zeit veröffentlichten Grundsätzen: Nach *K. W. Leucht* (1962, S. 154) soll ein *„Wohnkomplex"* 3000 bis 12 000 Einwohner (optimale Größe bei 8000 bis 10 000 Einwohner) umfassen[51]. Seine Größe entspricht damit dem Einflußbereich der Wahlkreiskonferenz und der Abgeordnetengruppe, während die kleinste städtebauliche Einheit, die *„Wohngruppe"* mit jeweils 1000 bis 3000 (optimal 1500 bis 2500) Einwohnern, die „gesellschaftliche Organisationsform des Wirkungsbereichs der Nationalen Front und des Betreuungsbereiches des Volksvertreters" sein sollte. In der Wohngruppe sollen nur Einrichtungen der vorschulischen Erziehung, der gesellschaftlichen Tätigkeit und der technisch-kulturellen Selbstbetätigung (Wohngruppentreff) entstehen. Das *Wohnkomplexzentrum* besteht dagegen aus Verkaufsstellen mit Waren des täglichen Bedarfs (nur in Ausnahmefällen auch teilweise mit Waren des periodischen Bedarfs), einer allgemeinbildenden polytechnischen Oberschule, einem Ambulatorium, einer Klubgaststätte und weiteren Dienstleistungseinrichtungen[52]. Letztere sind insbesondere komplexe Annahmestellen für einfache Dienstleistungen (Textilreinigung und -reparatur, Schuhreparatur und Reparatur technischer Gebrauchsgüter) (*K. H. Urban*, 1963, S. 436). Die Handels-, Dienstleistungs- und gastronomischen Einrichtungen eines Wohnkomplexzentrums sollen weitestgehend in Kompaktbauten zusammengefaßt werden (*K. Kluge*, 1963, S. 413). „Was aber das Versorgungszentrum eines sozialistischen Wohnkomplexes zum gesellschaftlichen Mittelpunkt werden läßt, sind etwa ein Mehrzwecksaal, Klubräume, Fernsehzimmer und Bastelräume" (*W. Wallert*, 1974, S. 179).

---

[48] Wichtig war der Beschluß des Präsidiums des Ministerrats der DDR vom 4. 5. 1961 über „Grundsätze zur Planung und Durchführung des Aufbaus der Stadtzentren" (vgl. *E. Collein*, 1962, S. 69).

[49] Nach der „Richtlinie zur Bildung von Versorgungsbereichen", hrsg. vom Ministerium für Handel und Versorgung der DDR vom 1. Okt. 1959 (zitiert nach *H. Karsten, G. Nicolai* und *H. Paeper*, 1964, S. 36).

[50] *H. Karsten, G. Nicolai* und *H. Paeper*, 1964, S. 36—38; nach *K. Illgen* (1969, S. 117) kann der Versorgungsbereich bei größerer Wohndichte, d. h. bei intensiverer Flächennutzung durch hochgeschossige Baukörper, sogar bis zu 25 000 Einwohner umfassen.

[51] Nach dem Vorschlag der Deutschen Bauakademie aus dem Jahre 1960 sollen Wohngruppen mit insgesamt 6000 bis 12 000 E zu einem Wohnkomplex zusammengefaßt werden (DA, 1960, Sonderbeilage 10, S. 3). Ein häufiger Wechsel in den Richtzahlen für die optimale Größe der Einwohnerzahlen war besonders beim Aufbau der neuen Städte in der DDR charakteristisch.
Vgl. auch die Ausführungen von *W. Wallert* (1974, S. 179 ff.) zum sozialistischen Wohnkomplex.

[52] Vgl. *P. Kirsch*, 1962, S. 156—158; *K. Kluge*, 1963, S. 413; *H. Klauschke, W. Ortmann* und *M. Heinze*, 1963, S. 428—429.

Als bekanntes Beispiel eines modernen Wohnkomplexzentrums in *Ost-Berlin* gilt das „gesellschaftliche Zentrum" im neuen Wohngebiet[53] Hans-Loch-Straße[54] im Stadtbezirk Lichtenberg, das „als erstes reines Wohngebietszentrum dieser Größe in der DDR in kompakter Bauweise errichtet wurde" (*H. Scholz*, 1968, S. 610). Das Wohngebiet entstand zwischen 1961 und 1965 für eine Bevölkerungszahl von rund 15 000 Einwohnern (*H. Klauschke*, 1968, S. 602). Als funktionale Ausstattung des Zentrums wurden folgende Versorgungseinrichtungen gewählt: Kaufhalle, Fischverkaufsstelle, Friseur, Apotheke, Annahmestelle für Dienstleistungen, Post, Wohngebietsverwaltung, Gaststätte, Klub, Erwachsenen- und Kinderbibliothek und eine 20klassige erweiterte polytechnische Oberschule. Das Zentrum wird von einer inneren Fußgängerzone erschlossen. Die Einrichtungen können nach *H. Scholz* (1968, S. 613—614) jedoch die differenzierten Ansprüche der mehr als 15 000 Einwohner nicht befriedigen. Das gilt besonders in bezug auf die unzureichende Ausstattung mit gastronomischen Einrichtungen und Spezialgeschäften.

Nach *W. Prendel* (1973), Institut für Städtebau und Architektur der Bauakademie der DDR, ist „eine Überprüfung und Präzisierung der bisher üblichen Vorstellungen zu den Aufgaben und zur Funktion der gesellschaftlichen Einrichtungen im Wohngebiet notwendig, da gerade diese Einrichtungen wesentlich dazu beitragen können, die Wohnbedingungen sichtbar zu verbessern und die Monotonie im Wohngebiet zu überwinden" (ebd., S. 722).

Mehrere Versorgungsbereiche bzw. strukturell zusammengehörige Wohngebiete sollen allgemein einen *Wohnbezirk* in der Größenordnung von 20 000 bis 60 000 Einwohnern bilden[55]. Der Wohnbezirk ist eigentlich ein „Gliederungselement" einer Stadt, kann aber auch eine Klein- oder Mittelstadt umfassen. Im *Wohnbezirkszentrum*, das jeweils als städtebaulicher Höhepunkt des Wohngebietes beziehungsweise der Stadt ausgebildet sein soll, konzentrieren sich Verkaufsstellen mit Waren der täglichen Nachfrage (besonders zur Versorgung der unmittelbar angrenzenden Wohngebiete), in erster Linie jedoch Geschäfte und gesellschaftliche Einrichtungen für die periodische Nutzung (*K. Kluge*, 1963, S. 413). „In Abkehr von den herkömmlichen Bandläden in Geschäftsstraßen wird das Bild des Zentrums von einem Standortkomplex moderner Handelseinrichtungen geformt, der ein Kaufhaus, eine Kaufhalle, Fachverkaufsstellen und Dienstleistungseinrichtungen vereint" (*K. Illgen*, 1969, S. 118). Die Entfernung zum Wohnbezirkszentrum sollten nach *K. W. Leucht* (1962, S. 154) von der äußersten Wohngruppe 1500 m nicht überschreiten. „Jedem Wohnbezirk sollten Arbeitsstätten der nicht störenden Industrie oder Kommunalwirtschaftseinrichtungen zugeordnet werden, wobei eine Grünabschnürung zwischen den Arbeitsstätten und dem Wohngebiet notwendig wird" (ebd., S. 154).

In Großstädten bilden mehrere Wohnbezirke zusammen einen *Stadtbezirk*. Die Stadtbezirke in Ost-Berlin wie auch die größten Stadtbezirke in anderen Großstädten der DDR[56] verfügen im allgemeinen jeweils über ein Zentrum. Einige *Stadtbezirkszentren* in Ost-Berlin — besonders die Schönhauser Allee im Bezirk Prenzlauer Berg — erfüllen auch Versorgungsaufgaben für die Bewohner anderer Stadtbezirke (*H. Karsten*, *G. Nicolai* und *H. Paeper*, 1964, S. 39). Die Verkaufseinrichtungen des Stadtbezirkszentrums können bei mehr als 35 000 Einwohnern im Einzugsbereich ein Warenhaus mit universellen Sortimenten, Kaufhäuser, Kaufhallen und Fachgeschäfte umfassen (*K. Illgen*, 1969, S. 118).

Das *Stadtzentrum* schließlich, als oberstes Glied in der hierarchischen Anordnung des Systems städtischer gesellschaftlicher Zentren, sollte — nach den von der Deutschen Bauakademie veröffentlichten Grundsätzen[57] — als zusammenhängendes und zentral gelegenes Stadtgebiet den „Mittelpunkt für das gesellschaftliche Leben der gesamten Bevölkerung und den Höhepunkt in der architektonischen Komposition der Stadt" bilden und folgende Einrichtungen in sich einschließen:

— zentrale Gebäude für die Organe der Staatsmacht, der Parteien und Massenorganisationen (in Berlin besonders die Gebäude der obersten Volksvertretung, der Regierung und der zentralen Leitung der Massenorganisationen),
— kulturelle Gebäude zentraler Bedeutung (Kulturhäuser und Klubgebäude, Theater, Konzert- und Kinogebäude, Kongreßhallen, zentrale Versammlungsgebäude, Ausstellungsräume und Bibliotheken, Museen usw.),
— zentrale Gebäude der Wirtschaft und Verwaltung,
— Hotels, Gaststätten und Läden (vor allem für die periodische Nachfrage, besonders Kaufhäuser)[58] für die Versorgung der Stadt und ihres Einzugsgebietes,

---

[53] Einen knappen Überblick über die städtebauliche Struktur der übrigen neuen Wohnkomplexe, die in dieser Etappe in anderen Bereichen Ost-Berlins (bes. Kietzer Feld, Johannisthal-Süd, Rhinstr., Heinersdorf) entstanden, vermitteln die Ausführungen von *F. Werner*, 1969, S. 232—240.
[54] Die neue Bezeichnung ist Wohngebiet „Am Tierpark".
[55] *K. W. Leucht*, 1962, S. 154; nach *H. Karsten*, *G. Nicolai* und *H. Paeper*, 1964, S. 38 jedoch lediglich 15 000 bis 30 000 Einwohner; nach dem Vorschlag der Deutschen Bauakademie (1960) 30 000 bis 60 000 Einwohner (DA, 1960, Sonderbeilage 10, S. 3).
[56] Wie Ost-Berlin sind auch die Städte Dresden, Leipzig, Karl-Marx-Stadt, Magdeburg und Erfurt in Stadtbezirke eingeteilt. Die Stadtbezirksversammlungen bilden die untersten örtlichen Volksvertretungen, die Räte der Stadtbezirke die untersten staatlichen Verwaltungsbehörden.
[57] Vgl. DA, 1960, Sonderbeilage 8, S. 1 ff.
[58] Vgl. dazu *K. Kluge*, 1963, S. 413.

— Plätze und Anlagen für Demonstrationen, Kundgebungen, öffentliche Veranstaltungen, kulturelle Darbietungen usw.,
— Grünanlagen, Boulevards, kleinere Parks und andere Einrichtungen für die Erholung.

Bestimmte gesellschaftliche Einrichtungen sollten jedoch — trotz ihrer gesamtstädtischen und überörtlichen Bedeutung — Standorte außerhalb des Stadtzentrums erhalten: z. B. spezielle Verwaltungs- und Bürogebäude mit geringem Besucherverkehr, Anlagen mit umfangreichen Flächenansprüchen (Messe- und Ausstellungsgelände usw.).

Darüber hinaus wurden von der Deutschen Bauakademie[59] weitere Grundsätze der Planung und Gestaltung sozialistischer Stadtzentren zusammengestellt[60], die teilweise auch in die „Thesen zur 2. Theoretischen Konferenz der Deutschen Bauakademie über die sozialistische Lösung der Wohnungsfrage und den Neuaufbau der zerstörten Stadtzentren in der Deutschen Demokratischen Republik"[61] einmünden.

Die in diesen beiden Veröffentlichungen im allgemeinen sehr breit dargelegten und ideologisch verkleideten prinzipiellen Gesichtspunkte zur Gestaltung der Stadtzentren, insbesondere des Stadtzentrums in (Ost-)Berlin, lassen sich wie folgt zusammenfassen: Das großstädtische Stadtzentrum soll in verschiedene geordnete und weiträumige „Ensembles" gegliedert werden, die durch Magistralen, Straßen, Grünanlagen oder Wasserflächen miteinander verbunden werden. Durch die Verwirklichung großzügiger Ordnungsprinzipien und die „einheitliche Komposition" des Stadtzentrums sollen die Möglichkeiten, „welche die Typisierung und das industrielle Bauen, die Einheit der Bauweise und die Maßordnung bieten", voll genutzt werden.

Eine wichtige Rolle in den Grundüberlegungen spielt die einzelne städtebauliche und architektonische Gestaltung der Komposition beim „Massenaufbau" des Stadtzentrums: So sollen etwa die zusammenhängenden, weit geöffneten Räume der Plätze und Magistralen den Blick auf größere, überschaubare Teile des Stadtzentrums frei geben. Werke der bildenden Kunst, insbesondere der monumentalen und dekorativen Bildhauerei (Freiplastiken, Reliefs, Wandgemälde usw.) sollen der architektonischen Bereicherung einzelner Bauwerke wie ganzer städtebaulicher Ensembles dienen.

Besonders wird betont, daß „die wertvollen Architekturwerke historischer Bauepochen wichtige Elemente für die Gestaltung der Ensembles, der Plätze und Magistralen sozialistischer Stadtzentren" darstellen und „als nationales Kulturerbe" sinnvoll in das Funktionsgefüge und die Komposition des neuen Stadtzentrums eingeordnet werden sollen.

Der Zentrale Platz soll (nach wie vor) den politischen und kulturellen Mittelpunkt und damit das bedeutendste „Ensemble" des Stadtzentrums bilden. Die mit diesem verbundenen Magistralen stellen „durch ihre gesellschaftliche Einrichtungen und Anlagen zentraler Bedeutung oder aufgrund ihrer ausgezeichneten städtebaulichen Situation Anziehungspunkte für das Leben der Bevölkerung" dar. Für die städtebauliche Gestaltung wurden besondere Gesichtspunkte (Linienführung, Kompositionsschwerpunkte, Grad der Geschlossenheit und Querschnitt der Magistrale etc.) herausgestellt. Entsprechendes galt für die kompositionelle Anordnung der architektonischen Gestaltung der Gebäude in einem Ensemble.

Die von der Deutschen Bauakademie veröffentlichten Grundsätze enthalten jedoch — außer der oben genannten Aufstellung wichtiger „gesellschaftlicher Einrichtungen" — keine differenzierten Ausführungen über die funktionalen Zentrenausstattungen in den neuen hierarchisch gestuften sozialistischen Stadtzentren. Für (Ost-)Berlin wurde es — sehr grob formuliert — als zweckmäßig erachtet, den „stark ausgedehnten Kern des Stadtzentrums in seiner Fläche zu gliedern".

Nach den „Grundsätzen der Planung und Gestaltung der Städte der DDR in der Periode des umfassenden Aufbaus des Sozialismus" der Deutschen Bauakademie (1965) (vgl. DA, 1965, S. 4—8) sollten die „Vorhaben des komplexen Wohnungsbaus in verstärktem Maße in den Aufbau und in die sozialistische Umgestaltung der Zentren (einbezogen werden)" (ebd., S. 7). „Der vielgeschossige Wohnungsbau führt insbesondere in den Zentren der Großstädte zu wirtschaftlichen und architektonisch wirksamen Lösungen, schafft Wohnungen nahe den im Stadtkern gelegenen Arbeitsstätten und trägt wesentlich zur Entwicklung des Lebens in den Stadtzentren bei" (ebd.).

2.2.2 *Neuaufbau des Stadtzentrums in Ost-Berlin*

Mit dem komplexen *Neuaufbau des Stadtzentrums* in Ost-Berlin wurde in dieser Etappe erst relativ spät begonnen. Von westlicher Seite, d. h. vom Bundestag, wurde zwar bereits 1955 ein internationaler städtebaulicher Ideenwettbewerb beschlossen, der die Aufgabe haben sollte, „die Grundlagen für die Mitte Berlins zu schaffen. Mit der baulichen Gestaltung soll(te) gleichzeitig auch die geistige Aufgabe Berlins als Hauptstadt Deutschlands und als moderne Weltstadt zum Ausdruck gebracht wer-

---

[59] Die Deutsche Bauakademie bestimmt als Staatsorgan bzw. als zentrale wissenschaftliche Institution des Ministeriums für Bauwesen der DDR das „städtebauliche Leitbild". „Sie untersteht direkt den Weisungen des vom ZK der SED kontrollierten Staatsapparates der DDR und insbesondere der Staatlichen Plankommission als Organ des Ministerrats" (D. Richter, 1974, S. 183).
[60] Vgl. DA, 1960, Sonderbeilage 8, S. 1 ff.
[61] Vgl. DA, 1960, Sonderbeilage 10, S. 1 ff.

den"⁶². Von den Ergebnissen dieses im Jahre 1957 von der Bundesregierung und dem Westberliner Senat gemeinsam ausgeschriebenen und 1958 beendeten Wettbewerbs⁶³ wurde selbstverständlich in Ost-Berlin nichts realisiert. Dort beschlossen dagegen die Stadtverordneten des Bezirks Mitte im Juli 1956 einen „Gebietsentwicklungsplan". Von dem detaillierten Inhalt und dem weiteren Schicksal dieses Planes ist jedoch nichts bekannt geworden (F. Werner, 1969, S. 105). „Seine Verwirklichung hätte einen rein historisierenden Nachbau ehemaliger Funktionsbereiche und selbst von Bauten (auf der Fischerinsel) bedeutet" (ebd.).

Während in diesen Jahren für Leipzig, Dresden, Magdeburg, Rostock und andere größere Aufbaustädte der DDR stadtplanerische Grundlagen und Projekte für den Aufbau der Zentren vorlagen, beschränkten sich die Vorschläge des Chefarchitekten beim Magistrat von Groß-Berlin in bezug auf das Stadtzentrum lediglich „auf Entwürfe zur Weiterführung der Stalinallee bis zum Alexanderplatz sowie auf den Wiederaufbau zerstörter Wohngebiete" (G. Kosel, 1958, S. 177). „Alle bestehenden Teilentwürfe für den Zentralen Bezirk (trugen) infolge des Fehlens einer generellen Vorstellung über den Kern des Zentrums mehr oder weniger zufälligen Charakter" (ebd.).

Auf dem V. Parteitag der SED (Juli 1958) schließlich sollte mit dem Beschluß, die „architektonische Hauptgestaltung des Stadtzentrums" bis 1965 zu vollenden, eine neue Entwicklung eingeleitet werden: Die Stadtverordnetenversammlung ließ im Oktober 1958 einen Wettbewerb mit einer Aufgabenstellung von „höchster politisch-ideologischer Bedeutung" für das Stadtzentrum ausschreiben⁶⁴. Nach F. Werner zeugen jedoch auch „von diesem Wettbewerb historischer Größe ... heute weder ein Bauwerk noch eine weitergeführte stadtplanerische Idee" (ebd., S. 122). Das Fortführen der Pläne aus dem Wettbewerb 1958 wurde drei Kollektiven übertragen.

Auch aufgrund des Gesetzes über den Siebenjahresplan zur Entwicklung der Volkswirtschaft der DDR in den Jahren 1959—1965 sollten nicht nur das Stadtzentrum Berlins, sondern auch die Zentren in anderen zerstörten Städten im wesentlichen bis zum Jahre 1965 wieder aufgebaut werden. Als besonders wichtig — außer Berlin — wurde der Aufbau der Stadtzentren in Leipzig, Dresden, Karl-Marx-Stadt, Magdeburg, Rostock, Potsdam, Gera, Dessau, Frankfurt/Oder und Neubrandenburg angesehen⁶⁵.

Obwohl erst im Jahre 1961 ein neuer Bebauungsplan für das Stadtzentrum Ost-Berlins von der Stadtverordnetenversammlung beschlossen und im selben Jahr auch vom Ministerrat der DDR bestätigt wurde⁶⁶, ist der Beginn des Aufbaus des Stadtzentrums nach J. Näther (1969 a, S. 24) bereits im Jahre 1959 zu datieren, als nämlich mit dem Bau des neuen Wohngebietes Karl-Marx-Allee⁶⁷ begonnen wurde (vgl. Abb. 7), das zugleich ein Musterbeispiel für die in dieser Etappe eingeleitete Konzentration der industrialisierten und typisierten Bau-

maßnahmen auf größere Investitionskomplexe darstellt: Beiderseits des neuen, 125 m breiten Abschnittes der Karl-Marx-Alle⁶⁸ zwischen dem Alexanderplatz und dem Strausberger Platz entstanden in vorwiegend zehngeschossiger, teilweise auch in acht- und fünfgeschossiger Bebauung rund 4700 Wohneinheiten (W. Dutschke, 1959, S. 538—540). Entgegen der geschlossenen Bauweise im älteren Teil der Magistrale wurden hier in moderner Großplattenmontage frei nebeneinander und durch Grünanlagen voneinander getrennte Einzelblocks errichtet. Eine zweite „optische Straßenfront" wurde durch vorgezogene Pavillon-Flachbaukörper gebildet, deren Einrichtungen überörtliche Bedeutung besitzen⁶⁹ und nach J. Kaiser (1964 c, S. 425) den „Auftakt des (Stadt-)Zentrums" ausmachen sollten. Dazu zählen neben einigen Spezial-Verkaufsstellen das als modernstes Filmtheater der DDR geschaffene Kino International⁷⁰ und das repräsentativ gestaltete Restaurant und Konzertcafé Moskau⁷¹. Von überörtlicher Funktion ist außerdem das in diesem Wohnkomplex lokalisierte Interhotel Berolina, das eine Anzahl weiterer Service-Einrichtungen enthält⁷². Während die genannten Funktionen anstelle des Standorts eines sonst üblichen Wohnkomplexzentrums geplant wurden, wurden die Einkaufsläden und weitere Einrichtungen für den kurzfristigen Bedarf der Bewohner (Schulen, Kindergärten usw.) inmitten der beiden, durch die Karl-Marx-Allee getrennten Teile des Wohnkomplexes lokalisiert.

Wie bereits erwähnt, wurde im Jahre 1961 einem — vom Kollektiv Gericke-Schweizer entwickelten —

---

⁶² Aus dem Vorwort von Konrad Adenauer in: Bundesminister für Wohnungsbau und Senator für Bau- und Wohnungswesen Berlin (Hrsg.), 1957.
⁶³ Vgl. Bundesminister für Wohnungsbau und Senator für Bau- und Wohnungswesen Berlin (Hrsg.), 1960. Die Abgrenzung des Wettbewerbsgebietes ist in der Abb. 5 dargestellt.
⁶⁴ Vgl. die Ausführungen über den „Wettbewerb Stadtzentrum 1958" bei F. Werner, 1969, S. 106—122 und besonders die Darstellungen von G. Kosel, 1958, S. 177—183, K. Magritz, 1959, S. 1—5, K. Liebknecht, 1960, S. 1—2 sowie den umfangreichen Bericht „Ideenwettbewerb zur sozialistischen Umgestaltung des Zentrums der Hauptstadt der DDR" in: DA, 1959, S. 3—39.
⁶⁵ Vgl. das Vorwort von E. Collein in: Deutsche Bauakademie (Hrsg.), 1960 a, S. 1 sowie P. Schöller (1961), der bereits zu Recht hervorhob, daß nach dem Stande der Bauarbeiten im Sommer 1961 es offenkundig war, „daß Stadtplanung und Bauwirtschaft die Forderung des Siebenjahresplanes nicht ... erfüllen (konnten)" (ebd., S. 565).
⁶⁶ Vgl. E. Gisske, 1961, S. 411.
⁶⁷ Eine Darstellung und Analyse der eingereichten städtebaulichen Vorschläge für die Bebauung beiderseits des neuen Straßenabschnittes der Karl-Marx-Allee wurde unter dem Titel „Vom Strausberger Platz zum Alexanderplatz" veröffentlicht in: DA, 1958, S. 16—24.
⁶⁸ Dieses ist der Abstand der Baufluchten für die Wohnbauten.
⁶⁹ Vgl. W. Dutschke, 1959, S. 536 ff., A. Lange, 1966, S. 73 ff. sowie die speziellen Ausführungen unter VI.
⁷⁰ Vgl. J. Kaiser, 1964 a, S. 24—31.
⁷¹ Vgl. J. Kaiser, 1964 b, S. 211—216.
⁷² Vgl. J. Kaiser, 1964 c, S. 432—434.

64   III   Das ökonomische System des Sozialismus und der sozialistische Städtebau in der DDR

Abb. 7 Ost-Berlin: Plan des neuen Wohngebietes an der Karl-Marx-Allee

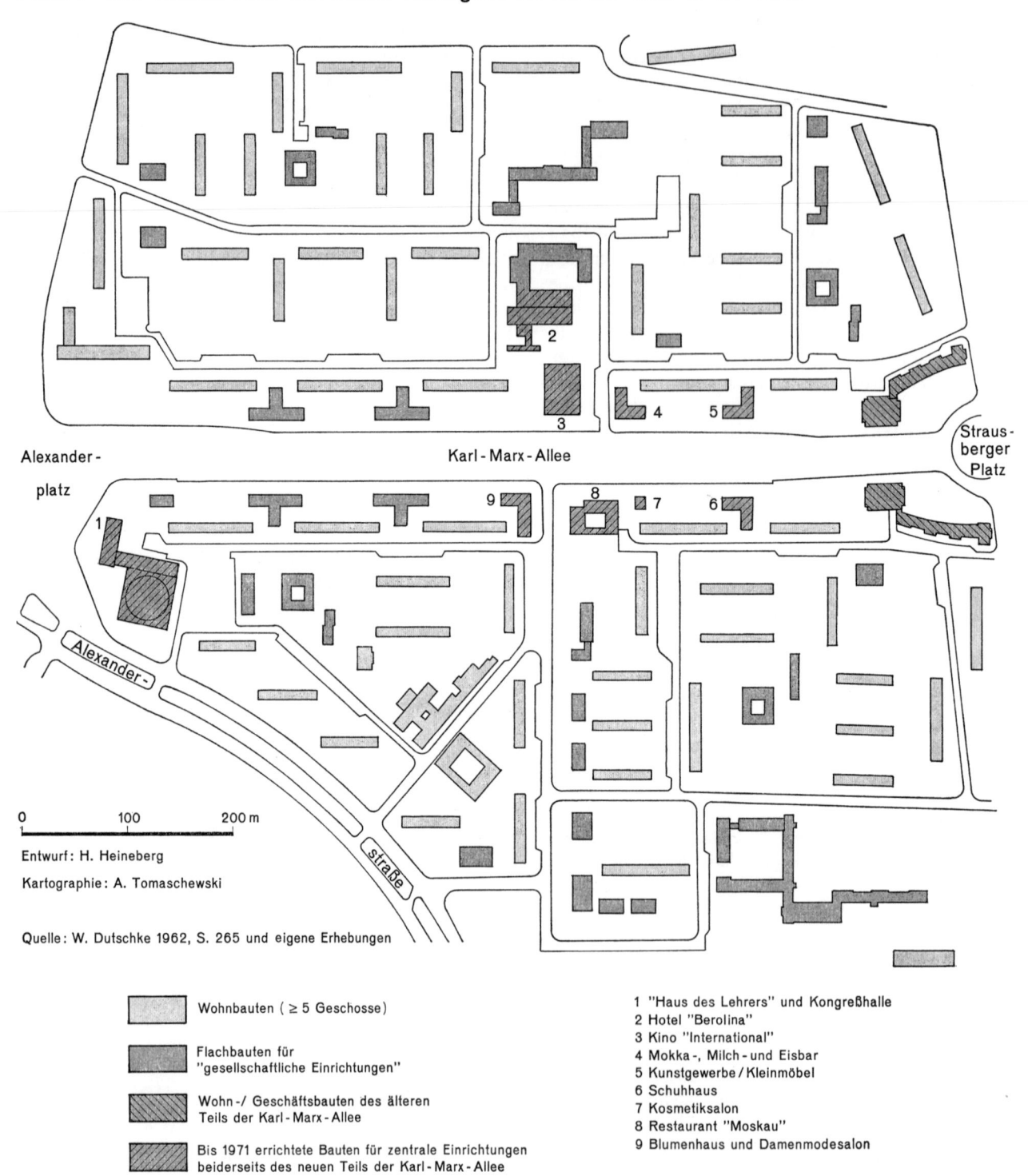

Entwurf: H. Heineberg
Kartographie: A. Tomaschewski

Quelle: W. Dutschke 1962, S. 265 und eigene Erhebungen

- Wohnbauten (≥ 5 Geschosse)
- Flachbauten für "gesellschaftliche Einrichtungen"
- Wohn-/Geschäftsbauten des älteren Teils der Karl-Marx-Allee
- Bis 1971 errichtete Bauten für zentrale Einrichtungen beiderseits des neuen Teils der Karl-Marx-Allee

1 "Haus des Lehrers" und Kongreßhalle
2 Hotel "Berolina"
3 Kino "International"
4 Mokka-, Milch- und Eisbar
5 Kunstgewerbe/Kleinmöbel
6 Schuhhaus
7 Kosmetiksalon
8 Restaurant "Moskau"
9 Blumenhaus und Damenmodesalon

Bebauungsplan für das Stadtzentrum Ost-Berlins durch die Stadtverordnetenversammlung[73] und den Ministerrat der DDR zugestimmt. Nach den Erläuterungen des bestätigten Bebauungsplanes durch *E. Gisske* (1961) war beabsichtigt, daß die Zahl der Beschäftigten im Zentrum 200 000 nicht übersteigen sollte (in der ehemaligen City gab es dagegen rund 500 000 Arbeitsplätze). Auch die Überbauung sollte mit rund 30 Prozent erheblich niedriger sein als in der alten City, deren Überbauungsverhältnis 80 bis 90 Prozent betrug. Die Geschoßflächendichte war mit 1,5 bis 1,8 im Mittel geplant (gegenüber 3 in der alten Innenstadt). In den Randgebieten des Stadtzentrums sollte die maximale Wohndichte 500 E/ha nicht übersteigen. Vor der Zerstörung hatte sie dagegen in den inneren Stadtbezirken 1200 E/ha und mehr betragen (ebd., S. 411).

Die „großzügige und großräumige Planung entsprechend den sechzehn Grundsätzen des Städtebaus" (ebd.) sah jedoch für die Zeit des Siebenjahrplanes vor, die Neugestaltung des Stadtzentrums im wesentlichen schwerpunktartig auf drei Bereiche zu konzentrieren: Marx-Engels-Platz, Alexanderplatz und Bereich Straße unter den Linden[74].

Der *Marx-Engels-Platz* sollte durch folgende politische Funktionsträger „flankiert" werden: Im Westen am Spreekanal das Ministerium für Auswärtige Angelegenheiten[75], auf der Südseite das das Staatsratsgebäude[76] und an der Ostseite der Spree der Bau des Zentralen Gebäudes für die Oberste Volksvertretung der DDR[77]. Das Alte Museum von Schinkel (1930) sollte in der ursprünglichen Form wiederaufgebaut werden.

Der *Alexanderplatz* sollte „entsprechend seiner Bedeutung für den Berliner Handel und als Verkehrsknotenpunkt" gestaltet und daher in erster Linie Standort von Handelseinrichtungen und Gaststätten werden. Nach den Zerstörungen des Zweiten Weltkrieges waren am Alexanderplatz zunächst nur die beiden (zwischen 1929 und 1932 erbauten) „Behrens-Hochhäuser" am Eingang zur Rathausstraße wiederhergestellt worden, deren wichtigste Funktionen der Sitz des Rates des Stadtbezirks Mitte (im Berolina-Haus) sowie der Handel (insbesondere Warenhaus Centrum im Alexanderhaus) wurden. Als Höhepunkte der Bebauung des Alexanderplatzes waren 1961 neu geplant: lediglich das Haus des Lehrers[78], ein Gebäude für den Allgemeinen Deutschen Nachrichtendienst und zwei Bürohochhäuser[79]. Der Wiederaufbau des Alexanderplatzes wurde jedoch später — nach Abschluß der Neugestaltung des Bereiches Straße Unter den Linden — vorgesehen (vgl. *J. Näther, P. Schweizer* u. *E. Schulz*, 1964, S. 740.).

Beim Aufbau der *Straße Unter den Linden,* die in der städtebaulichen Komposition des neuen Stadtzentrums eine wichtige Rolle einnimmt, sollte nach dem Beschluß der Stadtverordnetenversammlung „ihrem historischen Charakter" Rechnung getragen werden (vgl. im folgenden Abb. 18). Zu diesem Zeitpunkt waren von den kulturhistorischen Bauten mit großem ökonomischen Aufwand bereits wiederhergestellt: das Brandenburger Tor, die Deutsche Staatsoper, die Humboldt-Universität, das Mahnmal (ehemalige Neue Wache von K. F. Schinkel) und das Museum für Deutsche Geschichte (ehemaliges Zeughaus). Wiederaufgebaut werden sollten nach dem bestätigten Bebauungsplan 1961 das frühere Kaiser-Wilhelm-Palais[80] und die „Kommode" (ehem. Alte Bibliothek)[81]. Auf dem Fundamenten des einstigen Prinzessinnenpalais sollte ein Operncafé[82] entstehen. Damit wurden die wertvollsten historischen Bauten[83], besonders im Bereich des sog. Berliner Forums (oder „Forum Fridericianum"), in die Gesamtkonzeption der neuen Straße Unter den Linden einbezogen. Darüber hinaus wurde der westliche Abschnitt dieser Straße, in dem bereits 1950 bis 1952 der Komplex der Sowjetischen Botschaft entstanden war, für weitere Standorte diplomatischer Vertretungen vorgesehen. Räumlich anschließend sollten Ministerien[84], Bürogebäude und Handelseinrichtungen (einschließlich Gaststätten) eine Standortgemeinschaft bilden.

„Vorgezeichnet durch die historische Entwicklung" sollte sich die Straße Unter den Linden — wie bereits teilweise angedeutet — insgesamt in vier ineinander übergehende *Funktionsbereiche* gliedern: Im Osten (zwischen Kupfergraben und Bebelplatz)

---

[73] Vgl. Beschluß der Stadtverordnetenversammlung Groß-Berlin über den Aufbau des Zentrums der Hauptstadt der Deutschen Demokratischen Republik, 1961, S. 417—419.
[74] Beschluß der Stadtverordnetenversammlung ..., 1961, S. 417 ff., vgl. dort die beiden Abb. auf S. 419.
[75] Entstand 1964 bis 1966; vgl. *J. Kaiser*, 1965, S. 650—663.
[76] Entstand 1962 bis 1964.
[77] Mit dem Bau des Zentralen Gebäudes („Palast der Republik"), das neben der Tagungsstätte der Volkskammer der DDR auch eine Halle für Großveranstaltungen sowie auch Einrichtungen der Gastronomie und Unterhaltung enthält, wurde erst im Jahre 1973, und zwar in der östlichen Hälfte des Marx-Engels-Platzes, begonnen.
[78] Das Haus des Lehrers, zwischen 1961 und 1964 zusammen mit einem Kongreßsaal errichtet, beherbergt neben einem Café und einer Gaststätte Vortrags-, Klub- und Studienräume für die Berliner Lehrerschaft sowie Einrichtungen der Pädagogischen Zentralbibliothek und ist damit ein wichtiges Kulturzentrum innerhalb Ost-Berlins (vgl. *H. Henselmann*, 1961, S. 432—435; 1964, S. 711—735 sowie *A. Lange*, 1966, S. 82).
[79] Beschluß der Stadtverordnetenversammlung ..., 1961, S. 417—418.
[80] 1964 für die Pädagogische Fakultät der Universität errichtet. Zur Planung vgl. *F. Meinhardt*, 1962, S. 643.
[81] Zur Planung vgl. *W. Kötteritzsch*, 1970, S. 138—145.
[82] 1963 fertiggestellt. Zur Planung vgl. *K. Kroll*, 1962, S. 642 und *R. Paulick*, 1964, S. 201—207.
[83] Hinzu kam der Wiederaufbau der St.-Hedwigs-Kathedrale, der 1963 abgeschlossen wurde.
[84] Das Ministerium für Volksbildung (vgl. *M. Hörner*, 1961, S. 425—431; 1962, S. 644—645; 1965, S. 394—403) und das Ministerium für Außenhandel und Innerdeutschen Handel (vgl. *E. Leibold*, 1962, S. 648—649).

das alte Berliner Forum mit den baukünstlerisch besonders wertvollen Bauwerken als Bereich der Kunst und der Wissenschaft, anschließend nach Westen (zwischen Charlottenstraße und Glinkastraße) eine funktional vielfältige Zone „für Bauten der Kultur und des Einkaufs, der Unterhaltung und Entspannung". Als Mittelpunkt war die Kreuzung mit der Friedrichstraße vorgesehen, die ihrerseits als fußläufiger, 60 m breiter Boulevard neugestaltet werden sollte[85]. Hier war in Anlehnung an die früheren Funktionen die Lokalisation moderner Gaststätten und Cafés, Spezialgeschäfte und Läden aller Art geplant. Zwischen 1964 und 1966 entstanden im Bereich der Straßenkreuzung Unter den Linden/Friedrichstraße der attraktiv gestaltete Gaststättenkomplex „Lindencorso"[86], westlich davon ein Appartementhaus und Funktionsgebäude der (bis 1966) umgebauten Komischen Oper mit speziellen Verkaufseinrichtungen in der Erdgeschoßzone[87] sowie auf der gegenüberliegenden Seite der Straße Unter den Linden ein Hotel (vgl. *P. Senf* u. *F. Wenzel*, 1964, S. 80—83). Der Lindencorso und das Hotel Unter den Linden deuten zusammen die neu geplante Straßenflucht der Friedrichstraße an. Diesem mittleren Abschnitt sollten schließlich im westlichen Bereich der Straße Unter den Linden nach der Planung im wesentlichen zentrale Einrichtungen des Innen- und Außenhandels und Botschaften folgen[88].

Die Planung für den Wiederaufbau der Straße Unter den Linden sah außerdem vor, „die Geschlossenheit des Straßenzuges zu wahren und die im Linden-Statut festgelegte Traufhöhe von 18 m einzuhalten" (*E. Gisske*, 1961, S. 416). Die Mehrzahl der im Kern des Ostberliner Stadtzentrums neu zu errichtenden Gebäude sollte die vorhandene Durchschnittshöhe von 25—30 Metern insgesamt kaum überschreiten und sich damit „dem historisch gegebenen Maßstab und Massenaufbau anpassen" (ebd., S. 411). Für die randliche Begrenzung des Stadtzentrums war jedoch eine Zone vielgeschossiger Bebauung geplant, die den großen städtebaulichen Rahmen der Innenstadt sichtbar werden lassen sollte (ebd.).

Um das Stadtzentrum sollte ein *Rechteck von tangierenden Schnellstraßen* gelegt werden, die in erster Linie den Durchgangsverkehrsströmen (d. h. dem überbezirklichen Binnenverkehr sowie der Verteilung des ein- und ausstrahlenden Verkehrs) dienen. Dagegen war das Straßennetz innerhalb der Schnellverkehrsstraßen (Tangenten) nur für den Ziel- und Quellverkehr im Zentrum vorgesehen. Ausschließlich dem Fußgängerverkehr vorbehalten sollten — neben großen Teilen der Friedrichstraße — auch die Leipziger Straße sowie der Bereich zwischen Rathaus- und Liebknechtstraße sein.

Hervorzuheben ist, daß die knapp gefaßten Erläuterungen zum Bebauungsplan 1961 und die nachfolgend veröffentlichten Planungskonzeptionen für einzelne Baumaßnahmen insgesamt keine hinreichend detaillierten Hinweise über die differenzierte Standortplanung in bezug auf die funktionale Zentrenausstattung enthalten. Wie gezeigt wurde, wurden im wesentlichen Funktionsbereiche grob formuliert und abgegrenzt. Außerdem wurde für die übrigen, zum erheblichen Teil kriegszerstörten bzw. „enttrümmerten" Bereiche der ehemaligen City, d. h. über die genannten „Schwerpunktobjekte" hinausgehend, in dieser Zeit noch keine genaue Flächennutzungsplanung erarbeitet.

Der Kritik *F. Werners* (1969, S. 188), daß „vom Bebauungsplan 1961 ... praktisch nichts realisiert (wurde)" ist — aufgrund der Entwicklung der Straße Unter den Linden — in dieser Form nicht zuzustimmen. Fest steht jedoch andererseits, daß bereits im Herbst 1961 die Arbeit an einer Veränderung dieses Bebauungsplanes aufgenommen wurde (ebd., S. 185). Die generellen — besonders von Vertretern der Deutschen Bauakademie — vorgebrachten kritischen Einwände zum Stand der Zentrenplanung in der DDR, die oben bereits zusammengefaßt wurden, waren in diesen Jahren besonders zahlreich. „Nach Ulbricht's Kritik am schleppenden Aufbau des Berliner Stadtzentrums aufgrund mangelnder Konzentration der Mittel und ungenügender Koordination sollte der Alex[89] als Schwerpunkt innerhalb des Zentrums aufgebaut werden. Anläßlich des Vorstellens der neuen Alex-Planung[90] wurde — gewissermaßen beiläufig und ohne auf den Wettbewerb von 1958 oder den bestätigten Bebauungsplan von 1961 einzugehen — der am 28. 9. 1964 bestätigte *Entwurf der Gestaltung des Stadtzentrums* vorgetragen" (*F. Werner*, 1969, S. 184). Mit diesem Beschluß des Politbüros des Zentralkomitees der SED und des Präsidiums des Ministerrates wurden eindeutige Festlegungen für die Durchführung der städtebaulichen Gestaltung von der Straße Unter den Linden über den Marx-Engels-Platz zum Alexanderplatz bis zum Jahre 1970 getroffen (*J. Näther* u. a., 1964, S. 740). Wichtig war, daß in der neuen Zentrumsplanung erstmals ein Fernsehturm — anstelle des früher geplanten monumentalen Zentralen Hauses — die Höhendominante des Stadtzentrums bilden sollte. Als Standort war der großzügig dimensionierte „städtebauliche Raum" zwischen der Liebknechtstraße und der Rathausstraße, die ihrerseits wiederum von „repräsen-

---

[85] Die früher „schlauchartige" Friedrichstraße sollte damit erheblich verbreitert und schließlich bis zur Leipziger Straße hin ausgebaut werden.
[86] Vgl. *W. Strassenmeier* und *J. Köppen*, 1964, S. 325—329; *W. Strassenmeier*, 1967, S. 10—19.
[87] *E. Schmidt* und *H. Dübel*, 1967, S. 27—33.
[88] Eine genauere Funktionsanalyse, besonders der beiden zuletzt genannten Funktionsbereiche, wird unter IV. dargestellt. Vgl. auch *H. Gericke*, 1962, S. 636—640, *P. Senf*, 1962, S. 646 bis 647, 1965, S. 404—412 und *P. Schweizer*, 1967, S. 9.
[89] Abkürzung für Alexanderplatz.
[90] Vgl. *J. Näther*, *P. Schweizer* und *E. Schulz*, 1964, S. 740 bis 747.

tativen Gebäuden" flankiert werden sollten, gewählt worden.

Mit den im neuen Entwurf der Gestaltung des Stadtzentrums Ost-Berlins vorgesehenen städtebaulichen Maßnahmen wurde jedoch — abgesehen von der vorbereitenden Bauleit- und Verkehrsplanung — erst nach 1966 begonnen (vgl. auch *F. Werner*, 1969, S. 282). Ehe nun die weitere konkrete bauliche Entwicklung, die bis zur Gegenwart (1973) noch keineswegs abgeschlossen wurde, als eine Grundlage zur Analyse der funktionalen Zentrenausstattung aufgezeigt wird, sollen im folgenden zunächst die für die letzte Etappe wesentlichen städtebaulichen Leitkriterien und -prinzipien zur Stadtzentren-Gestaltung skizzenhaft dargestellt werden.

2.3 Entwicklung von 1967 bis zur Gegenwart

2.3.1 Der Generalbebauungsplan und die sozialistische Umgestaltung des Stadtzentrums in Ost-Berlin

Mit den Beschlüssen des VII. Parteitages der SED im Jahre 1967 über die Gestaltung des „entwickelten gesellschaftlichen Systems des Sozialismus in der DDR" wurde nach G. Krenz (1969) auch eine *neue Entwicklungsetappe im Städtebau der DDR* eingeleitet, die gekennzeichnet sein sollte durch:

1. den Beginn der grundlegenden Erneuerung der „wichtigsten Städte der DDR von innen heraus, also von den Stadtzentren her, im Prozeß der sozialistischen Umweltgestaltung";
2. den konzentrierten Neuaufbau der Zentren der wichtigsten Städte;
3. die Entwicklung neuer Siedlungszentren mit städtischem Charakter auf der Grundlage der sozialistischen Entwicklung der Landwirtschaft und der Nahrungsgüterproduktion;
4. die Umgestaltung der Siedlungsstruktur des gesamten Landes, um die Unterschiede zwischen Stadt und Land schrittweise zu überwinden (ebd., S. 15—16)[91].

Grundlage für die Umgestaltung der Städte sollten die in allen Bezirken der DDR bis 1968 ausgearbeiteten Generalverkehrspläne, Generalbebauungspläne und Pläne für die Entwicklung des Bauwesens sein, die im Zusammenhang mit der Perspektivplanung standen. Mit den Perspektivplänen und den Generalbebauungsplänen sollte eine Koordinierung aller Investitionen und der verschiedenen volkswirtschaftlichen Zweige erreicht werden (*G. Krenz*, 1967, S. 391). Damit bildete nun die *Generalbebauungsplanung* der Städte „einen integrierten Bestandteil im System der gesamtstaatlichen Planung und Leitung" (*G. Krenz*, 1969, S. 16).

Die Generalbebauungspläne in der DDR basieren auf dem prinzipiellen Grundsatz, eine „Ausuferung der Städte" mit ihren schwerwiegenden Folgen unter allen Umständen zu verhindern und daher — als zwingende Alternative — „die Stadt auf dem Territorium der Stadt zu erneuern und durch eine rationale Bebauung zu verdichten". Daraus resultiert wiederum die Notwendigkeit einer schrittweisen Umgestaltung ganzer städtischer Gebiete (ebd., S. 17).

In *Ost-Berlin* wurde bis zum Jahre 1968 ein Generalbebauungsplan ausgearbeitet, der eine „ausgewogene Gliederung der Stadtstruktur" und eine räumliche Zuordnung in den Bereichen der Grunddaseinsfunktionen Arbeiten, Wohnen und Erholen vorsah[92]. Weiterhin sollten durch diesen Plan die „komplexe städtebauliche Einordnung, die rationale Standortverteilung, die Konzentration und der effektive Einsatz der Investitionen gesichert" und die „gebietswirtschaftlich und städtebaulich wirksamste Reihenfolge der Investitionen" durchgesetzt werden (*J. Näther*, 1969 a, S. 38). Für die Hauptstadt der DDR bedeutete dieses konkret, daß die Schwerpunktaufgabe bei der etappenweisen Verwirklichung des Generalbebauungsplanes in erster Linie der konzentrierte Aufbau des Stadtzentrums sein sollte (*J. Näther*, 1967 a, S. 7; 1968, S. 344). Für die städtebauliche Entwicklung wurde dabei die geplante Ansiedlung folgender *Hauptfunktionen des sozialistischen Stadtzentrums von (Ost-)Berlin* als „der Höhepunkt für das gesellschaftliche Leben der Bevölkerung und der zentrale Ort gesamtstädtischer, nationaler und internationaler Begegnungen" ein bestimmender Faktor (vgl. Abb. 8):

1. zentrale Organe
 der Parteien,
 der Regierung,
 des Magistrats und
 der Massenorganisationen;
2. Auslandsvertretungen;
3. zentrale Einrichtungen
 der Wirtschaft,
 der Kultur,
 der Wissenschaft,
 der Forschung und
 der Volksbildung;

Diese Hauptfunktionen sollten ergänzt werden durch — die für ein sozialistisches Stadtzentrum als zweitrangig erachteten —

4. Einrichtungen
 des Handels,
 des Gaststätten- und Hotelwesens
 und sonstiger Dienstleistungen.

Die Größe des Stadtzentrums von rund 820 ha sollte die „zweckmäßige Unterbringung der politischen, staats- und wirtschaftsleitenden sowie kulturellen

---

[91] Vgl. auch *H. Gericke*, 1967, S. 264—267 sowie die prinzipiellen Ausführungen des Vizepräsidenten der Deutschen Bauakademie *U. Lammert*, 1969, S. 151—153.
[92] Der Generalbebauungsplan wurde erläutert von *J. Näther*, 1968, S. 338—347 und 1969 a, S. 38 ff.

Abb. 8 Ost-Berlin: Stadtzentrum
Neugestaltung nach dem Generalbebauungsplan 1968

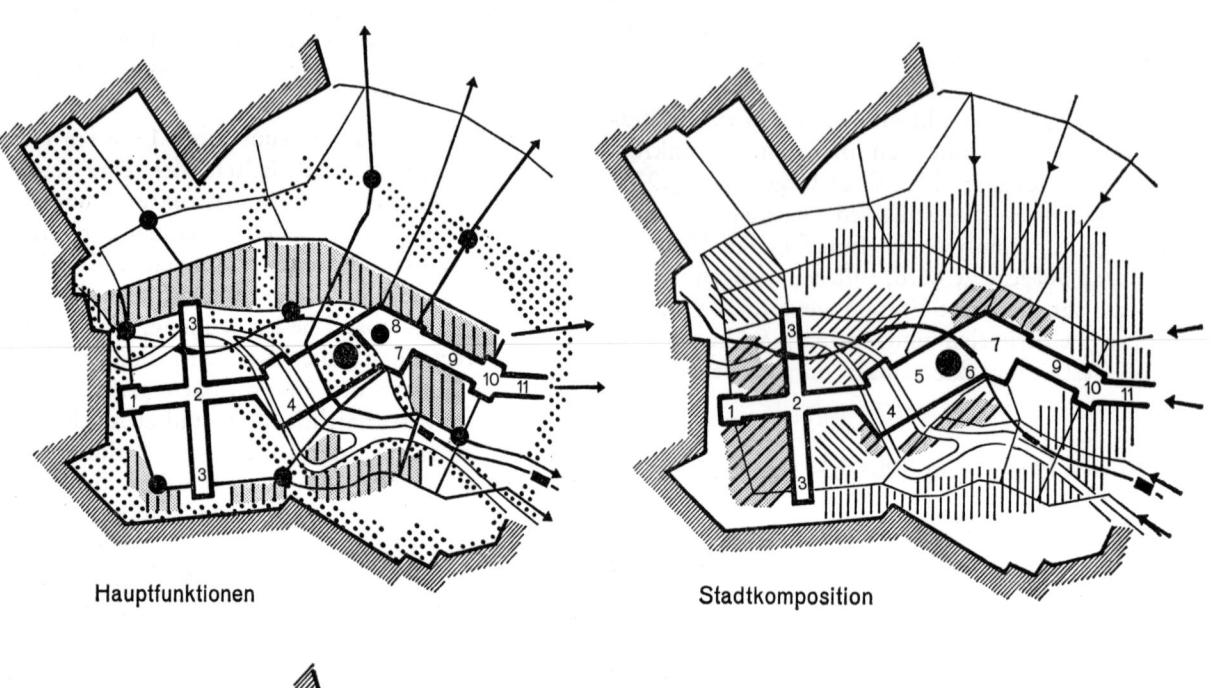

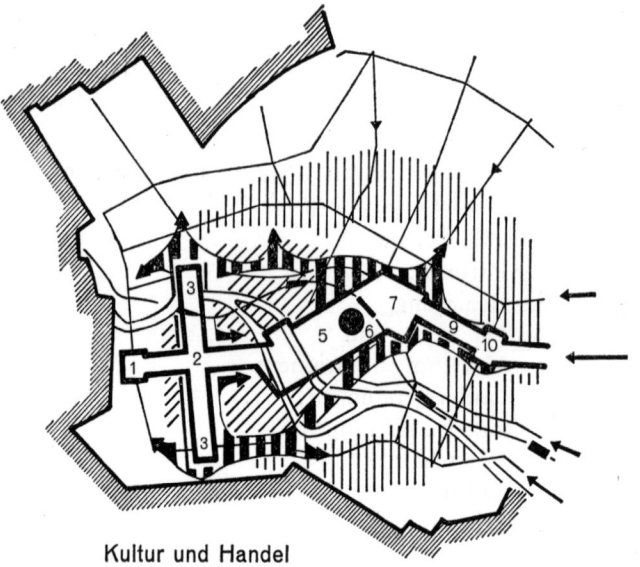

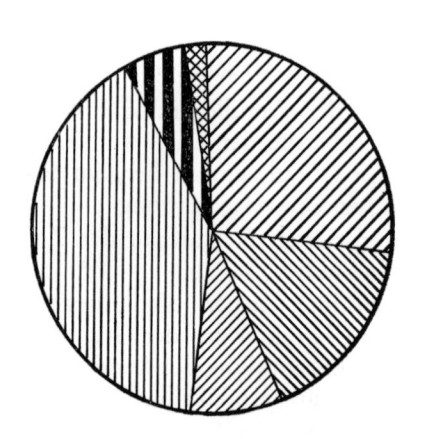

Hauptfunktionen

Stadtkomposition

Kultur und Handel

Flächenverteilung der Hauptfunktionen

- Zentrale Organe des Staates, der Parteien, der Organisation und der Wirtschaft
- Wissenschaft
- Kultur
- Handel, Gastronomie, Hotels
- Wohngebiete
- Dienstleistungen
- Zentrale Achse
- Magistralen höherer architektonischer Wertigkeit (2, 5, 9–11)
- Zone vielgeschossiger Bebauung
- Städtebauliche Dominanten
- ← Hauptströme des Personenverkehrs
- Grenze zwischen Ost- und West-Berlin

1 Brandenburger Tor
2 Unter den Linden
3 Friedrichstraße
4 Marx-Engels-Platz
5 ‚Zentraler Bereich' zwischen **Rathausstraße** und Liebknechtstraße
6 Fernsehturm
7 Alexanderplatz
8 Interhotel Stadt Berlin'
9 Neuer Abschnitt der **Karl-Marx-Allee**
10 Strausberger Platz
11 Älterer Abschnitt der **Karl-Marx-Allee**

Nach J. NÄTHER, 1969, S. 39

Abb. 9 Ost-Berlin:

Plan der Entwicklung der 'Zentren des gesellschaftlichen Lebens' nach dem Generalbebauungsplan 1968

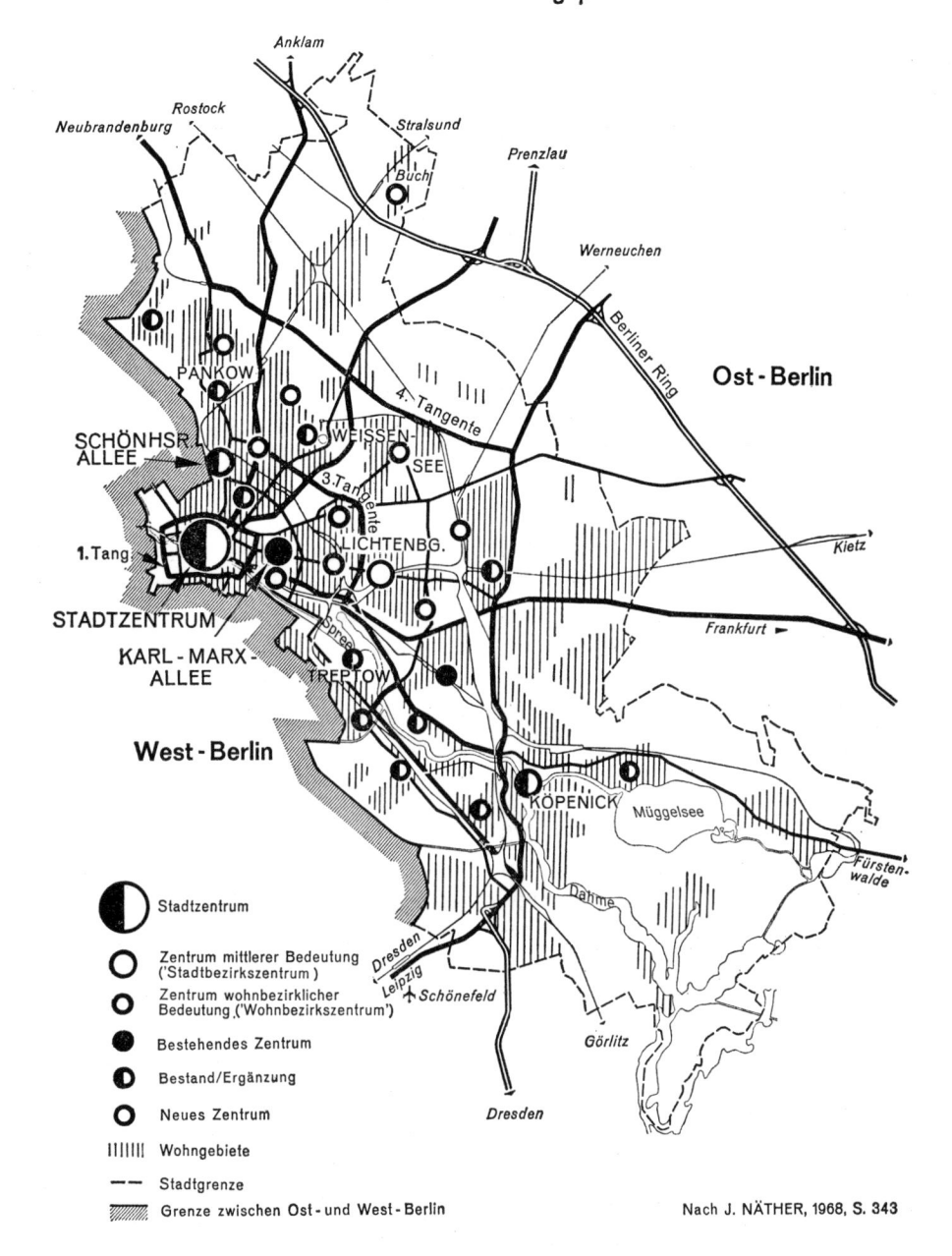

Legende:
- ◑ Stadtzentrum
- ○ Zentrum mittlerer Bedeutung ('Stadtbezirkszentrum')
- ○ Zentrum wohnbezirklicher Bedeutung ('Wohnbezirkszentrum')
- ● Bestehendes Zentrum
- ◐ Bestand/Ergänzung
- ○ Neues Zentrum
- ||||| Wohngebiete
- --- Stadtgrenze
- ▨ Grenze zwischen Ost- und West-Berlin

Nach J. NÄTHER, 1968, S. 343

Einrichtungen" ermöglichen und innerhalb dieses Gebietes zugleich die „Herausbildung von gesellschaftlichen Schwerpunkten und die Einordnung von komplexen Wohngebieten" erfordern (*J. Näther*, 1968, S. 344).

Das Gebiet des Stadtzentrums in Ost-Berlin umfaßt nach dem Generalbebauungsplan im wesentlichen die Flächen zwischen den ersten „Tangentialverbindungen", die sich nach dem *Generalverkehrsplan* als Tangentenviereck aus folgenden Hauptverkehrsstraßen zusammensetzen: Wilhelm-Pieck-Straße — Mollstraße — Strausberger Platz — Michaelkirchstraße — Leipziger Straße — Otto-Grotewohl-Straße (*G. Jung*, 1968, S. 335; vgl. auch Abb. 17).

Die Planungsvorstellungen vom strukturellen Aufbau und der funktionellen Gliederung des Stadtzentrums, die bereits in den vorangegangenen städtebaulichen Etappen entwickelt bzw. teilweise realisiert wurden, wurden durch den *Generalentwicklungsplan* ergänzt[93]. Neben dem Funktionsbereich Alexanderplatz, der nach 1966 zu einem „Schwerpunkt des gesellschaftlichen Lebens und des Handels sowie zum wichtigsten Verkehrsknoten der Hauptstadt" umgestaltet wurde (s. unten), sollte der Bereich zwischen dem Marx-Engels-Platz und dem Alexanderplatz, begrenzt von der Rathausstraße

---

[93] Im folgenden nach *J. Näther*, 1968, S. 344 ff.

und Liebknechtstraße, den „politisch-gesellschaftlichen Mittelpunkt der Hauptstadt" bilden. Die „städtebauliche Höhendominante" stellte in der Planung — wie bereits erwähnt — nicht mehr das Zentrale Haus, sondern ein alles überragender Fernsehturm dar. Der Raum um dieses Bauwerk sollte von modernen Wohnbauten umgeben werden, für deren untere Geschosse überörtliche Einrichtungen des Handels, der Gastronomie und der Kultur vorgesehen waren.

Dagegen war „das gesamte, westlich der Spree gelegene Gebiet, ausgehend von der Straße Unter den Linden (nach wie vor) im wesentlichen den Bereichen Kultur, Wissenschaft und zentralen Organen der Parteien, der Massenorganisationen und des Staates vorbehalten". In diesem Bereich soll die Friedrichstraße wieder zu einer großstädtischen Geschäftsstraße, zu einem weiteren Schwerpunkt des Handels, der Gastronomie und der Kultur gestaltet werden.

Der Kern des Stadtzentrums wird von einem Ring neuer Wohngebiete umschlossen werden, „der durch die Konzentration von Hochhäusern seinen sichtbaren städtebaulichen Ausdruck findet". Vorgesehen war der Bau weiterer neuer Wohnkomplexe in der Leipziger Straße, am Fischerkietz, am Leninplatz, südlich des Friedrichshains und im Rekonstruktionsgebiet zwischen Spree und dem Wilhelm-Pieck-Ring[94].

J. Näther (1968) weist besonders darauf hin, daß die Struktur und die funktionelle Gliederung des Stadtzentrums zwar einem „allgemeinen Ordnungsprinzip" folge, die Schaffung „in sich abgeschlossener Funktionsbereiche" jedoch nicht geplant sei, denn „Verflechtungen und Überlagerungen verschiedener Funktionen steigern die Vielfalt großstädtischen Lebens. Sie wirken sich nicht zuletzt auf die Wirtschaftlichkeit der Stadt aus, wie zum Beispiel auf die Anlagen des fließenden und ruhenden Verkehrs, deren einseitige Auslastung weitgehend vermieden wird" (ebd., S. 347). Außerdem soll nach *K. Andrä* (1967) durch die „Mischung der Funktionen" die Monotonie vermieden oder überwunden werden (ebd., S. 180).

Die städtebauliche Gestaltung des Ostberliner Stadtzentrums erfolgte bis zur Gegenwart durch die Errichtung „in sich geschlossener Investitionskomplexe" (vgl. III. 2.3.3.).

Das Stadtzentrum Ost-Berlins soll städtebaulich mit einem *System von Zentren* verbunden werden, die als Zentren „mittlerer Bedeutung" oder „wohnbezirklicher Bedeutung" eingestuft wurden (vgl. Abb. 9). Nach *J. Näther* (1968, S. 338) kommt dabei der städtebaulichen Gestaltung und funktionellen Gliederung der Radialstraßen eine wichtige Aufgabe zu. Von den Zentren mittlerer Bedeutung bedarf nach dem Plan aus dem Jahre 1968 lediglich nur ein Zentrum (Karl-Marx-Allee) nicht der „Bestandsergänzung".

2.3.2 Entwicklungstendenzen der Stadtzentren der DDR in den 70er Jahren

Die Analyse der Konzeptionen für die weitere Entwicklung der Stadtzentren der DDR in den 70er Jahren zeigt nach *K. Andrä* (1970) deutlich, „daß nicht nur in städtebaukünstlerischer Hinsicht, sondern auch vom Inhalt her eine *neue Etappe* eingeleitet wird. Sie ist charakterisiert durch die bewußte Umsetzung gesamtgesellschaftlicher Ziele, die den Aufbau des entwickelten Systems des Sozialismus in der DDR bestimmen, in entsprechende gesellschaftspolitische Zielsetzungen und Programme für die weitere Gestaltung der Stadtzentren" (ebd., S. 262). Kennzeichnend für die Entwicklung der funktionalen Ausstattung ist dabei die Herausbildung neuer Einrichtungen und die Erreichung einer neuen Stufe in Konzentration und Kombination verschiedener Einrichtungen, die sich nach *Andrä* (1970, S. 262 ff.) wie folgt zusammenfassen lassen:

1. Zu wesentlichen Bestandteilen der Stadtzentren werden „Einrichtungen der strukturbestimmenden Zweige der Volkswirtschaft".

Es handelt sich hierbei um bestimmte Teilfunktionen größerer Industriebetriebe, die „ohne Benachteiligung der technologischen Abläufe für den (jeweiligen) Betrieb und unter Berücksichtigung der Forderungen des Stadtzentrums dort vorgesehen werden können", wie Leitungs- und Forschungseinrichtungen, Einrichtungen für die Produktionspropaganda und Berufswerbung[95]. Diese Funktionen sollen (vor allem im Erdgeschoß) mit anderen öffentlichen Einrichtungen, zum Beispiel der Bildung, des Handels, der Gastronomie oder der Kultur, kombiniert werden.

2. Neuartig ist die „Integration verschiedener gesellschaftlicher Bereiche" in funktionell und baulich zusammenhängenden Komplexen.

Diese betrifft zum Beispiel die Integration von Einrichtungen der Volksbildung, des Gesundheitswesens, der Kultur und des Sports, die nicht nur „differenzierte, reichere Formen des gesellschaftlichen Kontaktes, sondern auch zweig- und betriebswirtschaftlich günstige Lösungen" ermöglichen[96]. Hierzu zählt besonders das geplante „Haus der Körperkultur" in Berlin oder als kleinere Einrichtung das

---

[94] Daneben bestanden bereits die neuen Wohnkomplexe Heinrich-Heine-Viertel im Südosten des Stadtbezirks Mitte (eines der ersten Neubauviertel in Ost-Berlin) und am neuen Abschnitt der Karl-Marx-Allee (s. oben).
[95] Als beispielhaft nennt *Andrä* in dieser Beziehung die Konzeptionen für das „Haus des Maschinenbaus" in Magdeburg und das „Haus der Industrie" am Dresdener Altmarkt.
[96] Ein charakteristisches Beispiel bildet das Bildungszentrum in Potsdam, das eine wissenschaftliche Allgemeinbibliothek, ein Casino und (im Erdgeschoß) Handelseinrichtungen enthält.

in der Ostberliner Rathausstraße errichtete „Bowlingzentrum". Nach *Andrä* werden für die Planungsetappe nach 1975 derartige Objekte — differenziert für unterschiedliche Nutzergruppen — Bestandteil vieler Zentrumsplanungen sein.
3. Die Konzentration von Handelseinrichtungen in den Stadtzentren soll die Versorgung der Bevölkerung weiter verbessern.

Dabei soll der weiteren Ansiedlung von Waren- und Kaufhäusern als „modernste und rationellste Formen des Einzelhandels", die durch Spezialläden sinnvoll ergänzt werden, größte Bedeutung zukommen[97]. Als wichtig wird auch eine Verbesserung in der Anordnung der Spezialgeschäfte angesehen. Anstelle langgestreckter Läden mit 60 bis 80 m Frontlängen, die zu lange Einkaufswege hervorrufen, sollten die Einrichtungen mit der Schmalseite zur Hauptrichtung des Fußgängerverkehrs — wie beispielsweise bei der Markthalle in der Liebknechtstraße in Ost-Berlin (s. unten) — orientiert oder die Nutzung von zwei Geschossen für Läden vorgesehen werden[98].
4. Die Anziehung der Zentren soll mit der weiteren Konzentration von Einrichtungen des Fremdenverkehrs erhöht werden.

Hierzu zählen nicht nur neue Einrichtungen wie das Telecafé des Fernsehturms im Stadtzentrum von Ost-Berlin, sondern besonders die Konzentration von „Hotelkapazitäten" im Stadtzentrum[99] und zusammengefaßte Einrichtungen zur Versorgung und Betreuung der Stadtbesucher (Reisebüros, Informationsdienste usw.) wie etwa das „Haus des Reisens" (am Alexanderplatz).
Nach *K. Andrä* (ebd.) gewinnen die Zentren für die Städte der DDR und ihr Umland zunehmend Bedeutung als Leitungszentralen gesellschaftlicher Prozesse, Zentralen wesentlicher, vergesellschafteter Bereiche der erweiterten Reproduktion der Arbeitskraft, Zentralen gesellschaftlicher Dienstleistungen in der nichtmateriellen Sphäre und als Zentralen des Fremdenverkehrs. Diese Aspekte durchdringen sich. Deshalb sei „die in der gegenwärtigen Planungsetappe erkennbare stärkere Konzentration und Verflechtung von Einrichtungen unterschiedlicher Bereiche zu neuartigen Kommunikationsschwerpunkten ... als Fortschritt zu bewerten" (ebd.).

2.3.3 Konzentrierter Aufbau des Stadtzentrums in Ost-Berlin

Nach weitgehendem Abschluß des Wiederaufbaus der Straße Unter den Linden sollte zunächst der *Alexanderplatz* schwerpunkthaft neugestaltet werden[100]. Die Planung für diesen Bereich des Stadtzentrums wurde — wie erwähnt — schon im Jahre 1964 vorgestellt, die Vorbereitungen zum Aufbau des Alexanderplatzes nahmen jedoch noch mehrere Jahre in Anspruch (vgl. *J. Näther*, 1967, S. 34—35).

Denn bevor mit dem Hochbau begonnen werden konnte, war eine weiterreichende Neuordnung des Verkehrssystems erforderlich, die nicht auf den unmittelbaren Bereich des Alexanderplatzes beschränkt war. Der Platz, der mehr als 60% des gesamten Ziel- und Quellverkehrs des Stadtzentrums, 33 Linien des öffentlichen Personennahverkehrs sowie u. a. den Fußgängerstrom vom bzw. zum U- und S-Bahnhof bewältigen mußte, genügte den modernen Verkehrsansprüchen nicht mehr. Besonders problematisch war, daß hier das Radial-Ringsystem der nördlichen, östlichen und südlichen Stadtbezirke[101] auf das unregelmäßige, enge Straßennetz des Stadtkerns stieß. Es wurde daher anstelle des vorhandenen Radialnetzes ein „Rastersystem mit verkehrsteilender Wirkung" geplant (*W. Sorge*, 1967, S. 36). Außerdem wurde der Bau einer zweiten Ebene für den Autoverkehr sowie für den Fußgängerverkehr erforderlich[102]. Die vorgesehene vollständige Aufgabe des Straßenbahnverkehrs in diesem Bereich setzte darüber hinaus den Bau einer neuen U-Bahnlinie voraus.

Für die städtebauliche Komposition, d. h. die strukturelle Gliederung des gesamten Platzraumes, die Gestaltung des Grundrisses und des Massenaufbaus, wie für die Standortplanung der zentralen Einrichtungen im Bereich des Alexanderplatzes waren die Lage des S-Bahnhofes Alexanderplatz und seine Bedeutung für die Verkehrserschließung des Stadtzentrums sowie auch die Zugänge zu den U-Bahnhöfen entscheidend (*J. Näther* u. a., 1964 S. 744). Daher wurde die Lokalisation der „gesellschaftlich wirksamsten Bauten" für die Westseite des Platzes vorgesehen: ein Warenhaus, ein Hotel mit 1200 Betten und ein Gaststättenkomplex mit rund 2000 Plätzen. Damit wurde auch den Absichten der städtebaulich-künstlerischen Gesamtkomposition entsprochen, „weil die in ihrer Gestaltung sehr lebendige und kontrastreiche Gruppe Warenhaus, Hotel, Gaststättenkomplex in den Blickpunkt der Karl-Marx-Allee rückt, überragt von dem mehr als 100 m hohen Bettenturm des Hotels, der sowohl in die Karl-Marx-Allee als auch in den westlich anschließenden Teil des Stadtzentrums weit hineinwirkt". Die Nordseite des Alexanderplatzes sollte dagegen „mehr statisch" durch einen Bürobau von über 200 m Länge gestaltet werden, „der dem gesamten Platzgefüge mit seinen durch sechs breite Verkehrsstraßen auf-

---
[97] Vgl. auch die speziellen Ausführungen unter III. 1.2 sowie *W. Weigel*, 1969, S. 71.
[98] Dies ist bei der Neugestaltung der Rathaus- und Liebknechtstraße im Stadtzentrum Ost-Berlins bereits geschehen (s. unten).
[99] Mit der Realisierung der geplanten Investitionen soll nach *Andrä* (1970, S. 264) der Anteil der Hotelkapazitäten im Stadtzentrum Ost-Berlins an der gesamten Hotelkapazität der Stadt 80% betragen.
[100] Vgl. Abb. 17 sowie besonders die Abb. „Berlin-Alexanderplatz" in: *K. Lässig* u. a., 1971, S. 197.
[101] Am Alexanderplatz liefen fünf radiale Hauptverkehrsstraßen zusammen.
[102] Im Zuge der neuen Königstraße-Grunerstraße wurde ein Straßentunnel gebaut, der den Alexanderplatz wesentlich entlasten soll. Vgl. auch *S. Sorge*, 1967, S. 36—37.

gerissenen Fronten den Zusammenhalt bewahrt". Zwei weitere vertikal gegliederte Bürohochhäuser auf derselben Seite des Platzes sollten mit diesem einen „Dreiklang" bilden und auf den Baukörper des Hauses des Lehrers abgestimmt werden. Die Büro- und Verwaltungsbauten am Alexanderplatz sollten insgesamt 75 000 m² Hauptfunktionsflächen erhalten; für die Einkaufseinrichtungen waren 13 000 m² Verkaufsfläche (einschließlich sämtlicher Sozial- und Lagerräume) reserviert. Für den ruhenden Verkehr waren u. a. zwei Parkgaragen mit je 600 Stellplätzen vorgesehen (ebd.).

Diese städtebauliche Konzeption des Alexanderplatzes wurde beim Aufbau grundsätzlich beibehalten. Die funktionale Ausstattung wurde jedoch gegenüber den ersten Planungsvorstellungen erheblich erweitert. So konnte an der Nordseite des Platzes die 200 m lange Bürofront des Hauses der Elektroindustrie, das den wichtigsten Industriezweig der Hauptstadt repräsentieren soll, durch eine Ladenzone im Erdgeschoß wesentlich aufgelockert werden[103].

Die beiden „flankierenden" Hochhäuser, deren Nutzung in der Planung von 1964 offenbar noch nicht feststand, erhielten ebenfalls spezielle Funktionen als Haus des Reisens (mit den General- und Bezirksredaktionen des Reisebüros der DDR, dem Stadtbüro der Interflug usw.)[104] und Haus des Berliner Verlages. Es ist kennzeichnend, daß das neue Warenhaus Centrum unweit des ehemaligen Standortes des im Kriege zerstörten großen Warenhauses Tietz geplant wurde (vgl. *H. J. Stark*, 1971, S. 153, Abb. 215). Das 1971 fertiggestellte Warenhaus übertrifft mit seinen 14 000 m² großen Verkaufsflächen weit das anfangs für die gesamten Einkaufseinrichtungen am Alexanderplatz projektierte Flächenangebot[105]. Das 120 m hohe Interhotel „Stadt Berlin" (1970 eröffnet) verfügt nunmehr über 2000 Betten und zahlreiche ergänzende Service-Einrichtungen (u. a. Intershop, Berlin-Information, Bankfiliale)[106].

Eingebunden in die Neugestaltung des Alexanderplatzes wurde der Bereich nördlich des Hauses der Elektroindustrie zwischen der neuen Prenzlauer Straße und der Hans-Beimler-Straße. Während der Abschnitt der Prenzlauer Straße (zwischen Alexanderplatz und Mollstraße) ausschließlich Standort größerer Bürohochhäuser (Bürogebäude für Ingenieurhochbau und Schwarzmetallurgie-Projektierung, Haus des Allgemeinen Deutschen Nachrichtendienstes) sowie einer zentralen Betriebsgaststätte wurde[107], war für die Nordwestseite der Hans-Beimler-Straße (zwischen Karl-Marx-Allee und Mollstraße) die Lokalisation spezieller Handelseinrichtungen im Erdgeschoß eines größeren Bürohochhauses vorgesehen[108].

Der konzentrierte Aufbau der „zentralen Achse" von der Karl-Marx-Allee bis zum Brandenburger Tor schloß auch seit 1967 die *Gestaltung des sog. zentralen Bereiches*, d. h. des Bebauungsgebietes Rathausstraße-Liebknechtstraße ein[109] (vgl. Abb. 17). Für diesen neuen Teilkomplex des Stadtzentrums wurde ebenfalls eine bemerkenswerte städtebauliche Gesamtkonzeption entwickelt, die zwei historische Gebäude — Marienkirche und „Rotes Rathaus" — einschließt. Der 365 m hohe Fernsehturm mit seiner Fußbebauung[110] und die Marienkirche werden heute von großzügig gestalteten Freiflächen umgeben. Die randliche Bebauung an der Rathaus- und Liebknechtstraße wurde im Massenaufbau und der architektonischen Gestaltung „in ihrer Wirksamkeit auf den Großraum um den Fernsehturm abgestimmt" (*W. Radtke* u. *H. Graffunder*, 1968, S. 349)[111]. Gleichzeitig konnte funktionell eine neue Lösung erarbeitet werden: „die Verbindung von Wohnhochhäusern und repräsentativen gesellschaftlichen Einrichtungen" (ebd., S. 353) im Kern des Stadtzentrums. D. h. die Gebäude an der Rathausstraße, Liebknechtstraße und auch an der Spandauer Straße wurden vertikal in zwei unterschiedliche Funktionsbereiche gegliedert: für die beiden unteren Geschosse wurden zentrale Handels-, gastronomische, Kultur- und weitere Dienstleistungseinrichtungen vorgesehen. Oberhalb eines — für gesellschaftliche Funktionen geplanten — Terrassengeschosses folgen neun bis zu vierzehn durch Wohnungen genutzte Geschosse. In die Bebauung der Liebknechtstraße wurde auch die rekonstruierte Berliner Markthalle[112] einbezogen (vgl. Abb. 19 und 20).

Bestandteil der konzentrierten Neugestaltung des Stadtzentrums in Ost-Berlin war bis zur Gegenwart ebenfalls — wie angedeutet — der *komplexe Wohnungsbau in den Randzonen des Zentrums*. Die sinnvolle Einordnung von Wohngebieten soll es einem großen Teil der Bevölkerung ermöglichen, in der Nähe ihrer im Stadtzentrum gelegenen Arbeitsplätze zu wohnen (*J. Näther*, 1967 c, S. 45).

Im Jahre 1968 wurde in der östlichen Randzone des Stadtzentrums, im Anschluß an den neueren Wohnkomplex östlich der Karl-Marx-Allee, mit der Neu-

---

[103] Vgl. *H. Mehlan*, 1967, S. 50—53, *P. Skujin*, 1971, S. 82 bis 89 und Kap. VI. 1.1.2.
[104] Vgl. *R. Korn, H. Reichert, R. Steiger* und *H. Bogatzky*, 1971, S. 274—278 sowie *R. Korn* und *J. Brieske*, 1973, S. 364 bis 369.
[105] Vgl. *J. Kaiser*, 1967, S. 38 ff. und *G. Kuhnert*, 1971, S. 465 bis 475.
[106] Vgl. *H. Scharlipp*, 1967, S. 45—47, *R. Korn* und *H. Scharlipp*, 1971, S. 732 ff., *K. Wenzel*, 1971, S. 743 und Kap. VI.
[107] Vgl. *K.-E. Swora*, 1968, S. 358—363.
[108] Auf diese und die übrigen Funktionen dieses Aufbaubereiches wird unter VI. näher eingegangen. Vgl. auch *M. Hörner*, 1968, S. 364—368.
[109] Vgl. *W. Radke* und *H. Graffunder*, 1968, S. 348—357.
[110] Vgl. *W. Herzog* und *H. Aust*, 1969, S. 143—146.
[111] Vgl. auch *H. Graffunder*, 1973, S. 320—353 und *W. Kil*, 1973, S. 377—378.
[112] Vgl. die Ausführungen von *W. Radtke*, 1970, S. 164 bis 166.

gestaltung des *Leninplatzes* begonnen, der ebenfalls einen Teil des bestätigten Generalbebauungsplanes von Ost-Berlin darstellt[113]. Die bauliche Gestaltung des „Ensembles" mit einem in der Höhe stark gestaffelten Wohnhochhaus (17, 21 und 25 Geschosse) als „beherrschende Platzdominante" und 11geschossigen Wohnbauten in geschwungener Form (an der östlichen und westlichen Seite des Platzes) sollte „diesem Bereich des Stadtzentrums ein unverwechselbares Gepräge geben" (*J. Näther*, 1969 b, S. 136). Die funktionale Ausstattung des Lenin-Platzes besteht jedoch nur aus wenigen überörtlichen Einrichtungen.

Der im südlichen Teil der Spreeinsel gelegene „*Fischerkietz*", im Bereich der ehemaligen Stadt Cölln, der nach der starken Kriegszerstörung nur noch aus Ruinen und zerfallenen, stark überalterten Gebäuden bestand, sollte — nach dem von *J. Näther* im Jahre 1967 veröffentlichten Bebauungsplan — zu einem großstädtischen Wohngebiet umgestaltet werden (vgl. ebd., S. 54—57). Nach Abriß der alten Bausubstanz sollten fünf (inzwischen errichtete) Wohnhäuser mit je 21 Geschossen und 240 Wohneinheiten zusammen mit einem — in der Mitte gelegenen Hotel — sowie einem Komplex, bestehend aus Versorgungseinrichtungen für die Wohnbevölkerung und einer zentralen Betriebsgaststätte, errichtet werden. „Kompositionelle Bindungen" bestehen mit dem südlich anschließenden Wohngebiet Heinrich-Heine-Straße sowie zum westlich gelegenen, im Aufbau befindlichen Wohnkomplex am Spittelmarkt und an der Leipziger Straße (ebd.).

Die Neugestaltung des „*Ensembles Spittelmarkt und Leipziger Straße*" wurde seit 1969 im Anschluß an die Bebauung des Fischerkietzes „als ein wesentlicher Bestandteil der städtebaulichen Konzeption des Stadtzentrums" begonnen (*P. Schweizer*, 1969, S. 526)[114]. Die im Südteil des Stadtzentrums gelegene Leipziger Straße — früher die führende der Hauptgeschäftsstraßen in der ehemaligen Berliner City — soll zu einer „repräsentativen Magistrale" entwickelt und „als ein funktionsfähiges Wohngebiet mit Einrichtungen des Handels, der Gastronomie, der Kultur und des Sports lebendig und attraktiv" gestaltet werden. „Die Konzentration des Wohnungsbaus entspricht dabei den Prinzipien des sozialistischen Wohnungsbaus und der Zielfunktion des Generalbebauungsplanes für das Stadtzentrum" (ebd.). Damit der „gesellschaftspolitisch bedeutende Kern des Stadtzentrums kompositionell besonders hervorgehoben" wird und aus ökonomischen Gründen wurde auch hier eine (Wohn-)Hochhausbebauung geplant. „Vier in der Höhe zwischen 22 und 25 Geschossen gestaffelte Wohnhochhäuser auf der Südseite der Straße stellen das dominierende Element der städtebaulichen Komposition dar. Die plastisch gestaltete 11geschossige Wohnbebauung der Nordseite bildet hierzu einen spannungsreichen Kontrast" (ebd., S. 527). Diese Bebauung soll sich über einer zweigeschossigen Flachbauzone erheben, die Standort von kulturellen, Handels- und Dienstleistungseinrichtungen wird.

Das „Ensemble des Spittelmarktes" mit einem 30-geschossigen Bürohochhaus, das eine „der primären Dominanten des Stadtzentrums" darstellen wird, soll den „gestalterischen Höhepunkt des gesamten Komplexes bilden" (ebd.). Die Bebauung vom Spittelmarkt bis zur Friedrichstraße soll nach Fertigstellung rund 2000 Wohneinheiten mit den entsprechenden Versorgungseinheiten für die Wohnbevölkerung umfassen.

Mit der konzentrierten Durchführung der beschriebenen Planungsvorhaben besteht in absehbarer Zeit im Südteil des Stadtzentrums eine relativ geschlossene (Rand-)Zone verdichteter Wohnbebauung, die zwar zahlreiche Einrichtungen für die tägliche Versorgung der Wohnbevölkerung aufweist, jedoch nur über relativ wenige überörtliche Funktionen verfügen und damit echten Übergangscharakter besitzen wird.

Demgegenüber lagen zum Zeitpunkt der letzten Zentrenerhebungen in Ost-Berlin (August 1971) noch keine endgültig bestätigten Bebauungspläne für weite Bereiche des zukünftigen (bzw. auch ehemaligen) Kerns des Stadtzentrums vor, so für die — weitgehend als fußläufige Zone vorgesehene — Friedrichstraße.

---

[113] Vgl. *H. Mehlan*, 1969, S. 138—142; 1971, S. 366—342.
[114] Vgl. den dort veröffentlichten „Ausschnitt aus dem Bebauungsplan für das Stadtzentrum der Hauptstadt der DDR, Berlin, mit dem Spittelmarkt und der Leipziger Straße (Stand Juni 1969)".

Kapitel IV

ZENTRENPLANUNG UND WEITERE BEDINGUNGEN FÜR DIE ZENTRENAUSSTATTUNG IN WEST-BERLIN NACH DEM 2. WELTKRIEG

1. Vorbemerkungen

Die Begriffe Wiederaufbau, Umwandlung, verstärkte Neubildung älterer Zentrenstrukturen kennzeichnen einen (noch nicht abgeschlossenen) Wandlungsprozeß, in dessen Verlauf in der Nachkriegszeit die funktionale Zentrenausstattung im Westteil des Großstadtraumes Berlin erheblich verändert wurde. Einleitend (Kap. I. 1.) wurde bereits betont, daß die Gesamtstruktur der „prozeßsteuernden" Faktoren innerhalb des stark arbeitsteiligen, weithin freien marktwirtschaftlichen Systems, in dem West-Berlin verankert ist, weitaus differenzierter ist als in der planwirtschaftlich-zentralistisch konzipierten Wirtschaftsordnung der DDR.

Dennoch hat die Planung auch für die Zentrenentwicklung West-Berlins von der ersten Nachkriegszeit bis zur Gegenwart eine nicht unbedeutende Rolle gespielt[1].

Im nächsten Abschnitt (2.) soll daher zunächst die Entwicklung stadtplanerischer Konzeptionen und der Bebauung im Westberliner Hauptzentrum herausgestellt werden. Aufgrund der ungenügenden Quellengrundlage kann eine entsprechende Darstellung der — allerdings weit unbedeutenderen — Auswirkungen der Stadtplanung auf die wichtigsten Nebengeschäftszentren West-Berlins nur abrißartig erfolgen (Abschnitt 3.).

Wesentliche Impulse erhielt die Zentrenentwicklung, vor allem des Hauptzentrums, durch umfangreiche und vielseitige öffentliche Finanzhilfen, besonders seitens der Bundesregierung, bzw. durch das Bündel von Steuerpräferenzen und Abschreibungsvorteilen bei der Errichtung von Wohn- und Geschäftsbauten[2]. Wenngleich diese direkte und indirekte Berlinförderung[3] quantitativ insgesamt nicht sektoral, d. h. bezogen auf einzelne Zentrenfunktionen oder gar räumliche Bezugseinheiten (Geschäftszentren), aufgegliedert werden kann[4], so wird sie doch in den folgenden Abschnitten allgemein als wichtige Voraussetzung der Zentrenentwicklung Berücksichtigung finden müssen.

Unter den die funktionale Zentrenausstattung beeinflussenden und steuernden Faktoren spielt für West-Berlin, insbesondere für den Bereich des Hauptzentrums, der nahezu stetig und stark gewachsene Fremdenverkehr eine bedeutende Rolle. Für eine abrißartige Darstellung der fremdenverkehrsgeographischen Wandlungen seit der ersten Nachkriegszeit bilden die bis zur Verfügung stehenden Quellen (amtliche Statistik, Einzelbeiträge usw.) eine hinreichend genaue Grundlage (Abschnitt 4.). Die Zusammenhänge zwischen Fremdenverkehrsentwicklung und „fremdenverkehrsrelevanter" Zentrenausstattung werden im Kapitel VI. erörtert.

Außer dem stark angestiegenen, kaufkräftigen Besucherstrom nach West-Berlin und neben der Einkommenssteigerung und dem Wachstum des Lebensstandards der Westberliner Bevölkerung existiert eine Reihe weiterer Bedingungen, die zwar ebenfalls die Entwicklung des Zentralitätsgefüges bzw. der funktionalen Zentrenausstattung allgemein erheblich beeinflußt haben, jedoch im Rahmen dieser Arbeit nicht gesondert untersucht werden konnten und daher auch nur angedeutet werden sollen: Insbesondere sind dies *neue sozialräumliche Verhaltensformen* — von *P. Schöller* (1967, S. 90) mit dem Begriff „Aufspaltung und Differenzierung" umschrieben —, die

---

[1] Einen guten Überblick über die Stadtplanung Berlins in den ersten Nachkriegsjahren (bis 1950), insbesondere auch für den Bereich „Rund um den Zoo", gibt *F. Werner* (1972). Vgl. auch die jüngeren zusammenfassenden Ausführungen zur Entwicklung der in der Nachkriegszeit in West-Berlin veröffentlichten städtebaulichen Ideen und tatsächlich ausgeführten Planungen bei *B. Hofmeister*, 1975 b, S. 282 ff. sowie die neuere Darstellung von *F. Werner*, 1976, S. 180 ff.

[2] Hierdurch konnte das sog. Berlin-Risiko, das sich als wirksamer „negativer Standortfaktor" nach *D. Pohmer* (1961, S. 108) am stärksten in der Beeinträchtigung der Investitionsneigung zeigt(e), zwar nicht beseitigt, jedoch wesentlich reduziert werden.

[3] Vgl. die zusammenfassenden Darstellungen der einzelnen Berlin-Förderungsmaßnahmen bei *S. Heller*, 1960, *A. Kuehn*, 1960, *D. Pohmer*, 1961, S. 106—113, *K. Schiller*, 1965², *D. Cornelsen*, 1970, *D. Mahncke*, 1973, S. 166 ff. und *B. Hofmeister*, 1975 b, S. 89 ff.

[4] Für einzelne größere Bauvorhaben (Europa-Center, Steglitzer Kreisel usw.) liegen jedoch genauere Angaben der finanziellen Förderungsmaßnahmen und Abschreibungsmöglichkeiten vor.

sich äußern als „eine gegenüber der Vorkriegszeit stärkere Fluktuation, ein stärkerer Wechsel im Aufsuchen zentraler Waren- und Dienstleistungsstandorte" (ebd.). Diese besonders für großstädtische Verdichtungsräume und damit auch für West-Berlin charakteristische Erscheinung der „Variabilität im Zentrenbesuch" (ebd., S. 91) erlaubt nicht mehr eindeutige räumliche Zuordnungen von Zentren und Einzugs- bzw. Ergänzungsbereichen[5].

Wichtiger noch für unsere Problemstellung ist die Feststellung P. Schöllers (ebd., S. 92), daß in der Bundesrepublik Deutschland[6] im Vergleich zur DDR „der Wandel der Zentren und die modernen Tendenzen im Funktionsgefüge" (viel stärker) „von den veränderten sozialräumlichen Verhaltensweisen einer konsumorientierten Bevölkerung beeinflußt werden". Entscheidend für die Möglichkeit der Herausbildung neuer funktionaler Zentrenausstattungen, insbesondere der starken Entwicklung spezieller, teilweise neuer Branchen (z. B. der in sich stark spezialisierten Modeboutiquen) oder auch Dienstleistungen (z. B. Diskotheken) war somit die gleichzeitige Entfaltung konsumentengruppenspezifischer Einkaufsgewohnheiten oder Neigungen bei der Inanspruchnahme von Dienstleistungen.

Ob diese in erster Linie als „schichten- oder altersspezifisch" zu charakterisieren sind (vgl. P. Schöller, 1967, S. 91) oder ob nicht etwa einzelne Schichtungsmerkmale in jeweils verschiedener Kombination oder auch andere Merkmale — z. B. eine stärkere Herausbildung von Konsumentengruppen nach gemeinsamen, durch zunehmende Freizeitbeschäftigung gesteigerten Interessen — nicht ebenso bedeutend sind, muß m. E. durch gezielte Einzelstudien noch genauer untersucht werden. Erinnert sei in diesem Zusammenhang an das Aufkommen neuer Branchen oder an die relative Bedeutungszunahme spezieller, seit langem bestehender Einzelhandelsbetriebe — wie etwa Hobby- und Bastelläden einerseits bzw. Zoologische Handlungen oder auf Stereoanlagen spezialisierte Geschäfte andererseits —, deren jeweilige Kundschaft im allgemeinen nicht vorrangig aus sozialen Schichten (im komplexen soziologischen Sinne) oder etwa aus bestimmten Altersgruppen besteht.

Die „Anziehungskraft städtischer Lebensformen in großstädtischer Ausprägung" hat außerdem zur gesteigerten Bevorzugung von Zentren höherer Ordnung (P. Schöller, 1967, S. 91) sowie — innerhalb der bestehenden Zentrenhierarchie — zu einer verstärkten Selektion (Auswahl) von Zentren geführt. Diese leicht als Selbstverstärkungseffekt der entsprechenden Zentren zu interpretierende Entwicklung findet damit eine wichtige Ursache in dem Wandel konsumentengruppenspezifischer Verhaltensweisen, deren sozialräumliche Relevanz und allgemeine, für westdeutsche Großstadträume zutreffende Regelhaftigkeiten noch detailliert und räumlich vergleichend untersucht werden müssen[7].

Die rasche Entwicklung und Attraktivitätssteigerung des Geschäftslebens, d. h. die zunehmende funktionelle Differenzierung Westberliner Zentren, die nach der ersten Überwindung der schwierigsten Nachkriegsprobleme und den Auswirkungen der Blockade insbesondere im Bereich des Hauptzentrums (Kurfürstendamm/Tauentzienstraße) und der wichtigsten Nebengeschäftszentren einsetzte, war — wie bereits mehrfach angedeutet — nicht zuletzt durch die räumliche Zuordnung West-Berlins zu dem weithin freien, westlichen marktwirtschaftlichen Konkurrenzsystem bedingt. Dies bewirkte u. a. auch, daß sich die Westberliner Stadtplanung in bezug auf die räumliche Entwicklung der Zentren über den Weg der Verkehrs- und Flächennutzungsplanung zwar in gewisser Hinsicht „steuernd" verhalten hat. Im Rahmen der Bebauungsplanung war jedoch eine sehr oft wechselnde und unterschiedlich starke Anpassung an die differenzierten Flächen- und Raumansprüche der privatwirtschaftlichen Einzelunternehmen erforderlich.

2. Die Planungskonzeption des „Citybandes" und Neugestaltung des Zooviertels[8]

Bis zur Spaltung der Verwaltung im Jahre 1948[9] und damit der Planungsorganisation der Stadt waren auch im Westteil Berlins umfangreiche Enttrümmerungsmaßnahmen und der — durch Kapital-, Material- und Transportmittelknappheit — sehr erschwerte Wiederaufbau kriegszerstörter (Alt-)

---

[5] In diesem Sinne sind auch die von B. Aust (1970) durch Repräsentativbefragungen in West-Berlin ermittelten Hinterlandsbereiche mit ihren kartographisch fixierten Abgrenzungen in Frage zu stellen (vgl. ebd., Karte 7).
[6] Die folgende Aussage läßt sich auch auf West-Berlin übertragen.
[7] An Beispielen wurde von M. Hommel (1971) versucht, derartige Verhaltensweisen für das rheinisch-westfälische Industriegebiet empirisch nachzuweisen und theoretisch zu formulieren.
[8] Die Bezeichnung „Zooviertel" (oder Kurfürstendamm-/Zoorandgebiet) bezieht sich im folgenden auf den funktional abgrenzbaren Bereich des heutigen Westberliner Hauptzentrums, während mit „Zoorandgebiet" ein räumlich beschränkterer Bereich im Süden des Zoologischen Gartens einschließlich der Tauentzienstraße, jedoch ohne den Hauptabschnitt des Kurfürstendamms (westlich der Joachimstaler Straße), gekennzeichnet sein soll.
[9] Am 1. 2. 1948, d. h. während der Blockadezeit, erfolgte die Spaltung der Stadt Berlin durch Proklamierung eines Magistrates für den sowjetischen Sektor von Berlin und Verlegung des bestehenden gewählten Magistrates in die Westsektoren (H. Stephan, 1964, S. 61). In dem sowjetischen Sektor waren Wahlen zur Stadtverordneten-Versammlung nicht zugelassen worden (vgl. D. Storbeck, 1964, S. 8).

Bausubstanz bestimmend (vgl. auch *B. Hofmeister*, 1975 b, S. 59 ff.). Ein genehmigter Generalbebauungsplan und ein abgeschlossenes Aufbaugesetz lagen jedoch für Gesamt-Berlin nicht vor *(A. Reichle*, 1949, S. 653). Als sodann mit der Währungsreform in Westdeutschland schlagartig ein echter Neuaufbau einsetzte, wurde die Bautätigkeit in West-Berlin durch die Auswirkungen der langen Blockade von Juni 1948 bis Mai 1949 (starkes Zurücktreten des Baumaterialtransports, Ansteigen der Arbeitslosigkeit) sehr behindert (*F. Fürlinger*, 1953, S. 184). Noch zumindest bis zum Jahre 1953 war der Wiederaufbau im wesentlichen auf die Wiederherstellung von beschädigten Wohngebäuden beschränkt (vgl. *K. Mahler*, 1953, S. 148).

Bis zu dieser Zeit hatte es jedoch bereits — trotz der großen Ungewißheit über die politische und wirtschaftliche Zukunft Berlins — mehrere *Planungskonzeptionen zur Neugestaltung des Großstadtraumes* gegeben, die insbesondere auch das Zentrensystem im Westteil der Stadt betrafen. Einer der ersten Nachkriegspläne wurde von der Planungsabteilung des Bezirksamtes Zehlendorf mit dem sog. *Zehlendorfer Plan* aus dem Jahre 1946 vorgelegt. Dies war im wesentlichen ein Verkehrsplan, der in der Grundkonzeption sehr dem nicht realisierten „Speer-Plan" aus dem Jahre 1938 ähnelte[10]. Wie bei diesem waren ein großes Verkehrsachsenkreuz sowie konzentrisch angeordnete Ringe vorgesehen. Der Zehlendorfer Plan, der nach *F. Fürlinger* (1953, S. 167) ohne ausreichendes Grundlagenmaterial aufgestellt wurde, enthielt jedoch außerdem die Vorstellung von einem (überaus langen) Geschäftsstraßenzug, der den Kurfürstendamm über die Potsdamer Straße mit der Leipziger Straße, d. h. mit der ehemaligen Berliner City, verbinden sollte. Darin darf nach *B. Hofmeister* (1975 b, S. 284—285) „der Ansatz zu der Idee des in West-Berlin im Aufbau begriffenen City-Bandes gesehen werden" (s. unten).

Ebenfalls im Jahre 1946 wurde von dem damaligen Berliner Stadtbaurat *Hans Scharoun* und Mitarbeitern ein den gesamten Großstadtraum überdeckendes Verkehrsraster in Verbindung mit der *Entwicklung einer „Bandstadt"* entlang dem Urstromtal der Spree geplant (sog. Kollektiv-Plan)[11]. Das Neue in der Verkehrsplanung war, daß diese primär als Flächenzuordnung und nicht als Netzgestaltung aufgefaßt wurde (*F. Werner*, 1972, S. 40). Dennoch ergab sich das Raster von sich senkrecht kreuzenden Straßen aus dem „bandförmigen Auseinanderziehen der Stadtkern-Konzentration" (ebd.). Nach diesem Plan sollte sich also die „Vier-Millionen-Stadt mit ihren vielfältigen Beziehungen auf ein viele Kilometer langes Mittelband mit zentralen Funktionen" ausrichten, wozu jedoch nach *F. Fürlinger* (1953, S. 169) und *H. Stephan* (1964, S. 64) die Voraussetzungen fehlten. Diese frühen Planungsvorstellungen der Arbeitsgemeinschaft *Scharoun* wurden zwar vom damaligen Bauwirtschaftsausschuß des Magistrates am 4. 4. 1946 strikt abgelehnt, weshalb *Scharoun* nach der ersten Wahl (Oktober 1946) als Stadtbaurat ausschied (*F. Werner*, 1972, S. 46). Der „Kollektiv-Plan" war aber dennoch von nachhaltiger Wirkung, da später die Westberliner Planung an diese Konzeption eines west-östlich angeordneten „Citybandes" anknüpfte bzw. „an die Vorstellung einer vielgestaltigen, zusammenhängenden ‚Stadtlandschaft', in der die Stadtfunktionen in ‚Bändern' einander zugeordnet sind"[12].

In den folgenden Jahren vor und nach der administrativen Spaltung Berlins ging die Stadtplanung in beiden Teilen Berlins davon aus, nach einer Wiedervereinigung die ehemalige City als unbestrittenen Mittelpunkt der Gesamtstadt neu entstehen zu lassen. Als letzter gesamtberliner Plan wurde von *K. Bonatz*[13] (dem Nachfolger von *Scharoun*) im Jahre 1948 eine neue Planungskonzeption für das „Berliner Stadtgefüge" entworfen, die sich vor allem mit der Gestaltung des Verkehrsstraßensystems und des ehemaligen Citybereiches befaßte (vgl. *K. Bonatz*, 1949 a). Das sollte nach *K. Bonatz* (ebd., S. 102) „keineswegs ausschließen, daß sich neben diesem Zentrum noch andere Schwerpunkte bilden (könnten), wie der Westen um die Gedächtniskirche, wohin als Bindeglied das ehemalige Diplomatenviertel führt(e) ...". Das Stadtviertel „Rund um den Zoo"[14] sollte jedoch „keineswegs ein zweites Stadtzentrum werden — eine westliche City — und der neu zu errichtenden wirklichen City in der alten Stadtmitte unangebrachte Konkurrenz machen" (*K. Bonatz*, 1949 b, S. 639).

Im Jahre 1948, noch vor der Teilung Berlins, war zur *Neugestaltung des Westberliner Zoorandgebietes* bereits ein öffentlicher Wettbewerb ausgeschrieben worden[15], der jedoch nach Ansicht der Westberliner Bauverwaltung des Magistrates von Groß-Berlin kein endgültiges Ergebnis brachte (*K. Bonatz* und *R. Ermisch*, 1949, S. 109). In der Folgezeit stellte die Bauverwaltung durch *R. Ermisch*[16] Pläne für das Gebiet „Rund um den Zoo" auf, die jedoch sehr stark von der Neuregelung des Verkehrs im Be-

---

[10] Vgl. die Darstellung durch den Hauptbearbeiter *W. Moest*, 1947, sowie die Ausführungen von *H. Stephan*, 1964, S. 59 und *F. Werner*, 1972, S. 25—26, 40—46.
[11] Vgl. die ausführlichere Darstellung und Interpretation des „Kollektiv-Planes" von *F. Werner*, 1972, S. 36—44.
[12] Presse- und Informationsamt des Landes Berlin, 1968 b; vgl. auch die weiteren Ausführungen unter VI. 1.
[13] Nach der Teilung übernahm *K. Bonatz* das Ressort Bau- und Wohnungswesen im (Westberliner) Magistrat und war bis 1950 als Stadtbaudirektor damaliger verantwortlicher Planer für den westlichen Teil Berlins.
[14] Gemeint waren damit der Zoo, der Kurfürstendamm, die Gedächtniskirche und die Tauentzienstraße (*K. Bonatz* und *R. Ermisch*, 1949, S. 113).
[15] Vgl. die Ausführungen von *A. Reichle*, 1948.
[16] *R. Ermisch* gehörte noch kurz zuvor zur Verwaltung und zu den Preisrichtern (*F. Werner*, 1972, S. 73).

reich der Kaiser-Wilhelm-Gedächtniskirche bestimmt waren (ebd., S. 109—116).

Die isolierte Lage dieser Kirche in einem schon vor dem 2. Weltkrieg stark frequentierten geschlossenen Verkehrsring[17] sollte — falls sie an derselben Stelle wiedererrichtet würde — keinesfalls beibehalten werden. Den problematischen Kreisverkehr sollte vielmehr eine Kreuzung zweier H-Straßen für die bisherigen Hauptrichtungen des Verkehrs ersetzen. Das im Jahre 1949 in (West-)Berlin in Kraft getretene neue Planungsgesetz[18] gestattete und verpflichtete die öffentliche Planung, für die Bebauung „eine bestimmte, wenn auch modulationsfähige Massengliederung vorzuschreiben, innerhalb deren der Einzelgestaltung Spielraum genug verbleiben (konnte)" (*K. Bonatz*, 1949 b, S. 639). Die Standortplanung von *R. Ermisch* sah Hotels und Gaststätten in unmittelbarer Nähe des Zoologischen Gartens vor; Büro- und Geschäftshäuser sollten sich nach Osten entlang der Nordseite der Tauentzienstraße verteilen; Standorte für Cafés, Kinos und Theater waren vor allem dem Kurfürstendamm vorbehalten. Eine neue Raumgestaltung sollte auf der nördlichen Seite der Hardenbergstraße zwischen Bahnhof Zoo und der Einmündung des Kurfürstendamms durch Schaffung eines großen Platzes vor dem Bahnhof erfolgen. Für die östliche Platzseite war „ein den Platz beherrschendes 40 Meter hohes elfgeschossiges Großbürohaus (vorgesehen), das auch vom Kurfürstendamm her den städtebaulichen Abschluß bildet" (*K. Bonatz* u. *R. Ermisch*, 1949, S. 114). Während der Kurfürstendamm keine baulichen Veränderungen erfahren sollte, war für die auf beiden Seiten fast vollständig zerstörte Tauentzienstraße einschließlich des Wittenbergplatzes eine vollkommene Neugestaltung geplant (ebd., S. 116).

Die Ausführungen des in diesem Zusammenhang kurz skizzierten, in der Fachöffentlichkeit heftig kritisierten „*Ermisch-Planes*" scheiterte jedoch an den zu hohen Kosten. Das Stadtplanungsamt in Berlin (West) erarbeitete daher bereits bis zum Jahre *1950* einen *neuen Plan „Rund um den Zoo"*, der die sehr beschränkte Finanzlage Berlins weit mehr berücksichtigte. Auch dieser Plan beinhaltete im wesentlichen eine neue Verkehrslösung für den Raum um die Gedächtniskirche. *F. Fürlinger*, der die Planung 1950 erläuterte (ebd., S. 513—516), wies jedoch ausdrücklich darauf hin, daß zu dieser Zeit im Zoorandgebiet einerseits die Mehrheit der Grundstücksbesitzer noch keine Bauwünsche hatte und andererseits die Grundstücke zu einem erheblichen Teil dem Restitutionsverfahren unterlagen oder sich in ausländischem Besitz befanden. Eine notwendige Umlegung und Zusammenlegung von Grundstücken ließ sich jedoch aufgrund des bestehenden Rechts im westlichen Teil der Stadt bzw. Deutschlands nicht oder nur unzureichend realisieren, so daß von Anfang an kein Bebauungsplan aufgestellt werden konnte, der eine großräumige Gestaltungsmöglichkeit im Zoorandgebiet beinhaltet hätte. Das Stadtplanungsamt konnte daher nur die Baugrenzen der bebaubaren Fläche festlegen, um die Schaffung erforderlicher Verkehrsräume sicherzustellen (ebd., S. 516).

Der praktische Wiederaufbau in West-Berlin wurde seit 1949 durch die während der Blockade eingeführte *finanzielle Unterstützung* aus GARIOA-Mitteln[19] und die Einbeziehung der Stadt in das Europäische Wiederaufbauprogramm ERP[20] erleichtert. Im Jahre 1950 wurden die ersten ERP-Kredite im Rahmen des Marshall-Planes ausgezahlt; zugleich wurden mit Hilfe eines Notstandprogramms aus GARIOA-Mitteln langfristig Arbeitslose zur Enttrümmerung eingesetzt. West-Berlin wurde im Jahre 1952 der Bundesrepublik Deutschland durch das Dritte Überleitungsgesetz des Bundes in rechtlicher Hinsicht gleichgesetzt. Damit konnte besonders der Wohnungsbau durch den Bund mitfinanziert werden. Im Jahre 1955 beschlossen das Bundeswirtschaftskabinett und der Berliner Senat ferner „einen befristeten Aufbauplan, der als „Berliner Plan" dem Übergang vom Aufbau zum repräsentativen Ausbau der Deutschen Hauptstadt dienen soll(te)" (*H. Stephan*, 1964, S. 66—67).

Das Jahr 1950 war das „Jahr der Teilung im stadtplanerischen Bereich". In diesem Jahr war in West-Berlin „die eigenständige Rechtsentwicklung abgeschlossen worden, und es begann das Fortführen des Baurechts im bundesrepublikanischen Rahmen" (*F. Werner*, 1972, S. 76) auf der Grundlage des überkommenen Bodenrechts. Auch in Ost-Berlin entstand durch die Aufbauverordnung (1950) eine neue Rechtslage. Die stadtplanerischen Ziele wurden hier — wie bereits unter III. 2.1 ausgeführt wurde — in den neuen „Grundsätzen des Städtebaus" festgelegt.

Trotz dieser Tatsache sah die Westberliner Bauleitplanung der folgenden Jahre Berlin nicht als eine gespaltene, sondern als eine einheitliche Stadt[21]. Daher wurde 1950 ein Flächennutzungsplan[22] für ganz Berlin erarbeitet, obgleich die baulichen Maßnahmen auf der Grundlage dieser Pläne selbstverständlich nur in West-Berlin erfolgen konnten. Innerhalb West-Berlins mußte sich die Verwaltung

---

[17] Vgl. *E. Runge,* 1955, S. 230.
[18] „Gesetz über die städtebauliche Planung im Land Berlin" vom 22. 8. 1949. Das Gesetz erhielt am 22. 3. 1956 eine neue Fassung.
[19] GARIOA = „Government and Relief in Occupied Areas": ein Fonds der amerikanischen Besatzungsmacht aus amerikanischen Quellen.
[20] ERP = „European Recovery Program".
[21] Dies war deshalb auch praktisch möglich, weil die Absichten der Ostberliner Planung zum großen Teil bekannt waren, denn schon vor der Spaltung waren besonders die Flächennutzungs- und Verkehrsplanung ganz Berlins vorbereitet worden (*K. Mahler*, 1953, S. 148).
[22] Im Jahre 1965 wurde ein neuer Flächennutzungsplan für West-Berlin erstellt, der 1970 in Kraft trat. Vgl. den in der Abb. 11 für das Gebiet des Hauptzentrums dargestellten, in Schwarzweißdarstellung umgezeichneten Ausschnitt aus dem Flächennutzungsplan.

außerdem aus rechtlichen und finanziellen Gründen „zu einem schrittweisen Aufbau unter weitgehender Beachtung der erhaltenen Substanz entschließen" (*H. Stephan*, 1964, S. 64). Vielleicht gelang es schon deshalb nicht, im Westteil Berlins einen Gesamtplan für das Zoorandgebiet zu erarbeiten, obwohl sich schon zu Beginn der 50er Jahre „deutliche Ansätze für eine Konzentration der Bautätigkeit in der Zoogegend" zeigten[23]. Die Industrie- und Handelskammer in Berlin (West) forderte daher eine „Ausschreibung für die bauliche Gestaltung des gesamten Zooviertels, soweit es zerstört ist" . . . „Dabei dürfte es zunächst genügen, eine Ideenskizze zu fordern, die von dem Gedanken beherrscht ist, daß das Zooviertel das zentrale Geschäfts- und Vergnügungsviertel ist" (ebd., S. 1145). „Je vollkommener die städtebauliche Gestaltung sein wird, um so größere Anziehungskraft wird dieses Gebiet ausstrahlen und damit auch seine wirtschaftlichen Aussichten erhöhen" (ebd., S. 1146).

Im Jahre 1955 wurde als erster Teilplan des Flächennutzungsplanes ein „Richtplan für das Geschäfts- und Wohngebiet um den Breitscheidplatz einschließlich Kurfürstendamm und Tauentzienstraße vom Abgeordnetenhaus sanktioniert, wo der zunehmende private Wiederaufbau und Neuaufbau eine Regelung besonders dringlich machte" (*H. Stephan*, 1964, S. 64). Damit konnte im selben Jahre als Einzelplan der *erste größere Bebauungsplan für das Zooviertel* vorgelegt und in den darauf folgenden beiden Jahren in der Bebauung realisiert werden. Er umfaßt die gesamte nördliche Breite des Breitscheidplatzes von der Budapester Straße bis zum Bahnhof Zoo. Hier wurden für die räumliche Konzentration der seit 1950 wieder stark expandierenden Berliner *Damenoberbekleidungsindustrie* insgesamt 28 000 m² Nutzfläche vorgesehen sowie 7500 m² für Läden, Gaststätten, ein Vergnügungszentrum[24] und Parkraum[25].

Dieser Baukomplex wurde städtebaulich besonders durch das sechzehngeschossige Hochhaus gegenüber dem Bahnhof Zoo und den 210 m langen, sechsgeschossigen Bau mit einer durchgehenden Ladenzeile an der nördlichen Seite des Breitscheidplatzes hervorgehoben. Die standortmäßige Konzentrierung der Westberliner DOB-Betriebe bewirkte, daß sich in den benachbarten Straßenzügen, besonders im Kurfürstendamm-Bereich, zahlreiche weitere DOB-Firmen in neuen Geschäftsräumen niederließen (*W. Janke*, 1959, S. 63—64) (vgl. Kap. 1.2.).

In den darauffolgenden Jahren entstanden im Bereich des heutigen „Citybandes" in West-Berlin (vgl. Abb. 10), d. h. besonders in den Bezirken Tiergarten und Charlottenburg zahlreiche Neubauten bzw. Gebäudekomplexe mit unterschiedlichsten Nutzungen. Einen besonderen Antrieb für die moderne städtebauliche Entwicklung gab zunächst die Internationale Bauausstellung (Interbau) im Jahre 1957, der West-Berlin das neue, von zahlreichen in- und ausländischen Architekten und damit sehr vielfältig gestaltete *Hansaviertel* (Bezirk Tiergarten) verdankt[26]. Vornehmlich als Wohnviertel im stark kriegszerstörten Bereich um den Hansaplatz geplant, verfügt es — mit Ausnahme der östlich angegliederten, jedoch erst im Jahre 1960 geschaffenen Akademie der Künste — im wesentlichen nur über lokale Versorgungsfunktionen.

Anläßlich der Interbau entstand im nordöstlichen Bereich des Tiergarten-Parks außerdem eine Kongreßhalle, die nicht nur wegen ihrer zahlreichen einander ergänzenden Einrichtungen (vgl. *R. Riedel*, 1971, S. 250 ff.), sondern auch aufgrund der Standortwahl von besonderer Bedeutung ist: mit ihr erfolgte der erste Ansatz zur Schaffung eines *neuen* „*Kulturzentrums*", das jedoch etwas weiter südlich, gleichfalls in unmittelbarer Nähe der Sektorengrenze, um den Kemperplatz entsteht (vgl. Abb. 10). Hier wurden bis zur Gegenwart neue bedeutsame kulturelle Einrichtungen räumlich konzentriert: Die Philharmonie als größter Konzertsaal West-Berlins (1960—63), die Neue Nationalgalerie (1968 eröffnet) sowie zuletzt die Staatsbibliothek. Schließlich wurde der Bau eines größeren Komplexes für die Staatlichen Museen vorgesehen.

Die *Entwicklung im westlichen Teil des „Citybandes"*, im Zooviertel, war seit der zweiten Hälfte der 50er Jahre durch regen Wiederaufbau und Neuerrichtung von Geschäfts- bzw. Dienstleistungseinrichtungen gekennzeichnet. Neue städtebauliche Akzente und damit einen wesentlichen Antrieb für die weitere Entwicklung der funktionalen Ausstattung bewirkten unter anderem mehrere neue Hochbauten von *Versicherungsgesellschaften*. Beispielsweise konnte durch das 1953 bis 1955 erbaute, 14geschossige Büro- und Geschäftshaus der Allianz-Versicherung die platzartige Erweiterung an der Südseite des Kurfürstendamms/Ecke Joachimstaler Straße (Joachimstaler Platz) städtebaulich besonders betont werden (vgl. *H. J. Stark*, 1971, S. 164—165). „Aus demselben Grundgedanken — dem Akzentsetzen im Stadtbild — ist die städtebaulich-architektonische Lösung für die Hamburg-Mannheimer-Versicherung konzipiert" (ebd., S. 165), deren 10geschossiges Hochhaus in den Jahren 1955/56 in ähnlicher Lage, nördlich einer platzartigen Straßenerweiterung an der Einmündung der Grolmann- und Uhlandstraße in den Kurfürstendamm, entstand. In den darauf folgenden Jahren entwickelten sich die Hauptverkehrsachsen im Zooviertel, d. h. der

---

[23] Vgl. Westberlin braucht ein Zentrum, 1954, S. 1145.
[24] Den Standort des früheren Ufa-Palastes nehmen hier der Zoopalast und das Atelier am Zoo als Doppelkino ein.
[25] Vgl. Die Randbebauung am Berliner Zoo, 1955, S. 958; „Zentrum am Zoo" Geschäftsbauten AG, 1955, S. 857.
[26] Vgl. besonders die Ausführungen von *K. Mahler*, 1959, S. 91 ff., *H. Stephan*, 1964, S. 71 und *B. Hofmeister*, 1975 b, S. 351—359.

Abb. 10 Schema des 'City- und Kulturbandes' in Berlin

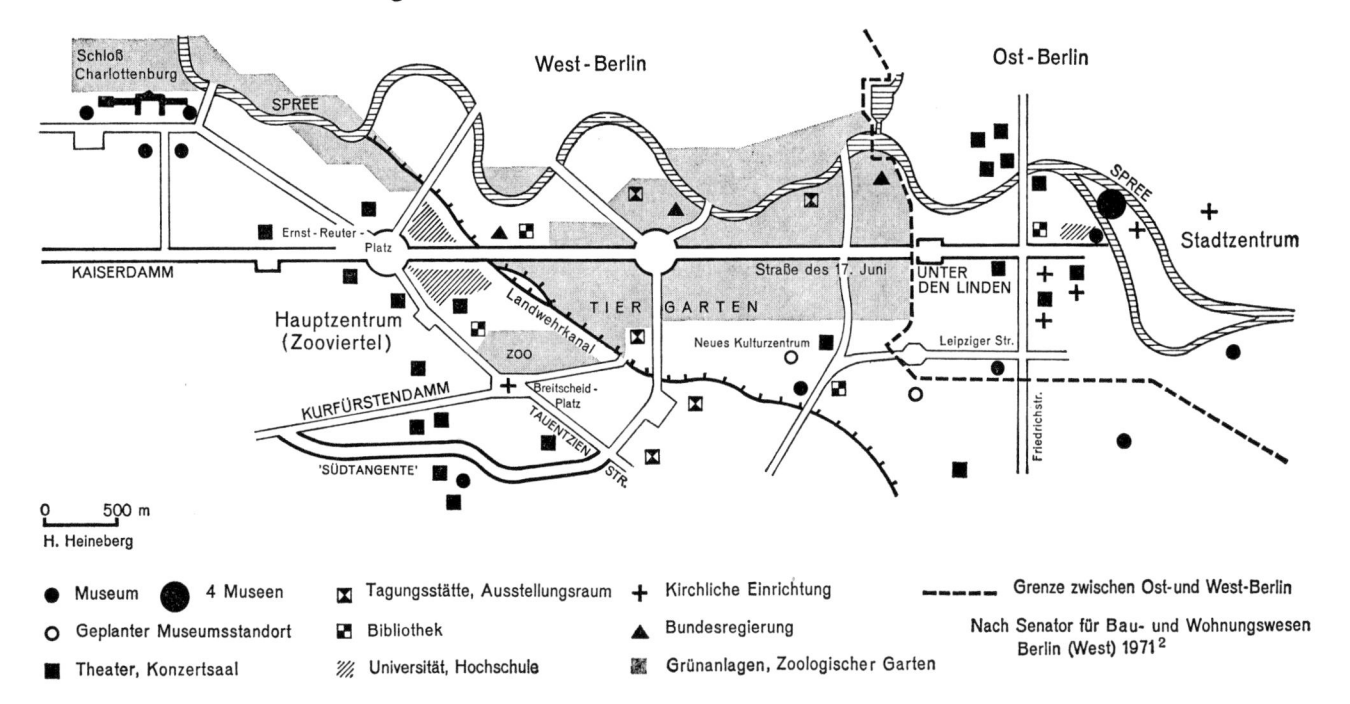

H. Heineberg

- ● Museum
- ⬤ 4 Museen
- ○ Geplanter Museumsstandort
- ■ Theater, Konzertsaal
- ⊠ Tagungsstätte, Ausstellungsraum
- ▨ Bibliothek
- ▧ Universität, Hochschule
- ✚ Kirchliche Einrichtung
- ▲ Bundesregierung
- ▨ Grünanlagen, Zoologischer Garten
- ----- Grenze zwischen Ost- und West-Berlin

Nach Senator für Bau- und Wohnungswesen Berlin (West) 1971[2]

Kurfürstendamm, die Tauentzienstraße und die Hardenbergstraße mit einigen benachbarten Straßenzügen, zu den Hauptstandorten der Westberliner Bezirks- und Filialdirektionen zahlreicher Versicherungsbetriebe (vgl. Kap. VI. 1. 2. u. Abb. 22).

Beim ersten Neuaufbau des Westberliner *Bankwesens* in der Zeit nach der Blockade waren die Standorte der neugegründeten oder wiederzugelassenen Bankfirmen zunächst „weitgehend durch die Zufälligkeit der gerade zur Verfügung stehenden Gebäude bestimmt" (*U. Köhler*, 1971, S. 232). Mit dem Neubau der Zentrale des heute bedeutendsten öffentlichen Westberliner Kreditinstitutes, der Berliner Bank, an der Hardenbergstraße in den Jahren 1952/53, dem zu damaliger Zeit wohl bedeutsamsten Westberliner Bauvorhaben, und der Errichtung des Geschäftshauses der Industrie- und Handelskammer und der neuen Börse (1954/55) auf der gegenüberliegenden Straßenseite, dem Bau der Zentralen von zwei Tochterunternehmen bundesdeutscher Großbanken[27] sowie der Errichtung zahlreicher kleinerer Banken und Sparkassen, Filialen und Zweigstellen entwickelte sich das Zooviertel auch zum Hauptstandort des Westberliner Bankwesens (vgl. auch Kap. VI. 1. 2. und Abb. 22).

Von besonderer Bedeutung im Prozeß der Zentrumsneubildung waren außerdem die Wiedereröffnung und Neuerrichtung von größeren Hotels, Cafés, Theatern und Uraufführungskinos sowie zahlreichen spezialisierten Geschäfts- und Dienstleistungseinrichtungen, besonders im Bereich des *Kurfürstendamms*. Bereits gegen Ende der 50er Jahre zeigte sich im östlich gelegenen Abschnitt des Boulevards eine verhältnismäßig starke Konzentration von Neubauten. Zwischen dem Kurfürstendamm und der Hardenbergstraße entstand 1957/60 außerdem das sog. „Schimmelpfeng-Haus", das mit abgestuften Geschoßzahlen in drei Bauabschnitten den *Breitscheidplatz* im Westen einrahmt und besonders als Bürogebäude (für Firmen der westdeutschen Industrie sowie des Versicherungs- und Bankgewerbes) mit Geschäfts- und Dienstleistungsnutzung im Erdgeschoß konzipiert war[28]. Die Neugestaltung des Breitscheidplatzes wurde ungefähr zur gleichen Zeit (1958/61) durch den modern gestalteten Teil der Kaiser-Wilhelm-Gedächtniskirche neben der Kirchenruine in der Mitte ergänzt, wohingegen auf der Ostseite dieses zentralen Platzes im Zoorandgebiet auf einem rund 20 000 m² großen, abgeräumten Ruinen-Grundstück jahrelang Kioske, Wurstbuden, Karussells, Trödelläden und Ringkampfveranstaltungen u. ä. in Zelten als „Zwischennutzung" vertreten waren (*H. J. Stark*, 1971, S. 177; *E. Steinke*, 1965).

Während die anschließende *Tauentzienstraße* zwar auf der südlichen Straßenseite vom Breitscheidplatz bis zum Wittenbergplatz wieder geschlossen bebaut

---

[27] D. h. der Bank für Handel und Industrie, als Tochter der Dresdner Bank, in der Uhlandstraße, und der Berliner Disconto Bank, als Tochterinstitut der Deutschen Bank, an der Otto-Suhr-Allee in der Nähe des Ernst-Reuter-Platzes. Die Zentrale der Berliner Commerzbank, des Tochterunternehmens der dritten westdeutschen Großbank (Commerzbank), wurde dagegen in der Potsdamer Straße errichtet, da in der unmittelbaren Nachkriegszeit zunächst die Vorstellung bestanden hatte, die Zentralen der in West-Berlin tätigen Geldinstitute in dem Bereich Bülowstraße — Potsdamer Straße anzusiedeln (*B. Hofmeister*, 1975 b, S. 305).

[28] Vgl. Neue Bauten im Zentrum West-Berlins, 1958, S. 1001.

war, jedoch auf ihrer Nordseite noch erhebliche Baulücken aufwies, waren schon östlich des Wittenbergplatzes mehrere neue Geschäftsbauten entstanden, die die Entwicklung dieses früher unbedeutenden Gebietes förderten und — nach den Vorstellungen der Westberliner Stadtplanung — „die Zusammenfügung mit der alten City im Ostteil der Stadt erleichtern (sollten)" (R. Schwedler, 1959, S. 83).

Den östlichen „Ausläufer" in der funktionalen Ausstattung des Zoorandgebietes im Zuge der *Budapester Straße* bildet das 1958 errichtete, 14geschossige Hilton-Hotel. Dieses wurde anschließend durch den Bau einer 170 m langen Ladenzeile, der 32 Geschäftseinheiten[29] umfassenden sog. Hilton-Kolonnade, mit dem Breitscheidplatz städtebaulich-architektonisch verbunden[30].

Dagegen machte der *westliche, randlich gelegene Teil des Kurfürstendamms* mit seinen immer noch großenteils halb- und ganzzerstörten Gebäuden und Notbauten noch jahrelang einen „chaotischen" Eindruck (K. D. Wiek, 1967, S. 37 ff. u. S. 65). Seitens der Westberliner Planung bemühte man sich jedoch bewußt, „die (bereits) vor dem Kriege sichtbare Tendenz, dieses Geschäftsgebiet nach Westen in Richtung Reichskanzlerplatz zu entwickeln, einzudämmen" (R. Schwedler, 1959, S. 80).

Als nördliche Begrenzung des Hauptzentrums West-Berlins bildete sich der im Zuge der Verkehrsachse Straße des 17. Juni/Bismarckstraße gelegene *Ernst-Reuter-Platz* heraus, für den im Jahre 1955 ein beschränkter Wettbewerb zur städtebaulichen Neugestaltung ausgeschrieben wurde (H. J. Stark, 1971, S. 168). Dieser Platz, als Kreisverkehrsring neu angelegt, wurde zum Repräsentationsstandort wichtiger Industriefirmen. Die städtebauliche Dominante bildet das 1958/60 erstellte, 80 m hohe, 22geschossige Haus der Elektrizität (Sitz der Hauptverwaltung der Telefunken AG), um das sich heute das neungeschossige Osram-Verwaltungshochhaus (1956/57 errichtet), ein ebenfalls neungeschossiges Verwaltungsgebäude der IBM (1960/62) sowie Neubauten der Technischen Universität, die Zentrale der Berliner Disconto Bank (s. oben), das Raiffeisengebäude und als letztes ein weiteres Versicherungsgebäude scharen (vgl. auch B. Hofmeister, 1975 b, S. 295).

Obwohl das Zooviertel, das „neue" Stadtzentrum West-Berlins, zahlreiche Funktionen der ehemaligen City übernommen hatte, sah die Westberliner Stadtplanung ihre Aufgabe darin, „die Verhärtung zweier konkurrierender Stadtkerne ... — trotz der verschiedenen Stadtkonzeptionen in beiden Teilen der Stadt — zu verhindern"[31]. Zu dieser Zeit (1958) wurde auch der — bereits in einem anderen Zusammenhang erwähnte — Ideenwettbewerb „Hauptstadt Berlin" vom Berliner Senat und der Bundesregierung ausgeschrieben, der das Ziel hatte, eine neue städtebauliche Ordnung bzw. „Standorte für die repräsentativen Gebäude eines geeinten deutschen Staates für Verwaltungs-, Wirtschafts- und Kulturzentren" im Bereich der ehemaligen Berliner City zu konzipieren (R. Schwedler, 1959, S. 87).

Wesentliche Impulse für die weitere *(beschleunigte) Neugestaltung des Zooviertels gaben in den 60er Jahren*

— die durch den Mauerbau (1961) erfolgte „Abschnürung" West-Berlins bzw. der Westberliner Bevölkerung vom Ostsektor der Stadt und damit vom ehemaligen Berliner Citybereich,
— die gesamtwirtschaftliche Aufwärtsentwicklung nicht nur in der Bundesrepublik, sondern (davon abhängig) auch im Westteil Berlins und somit die zunehmende Kaufkraftsteigerung und Mobilität der Westberliner,
— der wachsende Fremdenverkehr nach West-Berlin (vgl. IV. 4.) und im besonderen Maße
— die erweiterte finanzielle (West-)Berlin-Förderung durch die Bundesregierung nach Errichtung der Mauer[32].

Letzteres war mitentscheidend für den Neubau eines modernen, vielgestaltigen Geschäftszentrums an der Ostseite des Breitscheidplatzes zwischen Budapester und Tauentzienstraße, des *Europa-Centers*, denn ohne die steuerlichen Präferenzen (Möglichkeit der Sonderabschreibung für Bauten in West-Berlin nach dem neuen, erweiterten BHG 1962) und die erheblichen kreditären Erleichterungen wäre dieses nicht errichtet worden (K. D. Wiek, 1967, S. 45 bis 46)[33].

Ähnlich dem Rockefeller Center in New York besteht die funktionale Ausstattung des 1965 fertiggestellten Europa-Centers aus einer differenzierten Mischung von größtenteils exklusiven Geschäften (96 Ladeneinheiten und ein zweigeschossiges Warenhaus), Unterhaltungs- und Vergnügungseinrichtungen (zahlreiche Gaststätten, mehrere Bars und Cafés, zwei Kinos, Kabarett, Theater, Kunsteisbahn) sowie Büros (vgl. Kap. VI. 1.2. und Abb. 28)[34]. Neuartig sind hier jedoch die drei durch Treppen und Aufzüge miteinander verbundenen Verkaufsebenen, wovon eine — unterhalb der Straßenniveaus gelegen — durch Rolltreppe und Straßentunnel von der Gedächtniskirche aus erreicht wer-

---

[29] Für Vertretungen internationaler Fluggesellschaften und einer Großbank sowie für gehobene Spezialgeschäfte.
[30] Vgl. Neue Bauten im Zentrum West-Berlins, 1958, S. 1001 bis 1002.
[31] Presse- und Informationsamt für das Land Berlin, 1968 b.
[32] Vgl. Gesetz zur Förderung der Wirtschaft von Berlin (West), (Berlinhilfegesetz) 1962; Berlinförderungsgesetz, 1970.
[33] Von den 74 Millionen DM Baukosten (plus rund 10 Millionen Grunderwerbskosten) wurden allein 23 Millionen DM aus zinsgünstigen ERP-Mitteln gedeckt. Etwa 17 Millionen DM brachten 66 Kommanditisten ein, die damit die legalen Abschreibungsvorteile gewinnbringend nutzten (K. D. Wiek, 1967, S. 45—46; E. Steincke, 1965, S. 18).
[34] Vgl. auch Europa-Center, Berlin, 1964, S. 803 und H. Schubert, 1966, S. 268—273.

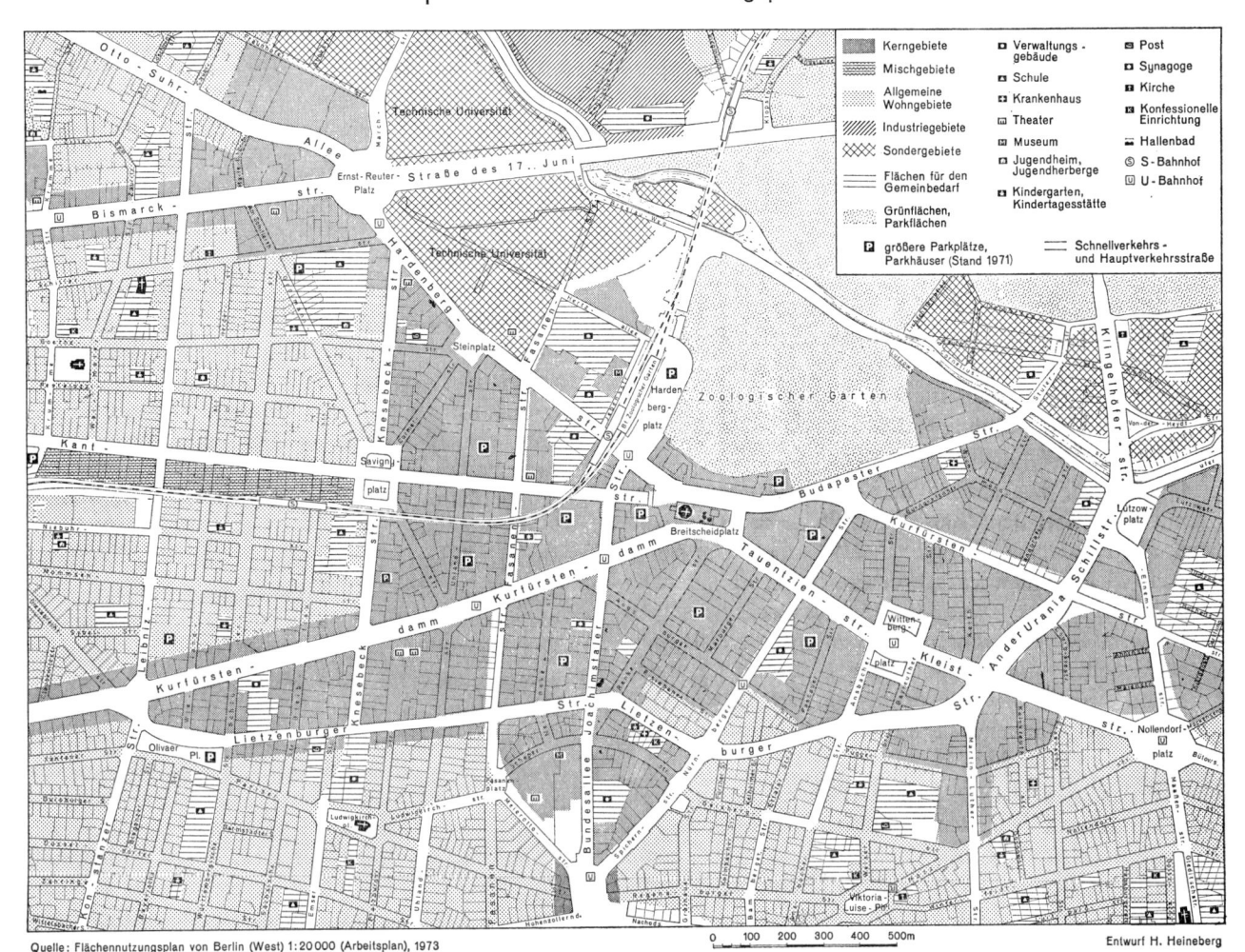

Abb. 11 West-Berlin: Hauptzentrum - Flächennutzungsplan

Quelle: Flächennutzungsplan von Berlin (West) 1:20000 (Arbeitsplan), 1973 — Entwurf H. Heineberg

den kann. Bemerkenswert ist außerdem der Bau von zwei Fußgängerbrücken, die die stark verkehrsbelasteten Budapester Straße und Tauentzienstraße überspannen. Das Center wird von einem 22geschossigen, 86 m hohen Büro- und Geschäftshaus überragt, das eine viel besuchte Aussichtsplattform besitzt. Angegliedert an das Europa-Center ist im Osten ein zur gleichen Zeit errichtetes Parkhaus (für etwa 1500 Wagen). Wie sehr die Planung und Ausgestaltung des Europa-Centers mit der Stadtplanung West-Berlins abgestimmt und durch diese unterstützt wurden, zeigt allein die Tatsache, daß zur städtebaulich-künstlerischen Beratung ein Berliner Senatsdirektor verpflichtet werden konnte.

In den sechziger Jahren wurden auch die weiteren Baulücken an der Nordseite der Tauentzienstraße durch moderne 6geschossige Geschäftsbauten geschlossen, so daß damit das jahrelange, einseitige Übergewicht der südlichen „Laufseite" der Straße nicht mehr in dem Maße besteht.

In dem östlich anschließenden, stark kriegszerstörten *Burggrafenviertel* um die Burggrafenstraße, d. h. im Bereich zwischen dem Straßenzug Tauentzienstraße/Kleiststraße, dem Lützowplatz und dem Landwehrkanal, fand durch die Neugestaltung in den 60er Jahren, vor allem durch den Neubau größerer Hotels (vgl. Abb. 23), Appartmenthäuser und Verwaltungsgebäude[35], eine besondere Funktionsmischung statt. Das Übergewicht erhielt jedoch im Burggrafenviertel mit rd. zwei Dritteln der gesamten Geschoßfläche die Wohnfunktion, „da kein höherer Bedarf an Büroflächen und anderen gewerblichen Flächen vorhanden ist" (*B. Hofmeister*, 1975 b, S. 299).

Entsprechend der räumlichen Verteilung bzw. Häufung der Funktionen markierten der Lützowplatz, die Schillstraße und die Straße An der Urania gegen Ende der 60er Jahre insgesamt die *östliche Begrenzung des Zooviertels*, wenngleich sich bereits seit den 50er Jahren mit dem Bau des Hotels „Berlin" östlich der Schillstraße die Tendenz zu einer weiteren Ostwärtsentwicklung des Westberliner Hauptzentrums abzeichnete. Erst seit Beginn der 70er Jahre

---

[35] Z. B. das 13geschossige Haus der Werbung / Dorland Haus an der Ecke Kleiststraße / An der Urania; vgl. auch *H. J. Starck*, 1971, S. 176—177.

hat sich jedoch die Neubautätigkeit in Richtung Nollendorfplatz in größerem Maße weiterentwickelt, vor allem durch Errichtung des 18geschossigen sog. Berlin-Center an der Martin-Luther-Straße (südlich der Kleiststraße), das u. a. ein Kaufhaus und ein weiteres Hotel erhalten soll, und eines achtgeschossigen Neubaus für das Berliner Buchhandelszentrum (BBZ) am Lützowplatz (vgl. auch B. Hofmeister, 1975 b, S. 111—112, 300, 320). Im Sommer 1972 — nach dem Gebietsaustausch zwischen West- und Ost-Berlin bzw. der DDR, wovon auch der Bereich um den ehemaligen Potsdamer Bahnhof betroffen war — wurde ein städtebaulicher Ideenwettbewerb für das Gebiet zwischen Lützowplatz und Potsdamer Platz ausgeschrieben. Die zukünftige Neubebauung soll sich an das neue Kulturzentrum am Kemperplatz anlehnen (ebd., S. 323).

Die östliche Begrenzung des Zooviertels weicht somit gegenüber dem Stand von 1961, der in der von B. Hofmeister (1975 b, S. 279) übernommenen Abb. 21 dokumentiert ist, erheblich ab. Eine genaue linienhafte Festlegung ist wegen des gegenwärtigen Entwicklungsprozesses wenig sinnvoll, sie fällt zwischen dem Nollendorfplatz und Lützowplatz annähernd mit der von uns schematisch festgelegten Ostseite des Untersuchungsgebietes „Hauptzentrum" zusammen (vgl. Abb. 21).

Für das ebenfalls im Kriege flächenhaft zerstörte, nördlich anschließende *Gebiet des ehemaligen Diplomatenviertels* südlich des Tiergartenparks, das heute nur noch wenige Standorte ausländischer Vertretungen (Auslandskonsulate, Militärmission) in einigen restaurierten Villen enthält[36], sind in seiner westlichen Hälfte Reserveflächen (Sondergebiete im Flächennutzungsplan, s. Abb. 11) für zukünftige Auslandsvertretungen vorgesehen. Der östliche Teil wird bereits von größeren Verwaltungsgebäuden (Zentralverwaltung der Berlin Kraft und Licht AG, BEWAG), einigen Bundesbehörden und -dienststellen (vgl. VI. 1.2.1) sowie bedeutenden kulturellen Einrichtungen (s. oben) eingenommen.

Östlich des Tiergartenparks liegt das Gebäude des ehemaligen Reichstags, das - als symbolischer Ausdruck des Anknüpfens an die früheren Hauptstadtfunktionen Berlins — auf Beschluß des Bundestags im Jahre 1959 in den darauf folgenden 10 Jahren restauriert wurde, jedoch aufgrund des Viermächteabkommens über Berlin von der Bundesregierung nicht für Verfassungs- und Amtsakte genutzt werden darf und immer noch keine „endgültige" Funktion erhalten hat (vgl. dazu B. Hofmeister, 1975 b, S. 70).

Insgesamt sind für den östlichen Abschnitt des (Westberliner) „Citybandes" einerseits relativ weitständig verteilte Standorte wichtiger zentraler Einrichtungen — hierzu zählen auch die Hauptpost und das neu errichtete Postscheckamt —, andererseits räumlich begrenzte Funktionsagglomerationen — wie die bemerkenswerte Konzentration von Möbelgroßhandels- und -einzelhandelsbetrieben im Bereich des Magdeburger Platzes oder die Geschäftshäufung in der Potsdamer Straße — charakteristisch. Die funktionale Ausstattung des Westberliner Hauptzentrums erfuhr seit Anfang der 70er Jahre wesentliche Erweiterungen und Verdichtungen, u. a. durch

1. die Neuerrichtung (1971) eines (ersten) modernen Großwarenhauses am Kurfürstendamm zwischen Joachimstaler Straße und Breitscheidplatz, das rückwärtig an der Augsburger Straße mit einem großen Parkhaus ausgestattet wurde;
2. der Neubau mehrerer Geschäfts- und Bürohäuser am Kurfürstendamm, die somit — besonders im westlichen Teil — fast sämtliche der bis zu Beginn der 70er Jahre erhalten gebliebenen Baulücken ausfüllen;
3. die Eröffnung des neuerrichteten integrierten Shopping Centers „Ku'Damm Eck" (1972) an der südlichen Einmündung der Joachimstaler Straße in den Kurfürstendamm. Dieses nach modernen architektonischen Gesichtspunkten konzipierte Mehrfachzentrum wurde vertikal in zueinander versetzte Nutzungsebenen gegliedert: Die unterste Verkaufsebene mit Supermarkt, Kino, Restaurant und kleineren Ladenflächen wurde über eine Ladenpassage direkt an das U-Bahn-Netz angeschlossen. Das Parkplatzproblem wurde durch den Bau einer viergeschossigen Tiefgarage zu lösen versucht. Vom Erdgeschoß bis zum 4. Obergeschoß erstreckt sich ein abwechslungsreich gestalteter, durch Rolltreppen und Fahrstühle erschlossener „Shop-in-Shop-Bereich"[37], während die 5. und 6. Obergeschosse verschiedenen Freizeit- und Vergnügungseinrichtungen vorbehalten sind.

Die beim „Ku'Damm-Eck" in jüngster Zeit aufgetretenen Finanzierungsschwierigkeiten sowie die in den oberen Geschossen nicht vermieteten Ladeneinheiten zeigen jedoch an, daß einerseits die nach dem Berlinförderungsgesetz möglichen Sonderabschreibungen bei derartigen aufwendigen Einkaufszentren an eine Profitgrenze geraten sind und andererseits im speziellen, vom jährlichen (z. Z. allerdings stagnierenden) Touristenstrom abhängigen Einzelhandel (bes. bei Mode-Boutiquen) ein „Sättigungspunkt" überschritten worden ist. Um so fraglicher ist der wirtschaftliche Erfolg eines neuen, noch im Ausbau befindlichen Mehrfachzentrums auf einem ca. 20 000 qm großen Grundstück zwischen Kurfürstendamm, Lietzenburger Straße, Uhlandstraße und Knesebeckstraße: des „Kurfürstendamm

---

[36] Eine relativ größere Anzahl ausländischer Vertretungen verteilt sich heute in Neubauten über das übrige Zooviertel sowie in Villengebieten des Berliner Südwestens (vgl. B. Hofmeister, 1975 b, Fig. 29).

[37] Vgl. Ku'Damm-Eck Einkaufszentrum in Berlin, 1972, S. 1303.

Karree", in dessen Konzeption auch die beiden Boulevard-Theater „Komödie" und „Theater am Kurfürstendamm" und die mit Boutiquen und Restaurants nachgebildete Sperlingsgasse zur Lietzenburger Straße hin einbezogen wurde. Anfang der 70er Jahre waren im westlichen Abschnitt des Kurfürstendamms zwei andere Großobjekte — das Forum am Kurfürstendamm/Ecke Brandenburgische Straße und weiter westlich davon das Kurfürstendamm-Center — im Entstehen begriffen (vgl. *B. Hofmeister,* 1975 b, S. 298—299).

Dieser zu Beginn der 70er Jahre im Westberliner Hauptzentrum zu beobachtende Bauboom war eine, vor allem durch das neue Berlinförderungsgesetz des Jahres 1970 (Steuervorteile und Sonderabschreibungsmöglichkeiten) beschleunigte Fortsetzung der Neubautätigkeit der 60er Jahre. Mitbeeinflußt wurde diese jüngere Entwicklung jedoch auch durch die Veränderung der geltenden Bauordnung im Kerngebiet des Hauptzentrums, für das seit 1970 im Flächennutzungsplan eine Geschoßflächenzahl von 2,0 (anstelle von vorher 1,5) festgelegt wurde[38] (vgl. Abb. 11).

3. Entwicklungen ausgewählter Nebengeschäftszentren

Aufgrund des weitgehenden, durch umfangreiche Kriegszerstörungen bedingten Ausfalls der Berliner City als zentraler Standortraum für Einzelhandels- und Dienstleistungsfunktionen und der politischen Spaltung der Stadt mußten die nachgeordneten Nebengeschäftszentren West-Berlins, die sich schon vor dem 2. Weltkrieg hauptsächlich entlang mehrerer Hauptausfallstraßen innerhalb der stark verdichteten Wohn- (und Gewerbe-)gebiete entwickelt hatten, allein die notwendigsten Versorgungsleistungen anbieten. Entscheidend für die unterschiedliche Entwicklung dieser Zentren in den ersten Nachkriegsjahren war jedoch — wie bereits eingehend erörtert wurde (vgl. II. 2.2.1) — das jeweils verschiedene Ausmaß der Kriegszerstörungen.

Besonders geeignet, wichtige Geschäftsfunktionen der größtenteils vernichteten Leipziger Straße zu übernehmen, war die *Schloßstraße in Berlin-Steglitz* in ihrem längsten Abschnitt zwischen dem Walther-Schreiber-Platz im Norden und dem Hermann-Ehlers-Platz im Süden (Abb. 30). Nicht nur der relativ geringe Zerstörungsgrad der vorwiegend viergeschossigen Bebauung wirkte sich günstig aus, sondern auch die Lagevorteile dieses linear ausgerichteten Geschäftszentrums als Teil der früheren Hauptausfallstraße (B 1) der Berliner City in Richtung Südwesten. Zum Einzugsgebiet der Schloßstraße zählte nicht nur der gesamte, durch relativ gehobene Sozialschichten charakterisierte Berliner Südwesten, sondern auch der jenseits der Zonengrenze gelegene Raum Potsdam, der eine zusätzliche potentielle Konsumentenzahl von mehr als 100 000 Einwohnern aufzuweisen hatte[39]. Die „konkurrenzlose Lage" der Einkaufsstraße bewirkte ein rasches Ausfüllen der durch Kriegseinwirkungen entstandenen Baulücken mit ein- bis zweigeschossigen Geschäftsbauten (*B. Aust,* 1970, S. 25). Verstärkend für die Anziehungskraft der Schloßstraße wirkte in den ersten Nachkriegsjahren außerdem der im nordwestlichen Teil gelegene Titania-Palast, der

u. a. den Berliner Philharmonikern und dem 1946 gegründeten Rias-Symphonie-Orchester Raum für Veranstaltungen bieten mußte[40] (*F. Notnagel,* 1967, S. 37), da die entsprechenden Einrichtungen in der Berliner Innenstadt zerstört oder durch die Teilung Berlins schwerer zugänglich waren *(B. Aust, 1970, S. 27).*

Die funktionale Ausstattung der Straße erfuhr bis zur Gegenwart eine wesentliche Erweiterung durch den Neubau von drei großen Warenhäusern[41], die sich auf der Nordwestseite in einem Abstand von nur 500 m zwischen der Bundesallee und der Schildhornstraße räumlich konzentrieren, durch Neuerrichtung mehrerer größerer Kaufhäuser der Bekleidungsbranche (Filialgeschäfte), durch Erweiterung und fortlaufende (Geschäftsfront-)Renovierungen zahlreicher Fachgeschäfte und durch die Eröffnung des integrierten, vollklimatisierten Einkaufszentrums „Forum Steglitz"[42] mit einem zehngeschossigen Parkhaus am Walther-Schreiber-Platz im Jahre 1970 (Abb. 30 und 32).

Diese Entwicklung war in erheblichem Maße bedingt bzw. möglich durch die gesetzlich verankerte Berlinförderung. In spektakulärer Weise wurden die Steuervorteile und hohen Sonderabschreibungsmöglichkeiten nach dem neuen Berlinförderungsgesetz des Jahres 1970 genutzt durch die gegenwärtige Er-

---

[38] Für das Europa-Center war bereits vorher eine Ausnahmeregelung getroffen worden (vgl. *B. Hofmeister,* 1975 b, S. 296).
[39] Bis zum Jahre 1961 konnte in der Schloßstraße in zwei Währungen eingekauft werden.
[40] Die spätere Wiedererrichtung bzw. der Neubau von Theatern und Konzertsälen im Bereich des „City- und Kulturbandes" von West-Berlin wirkte sich jedoch so stark als Standortnachteil aus, „daß der Palast, nachdem er als Kino, Theater, Veranstaltungsraum und Operettentheater genutzt worden war, geschlossen werden mußte" (*B. Aust,* 1972 a, S. 93).
[41] Vor dem 2. Weltkrieg bestand in der Schloßstraße kein Warenhaus.
[42] Nach *R. Frick* (1970, S. 21) „Deutschlands größtes geschlossenes Einkaufszentrum". Vgl. auch *G. Ullmann* (1970, S. 836—843) und die Darstellung unter VI. 2.1.

richtung des 300-Millionenobjektes „Steglitzer Kreisel"[43], eines Mehrzweckzentrums, „das in seiner Art und in der Kombination der zu erfüllenden Funktionen einmalig in Deutschland ist" (*I. Lübkes*, 1970, S. 680). Der Standort dieses Gebäudekomplexes, der ein 27geschossiges Bürohochhaus, ein Warenhaus und eine Anzahl von Geschäften sowie ein Parkhochhaus für rd. 1300 Pkw umfassen soll, wurde geplant im Zusammenhang mit der z. Z. in Bau befindlichen Verlängerung der U-Bahnlinie 9 zwischen Walther-Schreiber-Platz und der Einmündung der Albrechtstraße in die Schloßstraße (gegenüber dem Rathaus Steglitz), wo die U-Bahnstation unterhalb des Steglitzer Kreisels liegen soll. Außerdem wird dort eine zweite unterirdische U-Bahnebene für eine spätere Linie 10 ausgebaut. Für das Erdgeschoß des Zentrums ist ein moderner Omnibus-Bahnhof als Endpunkt für 10 BVG-Linien vorgesehen (ebd.; vgl. auch *B. Hofmeister*, 1975 b, S. 375).

Mit den beiden neuen integrierten Einkaufszentren wird die Schloßstraße in Zukunft unter allen Westberliner Nebengeschäftszentren funktional eine herausragende Sonderstellung einnehmen.

Die als zweites Nebenzentrum in diese Untersuchung einbezogene *Wilmersdorfer Straße in Berlin-Charlottenburg* (Abb. 31), die sich bereits vor dem 2. Weltkrieg als ein relativ bedeutendes Geschäftszentrum entwickelt hatte (vgl. II. 2.2.3), und nach *B. Aust* (1972, S. 97) in der hierarchischen Stufung der Westberliner Zentren nach dem Hauptzentrum und der Schloßstraße an dritter Stelle einzuordnen ist, war durch Kriegszerstörungen relativ stark betroffen. In der fünfstöckigen, mit Seitenflügeln und Hinterhäusern ausgestatteten Bebauung der Geschäftsstraße entstanden erhebliche Baulücken[44], die „häufig mit ein- bis zweigeschossigen Geschäftsneubauten geschlossen wurden, z. T. als Parkplätze dienen oder zusammen mit durch Abriß frei gewordenen Flächen für größere Geschäftsneubauten Raum boten" (*B. Aust*, 1972, S. 97). Entsprechend der Nachkriegsentwicklung der Schloßstraße war auch für die Verstärkung des Geschäftslebens in der Wilmersdorfer Straße die Errichtung von drei modernen Warenhäusern — davon zwei Betriebe führender Versandhauskonzerne — ausschlaggebend. Diese wurden zwar nicht auf einer Straßenseite lokalisiert, die räumliche Nähe ihrer Standorte (zwischen der Südseite der Kantstraße bis südlich der Goethestraße) ist jedoch ebenfalls als „Konkurrenzakkumulation" zu kennzeichnen (vgl. Abb. 31). Mit dieser Geschäftsentwicklung, die insbesondere durch die Neuerrichtung bekannter Berliner Kaufhaus-Filialbetriebe des Bekleidungssektors (im weitesten Sinne) ergänzt wurde, konnte sich die Wilmersdorfer Straße funktional vom nahegelegenen Kurfürstendamm abheben. Außerhalb des nördlich der S-Bahn bis zur Bismarckstraße sich erstreckenden Kernbereiches der Wilmersdorfer Straße haben sich „räumlich isolierte Geschäftsschwerpunkte" (*B. Aust*, 1972 b, S. 96) von geringerer Bedeutung gebildet.

Die langgestreckte Geschäftskonzentration im Verlauf der *Badstraße und Brunnenstraße im relativ dicht besiedelten Arbeiterbezirk Wedding* (Abb. 33 und 34) besitzt unter den Westberliner Nebenzentren aufgrund ihrer Lagesituation in mehrfacher Hinsicht eine Sonderstellung. In der ersten Nachkriegszeit profitierte das Geschäftszentrum von der Nachbarschaftslage und dem Sektorenübergang zum Ostsektor der Stadt bzw. von der Lage am nördlichen Rand der kriegszerstörten ehemaligen City Berlins: Zahlreiche, zum Teil bereits in den letzten Kriegsjahren (nach den schweren Bombenschäden) provisorisch errichtete und großenteils bis in die Gegenwart erhalten gebliebene eingeschossige „Budengeschäfte" verstärkten den „Grenzmarkt"-charakter dieses Zentrums[45], das sehr stark von Kundenströmen aus Ost-Berlin und der übrigen DDR genutzt wurde. Mit dem Mauerbau im August 1961 wurden Bad- und Brunnenstraße von einem wesentlichen Teil ihres Einzugsgebietes abgeschnitten und aufgrund der dreiseitigen, d. h. westlichen, südlichen und östlichen Begrenzung des Ortsteils Gesundbrunnen durch die Sektorengrenze zu einer „Sackgasse". Der dadurch bedingte „Geschäftsrückgang" äußerte sich besonders in der Aufgabe bzw. dem Leerstehen zahlreicher Budenläden und anderer Einzelhandels- sowie Dienstleistungseinrichtungen, vor allem im südlichen Abschnitt des Geschäftszentrums, in Sortimentsumstellungen oder zumindest in der — bis zur Gegenwart angehaltenen — starken Fluktuation im Ladenbesitz. Durch die vom Berliner Senat finanziell unterstützte Ansiedlung eines mittelgroßen Warenhaustyps im südlichen Abschnitt der Brunnenstraße und die ab November 1961 an einen großen Teil der Einzelhandels- und Dienstleistungsbetriebe des Geschäftszentrums gezahlten Wirtschaftshilfen[46] konnte eine noch erheblichere rückläufige Entwicklung insgesamt verhindert werden. Nachteilig für den weiteren Geschäftsausbau in den 60er Jahren wirkte sich aus, daß das südlich der S-Bahn gelegene Gebiet beiderseits der Brunnenstraße aufgrund seiner besonderen

---

[43] Vgl. auch die von *B. Hofmeister*, 1975 b, S. 375—376 zusammengefaßte Kritik an der Planungskonzeption bzw. Fehlplanung des Steglitzer Kreisels.
[44] Vgl. Atlas von Berlin, 1962, Abb. 30: Kriegsschäden Stand 1945.
[45] Vgl. dazu die Ausführungen von *P. Schöller*, 1953 a, S. 6.
[46] Diese Hilfen in Form von Zuschüssen und Darlehen differenzieren sich in: sog. Umstellungshilfen zwecks Sortimentsumstellung am gleichen Standort, Überbrückungshilfen für Neueröffnung an einem anderen Standort, Abwicklungshilfen zwecks Rückzahlung von Schulden bei Aufgabe des Betriebes, Sonderregelung für Gewerbetreibende mit Wohnsitz in der DDR und (ab Mai 1962) sog. Stillhaltehilfen (*B. Hofmeister*, 1975 b, S. 324—325).

„städtebaulichen Mißstände und Mängel" im Jahre 1963 zum Sanierungsgebiet erklärt und damit in das langjährige Stadterneuerungsprogramm West-Berlins einbezogen wurde⁴⁷. Der „aktivere" Abschnitt der Geschäftsstraße erstreckte sich daher nördlich des S-Bahnhofs Gesundbrunnen, d. h. außerhalb des von Sanierungsmaßnahmen betroffenen Bereiches. Die Abhängigkeit bzw. Beeinflussung der Branchen- und Sortimentsstruktur des Einzelhandels und des Dienstleistungsangebots von der spezifischen Struktur der Konsumentengruppen wird im Falle der Bad- und Brunnenstraße bei der nachfolgenden Analyse (Kap. VI. 2.2) im besonderen Maße zu berücksichtigen sein. Denn im Sanierungsgebiet Wedding-Brunnenstraße lag beispielsweise im Jahre 1961 der Arbeiteranteil mit 66,6% sehr deutlich über dem Westberliner Durchschnitt von 47,2% (Der Senat von Berlin, 1968, S. 15). Eine für die Westberliner Sanierungsgebiete charakteristische Entwicklung stellte in den letzten Jahren die erhebliche absolute und relative Zunahme der Anzahl ausländischer, in erster Linie türkischer Arbeitnehmer dar. Der prozentuale Anteil an der Wohnbevölkerung in Häusern der Sanierungsträger ergab für das Sanierungsgebiet Wedding-Brunnenstraße im Jahre 1969 15% und im Jahre 1972 bereits 33% (*Der Senator für Bau- und Wohnungswesen*, 1973, S. 11).

4. Entwicklung des Fremdenverkehrs

Die *Bedingungen für eine neue Entwicklung* des Fremdenverkehrs⁴⁸ in der ehemals größten deutschen Fremdenverkehrsstadt Berlin⁴⁹ waren in den ersten Nachkriegsjahren denkbar ungünstig: Die Kriegszerstörungen in der dichtbebauten Innenstadt⁵⁰, von denen das dort konzentrierte Beherbergungsgewerbe in besonders starkem Maße betroffen war⁵¹, der Verlust der Hauptstadtfunktionen, die Spaltung der Stadt, die Verhängung der Blockade und die allgemeine wirtschaftliche Notlage in Deutschland wirkten sich überaus hemmend aus. Hinzu kam für West-Berlin — durch die politische Nachkriegsentwicklung bedingt — der Verlust wichtiger Einzugsbereiche des Fremdenverkehrs, insbesondere der ehemaligen deutschen Ostgebiete und später, nach dem Bau der Mauer im Jahre 1961, auch des Gebietes der heutigen DDR⁵².

Eine wesentliche Neubelebung des Fremdenverkehrs nach Aufhebung der Blockade West-Berlins im Jahre 1949 war somit sehr stark abhängig von der Gewinnung neuer Einzugsgebiete. Dazu bedurfte es zunächst einer erheblichen *Verbesserung der Verkehrsverbindungen* des isoliert gelegenen West-Berlin und einer Erhöhung der Verkehrsdichte auf den Interzonenwegen und im Luftverkehr⁵³. Von besonderer Bedeutung für die Entwicklung der funktionalen Ausstattung des Westberliner Hauptzentrums war, daß der dort gelegene Fernbahnhof Zoologischer Garten als einziger Bahnhof West-Berlins für den Eisenbahn-Interzonenverkehr zugelassen wurde.

Eine Belebung des Reiseverkehrs nach West-Berlin wurde in den 50er Jahren nicht zuletzt durch eine geschickte *Fremdenverkehrswerbung und -information* bzw. „Image-Pflege", insbesondere auch in den Vereinigten Staaten, erreicht. Die politische Sonderstellung der Stadt und die damit verbundene unmittelbare räumliche Konfrontation der „westlichen und östlichen" Gesellschafts- und Wirtschaftssysteme bzw. Machtblöcke, die seit 1961 „mit dem Blick über die Mauer" und dem Besuch Ost-Berlins „erlebbar" wurde, hat West-Berlin zu einem besonderen touristischen Reiseziel für Ausländer werden lassen. Die Berlin-Werbung in der Bundesrepublik be-

---

⁴⁷ Von dem in der Planung vorgesehenen Ausbau der Brunnenstraße als „‚zweihüftige' Ladenstraße mit einem Fußgängerbereich in der Mitte, von der Hauptverkehrsstraße abgerückt" (*Der Senat von Berlin*, 1968, S. 16) war zur Zeit der für diese Untersuchung durchgeführten Kartierungen (zuletzt August 1971) — abgesehen von der Räumung einiger weniger Läden in abbruchreifer Altbausubstanz — noch nichts realisiert.

⁴⁸ Die Bezeichnung Fremdenverkehr bezieht sich im folgenden — wegen des zugrundeliegenden Datenmaterials und der Gesamtbedeutung für die Zentrenentwicklung — nicht allein auf den Touristenverkehr im engeren Sinne, sondern schließt auch den Dienstreise- und Geschäftsverkehr durch Fremde ein (vgl. auch die entsprechende weitgefaßte Definition und Abgrenzung des Fremdenverkehrs bei K. *Ruppert* und J. *Maier*, 1970, S. 13).

⁴⁹ Vor dem 2. Weltkrieg, beispielsweise im Jahre 1937, verfügte das Beherbergungsgewerbe Berlins über 905 Hotels, Gasthöfe, Fremdenheime und Pensionen mit über 17 000 Zimmern und mehr als 24 000 Fremdenbetten und konnte im Durchschnitt täglich rd. 4900 Übernachtungen aufweisen (*Statistisches Amt der Stadt Berlin*, 1947, S. 245—247).

⁵⁰ Die Kriegsschäden hatten das Beherbergungsgewerbe in West-Berlin im Jahre 1945 im Vergleich zur letzten Erhebung vor dem Kriege (Oktober 1937) auf 13,7% der Betriebe, 9,4% der Zimmer und 11,4% der Betten reduziert. Die noch geringeren Anteilswerte für die erhalten gebliebene Beherbergungskapazität im gesamten Bereich von Groß-Berlin sind durch die besonders starken Kriegszerstörungen im Bezirk Berlin-Mitte (heute Ost-Berlin) zurückzuführen (Zahlenangaben nach E. *Weth*, 1972, S. 255).

⁵¹ In den zentralgelegenen Bezirken Mitte, Tiergarten, Friedrichshain und Kreuzberg konzentrierten sich im Jahre 1937 allein 78% sämtlicher Hotels und Gasthöfe bzw. 82% sämtlicher Fremdenbetten in Hotels und Gasthöfen Berlins (*Statistisches Amt der Stadt Berlin*, 1947, S. 245).

⁵² Bis zu dieser Zeit hatte West-Berlin eine wichtige „Treffpunktfunktion" für persönliche Kontakte zwischen Bewohnern beider deutschen Staaten.

⁵³ Über die Wandlungen des Berliner Luftverkehrs zwischen der Vorkriegszeit und Anfang der 50er Jahre informiert K. *Schroeder*, 1955, S. 112—118. Über neuere Entwicklungstendenzen des Touristenverkehrs auf den Flugwegen nach West- und Ost-Berlin referiert F. *Vetter*, 1974.

schränkte sich nach *I. Wolff* (1959, S. 146) zunächst auf die Gewinnung von *Tagungen und Kongressen*.

Während im Jahre 1951 rund 76 derartige Veranstaltungen mit ca. 83 000 Teilnehmern in West-Berlin stattfanden, wurde im Jahre 1965 die bisher größte Zahl der Tagungen — insgesamt 638 mit rd. 280 000 Teilnehmern — vom Verkehrsamt Berlin registriert[54]. Zur Förderung West-Berlins als „Kongreßstadt" wurde im Jahre 1971 vom Senat und Abgeordnetenhaus die Errichtung eines Kongreßzentrums am Messedamm beschlossen (*Der Senat von Berlin*, 1971/2, S. 33).

Ein weiterer wichtiger Faktor für die Entwicklung des Fremdenverkehrs wurde außerdem die Durchführung von großen *Messen, Ausstellungen und Festwochen*[55].

Hierzu zählen die Internationale Grüne Woche[56], die Internationalen Filmfestspiele, die Internationale Tourismus-Börse[57], die Internationale Boots- und Freizeitschau, die Internationale Bäckerei-Fachausstellung, die Berliner Durchreise — jetzt die „Interchic Berlin" als überregionale Modemesse —, die Internationale Funkausstellung[58], die Übersee-Import-Messe „Partner des Fortschritts"[59], die Deutsche Industrieausstellung und die Berliner Festwochen. Im Jahre 1971 sind aus Anlaß von Kongressen, Tagungen, Messen, Ausstellungen und sonstigen Veranstaltungen allein rd. 280 000 Personen nach West-Berlin gekommen (*Der Senat von Berlin*, 1972, S. 34). Auf dem Berliner Messegelände[60] fanden im Jahre 1972 25 überregionale und regionale Ausstellungen, Messen und Kongresse mit ca. 1,43 Millionen Besuchern statt. Die Zahlen unterstreichen die (zunehmende) Bedeutung West-Berlins als „internationalen Treffpunkt". Dem weiteren Ausbau des Messe-, Ausstellungs- und Kongreßwesens, das — als bedeutender Teilsektor des überregionalen Dienstleistungsbereiches — seit Inkrafttreten des Berlinförderungsgesetzes 1970 besonders finanziell unterstützt wird, sind im Augenblick in bezug auf Großveranstaltungen bis zur Errichtung des neuen Kongreßzentrums allerdings Grenzen gesetzt (*Der Senat von Berlin*, 1973, S. 24—25).

Von besonderer Bedeutung sind auch die öffentlich geförderten *Studienreisen* nach Berlin, die seit den 50er Jahren bis zur Gegenwart erheblich zugenommen haben.

Beispielsweise wurden im Jahre 1957 590 Studienreisen von Schülern und Studierenden aus der Bundesrepublik Deutschland nach Berlin durchgeführt (*I. Wolf*, 1959, S. 146). Im Jahre 1972 waren es 5299 Studienreisen mit 180 350 Personen (*Statistisches Landesamt Berlin*).

Wesentliche Voraussetzung für die Entwicklung des Fremdenverkehrs war die Vergrößerung der *Beherbergungskapazität* in West-Berlin (vgl. im folgenden die Abb. 12)[61]. Bis zur Mitte der 50er Jahre verfügte das Westberliner Beherbergungsgewerbe über weniger als 6000 Betten (1955: 5612), die den Ansprüchen nicht voll genügten und auch nur zu rd. 39% ausgenutzt wurden[62]. „Bei der Vorbereitung der Internationalen Bauausstellung, die für den Berliner Fremdenverkehr eine starke Initialzündung wurde, entschloß man sich, zugleich auch neue Hotels zu bauen und die vorhandenen Hotelbetriebe zu verbessern" (*I. Wolff*, 1959, S. 146). Mit Hilfe von ERP-Krediten in Höhe von 15 Mill. DM wurde der Beherbergungsraum auf über 8000 Fremdenbetten vergrößert (ebd.). Durch die Errichtung weiterer und größerer Beherbergungsbetriebe, begünstigt durch die bereits genannten Steuerpräferenzen und Sonderabschreibungsmöglichkeiten, konnte die Beherbergungskapazität bis zum Beginn der 70er Jahre nahezu verdoppelt werden[63]. Der aus der Abbildung 12 ersichtliche Rückgang in der Anzahl der Betriebe nach 1967 ist u. a. durch den sinkenden Anteil kleinerer Beherbergungsbetriebe (unter 20 Betten) bedingt[64]. Eine Gliederung der Betriebe nach *Bettengrößenklassen* (Tabelle 9) zeigt sehr deutlich die Zunahme der Großbetriebe. Bei den Beherbergungsstätten mit mehr als 100 Betten stieg die absolute Anzahl seit 1956 etwa auf das Achtfache, die Bettenzahl fast auf das Zehnfache.

Die seit den 50er Jahren erheblich gewachsene Konzentration der Beherbergungsbetriebe und der Bettenzahl auf die oberen Bettengrößenklassen wird besonders verdeutlicht durch den unterschiedlichen

---

[54] Verkehrsamt Berlin: Tagungen und Kongresse, Teilnehmerzahlen 1950—1972. Seit 1965 war die jährliche Anzahl der in West-Berlin durchgeführten Tagungen leicht rückläufig. Sie betrug beispielsweise im Jahre 1972 577 mit rd. 106 721 Teilnehmern (ebd.).

[55] Die Bedeutung West-Berlins als Messe- und Kongreßzentrum wurde kürzlich von *B. Hofmeister*, 1975 b, S. 97—103, ausführlicher herausgestellt.

[56] Die Grüne Woche war in den letzten Jahren eine der bedeutendsten Veranstaltungen in West-Berlin (1971 rd. 461 000 Besucher, 1972 rd. 480 000 Besucher), an der sich auch die Staaten der Europäischen Gemeinschaft beteiligten. Im Jahre 1972 bekundeten auch osteuropäische Länder ein zunehmendes Interesse an einer Teilnahme (*Der Senat von Berlin*, 1972, S. 33; 1973, S. 24).

[57] Diese ist als Fachmesse, Publikumsausstellung und Fachkongreß des Tourismus in Europa ohne vergleichbare Konkurrenz. Sie gewann im Jahre 1972 erheblich an internationalem Gewicht (*Der Senat von Berlin*, 1973, S. 24).

[58] Die Funkausstellung Berlin, die im Jahre 1971 zum ersten Mal in Deutschland internationalen Charakter hatte, war im selben Jahr mit fast 600 000 Besuchern sowie 262 in- und ausländischen Ausstellern die größte Veranstaltung auf dem Berliner Messegelände (*Der Senat von Berlin*, 1972, S. 33).

[59] Diese Messe hatte im Jahre 1971 550 Aussteller aus 52 Ländern Asiens, Afrikas und Lateinamerikas sowie 2600 Einkäufer aufzuweisen (*Der Senat von Berlin*, 1972, S. 33).

[60] Mit der Fertigstellung und Übergabe von sechs neuen Messehallen im Jahre 1971 konnte die überdachte Ausstellungsfläche am Funkturm um ca. 26 000 m² auf ca. 88 000 m² erweitert werden (*Der Senat von Berlin*, 1972, S. 33).

[61] In der graphischen Darstellung der Beherbergungskapazität blieben in den ersten Jahren — entsprechend der amtlichen Fremdenverkehrsstatistik — die noch beschlagnahmten sowie die mit Dauermieten belegten Betriebe unberücksichtigt (vgl. *E. Weth*, 1972, S. 255).

[62] IHK, Die Berliner Wirtschaft, Nr. 25, vom 8. 12. 1972.

[63] Der Senat fördert z. Z. ein Hotelbauprogramm, in dessen Rahmen bis zum Jahre 1975 weitere 1500 Betten zur Verfügung gestellt werden sollen (*Der Senat von Berlin*, 1973, S. 25).

[64] IHK, Die Berliner Wirtschaft, Nr. 25, vom 8. 12. 1972.

4. Entwicklung des Fremdenverkehrs

Abb. 12 West-Berlin

Beherbergungsbetriebe und Beherbergungskapazität 1950-1973

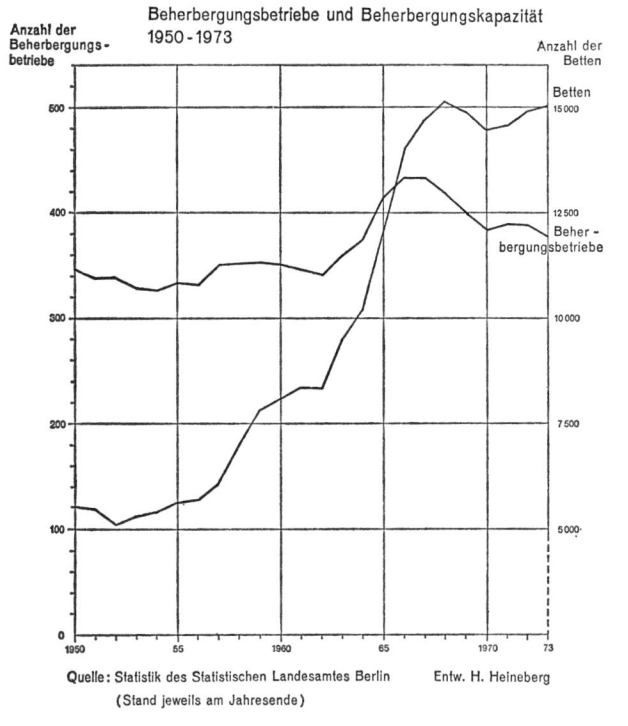

Quelle: Statistik des Statistischen Landesamtes Berlin Entw. H. Heineberg
(Stand jeweils am Jahresende)

Verlauf der sog. „Lorenzkurven" für die Jahre 1969 und 1972 (vgl. Abb. 13).
Von besonderer Bedeutung für unsere Problemstellung ist die *räumliche Konzentration der Betriebe*, deren jüngere Entwicklung im Abschnitt VI. 1.2.1 behandelt werden soll.
Voraussetzung für die seit Mitte der 50er Jahre erfolgte Vergrößerung des „Hotel- und Pensionsrau-

Abb. 13 West-Berlin:

Wandlungen der Konzentration im Beherbergungsgewerbe zwischen 1956 und 1972

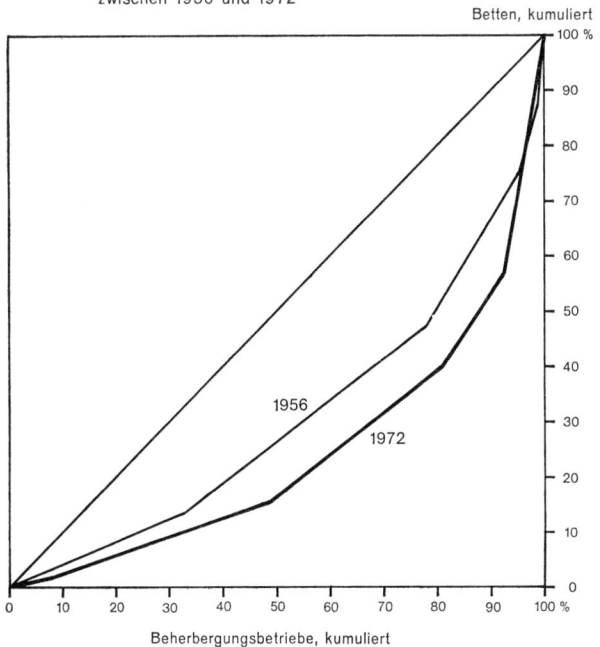

Quelle: Statistik des Statistischen Landesamtes Berlin Entw. H. Heineberg
(Stand jeweils am Jahresende)

mes", vor allem im Hauptzentrum West-Berlins, war — neben der öffentlichen finanziellen Förderung bei der Errichtung von neuen Beherbergungsbetrieben — eine starke Zunahme des *Besucherverkehrs* nach West-Berlin (vgl. Abb. 14).

Abb. 14 West-Berlin

Fremde und Fremdenübernachtungen im Beherbergungsgewerbe 1950-1973

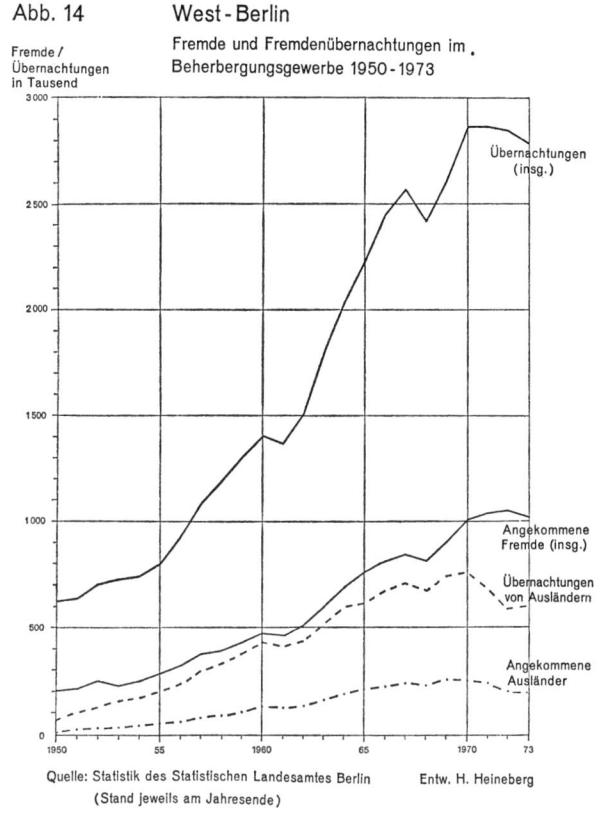

Quelle: Statistik des Statistischen Landesamtes Berlin Entw. H. Heineberg
(Stand jeweils am Jahresende)

Zwischen 1950 und 1973 ist die Anzahl der Besucher um 495%, die der Zahl der Übernachtungen im selben Zeitraum sogar um 513% fast stetig angestiegen. Einzelne Schwankungen im Kurvenverlauf der Abb. 14 sind besonders auf verschiedene politische Ereignisse zurückzuführen: So ging im Jahre 1953 die Zahl der Fremden erheblich zurück. Im Jahr des „Mauerbaus" (1961) war ebenfalls ein Rückgang von Fremden und Übernachtungen zu verzeichnen (vgl. auch E. *Weth*, 1972, S. 258).
Die durchschnittliche Bettenausnutzung betrug in den letzten Jahren mehr als 50%, z. B. im Jahre 1971 54% gegenüber nur 26% im Jahre 1950 (IHK, Die Berliner Wirtschaft, Nr. 25, vom 8. 12. 1972). Die Bettenausnutzung war in den letzten Jahren bei den Großbetrieben (Hotels) am größten, sie betrug z. B. im Jahre 1971 für Hotels rd. 60% (E. *Weth*, 1972, S. 260).
Seit 1970 blieb die Zahl der Gäste (knapp 1 Million) und der Übernachtungen (knapp 2,9 Millionen) nahezu konstant. „Damit steht (West-)Berlin nach München, Hamburg und Frankfurt an vierter Stelle in Deutschland, was in Anbetracht der besonderen Lage der Stadt als günstige Entwicklung angesehen werden muß" (IHK, Die Berliner Wirtschaft, Nr. 25, vom 8. 12. 1972).
Die amtliche Fremdenverkehrsstatistik erfaßte jedoch nur teilweise den umfangreichen *Besucherverkehr aus der DDR*, der bis zum Bau der Mauer (1961) in West-Berlin zu beobachten war. Während beispielsweise im Jahre 1959 die Zahl der Übernachtungen von DDR-Bürgern in gewerblichen Be-

herbergungsstätten West-Berlins lediglich 53 000 betrug (*E. Weth*, 1972, S. 257), besuchten im Jahresdurchschnitt allein acht Millionen Besucher aus Ost-Berlin und der DDR kulturelle Einrichtungen und sportliche Veranstaltungen in West-Berlin. „Damit war jeder dritte bis vierte Besucher — beim Film sogar jeder zweite — aus dem Osten" (*D. Mahncke*, 1973, S. 219). Der gesamte tägliche Personenverkehr zwischen West- und Ost-Berlin wurde in dieser Zeit auf einen Austausch von rund 500 000 Personen geschätzt (ebd.). Nach Errichtung der Mauer im Jahre 1961 brach dieser Besucherverkehr aus der DDR — bis auf eine geringe Zahl von „Grenzgängern" — schlagartig ab. Danach und insbesondere seit den neuen Berlin-Vereinbarungen der Jahre 1971/72 übernahm Ost-Berlin die „Treffpunktfunktion" für persönliche Kontakte zwischen Deutschen aus West und Ost.

Verhältnismäßig hoch — im Vergleich zu anderen deutschen Städten und auch im Unterschied zur Berliner Vorkriegssituation — war in den 50er Jahren auch der *Ausländeranteil* am gesamten Westberliner Fremdenverkehr. Zu den Haupteinzugsgebieten des Auslandes gehörten Mitte der 50er Jahre in erster Linie die Vereinigten Staaten — ein Ergebnis der intensiven Berlin-Public-Relation-Werbung in Amerika (*J. Wolff*, 1959, S. 147) —, während an zweiter Stelle Schweden vor allem aufgrund der günstigen Verkehrsverbindungen stand.

In den 60er Jahren hat sich das Verhältnis erheblich zugunsten deutscher Berlin-Reisender verändert (vgl. auch *G. Bollert*, 1969, S. 154 ff.). Nach der Studie von *K. Schreiber* (1972) über die „strukturellen Besonderheiten von Berlin-Besuchern aus dem übrigen Bundesgebiet" machen jüngere, gut gebildete und kaufkräftige Bevölkerungsgruppen einen hohen Anteil der westdeutschen Berlin-Reisenden aus. Seit 1970 ist die absolute Zahl der ausländischen Besucher leicht rückläufig[65]. Den Hauptanteil der Auslandsfremden stellten in den letzten Jahren immer noch die Vereinigten Staaten (1971: 55 361 Fremdenmeldungen), während Großbritannien an zweiter (1971: 27 133) und Fremde aus asiatischen Staaten (1971: 18 054) kurz vor Schweden (1971: 17 080) an dritter Stelle folgten (*E. Weth*, 1972, Tabelle 2, S. 256—257).

Die in der Abb. 14 dargestellte Fremdenverkehrsstatistik enthält jedoch noch nicht die zahlreichen Übernachtungen durch Privatzimmervermittlung des Verkehrsamtes, „die beim Zusammentreffen mehrerer Messen, Kongresse, Veranstaltungen usw. zeitweise erforderlich werden. Erfaßt werden hierbei nur die Zimmervermittlungen, nicht aber die Zahl der Gäste und die der Übernachtungen. 1971 wurden 23 643 Privatzimmer vermittelt"[66]. Die Entwicklung des Fremdenverkehrs läßt sich besonders deshalb statistisch nicht genau belegen, weil ein beachtlicher Teil der jährlichen Berlin-Besucher nicht, wie in anderen Fremdenverkehrsorten üblich, in Betrieben des Beherbergungsgewerbes, sondern bei Bekannten und Verwandten übernachtet. Die zuletzt genannte Gruppe macht nach *B. Hofmeister* (1975 b, S. 264) immerhin 34% der Berlin-Reisenden aus; nur 57% übernachten demnach in Hotels und Pensionen, während 9% in Privatzimmern untergebracht werden. Unbekannt ist dagegen die Zahl „der Geschäftsreisenden, die morgens nach Berlin fliegen und am Abend an ihren Wohnsitz zurückkehren" (*E. Weth*, 1972, S. 255). Die Fremdenverkehrsstatistik enthält außerdem nicht die Übernachtungen in Berliner Jugendherbergen, die beispielsweise im Jahre 1971 rd. 161 800 betrugen, sowie die Frequentierung der Berliner Campingplätze, deren höchstes Ergebnis bisher im Jahre 1964 mit rd. 29 000 Gästen und rd. 492 000 Übernachtungen erreicht wurde (IHK, Die Berliner Wirtschaft, Nr. 25, vom 8. 12. 1972).

Neue Impulse für den Fremdenverkehr nach West-Berlin werden für die Zukunft durch die positiven Wirkungen des Viermächteabkommens (vom 3. September 1971), des ergänzenden, zwischen der Bundesrepublik Deutschland und der Deutschen Demokratischen Republik geschlossenen Transitabkommens (vom 17. Dezember 1971) und des Allgemeinen Verkehrsvertrages zwischen der Bundesrepublik Deutschland und der Deutschen Demokratischen Republik (vom 16. Oktober 1972) erwartet. Die mit diesen Verträgen verbundenen Erleichterungen im Besuchs- und Reiseverkehr, insbesondere der Verzicht auf Gepäck- und Kraftfahrzeugkontrollen, und die dadurch möglich gewordenen erheblichen Fahrzeitverkürzungen, ließen den Kraftfahrzeugverkehr von und nach Berlin bereits in kurzer Zeit stark anwachsen: 1972 gegenüber 1971 um rd. 33%. Im selben Zeitraum stieg der Personenverkehr mit Pkws allein um rd. 45% an. Im Straßenverkehr zwischen dem Bundesgebiet und Berlin wurden 1972 insgesamt 9,071 Millionen Reisende gezählt, 39% mehr als 1971 (*Der Senat von Berlin*, 1973, S. 27). Die Auswirkungen der Erleichterungen im Berlin-Verkehr auf die Entwicklung des Fremdenverkehrs lassen sich jedoch wegen der bereits erwähnten Lücken in der amtlichen Statistik nicht genau erfassen.

Ohne daß genauere Untersuchungen darüber vorliegen, ist davon auszugehen, daß der seit Beginn der 50er Jahre stark angestiegene Fremdenverkehr West-Berlins entscheidende räumliche Auswirkungen auf die Entwicklung der funktionalen Ausstattung des Hauptzentrums und seiner randlichen Übergangsbereiche gehabt hat. Unter allen Straßen West-Berlins bietet der durch den Wechsel von anziehenden Spezial- und Fachgeschäften sowie Betrieben des Gaststätten- und Unterhaltungsgewerbes attraktiv gestaltete Kurfürstendamm am meisten das, was ein Tourist von einem Großstadtbummel erwartet (vgl. die Ausführungen unter VI. 1.2).

---

[65] Dieser Rückgang — insbesondere, als Folge der amerikanischen Währungsprobleme, der Zahl der Touristen aus den USA — fügt sich tendenziell in das Gesamtbild eines schwächeren Touristenstromes in das Bundesgebiet ein. Es kamen jedoch im Jahre 1972 mehr Fremde aus Japan, Kanada und Südamerika (*Der Senat von Berlin*, 1973, S. 25).

[66] IHK, Die Berliner Wirtschaft, Nr. 25, vom 8. 12. 1972.

Kapitel V

ERFASSUNG UND BEWERTUNG FUNKTIONALER ZENTRENAUSSTATTUNG IN WEST- UND OST-BERLIN

Während in den vorangegangenen Kapiteln grundlegende Voraussetzungen zur Einordnung und Bewertung der funktionalen Zentrenausstattungen in beiden Teilen Berlins herausgestellt wurden, ist nunmehr — vor der Erörterung empirisch gewonnener Ergebnisse (Kap. VI) — eine systematische Darstellung der ausgewählten Kriterien und Untersuchungsmethoden erforderlich. Dabei muß häufig auf die bereits im Kap. I. diskutierten und forschungsgeschichtlich eingeordneten Methoden geographischer Zentrenanalyse verwiesen werden. Ergänzend werden nun aber auch wichtige von Nachbardisziplinen, insbesondere der Wirtschaftslehre des Handels, abgeleitete Methoden und Gesichtspunkte Berücksichtigung finden.

1. Räumlich-statistische Bezugseinheiten

Da das Veröffentlichungsprogramm der amtlichen Statistik in West und Ost kein ausreichendes Datenmaterial für detaillierte, kleinräumige Zentrenuntersuchungen bereitstellt — dies gilt insbesondere für einzelbetriebliche Daten (Umsatzanteile, Kundeneinzugsbereiche usw.) —, mußten die einzelnen Zentreneinrichtungen mit ihren wichtigsten Merkmalen größtenteils empirisch, durch Beobachtung bzw. Kartierung, ermittelt werden[1]. Die Geländearbeit bildete zugleich ein primärstatistisches Erhebungsverfahren, da die Kartierungsergebnisse nach Möglichkeit quantitativ — wenn auch zumeist nur auf Nominal- oder Ordinalskalenniveau — ausgewertet werden sollten.

Als *unterste räumlich-statistische Bezugseinheiten*[2] bieten sich für differenzierte stadtgeographische Erhebungen allgemein an: Baublöcke oder Blockseiten, Planquadratraster (Koordinatengitternetz), Straßenseitenabschnitte in Geschäftsstraßen, Grundstücke, die Straßenfront eines Gebäudes und Geschäftsflächen.

Da der *Baublock* in den regelhaft-geometrisch aufgeteilten nordamerikanischen Großstädten „als Erhebungseinheit den Vorzug klarer Vermeßbarkeit und Abgrenzung" sowie als Erschließungseinheit großenteils eine „baulich-physiognomische Eigenständigkeit" (W. Duckert, 1968, S. 217) besitzt, wurde dieser in neueren englischsprachigen Geschäftszentrenanalysen häufig als räumliche Bezugsgrundlage herangezogen und diente — z. B. in den Untersuchungen von *R. E. Murphy* und *J. E. Vance* (1954 a und b) — als statistische Bezugsfläche (vgl. die Ausführungen unter I. 2.).

Von Vorteil ist für unser Untersuchungsgebiet, daß in West-Berlin seit 1956 Daten der Wohnungs- und Industriestatistik auf Baublockebene aufbereitet und veröffentlicht werden (vgl. *K.-A. Boesler,* 1961, S. 133 ff.). Die Baublockeinteilung wurde für die Zentrenuntersuchungen in West- und Ost-Berlin aber dennoch nicht als Basis gewählt, weil die räumlichen Unterschiede in der Größe der Blöcke sowie in dem Zerstörungs- und Wiedererrichtungsgrad der Bebauung, den Eigentumsverhältnissen und besonders in der funktionalen Ausstattung innerhalb der Blöcke bzw. zwischen den einzelnen Blockseiten in der Regel zu groß sind.

Die Vorteile des *Planquadratraster- bzw. Gitternetzsystems,* das vornehmlich in schwedischen, amerikanischen und in jüngster Zeit auch in deutschen bevölkerungs-, sozial- und stadtgeographischen sowie sozialwissenschaftlichen Arbeiten[3] Anwendung

---

[1] Fragebogenerhebungen wurden einerseits wegen der zu großen Zahl der Betriebe, andererseits aufgrund der erschwerten Bedingungen in Ost-Berlin nicht durchgeführt.
[2] Vgl. auch W. *Duckert,* 1968, S. 215 sowie besonders die detaillierten Ausführungen von E. *Dheus,* 1970.
[3] Vgl. u. a. INFAS (Institut f. Angewandte Sozialwiss.), 1966, W. *Matti,* 1966, G. *Staack,* 1966, 1968, W. *Witt,* 1971 sowie die auf dem Deutschen Geographentag Erlangen 1971 vorgetragenen und 1972 veröffentlichten bevölkerungs- und sozialgeographischen Untersuchungen von H. *Böhm,* K. *Borghoff* und F. J. *Kemper* (Bonn) sowie R. *Hantschel,* U. *Mammey* und K. H. *Schreiber* (Frankfurt).

gefunden hat, bestehen u. a. in der leichten Anpassung an das Gauß-Krügersche Koordinatennetz der Deutschen Grundkarte 1:5000, in der relativ exakten Lokalisierbarkeit von punkt-, linien- und flächenhaften Verteilungen durch x-y-Koordinaten, in der einfachen Berechnungsmöglichkeit von Lokalisations- und Dispersionsparametern, Dichteindizes usw., in der guten Eignung für themakartographische Darstellungen sowie in der vorzüglichen Kombinationsmöglichkeit mit der elektronischen Datenverarbeitung.

Als nachteilig für unsere Zentrenuntersuchungen in Berlin hätte sich jedoch das allzu starke Zerschneiden zusammenhängender Geschäftsstraßenabschnitte, Grundstücksflächen und auch Geschäftsfronten durch ein erforderliches engmaschiges Gitternetz ausgewirkt. Allein aus diesem Grunde wurde die Benutzung des Planquadratrastersystems für detaillierte Geschäftszentrenanalysen als zu problematisch angesehen und entfiel deshalb als räumliches Bezugssystem.

Für die Wahl von *Straßenabschnitten* oder *Straßenseiten* als kleinste Erhebungseinheiten sprechen nach *W. Duckert* (1968, S. 217) „die häufig im Geschäftszentrum (CBD) vorhandenen funktionalen Bindungen benachbarter Grundstücke durch den Fußgängerverkehr der sie verbindenden Straße". „Um auf verhältnismäßig kurzen Straßenabschnitten Branchendifferenzierungen und typische Vergesellschaftungen lokalisieren zu können", wählte *K. Wolf* für seine Arbeiten über Stadtteil-Geschäftsstraßen (1969, S. 12) und Geschäftszentren (1971) Straßenseitenabschnitte mit jeweils 100 m Länge („effektive Straßenfrontlänge") als Bezugssystem (vgl. die Ausführungen unter I. 2.). Zur Ermittlung der Branchenverteilung wurden dabei die Gebäudefrontanteile der einzelnen Branchen an den Straßenfrontabschnitten herangezogen (ebd., 1969, S. 12). Dieses von *K. Wolf* angewandte standardisierte Verfahren besitzt zweifelsohne praktische Vorteile. Wegen der konstant und willkürlich gewählten Straßenfrontlängen sowie erst recht aufgrund der vollkommenen Vernachlässigung der „hinter" den Gebäudefrontanteilen gelegenen Geschäfts- bzw. Verkaufsraumflächen ergeben sich m. E. jedoch bei dem Vergleich von Zentren unterschiedlichster Größe erhebliche Verzerrungen in der Aussagekraft der gewonnenen Daten.

Obwohl die einzelnen *Grundstücke* in den Innenstadtbereichen bzw. Geschäftszentren mitteleuropäischer Städte im allgemeinen verschiedenste Flächengrößen und Ausrichtungen zu den Straßenseiten aufweisen, bieten sie sich im Zusammenhang mit dem *Hausnummernsystem* als kleinste Erhebungseinheiten dann an, wenn Standortkartierungen von Einzelhandels- und Dienstleistungseinrichtungen durch die Auswertung von Branchen-Telefonbüchern Adreßbüchern u. ä. gewonnen werden

sollen. Dieses Verfahren wurde für die Funktionsanalyse der Hauptzentren in West-Berlin (Zooviertel) und Ost-Berlin (Stadtzentrum)[4] gewählt, da einerseits im Rahmen dieser Untersuchung Detailkartierungen nur für wichtige Teilbereiche der großflächigen Zentren und ihrer ausgedehnten Rand- bzw. Übergangszonen durchgeführt werden konnten und sich andererseits die so ermittelten räumlichen Verteilungen der ausgewählten Einrichtungen als hinreichend exakt und aussagekräftig erwiesen (vgl. Kap. VI).

Die Zugrundelegung von *Grundstücksgruppen* als unterste räumliche Bezugseinheiten, die von *H. Fehre* 1965 vorgeschlagen wurden, ist dagegen weitaus problematischer, da einmal „subjektive Erwägungen des jeweiligen Bearbeiters die Abgrenzung stark bestimmen" und zum anderen die Grundstücksgruppen „erst bei genauer Ortskenntnis sinnvoll abgegrenzt werden können" (*W. Dukkert*, 1968, S. 217), was vor Beginn detaillierter Zentrenuntersuchungen im allgemeinen aber nicht der Fall ist.

Als „einen Maßstab für die Beurteilung der Intensität des Geschäftslebens" wurde von *E. Lichtenberger* (1963/1967) ein Schaufensterindex benutzt, der das Verhältnis zwischen Schaufensterlänge und der gesamten *Frontlänge* eines Gebäudes wiedergibt. *E. Lichtenberger* ging dabei von der Überlegung aus, daß „der erste physiognomische Eindruck einer Geschäftsstraße ... vom Ausmaß der Schaufensterfront bestimmt (wird)" (1963, S. 474). Abgesehen von der Tatsache, daß physiognomisch sehr unterschiedlich strukturierte Geschäftsstraßen theoretisch den gleichen Schaufensterindex aufweisen können (vgl. *H. Toepfer*, 1968, S. 474), besteht der grundsätzliche Mangel dieser Indexbildung darin, daß zahlreiche „schaufensterlose" Einrichtungen in den Erdgeschossen (Banken, Gaststätten usw.) und besonders in den oberen Stockwerken (z. B. Büros und Praxen gehobener Dienstleistungsberufe) als wesentliche zentrentypische Funktionselemente bei der Schaufensterindexberechnung überhaupt nicht berücksichtigt werden[5].

Die *Gebäudefrontlängen* können als unterste Erhebungseinheiten allerdings auch für die Erfassung anderer physiognomischer Merkmale dienen: So lassen sich die Fassadengestaltung bzw. der Grad der Fassadenmodernisierung oder auch die Art der Reklamebildung (stehende oder bewegte, beleuchtete oder unbeleuchtete Reklamezeilen an der Fassade oder auf dem Dach des Gebäudes) relativ leicht kartieren und auf die Gebäudefronten beziehen. Derartige Erhebungen wurden im Jahre 1968 im Kur-

---

[4] Für das Stadtzentrum in Ost-Berlin lagen nur unzureichende Kartierungsgrundlagen vor (veraltete Ausgaben der Karte von Berlin 1 : 4000, Bebauungspläne ohne Parzelleneintragungen), so daß in den entsprechenden themakartographischen Darstellungen auf die Eintragung von Grundstücksgrenzen verzichtet werden mußte.
[5] Vgl. auch die Kritik durch *G. Abele* und *K. Wolf*, 1968, S. 240 sowie *K. Wolf*, 1969, S. 12—13.

fürstendamm-Bereich in West-Berlin durchgeführt⁶. Die Aussagekraft der genannten physiognomischen Kriterien als Indikatoren für die funktionale Bedeutung eines Geschäftszentrums erwies sich jedoch besonders für die Zentren Ost-Berlins — u. a. wegen der geringeren Ausprägung der Geschäftswerbung in der DDR — als so gering, daß sie in der vorliegenden Untersuchung als Bewertungsmaßstäbe für den Zentrenvergleich nicht herangezogen wurden.

Die Zentrenanalysen in Berlin ergaben außerdem, daß Unterschiede in der Attraktivität der Hauptgeschäftsstraßen Ost-Berlins — dies gilt besonders beim Vergleich der Schönhauser Allee mit der Karl-Marx-Allee — bereits wesentlich durch die jeweiligen *Geschäftsfrontlängen* der Betriebe bestimmt sein können. Diese lassen sich im planwirtschaftlichen System der DDR auch deshalb als unterste Erhebungseinheiten rechtfertigen, weil wegen des im allgemeinen beschränkteren Warenangebotes die einzelnen Geschäfts- bzw. Verkaufsraumflächen in der Regel noch nicht oder unterschiedlich stark ausgenutzt sind. Im Bereich des westlichen Marktwirtschaftssystems bedingen dagegen die hohen Mietpreisbelastungen des Einzelhandels und des übrigen Dienstleistungssektors sowie die differenzierteren Warensortimente und die starke innere Konkurrenz des Geschäftslebens bei vielen Branchen eine weitaus rationellere und intensivere Nutzung der *Geschäftsflächen* — beim Einzelhandel: der *Verkaufsraumflächen*⁷ — der Betriebe. Daher wurden letztere bei den detaillierten Zentrenerhebungen in West-Berlin als räumliche Bezugseinheiten gewählt. Da für West-Berlin ein großmaßstäbliches Stadtkartenwerk mit dem sehr geeigneten Maßstab 1:1000 zur Verfügung stand, ergaben sich auch bei den Flächenkartierungen keine größeren Verzerrungen. Bei der anschließenden Bewertung mußte jedoch berücksichtigt werden, daß die Aussagekraft der absoluten Flächengrößen der Betriebe bzw. ihrer relativen Flächenanteile bei den einzelnen Branchen verschieden groß sein kann (vgl. *F. Gérard*, 1963, S. 5 ff.).

Die Wahl geeigneter räumlicher Bezugseinheiten für vergleichende Zentrenuntersuchungen in West- und Ost-Berlin, d. h. des Grundstücks- bzw. Hausnummernsystems für großflächigere Erfassungen funktionaler Elemente sowie der Geschäftsfront- und Geschäftsflächensysteme für detailliertere Aussagen und Bewertungen, war somit einerseits abhängig von den unterschiedlichen Arbeitsgrundlagen und der Auswahl der Arbeitsmittel (kartographische Auswertung von Sekundärmaterial, begrenzte Möglichkeiten für umfangreiche Eigenerhebungen), andererseits jedoch von dem Stellenwert der jeweiligen Einzelanalyse im Gesamtrahmen der Untersuchung.

2. Merkmale und Typisierung funktionaler Zentrenausstattungen

Ausgehend von den Einzelelementen (Betrieben) läßt sich jede funktionale Zentrenausstattung nach *primären und sekundären Merkmalen*⁸ gliedern (vgl. Abb. 15). Primäre Merkmalsausprägungen sollen dabei theoretisch die Raumverteilung (absolute und relative Häufigkeiten, Dichte), die unmittelbaren, betriebswirtschaftlich wichtigen Funktionen, Geschäftsprinzipien) und die Raumwirksamkeit (existente Einzugsbereiche) der Betriebseinheiten umfassen. Die in der Abb. 15 als sekundär gekennzeichneten Merkmale sind zwar ebenfalls zu einem großen Teil physiognomisch erfaßbar und damit in einem bestimmten Sinne raumrelevant, sie müssen jedoch insofern als zweitrangig betrachtet werden, da durch sie nicht die jeweilige Funktion des Einzelbetriebes wie auch der gesamten Zentrenausstattung qualitativ bestimmt wird. Ihnen kommt nur zu einem gewissen Grade eine indikatorische Bedeutung zu.

2.1 Typisierung nach primären Merkmalen

2.1.1 Zentrentypische und zentrenbestimmende Einrichtungen

Unter den primären Einzelmerkmalen, die nun nach ihrer Bedeutungsrelevanz im Rahmen dieser Untersuchung genauer betrachtet werden sollen, konnte zunächst die *Raumverteilung der Einrichtungen* auf

---

⁶ Vgl. den für das Berlin-Praktikum 1968 (Leitung: *H. J. Buchholz*, *H. Heineberg* und *A. Mayr*) ausgearbeiteten Kartierungsbogen im Anhang (Anlage 1).
⁷ Nach *F. Gérard* (1963, S. 2) gehört zur Gesamtfläche des Verkaufsraumes einer Ladeneinzelhandlung auch die Fläche des Schaufensterraumes, „da der Schaufensterraum direkt dem Absatzprozeß dient". Zur Verkaufsraumfläche werden dagegen nicht die Büro-, Lager- oder Sozialräume gerechnet.
⁸ Die Bezeichnungen wurden in einer gewissen Anlehnung an *A. Kremer* (1961) gewählt, der primäre und sekundäre Kriterien für die Kennzeichnung der Rangfolgen von Geschäftsstraßen unterscheidet. Danach läßt sich mit den primären Kriterien Anzahl, Art, Umsatz und Einzugsbereich der Geschäfte die „wirtschaftsgeographische Bedeutung einer Geschäftsstraße" bestimmen (S. 3), während sekundäre Kriterien von *A. Kremer* bezüglich der „Aussagefähigkeit über deren Bedeutung" als zweitrangig angesehen werden (ebd., S. 9).

Abb. 15 Merkmale und Typisierung der funktionalen Zentrenausstattung

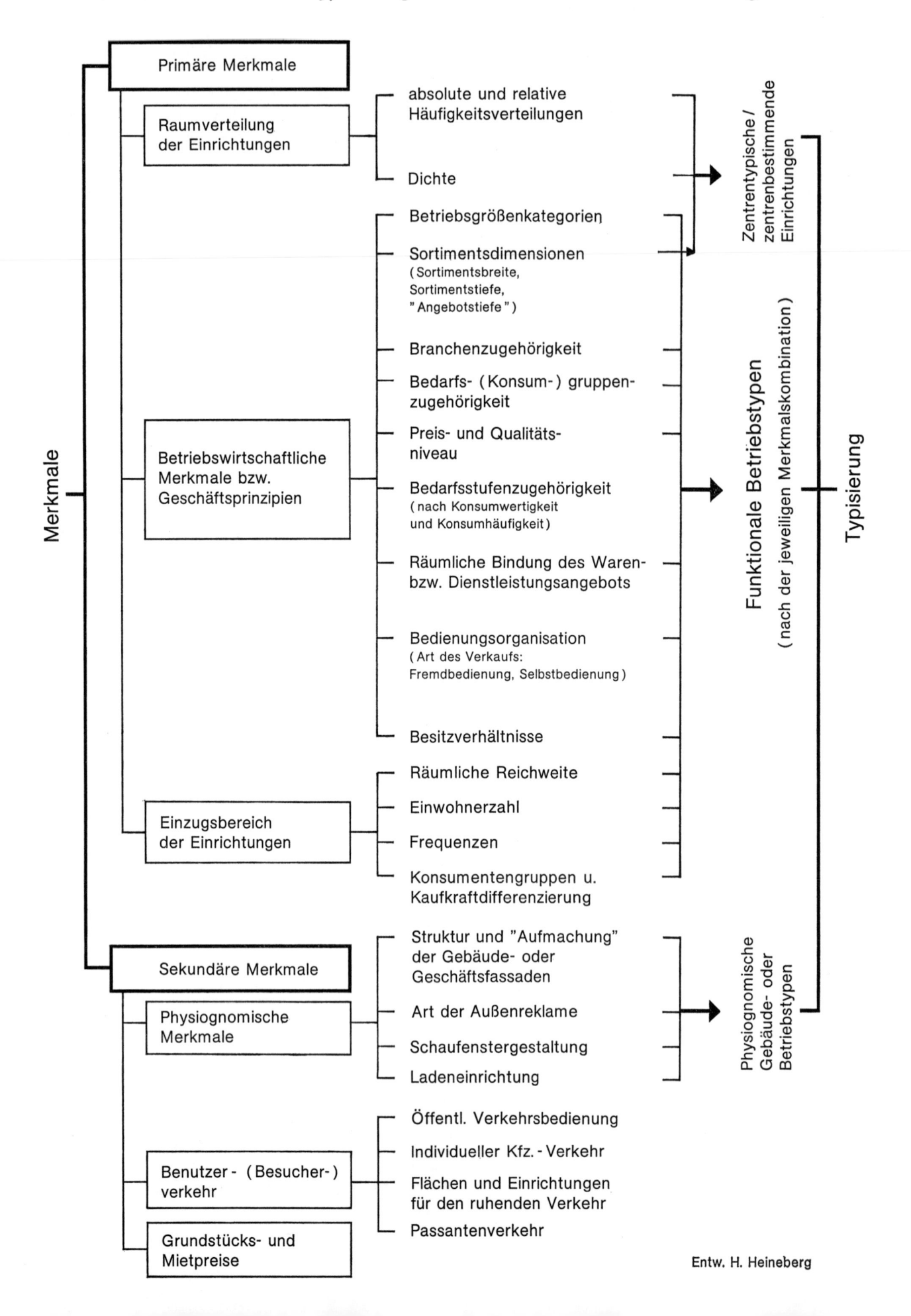

Merkmale

- **Primäre Merkmale**
  - **Raumverteilung der Einrichtungen**
    - absolute und relative Häufigkeitsverteilungen
    - Dichte
  - **Betriebswirtschaftliche Merkmale bzw. Geschäftsprinzipien**
    - Betriebsgrößenkategorien
    - Sortimentsdimensionen (Sortimentsbreite, Sortimentstiefe, "Angebotstiefe")
    - Branchenzugehörigkeit
    - Bedarfs- (Konsum-) gruppenzugehörigkeit
    - Preis- und Qualitätsniveau
    - Bedarfsstufenzugehörigkeit (nach Konsumwertigkeit und Konsumhäufigkeit)
    - Räumliche Bindung des Waren- bzw. Dienstleistungsangebots
    - Bedienungsorganisation (Art des Verkaufs: Fremdbedienung, Selbstbedienung)
    - Besitzverhältnisse
  - **Einzugsbereich der Einrichtungen**
    - Räumliche Reichweite
    - Einwohnerzahl
    - Frequenzen
    - Konsumentengruppen u. Kaufkraftdifferenzierung

- **Sekundäre Merkmale**
  - **Physiognomische Merkmale**
    - Struktur und "Aufmachung" der Gebäude- oder Geschäftsfassaden
    - Art der Außenreklame
    - Schaufenstergestaltung
    - Ladeneinrichtung
  - **Benutzer- (Besucher-) verkehr**
    - Öffentl. Verkehrsbedienung
    - Individueller Kfz.-Verkehr
    - Flächen und Einrichtungen für den ruhenden Verkehr
    - Passantenverkehr
  - **Grundstücks- und Mietpreise**

Typisierung:
- Zentrentypische / zentrenbestimmende Einrichtungen
- Funktionale Betriebstypen (nach der jeweiligen Merkmalskombination)
- Physiognomische Gebäude- oder Betriebstypen

Entw. H. Heineberg

verschiedene Weise ermittelt werden: In den Kernbereichen der beiden Hauptzentren Berlins sowie in den Nebenzentren wurden umfangreiche Einzelkartierungen durchgeführt, während in Ergänzung dazu wichtige Elemente der funktionalen Ausstattung des Zooviertels in West-Berlin und des Stadtzentrums in Ost-Berlin mit ihren jeweiligen Übergangszonen durch Auswertung von Telefon- bzw. Branchen-Telefonbüchern erfaßt werden konnten. Mit der „Telefonbuch-Methode" kann zwar als zusätzliches Gliederungsmerkmal lediglich die Branchenzugehörigkeit ermittelt werden; dieses Verfahren besitzt jedoch allgemein den Vorteil, daß selbst bei großflächigen und intensivst genutzten Zentren (wie dem Zooviertel) die Standorte der Einrichtungen nach dem Grundstücks- und Hausnummernsystem verhältnismäßig rasch und hinreichend genau lokalisiert werden können, wenngleich dabei gewisse Ungenauigkeiten in Kauf genommen werden müssen. Die auf dieser Grundlage für die Hauptzentren West- und Ost-Berlins erstellten Themakarten (vgl. z. B. Abb. 24) vermitteln bereits sehr differenzierte räumliche Verteilungsmuster, d. h. unterschiedliche Dichteverteilungen bzw. Standortgemeinschaften einzelner Branchen, deren Interpretation auch erste — wenn auch zum Teil nur hypothetische — Aussagen über die zugrundeliegenden Standortfaktoren ermöglicht (vgl. Abb. 16). Gleichzeitig können durch quantitative Auswertung der Telefonbücher relative Häufigkeitsverteilungen gewonnen werden, die die „Standorttendenzen"[9] bestimmter Branchen kennzeichnen. So konnten durch einfache Berechnung von

$$P = \frac{\text{Anzahl der Einrichtungen einer Branche im zentralen Standortraum}}{\text{Anzahl der Einrichtungen einer Branche in der Gesamtstadt}[10]} \times 100$$

Prozentwerte ermittelt werden, die — bei Zugrundelegung sinnvoller Schwellenwerte und in Kombination mit den absoluten Häufigkeiten — die Abgrenzung von „zentren(city-)typischen" und „zentren(city-)bestimmenden" Einrichtungen erlauben (vgl. Abb. 25). Für das Hauptzentrum West-Berlins (einschließlich bestimmter Übergangszonen) ergab sich beispielsweise, daß Reisebüros von Luftverkehrsgesellschaften, Filmverleihunternehmen oder Wirtschaftsprüfungsgesellschaften mit Prozentanteilen von jeweils > 50% als citytypische Einrichtungen gekennzeichnet werden können. Aufgrund der geringen absoluten Häufigkeiten dieser Branchen mit jeweils nicht mehr als 20 Einzelstandorten im Hauptzentrum wurden sie jedoch nicht als citybestimmend eingestuft. Daß andererseits etwa Fachärzte mit verhältnismäßig großer absoluter Häufigkeit zwar citybestimmende, jedoch aufgrund ihres (überraschend) geringen Prozentwertes von weniger als 8% keineswegs ausschließlich citytypische Funktionselemente sind, wäre aus Standortkartierungen im Westberliner Hauptzentrum allein nicht abzuleiten gewesen (vgl. die Ausführungen unter VI). Somit können durch die Kombination absoluter und relativer Häufigkeiten, unter Zuhilfenahme von Branchen-Telefon (oder Adreß-)büchern, Typisierungen einzelner wesentlicher Funktionen in bezug auf ihre im jeweiligen „Stadtsystem" dominanten Standorttendenzen vorgenommen werden, wodurch sich die Einzelaussagen und -interpretationen detaillierter Zentrenerhebungen nicht nur ergänzen, sondern auch teilweise korrigieren lassen.

2.1.2 Merkmalkombinationen zur Bestimmung funktionaler Betriebstypen

2.1.2.1 Betriebsgrößenkategorien

Unter den betriebswirtschaftlichen Einzelmerkmalen ist die *Betriebsgröße* einerseits „von ganz entscheidender Bedeutung für die Bestimmung der Betriebstypen des Einzelhandels" (*J. Bidlingmaier*, 1963, S. 591), während sie andererseits m. E. für nur einen Teil der Branchen des übrigen Dienstleistungssektors (z. B. für Betriebe des gastronomischen Gewerbes) ein „konstitutives" Geschäftsprinzip darstellt.

In Anlehnung an *J. Bidlingmaier* (ebd., S. 590) soll im folgenden von *Betriebstyp* oder *Betriebsform* gesprochen werden, „wenn die gesamte Betriebsgestaltung von einem spezifischen Geschäftsprinzip oder von einer Kombination von Prinzipien beherrscht wird".

Unter *Einzelhandelseinrichtung* oder *Einzelhandlung* soll nach *R. Kern* (1970, S. 16) im folgenden ein Betrieb verstanden werden, „der entweder als selbständiges Unternehmen oder als Gliedbetrieb eines gemischten Unternehmens Waren beschafft und unverändert oder nach einer handelsüblichen Manipulation an den Endverbraucher absetzt". Nach dieser Begriffsbestimmung zählen etwa Gaststätten nicht zum Einzelhandel, sondern zum Dienstleistungsbereich im engeren Sinne.

Nach *J. Bidlingmaier* (1963, S. 590) kann man „konstitutive" (wesensbestimmende) Geschäftsprinzipien, die den Grundcharakter einer Betriebsform bestimmen, von „akzessorischen" (zusätzlichen) Geschäftsgrundsätzen unterscheiden.

Die Abgrenzung der Betriebe nach ihrer Größe bereitet nun aber bestimmte Schwierigkeiten, „weil es für die Gesamtheit aller in Unternehmungen eingesetzten materiellen und immateriellen Produktionsfaktoren keinen direkten Maßstab gibt" (*J. Bidlingmaier*, 1963, S. 591). Unter den „Ersatzmaßstäben" (Zahl der Beschäftigten[11], Höhe des jeweiligen Umsatzes[12], Wert des Wareneinsatzes etc.) war durch empirische Zentrenerhebungen (Kar-

---

[9] Der Begriff „Standorttendenz" drückt nach *K. Chr. Behrens* (1965, S. XII) „die Standortorientierung aus, die im Rahmen eines Wirtschaftszweiges für eine bestimmte Betriebsform charakteristisch ist".
[10] West- oder Ost-Berlin.
[11] Vgl. etwa *H. Philippi*, 1968, S. 37.
[12] Vgl. die Einteilung der Handelsbetriebe nach „Absatzgrößenklassen" bei *H. Buddeberg*, 1959, S. 167.

tierungen von Einzelbetrieben) lediglich die *Geschäftsfläche* (bei Einzelhandelseinrichtungen: die Verkaufsraumflächen) hinreichend genau zu ermitteln — und dies auch nur bei Betrieben mit Erdgeschoßnutzung. Die Beschränkung bei der Geschäftsflächenaufnahme auf „Erdgeschoßbetriebe"[13] ergab sich in erster Linie aus dem möglichen Arbeitsaufwand. Hinzu kommt als sachliches Argument für eine derartige Vernachlässigung, daß die Bedeutung der Betriebsflächengrößen für die Bewertung der Funktionen von Einzelbetrieben bei zahlreichen in oberen Stockwerken lokalisierten Einrichtungen (zumeist Praxen, Büros u. a.) ohnehin verhältnismäßig gering ist.

Die Aussagekraft von Geschäftsflächengrößen für eine funktionale Betriebstypisierung ist zum anderen — wie die Darstellung der Untersuchungsergebnisse zeigen wird (Kap. VI) — branchenindividuell verschieden und damit insgesamt sehr unterschiedlich (vgl. *F. Gérard*, 1963, S. 5 ff.). Das Ausmaß und die branchenspezifische Differenzierung der Flächen des Spezial- und Facheinzelhandels sowie ausgewählter Dienstleistungsbetriebe können aber dennoch — zusammen mit anderen Merkmalen — als wichtige Indikatoren der jeweiligen Gesamtbedeutung Westberliner Zentren angesehen werden.

2.1.2.2 Sortimentsdimensionen

Das Betriebs- bzw. Geschäftsflächenprinzip erhält nun in Verbindung mit den Sortimentsdimensionen[14] theoretisch ein anderes Gewicht. In neueren betriebswirtschaftlichen Untersuchungen werden die Einzelhandelsbetriebe nach der *Sortimentsbreite* und *Sortimentstiefe* gegliedert. „Unter Sortimentsbreite subsumieren wir die Zahl der geführten Warengruppen (z. B. Textilien, Hausrat, Kosmetika), während Sortimentstiefe die Vielfalt nach Größe, Farbe, Form, Herstellungsart, Provenienz usw. innerhalb einer Warengruppe kennzeichnet" (*K. Chr. Behrens*, 1962, S. 137). Demzufolge lassen sich Einzelhandlungen

mit breitem und flachem Sortiment (z. B. Gemischtwarengeschäfte, kleine und mittlere Warenhäuser),

mit breitem und tiefem Sortiment (Großwarenhäuser wie das „Kaufhaus des Westens" in West-Berlin, sehr große Versandhäuser),

mit engem und tiefem Sortiment (Spezialgeschäfte wie Hut- oder Wollgeschäfte; in der Regel auch Kaufhäuser) sowie

mit engem und flachem Sortiment (z. B. kleine Nachbarschaftsläden, ambulanter Handel)

unterscheiden (ebd., S. 135—138). Differenziert man wie *J. Bidlingmaier* (1963, S. 591) in der „horizontalen" Sortimentsdimension weiter nach engen, mittleren und breiten Sortimenten und in der „vertikalen" Dimension nach flachen, mittleren und tiefen Sortimenten, so entstehen in der Kombination allein nach diesem Sortimentsprinzip 9 Einzelhandelstypen. Demnach fallen *Fachgeschäfte* (z. B. Lebensmittel- oder Textilgeschäfte) als „mittelgroße und kleine Einzelhandlungen mit mittlerer Sortimentsbreite und -tiefe" (ebd., S. 594) in eine mittlere Gruppe und lassen sich somit theoretisch von *Spezialgeschäften* mit engem und tiefem Sortiment unterscheiden. Es bestehen jedoch erhebliche Schwierigkeiten bei der eindeutigen Zuordnung der Einzelhandelsbetriebe zu den theoretisch unterschiedenen Einzelhandelstypen und zwar — wie *J. Bidlingmaier* selbst betont — besonders darin, daß in der horizontalen Dimension die Angebotstypen „praktisch kaum völlig exakt voneinander getrennt werden können" (ebd., S. 591). Daher wurde bei den empirischen Zentrenerhebungen in West-Berlin[15] zunächst nur versucht, die Sortimentstiefen der Warenangebote von Einzelhandelsbetrieben drei Bewertungsstufen zuzuordnen. Die Einstufung sollte den Abgrenzungen nach *J. Bidlingmaier* (ebd., S. 591) entsprechen:

Stufe 3: flaches Sortiment, mit nur wenigen Varianten innerhalb der vom Betrieb geführten Hauptwarengruppen (z. B. kleine Modeboutique mit geringem Angebot),

Stufe 2: mittleres Sortiment, mit erheblich höherem Vollständigkeitsgrad hinsichtlich der Größen, Formen usw. der Warenarten innerhalb der Hauptwarengruppen (z. B. Lebensmittelgeschäft mittlerer Größe),

Stufe 1: tiefes Sortiment, das nahezu oder ganz einem Vollsortiment entspricht (z. B. Lebensmittelsupermarkt, großes Bekleidungskaufhaus)[16].

Bei den Erhebungen konnte jedoch lediglich die relative Tiefe der ausgestellten bzw. sichtbaren Warensortiments erfaßt werden. Diese soll im folgenden mit „*Angebotstiefe*" gekennzeichnet werden, um den Unterschied zur eigentlichen absoluten Sortimentstiefe hervorzuheben, die insbesondere auch die Lagerbestände der Einzelhandelsbetriebe einbeziehen müßte. Bei diesem Verfahren wurde der aus dem sichtbaren Angebot resultierende Gesamteindruck berücksichtigt. Die Bearbeiter hatten sich jedoch im voraus einen Überblick über die Betriebsformen des Einzelhandels und ihrer typischen

---

[13] Erfaßt wurden in Westberliner Zentren außerdem die (Verkaufs-)Flächen in oberen und unteren Geschossen bei denjenigen (Einzelhandels-) Einrichtungen, die sich vom Erdgeschoß aus nach „oben" bzw. „unten" hin fortsetzen.

[14] Bezeichnung nach *K. Chr. Behrens*, 1962, S. 135 und *J. Bidlingmaier*, 1963, S. 591.

[15] Hinreichend genaue Bewertungen bzw. Erhebungen der Sortimentstiefen von Einzelhandelseinrichtungen waren in Ost-Berlin nicht möglich.

[16] Unter „*Kaufhaus*" wird in der Betriebswirtschaftslehre des Einzelhandels ohnehin ein Großbetrieb, d. h. ein „großes Fachgeschäft", verstanden (vgl. z. B. *J. Bidlingmaier*, 1963, S. 595).

Warenausstattungen verschafft[17]. Trotz nicht auszuschließender subjektiver Unter- und Überbewertungen und der Tatsache, daß auch aufgrund der genannten Einschränkung die Ergebnisse allenfalls „beste Schätzungen" der Sortimentstiefe darstellen können, erwiesen sich diese in Kombination mit anderen erhobenen Merkmalen (s. unten) m. E. als hinreichend aussagekräftig.

2.1.2.3 Branchendifferenzierung und Bedarfsgruppengliederung des Einzelhandels

Wegen der großen Schwierigkeiten bei der Einstufung der Sortimentsbreite (s. oben) wurde auf die Abgrenzung bzw. Aufstellung horizontaler Angebotstypen bewußt verzichtet. Es wurde jedoch die *Branchendifferenzierung* des Einzelhandels (nach jeweils geführten Hauptwarengruppen) sowie des übrigen Dienstleistungssektors (s. unten) als wohl wichtigstes betriebswirtschaftliches Einzelmerkmal möglichst genau erfaßt[18]. Bei der Branchenbezeichnung wurde weitgehend berücksichtigt, daß sich nicht nur im marktwirtschaftlichen System der Bundesrepublik Deutschland bzw. West-Berlins, sondern auch im zentralgeleiteten Dienstleistungssektor der DDR (vgl. III. 1.2) eine Verlagerung des Schwergewichts vom Einzelhandel mit „stofflicher Ausrichtung" zur „Bedarfsausrichtung"[19] vollzieht. Einzelhandelsbranchen mit vorwiegender Stofforientierung sind beispielsweise Betriebe mit Milch und Milchprodukten, Obst und Gemüse, Lederwaren usw., Branchen mit vorwiegender Bedarfsorientierung dagegen Reformwaren, Herrenausstatter, Heimwerkerbedarf, Sport- und Campingartikel usw. Durch die genaue Branchenerfassung lassen sich — das sollte bereits die genetische Betrachtung erwiesen haben (Kap. II) — gewisse Spezialisierungsgrade des Einzelhandels (sowie auch des übrigen Dienstleistungssektors) der jeweiligen Zentren oder Zentrenteilbereiche kennzeichnen. Nach *R. Klöpper* (1961, S. 160) ist nun diese Spezialisierung das „durchgängigste Merkmal für (Stadt-) Kern-Elemente" ..., „ein Merkmal dessen Indizwirkung allgemein mit dem Rang eines Stadtkerns ansteigt." In Anlehnung an die Untersuchungen *R. Klöppers* wurde daher auch versucht, „Spezialisierungsreihen" von Einzelhandelsbranchen zu bilden. Dies ließ sich jedoch insgesamt nur für wenige Branchengruppen durchführen. Das Spezialisierungsprinzip fand aber durchgehend Anwendung bei der Bedarfsstufengliederung des Einzelhandels (siehe unten).

Andererseits wurde jedoch eine systematische Zusammenfassung der zahlreichen Einzelhandelsbranchen zu einer — insbesondere für themakartographische Darstellungen — übersichtlichen Anzahl von *Bedarfsgruppen*[20] erforderlich. Auf der Grundlage einer bereits im Jahre 1932 unter betriebswirtschaftlichen Gesichtspunkten erstellten und von *E. Kosiol* (1932, S. 44 ff.) veröffentlichten Branchengliederung des Einzelhandels wurden — mit eigenen Ergänzungen und Zuordnungen — in der Praxis leicht abgrenzbare und im allgemeinen funktional stark zusammenhängende Bedarfsgruppen[21] aufgestellt. Die empirischen Erhebungen und die Ausführungen unter III. 1.2 haben ergeben, daß gravierende prinzipielle Abweichungen in der Branchengliederung und damit auch in der Gruppierung der Einzelhandelsbetriebe zwischen West- und Ost-Berlin[22] nicht bestehen, so daß die folgende *Bedarfsgruppengliederung des Einzelhandels* einheitlich für die Analyse aller untersuchten Zentren zugrunde gelegt werden konnte:

1. Lebens- und Genußmittel,
2. Bekleidung und Textilien,
3. Hausratbedarf,
4. Körperpflege- und Heilbedarf,
5. Bildung und Kunst,
6. Unterhaltungsbedarf,
7. Arbeits- und Betriebsmittelbedarf,
8. Wohnungseinrichtungsbedarf,
9. Fahrzeuge,
10. Schmuck- und Zierbedarf,
11. Einzelhandelgeschäfte mit Waren aller Art:
    a) Gemischtwarengeschäfte,
    b) Kleinpreis-Warenhäuser,
    c) normale Warenhäuser

Als „Gemischtwarengeschäfte" gelten dabei in Anlehnung an *J. Bidlingmaier* (1963) „mittelgroße und kleine Einzelhandlungen mit breitem und flachem Sortiment" (ebd., S. 594). Die Bezeichnung Waren-

---

[17] Im Kap. VI. wird darauf verwiesen, in welchem Zentrum die „Angebotstiefe" vom Verfasser allein oder von Praktikumsgruppen unter Anleitung und Kontrolle des Verfassers (Praktikumsleiters) ermittelt wurde.

[18] Vgl. die Kartierungsanleitung 1 (Einzelhandel) für das vom Verfasser geleitete Berlin-Praktikum 1971 im Anhang (Anlage 2).

[19] Vgl. besonders die Ausführungen von *H. Buddeberg*, 1963, S. 160—161.

[20] Dieser Ausdruck wurde von *E. Kosiol* (1932, S. 43) übernommen. Entsprechende Bezeichnungen sind: „Branchengruppe" (*K. Chr. Behrens*, 1962, S. 135) oder „Konsumgruppe" (*E. Lichtenberger*, 1969, S. 231). Die Gliederung der Einzelhandlungen nach Branchengruppen ist nach *K. Chr. Behrens* (ebd., S. 136) „die Basis der Branchenforschung im Einzelhandel schlechthin".

[21] Vgl. die Zuordnung der einzelnen Branchen zu den Bedarfsgruppen in der Kartierungsanleitung 1 (Einzelhandel) des Berlin-Praktikums 1971 im Anhang (Anlage 2).

[22] Nach der von der Regierung der DDR (Staatliche Zentralverwaltung für Statistik beim Ministerrat) im Jahre 1960 veröffentlichten „Branchennomenklatur" wird der Einzelhandel (nach unserer Abgrenzung) in folgende Branchengruppen gegliedert: Nahrungs- und Genußmittelverkaufsstellen, Gemischtwarenverkaufsstellen und Warenhäuser, Bekleidungs- und Textilverkaufsstellen, Verkaufsstellen für kulturellen Bedarf, Verkaufsstellen für Hausrat, Wohn- und Baubedarf, Verkaufsstellen mit Artikeln für die Körper- und Gesichtspflege, sonstige Verkaufsstellen, Verkaufsstellen für Industriewaren aller Art. Diese stimmen entweder mit den für diese Untersuchung abgegrenzten Bedarfsgruppen überein oder stellen Zusammenfassungen einzelner Gruppen dar.

häuser wurde auf Großbetriebe des Einzelhandels beschränkt, „die breite Sortimente aufweisen, deren vertikale Dimenson jedoch flache, mittlere und tiefe Sortimente umschließen kann" (ebd., S. 595). Kleinpreis-Warenhäuser sind dementsprechend Einzelhandelsbetriebe mit Warenhauscharakter, jedoch relativ niedriger Preislage des Warenangebotes.

2.1.2.4 Qualitative Abstufungen im Einzelhandel

Die Problematik bei der o. g. Branchengliederung des Einzelhandels besteht nun einmal darin, daß sich einzelne Branchen oder Branchenkombinationen allein nach der *Fristigkeit des Bedarfs* erheblich voneinander unterscheiden.

Unter diesem Gesichtspunkt kam der Betriebswissenschaftler *J. Hirsch* bereits im Jahre 1925 zu der ersten grundsätzlichen Einteilung der Einzelhandelsbetriebe in Geschäfte des täglichen Bedarfs (z. B. Kolonialwaren, Backwaren, Fleisch, Zigarren) und Geschäfte des periodischen Bedarfs (z. B. Kleider, Hüte, Schuhe, Wäsche), wobei er unter „periodischem Bedarf" einen in längeren Perioden wiederkehrenden Bedarf verstand (vgl. dazu *K. Chr. Behrens*, 1962, S. 136—137). *E. Hentschel* (1928, S. 29) ergänzte diese Gliederung der Warenarten durch den Begriff des „Gelegenheitsbedarfs" und *H. R. Mutz* (1931, S. 50) durch den der Güter des „kurzfristigen Bedarfs". *W. Lippmann* (1933, S. 8 ff.) wählte schließlich folgende Gruppierung der Einzelhandelsbetriebe: Geschäfte für täglichen und täglich häufigen Bedarf (z. B. Milch, Backwaren), für an Fristen nicht gebundenen Gelegenheitsbedarf (z. B. Feinkost, Genußmittel, Mode- und Luxusbedarf), für periodisch gebundenen Bedarf (z. B. Bekleidung, sich verbrauchender Hausrat) und für aperiodisch seltenen Bedarf (z. B. Reiseandenken, Schiffsausrüstungen, wissenschaftliche Literatur).

„Deutlicher noch auf die Kaufgewohnheiten, speziell auf den Wahlwillen der Käufer, abgestellt und geeigneter für die Abgrenzung der einzelnen Warenarten" ist nach *D. Kiehne* (1961, S. 3—4) die von *M. Th. Copeland* (1926) in Amerika eingeführte Gruppierung in „convenience goods" („Bequemlichkeitsgüter"), „shopping goods" („Auswahlgüter") und „speciality goods" („Sondergüter"), die sich auch in neueren betriebswirtschaftlichen (amerikanischen bzw. angelsächsischen) Standortuntersuchungen des Handels wiederfindet[23]. Diese Branchengruppierung hat in Deutschland jüngst in der Untersuchung der Geschäftsstraßen Kölns durch *A. Meynen* (1975) Anwendung gefunden (vgl. I. 2.3).

In neueren deutschsprachigen Arbeiten der Betriebswirtschaftslehre des Einzelhandels[24] und — dadurch beeinflußt — auch in stadtgeographischen Einzelstudien wird nun häufig eine Einteilung der Einzelhandelsbetriebe nach der folgenden *Bedarfsgliederung* vorgenommen:

1. Geschäfte für vorwiegend kurzfristigen (oder täglichen),
2. Geschäfte für vorwiegend mittelfristigen (oder periodischen) und
3. Geschäfte für vorwiegend langfristigen (oder episodischen) Bedarf.

Die Problematik bei der Zuordnung der Betriebe zu diesen drei Gruppen liegt nun besonders darin, daß sich die Geschäfte einer Branche oder einer typischen Branchenkombination nach der Art bzw. der Qualität des Warenangebotes erheblich voneinander unterscheiden können. Aus diesem Grunde wird in der Betriebswirtschaftslehre des Einzelhandels auch die *„Preislage" des Warenangebotes* (zumindest theoretisch) als ein Systematisierungsmerkmal für die Bestimmung von Betriebsformen berücksichtigt (vgl. *K. Chr. Behrens*, 1962, S. 137). Nach *R. Kern* (1970, S. 35) verläuft das Preisniveau in der Regel konform mit dem *Qualitätsniveau des Warenangebotes*, weshalb beide Merkmale zusammen untersucht werden können. In mehreren empirisch ausgerichteten geographischen Untersuchungen wurde bereits das Preis- *und* Qualitätsniveau ausgewählter Warenarten einiger Einzelhandelsbranchen zur genaueren Charakterisierung der einzelnen Funktionen oder auch der Zentrenhierarchie verwandt (vgl. auch die entsprechenden Ausführungen unter I. 2.). So versuchte *H. Carol* (1960/62) in drei unterschiedlichen Geschäftszentren Zürichs die Häufigkeit und Preislagen bestimmter Warenangebote (Anzahl der Champagner- und Zigarrensorten, Anzahl der Uhren- und Schmuckgegenstände in verschiedenen Preisniveaus usw.) ausgesuchter Geschäfte quantitativ zu erfassen und als Indikatoren für den funktionalen Rang des jeweiligen Zentrums zu benutzen. Unter den wesentlichen Merkmalen des Zoorandgebietes in West-Berlin nannte *B. Hofmeister* (1962) die Exklusivität des Warenangebotes im Vergleich zu anderen Westberliner Zentren, wobei am Beispiel der Tabakwarenbranche die relativ hohen Preise für Pfeifen zur Begründung herangezogen wurden (ebd., S. 52, 58). In Anlehnung an *H. Carol* erstellte *H. J. Buchholz* (1970) nach sehr arbeitsintensiver Erhebung von Beispielbetrieben im Ruhrgebiet zahlreiche „Preishäufigkeitsdiagramme". Als Indikatoren dienten die „gut vergleichbaren Waren": Brot, Käse, Wurst, Spirituosen, Herrenhalbschuhe, Herrenarmbanduhren und Damenkleider (ebd., S. 18).

Das Verfahren des Preishäufigkeitsvergleichs, das veranschaulichen kann, „in welcher preislichen und damit auch qualitativen Spannweite sich das Sortiment bewegt, wo die Schwerpunkte des Angebots nach Preis und entsprechender Qualität liegen" (*H. J. Buchholz*, 1970, S. 18), wurde erneut angewandt bei einer vorangegangenen Untersuchung Westberliner Zentren[25]. Es zeigte sich m. E. jedoch,

---

[23] Vgl. z. B. *P. H. Nystrom*, 1930; *R. H. Buskirk*, 1961, S. 156 ff., *Th. N. Beckmann* und *W. R. Davidson*, 1962, S. 35 ff., *D. J. Duncan* und *Ch. F. Phillips*, 1964, S. 63 ff. sowie die Ausführungen von *W. Lippmann*, 1933, S. 8 ff. und *R. Kern*, 1970, S. 60 ff.

[24] Vgl. z. B. *K. Chr. Behrens*, 1962, 1965, *L. Bidlingmaier*, 1963.

[25] Berlin-Praktikum des Geographischen Instituts der Ruhr-Universität Bochum unter Leitung von *H. J. Buchholz, H. Heineberg* und *A. Mayr* im Jahre 1968.

daß für eine relativ genaue und repräsentative Erfassung der Preisniveaus bzw. -häufigkeiten, die nur auf Beobachtungen und Auszählungen der sichtbaren bzw. ausgestellten Warensortimente im Zusammenhang mit Geschäftskartierungen basiert, lediglich eine beschränkte Zahl von Warenarten weniger Branchen in Frage kommt. Erhebliche Verzerrungen können sich auch dadurch einstellen, daß bestimmte Betriebe bei der Schaufensterwerbung bestrebt sind, durch nur wenige, aber extrem auffällige und zum Teil „untypische" Warenarten die Aufmerksamkeit der Konsumenten auf sich zu lenken. Nachteilig ist auch, daß die Anzahl der in bestimmten Preislagen angebotenen Waren(-arten) bei zahlreichen Bekleidungs- bzw. Modegeschäften (Boutiquen), soweit sie ohne traditionelle Schaufenster gestaltet sind, nicht ohne weiteres durch Beobachtung ermittelt werden kann, obwohl sich prinzipiell ihre Sortimente verhältnismäßig gut für Preishäufigkeitsvergleiche eignen.

Aus den genannten Gründen konnte dieses Verfahren bei den Zentrenuntersuchungen in West-Berlin nur in beschränktem Maße Anwendung finden. Genau erfaßt und quantitativ ausgewertet wurden ausgestellte Waren zahlreicher Bekleidungsgeschäfte in Westberliner Zentren. Dieses diente besonders der Klärung der Problematik der Zuordnung einzelner Branchen zu Bedarfsstufen (s. unten). Exakte Ermittlungen von Preishäufigkeiten in den Zentren Ost-Berlins erwiesen sich als nicht sinnvoll bzw. nicht durchführbar wegen des stark vereinheitlichten Preissystems im Einzelhandel der DDR, des verhältnismäßig geringen Umfangs der (Schaufenster-) Werbung und der generellen arbeitstechnischen Schwierigkeiten für detaillierte Erhebungen in der DDR.

Preis- und Qualitätsniveau des Warenangebotes, die im folgenden zusammenfassend mit dem Begriff „Konsumwertigkeit" gekennzeichnet werden sollen, lassen sich jedoch auch ohne detaillierte Bestandsaufnahme der jeweiligen Preishäufigkeitsstruktur für den überwiegenden Teil der Einzelhandelsbetriebe und für unsere Zielsetzung mit hinreichender Genauigkeit einstufen (s. unten).

Die Bezeichnung Konsumwertigkeit wurde von *R. Seyffert,* 1932, S. 152 und *A. Kremer,* 1961, S. 5 ff. übernommen. *P. Wotzka,* 1970, S. 63 ff. benutzt statt dessen den Begriff „Leistungswertigkeit", wobei er zwischen objektiven und subjektiven Leistungswerten unterscheidet.

Die jeweilige Konsumwertigkeit stellt nun — zusammen mit der Konsumhäufigkeit — im Konkurrenzsystem der freien Marktwirtschaft eine der wichtigen *Standortbedingungen für Einzelhandelsbetriebe* dar (vgl. Abb. 16). So erreichen *Spezial- und Fachgeschäfte mit hochwertigem und seltenerem Angebot* wegen der relativ niedrigen Kundenquote und Bedarfsintensität ihr „Mindestabsatzpotential"

nicht durch die alleinige Nachfrage der Bevölkerung eines Wohngebietes. Sie tendieren daher vorrangig zu Standorten mit günstiger Verkehrslage. Wegen der hohen Passantendichte ergeben sich in den Hauptgeschäftsstraßen der Großstädte für den größten Teil dieser Betriebe in der Regel die besten Standortbedingungen. Absatzverstärkend wirken hier neben der branchengleichen Konkurrenzakkumulation des Einzelhandels, die besonders bei den Bekleidungsbranchen besteht, auch die Agglomeration von Verkaufsstellen verschiedener Branchen. Die Betriebe mit exklusiven bzw. hochwertigen und selten nachgefragten Gütern, deren wirtschaftlicher Erfolg unter allen Einzelhandelsbetrieben auf den relativ größten Einzugsbereichen — gemessen an der Zahl der potentiellen Konsumenten — basiert[26], bestimmen daher in besonderem Maße den funktionalen Rang des (Haupt-)Geschäftszentrums bzw. einer Hauptgeschäftsstraße einer Großstadt. „Standortmodifizierend" können sich jedoch für einen Teil dieser Geschäftstypen vor allem die Betriebsraumkosten, darunter insbesondere die Ladenmieten, auswirken. Das äußert sich heute deutlich bei Möbelkaufhäusern mit sehr großen Verkaufs- und Lagerflächen, die mehr und mehr entweder zur Peripherie der großstädtischen Hauptgeschäftszentren ausweichen oder teilweise auch isoliert gelegene, jedoch für den motorisierten Individualverkehr besonders gut erreichbare bzw. für den ruhenden Verkehr gut geeignete Standorte außerhalb der Geschäftszentren bevorzugen.

Geschäfte mit vorwiegend mittelwertigen und (bzw. oder) mittelfristig nachgefragten Waren stehen, „wenn auch nicht immer an wirtschaftlicher, so doch an zentraler Bedeutung" hinter den o. g. Betrieben zurück (*A. Kremer,* 1961, S. 6). Auch diese Betriebe tendieren sehr stark zu den besten Geschäftslagen einer Großstadt, darunter besonders die großen Bekleidungskaufhäuser, jedoch auch Spezialgeschäfte, die die Sortimente der Waren- und Kaufhäuser in der Tiefendimension ergänzen. Die relativ große Konsumhäufigkeit bewirkt jedoch, daß viele Branchen mit Waren mittlerer Konsumwertigkeit, darunter vor allem Textil- und Bekleidungsgeschäfte auch noch in den Geschäftslagen mittleren Rangs gute Absatzbedingungen vorfinden, besonders dann, wenn das Kundenpotential im Einzugsbereich über eine relativ hohe durchschnittliche Kaufkraft verfügt.

Unter den Einzelhandelsbetrieben sowohl mit hochwertigen und/oder seltenen sowie mit mittelwertigen und/oder mittelfristig verlangten Waren bestehen jedoch mehrere *Branchen für speziellen „Ausstattungsbedarf" bzw. mit unterschiedlichsten „Er-*

---

[26] *R. Ruppmann* (1968, S. 90) stellte heraus, daß mit steigender Preislage des Warenangebotes generell „eine stärkere Streuung der Kunden sowie eine Zunahme der Zahl der Haushalte im Absatzgebiet einhergeht".

Abb. 16 Standortbedingungen für Einzelhandelsbetriebe [1])

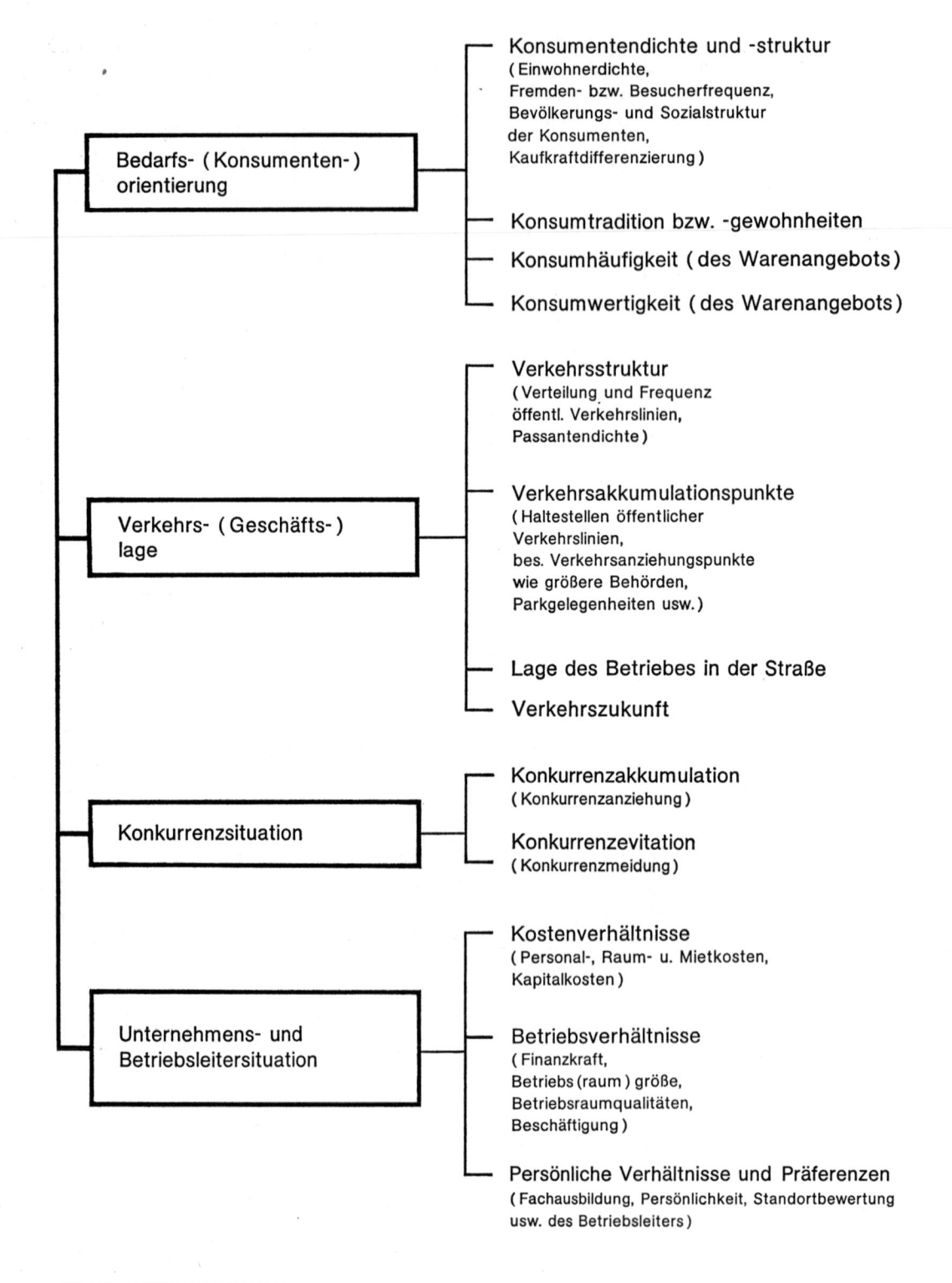

- **Bedarfs- (Konsumenten-)orientierung**
  - Konsumentendichte und -struktur
    (Einwohnerdichte,
    Fremden- bzw. Besucherfrequenz,
    Bevölkerungs- und Sozialstruktur
    der Konsumenten,
    Kaufkraftdifferenzierung)
  - Konsumtradition bzw. -gewohnheiten
  - Konsumhäufigkeit (des Warenangebots)
  - Konsumwertigkeit (des Warenangebots)

- **Verkehrs- (Geschäfts-)lage**
  - Verkehrsstruktur
    (Verteilung und Frequenz
    öffentl. Verkehrslinien,
    Passantendichte)
  - Verkehrsakkumulationspunkte
    (Haltestellen öffentlicher
    Verkehrslinien,
    bes. Verkehrsanziehungspunkte
    wie größere Behörden,
    Parkgelegenheiten usw.)
  - Lage des Betriebes in der Straße
  - Verkehrszukunft

- **Konkurrenzsituation**
  - Konkurrenzakkumulation
    (Konkurrenzanziehung)
  - Konkurrenzevitation
    (Konkurrenzmeidung)

- **Unternehmens- und Betriebsleitersituation**
  - Kostenverhältnisse
    (Personal-, Raum- u. Mietkosten,
    Kapitalkosten)
  - Betriebsverhältnisse
    (Finanzkraft,
    Betriebs(raum)größe,
    Betriebsraumqualitäten,
    Beschäftigung)
  - Persönliche Verhältnisse und Präferenzen
    (Fachausbildung, Persönlichkeit, Standortbewertung
    usw. des Betriebsleiters)

Entw. H. Heineberg

1) Mit eigenen Ergänzungen nach H. BUDDEBERG, 1959; R. SEYFFERT, 1932, 1961 [4];
K. Chr. BEHRENS, 1965; H. PHILIPPI, 1968; R. KERN, 1970.

gänzungsartikeln"[27], vor allem aus den Bedarfsgruppen „Arbeits- und Betriebsmittelbedarf", „Wohnungseinrichtungsbedarf" und „Fahrzeuge", die spezifische Standorttendenzen aufweisen. Diese konzentrieren sich räumlich im allgemeinen nicht in den Haupt- oder Nebengeschäftszentrenlagen mit den relativ höchsten Ladenmieten. Derartige Branchen — wie Geschäfte für Werkzeuge, Büroausstattungs- und Zeichenbedarf, Autoersatzteile, Gebrauchtwagenhandel — können häufig in charakteristischer Standortgemeinschaft Leitfunktionen verkehrsreicher „*großstädtischer Ergänzungsstraßen*" darstellen. Für diese Betriebe ist zwar die verkehrsgünstige Lage insgesamt ein wichtiger Faktor, jedoch tritt in den „Ergänzungsstraßen" die Passantendichte hinter dem (Durchgangs-) Autoverkehr relativ zurück. Entscheidend für die Standortwahl sind die — im Verhältnis zu den Hauptgeschäftsstraßenabschnitten — relativ geringen Betriebsraumkosten in noch verhältnismäßig „zentraler Lage".

Geschäfte mit Warenangeboten des kurzfristigen Bedarfs und geringer Konsumwertigkeit (z. B. normale Lebensmittelsortimente) benötigen zur wirtschaftlichen Existenz hohe Kundenquoten und Umsatzanteile. Für diese Betriebe haben auch — im Gegensatz zu den „Luxusgeschäften mit überwiegend teueren Gütervarianten" — „räumliche Kaufkraftunterschiede ... infolge der meist geringen Einkommenselastizität der Nachfrage im allgemeinen kaum Standorteinfluß". Ihre bevorzugten Standorte sind daher dicht besiedelte Wohngebiete, wo das „Vorhandensein von Einzelhandlungen mit anderen Sortimenten auch hier häufig zu Absatzsteigerungen (branchenungleiche Absatzagglomeration)" führt (*K. Chr. Behrens*, 1965, S. 87—88). Sie bestimmen daher in erster Linie den funktionalen Rang lokaler Versorgungszentren.

Die in diesem Zusammenhang kurz charakterisierten Standorttendenzen des Einzelhandels im westlichen marktwirtschaftlichen System lassen nun — wie bereits angedeutet — eine *Kombination der Merkmale Konsumhäufigkeit und Konsumwertigkeit* zur generellen Gliederung der Einzelhandelsbetriebe sinnvoll erscheinen. Wichtig ist, daß sich mit diesem Vorgehen auch Geschäfte der gleichen Branche oder ähnlicher Branchenzugehörigkeit in einer hierarchischen Rangfolge ordnen lassen. Diese Möglichkeit der Einteilung der Einzelhandelsbranchen aufgrund der genannten Merkmalskombination in sog. Bedarfsstufen — im folgenden als „*Bedarfsstufengliederung*" gekennzeichnet — wurde m. E. erstmals konsequent von *A. Kremer* (1961) in seiner Untersuchung der Lokalisation des Einzelhandels in Köln genutzt und später — mit geringen Abweichungen — von *H. Toepfer* (1968) bei der Analyse Bonner Geschäftsstraßen übernommen. *A. Kremer* (1961) begründete, daß man bei der schwierigen Einstufung mancher Geschäfte in die Bedarfsstufen mit Hilfe der beiden verschiedenen, sich umgekehrt proportional zueinander verhaltenden Einteilungsprinzipien (Konsumwertigkeit und Konsumhäufigkeit) zwar grundsätzlich zum gleichen Ergebnis kommt, „weil auch die durchschnittliche Häufigkeit des Bedarfs einer Ware in den meisten Fällen umgekehrt proportional zu ihrem durchschnittlichen Wert ist" (ebd., S. 7). In manchen Fällen muß man jedoch kasuistisch verfahren, d. h. bei dem jeweiligen Einzelfall entscheiden, welches der beiden Merkmale den Ausschlag für die Zuordnung gibt (ebd.).

In Anlehnung an die methodische Konzeption *A. Kremers* wurde versucht, die Fach- und Spezialgeschäfte des Einzelhandels in den Untersuchungsgebieten West-Berlins nach der folgenden *Bedarfsstufenbestimmung bzw. -abgrenzung* zu gliedern:

Stufe 1:   Geschäfte mit ausschließlich oder größtenteils langlebigen, hochwertigen und selten verlangten Warenangeboten,

Stufe 2:   Geschäfte mit mittelwertigen und/oder mittelfristig nachgefragten Warenangeboten,

Stufe 3:   Geschäfte mit niederen, kurzfristig oder täglich verlangten Warenangeboten.

Zur Einordnung der einzelnen Betriebe in die drei Stufen wurde bei den Erhebungen das überwiegende, branchenindividuelle, sichtbare Qualitäts- und Preisniveau des Warenangebotes — im folgenden auch „*Art des Warenangebotes*" genannt — in drei Bewertungsstufen gegliedert (vgl. im folgenden Anlage 2 im Anhang). In die Stufe 1 beispielsweise der Bekleidungsbranchen wurden Betriebe mit überwiegend hochwertiger Pelzbekleidung, aber auch Geschäfte mit nur exklusiven und sehr teueren Mode-Spezialartikeln eingeordnet, dagegen in die Stufe 2 etwa Mode-Boutiquen und Herrenausstatter mit durchschnittlicher Preislage.

Aufgrund der sehr viel differenzierteren Branchengliederungen des Einzelhandels in den untersuchten Westberliner Zentren mußten die Branchenaufstellungen von *A. Kremer* bzw. *H. Toepfer* teilweise erheblich ergänzt bzw. erweitert werden. Außerdem wurde zur besseren Einordnung und Abgrenzung der Betriebsformen des Einzelhandels eine *Kombination von Bedarfsstufengliederung und Bedarfsgruppenzugehörigkeit* entwickelt. Das damit geschaffene übersichtlichere System der Einzelhandelsgliederung ermöglicht eine leichtere tabellarische Aufbereitung wie auch thematisch-kartographische Auswertung des Erhebungsmaterials und hat sich damit m. E. als vorteilhaft für die Gesamtanalyse der einzelnen Zentren erwiesen.

Eine noch stärkere Untergliederung des Einzelhandels in vier oder noch mehr Bedarfsstufen hätte zwar theoretisch für bestimmte Branchen (z. B. für Schuhgeschäfte unterschiedlichen Preis- und Qualitätsniveaus) eine den jewei-

---

[27] Bezeichnung nach *H. Borstorff*, 1935.

ligen Standorttendenzen besser angepaßte Differenzierung ermöglicht, zugleich jedoch die Zuordnungsprobleme insgesamt erheblich anwachsen lassen.

Als außerordentlich vorteilhaft erwies sich für diese Untersuchung, daß bei der *Organisation und Standortplanung des Einzelhandels* — genauer: beim sog. konzentrischen Aufbau des Verkaufsstellennetzes — *in der DDR* in den 60er Jahren eine dreistufige Bedarfsgliederung zugrunde gelegt wurde[28], die von der soeben erläuterten, für die Westberliner Einzelhandelsbetriebe erarbeiteten Bedarfsstufengliederung nur unwesentlich abweicht (vgl. im folgenden Anlage 3 im Anhang). Damit lassen sich wichtige Merkmale der Einzelhandelsausstattung der untersuchten Zentren West- und Ost-Berlins — wenn auch mit gewissen Einschränkungen — vergleichen.

Die qualitative Einstufung der Warensortimente und damit der entsprechenden Verkaufsstellen erfolgt in der Ökonomik des Binnenhandels der DDR in erster Linie nach der Nachfragehäufigkeit (Periodizität). Demnach werden die drei folgenden *Stufen des Bedarfs*[29] unterschieden:

Stufe 1: Waren der langfristigen und seltenen Nachfrage (aperiodischer Bedarf),

Stufe 2: Waren der häufigen Nachfrage (periodischer Bedarf) und

Stufe 3: Waren der täglichen Nachfrage (täglicher Bedarf).

Die Zuordnung einzelner Teilsortimente zu den drei Stufen (vgl. Anlage 3 im Anhang) zeigt jedoch, daß auch Preislagen und Qualitätsniveau des Warenangebotes berücksichtigt werden. Aufgrund dieser Bedarfsstufengliederung wurde in der Zentrenplanung der 60er Jahre eine *dreistufige „konzentrische" Gliederung des Verkaufsstellennetzes* vorgesehen. Verkaufsstellen der untersten Stufe sollen vor allem in den *Wohngebieten*, d. h. konsumentennah, eingerichtet werden und sog. Versorgungsbereiche bedienen. Verkaufsstellen für Waren der zweiten Stufe sollen ihre Standorte in den *Wohnbezirks-, Stadtbezirks- und Stadtzentren* erhalten, wobei jedoch bei zunehmender Größe der Städte der Anteil der Waren des periodischen Bedarfs in den Stadtzentren immer geringer werden soll. Andererseits kann nach *H. Karsten, G. Nicolai* und *H. Paeper* (1964, S. 47) in Großstädten „weiterhin teilweise auf das Angebot bestimmter Sortimente des periodischen Bedarfs in den Wohnbezirkszentren verzichtet werden, wenn die Entfernungen zum Stadtbezirkszentrum gering sind". Verkaufsstellen für Waren des aperiodischen Bedarfs sollen sich dagegen zum größten Teil in den Stadtzentren konzentrieren. „Nur in Berlin und einigen anderen Großstädten, in denen Stadtbezirke vorhanden sind, werden die Waren des aperiodischen Bedarfs auf die Zentren der Stadtbezirke und der Städte (Stadtzentren) verteilt" (ebd., S. 47—48). *H. Karsten,*

G. Nicolai und *H. Paeper* (ebd.) weisen außerdem darauf hin, daß in den meisten Großstädten der DDR mit Stadtbezirken „der Anteil an Verkaufsraumfläche im Stadtzentrum für die Waren des periodischen und aperiodischen Bedarfs zugunsten der Fläche in den Stadtbezirkszentren verringert (wurde)" ... „So betrug 1959 der Anteil der Waren des periodischen Bedarfs im Stadtzentrum von Berlin (-Ost) 14,7 Prozent und der Anteil der Waren des aperiodischen Bedarfs 26 Prozent am Gesamtumsatz in Berlin (Ost). Entsprechend den allgemeinen Grundsätzen für die Entwicklung des Verkaufsstellennetzes soll sich dieser Anteil bis 1980 auf 20,4 Prozent für die Waren des periodischen Bedarfs und auf 42,8 Prozent für die Waren des aperiodischen Bedarfs erhöhen" (ebd., S. 55).

Die Eignung der erläuterten Bedarfsstufengliederungen für die Gesamtbewertung der Einzelhandelsfunktionen in den untersuchten Zentren West- und Ost-Berlins und der darauf basierende Nachweis hierarchischer Zentrenstufungen sollen sich aus der späteren Analyse der empirischen Zentrenerhebungen ergeben (vgl. Kap. VI.).

Die *übrigen* in der Abb. 15 aufgeführten *betriebswirtschaftlichen Merkmale* bzw. *Geschäftsprinzipien* sind für qualitative Abstufungen von Einzelhandelsbetrieben im Rahmen dieser Untersuchung nur teilweise von Bedeutung. Der genannte Aspekt der *„räumlichen Bindung des Waren- (sowie auch Dienstleistungs-)angebots"* bezieht sich auf feste Geschäftslokale und ambulante Betriebe. Letztere wurden jedoch in dieser Studie nicht berücksichtigt.

Im Prinzip der *Bedienungsorganisation* kommt die „Art der Aufteilung der Handelsfunktionen zwischen Verkäufer und Käufer zum Ausdruck" (*J. Bidlingmaier*, 1963, S. 590). Die in der Betriebswirtschaftslehre des Einzelhandels getroffene strenge Unterscheidung zwischen der *Fremdbedienung*, wobei „die Übergabe der Waren an die Kundschaft ständig und ausschließlich (totale Fremdbedienung) oder doch überwiegend (partielle Fremdbedienung) durch Verkaufspersonal erfolgt", und dem Prinzip der *Selbstbedienung*, falls „die Käufer die Waren ständig in vollem Umfang (totale Selbstbedienung) oder doch überwiegend (partielle Selbstbedienung) selbst entnehmen" (ebd.), ließ sich in dieser Untersuchung wegen der großen Zahl der Betriebe und den gegebenen Erhebungsschwierigkeiten in Ost-Berlin nicht durchführen. Hervorgehoben sei jedoch, daß heute in der Art des Verkaufs keine wesentlichen Unterschiede mehr zwischen den Verkaufsstellen in der Bundesrepublik Deutschland bzw. in West-Berlin und der DDR bestehen. Das selbst für das westliche Deutschland relativ neue Prinzip der Selbstbedienung hat auch in der DDR nicht nur in den größeren Verkaufsstellen für Waren des täglichen Bedarfs, d. h. in den sog. „Kaufhallen" (die den westlichen

---

[28] Vgl. die Ausführungen unter III. 1.2 sowie die Darstellungen von *W. Heinrichs*, 1962, S. 278 ff., *F. Köhler*, 1963, S. 44 ff. und *H. Paeper*, 1963, S. 410—411, 1967, S. 518 bis 520.

[29] Die Bezifferung der Stufen erfolgt in dieser Untersuchung aus Gründen der Vergleichbarkeit mit dem „westlichen" System in umgekehrter Reihenfolge.

Lebensmittel-Supermärkten entsprechen sollen), sondern auch in Waren- und Branchenkaufhäusern zunehmend Eingang gefunden.

Kennzeichnender für den Prozeß der „sozialistischen Umgestaltung" des Konsumgüterbinnenhandels und damit der einzelnen Zentren bzw. Zentrenteilbereiche in den Städten der DDR ist — wie bereits unter III. 1.2 herausgestellt wurde — die jeweilige *Eigentumsform* der Einzelhandels- und auch Dienstleistungsbetriebe. Da sich daraus Konsequenzen für die funktionale Bedeutung der Zentren ergeben, wurden die Eigentumsverhältnisse in den Untersuchungsgebieten Ost-Berlins soweit wie möglich mitberücksichtigt.

Entscheidend für die Zentrenentwicklung in West-Berlin war nach dem 2. Weltkrieg die Errichtung zahlreicher *Filialbetriebe* bekannter (Berliner) Einzelhandelsunternehmen in den aufstrebenden Nebengeschäftszentren. Dies gilt insbesondere für die Lebensmittelbranche (Supermärkte) wie auch für den Textil- und Bekleidungssektor (Kaufhäuser). Insofern bilden die absoluten Anzahlen und relative Häufigkeit wichtiger Filialbetriebe einen Indikator der funktionalen Gesamtbedeutung eines Zentrums.

Die vorangegangene ausführliche Darstellung und kritische Bewertung der primären (qualitativen) Gliederungsmerkmale zur Bestimmung funktionaler Betriebstypen des Einzelhandels sollte vor allem verdeutlichen, daß jedem Einzelmerkmal lediglich eine indikatorische Bedeutung zur Kennzeichnung des funktionalen Ranges einer Einrichtung (bzw. eines Geschäftszentrums) zukommt. Die Aussagekraft läßt sich jedoch durch geeignete Kombinationen betriebswirtschaftlich wichtiger Geschäftsprinzipien jeweils beträchtlich erhöhen. Von den bisher diskutierten Merkmalen sind es in erster Linie die (durch empirische Erhebungen verhältnismäßig genau zu erfassende) „Angebotstiefe" des Warenangebotes (als Ersatzmaßstab für die vertikale Sortimentsdimension), die jeweilige Bedarfsgruppensowie Bedarfsstufenzugehörigkeit (nach Konsumwertigkeit und Konsumhäufigkeit), die kombiniert am ehesten zur Kennzeichnung funktionaler Betriebstypen bzw. funktionaler Ränge dienen können. Inwieweit sich darüber hinaus noch sekundäre Merkmale zur Typisierung von Einzelbetrieben eignen, soll unter 2.2 erörtert werden.

2.1.2.5 Gliederungen des Dienstleistungsbereiches

Auch der Bereich der (privaten und öffentlichen) *Dienstleistungen*[30] ist in Berlin — dies gilt besonders für die große Zahl der verschiedenen Vermittlungs- (einschließlich Beratungs-) und Verwaltungsfunktionen im Westberliner Hauptzentrum — branchenmäßig außerordentlich weit gefächert. Die Problematik der Entwicklung einer zusammenfassenden Systematik liegt damit in der „äußerst heterogenen Gesamtmasse" der Betriebe (vgl. G. Gad, 1968, S. 194 ff.), d. h. in der starken Differenzierung besonders des privaten Dienstleistungssektors im stark arbeitsteiligen marktwirtschaftlichen System des westlichen Deutschland.

In Anlehnung an *G. Stöber* (1964 a, S. 87) sollen im folgenden unter *Vermittlungseinrichtungen* einschließlich der Beratungsdienste diejenigen Kontaktglieder verstanden werden, „deren Wirksamkeit erst auf Umwegen oder mit zeitlicher Verzögerung zum Tragen kommt, sei es, daß die endgültige, wesentliche Leistung durch sie ermöglicht wird (Reisebüro) oder daß sie die Herstellung eines bestimmten Zustandes einleiten und fördern (Makler, Rechtsanwalt). Die *Verwaltungseinrichtungen* ... setzen (dagegen) den institutionellen Rahmen für die Bewegungs- und Kommunikationsvorgänge der Gesellschaft bzw. ihrer Mitglieder in der kommunalen und staatlichen Öffentlichkeit."

Für die Erfassung und Bewertung der Dienstleistungsausstattung Westberliner Zentren wurde eine *Gliederungssystematik des Dienstleistungssektors* erarbeitet, dessen Hauptgruppen wie folgt benannt bzw. abgegrenzt wurden (vgl. im weiteren die im Anhang, Anlage 4, wiedergegebene Gesamtgliederung der Dienstleistungseinrichtungen in den untersuchten Zentren West-Berlins):

1. Öffentliche Verwaltungsdienste,
2. Verbände und Interessengemeinschaften,
3. Versicherungs- und Bankwesen,
4. Beherbergungsgewerbe,
5. Vermittlungseinrichtungen des Reise- und Fremdenverkehrs,
6. Gaststätten- und Unterhaltungsgewerbe,
7. Spezielle Kultur- und Bildungseinrichtungen,
8. Private Ausbildungseinrichtungen,
9. Weitere gehobene private Dienstleistungen,
10. Dienstleistungen des Handwerks,
11. Einfache Service-Leistungen,
12. Spezielle Einrichtungen der Wirtschaft.

Die Systematik — der eine bereits im Jahre 1968 praktisch erprobte Kartierungsanleitung zugrunde lag[31], die allerdings für die Erhebungen in West-Berlin im Jahre 1971 erheblich ergänzt bzw. umgruppiert wurde — beruht auf den folgenden grundsätzlichen Überlegungen: Zunächst einmal wurden in Anlehnung an *G. Stöber* (1964 b, S. 52 ff.) Haupt- und teilweise auch Untergruppen gebildet, die Dienstleistungen mit jeweils ähnlicher (gesellschaftlicher oder wirtschaftlicher) Aktivität umfassen. Die Bildung bestimmter Untergruppen wurde in erheblichem Maße durch die Art des Erhebungsmaterials bestimmt. So ließen sich beispielsweise durch Eigenerhebung (Kartierung) und er-

---

[30] Gemeint sind im folgenden Dienstleistungen im engeren Sinne. Ausgeschlossen sind damit der Einzel-, Groß- und Außenhandel.

[31] Kartierungsanleitung für das Berlin-Praktikum des Geographischen Instituts der Ruhr-Universität Bochum im Jahre 1968 (s. oben). Diese wiederum wurde entwickelt aus den von *H. J. Buchholz* und *H. Heineberg*, 1969, S. 71 ff. und *H. J. Buchholz*, 1970, S. 18 ff. veröffentlichten Gliederungssystemen des Dienstleistungssektors.

gänzende Benutzung anderer wichtiger Hilfsmittel[32] eine große Zahl von unterschiedlichen Firmenverwaltungen, -zweigstellen und -vertretungen, die sich vorrangig im Westberliner Hauptzentrum lokalisieren, nicht weiter branchenmäßig bzw. in anderer Weise qualitativ differenzieren. Sie mußten daher einer einzigen Untergruppe innerhalb der Hauptgruppe 12 „Spezielle Einrichtungen der Wirtschaft" zugeordnet werden. Soweit wie möglich wurde versucht, innerhalb von Untergruppen Funktionen mit ähnlichen Standorttendenzen zusammenzufassen (z. B. die Untergruppe „Wirtschafts-, Finanzberatung, -vermittlung usw." innerhalb der Hauptgruppe 9) sowie auch eine qualitative Abstufung nach dem jeweiligen Grad der Spezialisierung zu erstellen (z. B. Internationales Hotel, Hotel, Hotelpension, Pension). Schließlich sollte gegebenenfalls der jeweilige „Status" einer Einrichtung, d. h. ihre Stellung innerhalb der Hierarchie eines Unternehmens (z.B. Sparkassenzentrale und -filiale bzw. -zweigstelle), berücksichtigt werden (vgl. dazu *G. Gad*, 1968, S. 203 ff.). Die Gruppierung wurde schließlich entsprechend den empirisch ermittelten Häufigkeitsverteilungen der einzelnen Dienstleistungsgruppen und -arten in den untersuchten Zentren West-Berlins nochmals umgeordnet und damit in wesentlichen Bestandteilen induktiv abgeleitet.

Wegen der besonderen, sozialistisch geprägten Entwicklung des *Dienstleistungssektors* im Wirtschafts- und Gesellschaftssystem *der DDR* mußte für die Zentrenanalyse in Ost-Berlin ein abweichendes Gliederungssystem entwickelt werden. Für die Erfassung und Bewertung der Dienstleistungen wurde zunächst eine (Grob-) Systematik berücksichtigt, die vom Städtebau für die geplante Ansiedlung der Hauptfunktionen im Prozeß der sozialistischen Umgestaltung des Ostberliner Stadtzentrums zugrundegelegt wurde (vgl. Kap. III. 2.3.1). Außer dem Telefonbuch bzw. Branchen-Telefonbuch für Berlin (Ost) bot auch für einzelne Zuordnungen eine in der DDR verbindliche Betriebssystematik zur Gliederung der Volkswirtschaft in Wirtschaftsbereiche, -sektoren, -zweige und -gruppen eine wertvolle Hilfe[33]. Andererseits wurde die endgültige Hauptgruppeneinteilung (und nachfolgende Untergliederung) in erheblichem Maße wiederum induktiv, d. h. nach der Auswertung der eigenen empirischen Erhebungen Ostberliner Zentren, entwickelt. In der Systematik sollte dabei auch das — im Vergleich zu Westberliner Zentren — stärkere Gewicht öffentlicher Verwaltungs- und Vermittlungsfunktionen zum Ausdruck kommen. Entsprechend den genannten Gesichtspunkten wurde die folgende *Hauptgruppengliederung der Dienstleistungseinrichtungen in der DDR* erarbeitet:

1. Zentrale Organe der Parteien,
2. Staatliche Behörden und Dienststellen,
3. Ausländische Vertretungen,
4. Zentrale Organe der Massenorganisationen und Interessengemeinschaften,
5. Zentrale Einrichtungen der Wirtschaft,
6. Verlagseinrichtungen,
7. Versicherungs- und Bankwesen,
8. Stadtverwaltung (Magistrat),
9. Zentrale Einrichtungen der Wissenschaft, Kultur und Bildung,
10. Einrichtungen des Hotel- und Gaststättenwesens,
11. Vermittlungseinrichtungen des Reise- und Fremdenverkehrs,
12. Weitere gehobene Dienstleistungen,
13. Dienstleistungen des Handwerks und einfache Service-Leistungen,
14. Sonstige zentrale Dienstleistungseinrichtungen.

Innerhalb der Hauptgruppen wurde nun, soweit wie möglich, eine hierarchische Anordnung der einzelnen Branchen bzw. Dienstleistungsarten nach der jeweiligen qualitativen Gesamtbedeutung bzw. nach der Größe der Einzugs- oder Betreuungsbereiche angestrebt (vgl. die detaillierte Gliederungssystematik in der Anlage 5, Anhang). Eine derartige Gliederung ließ sich für den Dienstleistungssektor im planwirtschaftlichen System der DDR weitaus konsequenter erarbeiten als — wie bereits angedeutet — für den äußerst heterogenen Dienstleistungsbereich im westlichen Marktwirtschaftssystem.

2.2 Typisierung nach sekundären Merkmalen

2.2.1 Physiognomische Gebäude- und Betriebstypen

In mehreren geographischen Geschäftszentrenstudien wurde bereits versucht, physiognomische Merkmale zur Typisierung von Geschäftshäusern und Einzelbetrieben sowie zur Charakterisierung und rangmäßigen Einstufung von Geschäftsstraßen mitzuberücksichtigen (vgl. Abb. 15).

So faßte *A. Kremer* (1961) bei der detaillierten Untersuchung Kölner Geschäftsstraßen als „äußere Erscheinung" der Einzelhandlungen „mehrere dem Käufer sichtbare Merkmale im Inneren und an der Fassade der Geschäfte" zusammen. „Im einzelnen handelt(e) es sich hierbei um das Alter, die Höhe, die Architektur und den Erhaltungszustand der Fassaden, um den Stil und das Ausmaß der Reklame, um den Umfang, die technische und ästhetische Gestaltung, die Beleuchtung und die Aktualität der Schaufensterauslagen, um die Zweckmäßigkeit und Modernität der Ladeneinrichtung sowie um die Art, in der die Waren im Verkaufsraum gelagert sind" (ebd., S. 10).

Bestandteil der „physiognomisch-statistischen Methode" nach *E. Lichtenberger* war nicht nur die Ermittlung von

---

[32] Berliner Handelsregisterverzeichnis, 1968; Berliner Stadtadreßbuch (Bd. II) und Branchen-Fernsprechbuch Berlin.
[33] Ministerrat der DDR, Staatliche Zentralverwaltung für Statistik (Hrsg.), 1969, Teil 1, S. 35 ff.

Schaufensterindizes und die darauf basierende Bestimmung „physiognomischer Geschäftsstraßentypen". „Aus Alter und Aufwendigkeit der Schaufront" entwickelte *E. Lichtenberger* außerdem „historische Ausstattungstypen der Geschäfte" (1967, S. 231). Bei der Aufgliederung in drei Zeitperioden wurden „ferner jeweils drei Qualitätsstufen der Aufmachung unterschieden (I. nobel, elegant, II. mittelmäßig, III. bescheiden)" (ebd., S. 231 bis 232).

Zur Beurteilung der Geschäftsausstattung dienten in der Untersuchung der Bonner Geschäftsstraßen durch *H. Toepfer* (1968) „die Fassade der Geschäftsetage (nicht die Fassade des ganzen Hauses), das Ausmaß und die technischen Eigenschaften der Reklame, der Zustand und der Aufwand der Schaufensterdekoration, die Ladeneinrichtung sowie auch evtl. vorhandene Passagen. Auf Grund dieser physiognomischen Eigenschaften wurden drei Gruppen mit den Wertungen 1. sehr gut, 2. mittelmäßig bzw. normal, 3. dürftig gebildet" (ebd., S. 12).

Bei der Erfassung und Bewertung der vier allgemein in Frage kommenden *physiognomischen Merkmale Fassadengestaltung, Reklame, Schaufenstergestaltung und Ladeneinrichtung* ist jedoch die sehr häufig auftretende „irreführende Diskrepanz zwischen der äußeren Erscheinung eines Geschäftes und der Güte seines Standortes" zu beachten (*A. Kremer*, 1961, S. 10). Als sehr erschwerend für die Beurteilung der äußeren Aufmachung der Geschäftsbauten stellte sich für die untersuchten Berliner Zentren allein das unterschiedliche Ausmaß der Krieszerstörungen, (Teil-)Renovierungen und der architektonisch-städtebaulich teilweise sehr heterogenen Neubebauung heraus. Die Aussagekraft dieses Merkmals erwies sich daher als Indikator für die funktionale Bedeutung einer Geschäftsstraße besonders für die Zentren Ost-Berlins als so gering, daß es im folgenden nicht näher berücksichtigt werden soll. Entsprechendes gilt für die Bewertung der „Art der Außenreklame" (vgl. die Ausführungen unter V. 1.).

Bei den Zentrenerhebungen in West-Berlin wurde jedoch der Versuch unternommen, die auf die Konsumenten zweifelsohne sehr wirksame *Schaufenstergestaltung* (Ausstattung und Dekoration)[34] der Einzelhandlungen zu erfassen und pro Betrieb in einer Rangfolge zu ordnen, obwohl auch bei der Beurteilung dieses physiognomischen Merkmals erhebliche subjektive Über- und Unterbewertungen auftreten können. Um letztere möglichst gering zu halten, wurde in Anlehnung an *E. Lichtenberger* (1967) und *H. Toepfer* (1968) lediglich eine dreistufige Bewertungsskala gewählt. Der Stufe 1 sollten nur überdurchschnittlich elegante und dekorative Schaufenstergestaltungen zugeordnet werden, wie sie besonders häufig bei Geschäften im Kurfürstendamm-Bereich bzw. auch in der Straße Unter den Linden beobachtet werden konnten. Zur Stufe 3 dagegen wurden nicht oder kaum bzw. unwirksam dekorierte Schaufenster von Einzelhandelsbetrieben gerechnet. Aufgrund der Auswertung für größere Zentrenteilbereiche oder ganze Geschäftsstraßen fallen einzelne subjektive „Extrembewertungen" nicht zu sehr ins Gewicht.

2.2.2 Benutzer-(Besucher-)verkehr

Die Frequenz des *Benutzer- bzw. Besucherverkehrs* in einem Zentrum ergibt in ihrer räumlichen und zeitlichen Verteilung wesentliche Aufschlüsse über die jeweilige funktionale Stellung einzelner Standortbereiche. Die Bedeutung der Verkehrsbedienung einzelner Geschäftsstraßen durch *öffentliche Verkehrsmittel* wurde bereits bei der Darstellung der Zentrenentwicklung (Kap. II. und III.) angedeutet.

Die Auswirkung der Knotenpunkte der kommunalen Verkehrsnetze auf die Standortwahl wichtiger Einzelhandelsbetriebe wurde von *K. Chr. Behrens* (1965, S. 94 ff.) am Beispiel der drei größten Westberliner Warenhäuser nachgewiesen. *G. Mielitz* (1963) belegte in seiner methodisch interessanten Studie die räumlich differenzierte Wirkung öffentlicher Verkehrsmittel anhand von Fahrgastzählungen im Westberliner Nebengeschäftszentrum Bad-/Brunnenstraße (ebd., S. 14 ff.). Im Rahmen der vorliegenden Untersuchung konnte die öffentliche Verkehrsbedienung als wichtiger Standortfaktor zentraler Einrichtungen in nur beschränktem Maße Berücksichtigung finden. Eine genauere Analyse der Dichteverteilung bzw. Frequenz und Reichweite muß getrennten Einzelstudien vorbehalten bleiben[35]. Das gleiche gilt auch für die Erfassung des *individuellen Kraftfahrzeugverkehrs*, der „jedoch bei der heutigen Straßenführung in den meisten unserer Einkaufszentren zum großen Teil aus echtem Durchgangsverkehr (besteht)" (ebd., S. 14). Für die untersuchten Zentren Berlins wurde jedoch die Verteilung größerer *Flächen und Einrichtungen für den ruhenden Verkehr* ermittelt und bei der Funktionsanalyse berücksichtigt.

Die Regelhaftigkeiten des städtischen *Fußgängerverkehrs*, dessen Dichte nach *G. Mielitz* (1963, S. 14) „in starkem Maße dem durch den Einzelhandel gebotenen Kaufanreiz (entspricht)" bzw. der die „Intensität eines Einkaufsgebietes genauer wider(spiegelt) als alle anderen Erscheinungsformen des Verkehrs", wurden besonders in der vorbildlichen Studie von *C. Heidemann* (1967) mit Hilfe mathematisch-statistischer Methoden aufgedeckt[36]. Auf dieser Methodik aufbauend erfaßte *K. Wolf* (1969) in Stadtteil-Geschäftsstraßen Frankfurts die Fußgängerströme nicht nur quantitativ, sondern unternahm darüber hinaus den Versuch, „mit Hilfe photographischer Aufnahmen zu einer qualitativen Passantenanalyse zu gelangen"[37]. Dabei galt es, „mit Hilfe der Gruppierung

---

[34] Bei neueren Geschäftstypen ohne „traditionelle" Schaufenster (z. B. bei Betrieben in den integrierten Einkaufszentren Europa Center oder Forum Steglitz in West-Berlin) wurde die gesamte Ladengestaltung bewertet.
[35] Vgl. dazu auch die Ausführungen von *H. Schäfer*, 1969, S. 275.
[36] In einigen geographischen Arbeiten wurde schon früher der Fußgängerverkehr in Geschäftsstraßen als Indikator für die funktionale Bedeutung von Geschäftsstandorten mitberücksichtigt, so u. a. bei *E. Hübschmann*, 1952, *B. Hofmeister*, 1961, *E. Lichtenberger*, 1963, und in der bereits erwähnten Studie von *G. Mielitz*, 1963.
[37] Das Hilfsmittel der fotografischen Aufnahme von Passantenströmen diente *B. Aust* (1970) in seiner Analyse West-

und der Requisiten der Passanten, wie z. B. Taschen, Aktentaschen oder Ähnlichem, zu qualitativen Aussagen" zu kommen (ebd., S. 103). Das Vorgehen von *K. Wolf* verdeutlicht bereits die grundsätzlichen, arbeitstechnisch bedingten Schwierigkeiten, die bei der qualitativen Differenzierung des Passantenverkehrs bestehen. Besonders aufschlußreich wäre es, den Anteil der tatsächlichen Kunden (die Schaufenster beobachten, Geschäfte betreten usw.) an der Gesamtfußgängerzahl einer Geschäftsstraße in räumlicher und zeitlicher Verteilung, aufgegliedert nach der Laufrichtung, Geschlecht, Altersgruppen und anderen Merkmalen, festzustellen[38]. Der dazu erforderliche Arbeitsaufwand ist jedoch außerordentlich groß. Die Erfahrungen von *G. Mielitz* (1963, S. 14) zeigen jedoch, daß „weder die soziale Zusammensetzung des Fußgängerverkehr noch seine Unterteilung in Passanten, ‚Sehleute' und Käufer ... exakt erfaßt werden (kann)".

Verteilung und Frequenz der Passantenströme in den Hauptgeschäftsstraßen konnten im Rahmen dieser Arbeit — allein schon wegen der gegebenen Schwierigkeiten für die Durchführung derartiger Erhebungen in Ost-Berlin — nicht gesondert untersucht werden. Für die Westberliner Zentren bilden jedoch die — leider zu verschiedenen Zeiten durchgeführten — Analysen des Fußgängerverkehrs durch *G. Mielitz* (1963), *K. D. Wiek* (1967) und *B. Aust* (1970) eine gewisse Grundlage.

2.2.3 Raumkosten

Einen wichtigen Faktor bei der Standortwahl von zentralen Einrichtungen und zugleich ein aufschlußreiches sekundäres Merkmal zur Bewertung der funktionalen Zentrenausstattung stellen — neben den Grundstücks(Boden-)werten[39] — besonders die *Miet- und Pachtkosten* dar. In der Untersuchung der Geschäftsstruktur von Stockholm benutzte *W. William-Olsson* bereits im Jahre 1940 einen speziellen Ladenmietenindex („shop rent index") als „Summe der Ladenmieten eines Gebäudes geteilt durch seine Frontlänge" (*H. Schäfer*, 1969, S. 277). Eine derartige Quantifizierung setzt jedoch ein differenziertes Datenmaterial voraus.

Seit Aufhebung der Mietpreisbindung (April 1961) haben aber die für West-Berlin von der amtlichen Verwaltung aufgeführten Mietkosten nach *K. Chr. Behrens* (1965, S. 55) nur noch bedingten Aussagewert. Die Auswertung einer Erhebung der Mietpreise für Läden und Büroräume in West-Berlin im Jahre 1968[40] ergab leider nur Durchschnittswerte für einige wichtige Geschäftslagen (vgl. *H. Ahr*, 1969, S. 264—265).

K. Chr. Behrens (1965) konnte für den Einzelhandel nachweisen, daß der jeweilige „Straßentypus" ... „zum wichtigsten Bestimmungsfaktor der Mieten wird" (ebd., S. 55). „Neben dem Straßentypus ist (sodann) die räumliche Lage der Handelsbetriebe innerhalb der Straße ein wichtiger Bestimmungsgrund für die Höhe der Mieten. Die Raumkosten wechseln mit der unterschiedlichen Verkehrsdichte (insbesondere Laufseite — Nichtlaufseite) und der Lage an der Licht- oder Schattenseite, an der Geraden oder an der Straßenecke" ... „Weitere Mietpreisunterschiede ergeben sich bei gleichen Straßentypen und gleicher Lage innerhalb der Straßen aus dem jeweiligen Zustand des Gebäudes, der Räume und ... aus der innerbetrieblichen Raumverteilung auf Erdgeschoß, Stockwerke und Kellerräume." Aus Gründen der Vergleichbarkeit müssen daher „die Mietkosten für Raumgruppen in den verschiedenen Stockwerken stets getrennt ermittelt werden" (*K. Chr. Behrens*, 1965, S. 57—59).

Eine (derartige äußerst arbeitsintensive) Analyse der Raumkosten war im Rahmen dieser Untersuchung von vornherein ausgeschlossen. Die Aussagekraft dieses Merkmals wird jedoch bereits dadurch erheblich eingeschränkt, daß für die Erfassung und Bewertung der (möglichen) Differenzierung der Mietkosten in den Zentren Ost-Berlins kein Datenmaterial zur Verfügung steht.

3. Zusammenfassung

Zur Bewertung der Funktion der differenzierten Zentrenausstattungen in West- und Ost-Berlin fehlt (veröffentlichtes) Datenmaterial in bezug auf zwei wichtige Merkmale der Einzelbetriebe: Gesamtgewinn bzw. Umsatzanteile und Einzugsbereiche. Selbst wenn diese bei empirischen Zentrenerhebungen hinreichend genau zu ermitteln wären, würde ihre Aussagekraft zur Kennzeichnung der funktionalen Bedeutung eines (Geschäfts-)Zentrums jedoch nicht ausreichen: Das Merkmal des ökonomischen Gewinns besitzt für zahlreiche Einrichtungen (Kultur, Bildung usw.) keine Relevanz. Und bei der Erfassung von realen oder potentiellen Einzugsbereichen müßten neben der räumlichen Reichweitedimension und der zu versorgenden Einwohnerzahl auch die unterschiedlichen Frequenzen bei der Inanspruchnahme verschiedener Einkaufs- und Dienstleistungseinrichtungen sowie die Diffe-

---

berliner Sekundärzentren sogar „als Ersatz für Zählungen an zahlreichen Straßenquerschnitten" (ebd., S. 46).
[38] Vgl. dazu auch die Ausführungen von *K. Chr. Behrens*, 1959, S. 67, *A. Kremer*, 1961, S. 9—10 und *H. Toepfer*, 1968, S. 16—17.
[39] Vgl. dazu *G. Niemeier*, 1969, S. 298 ff. und *H. Schäfer*, 1969, S. 276—277.
[40] Durchgeführt vom „Verband Berliner Immobilienmakler und Hausverwalter e. V." unter seinen Mitgliedern (*H. Ahr*, 1969, S. 264).

renzierung nach Konsumentengruppen und Kaufkraft berücksichtigt werden.

Da im Rahmen dieser Untersuchung keine Total- oder Repräsentativbefragungen in den Zentren und ihren korrespondierenden Einzugsbereichen durchgeführt werden konnten, kam zur Erfassung der Zentrenausstattungen — neben der Auswertung anderer sekundärer Informationsquellen (Branchen-Telefonbücher usw.) — lediglich das Verfahren der empirischen „Beobachtung" von Einzelmerkmalen in Betracht.

Für die Erhebungen Westberliner Zentren erwiesen sich einerseits die Grundstücke (im Zusammenhang mit dem Hausnummernsystem und der Auswertung von Sekundärmaterial), andererseits (für Detailkartierungen) die Geschäfts- bzw. Verkaufsraumflächen als *geeignete räumliche Bezugseinheiten*, während in Ost-Berlin bereits den Geschäftsfrontlängen(-anteilen) der Betriebe eine wesentliche Aussagekraft beim Zentrenvergleich zukommt.

Die *Bewertung der primären Einzelmerkmale* der funktionalen Zentrenausstattung erfolgte im Hinblick auf ihre jeweilige Bedeutung als Indikator für charakteristische Standorttendenzen einzelner Branchen bzw. Branchengruppen. Diese Tendenzen können sich für bestimmte (Leit-)Funktionen im jeweiligen „Stadtsystem" West- und Ost-Berlin bereits aus der einfachen Ermittlung der absoluten und relativen räumlichen Verteilungen ergeben, die ihrerseits — in der Kombination und bei Festlegung geeigneter Schwellenwerte — auch die Abgrenzung von „zentren(city-)typischen" und zentren(city-)bestimmenden" Einrichtungen erlauben.

Unter den betriebswirtschaftlich wichtigen Geschäftsprinzipien, die im Rahmen dieser Untersuchung teilweise nur als „beste Schätzungen" quantitativ erfaßt werden konnten, stellen die *Betriebs-(flächen-)größen* besonders im westlichen marktwirtschaftlichen Konkurrenzsystem ein wichtiges branchenindividuelles konstitutives Geschäftsprinzip dar, während sie im Einzelhandelssystem der DDR funktional von geringerer Bedeutung sind.

Die Einzelhandelsbetriebe in West und Ost lassen sich mittels empirischer Beobachtung nach der vertikalen *Sortimentsdimension* gliedern, wenn man lediglich die relative Tiefe des ausgestellten bzw. sichtbaren Warensortiments (sog. „Angebotstiefe") berücksichtigt. Das dabei entstehende Problem subjektiver Unter- und Überschätzungen reduziert sich durch die Gesamtbewertungen größerer Zentrenteilbereiche.

Durch die genaue Erfassung der *Branchengliederung* des Einzelhandels (nach den jeweils geführten Hauptwarengruppen) und des übrigen Dienstleistungssektors — in beiden Wirschaftssystemen das wohl wichtigste Gliederungsmerkmal zentraler Einrichtungen — läßt sich das „Spezialisierungsprinzip im innerstädtischen Gefüge" im Sinne von E. Lichtenberger (1972, S. 250) darlegen. Durch eine geeignete Gruppierung der Branchen, d. h. Bildung von im allgemeinen funktional zusammenhängenden *Bedarfsgruppen*, kann man besonders das „Ballungsprinzip" (ebd.) ähnlicher Funktionen verdeutlichen. Da in der Branchendifferenzierung des Einzelhandels zwischen West und Ost keine prinzipiellen Abweichungen bestehen, konnte für alle untersuchten Zentren die gleiche Bedarfsgruppengliederung zugrunde gelegt werden.

Durch Kombination der Konsumwertigkeit des Warenangebotes, ermittelt als vorherrschendes Preis- und Qualitätsniveau der sichtbaren bzw. ausgestellten Hauptwarengruppen, mit dem Merkmal *Konsumhäufigkeit*, d. h. der Fristigkeit des Bedarfs, lassen sich die Einzelbetriebe, insbesondere auch Geschäfte gleicher Branchenzugehörigkeit, in einer hierarchischen Rangfolge ordnen, die weitgehend den unterschiedlichen Standorttendenzen gerecht wird. Diese in Anlehnung an die methodische Konzeption A. Kremers (1961) entwickelte *Bedarfsstufengliederung*, die sich mit der Bedarfsgruppenzugehörigkeit kombinieren läßt und damit eine leichtere tabellarische Aufbereitung wie auch thematisch-kartographische Auswertung des Erhebungsmaterials ermöglicht, entspricht weitgehend dem in der Binnenhandelsökonomik bzw. -planung der DDR vorgesehenen Dreiergliederung im „konzentrischen Aufbau des Verkaufsstellennetzes" städtischer Zentren. Damit lassen sich wichtige Merkmale der Einzelhandelsausstattung der Zentren West- und Ost-Berlins in verschiedenen funktionalen Rangstufen — wenn auch mit gewissen Einschränkungen — vergleichen.

Unter den übrigen Geschäftsprinzipien des Einzelhandels kommt in erster Linie der Eigentumsform eine funktional differenzierende Wirkung zu. Dies gilt in besonderem Maße für die Bewertung der Zentrenausstattung in der DDR (bzw. in Ost-Berlin), die von den jeweiligen Anteilen des staatlichen bzw. sozialistischen sowie privaten Handels unterschiedlich geprägt wird.

Besondere Schwierigkeiten bei detaillierten Zentrenuntersuchungen bereitet die Gliederung des funktional sehr heterogenen *Dienstleistungsbereiches* (im engeren Sinne). Konnte für den sozialistisch geprägten und relativ klar gegliederten Dienstleistungssektor der DDR ein Gliederungssystem erarbeitet werden, das — innerhalb der Hauptgruppen — in weitem Maße eine qualitative Abstufung der einzelnen Dienstleistungsarten nach der jeweiligen Gesamtbedeutung bzw. Größe der Einzugs- oder Betreuungsbereiche erlaubt, so war dies für die weitaus differenziertere Dienstleistungsstruktur im stark arbeitsteiligen westlichen Wirtschaftssystem nur bedingt möglich. Einteilungen auch der (gesellschaftlich oder wirtschaftlich relevanten) Aktivität, nach ähnlichen Standorttendenzen, nach dem jeweiligen Grad der Spezialisierung, nach der Stellung in der Hierarchie eines Unternehmens etc. verlaufen im Dienstleistungsbereich nur teilweise kongruent bzw. lassen sich aus dem empirisch ermittelten Erhebungsmaterial nur sektoral ableiten. Die in wesentlichen Bestandteilen induktiv gewonnene Gliederung der Dienstleistungseinrichtungen in den untersuchten Zentren West-Berlins stellt somit zunächst nur eine — wenn auch als Arbeitsgrundlage wesentliche — Ordnungshilfe dar[41].

Die als „sekundär" gekennzeichneten Merkmale der Funktionen städtischer Zentren besitzen einen unterschiedlichen Aussagewert als „Ersatzindikatoren". Die Bewertung der *Struktur und „Aufmachung"* der *Gebäude- oder Geschäftsfassaden* sowie der *„Art der Außenreklame"* erwies sich besonders in den Zentren Ost-Berlins als zu problematisch und soll daher nicht weiter berücksichtigt werden. Für die Westberliner Zentren wird versucht, die bei den empirischen Erhebungen rangmäßig eingestufte, auf die Konsumentengruppen sehr wirksame *Schaufenster (bzw. Laden-)gestaltung* in Kombination mit der Bedarfsstufengliederung zur Typisierung der funktionalen Zentrenausstattung mit zu berücksichtigen.

Die Erfassung und qualitative Gliederung des *Benutzer- bzw. Besucherverkehrs*, insbesondere die Ermittlung der räumlichen und zeitlichen Verteilung der Passantenströme, denen als sekundäre Merkmalsgruppe eine besondere Aussagekraft als Indikator funktionaler Abstufungen von (bzw. in) Zentren zukommt, war im Rahmen dieser Untersuchung insgesamt nicht möglich. Das gilt auch für die gleichermaßen sehr arbeitsaufwendige bzw. für Ost-Berlin ebenfalls nicht zu ermittelnde Differenzierung der *Grundstücks- und Mietpreise*.

---

[41] Für den von der modernen Kulturgeographie bisher sehr stark vernachlässigten Dienstleistungssektor sind weitere Detailstudien auf breiter empirischer Basis erforderlich, um eine ähnliche hierarchische Rangordnung nachzuweisen, wie sie für den Einzelhandel oben abgeleitet wurde.

Kapitel VI

EMPIRISCHE UNTERSUCHUNGSERGEBNISSE

1. Die beiden Hauptzentren

1.1 Das Stadtzentrum in Ost-Berlin

1.1.1 Vorbemerkungen zur räumlichen Abgrenzung und Gliederung

Der Wiederaufbau des Stadtzentrums in Ost-Berlin ist zwar noch keineswegs abgeschlossen. Die bisherige Entwicklung der „sozialistischen Um- und Neugestaltung", die im wesentlichen in mehreren größeren, jeweils zusammenhängenden „Aufbau- bzw. Investitionskomplexen" erfolgte (vgl. III. 2.) und bereits eine neue innere funktionale Gliederung des Stadtzentrums zur Folge hatte, erlaubt jedoch eine Charakterisierung bzw. Bewertung der von der sozialistischen Planung für diesen zentralen Standortraum vorgesehenen Leitfunktionen.

Das *Gebiet des Stadtzentrums* soll nach dem Generalbebauungsplan (1968) rund 820 ha umfassen[1] und sich im wesentlichen innerhalb der im Generalverkehrsplan vorgesehenen ersten „Tangentialverbindungen", d. h. zwischen der Wilhelm-Pieck-Straße und Mollstraße im Norden, dem Strausberger Platz und der Michaelkirchstraße im Osten, der Leipziger Straße im Süden und der Otto-Grotewohl-Straße im Westen, erstrecken[2] (vgl. Abb. 9 und 17). Die räumliche *Abgrenzung des Stadtzentrums* fällt jedoch gegenwärtig nur teilweise mit dem Verlauf dieser Straßenzüge zusammen: Nördlich der Spree finden sich nur wenige und räumlich getrennte Standortgemeinschaften zentraler Einrichtungen, so daß im Verlauf der Wilhelm-Pieck-Straße noch keine echte Randzone des Stadtzentrums besteht (s. unten). Andererseits konzentrieren sich zahlreiche Funktionen mit zentralörtlicher Bedeutung in dem rund 300 m breiten Grenzsaum zwischen Leipziger Straße und der Sektorengrenze (südlicher Abschnitt der Mauerstraße sowie Krausen- und Reinhold-Huhn-Straße). Selbst die Otto-Grotewohl-Straße im Westen bildet im Bereich der Clara-Zetkin-Straße sowie der Leipziger Straße keine klare Begrenzung des Stadtzentrums (vgl. Abb. 17).

In einer ersten Übersicht ergibt sich für das Stadtzentrum Ost-Berlins nach strukturell-formalen und teilweise (schon) funktionalen Aspekten die folgende *räumliche Gliederung:* Der Bereich beiderseits der Wilhelm-Pieck-Straße bzw. des nördlichen Abschnittes der Friedrichstraße bis hin zum Spreelauf (im Süden) wurde im Bebauungsplan für das „Stadtzentrum Berlin" des Jahres 1967 als großflächiges „*Rekonstruktionsgebiet*" ohne genauere Bebauungsvorschläge ausgewiesen (vgl. *J. Näther*, 1968, Abb. auf S. 345). Hier ist auch bis zur Gegenwart — abgesehen von der Renovierung bzw. Teilinstandsetzung von Altbausubstanz usw. — kein komplexer Wiederaufbau erfolgt. Die räumlich-zeitliche Konsistenz wichtiger Funktionslokalisationen, insbesondere die Konzentration von Beherbergungseinrichtungen zwischen der Invaliden- und der Wilhelm-Pieck-Straße, die Wiedererrichtung bzw. Erweiterung der Gebäudekomplexe der Universitätskliniken sowie die erneute Herausbildung einer Standortgemeinschaft spezieller kultureller Einrichtungen nördlich der Spree wurden für diesen peripher gelegenen Teil bzw. Übergangssaum des Stadtzentrums bereits in einem früheren Zusammenhang herausgestellt (vgl. II. 2.1). In der empirischen Detailuntersuchung konnte jedoch nur der unmittelbar an die Spree grenzende Bereich südlich der Schumann- und Johannisstraße, d. h. westlich und östlich der Friedrichstraße, berücksichtigt werden (vgl. Abb. 17).

Südlich des Bahnhofs Friedrichstraße erstreckt sich zwischen der Clara-Zetkin-Straße, der Spree, der Französischen Straße und der Otto-Grotewohl-Straße der „*Bereich Straße Unter den Linden*", mit dessen (heute nahezu abgeschlossener) Neugestaltung relativ früh durch den Wiederaufbau kulturhistorisch wertvoller Bauten, d. h. schon vor der Aufstellung des „bestätigten Bebauungsplanes" aus dem Jahre 1961, begonnen wurde (vgl. Abb. 17 und 18).

Die nördlich und südlich angrenzenden Bereiche des Stadtzentrums, d. h. zwischen Clara-Zetkin-Straße und der Spree einerseits und südlich der Französi-

---

[1] Das sind 2 Prozent der Gesamtfläche Ost-Berlins bzw. 3,5 Prozent des kompakt bebauten Stadtgebietes (*J. Näther*, 1969, S. 344).
[2] Vgl. auch *G. Jung*, 1969, S. 333 ff.

Abb. 18 Ost-Berlin: Bereich Straße Unter den Linden
Verteilung wichtiger zentraler Einrichtungen 1971

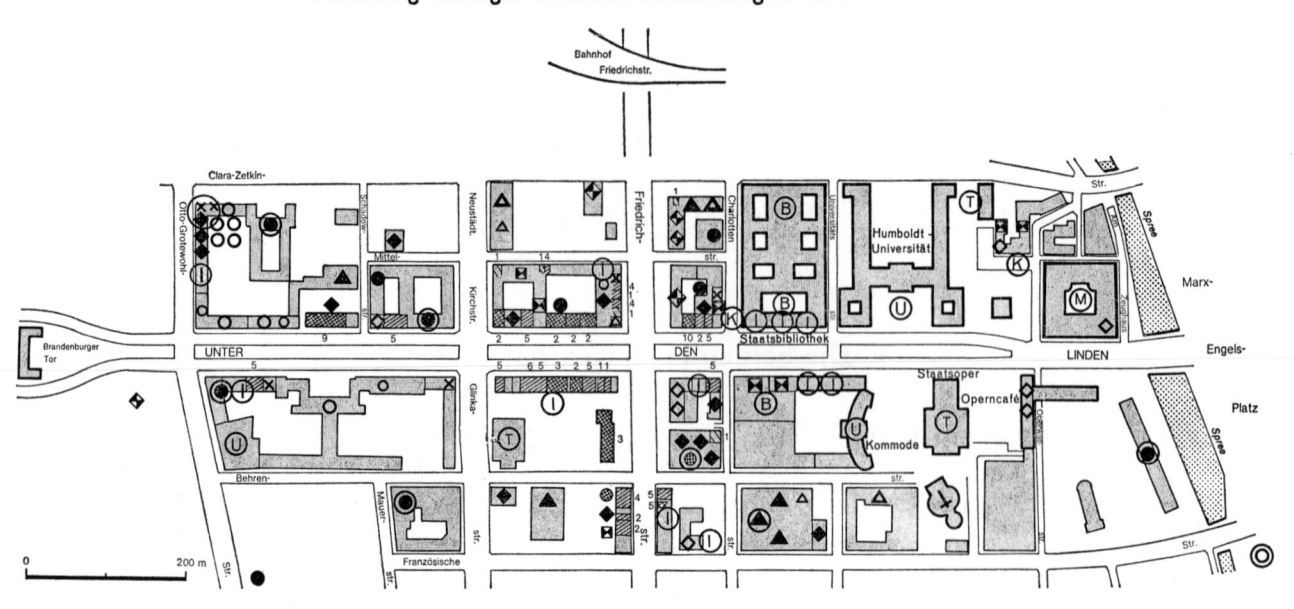

ZENTRALE ORGANE DER PARTEIEN:
- ⊛ Parteizentrale
- ⊕ Partei-Bezirksleitung

STAATLICHE BEHÖRDEN UND DIENSTSTELLEN:
- Ⓞ Staatsrat
- ⦿ Ministerium
- ● Abteilung eines Ministeriums, Staatssekretariat, sonstige (ausgewählte) zentrale Dienststellen

AUSLÄNDISCHE VERTRETUNGEN:
- O Botschaft
- o Handelsvertretung
- ◯ 27 Handelsvertretungen

- ◆ ZENTRALE EINRICHTUNGEN DER WIRTSCHAFT (außer Ministerien)

ZENTRALE ORGANE VON MASSEN-ORGANISATIONEN UND INTERESSEN-GEMEINSCHAFTEN:
- ⊠ Internationale(s) Leitung (Sekretariat), Zentralleitung
- ⊟ Bezirks- oder Kreisleitung

BANKEN:
- ⬤ Staatsbank der DDR
- ▲ Nationale Zentraldirektion einer Bank (einschl. Nebenstellen), Industriebankfiliale
- ▲ Bezirksdirektion, Regionalfiliale
- △ Lokale Filiale, Zweigstelle

ZENTRALE EINRICHTUNGEN DER WISSENSCHAFT UND KULTUR:
- Ⓤ Universität, Akademie
- Ⓣ Theater
- Ⓜ Museum
- Ⓚ Kulturzentrum, -haus
- Ⓑ Öff. Bibliothek, Archiv
- Ⓘ Wiss. Institut

HOTELS UND GASTRONOMISCHE EINRICHTUNGEN:
- ◆ Interhotel
- ◇ Hotel
- ◇ Restaurant, Café etc.

× REISE- UND INFORMATIONSBÜROS

EINZELHANDEL:
1. BEDARFSSTUFEN
   - ▨ vorwiegend Waren des täglichen Bedarfs
   - ▧ vorwiegend Waren des periodischen Bedarfs
   - ▩ vorwiegend Waren des aperiodischen Bedarfs
2. BEDARFSGRUPPEN
   - 1 Lebens- und Genußmittel
   - 2 Bekleidung und Textilien
   - 3 Hausratbedarf
   - 4 Körperpflege und Heilbedarf
   - 5 Bildung und Kunst
   - 6 Unterhaltungsbedarf
   - 9 Fahrzeuge
   - 10 Schmuck- und Zierbedarf

▢ WICHTIGE HISTORISCHE GEBÄUDE

Entwurf H. Heineberg

schen Straße andererseits, besitzen nur wenige geschlossen (wieder-)bebaute bzw. vollständig durch zentrale Einrichtungen genutzte Baublöcke. Nach den umfangreichen Kriegszerstörungen wurden hier zwar zahlreiche Vorkriegsgroßbauten (ehemalige Regierungs-, Bankgebäude usw.) instand gesetzt; beiderseits des mittleren Abschnitts der Friedrichstraße schlossen sich jedoch die zahlreichen abgeräumten Trümmergrundstücke — großenteils um isoliert stehengebliebene, wenig renovierte Altbauten — zu weiten, ungepflegten Freiflächen zusammen, die provisorisch als Parkplätze genutzt werden[3]. Diese Sachverhalte spielen für die spätere erklärende Darstellung der Standortverteilung zentraler Einrichtungen eine wichtige Rolle.

Zur Zeit unserer letzten umfangreichen empirischen Erhebungen in Ost-Berlin (1971) war schon mit dem konzentrierten Wiederaufbau des *Bereiches Leipziger Straße/Spittelmarkt* begonnen worden. Die in der Abb. 17 im Gebiet zwischen Kronen-, Friedrich- und Krausenstraße dargestellten Freiflächen waren zu dieser Zeit bereits Aufbau- bzw. Baustellengebiet und enthalten aus diesem Grund noch keine Standortsignaturen für zentrale Einrichtungen.

Östlich des Spittelmarktes verläuft die Grenze des Stadtzentrums noch nördlich der Alten und Neuen Jakobstraße sowie östlich der Köpenicker Straße. Südlich dieses Straßenzuges schließt sich das Heinrich-Heine-Viertel als erstes und 1967/68 noch erweitertes großes Neubauviertel im Bereich von Berlin-Mitte an, das als „zentrale Einrichtungen" nur Standorte lokaler Versorgungsfunktionen aufweist.

Der Wiederaufbau im Bereich der *Spreeinsel* ist nahezu abgeschlossen[4]. Hier wurde die neue (dominante) Wohnbebauung südlich der Gertraudenstraße

---
[3] In der Abb. 17 konnten nur die größten (enttrümmerten) Freiflächen bzw. Parkplätze — und selbst diese unvollständig — dargestellt werden.
[4] Eine bedeutende Ausnahme bildet der Bau des „Palastes der Republik" auf dem Marx-Engels-Platz.

(fünf 20geschossige Punkthochhäuser) im Jahre 1972 durch den Bau eines Doppelhochhauskomplexes ergänzt. Mit dieser Neugestaltung entstanden in diesem Bereich der sog. „Fischerinsel" (auch „Fischerkietz" genannt), abgesehen von einer neuen Kaufhalle und einer Klubgaststätte, keine (neuen) Standorte für zentrale Einrichtungen — im Gegensatz zum nördlich anschließenden Teil der Spreeinsel, der mit zwei Standortkonzentrationen überörtlicher Verwaltungs-, Vermittlungs- und kultureller Funktionen (beiderseits der Breiten Straße sowie im Bereich der sog. „Museumsinsel") ein wichtiges Glied im funktionalen Gefüge des Stadtzentrums darstellt.

Östlich der Spree erfolgte die „sozialistische Umgestaltung" des Stadtzentrums in vier größeren Abschnitten: Im von der S-Bahn, der Grunerstraße, Molkenmarkt und der Spree begrenzten Bereich des ehemaligen Alt-Berlin wurde im wesentlichen weniger zerstörte Altbausubstanz zur Unterbringung wichtiger zentraler Einrichtungen instand gesetzt. Dagegen wurde der östliche Teil des Stadtzentrums zwischen Alexanderplatz und Strausberger Platz bzw. zwischen Mollstraße und Alexanderstraße nahezu gänzlich neu gestaltet (vgl. auch III. 2). Als Standortraum für bedeutende zentrale Funktionen wurde jedoch lediglich der Bereich der Karl-Marx-Allee vorgesehen. Die beiden jüngsten großen Aufbaukomplexe östlich der Spree, d. h. der Bereich Alexanderplatz (einschließlich Prenzlauer Straße und Hans-Beimler-Straße) und der sog. zentrale Bereich zwischen Liebknechtstraße und Rathausstraße, waren im Jahre 1971 noch nicht fertiggestellt[5]. Dies gilt besonders für die Bebauung an der Rathaus- und Liebknechtstraße. Die zentralen Einrichtungen dieses wichtigen Teilkomplexes des neuen Stadtzentrums konnten erst im November 1973 durch eine erneute Erhebung erfaßt werden.

Aufgrund des zeitlich sehr verzögerten Wiederaufbaus des neuen Stadtzentrums und der mehrfachen Zentrenerhebungen in Ost-Berlin kann sich die nachfolgende Analyse der funktionalen Ausstattung auf einen Zeitraum von rund sechs Jahren beziehen, so daß auch der jüngste Wandlungsprozeß teilweise Berücksichtigung finden kann.

1.1.2 Funktionale Ausstattung

Im Rahmen der Charakterisierung der Entwicklung und der Grundsätze des sozialistischen Städtebaus in der DDR sowie ihrer Auswirkungen auf die Zentrenplanung und -erneuerung wurde bereits eine — allerdings sehr grobe — Systematik der für das „sozialistische Stadtzentrum" Ost-Berlins geplanten Hauptfunktionen dargestellt (vgl. besonders III. 2.3.1). Diese Aufgliederung der Funktionen konnte jedoch erheblich ergänzt und verfeinert werden durch Berücksichtigung ökonomischer Planungs- und Organisationsprinzipien in der DDR und der differenzierten Ergebnisse der eigenen empirischen Zentrenerhebungen (vgl. III. 1. und V. 2). An diese theoretischen Vorüberlegungen anknüpfend soll zunächst im folgenden einer sektoralen, d. h. nach den einzelnen Funktionsgruppen gegliederten Darstellung und Interpretation der Verteilungsmuster der funktionalen Ausstattung des Stadtzentrums der Vorrang gegeben werden. Eine ausschließlich nach räumlichen Einheiten — etwa von „Aufbaukomplex" zu „Aufbaukomplex" fortschreitend — gegliederte (monographische) Darstellung würde dagegen zu viele sachliche Wiederholungen bedingen.

Der *Dienstleistungsausstattung des Stadtzentrums* kommt — dieses wurde bereits unter I. 1. angedeutet — eine bestimmte Sonderstellung zu: Die politisch-administrativen Hauptstadtfunktionen und die damit unmittelbar verbundenen Einrichtungen bedingen eine „Partei- und Behördenzentralität" (P. *Schöller*, 1967, S. 92), die für die übrigen Oberzentren der DDR in weit abgeschwächterem Maße bestimmend ist. Für einen echten Vergleich mit dem Hauptzentrum West-Berlins können daher streng genommen nur die Funktionsgruppen bzw. -elemente berücksichtigt werden, die nicht direkt von den Hauptstadtfunktionen abhängig, sondern allgemein für ein „sozialistisch geprägtes" Großstadtzentrum in der DDR charakteristisch sind[6]. Dennoch bedarf es in diesem Zusammenhang einer eingehenden Darstellung der differenzierten räumlichen Verteilung des „nichtvergleichbaren" Sektors der funktionalen Ausstattung des Ostberliner Stadtzentrums, allein um die relative Bedeutung der gegenüber den Hauptstadtfunktionen verhältnismäßig indifferenten Funktionsbereiche zu kennzeichnen.

Unter den *„hauptstadtgebundenen" Leitfunktionen* des Stadtzentrums in Ost-Berlin kommt zunächst den *„zentralen Organen"* der *Parteien* ein besonderes Gewicht zu: Die Standorte aller Parteizentralen konzentrieren sich im zentralen Teil des Ostberliner Stadtzentrums (vgl. im folgenden die Abb. 17). Zentralkomitee und Bezirksleitung der Sozialistischen Einheitspartei Deutschlands (SED), die „über ihren umfangreichen und vielfältig aufgegliederten Parteiapparat das gesamte staatliche, wirtschaftliche und gesellschaftliche Leben in der DDR" beherrscht und steuert[7], nutzen heute den Gebäudekomplex der ehemaligen Reichsbank im Süden des Marx-Engels-Platzes. Die der SED funktional untergeordneten nationalen Leitungen und Vorstände und auch einige Bezirksleitungen der übrigen Parteien der DDR[8] verteilen sich beiderseits des mittleren

---

[5] Sie wurden daher in der Abb. 17 mit einer besonderen Punktsignatur umgrenzt.
[6] Eine eindeutige Eliminierung dieser Funktionsgruppen konnte jedoch im Rahmen dieser Untersuchung nicht geleistet werden. Dazu wären weitere Einzelstudien auf breiter empirischer Basis in anderen Großstädten der DDR erforderlich.
[7] H. *Roggemann*, 1970, S. 51—52; vgl. dort auch das „Organisationsschema der SED" auf S. 50.
[8] Dieses sind die Christlich-Demokratische Union Deutsch-

Abschnittes der Friedrichstraße in (ebenfalls) erhalten gebliebenen bzw. instand gesetzten Altbauten. Im westlichen Bereich des Stadtzentrums (Thälmannplatz) erhielt auch die Zentrale der „Nationalen Front", die die nichtsozialistischen Parteien und die Massenorganisationen der DDR (s. unten) mit der SED „zum gemeinsamen Handeln" vereint, einen zentralen Standort.

In engem räumlichen Kontakt zu diesen Parteieinrichtungen stehen wichtige *staatliche Dienststellen und Behörden* mit ebenfalls zumindest nationalem Funktionsradius. Von den 25 Ministerien der DDR hatten im Jahre 1971 insgesamt 22 — zusammen mit einer Anzahl räumlich getrennter Abteilungen, Staatssekretariate sowie weiterer zentraler Ämter und Verwaltungen[9] — ihre Standorte im Untersuchungsgebiet. Zwar ist im Bereich des heutigen Stadtzentrums kein geschlossenes Regierungsviertel neu entstanden; jedoch läßt sich die Konsistenz räumlicher Verteilungen, die bereits unter II. 2.1 herausgestellt wurde, für zahlreiche staatliche Verwaltungsstandorte nachweisen. Wenngleich der Staatsrat der DDR und das Ministerium für Auswärtige Angelegenheiten in zwei Neubauten am Marx-Engels-Platz repräsentative Standorte erhielten, die Volkskammer der DDR z. Z. noch in der nördlichen Randzone des Stadtzentrums lokalisiert ist, der Ministerrat der DDR das ehemalige „Stadthaus" im Bereich von Alt-Berlin bezogen hat und sich neuerdings auch der Alexanderplatz durch zwei Ministerien auszeichnet, die in neu erstellten Großbauten untergebracht wurden, so liegt der Verteilungsschwerpunkt der zentralen staatlichen Regierungsstellen — mit allein 15 Ministerien — wiederum im Westen der Friedrichstraße. Hier gruppieren sich die Standorte um das zerstörte und bisher nicht wieder aufgebaute Kerngebiet des früheren Regierungsviertels, wobei die besondere Konzentration im westlichen Abschnitt der Leipziger Straße durch die Nutzung des nur wenig beschädigten Gebäudekomplexes des ehemaligen Reichsluftfahrtministeriums bedingt ist.

Kennzeichnend für die besondere funktionale Ausstattung des Ostberliner Stadtzentrums sind außerdem die „zentralen Organe" der zahlreichen *Massenorganisationen und Interessengemeinschaften*[10], die sich ihrerseits im allgemeinen klar nach der jeweiligen funktionalen „Reichweite der Betreuung", d. h. in Zentral-, Bezirks- und Kreisleitungen, einstufen lassen. Dazu zählen besonders die nationalen Zentralvorstände und -räte bzw. Sekretariate von sozialistischen Großorganisationen, z. B. des mitgliederstärksten Freien Deutschen Gewerkschaftsbundes (FDGB), der Freien Deutschen Jugend (FDJ), der Gesellschaft für Deutsch-Sowjetische Freundschaft (DSF). Zu den insgesamt 33 Zentralleitungen (einschließlich eines Internationalen Sekretariats), 9 Bezirks- und 4 Kreisleitungen, die im Jahre 1971 im Bereich des Ostberliner Stadtzentrums ermittelt wurden, zählen jedoch auch diejenigen von weniger mitgliederstarken Verbänden[11]. Insgesamt nur vier zentrale Einrichtungen von Massenorganisationen haben ihre Standorte an der „Repräsentationsachse" Straße Unter den Linden — darunter bezeichnenderweise jedoch der FDGB und auch die FDJ — erhalten. Eine bedeutendere räumliche Konzentration besteht — gemessen an der Anzahl der Einrichtungen — in der westlichen „Friedrichstadt", d. h. im Bereich des ehemaligen Regierungsviertels. Bemerkenswert ist außerdem, daß die neuen „Aufbaukomplexe" im östlichen Teil des Stadtzentrums, d. h. die Karl-Marx-Allee (zwischen Alexanderplatz und Strausberger Platz), der Alexanderplatz sowie der „zentrale Bereich" um den Fernsehturm, nicht als Standorte für die im übrigen dezentralisiert verteilten Einrichtungen der Massenorganisationen und Interessengemeinschaften gewählt wurden.

Durch die Kriegseinwirkungen, die Spaltung Berlins, den Verlust der Hauptstadtfunktionen für Gesamt-Deutschland und durch die besonderen politischen Verhältnisse eines geteilten Deutschlands wurde in starkem Maße das ehemals funktionell und damit auch räumlich an das frühere Regierungsviertel gebundene sog. „Diplomatenviertel" betroffen. Wenngleich sich gegen Ende der 60er Jahre die wenigen *ausländischen Vertretungen* in Ost-Berlin zum großen Teil über andere Stadtteile, d. h. besonders in Pankow und Treptow, verteilten[12], so zeigte zu Beginn der 60er Jahre die Konzentration von drei Botschaften (und Handelsvertretungen) „sozialistischer Nachbarstaaten" im westlichen Abschnitt der Straße Unter den Linden[13] das Bestreben der Planung, derartige Funktionen in repräsentativer Lage und in der Nähe der Regierungsstandorte zusammenzufassen (vgl. Abb. 18). Bis zum Jahre 1971 waren im westlichen Teil des Bereiches

---

lands (CDU), die Liberal-Demokratische Partei Deutschlands (LPD), die National-Demokratische Partei Deutschlands (NDPD) und die Demokratische Bauernpartei Deutschlands (DBD).
[9] Z. B. Staatliche Zentralverwaltung für Statistik (Hans-Beimler-Straße), Staatliches Komitee für Körperkultur und Sport (Mohrenstraße), Amt für Preise beim Ministerrat der DDR (Leipziger Straße).
[10] Während der Begriff „Massenorganisation" vor allem den sozialistischen Großorganisationen vorbehalten sein soll, werden unter „Interessengemeinschaften" im folgenden kleinere Kulturorganisationen und Berufsfachverbände verstanden.
[11] Wie etwa der Verband bildender Künstler Deutschlands oder die Deutsch-Südostasiatische Gesellschaft.
[12] Von den insgesamt 13 Botschaften, die gegen Ende der 60er Jahre in Ost-Berlin bestanden, lagen 9, d. h. mehr als zwei Drittel, außerhalb des Untersuchungsgebietes (nach: Schnell informiert in Berlin, o. J.).
[13] Der große Gebäudekomplex der Botschaft und Handelsvertretung der UdSSR auf der Südseite der Straße Unter den Linden wurde bereits 1950—1952 als erster Neubau der Straße errichtet (*A. Lange*, 1966, S. 104).

Unter den Linden vier weitere Botschaften, ein Generalkonsulat und rd. 27 ausländische, d. h. überwiegend osteuropäische Handelsvertretungen (bzw. -gesellschaften) eingerichtet worden[14]. Letztere bilden eine Standortgemeinschaft mit mehreren *staatlichen Außenhandelsunternehmen* und weiteren *speziellen Außenhandelsorganen* der DDR[15]. Von den zentralen Leitungsorganen des staatlichen Außenhandels konzentrieren sich in diesem Teil des Stadtzentrums als wichtige Einrichtungen das Ministerium für Außenwirtschaft und die Kammer für Außenhandel in der DDR in der Straße Unter den Linden sowie in der nördlich davon verlaufenden Parallelstraße (Clara-Zetkin-Straße) die Deutsche Warenkontrollgesellschaft und das Deutsche Institut für Marktforschung. An der Realisierung des Außenhandels sind außerdem beteiligt: die Staatsbank der DDR und die Zentrale der Deutschen Außenhandelsbank, die ihre Standorte unmittelbar südlich der Straße Unter den Linden (in der Charlottenstraße bzw. Otto-Nuschke-Straße) erhalten haben (s. unten). Ein zweiter Verteilungsschwerpunkt in- und ausländischer Außenhandelseinrichtungen hat sich im südlichen Bereich des Stadtzentrums beiderseits der Friedrichstraße entwickelt, wo auch im sog. „Haus des Außenhandels"[16] eine ständige Export-Musterausstellung der UdSSR eingerichtet wurde. Die relative räumliche Konzentration allein der staatlichen Außenhandelsunternehmen der DDR im zentralen Standortraum der Hauptstadt betrug gegen Ende der 60er Jahre bereits rund 54% aller Einrichtungen in Ost-Berlin[17].

Typische Funktionen des Hauptstadtzentrums sind außerdem wichtige Einrichtungen der zentralen Planung und Leitung des *Binnenhandels* der DDR (vgl. III. 1.2 und Abb. 6). Nach dem Ministerium für Handel und Versorgung als Organ des Ministerrates, das im Bereich des Alexanderplatzes (an der Ecke Karl-Marx-Allee/Hans-Beimler-Straße) einen neuen „Repräsentationsstandort" erhalten hat, ist die „Hauptverwaltung des Volkseigenen Einzelhandels" mit Sitz in der Behrenstraße das wichtigste national wirksame Organ der Binnenhandelsleitung. Daneben bestehen im zentralen Bereich des Ostberliner Stadtzentrums drei von insgesamt fünf sog. Zentralen Warenkontoren der DDR, die u. a. Anleitungs- und Kontrollfunktionen gegenüber den speziellen, untergeordneten Großhandelsgesellschaften (GHD) ausüben. Letztere betreuen — im Gegensatz zu den ZWK — regionale Versorgungsbereiche. Unter den rund 15 in Ost-Berlin eingerichteten Verwaltungen und Verkaufsabteilungen von Großhandelsgesellschaften konnten im Jahre 1971 7 Einrichtungen im Stadtzentrum empirisch ermittelt werden. Im zentralen Standortraum Ost-Berlins wurden außerdem die Direktion und der zentrale Versorgungsbetrieb eines wichtigen speziellen Handelsorgans, der MITROPA[18], eingerichtet.

Gegenüber den Leitungsorganen des Außenhandels und Binnenhandels stellen die „Vereinigungen Volkseigener Betriebe (VVB)" als *wirtschaftsleitende Organe der zentralgeleiteten Industriebetriebe eines Zweiges* (vgl. III. 1.1) keine vorwiegend hauptzentrumsgebundenen Funktionsträger dar. Von den insgesamt rund 63 Einzelstandorten (Direktionen, Hauptabteilungen etc.) der VVB, die im Jahre 1967 in ganz Ost-Berlin bestanden[19], verteilten sich lediglich 7 Einrichtungen (= rd. 11%) dezentralisiert über den Bereich des Stadtzentrums[20]. Auch die Verwaltung des Wirtschaftsrates des Bezirkes Groß-Berlin, die für die sog. bezirksgeleitete Industrie im Raume Ost-Berlin verantwortlich ist, liegt außerhalb des eigentlichen Stadtzentrums.

Das Funktionsgefüge des Stadtzentrums wird dagegen in erheblichem Maße bestimmt von zahlreichen *Verlagseinrichtungen*, d. h. den Zentralen bedeutender Verlage der DDR mit angegliederten Redaktionen und teilweise auch Druckereien. Unter den insgesamt 54 Verlagen (ohne getrennt gelegene Redaktionen), die gegen Ende der 60er Jahre in ganz Ost-Berlin ermittelt werden konnten, lagen allein 38, d. h. rund zwei Drittel, im Gebiet des Stadtzentrums[21], wo sie sich besonders im südwestlichen Sektor häufen. Hinzu kommen hier noch rund 18 Redaktionen. Wenngleich einige Verlage ihre Standorte im ehemaligen, heute jedoch von der Sektorengrenze im Verlauf der Zimmerstraße getrennten Zeitungs- und Presseviertel erhielten (vgl. II. 2.1), liegt der Verteilungsschwerpunkt der Verlagseinrichtungen nördlich der Leipziger Straße, besonders zwischen Glinkastraße und Friedrichstraße. Östlich der Spree wurde lediglich ein Großverlag, der Berliner Verlag, in einem neuen repräsentativen

---

[14] Im neu errichteten Gebäudekomplex an der Ecke Otto-Grotewohl-Straße/Clara-Zetkin-Straße (vgl. die Abb. 17 und 18).

[15] Vgl. die Ausführungen über die Funktionen und Organisationsformen des Außenhandels der DDR unter III. 1.3.1.

[16] An der Westseite der Friedrichstraße zwischen Tauben- und Mohrenstraße.

[17] D. h. von den rund 54 Einrichtungen der staatlichen Außenhandelsunternehmen in Ost-Berlin verteilten sich rund 29 im Untersuchungsgebiet (nach: Branchen-Fernsprechbuch für die Hauptstadt der DDR Berlin, Ausgabe 1969). Im Jahre 1971 wurden 36 Standorte im Stadtzentrum empirisch ermittelt (vgl. Abb. 17). Für die ausländischen Handelsvertretungen konnten die relative Häufigkeit der Standortverteilung sowie der Prozentanteil nicht berechnet werden.

[18] = Mitteleuropäische Schlafwagen- und Speisewagen AG.

[19] Nach Auszählung im Fernsprechbuch Hauptstadt der Deutschen Demokratischen Republik Berlin, Ausgabe 1967.

[20] Außerdem haben hier eine Reihe von Verwaltungs (Zweig-) stellen Volkseigener Betriebe ihre Standorte, die jedoch nicht hinreichend vollständig erfaßt werden konnten und daher auch nicht in der Abb. 17 dargestellt sind. Ihre Gesamtzahl ist aber relativ gering.

[21] Nach Auszählung im Branchen-Telefonbuch für die Hauptstadt der DDR, Berlin, Ausgabe 1969. Die Gesamtzahl der Verlage im Stadtzentrum hatte sich, wie die eigenen Erhebungen ergeben haben, bis zum Jahre 1971 nicht verändert.

Verlagsgebäude im Aufbaubereich Alexanderplatz (Prenzlauer Straße) eingerichtet.

Ost-Berlin ist nicht nur wichtigster Verlagsstandort der DDR, sondern gleichzeitig auch Zentrum des *Versicherungs- und Bankwesens,* welches jedoch in der Anzahl der Einrichtungen stark reduziert wurde[22]. Im Stadtzentrum der Hauptstadt befinden sich die Zentralen der drei wichtigen Versicherungen der DDR: der Staatlichen Versicherung, der Sozialversicherung und der DARAG[23].

Die bedeutendsten Bankzentralen konzentrieren sich vornehmlich im Bereich des ehemaligen Bankenviertels der Reichshauptstadt und nutzen somit die wieder instand gesetzten Gebäudekomplexe früherer Großbanken, so die Staatsbank der DDR, die Deutsche Außenhandelsbank, die Deutsche Bank AG sowie die Industrie- und Handelsbank. Bemerkenswert ist, daß die „Repräsentationsachse" Straße Unter den Linden nicht einen Standort einer Versicherungs- oder Bankzentrale oder etwa einer Bezirksdirektion bzw. Regionalfiliale erhalten hat.

Die Zahl der lokalen Zweigstellen, Filialen oder Wechselstellen der Stadtsparkasse und anderer Banken, die lediglich vom normalen Besucherverkehr genutzt werden können, ist mit insgesamt rund 10 im ganzen Gebiet des Stadtzentrums ebenfalls sehr gering.

Auch in einem anderen Bereich der öffentlichen Dienstleistungen läßt sich eine gewisse Konsistenz in der räumlichen Verteilung nachweisen: Mit dem „Roten Rathaus" als Hauptstandort der *Magistratsverwaltung* an der Rathausstraße und weiteren Abteilungen, Referaten usw. im Bereich der nahegelegenen Klosterstraße besteht in diesem Teil des Stadtzentrums wiederum ein Mittelpunkt der städtischen Verwaltung (vgl. auch II. 2.1). Hier konzentrieren sich außerdem andere wichtige öffentliche Verwaltungsfunktionen: Stadtgericht, Militärgerichte und die Generalstaatsanwaltschaft von Ost-Berlin sowie drei Staatsanwälte für die inneren Stadtbezirke in dem traditionellen Gerichtsgebäudekomplex Ecke Gruner Straße/Littenstraße. Hinzu kommt an diesem Standort der Vorstand des Rechtsanwaltkollegiums von Groß-Berlin", dem rund 15 Zweigstellen — davon nur vier im Bereich Berlin Mitte — untergeordnet sind.

Eine unter allen Oberzentren der DDR herausragende Sonderstellung nimmt das Ostberliner Stadtzentrum im Bereich der *„Wissenschaft, Kultur und Bildung"* ein, bedingt durch die früheren und gegenwärtigen Hauptstadtfunktionen. Die wertvollsten historischen Bauten, besonders im Bereich des sog. „Berliner Forums" im östlichen Abschnitt der Straße Unter den Linden sowie auf der sog. „Museumsinsel" zwischen den beiden Spreearmen, wurden mit den entsprechenden Einrichtungen der Kunst und Wissenschaft (Museen, Staatsoper und Theater, Humboldt-Universität, Staatsbibliothek) nach den umfangreichen Kriegszerstörungen mit erheblichem Aufwand neu errichtet. Auch die übrigen Berliner Bühnen im Stadtzentrum, die sich größtenteils im Gebiet nördlich des Bahnhofs Friedrichstraße konzentrieren, entstanden neu: etwa das berühmte Deutsche Theater oder der Friedrichstadt-Palast, heute das größte Varieté-Theater der DDR. Südlich der Straße Unter den Linden wurde das Gebäude des ehemaligen Metropol-Theaters — heute die Komische Oper — mit einer modernen Umbauung ausgestattet. Von den insgesamt 14 Bühnen Ost-Berlins liegen allein 10, d. h. 71%, im Stadtzentrum. Hier verteilen sich außerdem 78% (7 von 9) der Museen, 56% (5 von 9) der größeren und kleineren Ausstellungszentren bzw. Galerien. Hinzu kommen 8 sog. „Kulturzentren", d. h. 80% derartiger Einrichtungen in Ost-Berlin, darunter 5 Kulturzentren „sozialistischer Nachbarstaaten", die sämtlich Standorte an den Hauptachsen und -plätzen erhielten. Im Bereich des Stadtzentrums wurde jedoch nur ein einziges Filmtheater[24] errichtet — dies jedoch als eines der modernsten in der DDR (*A. Lange*, 1973, S. 37).

Die Bedeutung Ost-Berlins als kulturelles Zentrum der DDR zeigt sich besonders in der Vielzahl wichtiger Wissenschafts- bzw. Fortbildungseinrichtungen, die sich ebenfalls vornehmlich im zentralen Standortraum der Stadt konzentrieren. Außer der bereits erwähnten Universität verteilen sich sieben bedeutende Hochschulen und Akademien[25] und — größtenteils bedingt durch den Raummangel dieser Einrichtungen — rund 40 von den Hauptstandorten getrennte Institute und Fakultäten über den gesamten westlichen Bereich des Stadtzentrums. In der nördlichen Randzone, d. h. nördlich der Spree, erstrecken sich größere Gebäudekomplexe der Universitätskliniken einschließlich der sehr weiträumigen Anlagen der Charité. Wichtige Bestandteile der funktionalen Ausstattung des Stadtzentrums sind auch öffentliche Bibliotheken: Sämtliche großen Zentralbibliotheken Ost-Berlins, insgesamt 10, befinden sich im Zentrum, darunter u. a. die Deutsche Staatsbibliothek als eine der größten Literatursammlungen Gesamt-Deutschlands und die Univer-

---

[22] Vgl. die Darstellung der Entwicklung und Organisation des Versicherungs- und Bankwesens in DDR unter III. 1.3.2.
[23] = Deutsche Auslands- und Rückversicherungs AG.
[24] Kino International im neuen Abschnitt der Karl-Marx-Allee.
[25] Dies sind die 1950 in Ost-Berlin neu errichtete „Deutsche Akademie der Künste" (am Robert-Koch-Platz, unmittelbar nördlich der in der Abb. 17 vorhandenen Begrenzung im Bereich der Hermann-Matern-Str.), die rund 300 Jahre alte „Deutsche Akademie der Wissenschaften zu Berlin" (Otto-Nuschke-Straße), die 1951 gegründete „Deutsche Akademie der Landwirtschaftswissenschaften" (Krausenstraße) und „Deutsche Bauakademie" (Breite Straße), die „Deutsche Hochschule für Musik" und die „Akademie der Pädagogischen Wissenschaften" (beide Otto-Grotewohl-Straße) und die „Parteihochschule Karl Marx beim ZK der SED". Lediglich zwei Hochschulen haben ihre Hauptstandorte außerhalb des Stadtzentrums erhalten.

sitätsbibliothek in einem Gebäude an der Straße Unter den Linden sowie die Berliner Stadtbibliothek mit dem Stadtarchiv im Südosten des Marx-Engels-Platzes (Breite Straße). Außerdem wurden bei den Erhebungen im Stadtzentrum (1971) insgesamt 6, d. h. 30%, der Ostberliner Fachschulen ermittelt.

Ein Teil der genannten gehobenen Kultur- und Bildungseinrichtungen, darunter in erster Linie die Theater und Museen, wird in erheblichem Maße von der Zahl der Fremden genutzt, die in den letzten Jahren, nicht zuletzt als Auswirkung der Berlin-Vereinbarungen des Jahres 1971, stark zugenommen hat. Dem *Reise- und Fremdenverkehr* nach bzw. in Ost-Berlin dienen darüber hinaus eine Anzahl weiterer *zentraler Einrichtungen,* die durchaus einen Vergleich mit der entsprechenden Ausstattung des Westberliner Hauptzentrums gestatten.

Die jahrelangen „qualitativen und quantitativen Bedarfslücken" bzw. die „Unterbesetzung des Beherbergungsnetzes" in der gesamten DDR sollten im Perspektivplan bis 1970 durch eine erhebliche Erweiterung der Bettenkapazität der *Hotels,* besonders auch in der Hauptstadt, beseitigt werden (*K. Wenzel*, 1967, S. 708—709). Vorbild für den modernen Hotelbau in der DDR waren u. a. die beiden in der ersten Hälfte der 60er Jahre in Ost-Berlin errichteten „Interhotels" Unter den Linden (Ecke Straße Unter den Linden/Friedrichstraße) und Berolina (im neuen Abschnitt der Karl-Marx-Allee). Zu einer herausragenden städtebaulichen „Dominante" wurde als dritter neuer Hotelkomplex im Ostberliner Stadtzentrum das zu Beginn der 70er Jahre fertiggestellte, 137 m hohe Interhotel Stadt Berlin am Alexanderplatz, das mit einer Kapazität von rund 2000 Betten und den vielseitigen gastronomischen Einrichtungen und sonstigen Service-Leistungen (s. unten) eine Sonderstellung in der DDR einnimmt. Die übrigen Hotels im zentralen Standortraum, die ausschließlich in (renovierten) Altbauten untergebracht sind, bilden zwei ausgeprägte Standortagglomerationen: um den Bahnhof Friedrichstraße, wo bereits vor dem 1. Weltkrieg ein erstes „Hotelviertel" entstanden war, und — wie bereits erwähnt — im nördlichen Bereich von Berlin-Mitte zwischen Invalidenstraße und Wilhelm-Pieck-Straße. Von den rund 45 Hotels und Beherbergungseinrichtungen, die Anfang der 70er Jahre in Ost-Berlin bestanden, lagen allein ein Drittel in dem von der Abb. 17 begrenzten Teil der Innenstadt, d. h. im engeren Stadtzentrumsbereich.

Auch die *Einrichtungen der Gastronomie* waren zumindest bis zur Fertigstellung der Aufbaukomplexe Alexanderplatz und Rathausstraße/Liebknechtstraße den Konsumansprüchen des jährlichen Touristenstromes sowie auch der Ostberliner Bevölkerung qualitativ und quantitativ keineswegs gewachsen. Dies zeigt der geringe Besatz der „Repräsentationsachse" Unter den Linden sowie auch des gesamten übrigen Teils des westlichen Stadtzentrums mit Gaststätten, Cafés und ähnlichen Einrichtungen. Den Verteilungsschwerpunkt im Gaststättenwesen bildet heute mit mehr als 30 verschiedenen gastromischen Einrichtungen[26] der östliche Abschnitt des Stadtzentrums um den Alexanderplatz und den Fernsehturm. Die Kapazität der neu eingerichteten Gaststätten und Selbstbedienungslokale wurde m. E. jedoch von der Planung des Städtebaus und des Binnenhandels[27] als zu gering berechnet. Dies zeigen die erheblichen Schwierigkeiten bei der einfachen gastronomischen Versorgung, besonders in der sommerlichen Fremdenverkehrssaison. Bemerkenswert ist jedoch — im Vergleich zu den Einrichtungen im westlichen Abschnitt des Stadtzentrums — die deutliche qualitative Differenzierung, die von gehobenen Weinrestaurants über ein modernes Bowling-Zentrum mit kombiniertem gastronomischen Teil bis zu kleinen Espresso-Bars bzw. Mokka-Stuben reicht und damit verschiedene Konsumentengruppen anspricht.

Als Vermittlungseinrichtungen des *Reise- und Fremdenverkehrs* dienen zunächst einige an den verkehrsreichsten Straßen und Plätzen gelegene Einrichtungen der sog. „Berlin-Information"[28]. Auch für die Anzahl der eigentlichen Reisebüros ist eine äußerst starke Konzentration kennzeichnend: Neben dem neugeschaffenen „Haus des Reisens" in zentraler Lage am Alexanderplatz mit dem Reisebüro der DDR und dem Stadtbüro der staatlichen Fluggesellschaft „Interflug" bestehen nur fünf weitere Reisebüro-Zweigstellen sowie vier ausländische Reise- bzw. Flugreisebüros im Bereich des Stadtzentrums. Letztere erhielten jedoch repräsentative und verkehrsgünstige Standorte in der Straße Unter den Linden, in der Friedrichstraße und in den neuerrichteten „Komplexen" Rathausstraße und Karl-Liebknecht-Straße. Für die übrigen *gehobenen Vermittlungs- und Beratungsdienste,* die für das Funktionsgefüge westdeutscher Großstadtzentren besonders kennzeichnend sind, waren in der gesamten DDR bzw. speziell in Ost-Berlin ebenfalls erhebliche Rationalisierungsbestrebungen und damit weitgehende standort-räumliche Konzentrationen bestimmend. Nicht nur der Bereich der *Rechtsberatung* wurde in „Anwaltkollektivs" mit einem zentral gelegenen Kollegium und wenigen untergeordneten Zweigstellen organisiert (vgl. auch III. 1.3.3). Auch die Funktionsgruppe der *Wirtschaftsprüfung und Steuerberatung* wurde in Ost-Berlin in einem Betrieb zusammengefaßt. Weder die Zentrale dieses Unterneh-

---

[26] Im gesamten Stadtzentrum mit der Begrenzung in der Abb. 17 wurden rd. 70 Gastronomie-Betriebe ermittelt.
[27] In der DDR zählt das Gaststättenwesen zusammen mit dem Beherbergungsgewerbe zum Binnenhandel!
[28] In der nördlichen und südlichen Friedrichstraße, am Fernsehturm und Alexanderplatz sowie im Bereich der Karl-Marx-Allee.

mens²⁹ noch eines der unterstellten Zweigbüros³⁰ befinden sich jedoch im Ostberliner Stadtzentrum. Die starke Reduzierung der Zahl der *Arztpraxen*, die gleichzeitige Bildung eines sog. „Bereichsarztsystems" sowie der Ausbau von Ambulatorien und Polikliniken zur ambulanten Behandlung haben dazu geführt, daß beispielsweise im Jahre 1967 nur noch 15 (staatliche) Arztpraxen im gesamten Stadtbezirk Mitte bestanden, davon 5 im engeren Untersuchungsgebiet des Stadtzentrums.

Auch *andere gehobene Dienstleistungseinrichtungen* sind entweder gar nicht oder nur in verschwindend geringer Anzahl im Stadtzentrum vertreten: So hatten von den 6 Werbeunternehmen Ost-Berlins gegen Ende der 60er Jahre die Hälfte, d. h. 3, hier ihren Standort, von den 14 Grundstücksvermittlungen gab es nur einen Betrieb im Stadtzentrum, von 17 Konstruktionsbüros waren es 4, von 26 Ingenieurbüros lediglich 3!³¹

Eine relativ untergeordnete Stellung im Bereich des Stadtzentrums nimmt selbst der *Einzelhandel* ein. Bis zur Fertigstellung der Neubebauung am Alexanderplatz (1971/72) sowie im Bereich der Rathausstraße und Karl-Liebknecht-Straße (1972/73) mußte zunächst besonders das in den 50er Jahren zwischen Strausberger Platz und Frankfurter Tor im Zuge der Karl-Marx-Allee geschaffene (Neben-) Geschäftszentrum wesentliche Einzelhandelsfunktionen für das im Aufbau befindliche Stadtzentrum übernehmen. Die Einzelhandelsstruktur des neugestalteten Bereiches Straße Unter den Linden sowie der nur in wenigen Abschnitten wiederaufgebauten Friedrichstraße war dagegen einseitig orientiert bzw. stark lückenhaft. In den übrigen, ebenfalls kriegszerstörten Bereichen des Stadtzentrums, d. h. in den Nebenstraßen der Friedrichstraße, in der Leipziger Straße usw., fanden sich im Jahre 1971 nur wenige Einzelhandelslokalisationen ohne ausgeprägte räumliche Konzentrationen sowie mit zumeist geringer funktionaler Bedeutung. Die folgende Beschränkung bei der Analyse und Darstellung der Einzelhandelsausstattung auf die *Hauptgeschäftsstraßen und -bereiche* des Stadtzentrums scheint daher gerechtfertigt.

Die absolute Anzahl, Betriebsgrößenstruktur, Branchendifferenzierung bzw. der Grad der Spezialisierung, die Bedarfsgruppen- und Bedarfsstufengliederungen sowie die Art der Standortagglomerationen der Einzelhandelseinrichtungen in den Hauptbereichen des Stadtzentrums entsprechen bereits weitgehend den seit Mitte der 60er Jahre allgemein für die Planung und Verbesserung der Organisation des Verkaufsstellennetzes in der DDR zugrunde gelegten Gestaltungsprinzipien (vgl. die allgemeinen Ausführungen unter III. 1.2).

Mit nur 77 Betriebseinheiten — einschließlich der „Berliner Markthalle" an der Karl-Liebknecht-Straße und dem neuen Warenhaus „Centrum" am Alexanderplatz — ist die Anzahl der 1971 bzw. 1973 in den Hauptgeschäftsbereichen des Ostberliner Stadtzentrums ermittelten Einzelhandelseinrichtungen verhältnismäßig gering (vgl. im folgenden die Abb. 18—20 und Tabelle 11). So ist beispielsweise die Zahl der Verkaufsstellen in dem Hauptabschnitt des Ostberliner Nebengeschäftszentrums Schönhauser Allee weit mehr als doppelt so groß; auch der (ältere) Abschnitt der Karl-Marx-Allee zwischen Strausberger Platz und Frankfurter Tor übertrifft mit rund 100 Läden weit die genannten Hauptbereiche des Stadtzentrums. Den relativ geringsten Anteil an Verkaufsstellen besitzt das Gebiet um den Alexanderplatz.

Charakteristisch für die Einzelhandelseinrichtungen in den neuen Aufbaukomplexen bzw. -abschnitten des Stadtzentrums ist jedoch — im Vergleich zum älteren Teil der Karl-Marx-Allee (s. unten) — eine insgesamt stärkere Differenzierung in den *Verkaufsflächen* und *(Gebäude-)Frontanteilen* der Betriebe. Allein das 1971 fertiggestellte Warenhaus am Alexanderplatz übertrifft mit seinen rund 14 000 m² großen Verkaufsflächen bei weitem alle übrigen Verkaufsstellen in Ost-Berlin³². Herauszustellen ist auch die an einem traditionellen Standort neu errichtete „Berliner Markthalle"³³ (vgl. Abb. 19), die „mit einer Fläche von 11 300 m², davon 5650 m² Verkaufsfläche, eine der bedeutendsten Handelseinrichtungen der Hauptstadt (ist)" (W. Radtke, 1970, S. 165). Sie besteht aus einem großen Lebensmittelmarkt sowie zahlreichen kleinen festen Verkaufsständen mit vorwiegenden Warenangeboten aus den unteren bis mittleren Bedarfsstufen (z. B. Heimwerkerbedarf, Wirtschaftswaren aller Art) in „bazarartiger" Anordnung. Abgesehen von diesen beiden großräumigen Einzelhandelseinrichtungen werden die relativ größten Flächen und Frontlängen besonders von den sog. Industrieläden bzw. Industrievertrieben beansprucht, die als Verkaufsstellen „volkseigener" Produktionsbetriebe bestrebt sind, das Vollsortiment der „Trägerbetriebe" und branchenverwandter Betriebe anzubieten; sie gehören zum großen Teil der obersten Bedarfsstufe an (vgl. H. Schlenk, 1970, S. 71). So besitzen beispielsweise die Verkaufsstelle „Rundfunk und Fernsehen der VVB RFT" rund 45 m sowie der „Industrieladen

---

²⁹ „Wirtschaftsprüfung und Steuerberatung Berlin VEB" mit Hauptstandort im südlichen Teil des Stadtbezirks Friedrichshain.
³⁰ Im Jahre 1967 waren es insgesamt 12 in Ost-Berlin (nach: Fernsprechbuch Hauptstadt der DDR Berlin, Ausgabe 1967).
³¹ Nach: Branchen-Fernsprechbuch für die Hauptstadt der DDR Berlin, Ausgabe 1969.
³² Das Großwarenhaus Centrum ist das einzige Warenhaus dieser Art in ganz Ost-Berlin!
³³ Bereits im Jahre 1886 wurde am Alexanderplatz die sog. Zentralmarkthalle mit Verkauf an einzelnen Ständen unter einem festen Dach eröffnet. Das durch den Krieg stark betroffene Bauwerk wurde in den 60er Jahren abgerissen, um der Karl-Liebknecht-Straße eine neue Trassenführung zu geben. Die neue Berliner Markthalle wurde auf dem Gelände der alten Berliner Großhandelshalle errichtet (W. Radtke, 1970, S. 165).

Carl Zeiss Jena" am Alexanderplatz (Memhardstraße) rund 90 m Frontlängen. Dagegen verfügt die Gruppe der drei Verkaufsstellen für Haushaltswaren und -geräte in dem neuen „Komplex Liebknechtstraße" über Gesamtlängen von jeweils „nur" 25 m (vgl. Abb. 19). Auch in den Bereichen Unter den Linden und Friedrichstraße besitzen einige Industrieläden für hochwertige technische Erzeugnisse (Automobile, Haushaltsgroßgeräte usw.) die größten Verkaufsraumflächen und Frontanteile (vgl. Abb. 18). Kleine Ladeneinheiten werden dagegen besonders von den spezialisierten Geschäften der Nahrungs- und Genußmittelbranche eingenommen.

Das Prinzip der sog. *räumlichen Konzentration* des Verkaufsstellennetzes, d. h. der „Erhöhung der Durchschnittsgröße der Verkaufsstellen bei gleichzeitiger Verringerung ihrer Anzahl" (W. Bergner u. a., 1970, S. 116), das somit offensichtlich bei der neueren Planung und Organisation der Einzelhandelsausstattung im Ostberliner Stadtzentrum in starkem Maße Anwendung gefunden hat, wurde kombiniert mit dem Prinzip der sog. *territorialen Konzentration*, d. h. der Agglomeration mehrerer Verkaufsstellen in Form von sog. „Standortkomplexen" und „Einkaufszentren" (ebd.). So lassen sich in den Hauptgeschäftsbereichen des Stadtzentrums folgende *Geschäftsagglomerationen* unterscheiden:

1. Standortkomplex Unter den Linden/Friedrichstraße im weiteren Bereich der Kreuzung beider Straßenzüge (Abb. 18) sowie die Komplexe
2. Rathausstraße (Abb. 20) und
3. Karl-Liebknecht-Straße (Abb. 19),
4. der Alexanderplatz und der
5. neuere Abschnitt der Karl-Marx-Allee.

Die räumliche Verteilung der einzelnen Branchen läßt teilweise auch die *Zusammenfassung ähnlicher, im Sortiment einander ergänzender Spezial- oder Fachgeschäfte* erkennen. So dominieren in der Straße Unter den Linden (Repräsentations-)Läden der Bedarfsgruppen Textilien und Bekleidung sowie Bildung und Kunst, im „Komplex Liebknechtstraße" Läden für Hausrat- und Wohnungseinrichtungsbedarf sowie ebenfalls Bildung und Kunst und im „Komplex Rathausstraße" Verkaufsstellen für Bekleidung und Genußmittel.

Mit der zweigeschossigen Verteilung von Einzelhandelsbetrieben im neuen „Komplex Rathausstraße" wurde in Ost-Berlin erstmals versucht, die ansonsten in den Hauptgeschäftsstraßen vorherrschende lineare Geschäftsaufreihung zu durchbrechen. Neuartig an der Konzeption dieses „integrierten Einkaufszentrums" ist für Ost-Berlin jedoch nicht nur die architektonische Aufgliederung des „Komplexes" durch Passagen, Innenhöfe und Treppen, sondern besonders die „Durchmischung" der beiden Einkaufsebenen mit den unterschiedlichsten gastronomischen Einrichtungen. Hinzu kommt ein im Kellergeschoß gelegenes Bowling-Zentrum mit einem weiteren gastronomischen Betrieb. Die Gesamtzahl der Einzelhandels- und Dienstleistungsbetriebe ist jedoch im Vergleich zu den neueren Westberliner Einkaufszentren (Europa-Center, Forum Steglitz, Ku'damm-Eck usw.) gering[34].

Die *Bedarfsstufengliederung des Einzelhandels* zeigt für alle genannten Standortkomplexe bzw. Hauptgeschäftsbereiche des Stadtzentrums das starke bzw. zum Teil sogar gänzliche Zurücktreten der unteren Stufe des täglichen bzw. kurzfristigen Bedarfs (Bedarfsstufe 3), die bei den 75 Einzelhandelsbetrieben insgesamt nur 8% ausmacht (vgl. im folgenden Tabelle 11). Führend mit rund 61% sind die Branchen der sog. „periodischen Nachfrage". Verhältnismäßig hoch mit rund 31% und damit kennzeichnend für die besondere funktionale Ausstattung des Stadtzentrums ist jedoch — wie sich aufgrund der späteren vergleichenden Betrachtung ausgewählter Nebengeschäftszentren ergeben wird, — der Anteil der Fach- und Spezialverkaufsstellen mit vorwiegenden Warenangeboten der obersten Bedarfsstufe. Neben den bereits erwähnten großflächigen sog. Industrieläden sind dieses zu einem erheblichen Teil sog. Exquisit-Läden, die seit 1961 allgemein in den Bezirkshauptstädten der DDR eingerichtet wurden (vgl. H. Schlenk, 1970, S. 56—57). In diesen Luxusgeschäften, die besonders in der Straße Unter den Linden zwischen Neustädtischer Kirchstraße und Friedrichstraße eine Standortgemeinschaft bilden (Abb. 18), werden relativ teure, „in Kleinserien oder Einzelanfertigung hergestellte Artikel 1. Wahl" der Textil- und Konfektionsbranchen angeboten, die in normalen Einzelhandelsgeschäften nicht erhältlich sind[35]. Sie richten sich an relativ kaufkräftige Konsumentengruppen, nach H. Schlenk (1970, S. 56) vor allem an die „finanzkräftige Schicht der Funktionäre und der technischen Intelligenz". Den Exquisit-Läden in der Straße Unter den Linden kommt aufgrund ihrer besonderen Standortwahl sicherlich auch die Aufgabe zu, die Leistungen des sozialistischen Einzelhandels nach außen hin zu repräsentieren, d. h. sie haben nicht nur einen ökonomischen Effekt, sondern besitzen — wie die Mehrzahl der übrigen Einrichtungen in der „Magistrale" — vor allem auch einen „Repräsentationscharakter".

Bemerkenswert ist weiterhin, daß über 80% aller vorhandenen Branchen der obersten Bedarfsstufe mit nur je einem Einzelhandelsbetrieb in den genannten Hauptgeschäftsbereichen des Stadtzentrums vertreten sind. In der mittleren Bedarfsstufe ist dagegen die Differenzierung etwas größer: „Nur" zwei Drittel aller vorkommenden Branchen werden

---

[34] Auch fehlt die für die neuesten integrierten „Shopping Centers" im westlichen Deutschland kennzeichnende künstliche Klimatisierung der Einkaufsbereiche.
[35] Vgl. Anordnung über Exquisit-Verkaufsstellen, 1962.

durch je eine Verkaufsstelle repräsentiert, rd. 21% durch zwei, 12,5% durch mehr als zwei Betriebe, wobei die Einzelhandelseinrichtungen mit „Spezialsortimenten der Nahrungs- und Genußmittelbranche" die größte absolute Häufigkeit (9 Betriebe) aufweisen!

Aufschlußreich ist auch die Häufigkeitsverteilung der Einzelhandelsbetriebe nach *Bedarfsgruppen* (vgl. Tabelle 12). Noch vor den — in den Oberzentren des westlichen Deutschland besonders stark vertretenen — Bekleidungs- und Textilgeschäften nehmen im Ostberliner Stadtzentrum die Spezial- und Fachgeschäfte der Bedarfsgruppe „Bildung und Kunst" (Buchläden, Antiquariate, Kunstgewerbe etc.) den ersten Rang ein. Außerordentlich gering sind dagegen die absoluten und relativen Anteile der Geschäfte für Fahrzeuge, Wohnungseinrichtungsbedarf sowie Schmuck- und Zierbedarf, während Verkaufsstellen aus der Gruppe „Arbeits- und Betriebsmittelbedarf" überhaupt nicht in den untersuchten Hauptgeschäftsbereichen vorhanden sind.

Abgesehen von einigen wenigen kleinen Einzelhandelsbetrieben in der Friedrichstraße sind sämtliche Verkaufsstellen im Besitz „sozialistischer" Einzelhandelsunternehmen, d. h. entweder der Staatlichen Handelsorganisationen (HO), der Konsumgenossenschaft oder des sog. sonstigen sozialistischen Einzelhandels. Kennzeichnend ist, daß der private Einzelhandel nicht in die moderne Umgestaltung bzw. Neugestaltung des Stadtzentrums Ost-Berlins, d. h. des Hauptzentrums der DDR, mit einbezogen wurde.

1.2 Das Hauptzentrum in West-Berlin

1.2.1 Verteilung citytypischer und citybestimmender Dienstleistungseinrichtungen und spezieller Einrichtungen der Wirtschaft

Die Leitfunktionen des Westberliner Hauptzentrums konnten im wesentlichen induktiv bestimmt werden: Erste Erhebungen im Rahmen der bereits erwähnten stadtgeographischen Praktika in den Jahren 1967 und 1968, die nicht nur im Zooviertel, sondern auch in wichtigen Nebengeschäftszentren durchgeführt wurden, ergaben, daß sich der zentrale Standortraum des Hauptzentrums West-Berlins im Bereich der Dienstleistungen besonders durch eine relativ starke Konzentration von Einrichtungen des(r)
— Versicherungs- und Bankwesens,
— Beherbergungsgewerbes,
— Gaststätten- und Unterhaltungsgewerbes,
— Gesundheitsfürsorge (Arztpraxen) und
— (gehobenen) Vermittlungs- und Beratungswesens (Rechtsanwälte, Einrichtungen der Wirtschafts-, Finanzberatung, -vermittlung etc.) auszeichnet.

Hinzu kommt die Standortagglomeration spezieller Einrichtungen der Wirtschaft, d. h. besonders des Konfektionsgewerbes mit seinen Fabrikations- und Lohngewerbebetrieben, Großhandelseinrichtungen und Handelsvertretungen sowie die sehr heterogene Gruppe der (übrigen) Firmenverwaltungen, -zweigstellen etc. Schließlich ergab die — wenn auch noch nicht nach echten Bedarfsstufen und nur in relativ grobe Kategorien gegliederte — Häufigkeitsverteilung der Einzelhandelsbetriebe in der „Haupteinkaufsachse" Kurfürstendamm — Breitscheid Platz — Tauentzienstraße einen verhältnismäßig großen Anteil von Fach- und Spezialgeschäften des seltenen, gehobenen Bedarfs (vgl. 1.2.2). Die Dominanz der genannten Funktionsgruppen — besonders in dem intensiv genutzten Kurfürstendamm-Bereich und im engeren Zoorandgebiet — kann durch die im Jahre 1971 gewonnenen detaillierten Erhebungsergebnisse eindeutig belegt werden (s. unten).

In diesem Zusammenhang sollen zunächst die räumlichen Verteilungen wichtiger Dienstleistungsfunktionen und darüber hinaus besonders der Einrichtungen des Konfektionsgewerbes im gesamten zentralen Standortraum analysiert werden. Diese sind in den Abbildungen 22—24 kartographisch dargestellt und wurden — mit Ausnahme des Beherbergungsgewerbes — durch Auswertung des Branchen-Fernsprechbuches für West-Berlin 1968/69[36] ermittelt[37]. Außerdem soll aufgezeigt werden, welche Standorttendenzen innerhalb der ausgewählten Funktionsgruppen bestehen. Dazu wurden relative Häufigkeiten ermittelt, die die Anteile der Einrichtungen einer Branche im zentralen Standortraum in Bezug zu der Gesamtzahl innerhalb der jeweiligen Branche in West-Berlin in Prozent angeben (vgl. z. B. Tabelle 13). Diese Prozentwerte wurden mit den absoluten Häufigkeiten als Maßzahlpaare in einem Streuungsdiagramm dargestellt, in dem sog. citytypische und citybestimmende Einrichtungen voneinander unter-

---

[36] Der etwas „veraltete" Stand ergibt sich daraus, daß die Auswertung bereits im Jahre 1970 zur Vorbereitung auf detailliertere empirische Erhebungen vorgenommen wurde. Da in diesem Zusammenhang nicht unbedingt die „Aktualität" der Verteilungen, sondern vielmehr die prinzipiellen Standorttendenzen interessieren, wurden keine erneuten mühevollen Auszählungen und kartographischen Darstellungen für ein jüngeres Datum angestrebt.

[37] Nicht genau zu erfassen war die Standortverteilung der Gaststätten, da im Branchentelefonbuch unter dieser Kategorie auch Imbißstuben und Trinkhallen aufgeführt sind. Aus diesem Grunde wurde auf eine kartographische Darstellung des Gaststätten- und Unterhaltungsgewerbes für das gesamte Hauptzentrum verzichtet. Wichtige Standorttendenzen dieser Funktionsgruppe lassen sich jedoch bereits durch Interpretation der Abb. 26 und 27 für den Kurfürstendamm-Bereich und das Zoorandgebiet herausstellen. Die differenzierte Verteilung der sehr unterschiedlichen Firmenverwaltungen, -zweigstellen etc. konnte dagegen mit den Branchentelefonbuch überhaupt nicht ermittelt werden. Hier muß sich die quantitative Auswertung auf die selbst erhobenen Kernbereiche des Hauptzentrums beschränken (vgl. Tabellen 18 und 19).

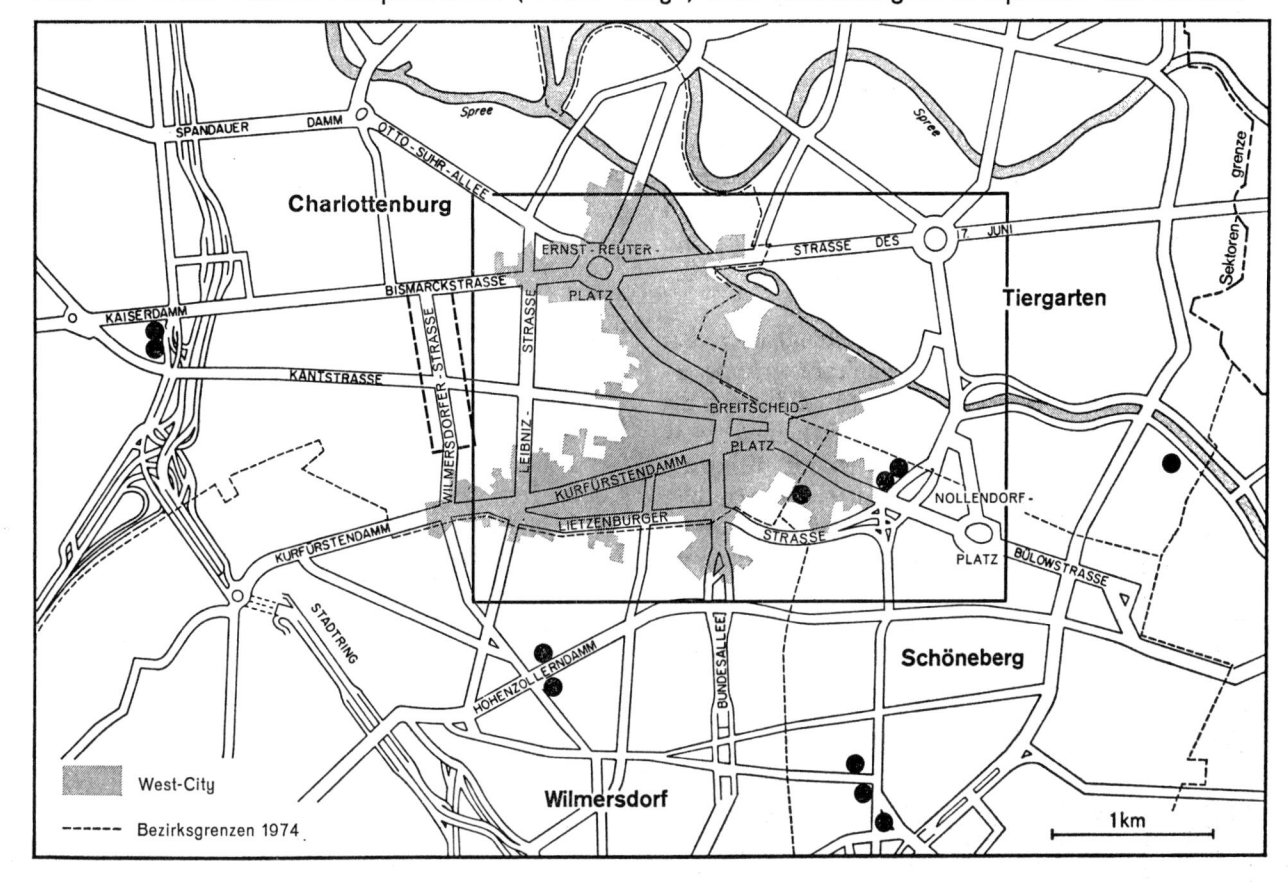

Abb. 21 West-Berlin: Hauptzentrum ('West-City') und Verwaltungsschwerpunkte des Senats

Abgrenzung des eigenen Untersuchungsgebietes 'Hauptzentrum'

- - - - Abgrenzung des eigenen Untersuchungsgebietes 'Nebenzentrum Wilmersdorfer Straße' (Charlottenburg)

Quelle: B. HOFMEISTER, 1975 b, Fig. 24 mit eigenen Ergänzungen
Wiedergabe mit freundlicher Genehmigung der Wissenschaftlichen Buchgesellschaft, Darmstadt und des Autors

schieden wurden (vgl. Abb. 25 und die Ausführungen unter V. 2.1.1). Als geeignete Schwellenwerte erwiesen sich aufgrund der Gruppenbildung im Diagramm die Werte 45% bzw. 30 (relative bzw. absolute Anzahl der Einrichtungen).

Die *Abgrenzung des „Untersuchungsgebietes Hauptzentrum"* wurde bewußt recht schematisch vorgenommen (vgl. Abb. 21—24). Sie fällt, wie die Abb. 21 verdeutlicht, nicht mit der von *B. Hofmeister* (1975 b, Fig. 24) dargestellten Begrenzung der sog. West-City zusammen, sondern umfaßt, mit Ausnahme eines kleinen nördlich gelegenen Gebietes im Bereich der Technischen Universität beiderseits der Marchstraße und eines kurzen westlichen Kurfürstendamm-Abschnittes, ein größeres Areal. Wie auch *Ch. Pape* (1976, S. 262) in der Besprechung des Werkes *Hofmeisters* kritisch hervorhebt, wird jedoch nicht deutlich, wie die West-City abgegrenzt wurde. Offenbar hat *B. Hofmeister* lediglich die von *K. Schroeder* (1962 b) für das Jahr 1961 im Atlas von Berlin (Planungsatlas) dargestellte Cityabgrenzung übernommen.

Eine aktuellere „genaue" Bestimmung der räumlichen Ausdehnung des Hauptzentrums West-Berlins, die je nach gewähltem methodischen Ansatz ohnehin unterschiedlich ausfallen müßte, konnte im Rahmen dieser Untersuchung nicht geleistet werden. Unsere schematische Abgrenzung sollte jedoch auf jeden Fall die jüngeren räumlichen Ausdehnungs- bzw. Konzentrationstendenzen wichtiger Leitfunktionen im östlichen und südlichen Randbereich des Hauptzentrums umfassen (s. unten), im Westen jedoch das Nebengeschäftszentrum der Wilmersdorfer Straße (Charlottenburg) ausschließen (vgl. Abb. 31). Die in der Abb. 25 und im folgenden zur Charakterisierung zentraler oder disperser Standorttendenzen aufgeführten relativen und absoluten Häufigkeiten einzelner Funktionen bzw. Funktionsgruppen würden sich bei „genauerer" Abgrenzung des Hauptzentrums m. E. großenteils nur unwesentlich verändern. Sie sind zur Kennzeichnung prinzipieller Tendenzen in der räumlichen Standortverteilung und erst recht für die Belange des stärker generalisierenden West-Ost-Vergleichs (vgl. insbesondere VI. 3.) durchaus hinreichend aussagekräftig.

Kommen wir nunmehr zur Analyse der räumlichen

Verteilungen von Dienstleistungsfunktionen und spezieller Einrichtungen der Wirtschaft im Gebiet des Westberliner Hauptzentrums.

Nach Auflösung des *Versicherungs- und Bankwesens* in der ehemaligen Berliner City durch Kriegszerstörungen und als Folge der politischen Teilung entwickelte sich — wie bereits unter IV. 2. eingehender ausgeführt wurde — das Zooviertel zum Hauptstandort der Westberliner Versicherungen und Banken, die jedoch hauptsächlich von regionaler Bedeutung sind.

Bezüglich der generellen Standorttendenzen bestehen innerhalb der gesamten Funktionsgruppe erhebliche Unterschiede (vgl. Abb. 25): Während die Versicherungsagenturen bzw. -vermittlungen zwar nicht als citytypisch eingestuft, jedoch aufgrund ihrer absoluten Häufigkeit im Untersuchungsgebiet Hauptzentrum als durchaus citybestimmend gekennzeichnet wurden, sind die Bank- oder Sparkassenfilialen bzw. -zweigstellen sowohl relativ wie absolut gering vertreten. Gemeinsam ist beiden Funktionsarten, daß sie sich überwiegend dispers über das übrige Stadtgebiet Berlins verteilen, also stärker wohngebietsorientiert sind. Im Gegensatz dazu stehen die Versicherungsdirektionen wie die Banken und Sparkassen (ohne nachgeordnete Filialen oder Zweigstellen), die nicht nur als citytypisch, sondern mit ihren absoluten Häufigkeiten auch als citybestimmend einzustufen sind. Citytypische Funktionen sind ebenfalls die Landeszentralbank, die im Hauptzentrum einen peripheren, jedoch verkehrsgünstigen Standort erhielt, sowie die acht Westberliner Bank- und Sparkassenzentralen.

Bevorzugt wurden von den Banken und Sparkassen sowie den Versicherungsdirektionen, die im Hauptzentrum zu einem erheblichen Anteil Neubauten bezogen haben, „Repräsentationsstandorte" an den Hauptverkehrsachsen (vgl. Abb. 22), d. h. vor allem

1. am Kurfürstendamm, der — zwischen Breitscheidplatz und westlicher Begrenzung der Abb. 22, einschließlich der Eckgebäude von Nebenstraßenabschnitten — im Jahre 1968 13 Versicherungsdirektionen und 9 Banken oder Sparkassen aufwies;

Abb. 22 West-Berlin: Hauptzentrum
Verteilung der Banken, Versicherungen, des Beherbergungs- und Konfektionsgewerbes 1968

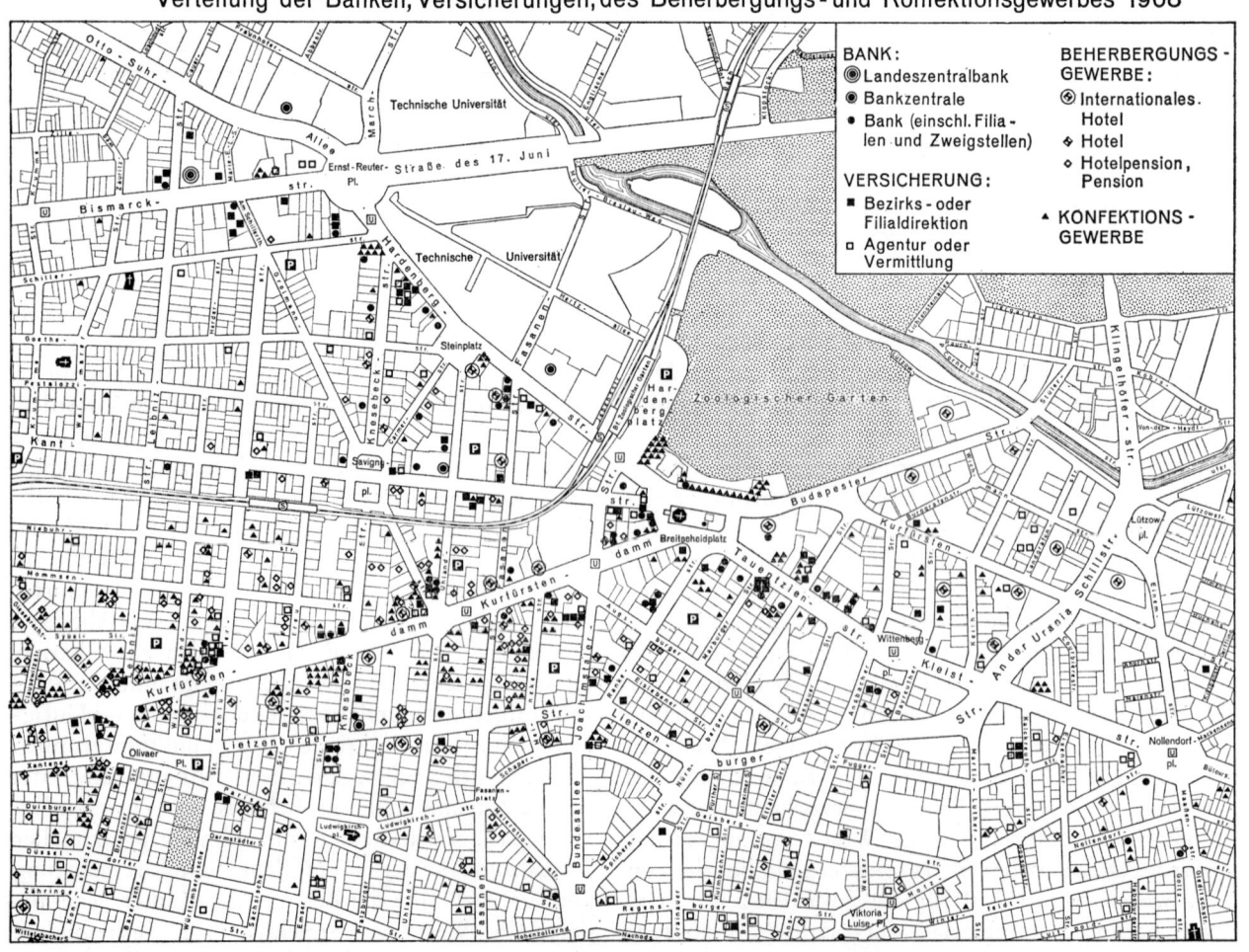

2. Tauentzienstraße (9 Versicherungsdirektionen, 6 Banken/Sparkassen);
3. Hardenbergstraße (6 Versicherungsdirektionen, 4 Banken/Sparkassen und 1 Bankzentrale, die hier u. a. eine Standortgemeinschaft mit der Westberliner Börse bilden);
4. Bismarckstraße (bis zur westlichen Begrenzung der Abb. 22: 7 Versicherungsdirektionen, 1 Bank, Landeszentralbank).

Im Gegensatz zur ehemaligen Berliner City, wo sich relativ geschlossene, einander benachbarte Banken- und Versicherungsviertel mit nationaler Bedeutung entwickelt hatten, bildet somit das größtenteils nur regional wirksame Westberliner Bank- und Versicherungswesen ausgeprägte Standortgemeinschaften mit anderen Cityfunktionen in vorzugsweise linearer Anordnung entlang der wichtigsten Verkehrsachsen des Hauptzentrums, ohne daß sich jedoch größere viertelsbildende räumliche Konzentrationen von „Bank- oder Versicherungspalästen" herausgebildet hätten.

Die zweite der einleitend genannten Dienstleistungsgruppen, das *Beherbergungsgewerbe*, ist mit der räumlichen Konzentration von 53% aller seiner Westberliner Einrichtungen im weiteren Zooviertel (Hauptzentrum) als insgesamt citytypisch zu kennzeichnen (vgl. im folgenden Abb. 22, 23, 25 und Tabellen 10, 14). Mit der absoluten Anzahl und Bettenkapazität seiner Beherbergungseinrichtungen unterscheidet sich das Westberliner Hauptzentrum heute erheblich von der Vorkriegszeit, in der sich — im Gegensatz zu der damaligen City Berlins — noch keine bedeutende Hotelkonzentration entwickelt hatte, wenngleich jedoch bereits eine große Anzahl „vornehmer Pensionen", vor allem im Zuge des Kurfürstendamms und auch der Hardenbergstraße, bestand (vgl. II. 2.2.2).

Im Jahre 1972 entfielen auf die beiden den größten Teil des Westberliner Hauptzentrums umfassenden Bezirke Charlottenburg und Wilmersdorf allein rd. zwei Drittel aller Betriebe und Betten im Beherbergungsgewerbe. Rechnet man die benachbarten Bezirke Tiergarten und Schöneberg, die noch in das Gebiet des Hauptzentrums hineinragen, hinzu, so ergibt dies rd. 81% der Beherbergungsbetriebe und knapp 87% der Betten (Tabelle 10). Innerhalb dieser 4 zentral gelegenen Bezirke besteht jedoch, wie die Abb. 23 verdeutlicht, eine ausgeprägte räumliche Konzentration im engeren Gebiet des Hauptzentrums, allerdings mit unterschiedlichen Anteilen und räumlichen Schwerpunktbildungen der einzelnen Beherbergungsbranchen.

Die stärkste relative Konzentration weisen mit rd. 69% (1968) die Internationalen Hotels auf (Abb. 25), die sich besonders im östlichen Teil des Hauptzentrums zwischen Breitscheidplatz (Europa Center), Budapester Straße und dem Straßenzug An der Urania/Schillstraße[38] häufen und im westlichen Teil, im Kurfürstendamm-Bereich, eine ausgeprägte Standortgemeinschaft mit weiteren Hotels und einer großen Anzahl von Hotelpensionen und Pensionen bilden (Abb. 23).

Die Hotels im Westberliner Hauptzentrum entstanden seit den 50er Jahren zum großen Teil als Neubauten, teilweise jedoch auch durch Restauration kriegsbeschädigter älterer Hotelbauten, wie z. B. das Hotel am Zoo/Kurfürstendamm. *B. Hofmeister* (1975 b, S. 307—308) unterscheidet 3 Entwicklungsphasen:

1. eine erste Nachkriegsphase zu Beginn der 50er Jahre, als insbesondere die Hotels am Kurfürstendamm neu errichtet bzw. eröffnet wurden;
2. zweite Hälfte der 50er Jahre und Beginn der 60er Jahre mit Hotelneubauten an der Peripherie des Hauptzentrums, z. B. an der Lietzenburger Straße, Budapester Straße und östlich der Schillstraße. Das in dieser Zeit entstandene Hilton Hotel (mit mehr als 600 Betten nach Kempinski am Kurfürstendamm das zweitgrößte Hotel in West-Berlin) erhielt an der Budapester Straße ein Grundstück zu günstigen Bedingungen im Zusammenhang mit dem Bau der Kongreßhalle im nördlich gelegenen Tiergarten;
3. ab Mitte der 60er Jahre weiterer Ausbau des neuen Hotelviertels im Ostteil des Hauptzentrums. Hier boten die flächenhaften Kriegszerstörungen, aber auch die verkehrsgünstige Lagesituation gute Möglichkeiten zum Neubau moderner Großhotels.

Außer diesen Hotelkonzentrationen entstanden im Stadtgebiet West-Berlins drei weitere Standorthäufungen, nämlich um die Messe- und Ausstellungshallen am Funkturm und nahe dem Sitz des Senders Freies Berlin, im Nahbereich des Flughafens Tempelhof und an der „Avus", die jedoch im Vergleich zum Hauptzentrum bescheidene Konzentrationen darstellen (ebd. S. 308).

Citytypische und — aufgrund ihrer absoluten Häufigkeit — auch citybestimmende Funktionen sind die Hotelpensionen und Pensionen, die sich schwerpunktmäßig in der westlichen Hälfte des Hauptzentrums beiderseits des Kurfürstendamms konzentrieren. Während hier — wie bereits angedeutet — die Hotels mehr zu den Hauptverkehrsachsen (Kurfürstendamm, Hardenbergstraße, Lietzenburger Straße) „tendieren", besitzen die Hotelpensionen und Pensionen ihre Standorte vornehmlich in den Nebenstraßen, wo sie die für den „Berliner Westen" typischen ehemaligen Großraumwohnungen gehobener Sozialschichten nutzen und — ebenfalls noch sehr verkehrsgünstig — im unmittelbaren Nah- bzw. Kontaktbereich der abwechslungsreichen Standortagglomeration gehobener Einzelhandels- sowie Vergnügungs- und Unterhaltungseinrichtungen des Kurfürstendamm-Gebietes gelegen sind.

---

[38] Hier wurde in den letzten Jahren mit dem sog. Berlin-Center die Errichtung eines weiteren Hotels geplant.

Unter den Einrichtungen des *Gaststätten- und Unterhaltungsgewerbes* sind die Gaststätten bzw. Restaurants im Westberliner Hauptzentrum die dominierenden, citybestimmenden Funktionselemente, wenngleich ihre relative Anzahl nicht einmal 10% der Betriebe West-Berlins ausmacht (vgl. Abb. 25 und Tabelle 15). Verteilungsschwerpunkt der gastronomischen Einrichtungen innerhalb des Hauptzentrums bildet — wie bereits in der Zeit vor dem 2. Weltkrieg (vgl. II. 2.2.2) — der Kurfürstendamm-Bereich, besonders in seinem „Kerngebiet" zwischen Knesebeckstraße und Joachimstaler Straße, wo Restaurants und Cafes[39] — darunter einige „Großbetriebe" — mit ihren in die breiten Bürgersteige vorgezogenen, überdachten Sommerterrassen das äußere Bild des Boulevards bestimmen und mit Uraufführungstheatern, Boulevardtheatern und besonders mit der Vielzahl exklusiv ausgestatteter Fach- und Spezialgeschäfte (s. unten) eine für den Besucherverkehr sehr attraktive Funktionsgemeinschaft bilden (vgl. Abb. 26 und 27). Auch die angrenzenden Nebenstraßenabschnitte, in denen sich vor allem auch kleinere Beherbergungsbetriebe (s. oben) sowie Spezialgeschäfte (s. unten) häufen, sind verhältnismäßig stark von Gaststätten „durchsetzt". Im Bereich des östlich anschließenden, ebenfalls sehr verkehrsreichen Geschäftsstraßenzuges der Tauentzienstraße verteilen sich gastronomische Betriebe 1. in den von Süden einmündenden Seitenstraßen (Marburger Straße, Nürnberger Straße und Passauer Straße), 2. um den östlich anschließenden Wittenbergplatz, der aufgrund der U-Bahnstation gleichfalls relativ hohe Fußgängerfrequenzen aufweist, sowie 3. im funktional vielseitigen Europa-Center, das neben insgesamt 13 Gaststätten, Cafés, Bierlokalen usw. auch über ein Kabarett und ein Filmtheater als Unterhaltungseinrichtungen verfügt und somit — zusammen mit den zahlreichen spezialisierten Einzelhandelseinrichtungen (s. unten) — einen besonderen Anziehungspunkt für den Fremdenverkehr in West-Berlin darstellt (vgl. Abb. 27 und 28). Hinzu kommen im Tauentzienstraßenbereich allerdings einige gastronomische Einrichtungen in Warenhäusern (insbesondere im „Kaufhaus des Westens"). Dagegen findet sich unter den „Erdgeschoßnutzungen" der Tauentzienstraße nicht ein Gaststättenbetrieb, womit sich diese Geschäftsstraße, die eine besondere Konzentration von Bekleidungskaufhäusern aufweist (s. unten), stark von dem Boulevard Kurfürstendamm abhebt. Eine echte verkehrsorientierte Standortgemeinschaft von Gaststätten und Unterhaltungseinrichtungen (Kinos) besteht 4. im Westen des Breitscheidplatzes, beiderseits der hier einmündenden Hardenbergstraße, in der Nähe der Fern-, S- und U-Bahnhöfe Zoologischer Garten.

Citybestimmende und -typische Einrichtungen im Hauptzentrum sind die zahlreichen *Barbetriebe* (Nachtbars, -clubs usw.) (vgl. Abb. 25). Im Kurfürstendamm-Bereich verteilen sich deren Standorte jedoch fast ausnahmslos auf die Nebenstraßenabschnitte (Abb. 26). Der Bau eines größeren Geschäftskomplexes südlich des östlichen Kurfürstendammabschnittes (bzw. im westlichen Abschnitt der Augsburger Straße) hat Ende der 60er und zu Beginn der 70er Jahre dazu geführt, daß mehrere früher dort ansässige „Nachtbetriebe" zur südöstlichen Peripherie des Hauptzentrums „ausgewichen" sind, wo sich ein über mehrere Straßen verteilter, ausgesprochener „Vergnügungsschwerpunkt" entwickelt hat. Dies sind neben dem mittleren und östlichen Teil der Augsburger Straße und einigen angrenzenden Seitenstraßenabschnitten vor allem die östlich der Lietzenburger Straße sich erstreckende Fuggerstraße sowie die Motzstraße zwischen Martin-Luther-Straße und Nollendorfplatz. Die hier lokalisierten Vergnügungseinrichtungen und anderen gastronomischen Betriebe sowie zahlreiche Antiquitätenhandlungen, die zwischen dem Nollendorfplatz, der Martin-Luther-Straße und der Kleiststraße eine Standortagglomeration bilden (s. unten und Abb. 29), sind Leitfunktionen des südöstlichen Randbereiches des Hauptzentrums. Entsprechend dieser Funktionshäufungen fällt die Südostbegrenzung des Hauptzentrums mit dem Straßenzug Motzstraße, zwischen Nollendorfplatz und der Kreuzung mit der Martin-Luther-Straße, zusammen. Sie unterscheidet sich damit erheblich von der von *Hofmeister* (1975 b, Fig. 24, S. 279) angegebenen Abgrenzung der „West-City" (vgl. Abb. 21).

Im südlichen Randbereich des Westberliner Hauptzentrums konnte zu Beginn der 70er Jahre eine zweite räumliche Schwerpunktbildung des Gaststätten- und Unterhaltungsgewerbes, und zwar beiderseits der Lietzenburger Straße im Abschnitt zwischen Knesebeckstraße und Uhlandstraße, festgestellt werden. Hier bilden Barbetriebe und Restaurants eine Standortgemeinschaft mit einer Anzahl von Beherbergungseinrichtungen (vgl. Abb. 23) und mit zahlreichen, auf spezielle, insbesondere jüngere Konsumentengruppen ausgerichteten Einzelhandelsgeschäften (vor allem Boutiquen). Letztere konzentrieren sich, zusammen mit speziellen Restaurants, u. a. in der nachgebildeten Sperlingsgasse, die — zusammen mit den beiden Boulevardtheatern Komödie und Theater am Kurfürstendamm — räumlich in das neugeplante multifunktionale Center „Kurfürstendamm-Karree" einbezogen wurde.

Demgegenüber verteilen sich die Gaststätten und nur wenige Barbetriebe im nordwestlichen Randbereich des Hauptzentrums (westlich der Hardenbergstraße) — mit Ausnahme einer gewissen linearen Häufung

---

[39] Die Konditoreien und Cafés besitzen mit einem Anteil von 12% im Hauptzentrum eine größere relative Häufigkeit als die absolut gesehen mehr als zehnmal stärker vertretenen Gaststätten (Tabelle 15).

in der Kantstraße — ausgesprochen dispers und sind damit stärker wohngebietsorientiert, während sie im Nordosten (nördlich der Kurfürstenstraße) außerhalb der dort lokalisierten Hotels gänzlich fehlen.

Nimmt man das Gaststätten- und Unterhaltungsgewerbe als einen Indikator für den jüngeren Citybildungsprozeß, so zeigt somit diesbezüglich die südliche bzw. südöstliche Peripherie des Hauptzentrums die deutlichsten Entwicklungs- bzw. räumlichen Ausweitungstendenzen.

Von *K. D. Wiek* (1967) wurden schon die bereits genannten *Film- und Schauspieltheater* im Kurfürstendamm-Bereich als „wichtige Stimulatoren des abendlichen Weltstadtlebens" in West-Berlin herausgestellt. Nach *Wiek* haben 11% der Lichtspieltheater West-Berlins ihre Standorte am Kurfürstendamm mit einer Schwerpunktbildung im östlichen Abschnitt (d. h. östlich der Knesebeckstraße). Die besondere Anziehungskraft dieser Einrichtungen besteht in der Aktualität der Filme, denn drei Viertel der Filmtheater des Kurfürstendamms sind Ur- bzw. Erstaufführungstheater. Hinzu kommen die Internationalen Filmfestspiele, die jährlich am Kurfürstendamm stattfinden (ebd., S. 70—71). Die Erfassung des Westberliner Unterhaltungsgewerbes im Jahre 1968 ergab, daß sich im gesamten „Untersuchungsgebiet Hauptzentrum" sogar 81% aller Ur- bzw. Erstaufführungskinos West-Berlins konzentrieren, womit sie zu den „citytypischsten" Einrichtungen gehören (vgl. Abb. 25)[40].

Die Konzentration der genannten Funktionen des Gaststätten- und Unterhaltungsgewerbes im Hauptzentrum weist, im Vergleich zur Zeit vor dem 2. Weltkrieg, eine erhebliche räumlich-zeitliche Konsistenz auf (vgl. II. 2.2.2). Die Nachkriegsentwicklung der funktionalen Ausstattung im weitgehend zerstörten Kerngebiet des Hauptzentrums knüpfte somit an den Vorkriegscharakter des Kurfürstendamm-Bereiches als gehobenes Unterhaltungs- und Vergnügungszentrum an.

Kennzeichnend für die Konsistenz wichtiger Leitfunktionen des Westberliner Hauptzentrums ist auch die erneute Konzentration wichtiger gehobener kultureller Einrichtungen: der *Theaterbühnen*. Allein der Bezirk Charlottenburg bietet heute rd. 62% der in West-Berlin vorhandenen Theaterplätze an. Von den ständig bespielten Bühnen West-Berlins haben nur 5 ihren Standort außerhalb des Hauptzentrums (*B. Hofmeister*, 1975 b, S. 312). Die wichtigsten Theater im Hauptzentrum, die sich im mittleren Abschnitt des Kurfürstendamms (Komödie, Theater am Kurfürstendamm), sowie im „nordwestlichen Sektor" zwischen Kantstraße (Theater des Westens), Hardenbergstraße (Renaissance-Theater) und Bismarckstraße (Schiller-Theater, Deutsche Oper) konzentrieren (vgl. Abb. 10 und 11), bestanden schon vor dem 2. Weltkrieg, großenteils sogar seit der Zeit um die Jahrhundertwende, bzw. wurden teilweise nach Kriegszerstörung am gleichen Standort wiedererrichtet (Schiller-Theater, Deutsche Oper). Auch bei den Theaterneugründungen in der ersten Nachkriegszeit, die in West-Berlin zunächst relativ dispers erfolgte, ergab sich eine rasche Konzentration zugunsten des Hauptzentrums (vgl. *B. Hofmeister*, 1975 b, S. 308—312, insbesondere Fig. 26 und 27).

Innerhalb des von der Westberliner Planung als sog. City- und Kulturband gekennzeichneten zentralen Standortraumes West-Berlins verteilen sich — wie bereits unter IV. 2. angedeutet wurde — weitere *wichtige spezielle Kultur- und Bildungseinrichtungen* (vgl. Abb. 10).

Ausgedehnte Flächen nehmen im nördlichen Teil des Hauptzentrums die Gebäudekomplexe der Technischen Universität ein, die nach dem letzten Kriege aus der bereits 1884 am gleichen Standort gegründeten Technischen Hochschule Charlottenburg hervorgegangen ist. Die Technische Universität hat bis zur Gegenwart ein umfangreiches Auf- und Ausbauprogramm mitgemacht, was erhebliche räumliche Ausweitungen nach Norden, über die Straße des 17. Juni hinaus, d. h. im Dreieck Marchstraße — Landwehrkanal — Straße des 17. Juni, sowie auch in östlicher Richtung zur Folge hatte. An die Universität schließen im Südosten die Gebäude der Hochschule für bildende Künste und der Hochschule für Musik an, deren Anfänge ebenfalls bis in das 19. Jahrhunderts zurückreichen und deren „Stammgebäude" 1902 errichtet wurden.

Die übrigen gehobenen Kultur- und Bildungseinrichtungen innerhalb des „City- und Kulturbandes" (eine Auswahl zeigt Abb. 10), wozu die drei Kulturzentren der für West-Berlin verantwortlichen „Westmächte", Museen, große öffentliche Bibliotheken und spezielle Sammlungen sowie weitere Tagungsstätten, Ausstellungsräume etc. zählen, weisen — ähnlich wie die Theaterbühnen — eine überwiegend disperse Standortverteilung auf. Eine neue, geplante räumliche Schwerpunktbildung entwickelt sich jedoch seit mehr als einem Jahrzehnt im östlichen Tiergartenbereich, unmittelbar an der (Sektoren-)Grenze mit Ost-Berlin, durch Errichtung eines neuen *Kulturzentrums* um den Kemperplatz, dessen bedeutende Einrichtungen bereits unter IV. 2 genannt wurden.

Physiognomisch zwar weniger auffallend, nach ihrer jeweiligen Gesamtzahl jedoch überwiegend citybestimmend sowie aufgrund der relativen Häufigkeiten großenteils citytypisch sind die im Westberliner Hauptzentrum zahlreich vertretenen *speziellen privaten, zumeist gehobenen Versorgungs-, Vermittlungs- und Beratungsdienste*, d. h. besonders die Einrichtungen der privaten Gesundheitsfürsorge,

---

[40] Dagegen ist die Streuung der übrigen Kinos über das gesamte Stadtgebiet recht ausgeprägt (vgl. Tabelle 15).

Abb. 24 West-Berlin: Hauptzentrum
Verteilung ausgewählter gehobener privater Dienstleistungseinrichtungen 1968

Quelle: Branchen-Fernsprechbuch 1968/69   Entwurf H. Heineberg

Rechtspflege, Wirtschafts-, Finanzberatung, -vermittlung usw. wie auch die Vermittlungseinrichtungen des Reise- und Fremdenverkehrs. Ihre absolute und relative Häufigkeiten sind in der Abb. 25 und in den Tabellen 16—19, ihre räumliche Verteilung im Gebiet des Hauptzentrums ist in der Abb. 24, teilweise auch in den Abb. 26—28, dargestellt.

Unter den *ärztlichen Einrichtungen* sind es die Fachärzte, die nicht nur zahlenmäßig im Hauptzentrum dominieren, sondern auch am häufigsten im zentralen Standortraum des Kurfürstendamms und seinen angrenzenden Nebenstraßenabschnitten vertreten sind. In dem in der Abb. 26 abgegrenzten Gebiet wurden 1971 fast 30% aller Facharztpraxen des weiteren Zooviertels ermittelt, dagegen nur rund 14% der Zahnärzte und rd. 4% der praktischen Ärzte. Die ausgeprägte Streuung der zuletzt genannten Gruppe über die randlich gelegenen, dicht besiedelten Wohngebiete im Nordwesten, Süden und Südosten des Kurfürstendamm-Bereiches kommt in der Abb. 24 klar zum Ausdruck.

Mit der räumlichen Anordnung der Arztpraxen im Hauptzentrum korrespondiert prinzipiell auch die Verteilung der *Rechtsanwalt- und Notarbüros*, die im zentralen Standortraum auch die gleiche absolute Häufigkeit wie die Ärzte aufweisen (vgl. Tabelle 17 und Abb. 24). Die Mehrzahl der Einrichtungen konzentriert sich ebenfalls im westlichen Teil des (weiteren) Zooviertels[41]. Außer dem Kurfürstendamm und den angrenzenden Abschnitten bekannter Nebenstraßen werden auch die „Repräsentationslagen" in der Hardenberg- und Tauentzienstraße besonders bevorzugt. Auffallend gering ist die Häufigkeit dieser gehobenen Dienstleistungsfunktionen in Südosten und Nordwesten des Kartenausschnittes in der Abb. 24. Wichtige Standortbedingung für die Rechtsanwalt- und Notarpraxen ist neben der in bezug auf den Kundenverkehr sehr vorteilhaften zentralen Verkehrslage auch die Agglomeration wichtiger Gerichtsgebäude beiderseits der Hardenbergstraße: Unmittelbar westlich des Bahnhofs Zoologischer Garten bilden das Bundesverwaltungsgericht, das Finanzgericht Berlin, das Oberverwaltungsgericht Berlin und Verwaltungsgericht Berlin eine Standortgemeinschaft. Auch ist die Distanz zum

---

[41] D. h., innerhalb des in der Abb. 24 räumlich begrenzten Gebietes.

im nördlichen Charlottenburg (Tegeler Weg) gelegenen Landgericht relativ gering. Hinzu kommt, daß im Hauptzentrum auch die „zentralen Organisationen" für Rechtsanwälte und Notare — das Präsidium der Rechtsanwaltkammer, die Notarkammer Berlin und der Berliner Anwaltverein — ihre Standorte besitzen.

Von dem Verteilungsmuster der weit mehr als 600 Einzelstandorte der Arzt-, Rechtsanwalt- und Notarpraxen weichen auch diejenigen der rd. 250 Einrichtungen der *Wirtschaftsprüfung, Finanzberatung und -vermittlung sowie Vermögens- und Güterverwaltung bzw. -vermittlung* im Hauptzentrum nicht wesentlich ab. Sie treten „standortverdichtend" ebenfalls besonders im Kurfürstendamm-Bereich und an den übrigen Hauptverkehrsleitlinien sowie mit beachtlicher räumlicher Konzentration in der südwestlichen Übergangszone des Zentrums, beiderseits der Konstanzer Straße, auf. Unter den genannten Dienstleistungsfunktionen ist die Gruppe der Steuerberater, Steuerbevollmächtigten und Steuerberatungsgesellschaften am stärksten vertreten und aufgrund ihrer absoluten Häufigkeit citybestimmend, jedoch — wie die Wirtschaftsprüfer, Immobilien-Makler usw. — insgesamt nicht citytypisch. Eine Ausnahme bilden jedoch die Wirtschaftsprüfungsgesellschaften, von denen drei Viertel ihre Bürostandorte im Bereich des Hauptzentrums gewählt haben.

Unter den übrigen Vermittlungs- und Beratungsdiensten sind auch die *Filmverleihunternehmen* durchaus als citytypische Einrichtungen zu kennzeichnen.

Letzteres gilt unzweifelhaft auch für die Westberliner *Reisebüros* von (überwiegend ausländischen) Luftverkehrsgesellschaften, die zwar aufgrund ihrer verhältnismäßig geringen absoluten Anzahl ebenfalls keineswegs das Funktionsgefüge im zentralen Standortraum „bestimmen", jedoch sämtlich im Hauptzentrum vertreten sind und dort besonders verkehrsgünstige Standorte besitzen. Ihre starke Häufung im Osten des Kurfürstendamm-Bereiches, d. h. im Europa-Center sowie in erster Linie in der sog. „Hilton-Kolonnade" (Budapester Straße)[42], ist in erheblichem Maße durch die Agglomerationen großer Internationaler Hotels im östlichen Teil des Hauptzentrums bedingt. Die übrigen Reise- und Verkehrsbüros, die weit häufiger vertreten sind, wurden dagegen nicht als citytypisch, jedoch als citybestimmend eingestuft. Es muß aber betont werden, daß auch diese Einrichtungen innerhalb des Hauptzentrums ebenfalls zu den „zentralsten" Lagen tendieren: So weist allein der Kurfürstendamm mit den angrenzenden Nebenstraßenabschnitten von der Leibnizstraße (Westen) bis zum Breitscheidplatz (Osten) (vgl. Abb. 26 und 27) 15 Reisebüros auf, die sich relativ gleichmäßig über den Gesamtbereich verteilen. Von den Westberliner Reisebüros sind außer den genannten Flugreisebüros 6 „Reisebüros des Auslands"[43], die zwar — im Vergleich zur westdeutschen „Reisebürozentrale" Frankfurt am Main — eine bescheidene Anzahl ausmachen, jedoch sämtlich mit ihren Geschäftsräumen im Hauptzentrum lokalisiert sind. Hinzu kommen hier eine Reihe weiterer Vermittlungseinrichtungen für den Reise- und Fremdenverkehr: Büros von Reiseorganisationsgesellschaften und für die Vermittlung von Stadtrundfahrten.

Die Ergebnisse der detaillierten Erhebungen zeigen, daß die funktionale Ausstattung der „Kerngebiete" des Hauptzentrums, d. h. des Kurfürstendamm-Be-

Abb. 25 West-Berlin: Hauptzentrum
Citytypische und citybestimmende Dienstleistungseinrichtungen

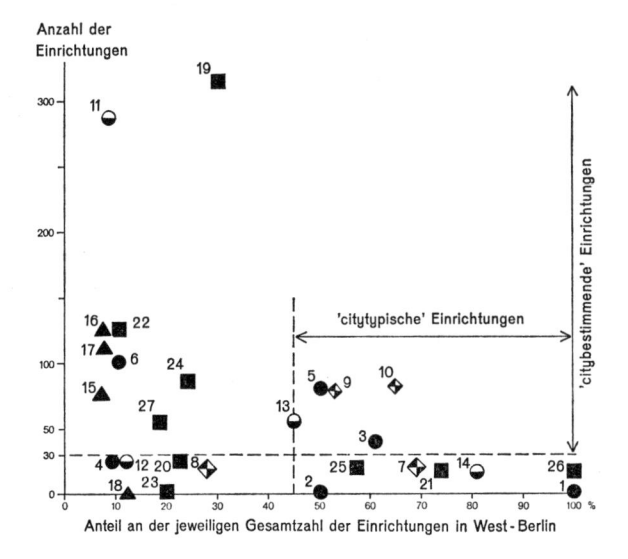

● BANKEN, SPARKASSEN UND VERSICHERUNGEN:
1 Landeszentralbank
2 Bank- und Sparkassenzentralen
3 Banken, Sparkassen
4 Bank- oder Sparkassenfilialen bzw. -zweigstellen
5 Versicherungen
6 Versicherungsagenturen bzw. -vermittlungen

BEHERBERGUNGSGEWERBE:
◆ 7 Internationale Hotels
8 Hotels
9 Hotelpensionen
◆ 10 Pensionen

◉ GASTSTÄTTEN- UND UNTERHALTUNGSGEWERBE:
11 Gaststätten (incl. Imbißstuben und Trinkhallen)
12 Konditoreien und Cafés
13 Bars
14 Erstaufführungstheater

▲ EINRICHTUNGEN DER GESUNDHEITSFÜRSORGE:
15 Praktische Ärzte
16 Fachärzte
17 Zahnärzte
18 Fachzahnärzte

■ AUSGEWÄHLTE VERMITTLUNGS- UND BERATUNGSDIENSTE:
19 Rechtsanwälte und Notare
20 Wirtschaftsprüfer
21 Wirtschaftsprüfungsgesellschaften
22 Steuerberater und Steuerbevollmächtigte
23 Steuerberatungsgesellschaften
24 Immobilien
25 Filmverleihunternehmen
26 Reisebüros von Luftverkehrsgesellschaften
27 Reise- und Verkehrsbüros

Quelle: Branchen-Fernsprechbuch Berlin 1968/69   Entw. H. Heineberg

---

[42] An diesem einzigen Standort wurden im Jahre 1973 allein 10 Stadtbüros ausländischer Luftverkehrsgesellschaften ermittelt.
[43] Dies sind das CIT Amtliches Italienisches Reisebüro, das Dänische Reisebüro, die Intourist GmbH für Reisen in die UdSSR, die Niederländische Fremdenverkehrszentrale, die Österreichische Fremdenverkehrswerbung und das Schwedische Reisebüro (*B. Hofmeister*, 1975 b, S. 313).

reiches und des engeren Zoorandgebietes, durch eine Anzahl *weiterer gehobener privater Vermittlungs- und Beratungsdienste* (Technische Büros, Werbeagenturen usw.) gekennzeichnet ist (vgl. Tabellen 18 und 19).

Mit jeweils mehr als 5% aller „Dienstleistungseinrichtungen und speziellen Einrichtungen der Wirtschaft" beider Teilgebiete sind diese zahlreicher vertreten als jeweils die Gruppen Öffentliche Verwaltungsdienste, Verbände und Interessengemeinschaften, spezielle Kultur- und Bildungseinrichtungen, private Ausbildungseinrichtungen, Dienstleistungen des Handwerks und die einfachen Service-Leistungen.

Im gesamten Hauptzentrum West-Berlins bestehen — im starken Gegensatz zum Stadtzentrum in Ost-Berlin — nur wenige wichtige *öffentliche Verwaltungseinrichtungen*.

Die Hauptstandorte der *Westberliner Senatsverwaltung* liegen außerhalb der Hauptgeschäftszentren (vgl. Abb. 21). Als Verwaltungsschwerpunkt mit dem Sitz des Regierenden Bürgermeisters und des Abgeordnetenhauses sowie der Senatskanzlei wurde nach dem Kriege das Rathaus in Schöneberg gewählt. Ergänzend entstand im Bereich des Fehrbelliner Platzes (Wilmersdorf) beiderseits des Hohenzollerndamms in erhalten gebliebenen Bürogebäuden aus der Zeit des Dritten Reiches eine räumliche Konzentration mehrerer Senatsverwaltungen. Ein dritter Verwaltungsschwerpunkt entwickelte sich am Messedamm in Charlottenburg, während im Hauptzentrum erst in jüngerer Zeit mit der Errichtung von Bürobauten westlich der Straße An der Urania einige Einrichtungen des Senats zu den bereits bestehenden, jedoch getrennt voneinander lokalisierten Senatsverwaltungen (Fasanenstraße und Nürnberger Straße) hinzutraten. Damit entstand jedoch im Hauptzentrum kein neues Viertel öffentlicher Verwaltungen.

Am Kurfürstendamm (zwischen Breitscheidplatz und Leibnizstraße) konnten durch unsere Erhebungen lediglich zwei Standorte größerer öffentlicher Verwaltungen (Oberfinanzdirektion Berlin und die Gasag, d. h. Verwaltung der Berliner Gaswerke) ermittelt werden (vgl. Abb. 26).

Eine bedeutendere Standortagglomeration öffentlicher Verwaltungseinrichtungen, die auch im neuen Flächennutzungsplan West-Berlins als solche herausgestellt wurde, hat sich in der Nachkriegszeit im Hauptzentrum zwischen dem Komplex der Technischen Universität und dem Bahnhof Zoologischer Garten, d. h. beiderseits der Hardenbergstraße bzw. im nördlichen Abschnitt der Fasanenstraße, entwickelt (vgl. Abb. 11). Hier bilden einige wichtige „Regionalbehörden" — Verwaltung des Senators für Verkehr, Industrie- und Handelskammer, für ganz Berlin zuständige Gerichte (s. oben) — mit einigen *Bundesbehörden*, dem Bundesverwaltungsgericht, der Bundesbaudirektion Berlin, der Deutschen Verrechnungskasse und weiteren damit verbundenen Dienststellen, einen Standortkomplex.

Die übrigen in West-Berlin ansässigen, in ihrer Gesamtzahl relativ wenigen Bundesvertretungen und -behörden verteilen sich ausgesprochen dispers über den zentralen Standortraum des Westberliner „Citybandes" sowie über verschiedene andere Teile des Stadtgebietes[44], was wohl in dem geringen Büroraumangebot im (kriegszerstörten) Hauptzentrum wie auch in der fehlenden Initiative der Westberliner Planung zur Schaffung eines eigenen größeren Verwaltungsviertels für Bundes- und („Landes")-behörden begründet ist.

Im südlichsten Randbereich des Hauptzentrums sind das Bundeshaus (in der Bundesallee), seit 1950 Sitz des Bevollmächtigten der Bundesrepublik Deutschland in Berlin sowie von Außenstellen einzelner Bundesministerien, und — räumlich davon getrennt — das Bundesaufsichtsamt für Versicherungs- und Bausparwesen (Ludwigkirchplatz) lokalisiert.

Im östlichen Abschnitt des „Citybandes", im Bezirk Tiergarten, bestehen neben dem weitgehend funktionslosen Gebäude des ehemaligen Reichstags, mit dessen aufwendiger Restaurierung die Bundesregierung „symbolisch" an die früheren Hauptstadtfunktionen anknüpfen wollte (vgl. IV. 2), und dem Sitz des Bundespräsidenten während seiner Berlinbesuche im Schloß Bellevue einige Bundesbehörden und -dienststellen in einem Teilgebiet des ehemaligen Diplomatenviertels[45] (Reichpietschufer, Stauffenstraße), weiter östlich der Abgrenzung des engeren „Untersuchungsgebietes Hauptzentrum" gelegen (vgl. Abb. 1).

Auch die in West-Berlin vorhandenen *Alliierten Behörden* — der Alliierte Kontrollrat, die Alliierte Kommandantur sowie die französischen, britischen und US-amerikanischen Militär-„Regierungen" — *und sonstigen ausländischen Vertretungen* verteilen sich über die drei Stadtsektoren.

Der Verlust der ehemaligen Hauptstadtfunktionen Berlins und die politische Sonderstellung West-Berlins hatten — wie bereits unter II. 2.1 und IV. 2. angedeutet wurde — das gänzliche Verschwinden von Botschaften im heutigen West-Berlin, zu dem der größte Teil des ehemaligen Diplomatenviertels im südlichen Tiergarten-Randbereich gehört, zur Folge. Von den insgesamt 46 Konsulaten, Generalkonsulaten, Delegationen und Militärmissionen hat-

---

[44] Insbesondere das Bundesgesundheitsamt, die Biologische Bundesanstalt für Land- und Forstwirtschaft und die Bundesanstalt für Materialprüfung in Dahlem, das Bundeskartellamt in Tempelhof, die Bundesversicherungsanstalt für Angestellte in Wilmersdorf (im Bereich des Fehrbelliner Platzes), außerdem die Bundesdruckerei an einem tradititionellen Standort im ehemaligen Zeitungsviertel (Oranienstraße im nördlichen Kreuzberg).

[45] Bundesaufsichtsamt für Kreditwesen, Bundesversicherungsamt, Bundesdisziplinarhof, Bundesdisziplinaranwalt (Außenstelle Berlin), Bundesverwaltungsamt (Außenstelle Berlin) sowie dem Bundesgesundheitsamt (Sitz in Dahlem) angeschlossene Institutionen (z. B. Zentralstelle für Abfallbeseitigung).

ten im Jahre 1971⁴⁶ rd. 37% ihre Standorte im Untersuchungsgebiet des Hauptzentrums, zu einem geringen Teil davon jedoch im früheren, sehr stark kriegszerstörten Diplomatenviertel, sondern ganz überwiegend im eigentlichen Zooviertel. Die meisten ausländischen Vertretungen verteilten sich jedoch dispers über andere Stadtteile, mit einer gewissen räumlichen Schwerpunktbildung in den Villengebieten des Berliner Südwestens (Dahlem, Grunewald) (vgl. *B. Hofmeister*, 1975 b, Fig. 29).

Von etwas größerer Bedeutung als die genannten öffentlichen Verwaltungsdienststellen sind innerhalb des Hauptzentrums — gemessen an der relativen und absoluten Häufigkeit der Einzelstandorte — die Einrichtungen von *Verbänden und Interessengemeinschaften*. Wenngleich auch nur einer der drei Westberliner Landesverbände der wichtigsten politischen Parteien (CDU, SPD und FDP) seinen Sitz im Hauptzentrum hat, so bestehen hier andererseits zahlreiche regionale Verwaltungsstellen bzw. Landesleitungen wichtiger Arbeitnehmerverbände (Gewerkschaften) mit einem Schwerpunkt im östlichen Teil (Keithstraße). Außerdem hatten von den insgesamt 13 gegen Ende der 60er Jahre in West-Berlin ansässigen berufsständigen Kammern, die die regionalen Interessen der von ihnen repräsentierten Hauptzweige der Wirtschaft wahrnehmen, 11, d. h. rd. 85%, ihre Verwaltungsstellen im Hauptzentrum. Von den rd. 270 im Westberliner Behördenverzeichnis für das Jahr 1968 ausgewiesenen Wirtschaftsverbänden verteilen sich insgesamt rd. 70 (= rd. ein Viertel) im weiteren Zooviertel, d. h. innerhalb des von der Abb. 24 begrenzten Untersuchungsgebietes. Hinzu kommt eine Anzahl weiterer Verbände, insbesondere Berufsverbände des Handwerks, Arbeitsgemeinschaften fachlicher Art, darunter wissenschaftliche, technische und soziale Vereinigungen, sowie sonstige Interessengemeinschaften, die zwar keineswegs citybestimmend sind, jedoch als Bestandteil des differenzierten, stark arbeitsteiligen Funktionsgefüges des Westberliner Hauptzentrums nicht unerwähnt bleiben sollen. Gemeinsam ist allen in diesem Zusammenhang genannten Verbänden und Interessengemeinschaften, daß sie fast ausschließlich von regionaler Bedeutung sind und somit lediglich das Stadtgebiet West-Berlins „betreuen".

Außer den genannten, dominanten Dienstleistungsfunktionen im Standortraum des Westberliner Hauptzentrums bestehen weitere spezielle Einrichtungen der Wirtschaft, von denen diejenigen des „city-charakteristischen" *Konfektionsgewerbes* im Rahmen dieser Untersuchungen genauer erfaßt werden konnten. Die Kriegszerstörungen im „Konfektionsviertel" um den Hausvogteiplatz in der ehemaligen Berliner City (vgl. II. 2.1), die starke Firmenabwanderung nach dem Kriege in den Westteil der Stadt, die Errichtung größerer Gebäudekomplexe für die in den 50er Jahren stark expandierende Damenoberbekleidungsindustrie am Breitscheidplatz in West-Berlin (vgl. IV. 2.) sowie die aus absatz- und betriebswirtschaftlichen Gründen notwendige räumliche Konzentration der Betriebe bewirkten, daß nicht nur das Gebiet um den Breitscheidplatz, sondern auch besonders der Kurfürstendamm-Bereich bevorzugte „Standorträume" des Konfektionsgewerbes wurden.

Die Erhebungen der engeren Bereiche des Kurfürstendamms sowie des Zoorandgebietes um den Breitscheidplatz im Jahre 1971 ergaben bedeutende und zugleich (überraschend) gleichartige relative Häufigkeiten für die Einrichtungen des Bekleidungsgewerbes, nämlich 12,7% bzw. 13,7% aller „Dienstleistungseinrichtungen und speziellen Einrichtungen der Wirtschaft" in diesen beiden Gebieten (vgl. die Tabellen 18 und 19).

Unter den für das Jahr 1968 durch Auszählungen im Branchen-Fernsprechbuch 1968/69 für das Untersuchungsgebiet Hauptzentrum ermittelten 364 Einrichtungen des Bekleidungsgewerbes⁴⁷ dominiert die Damenoberbekleidungsindustrie mit 96% gegenüber der Herrenbekleidung (rd. 4%) und der Kinderbekleidung (1%). Unter den Betriebsformen führten die Fabrikationsbetriebe (insgesamt rd. 240), die rd. 63% aller derartigen Betriebe in West-Berlin ausmachten und damit eine ausgesprochene „zentrale Standorttendenz" aufweisen. In der Abb. 22 kommt vor allem die starke räumliche Konzentration dieser Betriebe um den Breitscheidplatz sowie im Kurfürstendamm-Bereich zum Ausdruck. Demgegenüber verteilen sich die sog. Lohngewerbebetriebe (Hausgewerbetreibende und Zwischenmeister) ausgesprochen dispers, d. h. wohngebietsorientiert über das gesamte Stadtgebiet. Nur knapp 8% (= 104 von insgesamt 1313 in ganz West-Berlin) konzentrierten sich 1968 im Gebiet des Hauptzentrums. In ihrer Absolutzahl von nur insgesamt 7 sind die Bekleidungsgroßhandlungen im Hauptzentrum sehr gering vertreten. Sie machen jedoch rd. 44% sämtlicher derartiger Betriebe in West-Berlin aus und sind damit verhältnismäßig stark auf den zentralen Standortraum orientiert. Bei den Handelsvertretern im Bekleidungsgewerbe war der räumliche Konzentrationsgrad in bezug auf das Hauptzentrum mit rd. 15% (von insgesamt rd. 90 Vertretungen in West-Berlin) weit weniger bedeutend.

Nach *B. Hofmeister* (1975 b, S. 202) hat sich der Neuaufbau der Westberliner Bekleidungsindustrie nach dem 2. Weltkrieg „in der traditionellen Weise mit hohem Anteil von Zwischenmeistern und Heimarbeit voll-

---

⁴⁶ Nach *B. Hofmeister* (1975 b, S. 313) gab es im Jahre 1973 in West-Berlin 12 Generalkonsulate, 27 Konsulate, 2 Delegationen und 7 Militärmissionen.

⁴⁷ Darin sind einige Mehrfachnennungen enthalten, da im Branchen-Fernsprechbuch nach Fabrikationszweigen unterschieden wird und eine Reihe von Betrieben — entsprechend ihrer vielseitigen Produktionsausrichtung — unter mehreren Zweigen aufgeführt ist. Das betrifft in erster Linie die Fabrikationsbetriebe.

zogen". Durch Konzentrationsbestrebungen und Rationalisierungsmaßnahmen soll die Zahl der DOB-Betriebe — gemeint sind wohl die Fabrikationsbetriebe — im ersten Quartal 1973 auf 148 zusammengeschrumpft sein (ebd.), was gegenüber den rd. 340 im Branchen-Fernsprechbuch 1968/69 aufgeführten Betrieben einen außerordentlich starken Rückgang bedeuten würde. Die Anzahl der Zwischenmeister, die etwa ein Drittel der Produktion liefern, soll nach B. *Hofmeister* innerhalb weniger Jahre von rd. 3000 auf 500 zurückgegangen sein. Die Zahl der Heimarbeiter soll etwa 3000 betragen. Aufgrund des raschen Wandlungsprozesses und der Tatsache, daß offenbar nur ein Teil der im Heimgewerbe Beschäftigten im Branchen-Fernsprechbuch aufgeführt ist, können die o. g. absoluten und relativen Häufigkeiten nur grob die gegenwärtigen Standorttendenzen innerhalb des Bekleidungsgewerbes kennzeichnen.

Wenngleich die Anzahl der übrigen „speziellen Einrichtungen der Wirtschaft", d. h. derjenigen des *Groß- und Außenhandels* sowie der differenzierten Gruppe der sonstigen *Firmenverwaltungen, -zweigstellen und -vertretungen*, für das Gesamtgebiet des Hauptzentrums im Rahmen dieser Untersuchung nicht vollständig ermittelt werden konnte, so zeigen doch bereits die für den Kurfürstendamm-Bereich und das engere Zoorandgebiet gewonnenen Erhebungsergebnisse, daß diese Funktionen aufgrund ihrer relativen Häufigkeiten von jeweils rd. einem Drittel aller (in den Tabellen 18 und 19 aufgeführten) Einrichtungen[48] besonders kennzeichnend für die Ausstattung des zentralen Standortraumes West-Berlins sind. Schwerpunkte in der Verteilung derartiger Betriebe bilden eine Reihe neuer Büro(hoch)häuser, wie vor allem das Hochhaus des Europa-Centers am Breitscheidplatz. Außerhalb des Kurfürstendamm-Bereiches und des engeren Zoorandgebietes besteht insbesondere im nördlichen Teil des Hauptzentrums um den seit Mitte der 50er Jahre städtebaulich neugestalteten Ernst-Reuter-Platz eine bedeutende Konzentration von Firmenverwaltungen des wichtigsten Industriezweiges Berlins, der Elektroindustrie. Die Hochhausgruppe von Telefunken und Osram, die in Ost-Berlin durch den Neubau des „Hauses der Elektroindustrie" mit einem ebenfalls sehr repräsentativen Standort am Alexanderplatz ein „sozialistisches Gegenstück" gefunden hat, wird ergänzt durch ein großes Verwaltungsgebäude des IBM-Konzerns, das „Karl-Pepper-Haus" (Elektrogroßhandlung und Vermögensverwaltungen) und neuerdings durch Bankhochhäuser.

1.2.2 Einzelhandelsausstattung des Kurfürstendamm-Bereiches und des Zoorandgebietes

Zur weiteren Kennzeichnung der Ausstattungsunterschiede und funktionalen Abstufungen im Westberliner Zentrensystem sollen zunächst die vom Einzelhandel intensivst genutzten Kerngebiete des Hauptzentrums, d. h. der Kurfürstendamm mit angrenzenden Nebenstraßenabschnitten und das engere Zoorandgebiet um den Breitscheid-Platz und die Tauentzienstraße, betrachtet werden.

Vorerhebungen im Jahre 1968[49] ergaben, daß zur Erfassung der charakteristischen Einzelhandelsfunktionen des Kurfürstendamm-Bereiches die Erhebung der Verkaufsraumflächen und Branchenmerkmale der Betriebe im Gebiet zwischen Joachimstaler Straße (im Osten) und Leibnizstraße (im Westen) einschließlich jeweils rund 100 Meter breiter Nebenstraßenabschnitte beiderseits des Boulevards erforderlich sind. Weiter nach Westen über die Einmündung der Leibnizstraße hinaus ändert der Kurfürstendamm seine funktionale Ausstattung, während andererseits der Straßenabschnitt zwischen Joachimstaler Straße und Breitscheid-Platz zur Zeit unserer Haupterhebung (1971) noch durch umfangreiche Bauarbeiten zwecks Errichtung des integrierten Einkaufs- und Vergnügungszentrums „Ku'damm-Eck" sowie durch Fertigstellung des ersten Großwarenhauses am Kurfürstendamm betroffen war (vgl. Abb. 27).

Für die Belange des Zentrenvergleichs reicht es m. E. aus, wenn zunächst nur bei der Darstellung und Bewertung der Einzelhandelsausstattung des Kurfürstendamm-Bereiches sämtliche der erhobenen primären und sekundären Merkmale, d. h. die Verkaufsraumflächen und Branchenstruktur, die „Angebotstiefen" der sichtbaren Warensortimente, die Bedarfsgruppen- und Bedarfsstufenzugehörigkeit sowie die Art der Schaufenstergestaltung, Berücksichtigung finden. Für das Zoorandgebiet sollen aus dem umfangreichen Erhebungsmaterial die wichtigsten Kriterien, d. h. die Branchen-, Bedarfsgruppen- und Bedarfsstufendifferenzierung, zum Vergleich herangezogen werden.

Im Gegensatz zu den Haupteinkaufsbereichen des Stadtzentrums in Ost-Berlin verfügen die Kerngebiete des Westberliner Hauptzentrums über eine außerordentlich große Anzahl von Einzelhandelseinrichtungen, deren Branchengliederung aufgrund der unterschiedlichsten Sortimentsanteile und -mischungen nur schwer schematisch zu ordnen ist. Die Häufigkeitsverteilung der Fach- und Spezialgeschäfte nach *Bedarfsgruppen* zeigt in einer ersten Übersicht (Tabelle 20) bereits verschiedene Gemeinsamkeiten, jedoch auch Unterschiede zwischen dem Kurfürstendamm-Bereich und dem Zoorandgebiet. Am häufigsten sind mit jeweils genau einem Drittel der Betriebe Bekleidungs- und Textilgeschäfte vertreten. An zweiter Stelle in der relativen Häufigkeitsverteilung steht bezeichnenderweise die Gruppe Schmuck- und Zierbedarf, d. h. in erster Linie die

---

[48] Wie groß darunter die sicher nicht unerhebliche Anzahl von „Briefkastenfirmen", insbesondere mit renommierter Kurfürstendamm-Adresse, ist, konnte im Rahmen dieser Untersuchung nicht ermittelt werden.
[49] D. h. während des Berlin-Praktikums des Geographischen Institutes der Ruhr-Universität Bochum unter Leitung von *H. J. Buchholz, H. Heineberg* und *A. Mayr*.

große Zahl der Juweliere bzw. Uhrenhandlungen. Der etwas stärkere Anteil im Zoorandgebiet kommt besonders durch die branchengleiche Konkurrenzagglomeration von Uhren- und Schmuckgeschäften im nördlichen Teil der Joachimstaler Straße zustande, die noch zum eigentlichen Kurfürstendamm-Bereich gehört. Anteilmäßig gleich mit jeweils rund 10% sind die Betriebe der Lebens- und Genußmittelbranchen, während sich besonders bei den Geschäften für Bildung und Kunst eine größere relative Konzentration im Bereich des Kurfürstendamms, bei Betrieben für den Unterhaltungsbedarf im Gebiet östlich der Joachimstaler Straße zeigt.

Die *Einteilung der Betriebe nach der Lage* ihres Standorts, d. h. in der Hauptgeschäftsstraße oder in Nebenstraßenabschnitten, sowie die Aufgliederung und Zuordnung der Bedarfsgruppen nach Bedarfsstufen zeigt — zunächst für den Kurfürstendamm-Bereich — weitere bemerkenswerte Differenzierungen, besonders in bezug auf die Standorttendenzen (vgl. im folgenden die Tabellen 21—23 und Abb. 26). Von den Einzelhandelseinrichtungen im Kurfürstendamm-Bereich zählen mehr als ein Drittel zu der *höchsten Bedarfsstufe,* für den Boulevard zwischen Leibnizstraße und Joachimstaler Straße beträgt der Anteil fast 42%, gemessen an der relativen Größe der Verkaufsraumflächen sogar 55%! Am Kurfürstendamm selbst bilden unter den Betrieben dieser Bedarfsstufe besonders die exklusiven Bekleidungsgeschäfte mit den in der Ausstattung und im Preisniveau des Warenangebotes ebenfalls sehr gehobenen Uhren- und Schmuckgeschäften eine Standortgemeinschaft. Hinzu kommt auch eine beachtliche Anzahl von Automobilsalons, die zum Teil über die besten Standorte (Ecklagen) verfügen. In den Nebenstraßenabschnitten verteilen sich dagegen stärker die gehobenen Einrichtungen der „Bildung und Kunst"-Branchen sowie des Wohnungseinrichtungsbedarfs.

Unter den Betrieben der *mittleren Bedarfsstufe* dominieren mit 44,5% der Einrichtungen bzw. mehr als 50% der gesamten Verkaufsraumflächen bei weitem die Bekleidungs- und Textilgeschäfte. Diese verteilen sich zu relativ gleichen Anteilen sowohl über den Kurfürstendamm als auch über die angrenzenden Nebenstraßenabschnitte. Während sich jedoch am „Damm" besonders die „normalen" Damenmodegeschäfte und (Luxus-)Schuhgeschäfte häufen, konzentrieren sich die kleineren (Damen-) Modeboutiquen — und darüber hinaus wiederum die Betriebe des Bildungs- und Kunstbedarfs — in den Seitenstraßen, d. h. in den „Zonen" geringerer Ladenmieten. Charakteristische Elemente der Funktinosgemeinschaft des Einzelhandels am Kurfürstendamm sind außerdem gut ausgestattete Betriebe mit Parfümerie- und Kosmetikartikeln.

Mit nicht einmal 2% der Verkaufsraumflächen bzw. nur rd. 5% aller Einrichtungen sind die wenigen Betriebe der *untersten Bedarfsstufe* am Kurfürstendamm von völlig untergeordneter Bedeutung. Wie nicht anders zu erwarten, sind ihre Anteile mit rd. 10% bzw. 8% in den Nebenstraßenabschnitten größer.

Die heutige Ausstattung des Kurfürstendamms mit der dominierenden Zahl eleganter und exklusiver (Damenmode-)Geschäfte der Bekleidungsbranchen, den Parfümerien und Automobilsalons sowie weiteren Spezialgeschäften, insbesondere der Nahrungs- und Genußmittelbranchen, ähnelt sehr der Branchenstruktur des Boulevards in der Zeit vor dem 2. Weltkrieg (vgl. II. 2.1). Diese Konsistenz der Leitfunktionen des Einzelhandels trifft jedoch nicht zu für den heute relativ großen Anteil der gehobenen Juweliergeschäfte. Diese Branche war vor dem Kriege in dem Hauptabschnitt des Kurfürstendamms, d. h. zwischen Kaiser-Wilhelm-Gedächtniskirche und Knesebeckstraße, überhaupt nicht vertreten, sondern war vielmehr bestimmendes Element der Einzelhandelsausstattung der Repräsentationsstraße Unter den Linden in der ehemaligen Berliner City.

Vorherrschend am Kurfürstendamm sind heute Betriebe unterer und mittlerer *Betriebsgrößen;* nach den eigenen Erhebungen beträgt die durchschnittliche Verkaufsraumfläche der Betriebe am Boulevard nur rd. 126 m², in den Nebenstraßenabschnitten lediglich rd. 105 m². Es fehlen die für andere westliche großstädtische Hauptgeschäftsstraßen charakteristischen, durch jeweils lange Schaufensterfronten gekennzeichneten großen Bekleidungs- und Textilkaufhäuser. Im gesamten Kurfürstendamm-Bereich existiert nur ein großes Konfektionskaufhaus, das jedoch abseits des Damms, an der Ecke Joachimstaler Straße / Augsburger Straße, gelegen ist.

Die Bewertung der Warensortimente nach den sichtbaren „Tiefen" des Angebots, die jedoch — wie bereits unter V. 2.1.2.2 ausgeführt wurde — keineswegs frei von subjektiven Unter- und Überbewertungen sein kann, zeigt, daß die Gruppe der Geschäfte mit mittleren *Angebotstiefen* vorherrschend ist. Verhältnismäßig gering sind Betriebe mit unterdurchschnittlicher Tiefe des Angebotes vertreten (vgl. Tabelle 22).

Die Attraktivität des Kurfürstendamms, insbesondere für den seit Beginn der 50er Jahre stark angestiegenen (jährlichen) Fremdenverkehr (vgl. IV. 4.), ergibt sich nicht nur aus der abwechslungsreichen Ausstattung mit den unterschiedlichsten gastronomischen Einrichtungen, Boulevardtheatern und Uraufführungskinos, den zahlreichen in- und ausländischen Reisebüros sowie der spezifischen Branchenstruktur der Fach- und Spezialgeschäfte. Hinzu kommen die Auslagen der zahlreichen Kunstgewerbe-„Straßenhandlungen" und als weiteres „Ausstattungsmerkmal" der breiten Bürgersteige des Boulevards die große Zahl der Ausstellungsvitrinen, die teilweise auch von den in Seitenstraßen lokalisierten Einzelhandelsbetrieben zur Werbung genutzt werden. Hervorzuheben ist außerdem die abendliche Lichtreklamewerbung und — ebenfalls als „sekundäres Kriterium" — die herausragende Art der *Schaufenstergestaltung*. Letztere wurde bei der Geschäftserhebung im Kurfürstendamm-Bereich qualitativ, d. h. in einer dreistufigen Rangfolge, gegliedert (vgl. die Ausführungen unter V. 2.2.1). Die in der Tabelle 23 dargestellte Häufigkeitsverteilung, die mit den entsprechenden Vorbehalten wie diejenige in der Tabelle 22 zu beurteilen ist, zeigt das starke Überwiegen der Betriebe mit überdurchschnittlich guter, d. h. eleganter bis exklusiver Schaufenstergestaltung. Diese Geschäfte zählen selbstverständlich fast ausschließlich zu den beiden oberen Bedarfsstufen.

Weltstädtischen Charakter zeigt der Kurfürstendamm besonders in der sommerlichen Touristensaison durch die Internationalität des Besucherverkehrs. Kennzeichnend ist nicht nur die große Passantendichte beider Straßenseiten, die sich jedoch nach Westen hin verringert[50], sondern auch die starke Frequenz des öffentlichen Nahverkehrs (Busse). Dem privaten Autoverkehr, der hier bis in die Nacht hinein zur Belebung des Straßenbildes (jedoch auch zur Belästigung des Fußgängerverkehrs) beiträgt, stehen günstig gelegene Parkflächen auf dem breiten Mittelstreifen (ehemalige Straßenbahntrasse) des Kurfürstendamms sowie Parkhäuser und weiterer Parkraum in den Nebenstraßen zur Verfügung.

Die *Fortsetzung des Kurfürstendamms nach Osten* hin, d. h. zwischen Joachimstaler Straße und Breitscheid-Platz, und die anschließende, ebenfalls breit angelegte und sehr verkehrsreiche *Tauentzienstraße* heben sich insgesamt von dem soeben betrachteten „Kurfürstendamm-Bereich" einmal durch mehrere *Großbetriebe* des Einzelhandels ab: Ein in 7 Geschossen genutztes neues Großwarenhaus am Kurfürstendamm sowie weitere vier Warenhäuser[51], darunter als größtes das bereits vor dem 1. Weltkrieg errichtete, ebenfalls 7geschossige „KadeWe" (Kaufhaus des Westens) an der Ecke Tauentzienstraße / Wittenbergplatz[52], und ein Kleinpreis-Warenhaus in der Tauentzienstraße bilden — neben einer Reihe von Kaufhäusern der Bedarfsgruppe Bekleidung und Textilien (s. unten) — Hauptanziehungspunkte des Einkaufsverkehrs (vgl. Abb. 27).

Von den Einkaufsbereichen des Zoorandgebietes hebt sich besonders die *südliche Straßenseite*, d. h. die eigentliche „Laufseite", *der Tauentzienstraße* heraus: Unter den zwischen den größeren Warenhäusern lückenlos aufgereihten Fach- und Spezialgeschäften bilden besonders die Bekleidungs- und Textilbranchen (= rd. 60% der Betriebe), darunter mehrere große Konfektions- und Schuhkaufhäuser als Filialbetriebe bekannter (Berliner) Einzelhandelsunternehmen, eine für westliche großstädtische Hauptgeschäftsstraßen charakteristische „Konkurrenzagglomeration". Damit ist auch für die Tauentzienstraße die bereits mehrfach herausgestellte „raum-zeitliche Konsistenz" wichtiger Leitfunktionen nachweisbar, denn bereits vor dem 2. Weltkrieg führte hier die Gruppe der Bekleidungs- und Modewarenbranchen (vgl. die Ausführungen unter II. 2.2.2).

Die optimale „absatz- und transportorientierte" Standortwahl der Waren- und Kaufhäuser in der Tauentzienstraße, besonders des im östlichen Abschnitt gelegenen Großwarenhauses „KadeWe", wurde von *K. Chr. Behrens* (1965, S. 94 ff.) durch Darstellung der öffentlichen Verkehrsverbindungen bzw. Herausstellung der nahegelegenen Hauptknotenpunkte des kommunalen Verkehrsnetzes (bes. Bahnhof Zoologischer Garten und Wittenbergplatz) ausführlich belegt.

Während die Südseite der stark kriegszerstörten Tauentzienstraße relativ früh mit der geschlossenen Front der Geschäftsbauten, wenn auch mit unterschiedlichen Geschoßzahlen, wieder aufgebaut war, bestanden auf der Nordseite in den 60er Jahren — neben dem vom heutigen Europa-Center genutzten großen Eckgrundstück — weitere größere Baulücken, was wohl in erster Linie durch die weniger günstigen Standortbedingungen dieser Straßenseite, besonders für Einzelhandelsbetriebe des „Massenkonsums", bedingt war. Die relativen Standortnachteile resultieren nicht nur aus der Breite der stark befahrenen Straße, deren Überqueren von der südlichen „Warenhausseite" her nur an wenigen Stellen möglich ist[53], sondern besonders auch aus der Exposition, denn als ausgeprägte „Sonnenseite" wird sie nicht nur häufig von Passanten, sondern grundsätzlich auch von bestimmten Branchen gemieden[54].

Diese Sachverhalte erklären u. a. die heutigen Unterschiede zwischen den beiden Straßenseiten in der hierarchischen Stufung der Einzelhandelsfunktionen[55] entsprechend der Konsumhäufigkeit und Konsumwertigkeit des Warenangebotes: Dominierend auf der Südseite die auf relativ hohe Passantendichten angewiesenen Betriebsformen der mittleren Bedarfsstufe, so sind auf der Nordseite — zumindest gemessen an den Verkaufsflächenanteilen — stärker Einrichtungen mit hochwertigen und selten nachgefragten Waren, besonders des „Ausstat-

---

[50] Vgl. dazu *K. Chr. Behrens*, 1965, S. 20—21 und *K. D. Wiek*, 1967, S. 85 ff.
[51] Davon eines im Europa-Center (vgl. Abb. 28).
[52] Östlich des Wittenbergplatzes besteht außerdem ein großes Möbel- und Einrichtungshaus desselben Unternehmens.
[53] Früher wurde das Überschreiten besonders durch den Straßenbahnkörper erschwert. Kennzeichnenderweise wurde das Europa-Center durch eine Fußgängerbrücke mit der südlichen Laufseite der Tauentzienstraße verbunden (vgl. Abb. 27).
[54] U. a. wegen der geringen Schaufensterwirkung durch das Blenden der Fensterscheiben! Vgl. dazu *K. Chr. Behrens*, 1965, S. 20 ff.
[55] Das Europa-Center ausgenommen.

tungsbedarfs" (Lampen, Teppiche, Haushaltsgroßgeräte usw.), jedoch auch gehobene und exklusive Bekleidungsgeschäfte vertreten.

Das engere Zoorandgebiet verfügt darüber hinaus über zwei neuartige „integrierte Einkaufszentren": zunächst das im Jahre 1965 am Breitscheid-Platz eröffnete Europa-Center[56], das allein 26 000 m² Nutzfläche umfaßt (vgl. Abb. 28). Diese gliedert sich auf in rd. 96 Ladeneinheiten (mit rd. 12 000 m²), ein Warenhaus (rd. 6500 m²), drei Kunstgalerien (550 m²), eine Ausstellungsetage (1200 m²) und — wie bereits oben erwähnt — in 12 gastronomische Betriebe (5100 m²) und ein Kabarett (900 m²) (*G. Rexrodt*, 1972, S. 560). Zum Gesamtkomplex zählen neben einer Eisbahn im Einkaufsbereich außerdem zwei Kinos, ein Konfektionsbetrieb, ein Hotel und nicht zuletzt ein von zahlreichen Dienstleistungseinrichtungen und „speziellen Einrichtungen der Wirtschaft" genutztes Büro- und Geschäftshochhaus mit „Aussichts"-Restaurant und -Plattform.

Anders als die Südseite der Tauentzienstraße übt das *Europa-Center* mit seinen vielseitigen Geschäfts- und Unterhaltungsfunktionen eine große Anziehungskraft auf Berlin-Besucher aus. Ein erheblicher Teil der insgesamt 64 Läden[57], die im Jahre 1971 zu rd. zwei Drittel als gut bis sehr gut dekoriert bzw. ausgestaltet eingestuft wurden[58], hat sich im Sortiment oder zumindest mit einem Teil des Angebotes auf den „Fremdenverkehrsbedarf" eingestellt. Aus diesem Grunde ist auch die Gruppe der Geschäfte der mittleren Bedarfsstufe — gemessen an der Einzelhandelsstruktur des gesamten Zoorandgebietes — mit 70% überdurchschnittlich breit vertreten. Darunter bilden die nach Anzahl und Verkaufsflächenteilen führenden Modegeschäfte, die sich im Sortiment teilweise stark spezialisiert bzw. auf die „Geschmacksrichtungen" unterschiedlicher Konsumentengruppen eingestellt haben, in allen drei Hauptverkaufsebenen ausgeprägte Standortgemeinschaften, besonders mit den Bekleidungs- und Schmuckgeschäften der obersten Bedarfsstufe (vgl. Abb. 28).

Funktional nicht ganz so vielseitig wie das Europa-Center, dafür jedoch vollklimatisiert, ist das erst im Jahre 1972 fertiggestellte *Ku'damm-Eck*"[59], das über 11 000 m² Verkaufsflächen, gastronomische Betriebe und Vergnügungseinrichtungen, darunter ein Panoptikum und ein Kino, in acht gegeneinander versetzten Etagen sowie über eine viergeschossige Tiefgarage verfügt (*G. Rexrodt*, 1972, S. 560).

Auch die Einzelhandelsbetriebe in den *übrigen Straßen* bzw. Nebenstraßenabschnitten des engeren Zoorandgebietes sind nach ihrer Betriebsgrößen- und Branchenstruktur, der Ausstattung und Dekoration sehr vielgestaltig. Bemerkenswert ist, daß sie — im Gegensatz zu den Betrieben in der „Geschäftsachse" der Tauentzienstraße — besonders mit den verschiedensten gastronomischen Einrichtungen eine abwechslungsreiche, sich gegenseitig stützende Funktionsgemeinschaft bilden (vgl. Abb. 27). Der Anteil der Läden in der oberen Bedarfsstufe ist mit rd. 35% außerordentlich hoch, entspricht er doch genau der prozentualen Verteilung im Kurfürstendamm-Bereich.

Die *Bedarfsstufengliederung des Einzelhandels* im gesamten Zoorandgebiet weist jedoch im Vergleich zum Kurfürstendamm-Bereich einen deutlich höheren Anteil der Betriebe der untersten Stufe und — bei annähernd gleichen prozentualen Verteilungen in der mittleren Bedarfsstufe — eine verhältnismäßig geringere Anzahl von Fach- und Spezialgeschäften in der höchsten Stufe auf (vgl. Tabelle 20). Setzt man nun die jeweiligen Prozentzahlen der obersten und untersten Bedarfsstufen miteinander in Beziehung, so erhält man in Form einer Verhältniszahl jeweils einen „*Bedarfsstufenindex*", der die qualitativen Unterschiede in der Einzelhandelsausstattung der beiden Teilbereiche des Westberliner Hauptzentrums verdeutlicht (vgl. auch Abb. 40):

$$\text{Bedarfsstufenindex} = \frac{\text{Stufe 1 (in \%)}}{\text{Stufe 3 (in \%)}}$$

Kurfürstendamm-Bereich	Zoorandgebiet
5,4	3,65

Die *Einzelhandelsstruktur der übrigen Straßen des zentralen Standortraumes West-Berlins*, deren genaue Erfassung und Darstellung den Rahmen dieser Untersuchung gesprengt hätte, ist — wenn auch in abgeschwächter Form — ebenfalls durch eine verhältnismäßig große Dichte in der räumlichen Standortverteilung gekennzeichnet, nicht zuletzt bedingt durch die erhebliche Konzentration der Wohnbevölkerung in den randlichen und benachbarten Bereichen des Hauptzentrums. Besonders stark besetzt mit Einzelhandelseinrichtungen ist die verkehrsreiche Kantstraße, die das Zooviertel mit dem wichtigen Nebengeschäftszentrum Wilmersdorfer Straße verbindet, sowie besonders auch die vom Kurfürstendamm-Bereich nach Süden führende Uhlandstraße. Die dritte „Leitachse" des Zooviertels, die Hardenbergstraße, und die als südliche

---

[56] Das Europa-Center ist nach *G. Rexrodt* (1972, S. 559) das erste derartige „innerörtliche Einkaufszentrum" in Deutschland (vgl. auch die Ausführungen unter IV. 2.).

[57] Die Diskrepanz zwischen den oben erwähnten rd. 96 Ladeneinheiten und den 64 Einzelhandelsbetrieben resultiert daraus, daß sich eine Anzahl der Geschäfte über zwei Verkaufsebenen (1971 waren es insgesamt 16), ein Betrieb sogar über drei Geschosse erstreckt. Außerdem werden einige Ladeneinheiten von Dienstleistungseinrichtungen (u. a. Reisebüros von Luftverkehrsgesellschaften, Büro des Senders Freies Berlin [SFB]) in Anspruch genommen (vgl. Abb. 28).

[58] Dekoration und Ladengestaltung wurden bewertet mit Stufe 1 = 64%, Stufe 2 = 33% und Stufe 3 = nur 3% der Läden.

[59] Das „Ku'-damm-Eck" wird im folgenden nicht weiter berücksichtigt, da es 1971 noch nicht eröffnet war.

Entlastungsstraße („Südtangente") konzipierte Lietzenburger Straße besitzen demgegenüber als Einzelhandelsstandorte eine untergeordnete Bedeutung.

Hervorzuheben ist außerdem, daß im östlichen Randbereich bzw. im Osten des Hauptzentrums zwei wichtige Geschäftsagglomerationen bestehen, die nach *K. Chr. Behrens* (1965, S. 40) als typische *„Branchenzentren"* gekennzeichnet werden können: Die funktionale Ausstattung des Gebietes zwischen Nollendorfplatz und Wittenbergplatz ist besonders geprägt durch eine räumliche Konzentration des Antiquitätenhandels (vgl. Abb. 29), während sich um den Magdeburger Platz zahlreiche Möbel- und Einrichtungsgeschäfte häufen (s. unten).

Bereits vor dem Kriege fand sich nach *W. Lippmann* (1933, S. 62 ff.) in diesem Teil Berlins eine ausgesprochene „Marktbildung für Kunst und Antiquitäten": „Der *Antiquitätenhandel* hat(te) sein Zentrum in der Kurfürsten-, Nettelbeck- und Schillstraße, wo auf einem geringen Gebiet allein 34 Antiquitätenhändler ansässig (waren)" (ebd., S. 64)[60]. Die Bildung einer derartigen Konkurrenzagglomeration war nicht nur absatzbedingt, sondern — was beim Einzelhandel selten vorkommt — zugleich auch ankaufsbedingt[61]. Aufgrund der starken Kriegszerstörungen sowie der Schaffung einer neuen Straßenverbreiterung im Verlauf der heutigen Straße An der Urania (früher Nettelbeckstraße) und Schillstraße und ihrer Verbindung mit der (östlichen) Lietzenburger Straße wurde dieses „Antiquitätenviertel" stark betroffen und insgesamt zweigeteilt. Dennoch machen die mehr als 40 in der Abbildung 29 dargestellten Betriebe, an die sich auch einige Standorte von Antiquariatsbuchhandlungen angegliedert haben, insgesamt rd. 50% der Antiquitätengeschäfte des gesamten Hauptzentrums bzw. rd. zwei Drittel ganz West-Berlins aus![62] Abgesehen von einem zweiten, jedoch weit geringer ausgeprägten Schwerpunkt beiderseits der Fasanenstraße südlich des Kurfürstendamms ist dagegen die Standortverteilung der Antiquitätenhandlungen im übrigen Hauptzentrum ausgesprochen dispers.

Das zweite genannte „Branchenzentrum" um den Magdeburger Platz erstreckt sich ca. 400 m östlich des von der Abb. 29 begrenzten Gebietes. Hier bilden mehr als 20 Möbel- bzw. *Wohnungseinrichtungsgeschäfte* unterschiedlichster Betriebsgrößen, darunter das größte Möbelkaufhaus Berlins, und differenzierter Spezialisierungsgrade — von exklusivsten Stilmöbeln bis hin zu den einfachsten Gebrauchtmöbeln — eine ausgesprochen absatzbedingte, sich gegenseitig ergänzende und stützende branchengleiche und branchenähnliche Konkurrenzagglomeration. Dieses „Möbelzentrum" liegt jedoch räumlich getrennt von den eigentlichen Hauptgeschäftsgebieten des Hauptzentrums. Es besitzt außerdem ausgeprägtere Beziehungen zur benachbarten Geschäftsachse der Potsdamer Straße, wo sich weitere Standorte von Möbelgeschäften und anderen Einzelhandlungen mit Waren des „Ausstattungs- und Einrichtungsbedarfs" häufen.

Abb. 29 West-Berlin:
Agglomeration des Antiquitätenhandels und Standorte von Antiquaritatsbuchhandlungen im südöstlichen Randbereich des Hauptzentrums 1968

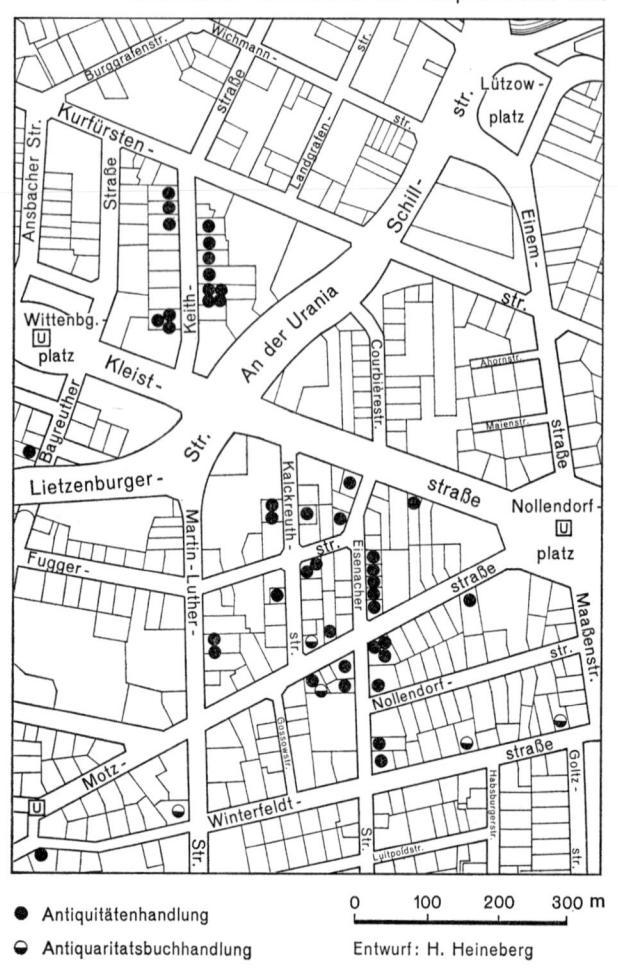

● Antiquitätenhandlung
◐ Antiquaritatsbuchhandlung

0 100 200 300 m

Entwurf: H. Heineberg

Quelle: Branchen-Fernsprechbuch Berlin 1968/69

Die Ausführungen über die räumliche Verteilung der differenzierten Dienstleistungs- und Einzelhandelsausstattung haben gezeigt, daß die durch den Kartenausschnitt der Abb. 22 vorgenommene grobe *Abgrenzung des Hauptzentrums* m. E. für den Rahmen dieser Untersuchung durchaus angemessen war. Unbefriedigend ist lediglich die lineare Begrenzung am westlichen Rand der jeweiligen Abbildung, die gewählt wurde, um die Konzentration der Dienstlei-

---
[60] In den angrenzenden Gebieten bis hin zur Bellevuestraße, Tiergartenstraße, Victoriastraße, Schöneberger Ufer und Lützowstraße bestanden nach *W. Lippmann* (ebd.) weitere rd. 40 derartige Betriebe.
[61] Vgl. *W. Lippmann* (ebd., S. 62): „Die Häufung der Betriebe erleichtert dem Verkäufer, der sich der Vermittlung des Händlers bedienen will, das Auffinden seines Abnehmers."
[62] Nach Auszählung des Branchen-Fernsprechbuches Berlin 1968/69.

stungsfunktionen im Bereich des unmittelbar anschließenden Nebengeschäftszentrums Wilmersdorfer Straße auszuklammern. Es soll jedoch in diesem Zusammenhang nicht unerwähnt bleiben, daß sich entlang des Kurfürstendamms weiter nach Westen hin noch citytypische und citybestimmende Einrichtungen verteilen, die jedoch — falls sie berücksichtigt worden wären — die für diese Untersuchung errechneten Anteilswerte des Hauptzentrums sicherlich nicht wesentlich verändert hätten.

2. Funktionale Ausstattungen ausgewählter Nebengeschäftszentren

2.1 Schloßstraße und Wilmersdorfer Straße in West-Berlin

Bei der Charakterisierung der Nachkriegsentwicklung der ausgewählten Westberliner Zentren (vgl. IV. 3) wurde bereits herausgestellt, daß der *Schloßstraße in Berlin-Steglitz* unter den Nebengeschäftszentren funktional eine Sonderstellung zukommt, u. a. bedingt (1) durch die geringen Kriegszerstörungen der (Wohn-) Geschäftsbauten, (2) die verhältnismäßig guten Standortbedingungen der Geschäftskonzentration entlang der wichtigen „Ausfallstraße" des Berliner Südwestens, die vor dem Mauerbau das Zentrum auch mit dem Potsdamer Raum verband, (3) durch das Vorherrschen relativ gehobener Sozial- und Einkommensschichten im heutigen Einzugsbereich des Nebengeschäftszentrums[63], (4) die Ansiedlung nicht nur von drei großen Warenhäusern sowie mehreren Kleinpreis-Warenhäusern und Kaufhäusern (besonders der Bekleidungsbranche), sondern (5) auch eines attraktiven „Shopping Centers", des „Forum Steglitz", im Hauptgeschäftsbereich der Straße (vgl. Abb. 30 und 32). Während das Zentrum nach Süden hin, d. h. südlich des Hermann-Ehlers-Platzes bzw. des z. Z. noch nicht abgeschlossenen Neubaus eines zweiten „integrierten" Geschäftszentrums, des „Steglitzer Kreisels", und auch in den Nebenstraßen südlich des Walther-Schreiber-Platzes relativ scharf begrenzt ist, setzt sich die fast lückenlose Geschäftsaufreihung nördlich der Schloßstraße, besonders beiderseits der sich anschließenden Rheinstraße, fort.

Bei der Erhebung bzw. Kartierung des Zentrums konnte im Übergangsbereich Schloßstraße/Rheinstraße keine echte Begrenzung — etwa in Form einer größeren räumlichen „Zäsur" in der Einzelhandelsausstattung — ermittelt werden. Die nördliche Abgrenzung des Nebengeschäftszentrums Schloßstraße mußte somit recht schematisch vorgenommen werden.

Die *Wilmersdorfer Straße in Berlin-Charlottenburg*, die den Kurfürstendamm, die Kantstraße, Bismarckstraße und Otto-Suhr-Allee als wichtige Ost-West verlaufenden Durchgangs- bzw. Ausfallstraßen miteinander verbindet (vgl. Abb. 1), besitzt — wie schon vor dem 2. Weltkrieg (vgl. II. 2.2.3) — ihre ausgeprägteste und differenzierteste Geschäftskonzentration zwischen der Bismarckstraße und der südlich der Kantstraße verlaufenden S-Bahntrasse. Nach Beseitigung eines großen Teils der erheblich zerstörten Altbausubstanz wurde sie in diesem Abschnitt auch Standort von Großbetrieben des Einzelhandels (vgl. Abb. 31). Bei der Erhebung des Nebengeschäftszentrums wurden neben diesem „Kerngebiet" und einem kurzen, südlich anschließenden Teil der Wilmersdorfer Straße auch — wie bei dem Nebengeschäftszentrum Schloßstraße — die geschäftlich genutzten, unmittelbar angrenzenden Nebenstraßenabschnitte mit berücksichtigt. Eindeutige Abgrenzungen der Geschäftskonzentrationen waren jedoch im Verlauf der Kantstraße nicht möglich.

Während in den Hauptgeschäftsgebieten des zentralen Standortraumes West-Berlins, d. h. im Kurfürstendamm-Bereich und im Zoorandgebiet, die „Dienstleistungseinrichtungen und speziellen Einrichtungen der Wirtschaft" nach ihrer jeweiligen absoluten Anzahl weit die Einzelhandelsbetriebe übertreffen, dominiert sowohl in der Schloßstraße wie auch in der Wilmersdorfer Straße der Einzelhandel (vgl. Tabellen 25 und 30). In der Zahl und gesamten Nutzflächengröße der *Einzelhandelseinrichtungen* führt das für unsere Erhebungen abgegrenzte Gebiet des Nebengeschäftszentrums Schloßstraße weit vor demjenigen der Wilmersdorfer Straße, besonders bedingt durch die unterschiedlichen Ausdehnungen der Hauptgeschäftsstraßenabschnitte sowie durch die Existenz des intensiv genutzten integrierten Einkaufszentrums „Forum Steglitz", das allein 74 Einzelhandelsbetriebe[64] aufweist, und die größere Anzahl von Waren- und Kaufhausbetrieben in der Schloßstraße.

Gemeinsames Kennzeichen der Nachkriegsentwicklung der beiden Nebengeschäftszentren (sowie auch des dritten wichtigen Westberliner Nebenzentrums Karl-Marx-Straße/Hermannstraße) war — wie bereits angedeutet — das starke Wachstum der Großbetriebsformen des Einzelhandels, woraus vor allem die — gegenüber der Einzelhandelsausstattung der Vorkriegszeit (vgl. II. 2.2.3) — jeweils weitaus ge-

---

[63] Vgl. die Abgrenzung des Einzugsbereiches bei *B. Aust*, 1970, Karte 7.
[64] Das sind rd. 28% aller Einzelhandelseinrichtungen des Nebengeschäftszentrums Schloßstraße.

ringere Gesamtzahl der Einzelhandelsbetriebe resultiert. Durch großflächige Parzellenaufkäufe in den verkehrsgünstigsten Geschäftslagen innerhalb der Nebenzentren sicherten sich kapitalkräftige Konzerne bzw. Betriebe die „gewinnbringendsten" Standorte.

So erfolgte die Neuansiedlung von Waren- und Kaufhäusern sowie des Shopping Center „Forum Steglitz" in der Schloßstraße im Nahbereich der (zwischenzeitlich eröffneten) neu geplanten U-Bahn-Station am Walther-Schreiber-Platz (vgl. Abb. 30).

Über die *Flächenanteile und räumlichen Ausweitungstendenzen der Waren- und Kaufhausbetriebe* in der Schloßstraße und Wilmersdorfer Straße hat B. Hofmeister (1975 b, S. 373—374) genauere Angaben veröffentlicht: Während die Schloßstraße vor dem 2. Weltkrieg über nicht ein Warenhaus verfügte, betrugen die Verkaufsflächen der in der Nachkriegszeit (bis 1967) dort errichteten drei Warenhäuser insgesamt 39 100 m². Außerdem wurden Ende der 60er Jahre rd. 2600 m² Verkaufsflächen zweier Kleinpreis-Warenhäuser sowie 6900 m² von vier großen Bekleidungskaufhäusern (Filialbetriebe) ermittelt. Gegenüber den somit insgesamt 48 600 m² großen Verkaufsflächen dieser Waren- und Kaufhäuser in der Schloßstraße sind die entsprechenden Verkaufsflächen in der Wilmersdorfer Straße mit rd. 35 300 m² deutlich geringer, was auch mit dem insgesamt niedrigeren „funktionalen Rang" dieser Geschäftsstraße im Vergleich zur Schloßstraße korrespondiert. Jedoch haben auch hier die Großbetriebe des Einzelhandels einen beträchtlichen Flächenzuwachs zu verzeichnen: Gegenüber einem Warenhaus (Hertie) mit rd. 6000 m² Vfl. und einem Bekleidungskaufhaus (Brenninkmeyer) mit rd. 1600 m² in der Vorkriegszeit bestanden in der Wilmersdorfer Straße um 1957, d. h. gegen Ende der ersten Aufbauphase nach dem Kriege, durch Flächenausweitungen und Neuansiedlungen bereits insgesamt 13 700 m² Waren- und Kaufhausverkaufsflächen, davon 9000 m² Warenhausfläche, insgesamt 2200 m² Vfl. zweier Kleinpreis-Warenhäuser und 2700 m² Vfl. des Bekleidungskaufhauses. In der zweiten Wachstumsphase nach dem Kriege, d. h. in den Jahren 1962—1969, erfolgte in der Wilmersdorfer Straße eine zweite beträchtliche Erweiterung der Warenhausfläche (Hertie) auf nunmehr 12 600 m². Hinzu kam hier in dieser Zeit die Ansiedlung von zwei größeren Warenhausfilialen westdeutscher Versandfirmen mit insgesamt 17 800 m² Verkaufsflächen.

Die *Bedarfsgruppengliederung* der gesamten Fach- und Spezialgeschäfte im „*Zentrum Schloßstraße*" zeigt nach unseren Erhebungen im Jahre 1971 in der absoluten und prozentualen Verteilung zunächst einige Gemeinsamkeiten mit dem Kurfürstendamm-Bereich (vgl. Tabelle 20): Annähernd gleich sind Anzahl und Anteile der Lebens- und Genußmittelhandlungen (zwischen 10% und 11%), der Bekleidungs- und Textilgeschäfte (rd. ein Drittel der jeweiligen Betriebe), der Läden mit Waren des Körperpflege- und Heilbedarfs (rd. 9% bzw. 10%) und des Wohnungseinrichtungsbedarfs (6,4% bzw. 7,2%). Die „gehobenere" Einzelhandelsausstattung des Kurfürstendamms kommt dagegen durch die (relativ und absolut) größere Anzahl von Einzelhandelseinrichtungen der Bedarfsgruppen Bildung und Kunst, Fahrzeuge (vor allem Automobilsalons) sowie Schmuck- und Zierbedarf (insbesondere Juweliere) zum Ausdruck. Entsprechend weist die Schloßstraße umgekehrt eine größere Zahl von Betrieben der Gruppen Hausrat, Unterhaltungsbedarf sowie Arbeits- und Betriebsmittelbedarf auf.

Für das „*Zentrum Wilmersdorfer Straße*" ist nun eine noch stärkere Konzentration des Einzelhandels auf die Bedarfsgruppen Lebens- und Genußmittel, Bekleidung und Textilien sowie Körperpflege- und Heilbedarf festzustellen. Die Betriebe dieser Branchen machen bereits 65% aller Fach- und Spezialgeschäfte aus. Sicherlich wirkt sich die Nähe des Kurfürstendamms — zusammen mit dem Vorherrschen unterer bis (höchstens) mittlerer Sozialschichten im Charlottenburger Einzugsbereich — dahingehend aus, daß die Läden mit Warenangeboten für Bildung, Kunst und Unterhaltung nur in geringer Zahl vertreten sind. Aus diesem ersten Überblick über die Branchengruppenverteilung der Betriebe läßt sich bereits die Hypothese ableiten, daß die Wilmersdorfer Straße noch stärker als die Schloßstraße durch den Fachhandel mit Warenangeboten für den „Massenkonsum" bestimmt wird.

Die zuletzt genannte Vermutung wird bekräftigt durch die Analyse der *Bedarfsstufengliederung* der Fach- und Spezialgeschäfte. Unter allen untersuchten Westberliner Zentren verfügt die Wilmersdorfer Straße mit fast 72% über den größten Anteil von Betrieben der mittleren Bedarfsstufe (vgl. die Tabellen 20 und 25 sowie Abb. 40). Allein die Hälfte dieser Einrichtungen sind Bekleidungs- und Textilgeschäfte (zum großen Teil Kaufhäuser). Deutlich geringer als in der Schloßstraße und erst recht in den Hauptgeschäftsgebieten Kurfürstendamm-Bereich und Zoorandgebiet ist mit nur rd. 15% der Prozentsatz der Geschäfte mit ausschließlich oder größtenteils langlebigen, hochwertigen und selten nachgefragten Warenangeboten (Bedarfsstufe 1). Hier führen die Uhren- und Schmuckgeschäfte mit annähernd gleichem Anteil wie in der Schloßstraße. Noch stärker vertreten als diese Branche sind im zuletzt genannten Nebengeschäftszentrum in Steglitz jedoch Betriebe mit gehobenen Warenangeboten des Unterhaltungsbedarfs (Tabelle 25).

Die bereits angedeutete qualitative Abstufung zwischen den bisher betrachteten Zentren — gemessen an der jeweiligen relativen Häufigkeitsverteilung der Fach- und Spezialgeschäfte in den drei Bedarfsstufen — zeigt sich insgesamt auch durch das kontinuierliche Ansteigen der Prozentanteile der Betriebe in der *untersten Stufe* von 6,4% im Kurfürstendamm-Bereich über rd. 9% im Zoorandgebiet, rd. 11% im „Zentrum Schloßstraße" bis zum „Zentrum Wilmersdorfer Straße" mit rd. 13%. Als ein Indikator für den niedrigeren Rang der Wilmersdorfer Straße kann daher auch wiederum der (oben abgeleitete) „Bedarfsstufenindex" gelten, der mit 1,2 den bisher niedrigsten Wert annimmt (vgl. dazu Abb. 40).

Auch die Gesamtergebnisse der Bewertung der „*Angebotstiefen*" aller Fach- und Spezialgeschäfte zeigen eine qualitative Abstufung zwischen den beiden Nebengeschäftszentren (vgl. Tabellen 26 und 28). Während im Zentrum Wilmersdorfer Straße eindeutig Betriebe mit mittlerer (sichtbarer) Sortimentstiefe vorherrschen, besteht im Zentrum Schloßstraße darüber hinaus — abgesehen von den Großwarenhäusern — ein relativ größerer Anteil von Einzelhandelseinrichtungen mit tiefen Sortimenten.

Die statistische Auswertung der Einstufungen der einzelnen *Schaufenstergestaltungen* (nach Ausstattung und Dekoration) zeigt dagegen insgesamt keine gravierenden Unterschiede im „physiognomischen Gesamteindruck" der Einzelhandelsausstattung zwischen der Schloßstraße und der Wilmersdorfer Straße (Tabellen 27 und 29).

Die Schloßstraße konnte ihre Attraktivität insbesondere durch die Errichtung des — bereits mehrfach erwähnten — „*Forum Steglitz*" steigern, das im Jahre 1970, (zu der Zeit) als „Deutschlands größtes geschlossenes Einkaufszentrum" (*R. Frick*, 1970, S. 321), an einem innerhalb des Nebengeschäftszentrums sehr verkehrsgünstig gelegenen Standort eröffnet wurde (vgl. in folgenden Abb. 32). Das „Shopping Center" ist voll klimatisiert, die 5 „Aktivitätsebenen" sind vorzüglich durch Rollbänder und -treppen erschlossen, es verfügt insgesamt über rd. 42 000 m² Verkaufsflächen, 2800 m² Schaufensterflächen und ein angegliedertes Parkhaus mit rd. 800 Einstellplätzen (*B. Hofmeister*, 1975 b, S. 375). Das in der Abb. 32 nicht dargestellte 5. Obergeschoß enthält ein sog. Vergnügungscenter mit Bowling-, Kegel-, Billard-, Tischtennisturnieranlagen, Unterhaltungsautomaten, Restaurationseinrichtungen und Kampfsportschule sowie darüber hinaus einige andere private Dienstleistungseinrichtungen (z. B. Zahnarzt). Mit einbezogen in die bauliche Konzeption wurde der traditionelle Steglitzer „Wochenmarkt", der im Erdgeschoß rd. 60 feste Verkaufsstände erhielt und an jedem Wochentag (halbtägig) geöffnet ist. Die kleinen, z. T. stark spezialisierten Marktstände bieten überwiegend Waren der untersten Bedarfstufe an. Sie ergänzen damit das Angebot eines im Untergeschoß gelegenen Supermarktes.

Die relative Häufigkeitsverteilung der über die 5 Verkaufsgeschosse verteilten, abwechslungsreich angeordneten (insgesamt 74) Fach- und Spezialgeschäfte zeigt mit rd. 24% der Betriebe in der obersten Bedarfsstufe einen für die gesamte Schloßstraße überdurchschnittlich hohen Besatz (vgl. Tabelle 25). Während die unteren Geschosse eine sehr anziehende Mischung zum großen Teil eng spezialisierter kleiner Einzelhandelsgeschäfte (z. T. Boutiquen), vorwiegend der mittleren Bedarfsstufe, und daneben einige größere Betriebsformen aufweisen, nehmen die durchschnittlichen Betriebsgrößen und der Anteil der Geschäfte der obersten Bedarfsstufe nach oben hin zu. Die Ergebnisse einer zweiten Flächennutzungserhebung im Forum Steglitz im November 1973, also gut zwei Jahre nach der in der Abb. 32 dargestellten Nutzungsstruktur, zeigen, daß zwischenzeitlich bereits erhebliche Veränderungen des Betriebsgrößen- und Ausstattungsgefüges eingetreten waren.

So war z. B. die Betriebsfläche des großen Damen- und Herrenmodengeschäftes im ersten Obergeschoß erheblich reduziert worden zugunsten der Neueinrichtung sechs kleinerer Läden, von denen vier unterschiedlich spezialisierte Modeboutiquen waren. Auch die mit „Modenschau" in der Abb. 32 gekennzeichnete Fläche, die 1971 von einem Pelzgeschäft genutzt wurde, war in vier kleine Betriebsflächen aufgeteilt worden, darunter zwei für Modeboutiquen. Im Untergeschoß hatte der Lebensmittelsupermarkt eine erhebliche Erweiterung erfahren, im dritten Obergeschoß das Möbelgeschäft. Auch die anderen Geschosse zeigten teilweise erhebliche Veränderungen; einige Läden standen leer.

Diese kurzzeitigen Nutzungswandlungen im „Forum Steglitz" verdeutlichen einen dynamischen Anpassungsprozeß an die veränderten Wettbewerbsverhältnisse im gesamten Nebengeschäftszentrum. Auch die übrige Einzelhandels- und Dienstleistungsausstattung der Schloßstraße war in den vergangenen Jahren durch erhebliche Funktionswandlungen und physiognomische Veränderungen (z. B. Fassadenmodernisierungen, Geschäftsneubauten, stärkeres Aufkommen von Leuchtreklame usw.) gekennzeichnet, die nicht nur durch die — oben aufgezeigte — Neuerrichtung und Flächenausweitung einiger Großbetriebsformen des Einzelhandels, sondern auch durch eine differenzierte Anpassung der übrigen zahlreicheren Betriebe an die gewandelten Konkurrenzbeziehungen bedingt war. Ein wichtiger Faktor für die Wandlungen in der Geschäftsstraße waren auch die Veränderungen im Konsumverhalten, was sich besonders deutlich in der Ausbreitung von Modeboutiquen gezeigt hat. Entsprechende Aussagen gelten, wenn auch in abgeschwächter Form, für das Nebengeschäftszentrum Wilmersdorfer Straße.

Wenngleich in den beiden Nebengeschäftszentren der Einzelhandel dominiert, so bestehen doch, vor allem in den oberen Geschossen der Geschäftsstraßenbebauung, eine Vielzahl unterschiedlichster *Dienstleistungseinrichtungen*, wobei das Steglitzer

Zentrum wiederum die Wilmersdorfer Straße übertrifft (vgl. im folgenden die Tabellen 30—32). Hervorgehoben sei zunächst, daß sich einige Besonderheiten in der Ausstattung des Nebengeschäftszentrums Wilmersdorfer Straße zweifelsohne durch die Lage am westlichen Rand des zentralen Standortraumes West-Berlins ergeben: Verhältnismäßig hoch ist nämlich mit rd. 11% der insgesamt 130 „Dienstleistungseinrichtungen und speziellen Einrichtungen der Wirtschaft" der Anteil der Betriebe aus der Untergruppe Wirtschafts-, Finanzberatung, -vermittlung usw. und mit rd. 20% derjenige der übrigen Firmenverwaltungen und -vertretungen, die sich jedoch hauptsächlich in den Nebenstraßenabschnitten, in erster Linie in der Kantstraße, häufen. Diese Einrichtungen stellen mit ihren Standorten nichts anderes als die „räumliche Fortsetzung" der für den westlichen Abschnitt des Hauptzentrums charakteristischen Konzentration gleichartiger Funktionselemente dar (vgl. VI. 1.2.1).

Läßt man nun die beiden genannten Funktionsgruppen außer Betracht und berücksichtigt man — zur besseren Vergleichbarkeit — lediglich die *Dienstleistungsausstattung der beiden Hauptgeschäftsstraßenabschnitte*, so lassen sich als gemeinsame *Leitfunktionen* kennzeichnen:

1. das Bankwesen, das allerdings hauptsächlich in Form von Bank- oder Sparkassenfilialen vertreten ist;
2. das Gaststätten- und Unterhaltungsgewerbe, wobei in der Schloßstraße vor allem das „Forum Steglitz" mit verschiedensten Einrichtungsarten einen Schwerpunkt darstellt (in der Wilmersdorfer Straße kann die relativ große Zahl einfacher Imbißlokale als Indikator für die sozialökonomischen Unterschiede in den Einzugsbereichen der beiden Zentren gewertet werden);
3. spezielle gehobene Dienstleistungen. Dabei wird der höhere funktionale Rang der Schloßstraße besonders durch die größere Anzahl von Fachärzten und Rechtsanwälten verdeutlicht.

Von untergeordneter Bedeutung sind dagegen die — stärker wohngebietsorientierten — Handwerks- und einfachen Service-Einrichtungen. In sehr geringer Anzahl sind auch öffentliche Verwaltungsfunktionen sowie Einrichtungen von Verbänden, Interessengemeinschaften der Kultur und Bildung vertreten.

Im starken Gegensatz zur funktionalen Ausstattung des Westberliner Hauptzentrums stehen die wenigen Einrichtungen des Konfektionsgewerbes sowie der Firmenverwaltungen und -vertretungen. Auch die Gruppe der insgesamt citytypischen und überwiegend citybestimmenden Beherbergungseinrichtungen fehlt fast gänzlich in den beiden wichtigsten Nebengeschäftszentren West-Berlins.

Zur weiteren Kennzeichnung funktionaler Abstufungen zwischen den untersuchten Zentren West-Berlins sowie insbesondere auch zur Herausarbeitung gewisser „Regelhaftigkeiten" in der (absoluten und relativen) Häufigkeitsverteilung bestimmter Leitfunktionen, die vor allem für den West-Ost-Vergleich (s. unter VI. 3.) von besonderer Relevanz sind, soll auch die folgende Funktionsanalyse des Nebengeschäftszentrums Badstraße — Brunnenstraße beitragen.

2.2 Badstraße und Brunnenstraße in West-Berlin

Das Nebengeschäftszentrum Badstraße — Brunnenstraße im Stadtbezirk Wedding besitzt mit rd. 2,2 km Länge eine noch größere lineare Erstreckung als das Steglitzer Zentrum (Schloßstraße). Die überaus langgestreckte Anordnung der zahlreichen Einzelhandels- und Dienstleistungseinrichtungen wird allerdings auf einer Seite der Brunnenstraße durch den Volkspark „Humboldt-Hain" und durch den Standort eines größeren Betriebes der Elektroindustrie (AEG) sowie in der Mitte der gesamten Geschäftsstraße durch die S-Bahn-Trasse unterbrochen. (vgl. im folgenden die Abb. 33 und 34). Die Geschäftsentwicklung dieses früher ebenfalls in das Gebiet der ehemaligen Berliner City hineinführenden Straßenzuges war in der ersten Nachkriegszeit durch die Errichtung zahlreicher „Verkaufsbuden", insbesondere in den durch Kriegszerstörung entstandenen Baulücken zwischen der erhaltenen Altbausubstanz, gekennzeichnet. Die eingeschossigen Budengeschäfte und die übrigen Einzelhandels- und Dienstleistungseinrichtungen, darunter nach B. *Hofmeister* (1975 b, S. 324) vor allem die Einzelhandelsgeschäfte der Nahrungs- und Genußmittel-, der Haushaltwaren- und Textilbranchen, Apotheken, Wechselstuben, Kinos, Zeitungskioske, Gaststätten und Vergnügungsbetriebe, profitierten von dieser grenznahen Situation, denn sie wurden nicht nur von der Bevölkerung Ost-Berlins, sondern auch aus der übrigen DDR aufgesucht. Der ausgeprägte „Grenzmarktcharakter"[65], besonders in der Brunnenstraße, erlosch mit der radikalen dreiseitigen Abschnürung des südlichen Teils des Bezirks Wedding durch den Mauerbau im Verlauf der Sektorengrenze (insbesondere in der Bernauer Straße, s. Abb. 34 unten) im Jahre 1961. Zu den Folgewirkungen der dadurch geschaffenen „Sackgassenlage" bzw. der stark negativ veränderten Wettbewerbsbedingungen des Nebengeschäftszentrums innerhalb des Berliner Zentrensystems zählen nicht nur die zahlreichen Geschäftsaufgaben[66] und die bis zur Gegenwart angehaltenen starken Fluktuationen im Geschäftsbesitz, sondern auch die schwach ausgeprägte Entwicklung einer großbetrieblichen Struktur innerhalb des

---

[65] Vgl. auch die Ausführungen unter IV. 3.
[66] Diese sind gegenwärtig auch teilweise bedingt durch die baulichen Maßnahmen im Rahmen der Stadterneuerung.

Einzelhandels. Außer einem kleinen Warenhaustyp mit Lebensmittelsupermarkt im südlichen Abschnitt der Brunnenstraße (Abb. 34), dessen Errichtung bezeichnenderweise vom Berliner Senat finanziell erheblich unterstützt werden mußte, bestehen im gesamten Nebengeschäftszentrum nur zwei Kleinpreis-Warenhäuser und eine geringe Anzahl größerer Fachgeschäfte (Kaufhäuser). Kennzeichnend ist auch für einen großen Teil des übrigen klein- bis mittelbetrieblich strukturierten Einzelhandels das relativ niedrige Preisniveau des jeweiligen Warenangebotes und eine äußerst einfache Ausstattung der Läden, d. h. ein ausgeprägter Discountcharakter. Hierin zeigt sich nicht nur die Anpassung an die veränderten Wettbewerbsbedingungen im gesamten Zentrengefüge, sondern auch an die heute vorherrschende Konsumenten- bzw. Kaufkraft- und Bedarfsstruktur im Einzugsbereich des Nebengeschäftszentrums. Wie bereits unter IV. 3. genauer ausgeführt wurde, ist der Bezirk Wedding, insbesondere in seinem südlichen Teil beiderseits des Geschäftsstraßenzuges Badstraße-Brunnenstraße durch das Vorherrschen einer Arbeiter- und Gastarbeiterbevölkerung gekennzeichnet.

Die *Branchengruppierung* der Fach- und Spezialgeschäfte (Bedarfsgruppen) des Zentrums Badstraße-Brunnenstraße zeigt daher einige bemerkenswerte Unterschiede zu den beiden anderen untersuchten Nebengeschäftszentren West-Berlins, vor allem zur Schloßstraße (vgl. Tabelle 20). Mit rd. 27% ist der Anteil der Lebens- und Genußmittelgeschäfte außerordentlich hoch. Darunter sind auch eine Anzahl einfachst ausgestatteter Kleinbetriebe mit sehr engen Sortimenten (z. B. Kartoffelläden). Andererseits nehmen die für die Anziehungskraft eines Geschäftszentrums wichtigen Einzelhandelseinrichtungen der Bekleidungs- und Textilbranchen mit ebenfalls rd. 27% in der relativen Häufigkeitsverteilung im Vergleich zu den übrigen Zentren den untersten Rang ein. Hinzu kommen die erheblichen Betriebsgrößenunterschiede gerade bei diesen Branchen.

Die *Bedarfsgruppen- und Bedarfsstufengliederung* der Fach- und Spezialgeschäfte zeigt, daß auch bei diesem Geschäftszentrum erhebliche Differenzierungen zwischen den Haupt- und Nebengeschäftsstraßenabschnitten aufgrund der unterschiedlichen Standorttendenzen bzw. -ansprüche innerhalb verschiedener Branchengruppen bestehen (vgl. Tabelle 33). Während in der Bad- und Brunnenstraße insgesamt noch rd. 11% der Betriebe zur obersten Bedarfsstufe gehören, darunter als führende Gruppe die Uhren- und Schmuckgeschäfte, ist die Zahl der Einzelhandelseinrichtungen mit ausschließlich oder überwiegend langlebigen, hochwertigen und selten verlangten Warenangeboten in den Nebenstraßenabschnitten mit insgesamt nur 5 Geschäften (bzw. 5,3%) äußerst gering. Damit beträgt der Gesamtanteil der Geschäfte der höchsten Bedarfsstufe in dem Nebengeschäftszentrum nur rd. 9% gegenüber rd. 15% in dem Zentrum Wilmersdorfer Straße bzw. 20% im Zentrum Schloßstraße.

Auch der Prozentsatz der Fach- und Spezialgeschäfte in der mittleren Bedarfsstufe, d. h. der Betriebe mit überwiegend mittelwertigen und/oder mittelfristig nachgefragten Warenangeboten, ist im Vergleich zu den übrigen untersuchten Nebenzentren mit rd. 62,5% verhältnismäßig niedrig. Von diesen rd. 200 Betrieben sind rd. 74% in den Hauptgeschäftsstraßen Bad- und Brunnenstraße lokalisiert, darunter als wichtigste Branchengruppe selbstverständlich die Bekleidungs- und Textilgeschäfte. Kennzeichnend für die funktionale Ausstattung des Zentrums sind außerdem eine Anzahl von undekorierten, in einfachen Verkaufsbuden untergebrachten Gebrauchtwarenläden (Trödler), die die besondere Sozialstruktur bzw. das einfache „Anspruchsniveau" bestimmter Konsumentengruppen im Einzugsbereich widerspiegeln. Für die Versorgung der relativ großen Zahl türkischer Gastarbeiter in diesem Stadtteil dienen auch einige Läden mit „türkischen Spezialitäten".

Die Einzelhandelsbetriebe der untersten Bedarfsstufe sind mit rd. 28% (bzw. mehr als 39% in den Nebenstraßenabschnitten) anteilmäßig insgesamt sehr stark vertreten.

Gemessen an den jeweiligen relativen Anteilen der Fach- und Spezialgeschäfte in der höchsten bzw. niedrigsten Bedarfsstufe besitzt das Nebengeschäftszentrum Badstraße-Brunnenstraße somit im Vergleich zu den Zentren Schloßstraße und Wilmersdorfer Straße eindeutig einen niedrigeren Rangplatz. Dieser läßt sich quantitativ wiederum durch den *Bedarfsstufenindex* kennzeichnen, der mit nur 0,3 den absolut niedrigsten Wert unter allen bisher betrachteten Zentren einnimmt (vgl. Abb. 40).

Die Anteile der für sämtliche Fach- und Spezialgeschäfte des Nebengeschäftszentrums ermittelten *Verkaufsraumflächen* ergeben insgesamt jedoch eine andersartige Verteilung (vgl. Tabelle 33). Während die jeweiligen Prozentsätze für die Betriebe sowie Verkaufsflächen in der mittleren Bedarfsstufe kaum voneinander abweichen, überwiegen mit rd. 23% die Flächenanteile der Betriebe der obersten Bedarfsstufe gegenüber nur rd. 16% in der untersten Stufe. Ein Vergleich mit dem Kurfürstendamm-Bereich der — im Gegensatz zur Schloßstraße und Wilmersdorfer Straße — ebenfalls durch das weitgehende Fehlen von Großbetriebsformen des Einzelhandels gekennzeichnet (und daher auch eher vergleichbar) ist, zeigt jedoch auch bezüglich der Verkaufsraumanteile der Einzelhandelsbetriebe eine sehr deutliche Abstufung zwischen dem Hauptzentrum und dem funktional nachgeordneten Nebengeschäftszentrum Badstraße-Brunnenstraße: In dem Kurfürstendammabschnitt zwischen Joachimstaler Straße und Leibnizstraße beträgt der Flächenanteil der Betriebe der höchsten Stufe immerhin 55%, derjenige der niedrigsten Stufe nur rd. 5%!

Auch bezüglich der durchschnittlichen *Betriebsgrößen* läßt sich eine erhebliche Differenzierung zwischen dem Haupt- und diesem Nebenzentrum nachweisen. Beträgt die mittlere Verkaufsraumfläche am Kurfürstendamm rd. 126 m², so macht diese in der Bad- und Brunnenstraße insgesamt nur rd. 84 m² pro Betrieb aus. Die geringsten Flächen weisen dabei mit nur rd. 46 m² die Läden der untersten Bedarfsstufe, die größten mit rd. 170 m² diejenigen der obersten Stufe auf, während die Betriebe der mittleren Stufe mit rd. 84 m² genau der durchschnittlichen Geschäftsgröße des Nebengeschäftszentrums entsprechen.

Auch die Erhebungsergebnisse in bezug auf die „*Angebotstiefen*" der Warensortimente der Fach- und Spezialgeschäfte zeigen eine qualitative Abstufung im Verhältnis zu den übrigen untersuchten Westberliner Zentren. Ein Vergleich der Prozentzahlen (vgl. Tabellen 26, 28 und 34) ergibt — neben der bereits erwähnten Differenzierung zwischen den Zentren Schloßstraße und Wilmersdorfer Straße — für die Geschäfte des Zentrums Badstraße — Brunnenstraße, von denen rd. ein Viertel als Betriebe mit „flachen" sichtbaren Sortimenten eingestuft wurden, den insgesamt niedrigsten Rang.

Entsprechendes gilt für die *Schaufenstergestaltung* (vgl. Tabelle 35). Diese wurde bei mehr als 30% der Betriebe als „nicht oder kaum bzw. unwirksam dekoriert" eingestuft. Dagegen wurden nicht einmal 2% als Läden mit „überdurchschnittlich eleganter und dekorativer Ausstattung" ihrer Schaufenster ermittelt. Auch nach diesem (sekundären) Kriterium muß das Zentrum Badstraße — Brunnenstraße dem untersten Rangplatz zugeordnet werden.

Die Häufigkeitsverteilung der *Dienstleistungsbetriebe* läßt ebenfalls qualitative Differenzierungen im Verhältnis zu den beiden übrigen untersuchten Westberliner Nebenzentren erkennen. Führen im Zentrum Schloßstraße mit rund 39% die (weiteren) gehobenen Dienstleistungseinrichtungen, die im eigentlichen Hauptgeschäftsstraßenabschnitt (ohne „Forum Steglitz") sogar über 52% aller Betriebe ausmachen, so stufen sich die jeweiligen Prozentsätze über die Wilmersdorfer Straße mit rd. 30% zur Bad- und Brunnenstraße mit rd. 25% hin ab (vgl. im folgenden Tabelle 36). Eine annähernd gleiche relative Häufigkeit wie in der Schloßstraße haben hier jedoch mit rd. 25% die Betriebe des Gaststätten- und Unterhaltungsgewerbes, das allerdings in dem Zentrum Badstraße — Brunnenstraße — in noch stärkerem Maße als in der Wilmersdorfer Straße — von der großen Zahl der einfachen Imbißbuden und -stände, der Bierlokale bzw. Kneipen bestimmt wird, die sich vornehmlich über den gesamten Hauptstraßenzug, mit geringerer Standortdichte auch in den angrenzenden Nebenstraßenabschnitten verteilen (Abb. 33 und 34). Kennzeichnend nicht nur für die Ausstattungsstruktur, sondern

gleichfalls für die Ansprüche bestimmter im Einzugsbereich des Zentrums wohnhafter Sozialgruppen sind darüber hinaus mehrere Spielsalons (Automatenhallen) einfachster Art. Der relativ geringe Prozentsatz von Betrieben des Bankwesens läßt sich wahrscheinlich durch Kaufkraftunterschiede erklären. Kennzeichnenderweise ist andererseits — ebenfalls im Vergleich zur Schloßstraße und Wilmersdorfer Straße — der Anteil der Dienstleistungen des Handwerks mit mehr als 15% verhältnismäßig hoch.

Ergibt sich somit entsprechend der gewählten qualitativen Merkmalsgliederungen und -kombinationen eine relativ klare hierarchische Rangfolge der drei untersuchten Nebengeschäftszentren, in der die Bad- und Brunnenstraße den relativ niedrigsten Rang einnimmt, so darf dabei nicht übersehen werden, daß dieses Zentrum aufgrund seiner absoluten Ausstattung mit weit mehr als 500 verschiedenen Einzelhandels- und Dienstleistungseinrichtungen — trotz des Vorherrschens von Kleinbetrieben — dennoch ein relativ bedeutendes Glied innerhalb des Westberliner Zentrensystems darstellt.

2.3 Schönhauser Allee und Karl-Marx-Allee in Ost-Berlin

Die Schönhauser Allee im Stadtbezirk Prenzlauer Berg zählt wie die Badstraße und Brunnenstraße zu den strahlenförmig aus der ehemaligen City Berlins herausführenden und den dicht bebauten „Wilhelminischen Wohn- und Gewerbegürtel" erschließenden wichtigen Ausfallstraßen. Ihre gemeinsame frühere Bedeutung als Hauptverkehrsstraßen wird durch die Anlagen der Untergrundbahn unterstrichen, die jedoch heute die Bad- und Brunnenstraße nur noch mit dem südlichsten, in West-Berlin gelegenen Abschnitt der früheren Berliner City (Bezirk Kreuzberg) verbindet. Die Schönhauser Allee wird in ihrer gesamten Erstreckung ebenfalls von der U-Bahn bedient (vgl. im folgenden Abb. 39). Diese verknüpft das Nebengeschäftszentrum jedoch nicht nur mit der engeren Ostberliner Innenstadt bzw. dem Stadtzentrum, sondern andererseits auch mit dem nördlich gelegenen Stadtteil Pankow[67]. Wie der Geschäftsstraßenzug Bad- und Brunnenstraße wird auch die Schönhauser Allee von der S-Bahn gekreuzt, die jedoch in Ost-Berlin als öffentliches Nahverkehrsmittel von ungleich größerer Bedeutung ist. Die S-Bahn verbindet die Schönhauser Allee nicht nur direkt mit dem wichtigen innerstädtischen Verkehrsknoten ‚Ostkreuz', sondern ebenfalls mit dem nördlichsten Randbereich Ost-Berlins und darüber hinaus direkt mit der Stadt Bernau. Ein Abzweig der

---

[67] Zwischen dem südlichen Abschnitt des Nebengeschäftszentrums Schönhauser Allee und Pankow wird die U-Bahn als Hochbahn geführt.

S-Bahnlinie in Berlin-Blankenburg führt sogar nach Oranienburg. Die übrigen Vorortgemeinden bzw. „Städte am Rande Berlins"[68] sind indirekt über den Berliner „Außenring" im öffentlichen Bahnverkehr angebunden. Die heutige Bedeutung der Schönhauser Allee als wichtiges Ostberliner Nebenzentrum ist daher zu einem erheblichen Teil durch die hervorragende Stellung im öffentlichen Nahverkehrsnetz bedingt. Aus dieser Tatsache ist unschwer zu folgern, daß der Einzugsbereich des Zentrums weit den eigenen Stadtbezirk übergreift.

Die *Hauptgeschäftskonzentration in der Schönhauser Allee* hat sich beiderseits der beiden unmittelbar nebeneinanderliegenden U- und S-Bahnhöfe entwickelt, ist jedoch in Richtung Innenstadt stärker entwickelt und strahlt besonders um die zweite südlicher gelegene U-Bahnstation auch in die angrenzenden Nebenstraßenabschnitte hin aus. In einer Seitenstraße, der Dimitroffstraße, besteht sogar zwischen der Schönhauser Allee und der im Osten parallel dazu verlaufenden Prenzlauer Allee auf beiden Straßenseiten eine Aufreihung von Einzelhandels- und Dienstleistungseinrichtungen, die nur selten von reinen Wohngebäuden, heute jedoch durch eine relativ große Anzahl leerstehender Geschäftslokale unterbrochen wird (s. unten).

Ausschlaggebende Faktoren für das Entstehen und die bedeutende Nachkriegsentwicklung des Zentrums Schönhauser Allee sind außerdem u. a.:

1. die hohe Einwohnerdichte und die verhältnismäßig geringen Kriegsschäden in diesem Teil des Wilhelminischen Wohngürtels[69];
2. die Totalzerstörung der Hauptgeschäftsstraßen im zentralen Standortraum Ost-Berlins;
3. die starke Vernachlässigung der Einzelhandelsfunktionen beim ohnehin zeitlich sehr verzögerten und bis zur Gegenwart immer noch nicht abgeschlossenen Wiederaufbau des heutigen Stadtzentrums;
4. die relativ frühe „Rekonstruktion", d. h. in erster Linie die Fassadenrenovierung der Altbausubstanz der Schönhauser Allee als eine der „Magistralen", die bereits in der 50er Jahren die neue städtebauliche Struktur Ost-Berlins andeuten sollten (vgl. *J. Näther,* 1967 a, S. 6);
5. die „Stärkung" des nach der Binnenhandelsplanung typischen und „ausbauwürdigen" Stadtbezirkszentrums durch Ansiedlung relativ gut ausgestatteter Betriebsformen des staatlichen bzw. sozialistischen Einzelhandels sowie
6. das Fehlen größerer, attraktiver Nebengeschäftszentren im gesamten übrigen Ostberliner Stadtgebiet.

Erst mit der Errichtung der Wohn- und Geschäftsbauten im Zuge der Magistrale *Karl-Marx-Allee* im Stadtbezirk Friedrichshain, die ebenfalls von der U-Bahn bedient wird, entstand ein stark konkurrierendes Geschäftszentrum, das in Ost-Berlin zunächst auch der einzige verwirklichte Komplex der neuen Zentrumspläne der 50er Jahre blieb[70].

Der folgende Vergleich der funktionalen Ausstattungen der beiden Geschäftsstraßen Schönhauser Allee und Karl-Marx-Allee soll insbesondere ihre hierarchische Stellung zueinander herausstellen.

Bei der Erhebung der *Hauptgeschäftskonzentration in der Schönhauser Allee,* d. h. zwischen den Einmündungen der Eberswalder Straße und Dimitroffstraße im Süden und der Thulestraße im Norden (einschließlich eines südlichen Abschnittes der Berliner Straße), im Jahre 1971 wurden zunächst rd. 2,3 km Gebäudefrontlängen ermittelt, davon rd. 1,1 km auf der westlichen bzw. rd. 1,2 km auf der östlichen Straßenseite (vgl. Abb. 39). Die größtenteils geschlossene Bebauung wird auf der Ostseite zu rd. 58%, auf der Westseite der Straße sogar zu rd. 67% von den Geschäftsfronten der 80 (Ostseite) bzw. 81 (Westseite) Einzelhandelsbetriebe[71] eingenommen. Die restlichen Frontanteile entfallen fast ausschließlich auf Dienstleistungsbetriebe, d. h. kaum auf reine Wohngebäude. Aus den Erhebungen der Frontlängen ergibt sich eine verhältnismäßig geringe durchschnittliche Geschäftsfrontlänge von nur 8,9 m (pro Einzelhandelsbetrieb). Die beträchtliche „Geschäftsdichte" der hauptsächlich mit den Schmalseiten zur Straße hin ausgerichteten Läden und Dienstleistungseinrichtungen trägt in erheblichem Maße zur Anziehungskraft des Geschäftszentrums in der Schönhauser Allee bei.

Demgegenüber bietet der rd. 1,8 km lange Abschnitt der *Karl-Marx-Allee* zwischen Strausberger Platz und Frankfurter Tor ein völlig anderes Bild (Abb. 39). In den Erdgeschossen der sieben- bis neungeschossigen Wohnbebauung wurden im Jahre 1971 lediglich 100 Einzelhandelsbetriebe ermittelt[72], die mit durchschnittlich ca. 140 qm Verkaufsfläche[73] im Vergleich zu denjenigen der Schönhauser Allee wesentlich großräumiger sind. Nachteilig für den Kundenverkehr ist jedoch die Längsorientierung der Einzelhandelsbetriebe, die nicht selten Frontlängen von 40 Metern erreichen (vgl. Abb. 35 und 39). Zusammen mit der großen Breite der Straße von 75—80 Metern, die im neuen Teil der Karl-Marx-Allee zwischen Strausberger Platz und Alexanderplatz noch weit übertroffen wird (vgl. Abb. 7), den

---

[68] Vgl. den Beitrag von *E. Wiebel,* 1954.
[69] Vgl. Atlas von Berlin, 1962, Abb. 30, Kriegsschäden 1945.
[70] Die städtebauliche bzw. architektonische Konzeption der Magistrale wurde bereits eingehend unter III. 2.1 dargestellt.
[71] Ausgenommen blieb bei den Berechnungen eine Anzahl von kleinen Kiosk-Verkaufsstellen.
[72] Unberücksichtigt bleiben bei der folgenden Betrachtung der funktionalen Ausstattung der Karl-Marx-Allee einige kleinere, von den eigentlichen Wohngeschäftsbauten getrennt lokalisierte Kioske (vgl. Abb. 39).
Einbezogen in die Erhebung und anschließende statistische Auswertung wurde ein kleinerer Abschnitt der Karl-Marx-Allee zwischen Frankfurter Tor und Niederbarnimstraße, der in der Abb. 39 nicht dargestellt ist.
[73] Vgl. *K. Kluge,* 1963, S. 415.

Abb. 35 Kurfürstendamm (West-Berlin) und Karl-Marx-Allee (Ost-Berlin)
Schematische Darstellung der funktionalen Ausstattung
ausgewählter Straßenabschnitte

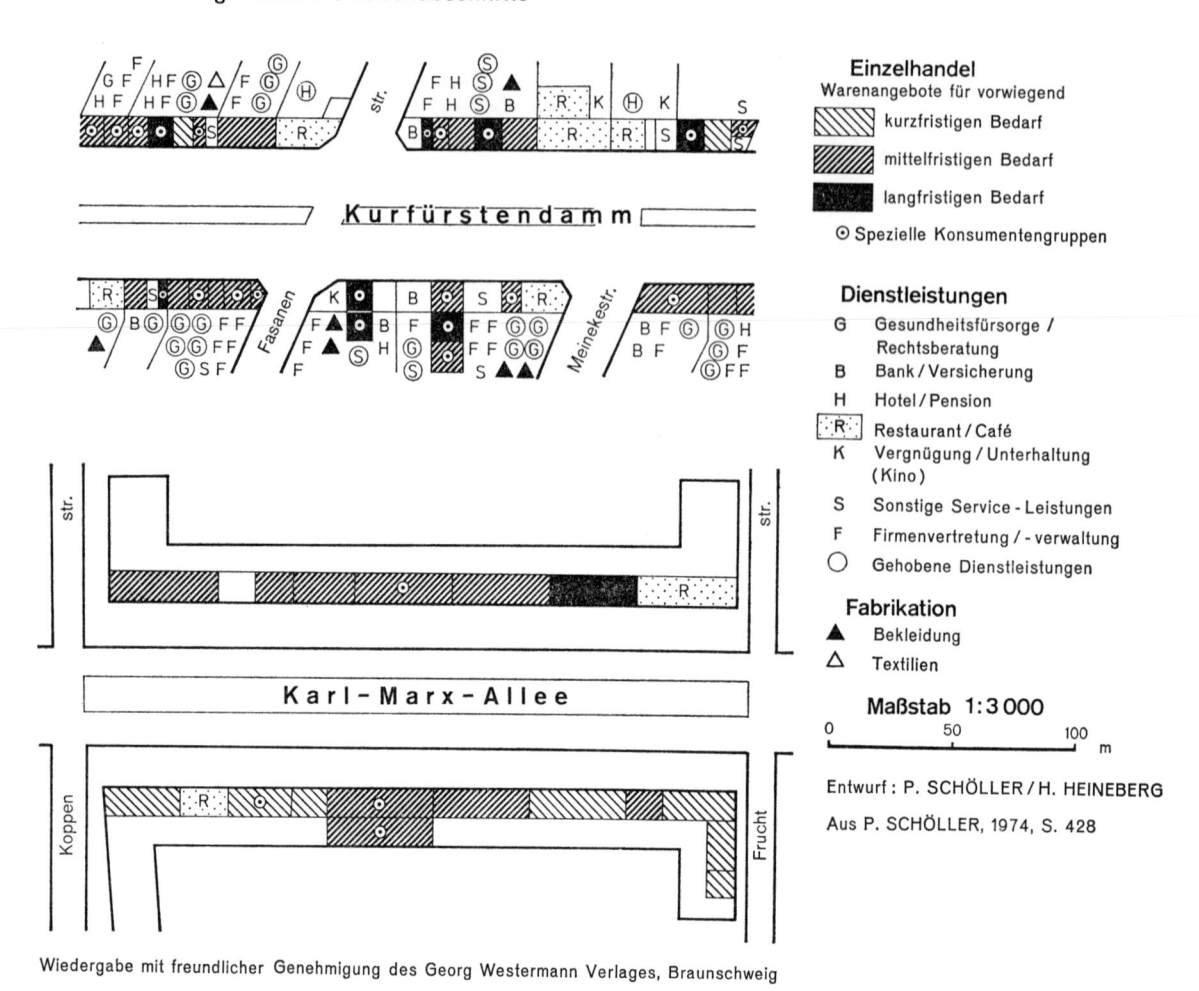

Einzelhandel
Warenangebote für vorwiegend

⧚⧚ kurzfristigen Bedarf

▨ mittelfristigen Bedarf

■ langfristigen Bedarf

⊙ Spezielle Konsumentengruppen

Dienstleistungen

G Gesundheitsfürsorge /
   Rechtsberatung
B Bank / Versicherung
H Hotel / Pension
R Restaurant / Café
K Vergnügung / Unterhaltung
   (Kino)
S Sonstige Service-Leistungen
F Firmenvertretung / -verwaltung
○ Gehobene Dienstleistungen

Fabrikation

▲ Bekleidung
△ Textilien

Maßstab 1 : 3 000

Entwurf: P. SCHÖLLER / H. HEINEBERG

Aus P. SCHÖLLER, 1974, S. 428

Wiedergabe mit freundlicher Genehmigung des Georg Westermann Verlages, Braunschweig

wenigen Fußgängerübergangsstellen und dem inzwischen stark angewachsenen Auto-(Durchgangs-)verkehr sowie dem Fehlen von Einrichtungen für den ruhenden Verkehr entlang der Karl-Marx-Allee zwischen Strausberger Platz und Frankfurter Tor[74] bedeutet dies für die Konsumenten viel zu lange Einkaufswege. Der damit verbundene Zeitaufwand wurde bereits von *K. Kluge* (1963, S. 415) als ein gravierender negativer Faktor in bezug auf die Frequentierung der Einkaufseinrichtungen in der Karl-Marx-Allee und deren Umsatz herausgestellt. Die relativ große Attraktivität der Schönhauser Allee ergibt sich weiterhin aus der besonderen Struktur der *Eigentumsformen des Einzelhandels*, d. h. der Mischung sozialistischer und privat betriebener Läden mit z. T. recht unterschiedlichen Funktionen (vgl. im folgenden Tabelle 37 sowie Abb. 36 und 39). Unter den im Jahre 1971 ermittelten 161 Einzelhandelseinrichtungen (ohne Kioske) führten mit 66, d. h. rd. 41%, die „Privatbetriebe" vor den Einrichtungen der Staatlichen Handelsorganisation (HO) (rd. 29%), den konsumgenossenschaftlichen Betrieben (rd. 19%) und den sonstigen sozialistischen Handelseinrichtungen (rd. 11%). Die Dominanz der privaten Läden im Jahre 1971 darf jedoch nicht darüber hinwegtäuschen, daß sich zu dieser Zeit die Schönhauser Allee immer noch in einem Umwandlungsprozeß befand, der sich allgemein durch den (weiteren) Rückgang des Privathandels zugunsten der Neueinrichtung sozialistischer Betriebsformen des Einzelhandels auszeichnet — ein Prozeß, der gegenwärtig noch nicht abgeschlossen ist[75]. Auch konnte bei der Er-

---

[74] Unmittelbar an der Karl-Marx-Allee wurde nur ein kleiner Parkplatz eingeplant. Parkmöglichkeiten bestehen ansonsten nur in den Nebenstraßen und hinter den Wohn-Geschäftsbauten.

[75] Bis zur Gegenwart ist die absolute und relative Anzahl der privaten Einzelhandelseinrichtungen — wie erwartet — gegenüber den anderen Eigentumsformen in der Schönhauser Allee erheblich zurückgegangen. So war bis Mitte 1977 der Anteil der Privatbetriebe in der Schönhauser Allee auf rd. 32%, d. h. zwischen 1971 und 1977 um absolut 20 Betriebe geschrumpft. Es führen nun mit rd. 36% (der insgesamt nur noch 146 Einzelhandelseinrichtungen, ohne Kioske) die HO-Betriebe. Die absolute Anzahl der konsumgenossenschaftlichen und sonstigen sozialistischen Läden hatte sich bis 1977 ins-

hebung im Jahre 1971 nicht ermittelt werden, inwieweit die äußerlich als privat gekennzeichneten Läden durch den Abschluß von Kommissionsverträgen und durch die Aufnahme staatlicher Beteiligungen bereits in den sog. sozialistischen Aufbau einbezogen worden waren (vgl. III. 1.2.).

Wenngleich auch der sozialistische Einzelhandel gegenüber den privaten Läden in den Warenzuteilungen bevorteilt wird, die Ladenausstattungen der HO-, Konsum- und der übrigen sozialistischen Betriebe i. a. moderner gestaltet und auch deren Verkaufsraumflächen durchschnittlich größer sind, so kommt doch den privaten Läden in der Schönhauser Allee eine nicht zu unterschätzende Anziehungskraft zu, die somit erheblich zur Funktionsstärkung des gesamten Geschäftszentrums beiträgt. Sie ergibt sich nicht nur aus den speziellen Service-Leistungen dieser Betriebe in der individuellen Kundenbetreuung bzw. Versorgung, sondern vor allem auch aus deren Branchendifferenzierung, da durch den privaten Einzelhandel oftmals wichtige, von dem sozialistischen Handel nicht hinreichend berücksichtigte „Marktlücken" gedeckt werden (s. unten)[76].

In den *Nebenstraßen der Schönhauser Allee* ist, soweit diese (noch) mit Einzelhandelseinrichtungen besetzt sind, der Anteil der Privatbetriebe wesentlich höher. So ergab sich für die wichtigste „Nebengeschäftsstraße" der Schönhauser Allee, die Dimitroffstraße, die den südlichen Abschnitt der Geschäftskonzentration in der Schönhauser Allee mit der Prenzlauer Allee verbindet, aufgrund einer Erhebung im Jahre 1967[77], daß von den damals insgesamt 74 funktionsfähigen Einzelhandelsbetrieben rd. 79% als privat (einschließlich Kommissionshandel und staatlicher Beteiligung) gekennzeichnet waren, gegenüber nur 9,5% HO-Betriebe und jeweils rd. 5,5% konsumgenossenschaftliche und sonstige sozialistische Betriebe.

Ein weiterer Unterschied zu dem Hauptgeschäftsstraßenabschnitt der Schönhauser Allee besteht andererseits in der relativ großen Zahl ungenutzter bzw. leerstehender Geschäftslokale, was vor allem durch die Aufgabe privat betriebener Läden bedingt ist. Im Jahre 1967[78] betrug das Verhältnis zwischen den noch genutzten und den leerstehenden Läden in der Dimitroffstraße[79] rd. 5:1, in der Schönhauser Allee wurde 1971 dagegen eine weitaus günstigere Relation von rd. 40:1 (bei nur 4 nicht genutzten Ladenlokalen) ermittelt.

Ein noch weitaus größerer Anteil aufgegebener und nicht wieder genutzter Ladenlokale besteht in den übrigen, der Dimitroffstraße funktional untergeordneten Nebenstraßen der Schönhauser Allee bzw. auch der Dimitroffstraße[80].

Teilweise sind hier die ehemaligen Geschäftsräume durch Zumauerung der Schaufenster bereits in Wohnnutzung übergegangen, oder sie dienen verschiedensten Dienstleistungseinrichtungen (s. unten) oder sind als einfache Lagerräume genutzt.

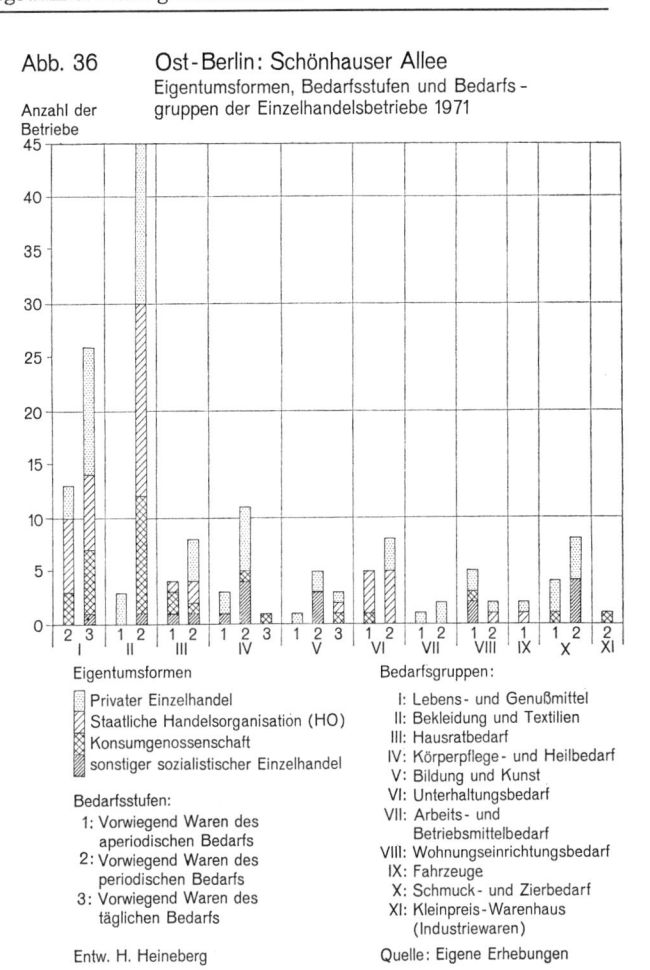

Abb. 36   Ost-Berlin: Schönhauser Allee
Eigentumsformen, Bedarfsstufen und Bedarfsgruppen der Einzelhandelsbetriebe 1971

Anzahl der Betriebe

Eigentumsformen:
  Privater Einzelhandel
  Staatliche Handelsorganisation (HO)
  Konsumgenossenschaft
  sonstiger sozialistischer Einzelhandel

Bedarfsstufen:
  1: Vorwiegend Waren des aperiodischen Bedarfs
  2: Vorwiegend Waren des periodischen Bedarfs
  3: Vorwiegend Waren des täglichen Bedarfs

Bedarfsgruppen:
  I: Lebens- und Genußmittel
  II: Bekleidung und Textilien
  III: Hausratbedarf
  IV: Körperpflege- und Heilbedarf
  V: Bildung und Kunst
  VI: Unterhaltungsbedarf
  VII: Arbeits- und Betriebsmittelbedarf
  VIII: Wohnungseinrichtungsbedarf
  IX: Fahrzeuge
  X: Schmuck- und Zierbedarf
  XI: Kleinpreis-Warenhaus (Industriewaren)

Entw. H. Heineberg   Quelle: Eigene Erhebungen

Die Aufgliederung der Eigentumsformen der Einzelhandelsbetriebe in der Schönhauser Allee nach *Bedarfsgruppen und Bedarfsstufen* zeigt, daß die je-

---

gesamt nicht verändert, ihre Anteile waren jedoch leicht angestiegen (20 bzw. 13%) (nach eigenen Erhebungen im Juni 1977).

[76] Obwohl die positiven Auswirkungen des privaten Einzelhandels auf die „Qualität der Versorgung" und den „Wettbewerb" im Handel in der DDR auch „offiziell" nicht unterschätzt wurde (vgl. z. B. Pol. Ökon. d. Sozialismus, 1969, S. 163), erfuhr dieser keine Unterstützung, sondern war bis zur Gegenwart in ganz Ost-Berlin wie auch in der übrigen DDR durch starke Rückgänge gekennzeichnet (vgl. Statistisches Jahrbuch 1976 der DDR, S. 255 sowie die Ausführungen unter III. 1.2).

[77] Berlin-Praktikum des Geographischen Instituts der Ruhr-Universität Bochum, Leitung Prof. Dr. P. Schöller.

[78] dto.

[79] Bis zur Gegenwart (Mitte 1977) hat die Dimitroffstraße einen erheblichen Funktionswandel, d. h. insgesamt einen starken Funktionsverlust erlebt, der sich u. a. in dem (weiteren) Rückgang der absoluten Anzahl der Einzelhandelseinrichtungen um knapp ein Drittel, d. h. von 74 (1967) auf 51 (1977), in der starken Reduzierung privater Läden (von absolut 59 auf 19, d. h. auf nunmehr lediglich rd. 37% der Gesamtzahl) und in der erheblichen Zunahme der leerstehenden Ladenlokale um mehr als das Doppelte (von 16 auf 37) äußerte (nach eigenen Erhebungen im Juni 1977).

[80] So konnten beispielsweise in der nach Norden von der Dimitroffstraße abzweigenden Lynchener Straße Mitte 1977 neben den 7 noch bestehenden Läden (darunter 5 Privatbetriebe) insgesamt 41 leere bzw. geschlossene Geschäftslokale ermittelt werden (nach eigenen Erhebungen im Juni 1977).

weiligen relativen Häufigkeiten der privaten Einzelhandelseinrichtungen und der sozialistischen Betriebsformen teilweise sehr unterschiedlich sind (vgl. Tabellen 37 und 38 sowie Abb. 36, 37 und 39). Während zwar die zuletzt genannten Betriebe — nimmt man die staatlichen, konsumgenossenschaftlichen und sonstigen sozialistischen Einrichtungen zusammen — unter den Branchen des Massenkonsums, d. h. besonders in den Bedarfsgruppen Lebens- und Genußmittel, Bekleidung und Textilien, anteilmäßig am stärksten vertreten sind, so sind doch gerade in diesen beiden nach der Absolutzahl der Einrichtungen führenden Einzelhandelsgruppen auch die absoluten Häufigkeiten der Privatbetriebe am größten. Kennzeichnend ist, daß die Geschäfte der höchsten Bedarfsstufe der Bekleidungs- und Textilbranchen ausschließlich privat betriebene Läden sind. Dies sind kleine Betriebe für Pelzmoden mit eigener handwerklicher Basis. Den Privatläden kommt eine größere relative Bedeutung unter den Branchen des Körperpflege- und Heilbedarfs (vor allem kleinere Drogerien, Parfümerien, Optikerläden), des Arbeits- und Betriebsmittelbedarfs (z. B. Schneiderartikel, Handwerkerbedarf) und insbesondere des Schmuck- und Zierbedarfs (Uhren- und Schmuckläden) zu, in denen der individuelle Kundendienst von besonderem Gewicht ist. Bestimmte Spezialisierungsgrade zeigen allerdings häufig auch die sog. sonstigen sozialistischen Einzelhandelseinrichtungen, darunter vor allem die sog. Industrieläden, die spezielle Fachsortimente geringer Breite aus der Produktion eines volkseigenen Betriebes (z. B. als Spezialverkaufsstelle einer pharmazeutischen Fabrik, einer Küchenmöbelfabrik etc.) anbieten.

Ein weiteres Kennzeichen der funktionalen Ausstattung der Schönhauser Allee ist die Dominanz von Kleinbetrieben bzw. andererseits das weitgehende Fehlen größerer Betriebsformen des Einzelhandels. Es bestehen zwar einige überdurchschnittlich große Fachgeschäfte: zwei „Kaufhäuser" der Bekleidungsbranche, zwei Betriebe für Wohnungseinrichtungsbedarf, ein „Sporthaus", ein großes Rundfunk- und Fernseh-Fachgeschäft, ein größerer Blumenladen und eine HO-Kaufhalle für Lebensmittel. Diese Betriebsformen können jedoch nicht mit den großen westlichen Kaufhaustypen, insbesondere der Bekleidungs- und Möbelbranchen, verglichen werden, zumal es lediglich eingeschossige Läden sind, die über weitaus geringere Verkaufsraumflächen und Warenangebote verfügen. Im gesamten Nebengeschäftszentrum Schönhauser Allee existiert außerdem nur ein größerer branchenübergreifender Einzelhandelsbetrieb („Kaufhaus für Industriewaren"), der in gewisser Weise der Betriebsform eines westlichen Kleinpreis-Warenhaustyps ähnelt, jedoch nicht mit einem normalen Warenhaustyp gleichgesetzt werden kann. Mit dieser Betriebsstruktur des Einzelhandels hebt sich die Schönhauser Allee sehr von den größeren Westberliner Nebenzentren, insbesondere der Schloßstraße und Wilmersdorfer Straße, ab, in denen die dort größtenteils in der Nachkriegszeit errichteten Großbetriebe (Waren- und Kaufhäuser) über erhebliche Verkaufsraumflächenanteile verfügen und damit vor allem die starke Frequentierung dieser Zentren in bezug auf den Kauf von Massengütern bewirken.

Nach der Struktur der Betriebsformen und vor allem der relativen Häufigkeitsverteilung in den Bedarfsgruppen läßt sich die Einzelhandelsausstattung der Schönhauser Allee mit dem — gegenüber Schloßstraße und Wilmersdorfer Straße — funktional niederrangigen Westberliner Nebengeschäftszentrum Badstraße-Brunnenstraße im benachbarten Stadtbezirk Wedding vergleichen, wo ebenfalls die Bekleidungs- und Textilgeschäfte mit mehr als 25% der Fach- und Spezialgeschäfte dominieren, die Lebens- und Genußmittelläden den zweiten und die Betriebe für Körperpflege- und Heilbedarf den dritten Rangplatz in der relativen Häufigkeitsverteilung einnehmen (vgl. Tabellen 20 und 30). Überraschend ist, daß auch die jeweiligen Anteile der Fach- und Spezialgeschäfte für Bildung und Kunst, für Unterhaltungsbedarf, für Arbeits- und Betriebsmittelbedarf sowie Schmuck- und Zierbedarf nur wenig voneinander abweichen bzw. teilweise sogar fast genau miteinander übereinstimmen! Außerdem herrschen auch in der Bad-Brunnenstraße Kleinbetriebsformen vor. Jedoch besteht hier im Vergleich zur Schönhauser Allee eine relativ größere Anzahl von Großbetrieben des Einzelhandels, darunter auch ein „normales" Warenhaus.

Im Gegensatz zur Schönhauser Allee besitzt die in den 50er Jahren als „erste sozialistische Straße" Berlins einheitlich geplante *Karl-Marx-Allee* lediglich Einzelhandelseinrichtungen in „gesellschaftlichem Eigentum", da der private Einzelhandel bewußt nicht in den „sozialistischen Aufbau" mit einbezogen wurde. Unter den sozialistischen Betriebsformen herrschte im Jahre 1971 in dem älteren Abschnitt der Straße zwischen Strausberger Platz und Niederbarnimstraße mit mehr als zwei Dritteln sämtlicher Einrichtungen der staatliche Einzelhandel (68% HO-Betriebe) vor, während konsumgenossenschaftliche und sonstige sozialistische Betriebe mit 18% relativ gering vertreten waren[81].

Gegenüber der Schönhauser Allee bestehen jedoch nicht nur wichtige Unterschiede in den Eigentumsformen des Einzelhandels, sondern auch in der Aufgliederung der Betriebe nach *Bedarfsgruppen* und in deren räumliche Anordnungen. Während in der Schönhauser Allee die Bekleidungs- und Textilgeschäfte sowohl in der absoluten Anzahl (48) wie auch in der relativen Häufigkeit (rd. 30%) die bei

---

[81] Diese Anteile haben sich bis zur Gegenwart geringfügig zugunsten des konsumgenossenschaftlichen Handels verändert. Im Jahre 1977 betrugen die relativen Häufigkeiten für die HO-Betriebe 66,3%, die Konsum-Läden 21,4% und die sonstigen sozialistischen Einzelhandelseinrichtungen 12,2% (nach eigenen Erhebungen im Juni 1977).

2. Funktionale Ausstattungen ausgewählter Nebengeschäftszentren

Abb. 37 Ost-Berlin: Karl-Marx-Allee und Schönhauser Allee
Bedarfsgruppen und Bedarfsstufen der Einzelhandelsbetriebe 1971

Bedarfsstufen:
1: Vorwiegend Waren des aperiodischen Bedarfs
2: Vorwiegend Waren des periodischen Bedarfs
3: Vorwiegend Waren des täglichen Bedarfs

K = Karl-Marx-Allee
S = Schönhauser-Allee

Bedarfsgruppen:
I: Lebens- und Genußmittel
II: Bekleidung und Textilien
III: Hausratsbedarf
IV: Körperpflege- und Heilbedarf
V: Bildung und Kunst
VI: Unterhaltungsbedarf
VII: Arbeits- und Betriebsmittelbedarf
VIII: Wohnungseinrichtungsbedarf
IX: Fahrzeuge
X: Schmuck- und Zierbedarf
XI: Kleinpreis-Warenhaus (Industriewaren)

Entw. H. Heineberg   Quelle: Eigene Erhebungen

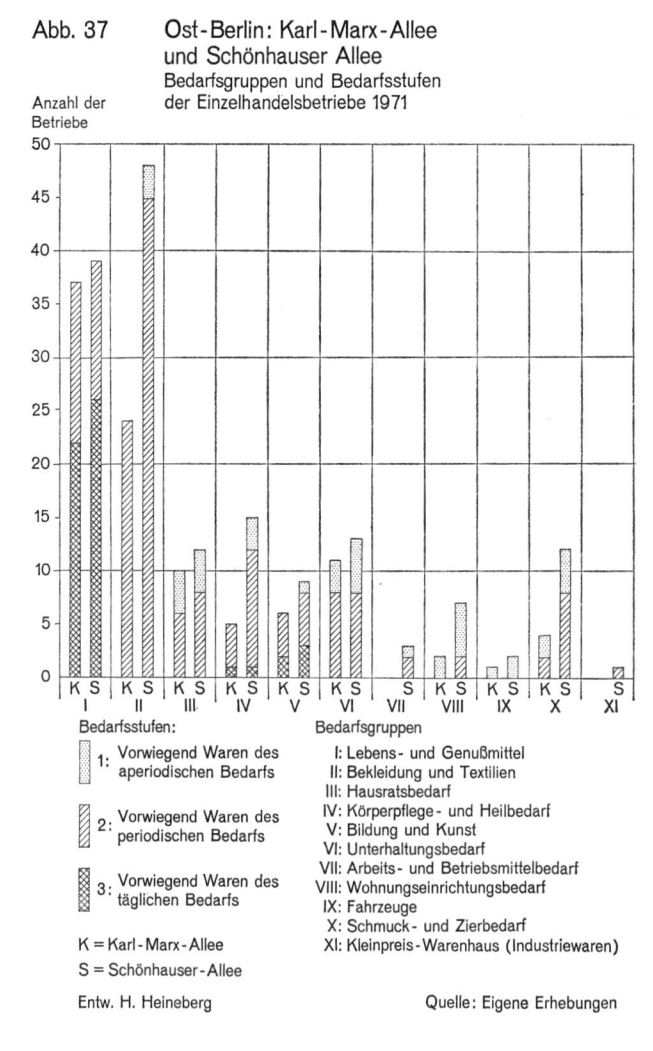

weitem führende Gruppe darstellen, nehmen diese in der Karl-Marx-Allee mit insgesamt nur 16 Einrichtungen bzw. 18% aller Einzelhandelsbetriebe den zweiten Rangplatz ein. Hier führen vielmehr mit 37% aller Einzelhandelseinrichtungen die Geschäfte der Lebens- und Genußmittelbranchen (in der Schönhauser Allee lediglich rd. 24%). Es handelt sich — trotz relativ großer durchschnittlicher Verkaufsraumflächen der Einzelhandelseinrichtungen in der Karl-Marx-Allee — zu einem erheblichen Anteil um Kleinbetriebe, die sich als zumeist spezialisierte Läden (z. B. Backwaren, Reformhaus, Fleisch/Geflügel, Milch/Milchprodukte, Spirituosen/Tabakwaren, Obst/Gemüse) in den Sortimenten einander ergänzen. Eine — dem westlichen Typ eines Lebensmittelsupermarktes entsprechende — große „Kaufhalle" für Lebensmittel, wie sie nach dem „Prinzip der räumlichen Konzentration des Verkaufsstellennetzes" von der Standortplanung des Einzelhandels bei der Errichtung neuer Geschäftszentren in der DDR berücksichtigt wird (vgl. III. 1.2.), wurde bei dem relativ frühen Aufbau der Wohn-Geschäftsstraße nicht eingeplant und bis zur Gegenwart in der Einzelhandelsausstattung nicht ergänzt. Auch die durchschnittlichen Verkaufsraumflächen der Einrichtungen der Bekleidungs- und Textilbranchen sind in der Karl-Marx-Allee — wie in der Schönhauser Allee — relativ gering. Ausnahmen bilden lediglich das dreigeschossige Spezialkaufhaus für Kinderbedarf („Haus des Kindes") am Strausberger Platz und ein zweigeschossiges Damen- und Jugendmodengeschäft, die jedoch nicht mit den großen Bekleidungskaufhäusern in Westberliner Geschäftszentren verglichen werden können.

Jedoch wurde offenbar mit den häufiger anzutreffenden Agglomerationen jeweils mehrerer Geschäfte der Lebens- und Genußmittel- wie andererseits auch der Bekleidungs- und Textilbranchen in bestimmten Teilabschnitten des sehr langgestreckten Geschäftszentrums in Gestalt kleinerer Standortkomplexe sog. „territoriale Konzentrationen im Verkaufsstellennetz" (vgl. III. 1.2.) und damit in gewisser Weise eine Minimierung der — ohnehin immer noch langen — Einkaufswege in der Karl-Marx-Allee angestrebt.

Andere Formen komplexer Einzelhandelsausstattungen in bestimmten Abschnitten des Geschäftszentrums wurden in der Karl-Marx-Allee offensichtlich zum einen durch bestimmte Agglomerationen einander ergänzender Branchen aus verschiedenen Bedarfsgruppen (z. B. Geschäfte für Kindermoden, Kinderwagen und -betten sowie Spielwaren am Strausberger Platz), zum anderen — wie im Falle des siebengeschossigen „Hauses für Sport und Freizeit" am Frankfurter Tor — durch das Angebot eines größeren, d. h. breiteren und tieferen Sortiments- bzw. Bedarfskomplexes in einem kaufhausartigen Einzelhandelsgeschäft zu verwirklichen versucht.

Bei der gegenwärtigen Umgestaltung der Schönhauser Allee — von einer mehr „privatwirtschaftlichen" zu einer vom sozialistischen Einzelhandel beherrschten Geschäftsstraße — werden zwar auch Bemühungen um die Realisierung dieses Anordnungsprinzips deutlich, jedoch besteht hier — im Gegensatz zur Karl-Marx-Allee — immer noch eine sehr viel stärkere „zufällige" und damit abwechslungsreichere Durchmischung in der Standortverteilung der Geschäfte sämtlicher Bedarfsgruppen (vgl. Abb. 39).

Die Schönhauser Allee zeichnet sich gegenüber der Karl-Marx-Allee insgesamt auch durch eine vielseitigere Ausstattung mit Einzelhandelseinrichtungen der Bedarfsgruppen 3 bis 11 aus (vgl. Abb. 37). Anteilmäßig und auch in der jeweiligen absoluten Anzahl besonders stark vertreten sind hier die Geschäfte des Körperpflege- und Heilbedarfs sowie des Schmuck- und Zierbedarfs, vor allem bedingt durch eine relativ große Anzahl „privater Betriebe" in diesen Branchen (s. oben).

Auch die *Bedarfsstufengliederung* der Einzelhandelsbetriebe (Tabelle 38) zeigt, daß die Branchenstruktur der Einzelhandelsausstattung der Schönhauser Allee gegenüber derjenigen der Karl-Marx-Allee weitaus differenzierter ist. Das gilt zunächst für die oberste Bedarfsstufe, der von den Betrieben der Karl-Marx-

Abb. 38

Ost-Berlin: Karl-Marx-Allee und Schönhauser Allee

Bedarfsstufengliederung des Einzelhandels 1971

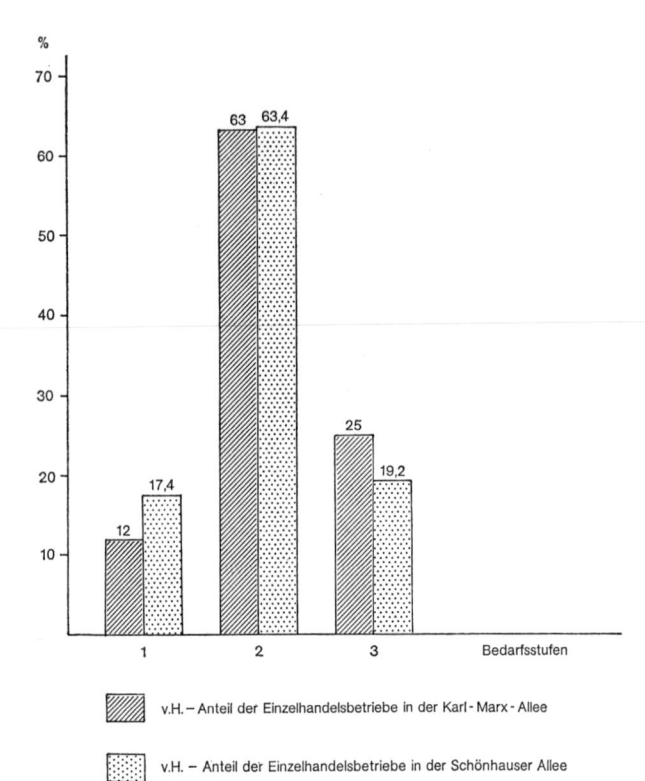

[Balkendiagramm: Bedarfsstufe 1: 12 / 17,4; Bedarfsstufe 2: 63 / 63,4; Bedarfsstufe 3: 25 / 19,2]

▨ v.H. – Anteil der Einzelhandelsbetriebe in der Karl-Marx-Allee

▦ v.H. – Anteil der Einzelhandelsbetriebe in der Schönhauser Allee

Entw. H. Heineberg

Allee beispielsweise nicht ein Bekleidungs- oder Textilgeschäft zugeordnet werden konnte. Im Verhältnis zu den Hauptgeschäftsbereichen des Stadtzentrums, wo rd. 31% aller Fach- und Spezialgeschäfte zur höchsten Stufe zählen, ist der entsprechende Anteil derartiger Einzelhandelseinrichtungen in der Schönhauser Allee mit rd. 17% zwar gering, er übertrifft jedoch noch deutlich denjenigen der Betriebe der Karl-Marx-Allee (12%).

Auch in der absoluten und relativen Anzahl der Verkaufsstellen mit vorwiegenden Warenangeboten für den periodischen Bedarf führt die Schönhauser Allee. Es muß jedoch hervorgehoben werden, daß die größeren Verkaufsraumflächen bzw. breiteren und tieferen Warensortimente bestimmter Einzelhandelseinrichtungen dieser mittleren Bedarfsstufe in der Karl-Marx-Allee (neben den bereits genannten kaufhausartigen Geschäften u. a. eine zweigeschossige Buchhandlung) die relativ geringe Anzahl der Betriebe teilweise, wenn nicht sogar gänzlich ausgleichen.

Der Prozentsatz der Einzelhandelsbetriebe der untersten Bedarfsstufe ist in der Karl-Marx-Allee mit rd. 25% — gegenüber knapp 19% in der Schönhauser Allee — besonders im Vergleich zu der geringen relativen Häufigkeit der Betriebe mit Waren des täglichen bzw. kurzfristigen Bedarfs in den Hauptgeschäftsbereichen des Stadtzentrums (8%) sehr groß. Dieser hohe Anteil bedingt besonders den verhältnismäßig geringen Wert des *Bedarfsstufenindexes* für das Geschäftszentrum Karl-Marx-Allee, der mit nur 0,48 niedriger ist als der Index für das Zentrum in der Schönhauser Allee (0,93) (vgl. Abb. 40).

Der verhältnismäßig hohe Bedarfsstufenindex für die Hauptgeschäftsstraßen bzw. -bereiche des Stadtzentrums (3,83) verdeutlicht besonders, daß der Karl-Marx-Allee trotz ihrer Lage im zentralen Standortraum Ost-Berlins bezüglich der Einzelhandelsausstattung lediglich der Rang eines Nebengeschäftszentrums zukommt, das jedoch das eigentliche Stadtzentrum in einigen wichtigen Geschäftsfunktionen ergänzt.

Auch bezüglich der Anzahl, Eigentumsformen und qualitativen Differenzierung der *Dienstleistungseinrichtungen* bestehen zwischen den beiden Ostberliner Stadtbezirkszentren Schönhauser Allee und Karl-Marx-Allee erhebliche Unterschiede (vgl. Tabelle 39 und Abb. 39). Zunächst einmal ist deren absolute Häufigkeit im gesamten knapp 2 km langen älteren Teil der Magistrale Karl-Marx-Allee mit insgesamt nur 44 Dienstleistungsstandorten außerordentlich gering. Dies nicht nur im Vergleich zur Schönhauser Allee, die mit 90 verschiedenen Einrichtungen in dem untersuchten, wesentlich kürzeren Geschäftsstraßenabschnitt im Jahre 1971 immerhin mehr als die doppelte Anzahl an Dienstleistungen aufwies, sondern vor allem gegenüber den Stadtbezirks- bzw. Nebengeschäftszentren West-Berlins (vgl. Tabelle 30). Die geringe Häufigkeit bzw. Dichte der Dienstleistungseinrichtungen in der Karl-Marx-Allee wird besonders deutlich durch den Vergleich mit der Westberliner „Repräsentationsstraße" Kurfürstendamm, die — wie bereits unter VI 1.2 ausgeführt wurde — über ein sehr differenziertes Angebot vor allem an gehobenen privaten Dienstleistungen verfügt (vgl. die schematischen Darstellungen ausgewählter Geschäftsstraßenabschnitte in Abb. 35).

Ein weiterer Gegensatz zur Schönhauser Allee besteht in dem gänzlichen Fehlen *privater* Einrichtungen in der Dienstleistungsausstattung der Karl-Marx-Allee. Wie beim Einzelhandel sollte der sozialistische Charakter der Straße offenbar nur durch die Existenz von Einrichtungen im „gesellschaftlichen Eigentum" zum Ausdruck kommen. Unter diesen sind gegenüber der Schönhauser Allee zentrale Organe sozialistischer Massenorganisationen (Kreisleitungen), zentrale Einrichtungen der staatlich gelenkten Wirtschaft, der Kultur und Volksbildung in der Karl-Marx-Allee in relativ stärkerem Maße vertreten. Der Repräsentationscharakter dieser Magistrale kommt insbesondere durch das Filmtheater „Kosmos", gleich dem Kino „International" im neueren Abschnitt der Karl-Marx-Allee eines der modernsten Uraufführungstheater der DDR (rd. 1000 Plätze), durch die Standortagglomeration von Reisebüros, darunter drei Flugreisebüros sozialistischer Nachbarstaaten, aber auch durch drei Groß- und Spezialitätenrestaurants gehobener Preisklassen zum Ausdruck. Mit diesen zentralen Funktionen, deren Versorgungsreichweiten über den eigenen Stadtbezirk hinausgehen und zumindest ganz Ost-Berlin einbeziehen, ergänzt die Karl-Marx-Allee die Ausstattung des benachbarten Stadtzentrums auch im Dienstleistungsbereich.

In der Schönhauser Allee fehlen dagegen derartige repräsentative Dienstleistungseinrichtungen gänzlich. Diese Geschäftsstraße verfügt demgegenüber vielmehr 1. über eine relativ große Anzahl zumeist kleiner, einfach ausgestatteter Einrichtungen des Gaststättenwesens, die zu einem erheblichen Anteil Privatbetriebe sind. Das Angebot gastronomischer Dienstleistungen ist insgesamt vielseitiger als in der Karl-Marx-Allee, wenngleich Restaurants der höchsten Preisstufe fehlen. 2. ist der Anteil der gehobenen persönlichen Dienstleistungen (darunter überwiegend Ärzte mit „Privatpraxen") wesentlich größer als in der Karl-Marx-Allee, da dort die Gesundheitsfürsorge — entsprechend den angestrebten Rationalisierungsprinzipien (vgl. III. 1.3.3) — in einem Stadtambulatorium konzentriert wurde und private Vermittlungs- und Beratungsdienste völlig fehlen. 3. sind in der Schönhauser Allee eine weitaus größere Anzahl verschiedenster Dienstleistungen des Handwerks und einfache Servicebetriebe lokalisiert, unter denen die privaten Einrichtungen ebenfalls weit überwiegen.

Darüber hinaus bestehen in der Schönhauser Allee, vor allem in den Hintergebäuden der vorherrschenden Altbausubstanz, eine Anzahl von für den „Wilhelminischen Gewerbegürtel" Berlins charakteristischen Fabrikations- bzw. Gewerbebetrieben, die in der Tabelle 39 nicht der zuletzt genannten Dienstleistungsgruppe zugerechnet wurden, wenngleich deren Abgrenzung zu den Handwerksbetrieben mit Dienstleistungscharakter häufig nicht eindeutig war. Die „privatwirtschaftliche Komponente" in der funktionalen Ausstattung der Schönhauser Allee bedingt somit — im Vergleich zur sozialistisch geprägten Magistrale Karl-Marx-Allee — eine erheblich stärkere Differenzierung im Einzelhandels- und Dienstleistungsangebot, so daß sich — wie gezeigt wurde — die beiden Ostberliner Stadtbezirkszentren z. T. erheblich in qualitativer Hinsicht unterscheiden. Während die Schönhauser Allee mit ihren Einzelhandels- und Dienstleistungsfunktionen prinzipiell sehr stark dem benachbarten Westberliner Nebengeschäftszentrum Badstraße-Brunnenstraße ähnelt, besitzt die Karl-Marx-Allee bezüglich der funktionalen Ausstattung kein eigentliches Gegenstück in West-Berlin, — wo die größeren Nebengeschäftszentren in weitaus stärkerem Maße über Großbetriebsformen des Einzelhandels und über ein differenzierteres Angebot an zentralen Funktionen verfügen.

3. Die untersuchten Zentren im „Systemvergleich"

In der bisherigen Darstellung der empirisch gewonnenen Ergebnisse wurden die funktionalen Ausstattungen der untersuchten Zentren West- und Ost-Berlins hauptsächlich im Rahmen des jeweiligen Wirtschafts- und Gesellschaftssystems analysiert und bewertet. Dabei ergaben sich sowohl für West-Berlin wie auch für Ost-Berlin klar abgestufte Rangfolgen in der Zentrenhierarchie, wenn man allein die anteilmäßigen Verteilungen der Fach- und Spezialgeschäfte, besonders das Verhältnis der obersten zur untersten Bedarfsstufe, als wichtigen Indikator berücksichtigt (vgl. Abb. 40). Andererseits haben die theoretischen Ausführungen unter V. 2. gezeigt, daß die für diese Untersuchung nach primären Merkmalen vorgenommenen Untergliederungen des Einzelhandels in West und Ost vom methodischen Gesichtspunkt her weitgehend miteinander vergleichbar sind. Darüber hinausgehend sollen nun im folgenden prinzipielle, größtenteils systembedingte Unterschiede in der Einzelhandelsausstattung der verschiedenrangigen großstädtischen Zentren zusammenfassend herausgestellt werden. Auch die jeweils sehr heterogene Gesamtheit der Dienstleistungseinrichtungen und der „speziellen Einrichtungen der Wirtschaft" soll hinsichtlich wichtiger Differenzierungen abschließend im West-Ost-Systemvergleich betrachtet werden.

Während das Zentrengefüge und die Zentrenausstattungen im heutigen Ost-Berlin in weitem Maße durch die allgemeinen und speziellen Planungsprinzipien des „sozialistischen Städtebaus" und die Auswirkungen der Entwicklung eines „ökonomischen Systems des Sozialismus" in der DDR bestimmt bzw. beeinflußt wurden, konnte demgegenüber für *West-Berlin* nur ein verhältnismäßig geringer *Einfluß übergeordneter Planung* auf den Zentrenausbau festgestellt werden. Im weitgehend freien Kräftespiel innerhalb des stark arbeitsteiligen marktwirtschaftlichen Konkurrenzsystem entstand in der Nachkriegszeit im Westteil des Großstadtraumes Berlin ein funktional sehr vielseitiges und attraktives neues *Hauptzentrum beiderseits der verkehrsreichen Achse Kurfürstendamm-Breitscheidplatz-Tauentzienstraße (Zooviertel)*, das bei der Entwicklung wichtiger Leitfunktionen (teilweise) charakteristische Ausstattungsmerkmale der Vorkriegszeit übernommen

Abb. 40 West- und Ost-Berlin
Übersicht über die Bedarfsstufengliederung der Fach- und Spezialgeschäfte in den untersuchten Zentren

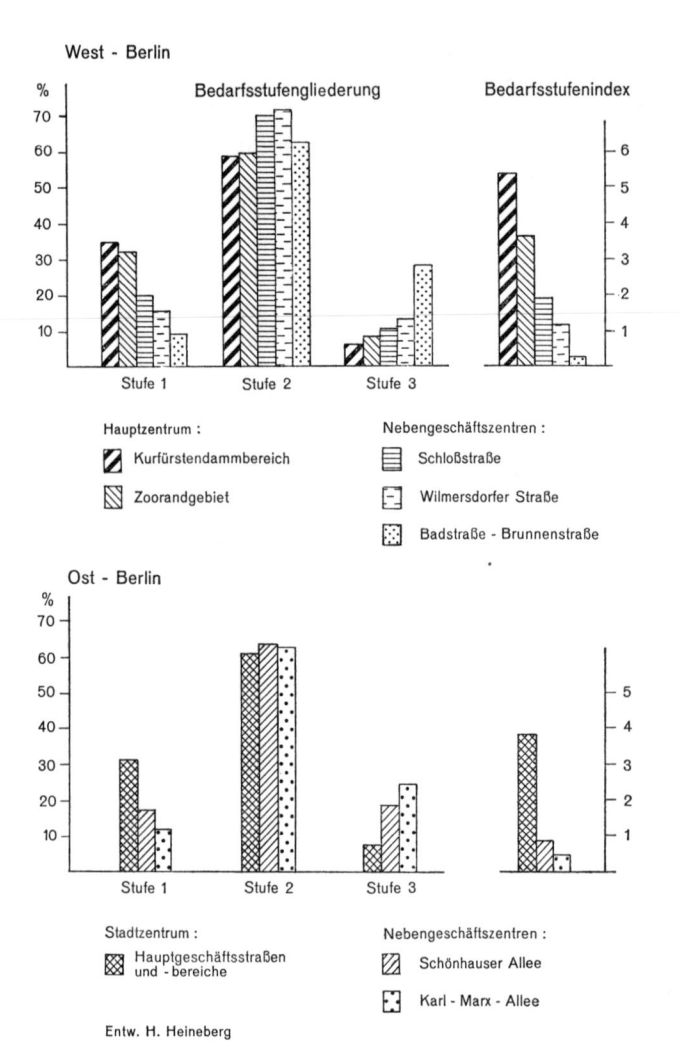

West - Berlin

Hauptzentrum:
- Kurfürstendammbereich
- Zoorandgebiet

Nebengeschäftszentren:
- Schloßstraße
- Wilmersdorfer Straße
- Badstraße - Brunnenstraße

Ost - Berlin

Stadtzentrum:
- Hauptgeschäftsstraßen und -bereiche

Nebengeschäftszentren:
- Schönhauser Allee
- Karl-Marx-Allee

Entw. H. Heineberg

hat. Im Abschnitt 2. des Kapitels II wurde jedoch herausgestellt, daß die Westberliner Planung bis zur Gegenwart versucht hat, die Entwicklung eines west-östlich angeordneten sog. City- und Kulturbandes, dessen Konzeption auf der Vorstellung von einem wiedervereinigten Berlin mit neuen hauptstädtischen Funktionen basiert, soweit wie möglich zu steuern und zwar u. a.

1. durch Errichtung eines bedeutenden „Kulturzentrums" im östlichen Teil des zentralen Standortraumes West-Berlins, unmittelbar westlich des Ostberliner Stadtzentrums gelegen,
2. durch das Freihalten größerer „Reserveflächen" (als Sondergebiete in der Flächennutzungsplanung) im nordöstlichen Randbereich des Hauptzentrums für eine eventuelle spätere Ansiedlung von Regierungsgebäuden und diplomatischen Vertretungen,
3. durch die städtebauliche und besonders die verkehrsmäßige Anbindung des Zooviertels an den östlichen Teil des zentralen Standortraumes.

Die Aufstellung und Realisierung umfassender Bebauungspläne vor allem in den Hauptgeschäftsbereichen des Kurfürstendamms und des engeren Zoorandgebietes, scheiterte in der Nachkriegszeit jedoch in erster Linie an dem bestehenden Bodenrecht, das die großzügige Um- und Zusammenlegung von Grundstücken nicht zuließ, zumal die Grundstücke im Zooviertel zu einem erheblichen Teil dem Restitutionsverfahren unterlagen oder sich in ausländischem Besitz befanden. Die Einwirkung der Westberliner Stadtplanung konnte daher im wesentlichen nur über die Verkehrsplanung erfolgen. Seit 1955 wurden somit lediglich einige kleinere Teilabschnitte innerhalb des gesamten Hauptzentrums einheitlich geplant bzw. mit Hilfe von Bebauungsplänen neugestaltet, darunter die Bebauung an der nördlichen Seite des Breitscheidplatzes bis hin zum Bahnhof Zoo, die vor allem der Lokalisation bzw. räumlichen Konzentration der in den 50er Jahren stark expandierenden, zum großen Teil aus Ost-Berlin zugewanderten Damenoberbekleidungsindustrie dient (vgl. IV. 2. und VI. 1.2.1).

Demgegenüber bot in Ost-Berlin das seit 1950 veränderte Bodenrecht, d. h. das Recht auf Inanspruchnahme von Baugelände für volkseigene Bauvorhaben (Enteignung von Grund und Boden), eine entscheidende Grundlage für die etappenweise „sozialistische Um- und Neugestaltung" der Kernbereiche der ehemaligen, stark kriegszerstörten Berliner City zum *„Stadtzentrum der Hauptstadt der DDR, Berlin"*. Die in den „Sechzehn Grundsätzen des Städtebaus" verankerten frühen städtebaulichen Zielvorstellungen für den Wiederaufbau der großstädtischen Zentren in der DDR gingen jedoch nicht von ökonomischen Gesichtspunkten der bestmöglichen Standortverteilung der gehobenen Einzelhandels- und Dienstleistungsfunktionen aus. Wichtig waren zunächst allein die Repräsentation und Demonstration des Staates und des neuen Gesellschaftssystems — vor allem im Zentrum der „Hauptstadt der DDR" —, die physiognomisch ihren Ausdruck in der Anlage von Hauptmagistralen, des großen zentralen Platzes, der „alles beherrschenden" zentralen Partei- und Kulturhochhäuser finden sollten. Diese Leitlinien blieben bis zur Gegenwart prinzipiell die strukturelle Grundlage bei der städtebaulichen Gesamtkonzeption des Stadtzentrums, wenngleich nur ein Teil der frühen Ostberliner Zentrumspläne nach dem Vorbild sowjetischer Architektur der Stalin-Periode verwirklicht werden konnte (älterer Abschnitt der Karl-Marx-Allee).

Die gesamte städtebauliche Konzeption wie auch die differenzierte räumliche Anordnung der von der Planung für das Stadtzentrum vorgesehenen Hauptfunktionen standen noch zu Beginn der 60er Jahre, als bereits der Neuaufbau des Wohngebietes an der Karl-Marx-Allee (zwischen Alexanderplatz und Strausberger Platz) größtenteils abgeschlossen und schon mit der komplexen Umgestaltung des Bereiches Straße Unter den Linden begonnen worden war, nicht fest. Es mangelte der Planung in der DDR in dieser Zeit immer noch an stadtökonomischen Konzeptionen („Stadtökonomiken"). So hatten die auf den verschiedenen Ebenen der Leitung und Planung des Konsumgüterbinnenhandels erfolgten Bemühungen um eine planmäßige Entwicklung und rationelle Organisation des „Verkaufsstellennetzes" unzureichende Ergebnisse gebracht, und es gab beispielsweise nur erste planerische Ansätze zur Errichtung eines „Gaststättennetzes". Einzelne Bebauungsobjekte waren bis dahin „ohne eine grundlegende Stadtplanung und damit ohne ausreichenden Nachweis der realen Erfordernisse" bearbeitet worden (W. Weigel, 1963 b, S. 478).

Der konzentrierte Neuaufbau der zentral gelegenen Abschnitte im Stadtzentrum Ost-Berlins, d. h. der sehr weiträumig konzipierten städtebaulichen „Ensembles" des Alexanderplatzes und des „zentralen Bereiches" zwischen Rathausstraße und Karl-Liebknecht-Straße um den neu errichteten Fernsehturm als „Höhendominante", erfolgte sehr verspätet erst nach den Beschlüssen des VII. Parteitages der SED im Jahre 1967 über die Gestaltung des „entwickelten gesellschaftlichen Systems des Sozialismus in der DDR" bzw. nach der Erarbeitung eines Generalbebauungsplanes für Ost-Berlin im Jahre 1968 (vgl. III. 2.3).

Demgegenüber gingen in *West-Berlin* bereits in den 50er Jahren starke Impulse für die Entwicklung des (neuen) Hauptzentrums, d. h. des Zooviertels, vor allem von verschiedenen Gruppen privatwirtschaftlicher Einzelunternehmen aus, wenngleich die individuelle Neubautätigkeit in nicht unerheblichem Maße durch die finanzielle Berlinförderung seitens der Bundesregierung, insbesondere durch die Möglichkeit der steuerlichen Sonderabschreibung neuer Geschäftshäuser, insgesamt positiv beeinflußt wurde.

Von Bedeutung waren zunächst die frühen Standortentscheidungen von *Versicherungsunternehmen und Banken* zugunsten des Zooviertels: Neben der Hauptachse Kurfürstendamm-Tauentzienstraße wurde vor allem die Hardenbergstraße, als zweite wichtige Verkehrsleitlinie des Hauptzentrums, Standort mehrerer (Berliner) Bezirks- und Filialdirektionen führender westdeutscher Versicherungsgesellschaften. Darüber hinaus waren die frühe Errichtung eines Gebäudekomplexes für die Zentrale der Berliner Bank und der Neubau der Börse Schrittmacher für die Entwicklung des Zooviertels zum Hauptstandortraum des Westberliner Bank- und Versicherungswesens.

Die heute bedeutende Agglomeration der zum großen Teil gehobenen und branchenmäßig sehr differenzierten *Einzelhandels- und übrigen Dienstleistungsfunktionen* in den Hauptgeschäftsbereichen des Westberliner Hauptzentrums, insbesondere der dominierenden eleganten Fach- und Spezialgeschäfte der Bekleidungsbranchen, der exklusiven Uhren- und Schmuckläden, der repräsentativen Automobilsalons und weiterer spezieller Einzelhandelseinrichtungen am Kurfürstendamm, die eine abwechslungsreiche und unterschiedlichste Konsumentengruppen anziehende Standortgemeinschaft mit den Uraufführungskinos, den Boulevard-Theatern, -Restaurants und -Cafés, den verschiedensten Beherbergungs- und Vermittlungseinrichtungen für den Reise- und Fremdenverkehr sowie mit der großen Zahl gehobener privater Dienstleistungspraxen (Ärzte, Rechtsanwälte, Wirtschafts-, Finanzberater und -vermittler usw.) und spezieller Einrichtungen der Wirtschaft (neben Betrieben des Bekleidungsgewerbes vor allem Verwaltungen und Vertretungen privatwirtschaftlicher Firmen) bilden, ist ebenfalls größtenteils systembedingt. Denn die Funktionsdifferenzierung im Westberliner Hauptzentrum (vgl. VI. 1.2) entwickelte sich nach Ausfall der stark kriegszerstörten und später vom Westteil des Großstadtraumes durch die politische Grenze abgetrennten ehemaligen Berliner City relativ rasch in weitgehend freier Anpassung an die innerhalb des stark arbeitsteiligen marktwirtschaftlichen Wettbewerbssystems gegebenen *Standortbedingungen*. Ausschlaggebend waren unter diesen zunächst die bekannte (Vorkriegs-)Tradition bzw. der Imagewert des Straßenzuges Kurfürstendamm-Tauentzienstraße als Hauptgeschäfts- und Vergnügungsachse des „Berliner Westens", woraus auch der erhebliche Anteil seit der Vorkriegszeit konsistent gebliebener Leitfunktionen resultiert (vgl. II. 2.2.2 und VI. 1.2). Hinzu kam die nunmehr äußerst zentrale Verkehrslage innerhalb des Westteils des gespaltenen und isolierten Großstadtraumes. Wichtig waren auch die ökonomischen Vorteile der Entwicklung einer ausgeprägten Konkurrenzagglomeration ähnlicher, gleicher, aber auch unterschiedlicher Einzelhandels- und Dienstleistungsbranchen, die sich in vielfältiger Weise funktional ergänzen und gegenseitig stützen. Darüber hinaus lassen sich weitere wichtige Bedingungen für die heutige vielseitige funktionale Ausstattung des Westberliner Hauptzentrums feststellen, die zum Teil auch für die Entwicklung der untersuchten Stadtbezirkszentren West-Berlins (s. unten) verantwortlich sind:

— der seit Beginn der 50er Jahre nahezu stetig und insgesamt stark gewachsene, relativ kaufkräftige Besucherstrom nach West-Berlin, vor allem aus dem westlichen Deutschland und den Vereinigten Staaten (vgl. IV. 4.);

— die im Verhältnis zu Ost-Berlin bzw. zur DDR stärkere absolute durchschnittliche Einkommenssteigerung und das davon abhängige größere Wachstum der Kaufkraft bzw. des Lebensstandards in West-Berlin und im übrigen westlichen Deutschland sowie in anderen westlichen Industriestaaten;

— die starke Entfaltung konsumentengruppenspezifischer Einkaufsgewohnheiten oder Neigungen

bei der Inanspruchnahme von Dienstleistungen im westlichen Deutschland (vgl. IV. 1.) als Ausdruck veränderter sozialräumlicher Verhaltensweisen der — im Vergleich zur DDR — konsumorientierteren Bevölkerung. Letztere stehen in wechselseitiger Abhängigkeit zu
— der im Verhältnis zum tertiären Sektor der DDR stärkeren Differenzierung vor allem des privaten bzw. personenbezogenen Dienstleistungsbereiches.

Die größere Vielseitigkeit der Betriebsformen und Spezialisierungsgrade vor allem auch des Einzelhandels im westlichen Deutschland (einschließlich West-Berlin) sind nicht zuletzt bedingt durch
— die äußerst breiten und tiefen einzelnen Warensortimente, die hier den zahlreichen Einzelhandelsbranchen und damit den unterschiedlichsten Konsumentengruppen von den
— stark arbeitsteiligen, ihrerseits miteinander konkurrierenden Konsumgüterindustrien der westlichen Industriestaaten bereit gestellt werden.

Schließlich darf nicht unerwähnt bleiben, daß sich standortmodifizierend im Zentrengefüge sowie auch innerhalb der einzelnen Zentren im westlichen marktwirtschaftlichen Konkurrenzsystem besonders die jeweilige räumliche und zeitliche Entwicklung der Höhe der Grundstücks- und Mietkosten (Raumkosten) auswirken. In ihrer Abhängigkeit von der Verkehrslage und -dichte nehmen sie in den Kernbereichen des Westberliner Hauptzentrums, besonders am Kurfürstendamm und in der Tauentzienstraße, die relativ höchsten Werte an[82] und bewirken damit innerhalb der funktionalen Ausstattung eine Selektion zugunsten umsatzkräftiger Betriebsformen, gleichzeitig aber auch ein Ausweichen bestimmter Einzelhandelsbranchen in Zonen bzw. Zentrenabschnitte mit geringeren Raumkosten, was sich z. B. in der verstärkten Konzentration zahlreicher kleiner Damen-Modeboutiquen in den Seitenstraßen des Kurfürstendamms äußert (vgl. VI. 1.2). Für derartige durch den Faktor Raumkosten verursachte Differenzierungs- und Anpassungsprozesse, die auch für die anderen untersuchten Westberliner Zentren relevant sind, fehlt im sozialistischen System der DDR die Voraussetzung.

Beeinflußt durch die genannten Standortbedingungen weist das Westberliner Hauptzentrum in hervorragender Weise die wichtigsten ökonomischen und — davon abhängig — auch physiognomischen Merkmale einer vom westlichen Wirtschafts- und Gesellschaftssystem geprägten City mit teilweise sogar weltstädtischem Charakter auf, wenngleich einzelne Funktionsgruppen, vor allem die öffentlichen Verwaltungsdienste, hier nicht als citytypisch oder citybestimmend eingestuft werden können und damit auch nicht viertelsbildend auftreten.

Ob unter diesen Gegebenheiten für das Westberliner Hauptzentrum die typologische Bezeichnung „City" (noch) zutreffend ist, ist ein (Definitions-)Problem, das in dieser Untersuchung bewußt ausgeklammert wurde[83].

Wichtiger scheint in diesem Zusammenhang vielmehr die Feststellung, daß gerade wegen des Fehlens größerer „monotoner" Behörden- bzw. Verwaltungs- sowie auch Bankenviertel bei gleichzeitiger Vielseitigkeit der Einzelhandels- und übrigen Dienstleistungsausstattung das Hauptzentrum eine besonders hohe Anziehungskraft für den Einkaufs-, Bummel- bzw. Vergnügungs- und Unterhaltungsverkehr besitzt.

Die Konfrontation zweier antagonistischer Wirtschafts- und Gesellschaftssysteme in Deutschland findet wohl kaum einen deutlicheren räumlicheren Niederschlag als in den heute bestehenden, physiognomisch erfaßbaren *Unterschieden der funktionalen Ausstattungen beider Berliner Hauptzentren*, die nach der jüngsten Fertigstellung der beiden zentral gelegenen Ostberliner Aufbaukomplexe Alexanderplatz und Rathausstraße/Karl-Liebknecht-Straße durchaus einander gegenübergestellt und in bezug auf einige wichtige Funktionsgruppen miteinander verglichen werden können.

Während der zentrale Standortraum West-Berlins insgesamt nur über wenige staatliche und sonstige öffentliche Verwaltungs- bzw. Repräsentationsfunktionen verfügt, zeigt das *Standortgefüge wichtiger zentraler Einrichtungen im Stadtzentrum Ost-Berlins* insgesamt eine *Dominanz „hauptstadtgebundener" Leitfunktionen* (mit einem deutlichen Verteilungsschwerpunkt im westlichen Abschnitt des Zentrums). Unter diesen kommen zunächst den zentralen Organen der Parteien, insbesondere dem Zentralkomitee der Sozialistischen Einheitspartei Deutschlands, den Zentralleitungen und -vorständen der mitgliederstarken sozialistischen Massenorganisationen und selbstverständlich den staatlichen Dienststellen und Behörden ein besonderes Gewicht zu. Zum administrativen Bereich zählen neben den Einrichtungen der Volksvertretung und Regierung vor allem auch die verschiedensten zentralen Leitungsorgane des staatlichen Außenhandels, die — wie die Massenorganisationen — im Bereich der Straße Unter den Linden besondere Repräsentationsstandorte erhielten und hier zugleich eine Standortgemeinschaft mit ausländischen Handelsvertretungen und Botschaften bilden. Hinzu kommen als typische Funktionen des Hauptstadtzentrums Einrichtungen der zentralen Planung und Lenkung des Binnenhandels der DDR, darunter die Hauptverwaltung des „volkseigenen Einzelhandels" als wichtigstes national wirksames Organ der Binnenhandelsleitung. Das ebenfalls staatlich gelenkte Banken- und Versicherungssystem ist nicht nur mit der Staatsbank und den Hauptverwaltungen der drei wichtigen Versicherungen der DDR im Stadtzentrum repräsentiert. Im ehemaligen Bankenviertel der früheren Berliner City be-

---

[82] Vgl. dazu *B. Hofmeister*, 1962, S. 59—60, *K. Chr. Behrens*, 1965, S. 53 und *H. Ahr*, 1969, S. 264—265.
[83] Vgl. dazu die Ausführungen von *B. Hofmeister* (1962, S. 52; 1975 b, S. 302), der dem Zoorandgebiet in West-Berlin „den Charakter einer City" zuspricht.

stehen darüber hinaus heute die Zentralen der sozialistischen Geschäftsbanken der DDR. Mit der Auflösung des privaten Versicherungs- und Bankenwesens erfolgte jedoch eine sehr starke Konzentration bezüglich der Anzahl und damit auch der räumlichen Standortverteilung der Einrichtungen (vgl. III. 1.3.2).

Neben der räumlichen Agglomeration zahlreicher für die Organisation und Leitung des gesellschaftlichen und gesamten planwirtschaftlichen Systems der DDR wichtiger zentraler Organe ist der Westteil des Ostberliner Stadtzentrums außerdem durch eine Standorthäufung von Verlagseinrichtungen (mit ebenfalls nationaler Bedeutung) gekennzeichnet.

Während im Westberliner Stadtzentrum derartige hauptstädtische Leitfunktionen weitgehendst fehlen, bedingt durch die besondere Stellung im politischen System bzw. die Zugehörigkeit zum westlichen Wirtschafts- und Gesellschaftssystem, besteht hier jedoch eine räumliche Konzentration gehobener *Kultur- und Bildungseinrichtungen*, die durchaus mit denjenigen im Stadtzentrum Ost-Berlins vergleichbar sind. Während in West-Berlin die Ansiedlung dieser Einrichtungen innerhalb des sog. City- und Kulturbandes besonders gefördert wurde, wurde andererseits auch in Ost-Berlin versucht, dem zentralen Standortraum eine (unter allen Oberzentren der DDR) herausragende Stellung im Bereich der „Wissenschaft, Kultur und Volksbildung" einzuräumen. Diese gehobenen Funktionen bilden in Ost-Berlin — nach dem Prinzip der räumlich-zeitlichen Konsistenz überwiegend frühere Funktionen fortsetzend — eine ausgeprägte Standortgemeinschaft im östlichen Abschnitt der „Repräsentationsachse" Unter den Linden, im nördlichen Teil der Spreeinsel sowie im nordwestlich anschließenden Bereich des Stadtzentrums beiderseits der nördlichen Friedrichstraße (vgl. IV. 2. und VI. 1.). Demgegenüber verteilen sich die Kultur- und Bildungseinrichtungen im zentralen Standortraum West-Berlins — vor allem durch die Errichtung eines neuen repräsentativen Kulturzentrums an der Sektorengrenze bedingt — stärker dezentralisiert.

Zu den prinzipiell vergleichbaren Funktionsgruppen zählen auch die besonders für den Reise- und Fremdenverkehr West- und Ost-Berlins wichtigen zentralen Einrichtungen der Beherbergung, der Gastronomie, der Vermittlung und Beratung sowie darüber hinaus verschiedene andere gehobene Dienstleistungen und vor allem der Einzelhandel. Erhebliche Differenzen bestehen zunächst in der jeweiligen Struktur des *„Beherbergungsgewerbes"*. Während sich nahezu über das gesamte Westberliner Hauptzentrum die unterschiedlichsten Beherbergungseinrichtungen — Internationale Hotels, Hotels, Hotelpensionen und Pensionen — als insgesamt citytypische und, entsprechend der großen Zahl der Betriebe, als citybestimmende Funktionen verteilen, deren Bettenkapazität besonders durch den Neubau großer internationaler Hotels im Ostteil des Zentrums seit Mitte der 50er Jahre kontinuierlich und stark zugenommen hat, bestand im Beherbergungswesen Ost-Berlins (darüber hinaus auch in der gesamten DDR) jahrelang eine erhebliche qualitative und quantitative Unterbesetzung, die erst zu Beginn der 70er Jahre durch Errichtung eines großen Interhotels am Alexanderplatz teilweise behoben werden konnte. Daneben wurden im Jahre 1971 im gesamten Stadtzentrum Ost-Berlins lediglich rd. 15 weitere Beherbergungseinrichtungen, größtenteils in Altbauten und mit konsistenter Standortverteilung, ermittelt. Das vergleichsweise sehr gehobene Preisniveau, insbesondere der dem internationalen Fremdenverkehr vorbehaltenen größeren Hotels, und der gleichzeitige Mangel an kleinen Pensionen, schließt zahlreiche Konsumentengruppen von der Benutzung der zentral gelegenen Beherbergungseinrichtungen von vornherein aus.

Die geringere Flexibilität des Systems der zentralen Planung und Lenkung der Wirtschaft in der DDR, insbesondere die — noch im Jahre 1971 von *E. Honecker* auf dem VIII. Parteitag der SED herausgestellte — „Lückenhaftigkeit und Unbeständigkeit" ... „(der) Versorgung der Bevölkerung mit Waren des täglichen Bedarfs, mit Konsumgütern ... und Dienstleistungen", zeigte sich zumindest bis zu dieser Zeit auch in der bescheidenen und verhältnismäßig undifferenzierten Ausstattung des Ostberliner Stadtzentrums mit *gastronomischen Einrichtungen*. Während in West-Berlin bereits in der ersten Aufbauphase am Kurfürstendamm zahlreiche Restaurants und (Straßen-)Cafés neu eröffnet wurden, deren private Besitzer die Tradition und ausgezeichnete Verkehrssituation des Boulevards zu nutzen wußten, und am Ende der 60er Jahre im weiteren Zooviertel mehr als 250 gastronomische Einrichtungen verschiedenster Betriebsformen bestanden, wurden in den bis dahin im zentralen Standortraum Ost-Berlins errichteten größeren Aufbaukomplexen, d. h. in der Karl-Marx-Allee und im Bereich Straße Unter den Linden, insgesamt nicht einmal 20 „volkseigene" Gaststätten, Cafés etc. von der Staatlichen Handelsorganisation (HO) eingeplant. Auch die geringe Zahl der verhältnismäßig schlecht ausgestatteten, zum großen Teil (noch) privat betriebenen gastronomischen Einrichtungen im übrigen Stadtzentrum war den Konsumansprüchen des jährlichen Touristenstromes sowie auch der Ostberliner Bevölkerung keineswegs gewachsen. Erst in den jüngst fertiggestellten, zentral gelegenen Aufbaukomplexen Alexanderplatz und Rathausstraße wurde der Ausstattung mit verschiedensten Gastronomiebetrieben seitens der zentralen Planung weit mehr Beachtung geschenkt, wenngleich, besonders in der sommerlichen Fremdenverkehrssaison, immer noch erhebliche Schwierigkeiten bei der einfachen gastronomischen Versorgung bestehen. Letzteres ist jedoch zu einem erheblichen Teil durch den Mangel an Bedienungspersonal bedingt.

Für die (gehobenen) *Vermittlungs- und Beratungsdienste* ist im Stadtzentrum Ost-Berlins eine äußerst starke Konzentration in der jeweiligen Anzahl und damit der räumlichen Standortverteilung kennzeichnend. Dies gilt — wie im einzelnen unter III. 1.3.3 und VI. 1.2 aufgeführt — nicht nur für Reise- und Touristeninformationsbüros, sondern besonders für die gehobenen personenbezogenen Dienstleistungen, d. h. für die Gesundheitsfürsorge (Arztpraxen), Rechtsberatung, Wirtschaftsprüfung und Steuerberatung, Grundstücksvermittlung etc., deren jeweilige geringe Anzahl im krassen Gegensatz nicht nur zu der diesbezüglichen differenzierten Ausstattung der (ehemaligen) Berliner City, sondern gleichfalls zu der großen Zahl unterschiedlichster gehobener Dienstleistungseinrichtungen (Büros und Praxen) des heutigen Westberliner Hauptzentrums steht, die das Funktionsgefüge dieses Zentrums zu einem erheblichen Teil prägen.

Nach der starken Kriegszerstörung des *„Konfektionsviertels"* in der früheren Berliner City und der Abwanderung zahlreicher Firmen der (Damen-) Oberbekleidungsindustrie nach West-Berlin[84], wo diese heute besonders im zentralen Bereich des Kurfürstendamms und des Breitscheidplatzes (ebenfalls) eine ausgeprägte Standortgemeinschaft bilden, bestehen im ehemaligen Modezentrum Deutschlands, d. h. um den Hausvogteiplatz im Ostberliner Stadtzentrum, nur noch einige Restbetriebe der Konfektionsbranche.

Verhältnismäßig gering ist im Stadtzentrum Ost-Berlins auch die Zahl der Verwaltungen und Vertretungen Volkseigener Betriebe und der Produktionsgenossenschaften des Handwerks, während die große Anzahl der im Westberliner Hauptzentrum lokalisierten (privatwirtschaftlichen) *Firmenverwaltungen, -zweigstellen* etc. nicht nur die starke Anziehungskraft besonders des zentralen Standortraumes um die Hauptachse Kurfürstendamm-Tauentzienstraße für „spezielle Einrichtungen der Wirtschaft" dokumentiert, sondern — zusammen mit den bereits genannten differenzierten Dienstleistungsfunktionen — zugleich auch das größere Ausmaß der Arbeitsteilung im westlichen Wirtschaftssystem widerspiegelt. Gemeinsamkeiten zwischen den beiden Hauptzentren bestehen jedoch in der Repräsentation des für West- wie Ost-Berlin strukturbestimmenden Industriezweiges, der Elektroindustrie, durch Verwaltungshochhäuser am neu gestalteten Ernst-Reuter-Platz (West-Berlin) sowie durch das gleichfalls in einem zentralen Verkehrsachsensystem gelegene „Haus der Elektroindustrie" am Alexanderplatz (Ost-Berlin).

Die bereits im Jahre 1960 von der Deutschen Bauakademie in Ost-Berlin veröffentlichten Grundsätze zur Zentrengestaltung sowie die im Zusammenhang mit dem Generalbebauungsplan von Ost-Berlin (1968) geplante Ansiedlung von Hauptfunktionen des sozialistischen Hauptstadtzentrums als „Höhepunkt für das gesellschaftliche Leben der Bevölkerung und der zentrale Ort gesamtstädtischer, nationaler und internationaler Begegnungen" (*J. Näther*, 1968, S. 344) zeigen bereits die stark untergeordnete Bedeutung des *Einzelhandels*. Dies beweisen auch die Ergebnisse der in den Jahren 1971 und 1973 im Stadtzentrum Ost-Berlins durchgeführten empirischen Erhebungen (vgl. VI. 1.1.2). Zugleich verdeutlicht die Analyse der räumlichen Anordnung, der Branchen- sowie Bedarfsstufendifferenzierung der Einzelhandelsbetriebe in den Hauptgeschäftsbereichen des Stadtzentrums, die in der sozialistischen Binnenhandelsplanung der DDR im vergangenen Jahrzehnt verfolgten *Gestaltungs- bzw. Organisationsprinzipien:* Nach dem Prinzip der „räumlichen und territorialen Konzentration des Verkaufsstellennetzes" entstanden innerhalb einzelner, zum Teil sehr weit voneinander entfernter bzw. getrennter „Standortkomplexe", d. h. in den neugestalteten Aufbaubereichen Straße Unter den Linden, Rathausstraße, Karl-Liebknecht-Straße, Alexanderplatz sowie in neueren Abschnitten der Karl-Marx-Allee, verhältnismäßig wenige, jedoch größtenteils großräumige, durch lange Schaufensterfronten gekennzeichnete Läden. Diese sind ausschließlich „staatliche" bzw. „sozialistische" Einzelhandelsbetriebe, denn der private Einzelhandel wurde kennzeichnenderweise nicht in den modernen Ausbau des Stadtzentrums mit einbezogen. Die von der Binnenhandelsökonomie in der DDR angestrebte „Erhöhung der Durchschnittsgröße der Verkaufsstellen bei gleichzeitiger Verringerung ihrer Anzahl" zeigte sich darüber hinaus in dem Neubau eines (einzigen) Warenhauses am Alexanderplatz sowie der Neuerrichtung der Berliner Markthalle in der Rathausstraße. Innerhalb der sog. Standortkomplexe des Einzelhandels erfolgten unterschiedliche Zusammenfassungen jeweils ähnlicher, im Sortiment einander ergänzender Fach- und Spezialgeschäfte, was jedoch weitgehend dem für westliche Geschäftsstraßen charakteristischen Prinzip der „branchengleichen bzw. -ähnlichen Konkurrenzagglomeration" entspricht (vgl. V. 2.1.2.4).

Wie bereits unter V. 2.1.2.4 im einzelnen begründet wurde, lassen sich auch die in dieser Untersuchung vorgenommenen Bedarfsstufenzuordnungen der Einzelhandelsbetriebe in West- und Ost-Berlin[85] — mit gewissen Einschränkungen — miteinander vergleichen. Die Abb. 40 zeigt, daß die Bedarfsstufenindizes der gesamten Fach- und Spezialgeschäfte in den Hauptgeschäftsbereichen des Ostberliner Stadtzentrums und derjenigen in der Tauentzienstraße im Westberliner Hauptzentrum fast genau miteinander

---

[84] Vgl. die Ausführungen unter II. 2.1 und VI. 1.2.
[85] Die Bedarfsstufengliederung entspricht dem „Prinzip des konzentrischen Aufbaus des Verkaufsstellennetzes" in der Binnenhandelsplanung der DDR.

übereinstimmen. Entsprechendes gilt für die jeweiligen relativen Bedarfsstufenanteile der Geschäfte. Einen höheren Rang nimmt demgegenüber jedoch der Kurfürstendamm-Bereich ein.

Wesentliche Unterschiede in der Einzelhandelsausstattung bestehen aber nicht nur aufgrund der weitaus geringeren Anzahl und gesamten Verkaufsraumfläche der Fach- und Spezialgeschäfte im Stadtzentrum Ost-Berlins, der erheblich vielseitigeren Branchendifferenzierung der Einzelhandelsbetriebe im Westberliner Hauptzentrum, sondern besonders auch in der Sortimentsstruktur der jeweiligen Warenangebote. Während der Einzelhandel in der DDR nahezu ausschließlich entweder nur die im allgemeinen relativ engen Warensortimente der eigenen Konsumgüterindustrie oder allenfalls in einzelnen Spezialgeschäften noch überwiegend Waren aus osteuropäischen Nachbarstaaten anbietet, sind die sehr viel differenzierteren Sortimente der westlichen Konsumgüterproduktion nicht vertreten[86].

Die Struktur und räumliche Anordnung der Dienstleistungs- und Einzelhandelsausstattung der neuen Aufbaukomplexe im Stadtzentrum Ost-Berlins wurden somit nicht nur entscheidend geprägt vom Repräsentationsbedürfnis des Staates und der neuen Gesellschaftsordnung sowie von den bereits zum großen Teil realisierten Grundsätzen des sozialistischen Städtebaus bei der Um- und Neugestaltung der Zentren in der DDR, sondern vor allem auch von den Gestaltungs- und Organisationsprinzipien des sozialistischen Systems der zentralen Leitung und Planung der Wirtschaft, insbesondere des Konsumgüterbinnenhandels.

In den übrigen Teilgebieten des Ostberliner Stadtzentrums, vor allem in dem Abschnitt der ehemaligen Friedrichstadt zwischen dem Bereich Straße Unter den Linden und dem Aufbaukomplex Leipziger Straße sowie besonders auch in der nördlichen Randzone jenseits des Spreeverlaufs, fand außer der Instandsetzung erhaltenswerter Altbausubstanz bislang kein nennenswerter Wiederaufbau statt. Besonders die ehemals intensivst geschäftlich genutzten Baublöcke beiderseits der Friedrichstraße bilden nach den Enttrümmerungsarbeiten der ersten Nachkriegszeit bis heute weitgehend ungenutzte, öde Freiflächen mit isoliert stehengebliebenen Altbauten, was ebenfalls die geringere Dynamik des planwirtschaftlichen Systems in bezug auf den Zentrenausbau offenkundig werden läßt.

Auch die Unterschiede in der funktionalen Ausstattung der untersuchten *Stadtbezirkszentren West- und Ost-Berlins* sind in erheblichem Maße systembedingt. Wenngleich jedoch einerseits die verschiedenartigen Sortimentsstrukturen des Einzelhandels in West und Ost einen Vergleich der Zentren erschweren und andererseits auf eine nochmalige Darstellung der detaillierten Differenzierungen zwischen den einzelnen Nebenzentren in West- bzw. Ost-Berlin verzichtet werden muß, so lassen sich doch in diesem Zusammenhang u. a. folgende generelle Abweichungen in der Ausstattung festhalten:

Die *Einzelhandelsausstattung* der wichtigsten Nebengeschäftszentren ist in West-Berlin in weitaus stärkerem Maße durch *Großbetriebe* geprägt. D. h. hier wurden in der Nachkriegszeit nicht nur jeweils eine Anzahl großer Fachgeschäfte (Kaufhaus-Filialbetriebe), vor allem der führenden Bekleidungs- und Textilbranchen, sondern neben Kleinpreis-Warenhäusern besonders auch einander konkurrierende Großwarenhäuser kapitalkräftiger westdeutscher Konzerne neu errichtet, die sich durch großflächige Parzellenaufkäufe die jeweils verkehrsgünstigsten Geschäftslagen in den Nebenzentren sicherten. Die Ostberliner Stadtbezirkszentren verfügen dagegen nur über wenige größere Geschäftstypen mit verhältnismäßig breitem und tiefem Sortiment. Zwar bestehen vornehmlich in der Karl-Marx-Allee einige Einzelbetriebe mit Kaufhauscharakter, deren Warenangebote zu sog. Bedarfskomplexen zusammengefaßt wurden; die Verkaufsraumflächen dieser Geschäfte stehen jedoch größtenteils weit hinter denjenigen vergleichbarer Kaufhausbetriebe in den westlichen Zentren zurück. Beide untersuchten Nebengeschäftszentren Ost-Berlins besitzen außerdem kein einziges Warenhaus. Wie das Stadtzentrum, so sind auch die wichtigen großstädtischen Nebengeschäftszentren im westlichen Wirtschaftssystem demnach weitaus stärker auf den Massenkonsum orientiert als das Hauptzentrum und die Stadtbezirkszentren in Ost-Berlin. Der durch die Ansiedlung moderner Großbetriebe und eines integrierten Shopping Centers (Schloßstraße) sowie die dynamische Entwicklung des stark konkurrierenden Hauptzentrums (Zooviertel) veränderten Wettbewerbssituation in den Westberliner Nebenzentren mußten (bzw. müssen sich) die übrigen (kleineren) Einzelhandelsbetriebe durch Veränderungen ihrer Sortimentsstrukturen, insbesondere durch eine *stärkere Spezialisierung ihrer Warenangebote*, darüber hinaus aber auch durch besonderen Kunden-Service, durch geeignete, jeweils verschiedene Konsumentengruppen ansprechende Schaufensterwerbung, durch moderne Fassaden- und Ladengestaltungen anpassen. Dies wird vor allem ermöglicht durch die ausgeprägte freie Initiative und wirtschaftliche Risikobereitschaft privater Geschäftsinhaber, durch die zur Verfügung stehenden tiefen Warensortimente, die ja ausgeprägte Betriebsspezialisierungen erst erlauben, sowie durch das höhere Einkommensniveau und die dadurch mitbestimmte stärkere Kaufkraft und Konsumorientierung der Bevölkerung (s. oben).

---

[86] Ausnahmen bilden lediglich einige sehr beschränkte, jedoch verhältnismäßig teure, westliche Teilsortimente einzelner Fachbranchen (besonders Tabakwaren und Spirituosen) sowie die Sortimente einiger, in der Nähe von Grenzübergangsstellen (insbesondere am Bahnhof Friedrichstraße) gelegener sog. Intershops. Letztere verfügen über beschränkte Angebote an Importwaren aus dem „kapitalistischen Ausland", das zwar relativ preisgünstig, jedoch nur gegen Westdevisen käuflich ist.

Qualitative Ausstattungsunterschiede der Einzelhandelsstrukturen der Geschäftszentren, wie sie in West-Berlin vor allem zwischen der Schloßstraße (Steglitz) und dem Nebenzentrum Badstraße/Brunnenstraße (Wedding) empirisch ermittelt werden konnten, sind im westlichen Wirtschaftssystem in starkem Maße von der jeweiligen Dominanz bestimmter Sozial- und Konsumentengruppen in den Einzugsbereichen abhängig.

Diese *durch einen differenzierten Anpassungsprozeß bedingte fortwährende Dynamik in der Zentrenentwicklung* — dies gilt in besonderer Weise für die Kerngebiete des Westberliner Hauptzentrums — ist allein ein Kennzeichen des marktwirtschaftlichen Konkurrenzsystem.

Der *Binnenhandelsplanung im ökonomischen System des Sozialismus der DDR* fehlt dagegen noch in weitem Maße eine differenzierte konsumentengruppen-, d. h. bedarfsorientierte Ausrichtung bei der Gestaltung der Einzelhandelsstrukturen in den großstädtischen (Neben-)Geschäftszentren. Eine zu starke Spezialisierung des Einzelhandels wird aus wirtschaftlichen Gründen abgelehnt. Die Funktionsanalyse der Nebengeschäftszentren Schönhauser Allee und Karl-Marx-Allee ergab daher auch — insbesondere bei den Betrieben des volkseigenen und konsumgenossenschaftlichen Handels — eine im Vergleich zu den Westberliner Nebenzentren geringere Anzahl von Betrieben in den einzelnen Branchen und eine weniger ausgeprägte Branchendifferenzierung. Die sehr eingeschränkte Wettbewerbssituation im Einzelhandel zeigt sich in den Ostberliner Nebengeschäftszentren außerdem in dem gänzlichen Fehlen von privaten Betrieben in der Karl-Marx-Allee und dem weiter anhaltenden, insbesondere durch zahlreiche vakante Läden dokumentierten Bedeutungsschwund des privaten Einzelhandels im gesamten Nebengeschäftszentrum Schönhauser Allee.

Der bis zur Gegenwart eingetretene starke Rückgang des privatwirtschaftlichen Handels ist vor allem deshalb gravierend, weil durch diese Betriebe oftmals wesentliche, von dem sozialistischen Handel nicht hinreichend berücksichtigte „Marktlücken" gedeckt werden konnten. Da somit wichtige Unterschiede zwischen den Zentren aus den verschiedenen Eigentumsstrukturen resultieren, bedeutet die weitere Aufgabe privater Betriebe zugleich einen Funktionsverlust bzw. eine stärkere Angleichung der einzelnen Stadtbezirkszentren bezüglich ihrer Einzelhandelsausstattungen.

Die — im Vergleich zu den westlichen Zentren — weitaus geringeren Konkurrenzbedingungen im Einzelhandel dokumentieren sich auch in dem weitaus beschränkteren Ausmaß der Außenreklame bzw. Werbung: Erst in jüngster Zeit wurden in der Karl-Marx-Allee Einzelhandelseinrichtungen mit Leuchtreklamezeilen an den Geschäftsfronten ausgestattet. Das qualitative Niveau der Schaufensterdekoration und Ladengestaltung der Betriebe steht jedoch selbst in dieser Hauptmagistrale weit hinter demjenigen in der Westberliner Schloßstraße und Wilmersdorfer Straße zurück.

Der Vergleich der *qualitativen Abstufungen der Einzelhandelsausstattungen* — gemessen an der jeweiligen relativen Häufigkeitsverteilung der Fach- und Spezialgeschäfte in den drei *Bedarfsstufen* — zeigt, daß sowohl die Schloßstraße wie auch die Wilmersdorfer Straße in West-Berlin höhere Rangplätze als die Karl-Marx-Allee und Schönhauser Allee einnehmen (vgl. Abb. 40). Dieses ist durch die verhältnismäßig hohen Anteile der Geschäfte für den täglichen bzw. kurzfristigen Bedarf und die — bereits erläuterte — geringe Bedeutung des gehobenen, spezialisierten Handels (der oberen Bedarfsstufe) in den Ostberliner Stadtbezirkszentren bedingt. Daher nehmen auch die Bedarfsstufenindizes für diese Zentren im östlichen System relativ niedrige Werte an. Unter diesem Gesichtspunkt ist lediglich das — im Verhältnis zu den Westberliner Nebengeschäftszentren Schloßstraße und Wilmersdorfer Straße niederrangige — Zentrum Badstraße/Brunnenstraße mit den untersuchten Nebenzentren Ost-Berlins vergleichbar.

Auch die in den beiden vergangenen Jahrzehnten in wichtigen Bereichen des *Dienstleistungssektors* in der DDR erfolgte *Konzentration* — bedingt durch das Streben nach einer stärkeren ökonomischen Rationalisierung und planmäßigen Organisation im Wirtschafts- und Gesellschaftssystem der DDR (vgl. II. 1.3), jedoch auch durch den im Vergleich zum westlichen Deutschland größeren (Fach-)Arbeitskräftemangel — hat sich erheblich auf die Struktur der funktionalen Ausstattung der Ostberliner Nebengeschäftszentren ausgewirkt.

Hinsichtlich der Ausstattung mit Dienstleistungseinrichtungen unterscheiden sich die beiden untersuchten Stadtbezirkszentren erheblich: In der „ersten sozialistischen Straße" Berlins, der Karl-Marx-Allee, existiert nur eine geringe Zahl von Dienstleistungsstandorten, darunter jedoch einige Einrichtungen mit Repräsentationscharakter — u. a. ein Uraufführungskino, drei Großrestaurants gehobener Preisklassen, drei modern ausgestattete Reisebüros ausländischer Luftverkehrsgesellschaften (sozialistischer Nachbarstaaten) und einige zentrale Wirtschaftsverwaltungen —, womit die Karl-Marx-Allee die Leitfunktionen des unmittelbar angrenzenden, eigentlichen Stadtzentrums Ost-Berlins ergänzt. Derartige Funktionen sind im allgemeinen nicht kennzeichnend für die Ausstattung der untersuchten Nebenzentren West-Berlins.

Die Branchenstruktur des Dienstleistungssektors in dem Nebengeschäftszentrum Schönhauser Allee ist im Vergleich zur Karl-Marx-Allee differenzierter, bedingt durch die Existenz zahlreicher privater Dienstleistungsbetriebe, die vor allem in den Bereichen der Gastronomie, der gehobenen persönlichen Dienstleistungen und der handwerklichen und einfachen Dienste vorherrschen.

In diesem Ostberliner Zentrum mit stark „privatwirtschaftlicher Komponente" fehlen darüber hinaus jedoch die besonders für das Stadtzentrum Ost-Berlins, teilweise auch noch für die Karl-Marx-Allee charakteristischen Funktionen der staatlichen und gesellschaftlichen Repräsentation. Es besitzt somit — wie auch die untersuchten Westberliner Nebenzentren — fast ausschließlich den Charakter eines echten Geschäftszentrums mit allerdings — im Vergleich zu den Stadtbezirkszentren West-Berlins — beschränkter Branchendifferenzierung. Wie gezeigt wurde, unterscheidet sich die Ausstattung der Schönhauser Allee mit Dienstleistungseinrichtungen und „speziellen Einrichtungen der Wirtschaft" prinzipiell nicht von derjenigen des benachbarten, gleichfalls im stark verdichteten ‚Wilhelminischen Wohn- und Gewerbegürtel' bzw. in einem Arbeiterbezirk gelegenen Westberliner Nebenzentrums Badstraße-Brunnenstraße.

Die relativ starke Konzentration in der Einzelhandels- und Dienstleistungsaustattung im östlichen Zentrensystem zeigt sich in besonderem Maße bei den gänzlich neu, in Kompaktbauweise errichteten *Wohnkomplexzentren*, die in der geplanten Hierarchie der ‚gesellschaftlichen Zentren' der DDR die unterste Stufe einnehmen. Hier bestehen — wie am Beispiel des neuen Zentrums im Wohngebiet ‚Am Tierpark' aufgezeigt wurde (vgl. III. 2.2.1) — nur wenige, z. T. stark zusammengefaßte wirtschaftliche und gesellschaftliche Einrichtungen zur größtenteils kurzfristigen Versorgung. Die Errichtung privater oder etwa einander „konkurrierender" staatlicher bzw. sozialistischer Einzelhandels- und Dienstleistungsbetriebe wurde nicht eingeplant.

Entwicklung und Struktur der funktionalen Ausstattung der großstädtischen Zentrensysteme in beiden Teilen Berlins sind — wie der abrißartige Vergleich in diesem 3. Teil des Kapitels VI. und vor allem die ausführlicheren Darlegungen in den vorangegangenen Abschnitten zeigen sollten — in starkem Maße von den beiden antagonistischen Wirtschafts- und Gesellschaftssystemen Deutschlands bestimmt, wenngleich vor allem im Bereich des heutigen Ostberliner Stadtzentrums frühere Standortgegebenheiten und funktionale Ausprägungen — nach dem Prinzip der räumlich-zeitlichen Konsistenz — noch im erheblichem Maße nachwirken, d. h. sich selbst im Prozeß der sog. sozialistischen Um- und Neugestaltung erstaunlich fest behauptet haben. Als besonders kennzeichnend für das zentralörtlich wirksame Funktionsgefüge unter dem Primat der weitgehend freien wirtschaftlichen Konkurrenz erwiesen sich im westlichen Berlin die starke Differenzierung sämtlicher wirtschaftlich wichtiger Zentrenfunktionen und zugleich die erhebliche Flexibilität der funktionalen Ausstattung in der Anpassung an sich wandelnde Standortbedingungen sowie (teilweise) sich rasch verändernde Konsumbedürfnisse und (gruppenspezifische) Neigungen bei der Inanspruchnahme von Dienstleistungen. Dagegen haben in Ost-Berlin die mit städtebaulichen Mitteln und erheblichem finanziellen Aufwand erreichte starke Betonung der Repräsentation und Demonstration des Staates und der neuen sozialistischen Wirtschafts- und Gesellschaftsordnung, die Abhängigkeit des funktionellen Zentrenausbaus von der Planung und Realisierung des nach ‚Aufbaukomplexen' vorgenommenen Wiederaufbaus, die staatliche Lenkung und Organisation (auch) der Wirtschaftsbereiche des tertiären Sektors zusammen mit der jahrelangen Vernachlässigung der Konsumgüterindustrie und -distribution in der DDR zu einer vergleichsweise starken funktionellen und standorträumlichen Konzentration in der gesamten Einzelhandels- und Dienstleistungsausstattung geführt. Letzteres gilt besonders für die Hauptgeschäftsstraßen und -bereiche, in deren Neuaufbau private Handels- und Dienstleistungsbetriebe nicht einbezogen wurden, während andererseits für die Nebenzentren mit (noch) erheblicher ‚privatwirtschaftlicher Komponente' stärkere Branchen-, d. h. Funktionsdifferenzierungen kennzeichnend sind.

Die empirisch gewonnenen Einzelergebnisse dieser Untersuchung sowie die in diesem Zusammenhang des Systemvergleichs zusammenfassend herausgestellten prinzipiellen Unterschiede der funktionalen Zentrenausstattungen, die — das sei nochmals betont — lediglich aus der vergleichenden Analyse wichtiger Zentren West- und Ost-Berlins abgeleitet wurden, sollten durch weitere Studien in anderen vergleichbaren großstädtischen Verdichtungsräumen beider Teile Deutschlands ergänzt werden, um auf breiterer empirischer Basis weitere „Regelhaftigkeiten" in der Entwicklung der funktionalen Ausstattung großstädtischer Zentren in den beiden Wirtschafts- und Gesellschaftssystemen Deutschlands erfassen zu können.

Quellenverzeichnis

1. Literatur

Benutzte Abkürzungen:

Abh. d. 1. Geogr. Inst. d. FU Berlin	= Abhandlungen des 1. Geographischen Instituts der FU Berlin
Abh. z. Mittelstandsf.	= Abhandlungen zur Mittelstandsforschung
Ann. Ass. Amer. Geogr.	= Annals of the Association of American Geographers
Arb. Rhein. Landeskde.	= Arbeiten zur Rheinischen Landeskunde
Berl. Bauwirtsch.	= Die Berliner Bauwirtschaft
Berl. Stat.	= Berliner Statistik
Berl. Wirtsch.	= Die Berliner Wirtschaft, Mitteilungen der Industrie- und Handelskammer zu Berlin
Berl. Wirtschaftsber.	= Berliner Wirtschaftsberichte
Ber. z. dt. Landeskde.	= Berichte zur deutschen Landeskunde
Ber. z. Landesf. u. Landespl.	= Berichte zur Landesforschung und Landesplanung
Ber. z. Raumf. u. Raumpl.	= Berichte zur Raumforschung und Raumplanung
Bochumer G. A.	= Bochumer Geographische Arbeiten
Bonner G. A.	= Bonner Geographische Abhandlungen
DA	= Deutsche Architektur
DGT ... Tagungsber. u. wiss. Abhandl.	= Deutscher Geographentag ..., Tagungsbericht und wissenschaftliche Abhandlungen
Diss.	= Dissertation
Dt. Akad. f. Städtebau u. Landespl.	= Deutsche Akademie für Städtebau und Landesplanung
Dt. Bauz.	= Deutsche Bauzeitung
Dt. Inst. Wi.	= Deutsches Institut für Wirtschaftsforschung
Econ. Geogr.	= Economic Geography
Erde	= Die Erde
Erlanger G. A.	= Erlanger Geographische Arbeiten
Forsch.- u. Sitzungsber. d. Akad. f. Raumf. u. Landespl.	= Forschungs- und Sitzungsberichte der Akademie für Raumforschung und Landesplanung
Forsch. z. dt. Landeskde.	= Forschungen zur deutschen Landeskunde
Forschungsarb. a. d. Straßenwesen	= Forschungsarbeiten aus dem Straßenwesen
Frankf. Geogr. Ges.	= Frankfurter Geographische Gesellschaft
Frankf. G. H.	= Frankfurter Geographische Hefte
Geogr.	= Geography
Geogr. Anz.	= Geographischer Anzeiger
Geogr. Ber.	= Geographische Berichte
Geogr. J.	= Geographical Journal
Geogr. Rdschau	= Geographische Rundschau
Geogr. Rev.	= Geographical Review
Geogr. Taschenbuch	= Geographisches Taschenbuch
Geogr. Zs.	= Geographische Zeitschrift
HB	= Handelsblatt
HdB	= Handwörterbuch der Betriebswirtschaft
Heidelberger G. A.	= Heidelberger Geographische Arbeiten
HdSW	= Handwörterbuch der Sozialwissenschaften
Karlsruher St. z. Regionalwiss.	= Karlsruher Studien zur Regionalwissenschaft
Marburger Geogr. Schr.	= Marburger Geographische Schriften
Mitt. d. Dt. Verb. f. Wohnungswesen	= Mitteilungen des Deutschen Verbandes für Wohnungswesen
Mitt. d. Fränk. Geogr. Ges.	= Mitteilungen der Fränkischen Geographischen Gesellschaft
Mitt. d. Geogr. Ges.	= Mitteilungen der Geographischen Gesellschaft
Münchner G. H.	= Münchner Geographische Hefte
Münchner St. z. Sozial- u. Wirtschaftsgeogr.	= Münchener Studien zur Sozial- und Wirtschaftsgeographie
Pap. Proc. Reg. Sci. Ass.	= Papers and Proceedings of the Regional Science Association
PM	= Petermanns Geographische Mitteilungen
PM Erg. H.	= Petermanns Geographische Mitteilungen, Ergänzungsheft
Pol. Ök. Soz.	= Politische Ökonomie des Sozialismus
Proc. IGU Symp. Lund 1960	= Proceedings of the IGU Symposium in Urban Geography Lund 1960
Proc. Intern. Study Week Amsterdam	= Proceedings of the International Study Week Amsterdam
Raumf. u. Raumordnung	= Raumforschung und Raumordnung

- Das Sekundärzentrum Charlottenburg — Wilmersdorfer Straße. In: J. H. *Schultze:* Stadtgeographischer Führer Berlin (West). Berlin/Stuttgart 1972 b, S. 96—100 = Sammlung geographischer Führer.
- Anwendungsmöglichkeiten stadtgeographischer Untersuchungen über Sekundärzentren in Berlin (West). In: Erde, 103, 1972 c, H. 3/4, S. 295—301.

Autorenkollektiv (Hrsg.): Allgemeine Statistik. Berlin 1970[5].

Baedecker, Karl: Berlin und Umgebung. Handbuch für Reisende. Leipzig 1912[17].
- Berlin und Umgebung. Handbuch für Reisende. Leipzig 1927[20].
- Berlin und Potsdam. Leipzig 1936[21].
- Norddeutschland. Reisehandbuch für Bahn und Auto. Leipzig 1936[6].
- Berlin Reisehandbuch. Freiburg 1966[24].
- Ostberlin. Kurzer Stadtführer. Freiburg 1969.

Baehr, Volker: Einkaufen als urbane Aktivität und die Funktion des Warentauschs. In: Raumf. u. Raumordnung, 32, 1974, S. 125—128.

Bahrenberg, Gerhard: Räumliche Betrachtungsweise und Forschungsziele der Geographie. In: Geogr. Zs. 60, 1972, S. 8 bis 24.

Bartel, Hans u. a.: Statistik I für Psychologen, Pädagogen und Sozialwissenschaftler. Stuttgart 1971 = UTB Uni-Taschenbücher, 3.

Bartels, Dietrich: Nachbarstädte. Eine siedlungsgeographische Studie anhand ausgewählter Beispiele aus dem westlichen Deutschland. Bad Godesberg 1960 = Forsch. z. dt. Landeskde., 120.
- Zur wissenschaftstheoretischen Grundlegung einer Geographie des Menschen. Wiesbaden 1968 = Beiheft z. Geogr. Zs., 18.
- (Hrsg.): Wirtschafts- und Sozialgeographie. Köln/Berlin 1970 = Neue wissenschaftliche Bibliothek 35, Wirtschaftswissenschaften.

Beaujeu-Garnier, Jacqueline: Methode d'etude pour le centre des villes. In: Annales de Geographie, 74, 1965, S. 696 bis 707.

Bechtel, Heinrich: Wirtschafts- und Sozialgeschichte Deutschlands. München 1967.

Becker, Bernhard: Geschäftszentren und Verbrauchergewohnheiten. Handel und Gewerbe im Märkischen Viertel. In: Berl. Bauwirtsch. 15/67, S. 392—393; zugleich in: Berl. Wirtsch. 27/67, S. 957.

Behrens, Karl Christian (Hrsg.): Der Handel heute. In Memoriam Julius Hirsch. Tübingen 1962 a.
- Versuch einer Systematisierung der Betriebsformen des Einzelhandels. In: Der Handel heute (hrsg. von K. Chr. *Behrens*). Tübingen 1962 b, S. 131—143.
- Der Standort der Handelsbetriebe. Köln/Opladen 1965.
- (Hrsg.): Wandel im Handel. Wiesbaden 1966[2]a. = Studienreihe Betrieb und Markt, VI.
- Marktforschung. Wiesbaden 1959, 1966[2]b.
- Allgemeine Standortbestimmungslehre. Opladen 1971[2].

Behrmann, Walter: Berlin. In: Erde, VI, 1954, S. 87—95.
- Die Bevölkerungsverschiebung innerhalb Berlins. In: Geogr. Taschenbuch, 1954/55, S. 340—349.

Bergner, Wolfgang, Wolfgang *Böhme,* Henry *Fröbrich* und Dieter *Janke:* Technologie im Groß- und Einzelhandel. Berlin 1970[2].

Berlin-Information (Hrsg.): Schnell informiert in Berlin, Hauptstadt der DDR. Berlin o. J.

Berlin — Die unheimliche Hauptstadt. In: Der Spiegel, 20, 3. 10. 1966, Nr. 41, S. 40—61.

Berlin ist eine Pleite wert. In: Der Stern, H. 47, 15. 11. 1973, S. 71—76.

Berlin — Stadt in Bedrängnis. In: Der Spiegel, 21, 9. 10. 1967, Nr. 42, S. 27—36.

Berlin, Architektur in der Hauptstadt der DDR. Leipzig 1973.

Berliner Handelsregisterverzeichnis. Leitende Personen der Berliner Wirtschaft. Bearbeitet durch Kurt *Röder* (Adreßbuch-Gesellschaft Berlin). Berlin 1968.

Berliner Stadtadreßbuch. Bd. II: Branchen-Adreßbuch für Berlin (West). Berlin 1970.

Berlinförderungsgesetz (Berlin FG) in der Fassung vom 29. 10. 1970.

Berry, Brian J. L.: Geography of Market Centers and Retail Distribution. Englewood Cliffs, N. J., 1967.

Berry, Brian J. L., H. Gardiner *Barnum* und Robert J. *Tennant:* Retail Location and Consumer Behaviour. In: Pap. Proc. Reg. Sci. Ass., 9, 1962, S. 65—106. Auch in: P. *Schöller* (Hrsg.): Zentralitätsforschung. Darmstadt 1972, S. 331 bis 381 = Wege der Forschung, CCCI.

Berry, Brian J. L. und William L. *Garrison:* Recent Development of Central Place Theory. In: Pap. Proc. Reg. Sci. Ass., 4, 1958, S. 107—120. Auch in: *P. Schöller* (Hrsg.): Zentralitätsforschung. Darmstadt 1972, S. 69—83 = Wege der Forschung, CCCI.
- The Functional Bases of the Central Place Hierarchy. In: Econ. Geogr., 34, 1958, S. 145—154.
- A Note on Central Place Theory and the Range of Good. In: Econ. Geogr., 34, 1958, S. 304—311.

Berry, Brian J. L., R. J. *Tennant,* B. J. *Garner* und J. W. *Simmons:* Commercial Structure and Commercial Blight. Chicago 1963 = University of Chicago, Department of Geography, Research Paper, 85.

Beschluß der Stadtverordnetenversammlung von Groß-Berlin über den Aufbau des Zentrums der Hauptstadt der Deutschen Demokratischen Republik. In: DA, 10, 1961, H. 8, S. 417—419.

Beyer, Jörg: Typen von Geschäftszentren einer US-amerikanischen Industriegroßstadt am Beispiel von Pittsburgh. Bonn 1972 (Unveröff. Staatsarbeit).

Bidlingmaier, Johannes: Geschäftsprinzipien und Betriebsformen des Einzelhandels. In: Zs. f. handelswiss. Forschung, 1963, H. 11/12, S. 590—599.

Blotevogel, Hans Heinrich: Zentrale Orte und Raumbeziehungen in Westfalen vor der Industrialisierung (1780—1850). Münster 1975 = Veröffentlichungen des Provinzialinstituts für Westfälische Landes- und Volksforschung, Reihe I, H. 19. Zugleich Paderborn 1975 = Bochumer G. A., 18.

Bobek, Hans: Grundfragen der Stadtgeographie. In: Geogr. Anz., 28, 1927, S. 213—224.
- Innsbruck, eine Gebirgsstadt, ihr Lebensraum und ihre Erscheinung. = Forschungen zur Deutschen Landes- und Volkskunde, XXV/3, Stuttgart 1928.
- Aspekte der zentralörtlichen Gliederung Österreichs. In: Ber. z. Raumf. u. Raumpl., 10, 1966, S. 114—129.
- Die Theorie der zentralen Orte im Industriezeitalter. In: DGT Bad Godesberg 1967, Tagungsber. u. wiss. Abh., Wiesbaden 1969, S. 199—213. Auch in: P. *Schöller* (Hrsg.): Zentralitätsforschung. Darmstadt 1972, S. 165—177 = Wege der Forschung, CCCI.

Böhm, Helmut: Zur Analyse städtischer Mobilität. In: Bevölkerungs- und Sozialgeographie, DGT Erlangen 1971, Ergebnisse der Arbeitssitzung 3 = Münchner St. z. Sozial- u. Wirtschaftsgeogr., 8, Kallmünz/Regensburg 1972, S. 19 bis 24.

Bökemann, Dieter: Das innerstädtische Zentralitätsgefüge, dargestellt am Beispiel der Stadt Karlsruhe. Karlsruhe 1967 = Karlsruher St. z. Regionalwiss., 1.

Bölke, P.: Geschäfte mit Berlin. München 1973.

Boesler, Klaus-Achim: Die städtischen Funktionen. Ein Beitrag zur allgemeinen Stadtgeographie aufgrund empirischer Untersuchungen in Thüringen. Berlin 1960 = Abh. d. 1. Geogr. Inst. d. FU Berlin, 6.
- Zum Problem der quantitativen Erfassung städtischer Funktionen. In: Proc. IGU Symp. Lund 1960. Lund 1962, S. 145—155.
- Die Bedeutung der Baublockstatistik der Bevölkerungs-

Rhein-Main. Forsch.	= Rhein-Mainische Forschungen
Schr. d. Dt. Verb. f. Wohnungswesen, Stadtbau u. Raumplanung e. V.	= Schriften des Deutschen Verbandes für Wohnungswesen, Stadtbau und Raumplanung e. V.
Schr. d. Geogr. Inst. d. Univ. Kiel	= Schriften des Geographischen Instituts der Universität Kiel
Schr. d. Kommission f. Raumf. d. österr. Akad. d. Wiss.	= Schriften der Kommission für Raumforschung der österreichischen Akademie der Wissenschaften
Scot. geogr. Mag.	= Scottish geographical Magazine
Trans. Inst. Br. Geogr.	= Transactions and Papers. The Institute of British Geographers
Veröff. d. Akd. f. Raumf. u. Landespl., Abh.	= Veröffentlichungen der Akademie für Raumforschung und Landesplanung, Abhandlungen
Veröff. d. Histor. Kommission Berlin	= Veröffentlichungen der Historischen Kommission Berlin
Veröff. d. INFAS	= Veröffentlichungen des Instituts für angewandte Sozialwissenschaft
Veröff. d. Nieders. Amtes f. Landespl. u. Stat.	= Veröffentlichungen des Niedersächsischen Amtes für Landesplanung und Statistik
Vierteljh. z. Wirtschaftsf.	= Vierteljahreshefte zur Wirtschaftsforschung
WD	= Wirtschaftsdienst
Wiss. Abh. Geogr. Ges. DDR	= Wissenschaftliche Abhandlungen der Geographischen Gesellschaft der DDR
Wiss. Zs. Karl-Marx-Univ. Leipzig	= Wissenschaftliche Zeitschrift der Karl-Marx-Universität Leipzig
Wörterb. Ök. Soz.	= Wörterbuch der Ökonomie Sozialismus
Zs. d. Ver. Berl. Kaufl. u. Ind.	= Zeitschrift des Vereins Berliner Kaufleute und Industrieller
Zs. f. d. Erdkundeunterr.	= Zeitschrift für den Erdkundeunterricht
Zs. f. Geopol.	= Zeitschrift für Geopolitik
Zs. f. handelsw. Forschung	= Zeitschrift für handelswissenschaftliche Forschung
Zs. f. Kommunalwirtsch. u. Kommunalpol.	= Zeitschrift für Kommunalwirtschaft und Kommunalpolitik
Zs. f. Organ.	= Zeitschrift für Organisation
Zs. f. Planungs- u. Organ. kybernetik	= Zeitschrift für Planungs- und Organisationskybernetik
Zs. f. Raumforschung	= Zeitschrift für Raumforschung
Zs. f. Wigeo.	= Zeitschrift für Wirtschaftsgeographie

Aario, Leo: The Inner Differentiation of the Large Cities in Finland. In: Fennia, 74, 1951, No. 2, S. 1—67.

Abele, Gerhard: Die Abgrenzung und Bewertung der Geschäftszentren von Karlsruhe. In: *G. Abele* und *K. Wolf*: Methoden zur Abgrenzung und inneren Differenzierung verschiedenrangiger Geschäftszentren. In: Ber. z. dt. Landeskde., 40, 1968, H. 2, S. 241—247.

— Methoden zur Abgrenzung von Stadtstrukturen. In: Methoden zur Analyse von Stadtstrukturen = Karlsruher St. z. Regionalwiss., 2, 1969, S. 37—77.

Abele, Gerhard und Adolf *Leidlmayr:* Die Karlsruher Innenstadt. In: Ber. z. dt. Landeskde., 41, 1968, H. 2, S. 217 bis 230.

Abele, Gerhard und Klaus *Wolf:* Methoden zur Abgrenzung und inneren Differenzierung verschiedenrangiger Geschäftszentren. In: Ber. z. dt. Landeskde., 40, 1968, H. 2, S. 238 bis 252.

A bis Z, 1969: s. *Bundesministerium für Gesamtdeutsche Fragen*

Abler, Ronald, John S. *Adams* und Peter *Gould:* Spatial Organization. The Geographer's View of the World. Englewood Cliffs, N. J. 1971.

Ahle, Hans: Umsatzerfolgsrechnung nach Warengruppen als Mittel des Betriebsvergleichs im Einzelhandel. In: Zs. f. handelswiss. Forschung, 15, 1963, S. 73—78.

Ahlmann, H. W., J. C. *Ekstedt*, G. *Jonsson* und W. *William-Olsson:* Stockholms inre differentierung. Stockholm 1934.

Ahr, Hellmut: Miete und Pacht für Gewerberaum in Berlin. In: Berl. Wirtsch., 19, 1969, H. 9, S. 264—265.

Altmann, Ernst und Kurt *Losse:* Entwicklungsstand und Tendenzen im Hotelbau der DDR — eine kritische Einschätzung. In: DA, 13, 1964, H. 2, S. 93—97.

Andrä, Klaus: Umgestaltung von Stadtzentren. In: DA, 15, 1966, H. 10, S. 584—587.

— Möglichkeiten und Grenzen städtebaulicher Mittel. In: DA, 16, 1967, H. 3, S. 178—180.

— Zentren — Stätten der Menschengemeinschaft. Zu einigen Fragen des neuen Inhalts der Stadtzentren. In: DA, 19, 1970, H. 5, S. 262—264.

Anordnung über Exquisit-Verkaufsstellen (Industriewaren) vom 15. Mai 1962. In: GBl II, Nr. 39/1962 der DDR.

Arbeitsgruppe Stadtstruktur, Bruno *Aust* und Mitarbeiter, Planungsgemeinschaft Berlin M. *Gehrmann* und Partner: Gutachten Sanierungsverdachtsgebiete in Berlin (West), Teil A (Analyse) 2 Bde., Teil B (Planerische Zielvorstellungen). Berlin 1973.

Architekten- und Ingenieur-Verein zu Berlin (Hrsg.): Berlin und seine Bauten. Teil II: Rechtsgrundlagen und Stadtentwicklung. Berlin/München 1964.

Arnhold, Helmut: Das System der zentralen Orte in Mitteldeutschland. In: Ber. z. dt. Landeskde., 9, 1951, S. 353 bis 362.

— Berlin und Leipzig. Das Stadtzentrum und seine Bedeutung für eine Charakteristik. In: PM, 96, 1952, S. 262—264.

— Berlin und Brandenburg. Das Wachstum einer Weltstadt und seine Auswirkungen. In: Ber. z. dt. Landeskde., 11, 1952, H. 1, S. 126—138.

Artle, R.: Studies in the Structure of Stockholm Economy. Stockholm 1959.

Atlas von Berlin, hrsg. von der Akademie für Raumforschung und Landesplanung und W. *Behrmann.* Hannover 1962 = Deutscher Planungsatlas, Bd. IX.

Der Aufbau des Stadtzentrums der Hauptstadt der DDR, Berlin. In: DA, 17, 1968, H. 6, S. 330 ff.

Auf dem Wege zu einer sozialistischen deutschen Architektur. In: DA, 2, 1953, H. 3, S. 97—101.

Aust, Bruno: Stadtgeographie ausgewählter Sekundärzentren in Berlin (West). Berlin 1970 = Abh. d. 1. Geogr. Inst. d. FU Berlin, 16.

— Das Sekundärzentrum Steglitz-Schloßstraße. In: J. H. *Schultze:* Stadtgeographischer Führer Berlin (West). Berlin/Stuttgart 1972 a, S. 91—95 = Sammlung geographischer Führer, 7.

Duttweiler, Gottlieb: Dynamik im Handel. In: Der Handel heute (hrsg. von K. Chr. *Behrens*). Tübingen 1962, S. 145 bis 156.

Ebert, K.: Die City — Funktionsgefüge und Sinnbild der Stadt. In: Zwischen Stadtmitte und Stadtregion, hrsg. von d. Dt. Akad. f. Städtebau u. Landespl., Stuttgart 1970, S. 34—46.

— Planung des Raumes Berlin. In: Bauhelfer 1946, 11, S. 1 bis 8.

Eckey, Hans-Friedrich: Funktionen von Städten in polyzentrischen Verdichtungsräumen (Diss.). Bochum 1972.

Einkaufs- und Versorgungseinrichtungen in der DDR, Stand und Entwicklung. In: DA, 12, 1963, H. 7, S. 409—448.

Eschenburg, Theodor: Das isolierte Berlin. In: Berlin in Vergangenheit und Gegenwart, hrsg. von H. *Rothfels*, Tübingen 1961, S. 140—158.

Europa Center, Berlin. In: Dt. Bauz., 1964, S. 803—811.

Das Europa-Center, Ein Zentrum der Superlative. In: Berl. Bauwirtsch., 1965, S. 256—259.

Falk, Bernd R.: Shopping-Center-Handbuch. München 1973.

Fehl, Gerhard: Eine Stadtbilduntersuchung (Berlin-Wedding). In: Bauwelt, 59 (= Stadtbauwelt, 18), 1968, Nr. 25/26, S. 1344—1346.

Fehre, Horst: Ist der Block ein Strukturelement für die Stadtplanung? In: Informationen aus dem Institut f. Raumforschung, 1965, S. 415—439.

Fernsprechbuch für die Hauptstadt der Deutschen Demokratischen Republik Berlin. Ausgabe 1967, Stand: Februar 1967.

Fischer, Heinz: Struktur und zentralörtliche Funktion der Stuttgarter Vororte. In: Ber. z. dt. Landeskde., 28, 1962, S. 1—28.

— Viertelbildung und sozial bestimmte Stadteinheiten, untersucht am Beispiel der inneren Stadtbezirke der Großstadt. In: Ber. z. dt. Landeskde., 30, 1963, S. 101—120.

Fleck, Wolfgang: Der Betriebsvergleich im modernen Handel. In: Der Handel heute, hrsg. von K. Chr. *Behrens*, Tübingen 1962, S. 217—227.

Flierl, Bruno: Die Architektur im entwickelten gesellschaftlichen System des Sozialismus. In: DA, 16, 1967, H. 9, S. 564—567.

Förster, Horst: Funktionale und sozialgeographische Gliederung der Mainzer Innenstadt. Paderborn 1968 = Bochumer G. A., 4.

Förster, Wolfgang: Das Außenhandelssystem der sowjetischen Besatzungszone Deutschlands, hrsg. vom Bundesministerium für Gesamtdeutsche Fragen. Bonn 1957.

Frick, R.: Forum Steglitz. In: Berl. Bauwirtsch., 9/1970, S. 321—327.

Friedel, Ernst: Berlin, Potsdam und Umgebungen. Berlin 1886[32] = Griebens Reise-Bibliothek, 6.

Friedemann, Helmut: Konsequenzen des neuen Flächennutzungsplanes. In: Berl. Wirtsch., 20, 1970, H. 13, S. 511 bis 512.

Friedensburg, Ferdinand: Berlin. Schicksal und Aufgabe. Berlin 1953.

— The Geographical Elements of the Berlin Situation. In: Geogr. J., 133, 1967, S. 137—147.

Friedmann, Helmut: Alt-Mannheim im Wandel seiner Physiognomie, Struktur und Funktionen (1906—1965). Bad Godesberg 1968 = Forsch. z. dt. Landeskde., 1968.

Funk, Horst: Die Lebensmittelversorgung Westberlins. In: Geogr. Rdschau, 15, 1963, S. 333—342.

Fürlinger, Friedrich: Der neue Plan „Rund um den Zoo" in Berlin. In: Der Bauhelfer, 1950, 19, S. 513—516.

— Entwicklung und Probleme der Planung von Berlin nach dem Kriege. In: Die unzerstörbare Stadt, hrsg. vom Institut für Raumforschung Bonn. Köln/Berlin 1953 a, S. 166 bis 179.

— Das Schicksal der Berliner City. In: Die unzerstörbare Stadt, hrsg. vom Institut für Raumforschung Bonn. Köln/Berlin 1953 b, S. 193—200.

Gad, Günter: Büros im Stadtzentrum von Nürnberg. Ein Beitrag zur City-Forschung. In: Mitt. d. Fränk. Geogr. Ges., 13/14, Erlangen 1968, S. 133—341 = Erlanger G. A., 23.

Ganser, Karl: Planungsbezogene Erforschung zentraler Orte in einer sozialgeographisch-prozessualen Betrachtungsweise. In: Neue Wege in der zentralörtlichen Forschung. 5. Arbeitstagung des Verbands deutscher Berufsgeographen. Kallmünz/Regensburg 1969 = Münchner G. H., 34, S. 41 bis 51.

Gasser, Th.: Das Shopping Center in Amerika, Einkaufszentren in Europa. Berlin 1960 (Diss. St. Gallen).

Gebhardt, Heinz, Hans *Müther*, Fritz *Rothstein* und Folkwin *Wendland*: 300 Jahre Berliner Stadtzentrum. In: DA, 8, 1959, H. 1, S. 6—12.

Geer, Sten de: Greater Stockholm. In: Geogr. Rev., 1923, S. 497—506.

Geographische Gesellschaft der DDR (Hrsg.): Berlin. Die Hauptstadt der DDR und ihr Umland (Exkursionsführer). Leipzig 1969.

George, Heinz: Einzelheiten der neuen Berlinförderung. In: Berl. Wirtsch., 20, 1970, H. 12, S. 456—458.

Gérard, Friedrich: Der Raum als Betriebsfaktor der Ladeneinzelhandlungen. Köln/Opladen 1963 = Schriften zur Handelsforschung, 25.

— Sortimentsveränderungen im Einzelhandel. In: Distributionswirtschaft. Beiträge aus den Gebieten der Absatz-, Handels- und Beschaffungswirtschaft (Festschrift f. Prof. R. *Seyffert*). Köln/Opladen 1968, S. 151—178.

Gericke, Hans: Zentrale Betriebsgaststätten im Zentrum von Berlin. In: DA, 11, 1962, H. 2, S. 102—103.

— Aufbau der Straße Unter den Linden. In: DA, 11, 1962, H. 11, S. 635—643.

— Umgestaltung und Prognose im Städtebau. In: DA, 16, 1967, H. 5, S. 264—267.

Gerlach, Ernst: Berlin im deutschen und europäischen Verkehr. In: Die unzerstörbare Stadt, hrsg. vom Institut für Raumforschung, Bonn. Köln/Berlin 1953, S. 87—105.

Gesellschaft für Konsum-, Markt- und Absatzforschung e. V., Nürnberg (Hrsg.): Einkaufszentren westdeutscher Großstädte und die zukünftige Entwicklung der Absatzchancen. Großstadt Berlin-West. Nürnberg 1962 = GfK-Bericht, 1.

Die gesellschaftliche Aufgabe bei der Planung und beim Bau von Einkaufs- und Versorgungseinrichtungen. In: DA, 12, 1963, H. 7, S. 396.

Gesellschaftliche Bauten in den Wohngebieten. In: DA, 13, 1964, H. 10, S. 588 ff.

Gesetz zur Förderung der Wirtschaft von Berlin (West) in der Fassung vom 26. Juli 1962 (BHG 1962). In: Bundesgesetzblatt, Teil I, Nr. 29, S. 493—500.

Gisske, Ehrhardt: Der Neuaufbau Berlins. In: Architektur und Städtebau in der Deutschen Demokratischen Republik. Hrsg.: Deutsche Bauakademie und Bund Deutscher Architekten. Berlin o. J., S. 14—24.

— Der Bebauungsplan für das Zentrum der Hauptstadt der Deutschen Demokratischen Republik — Berlin. In: DA, 10, 1961, H. 8, S. 411—416.

Glatthaar, Dieter: Viertelbildung in Mainz. Bochum 1969 (Diss. Mainz).

Glebe, Günther: Beobachtungen zur Konzentration ausländischer Firmen in der Innenstadt Düsseldorfs. In: Zs. f. Wigeo., 19, 1975, S. 20—24.

Goddard, J. B.: Changing Office Location Patterns in Central London. In: Urban Studies, 4, 1967, S. 276—285.

— Functional Regions within the City Centre: a study by factor analysis of taxi flows in Central London. In: Trans. Inst. Br. Geogr., 49, 1970, S. 161—182.

— Office Communications and Office Location: a review of current research. In: Regional Studies, 1971, S. 263—280.

— Office Linkages and Location. A study of communications and spatial patterns in Central London. Oxford 1973. = Progress in Planning Bd. 1, Teil 2.

— Office Location in Urban and Regional Development. Oxford 1975. = Theory and Practice in Geography.

Gradow, G. A.: Der kollektive Wohnkomplex. In: DA, 11, 1962, H. 6, S. 345—350.

— Stadt und Lebensweise (Deutsche Bearbeitung von Gert *Gibbels*). Berlin 1971.

Graffunder, Heinz: Die neue Bebauung Rathausstraße. In: DA 22, 1973, H. 6, S. 340—353.

Gregory, Stanley: Statistical Methods and the Geographer. London 1973[3].

Green, F. H. W.: Community of Interest Areas. Notes on the hierarchy of central places and their hinterlands. In: Econ. Geogr., 34, 1958, S. 210—226.

Greiner, Johann und Werner *Rietdorf*: Fußgängerbereiche in Stadtzentren. In: DA, 15, 1966, H. 10, S. 592—597.

Greipl, Erich: Einkaufszentren in der Bundesrepublik Deutschland. Bedeutung sowie Grundlagen und Methoden ihrer ökonomischen Planung. Berlin 1972 = Schriftenreihe des Ifo-Instituts für Wirtschaftsforschung 79.

Grimm, Frankdieter und Ingrid *Hönsch*: Zur Typisierung der Zentren in der DDR nach ihrer Umlandbedeutung. In: PM, 118, 1974, S. 282—288.

— Die Zentrumstypen in der DDR. Methodik und Ergebnisse einer Typisierung aufgrund der Umlandbedeutung. In: Wissenschaftliche Veröffentlichungen des Geographischen Instituts der Akademie der Wissenschaften der DDR, 30, 1975.

Mit der Gropiusstadt wächst auch das neue Einkaufszentrum in Berlin-Bukow-Rudow. In: Berl. Bauwirtsch., 24/1967, S. 636.

Grötzbach, E.: Geographische Untersuchungen über die Kleinstadt der Gegenwart in Süddeutschland. Kallmünz/Regensburg 1963 = Münchner G. H., 24.

Gundlach, Wilhelm: Geschichte der Stadt Charlottenburg. 2 Bde, Berlin 1905.

Guthmuths, W.: Berlin (Handelsplatz). In: Handwörterbuch der Betriebswirtschaft, hrsg. v. *H. Nicklisch*, Berlin 1926, Bd. 4, Sp. 936 ff.

Haggett, Peter: Locational Analysis in Human Geography. London 1965. In deutscher Übersetzung erschienen als: Einführung. Wiesbaden 1974[2] = Erdkundliches Wissen, 31 nalanalyse. Berlin 1973.

Hahn, Helmut: Die Stadt Kabul (Afghanistan) und ihr Umland. Teil I: Gestaltwandel einer orientalischen Stadt. Bonn 1964 = Bonner G. A., 34.

Hambloch, Hermann: Allgemeine Anthropogeographie. Eine Einführung. Wiesbaden 1974[2] = Erdkundliches Wissen, 31 (Geogr. Zs., Beihefte).

Handelsökonomik für die Berufsbildung. Berlin 1970[9].

Hantschel, R.: Methoden zur Erfassung von Bevölkerungsbewegungen im kernstadtnahen Bereich. In: Bevölkerungs- und Sozialgeographie, DGT Erlangen 1971, Ergebnisse der Arbeitssitzung 3 = Münchner St. z. Sozial- u. Wirtschaftsgeogr., 8, Kallmünz/Regensburg 1972, S. 27—30.

Hantschk, Walter: Geschäftspassagen in München. Eine stadt- und marktgeographische Untersuchung. München 1960 (Masch.).

— Die City — Detailstudien zur Standortdifferenzierung von Einzelhandelsgeschäften im Geschäftszentrum von München. In: DGT Bad Godesberg 1967, Tagungsber. u. wiss. Abh., Wiesbaden 1969, S. 133—138.

Harris, C. D.: A Functional Classification of the Cities in the United States. In: Geogr. Rev., 33, 1943, S. 86—99.

Harris, C. D. und E. D. *Ullmann*: The Nature of Cities. In: Annals of the American Academy of Political and Social Science, 1945, S. 7—17.

Hartenstein, Wolfgang und Burkhart *Lutz*: City München. Eine Untersuchung der wirtschaftlichen Struktur und Dynamik der Münchner Innenstadt. Frankfurt/M. 1963 = Veröff. d. INFAS, 4.

Hartenstein, Wolfgang und Gunner *Staack*: Land Use in the Urban Core. In: Urban Core and Inner City. Proc. Intern. Study Week Amsterdam, 11.—17. Sept. 1966, Leiden 1967, S. 35—52.

Hartke, Wolfgang: Die Passage. Ein neues Element der Stadtlandschaft. In: Festschr. Frankf. Geogr. Ges. 1836—1961 = Frankf. G. H., 37, 1961, S. 297—310.

Hartley, G. und A. E. *Smailes*: Shopping Centres in the Greater London Area. In: Trans. Inst. Br. Geogr., 29, 1961, S. 201—213.

Hartmann, G. W.: Central Business District: A study of urban geography. In: Econ. Geogr., 26, 1950, S. 237—244.

Hecklau, Hans: City am Zoo. In: J. H. *Schultze*: Stadtgeographischer Führer Berlin (West). Berlin/Stuttgart 1972, S. 81—90 = Sammlung geographischer Führer, 7.

Hegemann, Werner: Das steinerne Berlin. Geschichte der größten Mietskasernenstadt der Welt. Berlin 1966[2] = Ullstein-Bauweltfundamente, III.

Heidemann, Claus: Gesetzmäßigkeiten städtischen Fußgängerverkehrs. Bad Godesberg 1967 = Forschungsarb. a. d. Straßenwesen, N. F., H. 68.

Heil, Karolus: Empirische Erfassung zentraler Orte in großstädtischen Verdichtungsräumen. In: Neue Wege in der zentralörtlichen Forschung. 5. Arbeitstagung des Verbands deutscher Berufsgeographen. Kallmünz/Regensburg 1969 = Münchner G. H. 34, S. 29—39.

Heimatchronik Berlin. Köln 1962.

Heineberg, Heinz: Service Centres in East und West Berlin. In: F. E. Jan Hamilton und R. A. French (Hrsg.): The Socialist City: Spatial Structure and Urban Policy. London: John Wiley & Sons Ltd. (im Druck).

Heinrichs, Wolfgang: Ökonomik des Binnenhandels in der DDR. Berlin 1962[2].

Heller, Sigmund: Die Bundeshilfe an Berlin und seine Wirtschaft 1949—1959 (Diss.). Bonn 1960.

Henselmann, Hermann: Aus der Werkstatt des Architekten. In: DA, 1, 1952, H. 4, S. 156—165.

— Vom Strausberger Platz zum Alexanderplatz. In: DA, 7, 1958, H. 8, S. 419—424.

— Bemerkungen zu dem Entwurf für das „Haus des Lehrers" In: DA, 10, 1961, H. 8, S. 432—435.

— Haus des Lehrers in Berlin. In: DA, 13, 1964, H. 12, S. 714—735.

— Der Einfluß der sozialistischen Lebensweise auf den Städtebau und die Architektur in der DDR. In: DA, 15, 1966, H. 5, S. 264—265.

Hentschel, Edgar: Betriebsverhältnisse und Preisverhältnisse im Einzelhandel. Berlin/Wien 1928.

Herzfeld, Hans: Berlin als deutsche Hauptstadt im Wandel der Geschichte. Tübingen 1959 = Schicksalsfragen der Gegenwart, IV.

Herzog, Walter und Heinz *Aust*: Umbauung Fernsehturm Berlin — Architektonische Gestaltung. In: DA, 18, 1969, H. 3, S. 143—146.

Herzog, Walter, Heinz *Aust* und Günter *Witt*: Die Umbauung am Fernsehturm. In: DA, 22, 1973, H. 6, S. 358—363.

Hintner, Otto und Georg *Obst*: Geld-, Bank- und Börsenwesen. Stuttgart 1951[33].

Hirsch, Julius: Der moderne Handel, seine Organisation und Formen und die staatliche Binnenhandelspolitik. Tübingen 1925[2]. = Grundriß der Sozialökonomik, V. Abteilung: Handel, Transportwesen, Bankenwesen, II. Teil.

Historischer Handatlas von Brandenburg und Berlin. Berlin 1963 ff.

Högy, Udo: Das rechtsrheinische Rhein-Neckar-Gebiet in seiner zentralörtlichen Bereichsgliederung auf der Grundlage der Stadt-Land-Beziehungen. Heidelberg 1966 = Heidelberger G. A., 16.

Höhl, Gudrun: Fränkische Städte und Märkte im geographischen Vergleich. Versuch einer funktionell-phänomenologischen Typisierung, dargestellt am Raum von Ober-, Unter- und Mittelfranken. Bad Godesberg 1962 = Forsch. z. dt. Landeskde., 139.

Hoffmann, Manfred: Wohnungs- und Bodenpolitik in der DDR. In: Raumf. u. Raumordnung, 33, 1975, S. 134—144.

Hoffmann, Rudolf: Lage und Funktionen der Hauptstadt Berlin. In: Die unzerstörbare Stadt, hrsg. vom Institut für Raumforschung, Bonn. Köln/Berlin 1953, S. 56—63.

Hofmeister, Burkhard: Das Problem der Nebencities in Berlin. In: Ber. z. dt. Landeskde., 28, 1962, S. 45—69.

— Berlin, mit besonderer Berücksichtigung der Entwicklung von Berlin (West) in den Jahren 1961—1973. In: Geogr. Taschenbuch und Jahrweiser für Landeskunde 1975/76. Hrsg. von Emil *Meynen*. Wiesbaden 1975 a, S. 194—215.

— Berlin. Eine geographische Strukturanalyse der zwölf westlichen Bezirke. Darmstadt 1975 b = Wissenschaftliche Länderkunden 8, Bundesrepublik Deutschland und Berlin I.

— Stadtgeographie. Braunschweig 1976³ = Das Geographische Seminar.

Hollmann, Heinz: Die hierarchische Gliederung des Stadtgebietes. In: Forsch.- u. Sitzungsber. d. Akad. f. Raumf. u. Landespl. 14: Stadtregionen in der Bundesrepublik Deutschland, Bremen-Horn 1960, S. 113—145.

— Die hierarchische Gliederung des Stadtgebietes. Ergebnis der Untersuchungen des Arbeitskreises „Stadtgliederung". In: Forsch.- u. Sitzungsber. d. Akad. f. Raumf. u. Landespl. 42: Raum und Bevölkerung 7. Hannover 1968, S. 1—17.

Holzhausen, Günther: Die geographische Struktur der Westberliner Bekleidungsindustrie. Berlin 1958 (Diss. Masch.).

Hommel, Manfred: Zentrenausrichtung in mehrkernigen Verdichtungsräumen an Beispielen aus dem rheinisch-westfälischen Industriegebiet. Bochum 1972 (Diss. Masch.). Veröffentlichung: Paderborn 1974 = Bochumer G. A. 17.

Honecker, Erich: Bericht des Zentralkomitees an den VIII. Parteitag der Sozialistischen Einheitspartei Deutschlands. Berlin 1971.

Hopp, Hans: Werkstattbericht zum Projekt Stalinallee. In: DA, 1, 1952, H. 2, S. 66—72.

Hörner, Manfred: Verwaltungskomplex des Ministeriums für Volksbildung. In: DA, 10, 1961, H. 8, S. 425—431.

— Ministerium für Volksbildung. In: DA, 11, 1962, H. 11, S. 644—645.

— Ministerium für Volksbildung. In: DA: 14, 1965, H. 7, S. 394—403.

— Der Aufbau des Stadtzentrums der Hauptstadt der DDR Berlin. Bürogebäude Hans-Beimler-Straße. In: DA, 17, 1968, H. 6, S. 364—368.

Horwood, E. und R. *Boyce*: Studies of the Central Business District and the Urban Freeway Development. Seattle 1959.

Hottes, Karlheinz: Die zentralen Orte im Oberbergischen Lande. Remagen 1954 = Forsch. z. dt. Landeskde., 83.

— Die Stellung der Sozialgeographie in der Landeskunde. In: Ber. z. dt. Landeskde., 11, 1955, S. 22—37.

— Sozialgeographie. Braunschweig 1968 = Sonderdruck der Manuskripte aus: Westermann Lexikon der Geographie, hrsg. von Wolf *Tietze*.

— Sozioökonomische Voraussetzungen für eine Weltstadt in der nordwesteuropäischen Megalopolis. In: Informationen, Inst. f. Raumordnung, 20, 1970, S. 757—768.

Hottes, Karlheinz und Hanns Jürgen *Buchholz*: Stadtbahntrassen und Citystruktur in Bochum. Bochum 1970 = Materialien zur Raumordnung aus dem Geogr. Inst. der Ruhr-Universität Bochum, Forschungsabteilung für Raumordnung, 3.

Hottes, Karlheinz und Peter *Schöller*: Werk und Wirkung Walter Christallers. In: Geogr. Zs, 56, 1968, S. 81—84.

Hoyt, H.: The Structure of American Cities in the Post-War Era. In: American Journal of Sociology, 1943, S. 475 bis 493.

Hübschmann, Eberhard: Die Zeil. Sozialgeographische Studie über eine (Frankfurter) Straße. Frankfurt 1952 = Frankfurter G. H., 30.

— Standortfragen des Einzelhandels. In: DGT Bad Godesberg 1967, Tagungsber. u. wiss. Abh., Wiesbaden 1969, S. 454 bis 461.

Huwyler, Martin: Sortiment und Kaufhandlung. Zürich 1966.

Iblher, Hanns Reiner: Kriterien zentraler Bereiche (ein Beitrag zur Stadtplanung). In: Kommunikation. Zs. f. Planungs- u. Org.kybernetik, 1965, H. 2, S. 83—90.

Iblher, Peter: Hauptstadt oder Hauptstädte? Die Machtverteilung zwischen den Großstädten der BRD. Opladen 1970 = Analysen, 4.

Ideenwettbewerb zur sozialistischen Umgestaltung des Zentrums der Hauptstadt der Deutschen Demokratischen Republik Berlin. In: DA, 9, 1960, H. 1, S. 3—39.

Illgen, Konrad: Geographie und territoriale Organisation des Binnenhandels. Leipzig 1969.

Industrie- und Handelskammer zu Berlin (Hrsg.): Die Wirtschaft West-Berlins 1945—1955. Zehnjahresbericht. Berlin 1955.

— (Hrsg.): Jahresbericht 1972. Berlin 1973.

Institut für Angewandte Sozialwissenschaft (INFAS): Vergleichende City-Studie. Allgemeiner Teil, Städtevergleich. Bad Godesberg 1966.

Institut für Raumforschung, Bonn (Hrsg.): Die unzerstörbare Stadt. Die raumpolitische Lage und Bedeutung Berlins. Köln/Berlin 1953.

Institute of British Geographers (Hrsg.): The retail structure of cities. London 1972. = The Institute of British Geographers, Occasional Publication 1.

Isbary, Gerhard: Zentrale Orte und Versorgungsnahbereiche. Zur Quantifizierung der Zentralen Orte in der Bundesrepublik Deutschland. Bad Godesberg 1965 = Mitteilungen aus dem Institut für Raumforschung, 56.

Jäckel, Gerhard: Berlin. Stadtraumstruktur und Industrie. In: Raumf. u. Raumordnung, 21, 1963, S. 1—13.

Janke, Willi: Bekleidungs- und Mode-Metropole Berlin. In: E. *Lemmer* (Hrsg.): Berlin am Kreuzweg Europas, am Kreuzweg der Welt. Berlin 1959, S. 61—64.

Jensen, Herbert und Wolfgang-Hans *Müller*: Zentrale Standorte. Gutachterliche Stellungnahme zum Ordnungsplan „Zentrale Standorte" unter Berücksichtigung der städtebaulichen Entwicklung im Hamburger Raum. Band 1: Grundlagen und Methoden. Braunschweig 1966. Band 2: Analysen und Projektionen. Braunschweig 1967.

Johnson, L. J.: Centrality Within a Metropolis. In: Econ. Geogr., 40, 1964, S. 324—336.

Jung, Gerhard: Der Aufbau des Stadtzentrums der Hauptstadt der Deutschen Demokratischen Republik Berlin. Grundzüge des Generalverkehrsplanes. In: DA, 17, 1968, H. 6, S. 333—337.

Junghanns, Kurt: Zwei interessante städtebauliche Dokumente. In: Planen und Bauen, 1951, 2, S. 39 ff.

— Über die Gruppierung der Wohnblocks in Wohnkomplexen. In: DA, 1, 1952, H. 4, S. 166—173.

Junker, Wolfgang: Entwicklung Berlins als sozialistische Metropole der DDR. In: DA, 22, 1973, H. 6, S. 328.

Käding, Jürgen: Die Baumeister der Stalinallee. Berlin 1953.

Kaiser, Josef: Berlin, Karl-Marx-Allee: Filmtheater „International". In: DA, 13, 1964 a, H. 1, S. 24—31.

— Gaststätte „Moskau" in Berlin. In: DA, 13, 1964 b, H. 4, S. 211—216.

— Neue gesellschaftliche Bauten an der Karl-Marx-Allee in Berlin. In: DA, 13, 1964 c, H. 7, S. 425—440.

— Das Ministerium für Auswärtige Angelegenheiten. In: DA, 14, 1965, H. 11, S. 650—663.

— Berlin — Alexanderplatz: Warenhaus. In: DA, 16, 1967, H. 1, S. 38—43.

Kant, Edgar: Zur Frage der inneren Gliederung der Stadt, insbesondere der Abgrenzung des Stadtkerns mit Hilfe der bevölkerungskartographischen Methoden. In: Proc. IGU Symp. Lund 1960. Lund 1962, S. 321—381. Auszüge auch in: Peter *Schöller* (Hrsg.): Allgemeine Stadtgeographie. Darmstadt 1969 = Wege der Forschung, CLXXXI, S. 360 bis 370.

Karsten, Herbert: Die wachsende Bedeutung des konzentrischen Aufbaus des Einzelhandelsnetzes. In: Der Handel, 1968, H. 8.

Karsten, Herbert und D. *Janke:* Das Verkaufsstellennetz. Entwicklung, Planung, Organisation. Berlin 1974.

Karsten, Herbert, Günther *Nicolai* und Herbert *Paeper:* Die Planung und Organisation des Verkaufsstellennetzes. Berlin 1964.

Katsch, Karl Heinz: Berlin zu Beginn des Jahres 1959. In: Geogr. Rdschau, 11, 1959, S. 125—133.

— Berlin. Struktur und Entwicklung. Stuttgart/Köln 1966 = Zahl und Leben, 5.

Kauw, Gerda: Branchenstraßen und -viertel in Paris (Diss.). Köln 1961.

Keiderling, Gerhard und Percy *Stulz:* Berlin 1945—1968. Zur Geschichte der Hauptstadt der DDR und der selbständigen politischen Einheit Westberlin. Berlin 1970.

Kellerer, Hans: Statistik im modernen Wirtschafts- und Sozialleben. Hamburg 1967 = RoRoRo, 103/104.

Kemper, F. J.: Regionalisierung auf der Basis von demographischen Merkmalen. In: Bevölkerungs- und Sozialgeographie, DGT Erlangen 1971, Ergebnisse der Arbeitssitzung 3 = Münchner St. z. Sozial- u. Wirtschaftsgeogr., 8, Kallmünz/Regensburg 1972, S. 15—18.

Kern, Roland: Die Funktionsausübung im Einzelhandel. Bestimmungsfaktoren und zweckmäßige Ausgestaltung. Berlin 1970 = Betriebspolitische Schriften, Beiträge zur Unternehmenspolitik, 4.

Kettig, Konrad: Berlin im 19. und 20. Jahrhundert. In: Heimatchronik Berlin. Köln 1962, S. 347—472.

Kiaulehn, Walter: Berlin. Schicksal einer Weltstadt. München/Berlin 1958.

Kiehne, Dieter: Die Einzelhandelsverteilung in der Stadt Erlangen. Göttingen 1961 = Veröffentlichungen des Forschungsinstitutes für Genossenschaftswesen an der Universität Erlangen, H. 2.

Kil, Wolfgang: Als Fußgänger und Architekt in den Rathauspassagen. In: DA, 22, 1973, H. 6, S. 377—378.

Kirsch, Karin: Wohnen und gesellschaftliche Einrichtungen. In: DA, 17, 1968, H. 8, S. 456—459.

Kirsch, Peter: Die gesellschaftlichen Einrichtungen im Wohnkomplex. In: DA, 11, 1962, H. 3, S. 156—158.

Klauschke, Hermann: Wohngebiet Hans-Loch-Straße in Berlin: Gesellschaftliches Zentrum. In: DA, 17, 1968, H. 10, S. 602 bis 609.

Klauschke, Hermann, Wolfgang *Ortmann* und Manfred *Heinze:* Die Versorgungseinrichtungen als Teil des gesellschaftlichen Zentrums im sozialistischen Wohnkomplex. In: DA, 12, 1963, H. 7, S. 428—429.

Klein, Hans-Joachim: Das Stadtzentrum in der Vorstellung von Stadtbewohnern. In: Methoden zur Analyse von Stadtstrukturen. Karlsruhe 1969. = Karlsruher St. z. Regionalwiss., 2, S. 78—113.

Klein-Blenkers, Fritz: Die Ökonomisierung der Distribution. Köln/Opladen 1964.

Kleinen, Heinz: Die Einzelhandelstätigkeit des Handwerks. Köln/Opladen 1963. = Abh. z. Mittelstandsf., hrsg. v. Institut f. Mittelstandsforschung, 8.

Klöpper, Rudolf: Methoden zur Bestimmung der Zentralität von Siedlungen. In: Geogr. Taschenbuch, 1953, S. 512 bis 519.

— Die deutsche geographische Stadt-Umland-Forschung. Entwicklung und Erfahrungen. In: Raumf. u. Raumordnung, 14, 1956, S. 92—97. Auch in: Peter *Schöller* (Hrsg.): Zentralitätsforschung. Darmstadt 1972 = Wege der Forschung, CCCI, S. 252—266.

— Der Stadtkern als Stadtteil, ein methodologischer Versuch zur Abgrenzung und Stufung von Stadtteilen am Beispiel von Mainz. In: Ber. z. dt. Landeskde., 27, 1961, S. 150 bis 162. Auch in: Proc. IGU Symp. Lund 1960. Lund 1962, S. 535—551.

— Heutige Mittelpunktgemeinden und ihre Bereiche im südlichen Niedersachsen. In: Neues Archiv f. Niedersachsen, 17, 1968, H. 2, S. 113—119.

Kluczka, Georg: Zentrale Orte und ihre Bereiche in der Bundesrepublik Deutschland (Vortrag zum 21. Internationalen Geographenkongreß, Indien 1968). In: Ber. z. dt. Landeskde., 42, 1969, H. 1, S. 169—176.

— Zentrale Orte und zentralörtliche Bereiche mittlerer und höherer Stufe in der Bundesrepublik Deutschland. Bonn 1970 a = Forsch. z. dt. Landeskde., 194.

— (Hauptbearbeiter): Nordrhein-Westfalen in seiner Gliederung nach zentralörtlichen Bereichen. Eine geographisch-landeskundliche Bestandsaufnahme 1964—1968, aufgenommen und bearbeitet vom Institut für Landeskunde. Düsseldorf 1970 b. = Landesentwicklung, Schriftenreihe des Ministerpräsidenten des Landes-Nordrhein-Westfalen, 27.

— Südliches Westfalen — Hellwegbörden, Sauerland, Siegerland, Wittgenstein — in seiner Gliederung nach zentralen Orten und zentralörtlichen Bereichen. Bonn-Bad Godesberg 1970 c = Forsch. z. dt. Landeskde., 182.

Kluge, Klaus: Städtebauliche Netzgestaltung der Versorgungseinrichtungen und deren Planung in den Stadtzentren. In: DA, 12, 1963 a, H. 7, S. 413—415.

— Die städtebauliche Umgestaltung von Einkaufszentren. In: DA, 12, 1963 b, H. 7, S. 416.

— Die Bedeutung der Siedlungskategorien für die Planung der Siedlungsstruktur. In: PM, 118, 1974, S. 255—260.

Koch, Heinz-Dieter: Ein Team plant den Erfolg — Die Konzeption des Tegel-Centers. In: Berl. Wirtsch., 21, 1971, H. 21, S. 855—856.

Köhler, Franz: Handreichung zu ökonomisch-geographischen Untersuchungen des Einzelhandelsnetzes. In: Geogr. Ber., 26, 1963, S. 51—67.

Köhler, Franz: Zur Entwicklung der Standorttheorie des Einzelhandels und der Geographie. In: PM, 119, 1975, S. 115 bis 122.

Köhler, Uwe: Bank- und Börsengebäude. In: Berlin und seine Bauten, hrsg. vom Architekten- und Ingenieur-Verein zu Berlin, Teil IX, Berlin 1971, S. 220—249.

Köppert, Willi: Zur Entwicklung der Konsumtion. In: DA, 12, 1963, H. 7, S. 409.

Körber, Jürgen: Einzugsbereiche zentraler Orte. Bericht über eine Beispieluntersuchung in Rheinland-Pfalz. In: Ber. z. dt. Landeskde., 17, 1956, S. 98—113. Auch in: Peter *Schöller* (Hrsg.): Zentralitätsforschung. = Wege der Forschung, CCCI, Darmstadt 1972, S. 231—251.

Körber, Jürgen: Internationale Bauausstellung Berlin 1957. In: Ber. z. dt. Landeskde., 19, 1957, S. 266—276.

— Würzburg, Ulm und Freiburg im Breisgau nach der Zerstörung 1944/45. Eine vergleichende stadtgeographische Betrachtung. In: Ber. z. dt. Landeskde., 20, 1958, S. 25 bis 60.

Kohl, H., G. *Jacob,* H. J. *Kramm,* W. *Roubitschek* und G. *Schmidt-Renner* (Hrsg.): Ökonomische Geographie der Deutschen Demokratischen Republik. Gotha/Leipzig 1970^2.

— (Hrsg.): Die Bezirke der Deutschen Demokratischen Republik. Ökonomische Geographie. Leipzig 1974.

Korn, Roland, Helmut *Reichert,* Roland *Steiger* und Hans *Bogatzky:* Haus des Reisens in Berlin. In: DA, 19, 1970, H. 2, S. 274—278.

Korn, Roland und Heinz *Scharlipp:* Interhotel „Stadt Berlin". In: DA, 20, 1971, H. 12, S. 732.

Korn, Roland und Johannes *Brieske:* Haus des Reisens am Alexanderplatz. In: DA, 22, 1973, H. 6, S. 364—369.

Kosel, Gerhard: Aufbau des Zentrums der Hauptstadt des demokratischen Deutschlands, Berlin. In: DA, 7, 1958, H. 4, S. 177—183.

— Städtebau und Architektur in der Periode des Perspektivplanes bis 1970. In: DA, 14, 1965, H. 1, S. 36—39.

Kosiol, Erich: Die Struktur der Einzelhandelsbetriebe. Systematik der Betriebsformen. In: Handbuch des Einzelhandels, hrsg. von R. *Seyffert,* Stuttgart 1932, S. 40—46.

Kötteritzsch, Werner: Der Wiederaufbau der „Kommode" in Berlin. In: DA, 19, 1970, H. 3, S. 138—145.

Krause, Rudolf: Die Berliner City. Frühere Entwicklung, gegenwärtige Situation, mögliche Perspektiven. Berlin 1958 = Deutsches Institut für Wirtschaftsforschung, Sonderheft N. F., 43.

Krayenbühl, F.: Untersuchungen über die Entstehung und das Wachstum der Zentren in der Stadt Zürich. Zürich 1963.

Krebs, Norbert: Vergleichende Länderkunde. Stuttgart 1966³.

Kremer, Arnold: Die Lokalisation des Einzelhandels in Köln und seinen Nachbarorten. Köln 1961 a = Schriften zur Handelsforschung, 21.

— Die Kölner Altstadt und ihre Geschäftsviertel in jüngster Entwicklung. In: Köln und die Rheinlande. Festschr. z. 33. Dt. Geographentag Köln 1961. Wiesbaden 1961 b, S. 155—169.

Krenz, Gerhard: Gedanken zur Auswertung des VII. Parteitages. Neue Ziele schöpferischer Arbeit. In: DA, 16, 1967, H. 7, S. 390—391.

— Die Zukunft der Stadt beginnt heute. In: Krenz, G., W. *Stiebitz* und C. *Weidner* (Hrsg.): Städte und Stadtzentren in der DDR. Berlin 1969, S. 8—19.

Krenz, Gerhard, Walter *Stiebitz* und Claus *Weidner* (Hrsg.): Städte und Stadtzentren der DDR. Ergebnisse und reale Perspektiven des Städtebaus in der DDR. Berlin 1969.

Kroll, Karl: Ehemaliges Prinzessinnenpalais. Wiederaufbau als Operncafé. In: DA, 11, 1962, H. 11, S. 642.

Kroner, Günter: Die zentralen Orte in Wissenschaft und Raumordnung. In: Informationen, Institut f. Raumordnung, Bad Godesberg 1964, H. 13, S. 421—456.

Krönert, Rudolf und Ralf *Schmidt*: Das Umland von Mittelstädten — dargestellt am Beispiel Dessau. In: PM, 118, 1974, S. 289—293.

Krug, Luitgard: Die Bevölkerungsstruktur in den Neubaugebieten Falkenhagener Feld, Gropiusstadt und Märkisches Viertel am 27. Mai 1970 im Vergleich zu den jeweiligen Bezirks. In: Berl. Stat., 26, 1972, H. 12, S. 532 ff.

Krumholz, Walter: Berlin-ABC. Berlin/München 1969.

Kühn, B.: Die City und der Westen Berlins. Städtebauausschuß Groß-Berlin (Aufsatzsammlung). Berlin 1929, S. 27 bis 32.

Kuhn, Waldemar: Berlin Stadt und Land. Handbuch des Schrifttums. Hrsg. im Auftrage des Senators für Bau- und Wohnungswesen. Berlin 1952.

Kühne, Lothar: Über den Wiederaufbau der Straße Unter den Linden — eine Kritik. In: DA, 15, 1966, H. 10, S. 624 bis 625.

Kunert, Günter: Warenhaus „Centrum" in Berlin. In: DA, 20, 1971, H. 8, S. 465—475.

Kurella, Alfred: Einige Grundelemente unserer sozialistischen Baugesinnung. In: DA, 10, 1961, H. 1, S. 1—4.

Ladenzentrum in Berlin — BBR. In: Bauwelt, 1969, H. 15, S. 485—487.

Lässig, Konrad, Rolf *Linke*, Werner *Rietdorf* und Gerd *Wessel*: Straßen und Plätze. Beispiele zur Gestaltung städtebaulicher Räume. Berlin 1971².

Lambooy, Johannes G.: City and City Region in the Perspective of Hierarchy and Complementarity. In: Tijdschrift voor Economische en Sociale Geografie, 1969, S. 141—154. Auch in: Peter *Schöller* (Hrsg.): Zentralitätsforschung. Darmstadt 1972, S. 132—164 = Wege der Forschung, CCCI.

Lammert, Ule: Städtebau und Architektur bei der Gestaltung des entwickelten gesellschaftlichen Systems des Sozialismus. In: DA, 18, 1969, H. 3, S. 151—153.

Lampe, Albrecht: Berlin — Hauptstadt im geteilten Deutschland. In: Heimatchronik Berlin. Köln 1962, S. 473—550.

Lampert, Heinz: Die Wirtschafts- und Sozialordnung der Bundesrepublik Deutschland. München/Wien 1970³ = Geschichte und Staat, 107/108.

Lange, Annemarie: Berlin — Hauptstadt der DDR. Brockhaus Stadtführer. Leipzig 1966.

— Berlin — Hauptstadt der DDR. Kurzer Führer. Brockhaus-Stadtführer. Leipzig 1973.

Lange, Siegfried: Die Verteilung von Geschäftszentren im Verdichtungsraum. Ein Beitrag zur Dynamisierung der Theorie der zentralen Orte. In: Zentralörtliche Funktionen in Verdichtungsräumen. Hannover 1972, S. 7—48 = Veröff. d. Akad. f. Raumf. u. Landespl., Forschungs- u. Sitzungsberichte, 72, Raum und Siedlung 1.

— Wachstumstheorie zentralörtlicher Systeme. Eine Analyse der räumlichen Verteilung von Geschäftszentren. Münster 1973 = Beiträge zum Siedlungs- und Wohnungswesen und zur Raumplanung, 5.

Lautensach, Hermann: Über die Begriffe Typus und Individuum in der geographischen Forschung. In: Münchner G. H., 3, 1953, S. 5—33. Auch in: Werner *Storkebaum* (Hrsg.): Zum Gegenstand und zur Methode der Geographie. Darmstadt 1967, S. 539—579 = Wege der Forschung, LVII.

Laux, Eberhard, Heinz *Naylor* und Heinz *Eschbach*: Zum Standortproblem bei öffentlichen Einrichtungen. Hannover 1973. = Veröffentlichungen der Akademie für Raumforschung und Landesplanung, Abhandlungen 67.

Lehmann, Friedrich Wilhelm: Kurfürstendamm-Bummel durch ein Jahrhundert. Berlin 1964.

Leibold, Emil: Ministerium für Außenhandel und Innerdeutschen Handel. In: DA, 11, 1962, H. 11, S. 648—649.

Lemmer, Ernst (Hrsg.): Berlin am Kreuzweg Europas, am Kreuzweg der Welt. Berlin 1959.

Lesser, Willy: Die baulichen und wirtschaftlichen Grundlagen der Geschäftsstadt Berlin. Ein Überblick über den Berliner Baumarkt. Berlin 1915.

Leucht, K. W.: Das städtebauliche Schaffen in der Deutschen Demokratischen Republik während des ersten Fünfjahresplanes. In: Städtebau und Siedlungswesen, hrsg. von der Deutschen Bauakademie, H. 2, Berlin 1955, S. 7—14.

— Prinzipien der städtebaulichen Planung von Wohngebieten. Strukturelle Gliederung der Stadt. In: DA, 11, 1962, H. 3, S. 154—155.

— Aufgaben des Städtebaus in der 2. Etappe des neuen ökonomischen Systems. In: DA, 15, 1966, H. 5, S. 260—263.

Leyden, Friedrich: Großberlin. Geographie der Weltstadt. Breslau 1933.

Lichtenberger, Elisabeth: Die Geschäftsstraßen Wiens. Eine statistisch-physiognomische Methode. In: Mitt. d. Geogr. Ges. Wien, 105 (Bobek-Festschrift), 1963, III, S. 463—504.

— Die Differenzierung des Geschäftslebens im zentralörtlichen System am Beispiel der österreichischen Städte. In: DGT Bad Godesberg 1967, Tagungsber. u. wiss. Abh., Wiesbaden 1969, S. 229—242.

— Die Kartierung als kulturgeographische Arbeitsmethode. In: Mitt. d. österr. Geogr. Ges., 109, 1967 b, S. 308—337.

— Wirtschaftsfunktion und Sozialstruktur der Wiener Ringstraße. In: Die Wiener Ringstraße — Bild einer Epoche. Hrsg.: R. *Wagner-Rieger*, Bd. VI, Wien/Köln/Graz 1970 a.

— The Nature of European Urbanism. In: Geoforum, H. 4, 1970 b, S. 45—62.

— Ökonomische und nichtökonomische Variablen kontinentaleuropäischer Citybildung. In: Erde, 103, 1972 a, S. 216 bis 262.

— Die Wiener City. Bauplan und jüngste Entwicklungstendenzen. In: Mitt. Geogr. Ges., Wien, 114, 1972, S. 42—85.

Liebknecht, Kurt: Der Aufbau des Zentrums von Berlin ist Sache der gesamten Bevölkerung. In: DA, 9, 1960, H. 1, S. 1—2.

— Probleme des Städtebaus und der Architektur im Siebenjahresplan. In: DA, 1960, 11, Sonderbeilage.

Lippmann, Werner: Der Standort des Einzelhandels (Diss.). Berlin 1933.

Lobes, Lucie: Exportviertel Ritterstraße. In: Die unzerstörbare Stadt, hrsg. vom Institut f. Raumforschung, Bonn. Köln/Berlin 1953, S. 201—210.

Lösch, August: Die räumliche Ordnung der Wirtschaft. Jena 1940 (3. Aufl. Stuttgart 1962).

Löschburg, Winfried: Unter den Linden. Gesichter und Geschichten einer berühmten Straße. Berlin 1973².

Lorenz, Rudolf: Das Kontaktringsystem — ein Weg zum effektiven Fachhandel. Berlin 1969 = Informationsdienst für den Leiter im Großhandel, Reihe B, H. 3, hrsg. von der Gesellschaft für Betriebsberatung des Handels.

Louis, Herbert: Die geographische Gliederung von Großberlin. In: Länderkundliche Forschung, Festschrift für Norbert *Krebs*. Stuttgart 1936, S. 146—171.

Lübkes, Ilse: Steglitzer Kreisel — Wirklichkeit von morgen. In: Berl. Bauwirt., 19, 1970, S. 680—682.

Ludz, Peter Christian (Hrsg.): Studien und Materialien zur Soziologie der DDR. Köln/Opladen 1964.

Magritz, Kurt: Die sozialistische Umgestaltung des Zentrums von Berlin. In: DA, 8, 1959, H. 1, S. 1—5.

Mahler, Karl: Die Problematik der Berliner Bauleitplanung. In: Die unzerstörbare Stadt, hrsg. vom Institut f. Raumforschung, Bonn. Köln/Berlin 1953, S. 146—150.

— Interbau Berlin 1957. In: E. *Lemmer* (Hrsg.): Berlin am Kreuzweg Europas, am Kreuzweg der Welt. Berlin 1959, S. 91—103.

Mahncke, Dieter: Berlin im geteilten Deutschland. München/Wien 1973 = Schriften des Forschungsinstituts der Deutschen Gesellschaft für auswärtige Politik e. V., 34.

Mammey, U.: Wanderungsströme im nordwestlichen Umland von Frankfurt/M. In: Bevölkerungs- und Sozialgeographie, DGT Erlangen 1971, Ergebnisse der Arbeitssitzung 3, Kallmünz/Regensburg 1972, S. 31—34 = Münchner St. z. Sozial- u. Wirtschaftsgeogr., 8.

Matti, W.: Raumanalyse des Hamburger Stadtgebietes mit Hilfe von Planquadraten. In: Hamburg in Zahlen, 100 Jahre Statistisches Amt, Sonderschrift des Statistischen Landesamtes, Hamburg 1966, S. 149—176.

Mattis, Helmut: Wedding im Wandel der Zeiten. In: Der Städtetag, 8/1967, S. 443.

Maurmann, Karl Heinz: Neheim-Hüsten. Funktionale und sozialgeographische Gliederung einer Mittelstadt. Diss. Münster 1974.

— Funktionale Differenzierung und Vergleich von Geschäftszentren erläutert am Beispiel der Stadt Neheim-Hüsten. In: Geogr. Zs., 64, 1976, S. 212—227.

Mayr, Alois: Ahlen in Westfalen. Siedlung und Bevölkerung einer industriellen Mittelstadt mit besonderer Berücksichtigung der innerstädtischen Gliederung. Paderborn 1968 = Bochumer G. A., 3.

McEvoy, David: Alternative Methods of Ranking Shopping Centres. A Study from the Manchester Conurbation. In: Tijdschrift voor Economische en Sociale Geografie 59, 1968, S. 211—217.

Mehlan, Heinz: Berlin — Alexanderplatz: Bürogebäude. In: DA, 16, 1967, H. 1, S. 50—53.

— Zur architektonischen Gestaltung des Leninplatzes. In: DA, 18, 1969, S. 138—142.

— Der Leninplatz in Berlin. In: DA, 20, 1971, H. 6, S. 336 bis 342.

Meinel, Hans: Das Problem der City. Ein Beitrag zur Frage des Formen- und Strukturwandels der Großstadt, dargestellt am Beispiel süddeutscher Städte (Diss.). Würzburg 1954.

Meinhardt, Fritz: Ehemaliges Palais Wilhelm I. und ehemaliges Kommandantenhaus. In: DA, 11, 1962, H. 11, S. 643.

Menge, Wolfgang: Zur Problematik der Wechselbeziehungen zwischen Siedlungsstruktur und territorialer Produktionsstruktur im Sozialismus. In: PM, 118, 1974, S. 271—277.

Menz, Leo: Der tertiäre Sektor. Der Dienstleistungsbereich in den modernen Volkswirtschaften. Zürich / St. Gallen 1965 = Veröffentlichungen der Hochschule St. Gallen für Wirtschafts- und Sozialwissenschaften, Volkswirtschaftlich-wirtschaftsgeographische Reihe, 4.

Menzel, Karl: Über die wissenschaftlichen Grundlagen für den Neuaufbau Berlins. In: DA, 3, 1954, H. 4, S. 145—153; H. 5, S. 206—211.

Menzel, Karl und Manfred *Haase:* Die Hauptstadt der DDR Berlin. In: Berlin, Die Hauptstadt der DDR und ihr Umland. Leipzig 1969 = Wiss. Abh. Geogr. Ges. DDR, 10, S. 1—20.

Merker, Joachim u. a.: Betriebliche Marktforschung. Praktische Erfahrungen der VVW Centrum. Berlin 1967.

Merritt, Richard L.: Infrastructural Changes in Berlin. In: Ann. Ass. Amer. Geogr., 63, 1973, S. 58—70.

Meschede, Winfried: Grenzen, Größenordnung und Intensitätsgefälle kommerziell-zentraler Einzugsgebiete. In: Erdkunde, XXV, 1971, H. 4, S. 264—278.

— Kurzfristige Zentralitätsschwankungen eines großstädtischen Einkaufszentrums — Ergebnisse von Kundenbefragungen in Bielefeld. In: Erdkunde 28, 1974, S. 207—216.

Meyer, Konrad: Funktionalismus als Methode. In: Handwörterbuch der Raumforschung, Bd. I, Hannover 1970, Sp. 864—865.

Meyer, Karl-Heinz: Die Entwicklung der Wirtschaft West-Berlins. In: Geogr. Rdschau, 16, 1964, S. 331—336.

Meynen, Adelheid: Großstadt-Geschäftszentren. Köln als Beispiel. Eine Bestandsanalyse. Wiesbaden 1975.

Meynen, Emil, Rudolf *Klöpper* und Jürgen *Körber:* Rheinland-Pfalz in seiner Gliederung nach zentralörtlichen Bereichen. Remagen 1957 = Forsch. z. dt. Landeskde., 100.

Michel, Elga: Die Altstadt von Köln und ihr Wiedererwachen nach der Zerstörung. Remagen 1955 = Forsch. z. dt. Landeskde., 90.

Mielitz, Gerd: Der Westberliner Straßenverkehr. Untersuchung einiger Verkehrsschwerpunkte. Geogr. Diplom-Arbeit, FU Berlin 1961.

— Der Fußgängerverkehr in Einkaufszentren West-Berlins. In: Raumf. u. Raumordnung, 21, 1963, S. 14—17.

Ministerium für Handel und Versorgung, Berlin (Ost) (Hrsg.): Richtlinie zur Bildung von Versorgungsbereichen. Berlin 1. 10. 1959.

— (Hrsg.): Grundsätze für die Planung und Organisation des Verkaufsstellennetzes. Berlin 1965.

Ministerrat der Deutschen Demokratischen Republik, Staatliche Zentralverwaltung für Statistik (Hrsg.): Definition für Planung, Rechnungsführung und Statistik, Teile 1—7. Berlin 1969.

Möller, P.: Stadtkern und Trabanten im Land Hamburg. In: Forsch.- u. Sitzungsber. d. Akad. f. Raumf. u. Landespl., 14: Stadtregionen der Bundesrepublik Deutschland. Bremen 1960, S. 51—77.

Moest, W.: Der Sinn des Zehlendorfer Planes. In: Neue Bauwelt, 1947, 5, S. 71—72.

Mohs, G.: Die Ballungsgebiete der Deutschen Demokratischen Republik. In: Zs. f. d. Erdkundeunterricht, 18, 1966, S. 401—413.

Monheim, Heiner: Zur Attraktivität deutscher Städte. Einflüsse von Ortspräferenzen auf die Standortwahl von Bürobetrieben. München 1972. = WGI-Berichte zur Regionalforschung 8.

Monheim, Rolf: Fußgängerbereiche. Bestand und Entwicklung. Köln 1975. = DST-Beiträge zur Stadtentwicklung, 4.

Müller, Dietrich O.: Luftbilder — Berlin (West) — Charlottenburg und Wilmersdorf zwischen Kaiser- und Villenkolonie Grunewald. Verkehrserschließung und städtebauliche Entwicklung im Berliner Westen, 1890—1975. In: Erde, 107, 1976, H. 2—3, S. 89—121.

Müller, E.: Berlin-Zehlendorf: Versuch einer Kulturlandschaftsgliederung. Berlin 1965 = Abh. d. 1. Geogr. Inst. d. FU Berlin, 9.

Müller, Gerhart: Bemerkungen zum sozialistischen Städtebau. In: DA, 22, 1973, S. 439—440.

Münch, Ingo von: Dokumente des geteilten Deutschland. Stuttgart 1968 = Kröners Taschenausgabe, 391.

Murphy, Raymond E.: The American City. An urban geography. New York 1966.
— The Central Business District. London 1971.
Murphy, Raymond E. und J. E. *Vance:* Delimiting the CBD. In: Econ. Geogr., 30, 1954 a, S. 189—222.
— A Comparative Study of Nine Central Business Districts. In: Econ. Geogr., 30, 1954 b, S. 301—336.
Murphy, Raymond E., J. E. *Vance* und B. J. *Epstein:* Internal Structure of the CBD. In: Econ. Geogr., 31, 1955, S. 21 bis 46.
Mutz, Horst Richard: Das Einheitspreisgeschäft. Berlin 1931 = Schriftenreihe der Forschungsstelle für den Handel, 11.
Näther, Joachim u. a.: Berlin — Unter den Linden. Eine Aufforderung zur Stellungnahme. In: DA, 15, 1966, H. 6, S. 369—371; H. 8, S. 498—500; H. 9, S. 555.
Näther, Joachim: Planung und Aufbau der Hauptstadt der Deutschen Demokratischen Republik. In: DA, 16, 1967 a, H. 1, S. 6—7.
— Die Neugestaltung des Alexanderplatzes. In: DA, 16, 1967 b, H. 1, S. 34—35.
— Planung und Gestaltung des Wohngebietes „Fischerkietz". In: DA, 16, 1967 c, H. 1, S. 54—57.
— Der Aufbau des Stadtzentrums der Hauptstadt der Deutschen Demokratischen Republik Berlin. Der Generalbebauungsplan und das Stadtzentrum. In: DA, 17, 1968, H. 6, S. 338—347.
— Berlin — Hauptstadt der DDR. In: *Krenz*, G., W. *Stiebitz* und C. *Weidner* (Hrsg.): Städte und Stadtzentren in der DDR. Berlin 1969 a, S. 20—41.
— Der Aufbau des Leninplatzes in Berlin. In: DA, 18, 1969 b, H. 3, S. 136—137.
— Städtebau für das Leben — Berlin, Alexanderplatz. In: DA, 20, 1971, H. 6, S. 343—348.
— Städtebauliche Aufgaben und Probleme bei der weiteren Entwicklung der Hauptstadt der DDR. In: DA, 22, 1973, H. 6, S. 329—332.
Neef, Ernst: Das Problem der zentralen Orte. In: PM, 94, 1950, S. 6—17. Auch in: Peter *Schöller* (Hrsg.): Zentralitätsforschung. Darmstadt 1972, S. 193—230 = Wege der Forschung, CCCI.
— Nebenzentren des Geschäftslebens im Großstadtraum (Dresden als Beispiel). In: Mitt. d. Geogr. Ges. Wien, 105, 1963, III, S. 441—462.
Neue Bauten im Zentrum Westberlins. In: Berl. Wirtsch., 8, 1958, S. 1001—1002.
Der neue Berliner Plan „Rund um den Zoo". In: Bauwelt, 1952, S. 349—350.
Niemeier, Georg: Citykern und City. In: Erdkunde, 23, 1969, S. 290—306.
Norberg, K.: (Hrsg.): Proceedings of the IGU Symposium in Urban Geography. Lund 1962.
Notnagel, Fritz: Nachkriegskarriere (Schloßstraße/Steglitz). In: Berliner Leben, 4/1967, S. 36—37.
Nystrom, Paul H.: Economics of Retailing. New York 1930³.
Orgeig, Hans Dieter: Der Einzelhandel in den Cities von Duisburg, Düsseldorf, Köln und Bonn. Wiesbaden 1972 = Kölner Forsch. z. Wirtschafts- u. Sozialgeogr., XVII.
Ortlieb, Heinz-Dietrich: Marktwirtschaft und Planwirtschaft in Wirklichkeit und Legende. In: WD, 38, 1958, S. 590 ff.
Osborn, Max: Berlin. Leipzig 1909.
— Berlins Aufstieg zur Weltstadt. In: Berlins Aufstieg zur Weltstadt, hrsg. vom Verein Berliner Kaufleute und Industrieller aus Anlaß seines 50jährigen Bestehens. Berlin 1929, S. 15—240.
Ostwald, Werner: Zur Methodik der Perspektivplanung von Großstädten (untersucht am Beispiel von Groß-Berlin). Berlin 1958 (Dipl. Arbeit am Inst. f. Ökon. Geogr. und Regionalplanung).
Ostwald, Werner und Konrad *Scherf:* Die Siedlungsstruktur der Deutschen Demokratischen Republik als ein wesentlicher Bestandteil der Territorialforschung und Territorialplanung. In: PM, 118, 1974, S. 243—254.

Otremba, Erich: City. In: HdB, Bd. 3, Stuttgart 1960³, Sp. 1357.
— Das Spiel der Räume. In: Geogr. Rdschau, 13, 1961, S. 130 bis 135.
Overbeck, Hermann, Herbert *Hellwig*, Udo *Högy* und Hans Joachim *Näumann:* Die zentralen Orte und ihre Bereiche im nördlichen Baden und seinen Nachbargemeinden. In: Ber. z. dt. Landeskde., 38, 1967, S. 73—133.
Paeper, Herbert: Handelsökonomische Prinzipien der Planung und Organisation des Verkaufsstellennetzes. In: DA, 12, 1963, H. 7, S. 410—411.
— Die Entwicklungstendenzen im Einzelhandels- und Gaststättennetz der DDR bis 1980. In: DA, 16, 1967, H. 9, S. 518—520.
Pal, M. N.: Zur Berechnung eines kombinierten Konzentrationsindexes. Ein Beitrag zur Methode der Regionalanalyse. In: Raumf. u. Raumordnung, 21, 1963, S. 87—93.
Pape, Charlotte: Anmerkungen zu einer neuerschienenen Landeskunde von Berlin (West). In: Erde, 107, 1976, H. 2—3, S. 261—265.
Partzsch, Dieter: Wesentliche Merkmale der raumordnerischen Entwicklung von Groß-Berlin. In: Raumf. u. Raumordnung, 25, 1967, S. 207—211.
Paulick, Richard: Das Operncafé im Berliner Forum. In: DA, 13, 1964, H. 4, S. 201—207.
Pfannschmidt, M.: Probleme der Weltstadt Berlin. In: Zum Problem der Weltstadt. Festschrift zum 32. Deutschen Geographentag in Berlin 1959. Berlin 1959, S. 1—16.
Pfeil, Elisabeth: Großstadtforschung. Entwicklung und gegenwärtiger Stand. Hannover 1972². = Abhandlungen der Akademie für Raumforschung und Landesplanung, 65.
Philippi, Hans: Standorteinflüsse im Einzelhandel. In: Distributionswirtschaft. Beiträge aus den Gebieten der Absatz-, Handels- und Beschaffungswirtschaft, Festschrift für Prof. R. *Seyffert*. Köln/Opladen 1968, S. 29—54.
Pietz, Martin: Hat die Schönhauser Allee sozialistischen Charakter? In: DA, 22, 1973, S. 121—122.
Plaethe, Rüdiger: Gesellschaftliches Zentrum Fischerinsel. In: DA, 22, 1973, S. 726—731.
Pohmer, Dieter: Wirtschaftliche Probleme Berlins. In: Berlin in Vergangenheit und Gegenwart, hrsg. v. H. *Rothfels*. Tübingen 1961, S. 93—123.
Politische Ökonomie des Sozialismus und ihre Anwendung in der DDR. Berlin 1969 (im Text zitiert: Pol. Ök. Soz.).
Prässler, Heinz: Die Bedeutung des Nationalen Aufbauwerkes für die Architektur. In: DA, 2, 1953, H. 4, S. 159—161.
Pred, A. und G. *Törnqvist:* Systems of Cities and Information Flows. Gleerup, Lund 1973 = Lund Studies in Geography B, No. 38.
Prendel, Werner: Einkaufszentren der UdSSR. In: DA, 12, 1963, H. 7, S. 397—399.
— Gesellschaftliche Einrichtungen im Wohngebiet. In: DA, 22, 1973, S. 9—12.
— Eine neue Qualität für die gesellschaftlichen Einrichtungen im Wohngebiet. In: DA, 22, 1973, S. 722—725.
Presse- und Informationsamt der Bundesregierung (Hrsg.): Die Berlin-Regelung. Das Viermächte-Abkommen über Berlin und die ergänzenden Vereinbarungen. Bonn 1971.
Presse- und Informationsamt des Landes Berlin (Hrsg.): Berlin kurzgefaßt. Berlin 1967².
— (Hrsg.): Zerstörung — Wiederaufbau — Flächennutzung. Berlin 1968 a = Bericht Bauen, 1.
— (Hrsg.): Die Entwicklung der Berliner City. Berlin 1968 b, = Bericht Bauen, 4.
— (Hrsg.): Die Vereinbarungen zwischen dem Senat und der Regierung der DDR über Erleichterungen und Verbesserungen des Reise- und Besucherverkehrs und über die Regelung der Frage von Enklaven durch Gebietsaustausch und das Abkommen zwischen der Regierung der BRD über den Transitverkehr von zivilen Personen und Gütern zwischen der BRD und Berlin (West). Berlin 1971 a = Dokumentation Berlin.

— (Hrsg.): Märkisches Viertel Berlin 1971 b = Bericht Bauen, 12.
— (Hrsg.): Innerstädtischer Verkehr. Berlin 1972 = Bericht Bauen, 11.
Pries, Karl: Entwicklung und Organisation der Landesplanung im Raume Berlin. In: Die unzerstörbare Stadt, hrsg. vom Institut f. Raumforschung, Bonn. Köln/Berlin 1953, S. 150 bis 166.
Pritzkoleit, Kurt: Berlin. Kampf ums Leben. Düsseldorf 1962.
Proudfoot, M. J.: City Retail Structure. In: Econ. Geogr., 13, 1937, S. 425—428.
Radtke, Wolfgang und Heinz *Graffunder*: Der Aufbau des Stadtzentrums der Hauptstadt der DDR, Berlin. Bebauung der Rathausstraße und der Liebknechtstraße. In: DA, 17, 1968, H. 6, S. 348—357.
Radtke, Wolfgang: Die neue „Berliner Markthalle". In: DA, 19, 1970, H. 3, S. 164—166.
Die Randbebauung am Berliner Zoo. In: Bauwelt, 1955, H. 47, S. 958.
Randel, Gerhard und Günter *Heinig*: Kooperation zwischen Konsumgüterindustrie und Binnenhandel. Berlin 1971.
Rechtmann, J.: Zentralörtliche Bereiche und zentrale Orte in Nord- und Westniedersachsen. Bonn / Bad Godesberg 1970 = Forsch. z. dt. Landeskde., 197.
Redslob, E.: Die städtebauliche Entwicklung Berlins. In: Das Hauptproblem in der Geschichte, Festgabe zum 90. Geburtstag Fr. *Meineckes*. Tübingen 1952, S. 203—224.
Regierung der Deutschen Demokratischen Republik, Staatliche Zentralverwaltung für Statistik beim Ministerrat (Hrsg.): Branchennomenklatur für 1960 (Formblatt 772—5). Berlin 5. 7. 1960.
Reichle, Adolf: Rund um den Zoo. In: Neue Bauwelt, 1948, 37, S. 579—585.
— Der Riß durch Groß-Berlin. In: Neue Bauwelt, 4, 1949, H. 42, S. 653—654.
Revolution im Einzelhandel steht noch bevor. In: Berl. Wirtsch., 19, 1969, H. 14, S. 471—473.
Rexrodt, Günter: Bunte und lebendige Berliner City. In: Berl. Wirtsch., 21, 1971, H. 12, S. 466—467.
— Boom der Einkaufszentren. In: Berl. Wirtsch., 22, 1972, H. 12, S. 559—560.
Reyher, Lutz: Die wirtschaftliche Struktur Westberliner Sanierungsgebiete, Daten zur Stadterneuerung in den Bezirken Schöneberg und Wedding. Berlin 1966 = Deutsches Institut f. Wirtschaftsforschung, Sonderhefte, 77.
— Gewerbestruktur und Gewerbeflächenbedarf. Eine Untersuchung im Sanierungsgebiet Berlin-Wedding. In: Bauwelt, 59 (= Stadtbauwelt, 18), 1968, Nr. 25/26, S. 1347—1349.
Richard, Max: Marktanalyse des Einzelhandels. Berlin 1930.
Richter, Dieter: Geographische Strukturwandlungen in der Weltstadt Berlin. Untersucht am Profilband Potsdamer Platz — Innsbrucker Platz. Berlin 1969 = Abh. d. 1. Geogr. Inst. d. FU Berlin, 14.
— Die sozialistische Großstadt — 25 Jahre Städtebau in der DDR. In: Geogr. Rdschau 26, 1974, S. 183—191.
Richter, Hans (Hrsg.): Berlin. Die Hauptstadt der DDR und ihr Umland. 2 Bde., davon ein Exkursionsführer. Leipzig 1969 = Wiss. Abh. Geogr. Ges. DDR, 10.
— (Hrsg.): Sozialistische Gesellschaft und Territorium in der DDR. Geographische Beiträge zur territorialen Strukturforschung. Tagungsband anläßlich der X. Wissenschaftlichen Hauptversammlung der Geogr. Ges. d. DDR vom 3.—6. 3. 1972. Gotha/Leipzig 1972. = Wiss. Abh. Geogr. Ges. DDR, 9.
Riedel, Robert: Kongreßhalle und Kongreßzentrum. In: Berlin und seine Bauten, hrsg. vom Architekten- und Ingenieur-Verein zu Berlin, Teil IX, Berlin 1971. S. 250—254.
Robinson, G. W. S.: West-Berlin. The geography of an exclave. In: Geogr. Rev., 1953, S. 540—557.
Roggemann, Herwig: Die sozialistische Verfassung der DDR. Opladen 1970.
Rohr, Hans-Gottfried von: Die Tertiärisierung citynaher Gewerbegebiete. Verdrängung sekundärer Funktionen aus der inneren Stadt Hamburg. In: Ber. z. dt. Landeskde. 46, 1972, S. 29—48.
Rothfels, Hans (Hrsg.): Berlin in Vergangenheit und Gegenwart (Tübinger Vorträge). Tübingen 1961.
Ruberg, Carl: Absatzförderung im Einzelhandel. Wiesbaden 1939.
Rund um den Zoo werden Stimmen laut ... Architekten des BDA äußern sich zu den Plänen der Bauverwaltung des Magistrats. In: Neue Bauwelt, 1949, H. 33, S. 516—518.
Runge, Ernst: Neue Vorschläge zu „Rund um den Zoo". In: Bauwelt, 1955, S. 230.
Ruppert, Karl: Stadtgeographische Methoden und Erkenntnisse zur Stadtgliederung. In: Die Gliederung des Stadtgebietes. Forsch.- u. Sitzungsber. d. Akad. f. Raumf. u. Landespl., 42, Raum und Bevölkerung, 7, Hannover 1968, S. 199 bis 217.
Ruppert, Karl und Jörg *Maier*: Zum Standort der Fremdenverkehrsgeographie. Versuch eines Konzepts. In: Münchner St. z. Sozial- u. Wirtschaftsgeogr., 6, Kallmünz/Regensburg 1970, S. 9—36.
Ruppert, Karl und Franz *Schaffer*: Zur Konzeption der Sozialgeographie. In: Geogr. Rdschau, 21, 1969, H. 6, S. 205—214.
Ruppmann, Reiner: Die Standortbestimmung für Verkaufsstätten im Einzelhandel. Entwurf einer theoretischen Grundkonzeption und ihrer Anwendung in der Praxis. Berlin (West) 1968 = Betriebspolitische Schriften, Beiträge zur Unternehmenspolitik, 2.
Saalfrank, K.: Untersuchung zur Bedarfsdeckung im Bereich ausgewählter öffentlicher Einrichtungen in Kernstädten von Agglomerationen der Bundesrepublik Deutschland. München 1967 = Ifo-Inst. f. Wirtschaftsforschung, 9.
Schäfer, Heinz: Neuere stadtgeographische Arbeitsmethoden zur Untersuchung der inneren Struktur von Städten. In: Ber. z. dt. Landeskde., Teil 1: 41, 1968, H. 2, S. 277 bis 317; Teil 2: 43, 1969, H. 2, S. 261—297.
Scharlipp, Heinz: Berlin — Unter den Linden. Hotel Unter den Linden. In: DA, 16, 1967 a, H. 1, S. 20—26.
— Berlin — Alexanderplatz: Hotel. In: DA, 16, 1967 b, H. 1, S. 44—49.
Scheder, Dietmar: Entwicklung und innere Gliederung der Stadt Straubing. In: Mitt. d. Geogr. Ges. in München, 52, 1967, S. 121—189.
Schiller, Karl: Berliner Wirtschaft und deutsche Politik. Reden und Aufsätze 1961—1964. Stuttgart 1965².
Schindler, Hans-Georg: Die Sektorengrenze und ihre Auswirkungen auf das Stadtbild. In: Geogr. Rdschau, 7, 1955, H. 8, S. 308—312.
Schinz, Alfred: Berlin. Stadtschicksal und Städtebau. Braunschweig 1964.
— Die Stadterneuerung in Berlin. In: Raumf. u. Raumordnung, 26, 1968, S. 10—16.
Schlenk, Hans: Der Binnenhandel der DDR. Köln 1970.
Schlier, Otto: Wandlungen in der Standortsstruktur Berlins. In: Berl. Stat., 5, 1951, H. 12, S. 325—329.
— Die Stellung Berlins unter den Zentren Deutschlands. In: Berl. Stat., 9, 1955 a, H. 12, S. 359—363.
— Die wirtschaftlich-soziale Struktur Berlins. In: Geogr. Rdschau, 7, 1955 b, H. 8, S. 287—298.
— Berlins Verflechtungen mit der Umwelt früher und heute. In: Geogr. Rdschau, 11, 1959, S. 134—143.
— Entwicklung des Fremdenverkehrs in Berlin (West) bis 1960. In: Berl. Stat., 15, 1961, H. 3, S. 64—67.
Schlier, Otto und Elsa *Zastrow*: Stand der wirtschaftlich-sozialen Entwicklung in der Bundesrepublik und Westberlin. In: Geogr. Rdschau, 7, 1955, H. 1/2, S. 478—488.
Schlüsselliste 1964 zum Warenumsatz und Warenfonds (Staatsverlag der DDR). Berlin 1963.
Schmidt, Emil und Heinz *Dübel*: Appartementhaus und Funktionsgebäude der Komischen Oper. In: DA, 16, 1967, H. 1, S. 27—33.

Schmidt, Hans, Rolf *Linke* und Gerd *Wessel:* Gestaltung und Umgestaltung der Stadt, Beiträge zum sozialistischen Städtebau. Berlin 1970.

Schmidt, Ursula: Methoden der Siedlungsstrukturplanung und -forschung in der Deutschen Demokratischen Republik. In: PM, 118, 1974, S. 261—266.

Schmiechen, Karl: Städtebau und Architektur — eine wichtige gesellschaftspolitische Aufgabe. In: DA, 17, 1968, H. 5, S. 260—263.

— Zu einigen Grundzügen sozialistischer Städtebaupolitik. In: DA, 20, 1971, H. 6, S. 332—335.

Schmieder, Eberhard: Wirtschaftsgeschichte Berlins im 19. und 20. Jahrhundert. In: Heimatchronik Berlin. Köln 1962, S. 663—760.

Schmidt-Renner, G.: Ökonomisch-geographische Grundsatzfragen der Städtebildung. In: Geogr. Ber., 7, 1958, S. 16 bis 30.

Schoeler, Doris und Luz *Reyher:* Wirtschaftliche Probleme Westberlins. In: Geogr. Rdschau, 14, 1962, S. 289—295.

Schöller, Peter: Stadtgeographische Probleme des geteilten Berlin. In: Erdkunde, VII, 1953 a, S. 1—11.

— Aufgaben und Probleme der Stadtgeographie. In: Erdkunde, VII, 1953 b, S. 161—184.

— Einheit und Raumbeziehungen des Siegerlandes. Versuch zur funktionalen Abgrenzung. In: F. *Petri,* O. *Lucas* und P. *Schöller:* Das Siegerland. Geschichte, Struktur und Funktionen. Münster 1955 = Veröff. d. Provinzialinstituts f. westf. Landes- und Volkskunde, R. I, 8, S. 75—122.

— Stadt und Einzugsgebiet. Ein geographisches Forschungsproblem und seine Bedeutung für Landeskunde, Geschichte und Kulturraumforschung. In: Studium Generale, 10, 1957, S. 602—612.

— Vom Geist und Lebensstil der Stadt. Anmerkungen und Gedanken zur individuellen Stadtgeographie. In: Ber. z. dt. Landeskde., 23, 1959, S. 45—54.

— Sozialgeographische Aspekte zum Stadt-Umland-Problem. In: Ber. z. dt. Landeskde., 24, 1959/60, S. 49—53.

— Wiederaufbau und Umgestaltung mittel- und nordostdeutscher Städte. In: Informationen, Institut für Raumforschung Bad Godesberg, 11, 1961, Nr. 21, S. 557—583.

— Die deutschen Städte. Wiesbaden 1967 = Erdkundliches Wissen, 17 (Geogr. Zs., Beihefte).

— Veränderungen im Zentralitätsgefüge deutscher Städte. Ein Vergleich der Entwicklungstendenzen in West und Ost. In: DGT Bad Godesberg 1967. Tagungsber. u. wiss. Abh., Wiesbaden 1969, S. 243—250.

— (Hrsg.): Allgemeine Stadtgeographie. Darmstadt 1969 = Wege der Forschung, CLXXXI.

— (Hrsg.): Zentralitätsforschung. Darmstadt 1972 = Wege der Forschung, CCCI.

— Tendenzen der stadtgeographischen Forschung in der Bundesrepublik Deutschland. Grundlinien zu einer Forschungsbilanz der Kommission Processes and Pattern of Urbanization der International Geographical Union. In: Erdkunde, XXVII, 1973, H. 1, S. 26—34.

— Paradigma Berlin. Lehren aus einer Anomalie — Fragen und Thesen zur Stadtgeographie. In: Geogr. Rdschau, 26, 1974, S. 425—434.

— Die neuen Städte der DDR im Zusammenhang der Gesamtentwicklung des Städtewesens und der Zentralität. In: Veröff. d. Akd. f. Raumf. u. Landespl., Forsch.- u. Sitzungsber. 88, Histor. Raumforschung 11. Hannover 1974, S. 299—324.

Schöller, Peter, Hans H. *Blotevogel,* Hanns J. *Buchholz* u. Manfred *Hommel:* Bibliographie zur Stadtgeographie. Deutschsprachige Literatur 1952—1970. Paderborn 1973 = Bochumer G. A., 14.

Scholz, D.: Die Ballungsgebiete der Deutschen Demokratischen Republik. Eine geographisch-statistische Übersicht. In: Wiss. Zs. Karl-Marx-Univ. Leipzig, Math.-nat. Reihe, 15, 1966, H. 4, S. 781—790.

Scholz, Fred: Die räumliche Ordnung in den Geschäftsvierteln von Karachi und Quetta (Pakistan). In: Erdkunde, 26, 1972, S. 47—61.

Scholz, Hubert: System gesellschaftlicher Zentren. In: DA, 15, 1966, H. 10, S. 588—591.

— Wohngebiet Hans-Loch-Straße in Berlin: Versuch einer kritischen Betrachtung. In: DA, 18, 1968, H. 10, S. 610 bis 615.

Schorr, Albert: Die Beziehungen zwischen Arbeitsort und Wohnort in Berlin. In: Raumf. u. Raumordnung, 1938, S. 352—357.

— City-Bildung und Bevölkerungsentwicklung in der Berliner City. In: Zentralblatt der Bauverwaltung, 58, 1938, H. 50, S. 1359—63.

Schrader, H.: Die Untersuchung städtischer Einzelhandelsnetze — dargestellt am Beispiel der Stadt Brandenburg. In: Geogr. Ber., 40, 1966, S. 197—208.

Schreiber, K.: Die Hypothese plangemäßen Kaufverhaltens der Verbraucher und ihre empirische Verifizierung (Diss.). Berlin 1954.

— Berlin-Reisende. Untersuchung der strukturellen Besonderheiten von Berlin-Besuchern aus dem übrigen Bundesgebiet. Berlin 1972.

Schreiber, K. H.: Motivationen und idealtypische Verhaltensmuster mobiler Bevölkerungsgruppen. In: Bevölkerungs- und Sozialgeographie, DGT Erlangen 1971, Ergebnisse der Arbeitssitzung 3 = Münchner St. z. Sozial- u. Wirtschaftsgeogr., 8, Kallmünz/Regensburg 1972, S. 35—38.

Schroeder, Klaus: Berlin, Grundlagen und Grundzüge der stadtgeographischen Struktur. In: Geogr. Rdschau, 7, 1955 a, S. 312—320.

— Berliner Luftverkehr der Vorkriegszeit und Gegenwart. In: Erde, 1955 b, H. 1, S. 112—118.

— Beiträge zur Geographie Berlins seit 1945. In: Geogr. Rdschau, 11, 1959, S. 148—151.

— Der Stadtverkehr als Kriterium der Strukturwandlungen Berlins. In: Erdkunde, 14, 1960, S. 29—35.

— Typische Subzentren 1961. In: Atlas von Berlin = Deutscher Planungsatlas, Bd. 9, Hannover 1962 a, Blatt 95.

— West-City 1961. In: Atlas von Berlin = Deutscher Planungsatlas, Bd. 9, Hannover 1962 b, Bl. 96 u. 97.

— Berlin. Struktur und Funktionen einer geteilten Stadt. In: Geogr. Taschenbuch 1962/63, S. 75—100.

Schubert, Hannelore: Europa-Center, Berlin. In: Dt. Bauz., 1966, S. 268—273.

Schultze, Joachim H.: Zur Anwendbarkeit der Theorie der zentralen Orte. Ergebnisse einer regionalen empirischen Erfassung der zentralen Ortsbereiche. In: PM, 95, S. 106 bis 110.

— Die Weltstadt als Objekt geographischer Forschung. In: Zum Problem der Weltstadt. Festschr. z. 32. Deutschen Geographentag in Berlin. Berlin 1959, S. IX—XX.

Schultze, Joachim H. und Mitarbeiter: Stadtgeographischer Führer Berlin (West). Berlin und Stuttgart 1972 = Sammlung geographischer Führer, 7.

Schulz, Joachim: Berlin — Unter den Linden. Alte Bebauungsstrukturen und neue Montagefassaden. In: DA, 15, 1966, H. 8, S. 498—499.

Schwarz, Gabriele: Allgemeine Siedlungsgeographie. Berlin 1966³ = Lehrbuch der Allgemeinen Geographie, hrsg. v. E. *Obst*, 6.

Schwedler, Rolf: Der Wiederaufbau in West-Berlin. In: Die unzerstörbare Stadt hrsg. vom Institut für Raumforschung, Bonn. Köln/Berlin 1953, S. 180—189.

— Die Hauptstadt im Aufbau. Köln/Mülheim 1957 = Schr. d. Dt. Verbandes f. Wohnungswesen, Städtebau u. Raumpl. e. V., 30.

— Neubauten auf altem Berliner Boden. In: E. *Lemmer* (Hrsg.): Berlin am Kreuzweg Europas, am Kreuzweg der Welt. Berlin 1959, S. 80—89.

— Berliner Bauprobleme der nächsten Jahre. Hrsg. vom Senator für Bau- und Wohnungswesen. Berlin 1967.

Schwarzlose, Adolf: Der Standortswert für Tabakwarengeschäfte mit besonderer Berücksichtigung der Verteilung des Zigarren-, Zigaretten- und Tabakwarenhandels in Berlin (Diss.). Berlin 1931.
Schweizer, Peter: Zur bisherigen Diskussion über die Straße Unter den Linden. In: DA, 16, 1967, H. 1, S. 8—9.
— Der Aufbau der Leipziger Straße in Berlin. Eine neue Etappe der sozialistischen Umgestaltung der Hauptstadt der DDR. In: DA, 18, 1969, H. 9, S. 526—529.
— Architektonische Sehenswürdigkeiten in Berlin, der Hauptstadt der DDR. In: DA, 22, 1973, H. 6, S. 370—376.
Schweizer, Peter u. a.: Strukturanalyse für das Stadtzentrum von Berlin. Berlin 1959 (Ms.).
Scott, Peter: The Australian CBD. In: Econ. Geogr., 35, 1959, S. 290—314.
— Geography and Retailing. London 1970.
Sedlacek, Peter: Zum Problem intraurbaner Zentralorte, dargestellt am Beispiel der Stadt Münster. Münster 1973 = Beiträge zum Siedlungs- und Wohnungswesen und zur Raumplanung, 10. Zugleich: Westfälische Geographische Studien, 28.
Der Senat von Berlin: Stadterneuerung in Berlin. Fünfter Bericht an das Abgeordnetenhaus von Berlin (1. Oktober 1966 bis 31. Dezember 1967). Berlin 1968 = Auszug aus den Mitteilungen Nr. 18 des Präsidenten des Abgeordnetenhauses von Berlin, V. Wahlperiode.
— 10. Bericht über die Lage der Berliner Wirtschaft und die Maßnahmen zu ihrer Weiterentwicklung. Berlin, 22. 2. 1972 (= Abgeordnetenhaus von Berlin, Drucksache 6/348, 3. 3. 72).
— 11. Bericht über die Lage der Berliner Wirtschaft und die Maßnahmen zu ihrer Weiterentwicklung. Berlin, 20. 2. 1973 (= Abgeordnetenhaus von Berlin, Drucksache 6/802, 2. 3. 1973).
Senator für Bau- und Wohnungswesen, Berlin (West) (Hrsg.): Stadterneuerung in Berlin. Laufende Berichte an das Abgeordnetenhaus v. Berlin. Berlin 1964 ff.
— (Hrsg.): Berliner Baubilanz, 2, Berlin 1971[2].
— (Hrsg.): Stadterneuerung in Berlin. Zehnter Bericht an das Abgeordnetenhaus von Berlin. Berichtszeitraum: 1. Januar 1972 bis 31. Dezember 1972. Berlin 1973 = Informationen 1/1973 (Zugleich: Mitteilungen des Präsidenten des Abgeordnetenhauses von Berlin, Nr. 59, Drucksache 6/1035).
Senator für Verkehr und Betriebe, Berlin (West) (Hrsg.): Die Stellung Berlins im Verkehr. Berlin 1960.
Senator für Wirtschaft, Berlin (West) (Hrsg.): Daten zur Entwicklung der Berliner Wirtschaft 1950—1967. Berlin 1968.
— (Hrsg.): Leitvorstellungen für die Berliner Wirtschaftspolitik. Berlin 1972.
Senf, Peter: Bürogebäude „Wiratex". In: DA, 11, 1962, H. 11, S. 646—647.
— Bürogebäude „Wiratex". In: DA, 14, 1965, S. 404—412.
Senf, Peter und Klaus *Wenzel:* Zwei Hotels in Berlin. In: DA, 13, 1964, H. 2, S. 80—83.
Seyffert, Rudolf (Hrsg.): Handbuch des Einzelhandels. Stuttgart 1932.
— Der Standort der Einzelhandelsbetriebe. In: R. *Seyffert* (Hrsg.): Handbuch des Einzelhandels. Stuttgart 1932, S. 151—163.
— Wirtschaftslehre des Handels. Köln/Opladen 1961[4].
Siegel, Horst: Stadtzentrum Leipzig. In: DA, 18, 1968, H. 10, S. 592—597.
Sieverts, Thomas: Stadt-Vorstellungen. In: Stadtbauwelt 21, 1966, S. 704—713.
Siirilä, Seppo: Die funktionale Struktur der Stadt Tampere. In: Fennia, 98, 1969, H. 1, S. 1—97.
Silbe, Herbert: Theorie der Standorte des Einzelhandels. In: Zs. f. handelswiss. Forschung, 24, 1930, S. 373 ff. und 433 ff.
Simmons, James: The Changing Pattern of Retail Location. Chicago/Illinois 1964 = Research Paper No. 92, Department of Geography, University of Chicago.

Skujin, Peter: Haus der Elektroindustrie in Berlin. In: DA, 20, 1971, H. 2, S. 82—89.
Smailes, Arthur E.: The Urban Hierarchy in England and Wales. In: Geogr., 29, 1944, S. 41—51.
Soldner, Helmut: Die City als Einkaufszentrum im Wandel von Wirtschaft und Gesellschaft. Berlin 1968. = Betriebswirtschaftliche Schriften, 27.
Sorge, Werner: Berlin — Alexanderplatz, Straßenverkehrslösung. In: DA, 16, 1967, H. 1, S. 36—37.
Souradny, Karl: Die künstlerische Gestaltung des Bauabschnittes F an der Stalinallee. In: DA, 2, 1953, H. 1, S. 6 bis 12.
Staack, G.: Das Koordinatennetz als Bezugssystem für regionale Daten. In: Stadtbauwelt, 1966, H. 9, S. 726—728.
— Das Koordinatennetz als flexibles Bezugssystem für regionale Daten. In: Veröff. d. Akad. f. Raumf. u. Landespl., Forschungs- u. Sitzungsber., 42, Hannover 1968, S. 135 bis 154.
Staatliche Zentralverwaltung für Statistik, Berlin (Ost) (Hrsg.): Ergebnisse der Volks- und Berufszählung am 31. 12. 1964. Berlin (Ost) 1967.
— (Hrsg.): Deutsche Demokratische Republik. Statistisches Taschenbuch 1970. Berlin 1970.
— (Hrsg.): Statistisches Jahrbuch der Deutschen Demokratischen Republik. 15. Jg. Berlin 1970, 21. Jg. Berlin 1976.
Stahl, F.: Die Zentralitätsziffer. Eine Methode zur „Messung" des Ausstattungsgrades eines zentralen Ortes mit zentralen Einrichtungen im Sinne der Raumordnung und Dorferneuerung. In: Informationen, 15, 1965, S. 309—317.
Standortwahl und Flächenbedarf des tertiären Sektors in der Stadtmitte. Bonn-Bad Godesberg 1974 = Schriftenreihe „Städtebauliche Forschung" des Bundesministers für Raumordnung, Bauwesen und Städtebau 03.024.
Stark, Hans-Joachim: Untersuchung über die Entwicklung von Bürogebäuden der privaten Wirtschaft in Berlin 1890 bis 1965. Berlin 1968.
— Bürohäuser der Privatwirtschaft. In: Berlin und seine Bauten, hrsg. v. Architekten- und Ingenieur-Verein zu Berlin, Teil IX. Berlin 1971, S. 115—129.
Statistisches Amt der Stadt Berlin (Hrsg.): Berliner Wirtschaftsberichte, Jg. 1932, Nr. 17, S. 152.
— (Hrsg.): Berlin in Zahlen 1945. Berlin 1947.
Statistisches Landesamt Berlin (Hrsg.): Statistische Jahrbücher Berlin 1968, 1971, 1972.
Stavenhagen, Gerhard: Standorttypen des Handwerks. Göttingen 1963 = Göttinger handwerkswirtschaftliche Studien, hrsg. v. Abel und Sundhoff.
Steinberg, Heinz Günter: Die Bevölkerungsentwicklung in beiden Teilen Deutschlands nach dem 2. Weltkrieg. In: Geogr. Rdschau, 26, 1974, S. 169—176.
— Die Bevölkerungsentwicklung der Städte in den beiden Teilen Deutschlands vor und nach dem 2. Weltkrieg. In: Veröff. d. Akd. f. Raumf. u. Landespl., Forsch.- u. Sitzungsber., 88, Historische Raumforschung, 11, 1974, S. 265 bis 297.
Steinke, Egbert: Berlins neue Ladenstadt „Europa-Center" macht von sich reden. In: HB, 1965, Nr. 62, S. 18.
Steinmüller, Günter: Der Münchner Stadtkern. Eine sozialgeographische Studie. In: Mitt. d. Geogr. Ges. München, 43, 1958, S. 6—48.
Stephan, Hans: Städtebau und Verkehrsentwicklung. In: Berlin und seine Bauten, hrsg. v. Architekten- und Ingenieur-Verein zu Berlin, Teil II: Rechtsgrundlagen und Stadtentwicklung. Berlin/München 1964, S. 39—85.
Stewig, Reinhard: Vergleichende Untersuchung der Einzelhandelsstrukturen der Städte Bursa, Kiel und London/Ontario. In: Erdkunde, 28, 1974, H. 1, S. 18—30.
Stewig: Reinhard u. a.: Methoden und Ergebnisse eines stadtgeographischen Praktikums zur Untersuchung der Einzelhandelsstruktur in der Stadt Kiel. In: Beiträge zur geographischen Landeskunde und Regionalforschung in Schleswig-Holstein (Festschrift Oskar Schmieder), hrsg. von

R. *Stewig.* Kiel 1971, S. 313—336. = Schriften des Geographischen Instituts der Universität Kiel, 37.
Stiebitz, Walter und Eckhard *Feige:* Berlin — Karl-Marx-Allee. Berlin 1965.
Stöber, Gerhard: Struktur und Funktionen der Frankfurter City. Eine ökonomische Analyse der Stadtmitte. Frankfurt/M. 1964 a = Wege zur neuen Stadt. Schriftenreihe der Verwaltung Bau und Verkehr der Stadt Frankfurt, 2.
— Das Standortgefüge der Großstadtmitte. Frankfurt/M. 1964 b = Wege zur neuen Stadt. Schriftenreihe der Verwaltung Bau und Verkehr der Stadt Frankfurt, 3.
Storbeck, Dietrich: Berlin — Bestand und Möglichkeiten. Die strukturelle Beharrung und Gemeinsamkeit unter der politischen Spaltung. Köln/Opladen 1964. = Dortmunder Schriften zur Sozialforschung, 27.
Storkebaum Werner (Hrsg.): Zum Gegenstand und zur Methode der Geographie. Darmstadt 1967. = Wege der Forschung, LVIII.
Strassenmeier, Werner: Berlin — Unter den Linden. Lindencorso. In: DA, 16, 1967, H. 1, S. 10—19.
Strassenmeier, Werner und Jürgen *Köppen:* Gaststättenkomplex „Unter den Linden" in Berlin. In: DA, 13, 1964, H. 6, S. 325—329.
Suchy, G.: Funktion und Standortproblematik ausgewählter Bereiche des Berliner Verkehrswesens. In: Berlin. Die Hauptstadt der DDR und ihr Umland. = Wiss. Abh. Geogr. Ges. DDR, 10, 1969, Exkursionsführer, S. 17—22.
Sund, Tore u. Fridtjov *Isachsen:* Bosteder og arbeidssteter i Oslo. Oslo 1942.
Swora, Karl-Ernst: Der Aufbau des Stadtzentrums der Hauptstadt der DDR, Berlin. Bürogebäude Neue Prenzlauer Straße. In: DA, 17, 1968, H. 6, S. 358—363.
Swora, Karl-Ernst und Klaus *Deutschmann:* Haus des Berliner Verlages und Bürogebäude Memhardstraße. In: DA, 19, 1971, H. 5, S. 279—283.
Taubmann, Wolfgang: Bayreuth und sein Verflechtungsbereich. Bad Godesberg 1968 = Forsch. z. dt. Landeskde., 163.
— Die Innenstadt von Arhus. I. Innere Gliederung aufgrund der Flächennutzung. In: Kulturgeografi, 110, 1969, S. 333 bis 366.
Teufel, Manfred: Die gesellschaftliche Aufgabe von Architektur und Städtebau und das industrielle Bauen. In: DA, 15, 1966, H. 5, S. 263.
Thalheim, Karl C.: Berlin — Herausforderung und Antwort einer Hauptstadt. In: Die unzerstörbare Stadt, hrsg. vom Institut für Raumforschung. Köln/Berlin 1953, S. 11—46.
— Berlins wirtschaftliche Entwicklung nach dem 2. Weltkrieg. In: Heimatchronik Berlin. Köln 1962, S. 763—864.
Thalheim, Karl C. und Maria *Haendcke-Hoppe:* Das Handwerk in Ost-Berlin und der DDR. Beilage zum Jahresbericht 1969 der Handwerkskammer Berlin. Berlin (West) 1969.
Thamm, Rüdiger: Die Standortverteilung des Einzelhandelsnetzes unter Berücksichtigung der siedlungsgeographischen Struktur der Stadt Nordhausen. Staatsexamensarbeit am Institut für Geographie der Pädagogischen Hochschule Potsdam 1964.
— Probleme der Standortverteilung des Einzelhandelsnetzes in Nordhausen. In: Geogr. Ber., 37, 1965, S. 303—315.
Thienel, Ingrid: Städtewachstum im Industrialisierungsprozeß des 19. Jahrhunderts. Das Berliner Beispiel. Berlin 1973 = Veröff. d. Histor. Kommission Berlin, 39.
Thilenius, Richard: Die Teilung Deutschlands. Hamburg 1967. = Rororo, 55.
Thomas, Erwin, Gerhard *Gries* und Josef *Wolff:* Einzelhandel im Städtebau. Frankfurt/M. 1964.
Tietz, Bruno: Die regionale Handelsforschung — Versuch einer Grundlegung. In: Mitteilungsblatt des Handelsinstituts an der Universität des Saarlandes. Teil 1: H. 19/20, 1962; Teile 2 u. 3: H. 21/22, 1963. Saarbrücken 1962/63.
— Konsument und Einzelhandel. Strukturwandlungen in der Bundesrepublik Deutschland von 1950 bis 1975. Frankfurt/M. 1966.
— Unterschiede und Wandlungen der regionalen Handelsstruktur in der Bundesrepublik Deutschland 1950 bis 1961. Köln/Opladen 1967.
— Einzelhandelsdynamik und Siedlungsstruktur. In: Raumforschung und Raumordnung, 32, 1974, S. 113—124.
Toepfer, Helmuth: Die Bonner Geschäftsstraßen. Räumliche Anordnung, Entwicklung und Typisierung der Geschäftskonzentrationen. Bonn 1968 = Arb. Rhein. Landeskde., 26.
Toepfer, K.: Überlegungen zur Quantifizierung qualitativer Standortfaktoren. In: Zentralinstitut für Raumplanung der Universität Münster (Hrsg.): Zur Theorie der allgemeinen und regionalen Planung. Gütersloh 1969, S. 165—193.
Törnqvist, Gunnar: Flows of Information and the Location of Economic Activities. Lund 1968 = Lund Studies in Geography, Serie B, Nr. 30. Auch: Geografiska Annaler 50 B, 1968, S. 99—107.
— Contact Systems and Regional Development. Lund 1970. = Lund Studies in Geography, Serie B, Nr. 35.
Tuominen, J. K. V.: Das Geschäftszentrum der Stadt Turku. In: Fennia, 54, 1930, H. 2, S. 1—23.
Uherek, Edgar W.: Morphologische Grundlagen einer raumwirtschaftlichen Strukturanalyse des Einzelhandels. Diss. FU Berlin 1962.
— Wandlungen in der Standortsstruktur des Einzelhandels. In: K. Chr. *Behrens* (Hrsg.): Wandel im Handel. Wiesbaden 1966², S. 107—122.
Uhlig, Harald: Organisationsplan und System der Geographie. In: Geoforum, 1/1970, S. 19—52.
Ulbrich, Peter: Die Ausstattung von Siedlungen mit ausgewählten Kapazitäten der sozialen Infrastruktur und ihre Wechselbeziehungen zur Entwicklung der Siedlungsstruktur. In: PM, 118, 1974, S. 278—281.
Ulbricht, Walter: Über Fragen der Architektur und des Städtebaus. In: DA, 2, 1953, H. 4, S. 146—155.
Ullmann, Gerhard: Forum Steglitz. In: Dt. Bauz., 1970, H. 10, S. 836—843.
Ullmann, Kurt: Probleme der Projektierung beim beschleunigten Aufbau des Berliner Stadtzentrums. In: DA, 12, 1963, H. 11, S. 653—654.
Unser Berlin — Hauptstadt Deutschlands (Atlas). Berlin 1960.
Urban, Karl-Heinz: Zum System hauswirtschaftlicher Dienstleistungen und Reparaturen. In: DA, 12, 1963, H. 7, S. 435 bis 436.
Verkehrsamt Berlin (West) (Hrsg.): Hotelführer durch Berlin West, Hotels und Pensionen 1970/71. Berlin o. J.
— Tagungen und Kongresse. Teilnehmerzahlen 1950—1972 (Hektographierte statistische Aufstellung).
Vetter, Friedrich: Structure and dynamics of tourism in Berlin West and East. In: *Matznetter,* Josef (Hrsg.): Studies in the geography of tourism. Papers read and submitted for the working conference of the IGU working group, geography of tourism and recreation, Salzburg, 2nd-5thMay, 1973. Frankfurt 1974 = Frankfurter Wirtschafts- und Sozialgeographische Schriften 17, S. 237—258.
Vogler, Manfred: Gedanken zum Parteilichen im Städtebau. In: DA, 17, 1968, H. 7, S. 393—395.
Volk, Waltraud: Berlin, Hauptstadt der DDR. Historische Plätze und Straßen heute. Berlin 1972.
Vom Strausberger Platz bis zum Alexanderplatz. In: DA, 8, 1959, H. 1, S. 6—12.
Voppel, Götz: Wirtschaftsgeographie. Stuttgart 1970. = Schaefflers Grundriß des Rechts und der Wirtschaft, Abt. III: Wirtschaftswissensch., 98.
De Vries-Reilingh, H. D.: Gedanken über die Konsistenz in der Sozialgeographie. In: Münchner Studien z. Sozial- und Wirtschaftsgeographie, 4, 1968, S. 109—117.
Wagner, Richard: Entwicklungstendenzen des Wohnungsbaus in der DDR. In: DA, 13, 1964, H. 9, S. 570—575.

— Zur Entwicklung des Wohnungsbaus in der DDR. In: DA, 17, 1968, H. 3, S. 124—127.
— Probleme der Planung gesellschaftlicher Einrichtungen beim Bau neuer Wohngebiete. In: DA, 23, 1974, S. 454—455.
Wallert, Werner: Sozialistischer Städtebau in der DDR. In: Geogr. Rdschau 26, 1974, S. 177—182.
Walther, Günter: Stand und Perspektive der Warenhausbauten. In: DA, 16, 1967, H. 11, S. 644—647.
Wasser, H.: Interessenverbände in der Bundesrepublik Deutschland. Bonn 1971 = Informationen zur politischen Bildung, 145.
Waterhouse, Alan: Die Reaktion der Bewohner auf die äußere Veränderung der Städte. Berlin / New York 1972. = Stadt- und Regionalplanung.
Weber, Hans: Der Bankplatz Berlin. Köln/Opladen 1957.
Weber, Max: Wirtschaft und Gesellschaft. 2. Halbbd., Tübingen 1956[4].
Weigel, Wolfgang: Einige Bemerkungen zum Entwicklungsprogramm für Großstädte und zur generellen Stadtplanung. In: DA, 12, 1963 a, H. 4, S. 217—220.
— Anmerkungen zur Umgestaltung der Stadtzentren. In: DA, 12, 1963 b, H. 8, S. 478—480.
— Zu Fragen der Funktionen und Struktur unserer Stadtzentren. In: DA, 18, 1969, H. 2, S. 71—72.
Weise, Otto: Sozialgeographische Gliederung und innerstädtische Verflechtungen in Wuppertal. Neustadt a. d. Aisch 1973. = Bergische Forschungen, 11.
Wenzel, Klaus: Zu einigen Problemen der Einordnung von Hotels in die einzelnen Kategorien. In: DA, 13, 1964, H. 2, S. 97—99.
— Einschätzung und Perspektive des Hotelbaus in der DDR. In: DA, 16, 1967, H. 12, S. 708—709.
— Ein Jahr Interhotel „Stadt Berlin". In: DA, 20, 1971, H. 12, S. 743.
Werner, Frank: Städtebau Berlin-Ost. Berlin 1969.
— Stadtplanung Berlin 1900—1950. Berlin 1972[2].
— Der Städtebau in Berlin (Ost) und Berlin (West). In: Zwischen Rostock und Saarbrücken. Städtebau und Raumordnung in beiden deutschen Staaten. Hrsg. vom Mitteldeutschen Kulturrat durch Ewald *Rother*, Helmut *Möller*, Werner *Vetter* und E. H. *Isenberg*. Bearbeitet von Emil Hans Isenberg. Düsseldorf 1973, S. 135—156.
— Stadtplanung Berlin. Theorie und Realität. Teil I: 1900 bis 1960. Berlin 1976.
— Das Stadtzentrum von Berlin (Ost). In: Geogr. Rdschau, 29, 1977, S. 254—261.
Westberlin braucht ein Zentrum. In: Berl. Bauwirtsch., 4, 1954, Nr. 37, S. 1145—1147.
Westberliner Behördenverzeichnis = Sonderdruck aus dem Berliner Stadt-Adreßbuch, Ausgabe 1968, Hrsg.: Adreßbuch-Gesellschaft Berlin mbH.
Westermann-Atlas für Berliner Grundschulen. Berlin 1972[4].
Weth, Erika: Der Fremdenverkehr in Berlin (West) 1950 bis 1971. In: Berl. Stat., 26, 1972, H. 7, S. 255—262.
Wiebel, Elfriede: Die Städte am Rande Berlins. Potsdam, Werder, Teltow, Oranienburg, Bernau, Strausberg und Alt-Landsberg. Ein Beitrag zum Problem der Trabantenstädte. Remagen 1954 = Forsch. z. dt. Landeskde., 65.
Wiek, Klaus D.: Kurfürstendamm und Champs-Élysées. Geographischer Vergleich zweier Weltstraßengebiete. Berlin 1967 = Abh. d. l. Geogr. Inst. d. FU Berlin, 11.
William-Olsson, W.: Stockholm, its Structure and Development. In: Geogr. Rev., 30, 1940, S. 420—438.
Windelband, Ursula: Typologisierung städtischer Siedlungen. Erkenntnistheoretische Probleme in der ökonomischen Geographie. Gotha/Leipzig 1973.
Winz, Helmut: Sozialgeographische Karten. Hrsg. v. Magistrat v. Groß-Berlin. Berlin 1950.
— Die soziale Gliederung von Stadträumen (Der „natural area"-Begriff der amerikanischen Sozialökologie). In: DGT Frankfurt/M., 1951, Tagungsber. u. wiss. Abh., Remagen 1952, S. 141—148.

— Geschichte der äußeren Berliner Stadtteile bis zu ihrer Eingemeindung. In: Heimatchronik Berlin. Köln 1962, S. 551—638.
Wirth, Eugen: Strukturwandlungen und Entwicklungstendenzen der orientalischen Stadt. Versuch eines Überblicks. In: Erdkunde, 22, 1968, S. 101—128.
— Zum Problem einer allgemeinen Kulturgeographie. In: Erde, 100, 1969, S. 155—193.
Witt, Werner: Ökonomische Raummodelle und geographische Methoden. In: Geogr. Zs., 55, 1967, H. 2, S. 91—109.
— Bevölkerungskartographie. Hannover 1971 = Veröff. d. Akd. f. Raumf. u. Landespl., Abh., 63.
Wohngebiet Hans-Loch-Straße in Berlin. Planungsaspekte. In: DA, 17, 1968, H. 10, S. 598—601.
Wolcke, Irmtraud-Dietlinde: Die Entwicklung der Bochumer Innenstadt. Kiel 1968 = Schr. d. Geogr. Inst. d. Univ. Kiel, 28, H. 1.
Wolf, Karl-Heinz: Zur Kaufhallenentwicklung in der DDR. Kaufhallen in neuen Wohngebieten. In: DA, 23, 1974, S. 732—734.
Wolf, Klaus: Die Konzentration von Versorgungsfunktionen in Frankfurt am Main. Ein Beitrag zum Problem funktionaler Abhängigkeit in Verstädterungsregionen. Frankfurt/M. 1964 = Rhein-Mainische Forschungen, 55.
— Das Shopping-Center Main-Taunus — ein neues Element des rhein-mainischen Verstädterungsgebietes. In: Ber. z. dt. Landeskde., 37, 1966, H. 1, S. 87—97.
— Die innere Gliederung von Geschäftszentren als Möglichkeit der Gliederung von Stadtgrößenklassen in der Bundesrepublik Deutschland. In: G. *Abele* u. K. *Wolf*: Methoden zur Abgrenzung und inneren Differenzierung verschiedenrangiger Geschäftszentren. In: Ber. z. dt. Landeskde., 40, 1968, H. 2, S. 247—251.
— Stadtteil-Geschäftsstraßen. Ihre geographische Einordnung am Beispiel der Stadt Frankfurt/M. Frankfurt/M. 1969 = Rhein-Mainische Forschungen, 67.
— Städtische Größenordnung der Bundesrepublik Deutschland — ermittelt mit Hilfe der inneren Differenzierung von Geschäftszentren. In: DGT Kiel 1969, Tagungsber. u. wiss. Abh., Wiesbaden 1970, S. 608—617.
— Geschäftszentren. Nutzung und Intensität als Maß städtischer Größenordnung. Frankfurt/M. 1971 a = Rhein-Mainische Forschungen, 72.
— Neuere Ergebnisse stadtgeographischer Forschung, erläutert an Beispielen aus dem Rhein-Main-Gebiet. In: Ber. z. dt. Landeskde., 45, 1971 b, H. 1, S. 135—144.
Wolf, Karl-Heinz und Walter *Bönewitz*: Analyse von Großraumverkaufsstellen für Waren des täglichen Bedarfs. In: DA, 12, 1963, H. 7, S. 417—422.
Wolff, Ilse: Der Berliner Fremdenverkehr und sein Einzugsgebiet. In: Geogr. Rdschau, 11, 1959, S. 143—147.
Wolter, Hans-Joachim: Geschichte und Entwicklung des Erneuerungsgebietes Wedding. In: Bauwelt, 59 (= Stadtbauwelt, 18), 1968, Nr. 25/26, S. 1342—1343.
Wörterbuch der Ökonomie Sozialismus. Berlin 1969 (im Text zitiert als Wörterb. Ök. Soz.).
Wotzka, Paul: Standortwahl im Einzelhandel. Standortbestimmung und Standortanpassung großstädtischer Einzelhandelsbetriebe. Hamburg 1970 = Veröff. des HWWA — Institut für Wirtschaftsforschung, Hamburg.
Zache, Manfred: Modernisierungsgebiet Arnimplatz im Stadtbezirk Prenzlauer Berg. In: DA, 22, 1973, H. 6, S. 354 bis 357.
Zastrow, Elsa: Zerstörung und Aufbau Berlins. In: Geogr. Rdschau, 7, 1955, S. 299—308.
„Zentrum am Zoo" Geschäftsbauten A. G. In: Berl. Wirtsch., 5, 1955, S. 857.
Zimm, Alfred: Die Veränderungen des Standortes Westberlin nach der Spaltung von Groß-Berlin. In: Geogr. Ber., 4, 1959, S. 196—206.
— Vergleichende Funktionsanalyse des demokratischen Berlins und Westberlins. In: PM, 109, 1965, S. 194—207.

— Zur Funktion der geographischen Lage Westberlins. Eine politisch-geographische Analyse. In: Berlin. Die Hauptstadt der DDR und ihr Umland. = Wiss. Abh. Geogr. Ges. DDR, 10, 1969 a, S. 237—271.
— Das Stadtzentrum der sozialistischen Hauptstadt Berlin. In: Berlin. Die Hauptstadt der DDR und ihr Umland. Wiss. Abh. Geogr. Ges. DDR, 10, 1969 b, S. 7—16.
— Vergleich der Ballungsvorteile der Hauptstadt Berlin und der selbständigen politischen Einheit Westberlin. In: PM, 113, 1969 c, S. 178—185.
Zopf, Hans und Gerd Heinrich: Berlinbibliographie (bis 1960) Berlin 1965 = Veröffentlichungen der Historischen Kommission zu Berlin beim Friedrich-Meinecke-Institut der FU Berlin, 15, Bibliographien, 1.

2. Karten

Karte von Berlin 1 : 1000. Hrsg.: Ämter für Vermessung der einzelnen Stadtbezirke von Berlin (West).
Karte von Berlin 1 : 4000. Hrsg.: Der Senator für Bau- und Wohnungswesen V, Berlin.
Karte von Berlin 1 : 10 000. Hrsg.: Der Senator für Bau- und Wohnungswesen V, Berlin 1954 ff.
Flächennutzungsplan von Berlin 1 : 10 000. Hrsg.: Der Senator für Bau- und Wohnungswesen Berlins, aufgestellt am 30. 7. 1965 mit einem Änderungsplan zum Flächennutzungsplan, aufgestellt am 25. 5. 1970.
Flächennutzungsplan von Berlin (Arbeitsplan), 1 : 20 000, Verkleinerung des Flächennutzungsplanes von Berlin 1 : 10 000. Hrsg.: Der Senator für Bau- und Wohnungswesen V, Berlin 1973.
Stadtplan Berlin, Hauptstadt der DDR, ca. 1 : 25 000, Potsdam o. J.
Schaffmann Plan Berlin, 1 : 27 500, Berlin o. J.
RS Stadtplan Berlin, 1 : 30 000, Berlin o. J.
Übersichtskarte von Berlin (West), 1 : 50 000. Hrsg.: Der Senator für Bau- und Wohnungswesen V, Berlin 1970, Nachtragsauflage 1973.
Berlin. Übersicht über die Flächennutzungsplanung 1 : 50 000. Hrsg.: Der Senator für Bau- und Wohnungswesen V, Berlin 1977.

3. Atlanten

Akademie für Raumforschung und Landesplanung und W. *Behrmann* (Hrsg.): Deutscher Planungsatlas — Atlas von Berlin. Hannover/Berlin 1955 ff.
Historische Kommission zu Berlin (Hrsg.): Historischer Handatlas von Brandenburg und Berlin. Berlin Lfg. 1 ff., 1962 ff.
Westermann-Atlas für Berlin Grundschulen. Bearbeitet von K. *Krüger,* S. *Lieven* und G. *Reiss.* Braunschweig/Berlin 1972^4.

English Summary

In this study the examples of West and East Berlin are used to demonstrate (1) to what extent the differing social and economic systems in both parts of Germany have influenced the different characteristics of the structure and function of large urban service centres in West and East, (2) to examine theoretically and empirically the applicability of special methods of urban and economic geography with regard to the comparison of the functional facilities of urban centres in both social and economic systems. The empirical basis of this work are field surveys of different centres carried out by the author from 1969 to 1973 in West Berlin (City centre, i. e the 'Zoo District' around the busy traffic axis of Kurfürstendamm — Breitscheidplatz — Tauentzienstraße; three other important, but subsidiary centres: Schloßstraße in Steglitz District, Wilmersdorfer Straße in Charlottenburg District and Bad-/ Brunnenstraße in Wedding District as well as some smaller shopping centres in newly planned residential districts) and in East Berlin (the new 'socialist city centre' at the core of the former city centre of Berlin; the different structured subsidiary centres of Karl-Marx-Allee, a planned 'socialist street' in Friedrichshain District, and the shopping street Schönhauser Allee in Prenzlauer Berg District as well as new socialist residential complex-centres (Wohnkomplexzentren 1). The empirical investigation of East Berlin centres suffered however from considerable limitations in the collection of material.

Berlin, with its hierarchical gradation of centre systems in both the West and East Sectors, offers a unique and rich subject of research. After the extensive war damage to the highly organised city centre of the former capital and metropolis Greater Berlin and after its political subdivision by the new sector and state boundaries within Berlin which separate the two socio-economic systems of Germany, diversifying processes of centre reconstruction and city centre-creation were set in motion in both parts of Berlin, continuing to the present time. Although West and East Berlin today in several respects represent regional special cases, this can be shown to be an advantage for the clarification of our problem. For in the direct and extremely striking 'spatial confrontation' of the two politically distinct and differently organised parts of the urban growth with the common past, the fundamental West-East differences in the development and functional facilities of centres become exceedingly clear.

Main point of Chapter I (Part 2) is the summarizing and critical exposition of different quantitative and qualitative methods of centre research applied by urban geographers, especially in West and East Germany. For the comparison of the function of centres in both socio-economic systems the consideration of special qualitative aspects are seen as absolutely necessary.

In Chapter II the main characteristics and the development of key facilities of the investigated centres before World War II as well as the persistence of essential former structures and functional quarters, especially within the main centres of East and West Berlin, are dealt with. Despite of the generous scale of replanning that has taken place in the central area of East Berlin up to the present time and the dynamic city centre development in West Berlin, the 'principle of persistence' considerably affected the location of important central establishments of the centres both in East and West.

Chapter III represents the development of the economic system of socialism under special consideration of the tertiary sector as well as the (reconstruction) stages and principles of socialist town-planning. The main emphasis is laid on the demonstration of the varying effects on the centre development in the German Democratic Republic, especially in East Berlin.

The new order of society and economy and the prestige demands of the state have not only determined to a notable extent the nature of the planning concepts and architectural structuring of building projects in the course of the 'socialist reshaping' of the East Berlin city centre, but also the key functions proposed for the city centre of the Capital and above all the functional establishments of the prestige streets and districts (the street Unter den Linden; the so-called 'Central area' around the dominant feature of the new TV tower; Alexanderplatz). The principles of planning and reorganisation of the tertiary sector, especially those introduced in the internal trade economy (Binnenhandelsökonomik) in the mid sixties (the principles of territorial concentration, of complex ranges of goods, of spatial concentration, of concentric construction) are summarized in Part 1 of Chapter III. Part 2 of this chapter demonstrates the stages in the development of town-planning in the GDR, especially in relation to the complex 'socialist reconstruction' of East Berlin city centre. Although the beginning of the rebuilding of the city centre took place in the second half of the fifties, especially with the restoration of important cultural-historical buildings in the prestige street Unter den Linden, the main stage of development started not before the second half of the sixties when the General Lay-out Plan (Generalbebauungsplan) had been worked out for East Berlin (1968).

Chapter IV shows that in West-Berlin the influence of superimposed planning on the building of centres has been relatively small. Since, as a result of the political division of Berlin, the old Berlin city centre remained largely outside West Berlin territory, West Berlin possessed at first no real city centre of its own. The widespread war destruction not only of the former city centre, but also of the relatively central Zoo District (IV. 2.), which had developed especially after World War I into an important business and entertainment district of the middle class West End (see also Chapter II. 2.2.2), resulted at first in the increased functional significance of subsidiary business centres (Nebengeschäftszentren) (IV. 3.). In the construction of a new 'city centre' in West Berlin, postwar planning followed the controversial idea of creating a West-East orientated so-called 'City centre and culture strip' (City- und Kulturband, see Fig. 10), with an eye on a future reunion of East and West Berlin. However, within the western half of this centrally situated area arose the new commercial core and city centre of West Berlin, the Zoo District, with dense spatial concentrations of differentiated economic functions on both sides of the main business axis Kurfürstendamm — Tauentzienstraße and the street Hardenbergstraße, largely without being influenced by direct measures of town-planning (IV. 2.).

Among the different factors conditioning the very differentiated equipment of the West Berlin system of centres, the development and influence of tourism have been considered separately (IV. 4.).

Chapter V of this study contents a systematic exposition and explanation of the aspects and selected criterions for the empirical centre research in West and East Berlin. Among the different economic characteristics of the functional facilities of centers in the western and eastern economic systems a combination of the qualitative characteristics 'consumer demand groups' (Bedarfsgruppen) and 'consumer demand classes' with three ranks (Bedarfsstufen) is developed for the analysing of service centre equipments (especially the retail trade) and the ranking of the centres in West and East. Additionally the different spatial concentrations, the areal sizes (Betriebsflächengrößen), the structure of ownership (East Berlin) and the shop-window displays (West Berlin) of the establishments were taken into consideration.

The results of the empirical investigations of the selected centres in East and West Berlin are broadly dealt with in the main Chapter VI: the features and principles of the functional facilities of the present city centre of East Berlin (VI. 1.1) and of the Zoo District in West Berlin (VI. 1.2), comparisons of the selected subsidiary centres in West Berlin (V. 2.) as well as in East Berlin (V. 3.). In the last Part 3 of this chapter the emphasis lies on the summarizing exposition of important effects of the two different social and economic systems on the functional facilities of the studied centres in West and East Berlin.

Anhang

1. Tabellen

Tabelle 1   Funktionale Ausstattung der Hauptgeschäftsstraßen in der Berliner City 1886

	Anzahl und Rangfolge (in Klammern) der Einrichtungen		
	Unter den Linden	Friedrichstraße	Leipziger Str.
I. Einzelhandelsgruppen			
Uhren- und Schmuckwaren	10 (1)	6 (2)	4 (5)
Bücher und Kunstgegenstände	7 (2)	4 (3)	3 (6)
Bekleidung	5 (3)	11 (1)	8 (2)
Delikatessen/Genußmittel	4 (4)	6 (2)	11 (1)
Blumen (künstl. und natürl.)	2 (5)	1 (5)	3 (6)
Textilien	1 (6)	2 (4)	5 (4)
Stahlwaren und Waffen	1 (6)	2 (4)	– –
Lederwaren	1 (6)	2 (4)	– –
Glas und Porzellan	1 (6)	1 (5)	6 (3)
Parfümerie und Seifen	1 (6)	1 (5)	– –
Antiquitäten	1 (6)	1 (5)	– –
Lampen	1 (6)	– –	– –
Möbel	– –	2 (4)	5 (4)
Spielwaren	– –	2 (4)	1 (7)
Schreibwaren und Papier	– –	2 (4)	– –
Tapeten	– –	1 (5)	– –
Teppiche und Gardinen	– –	– –	6 (3)
Einzelhandelsgruppen insgesamt	35	44	52
II. Ausgewählte Dienstleistungseinrichtungen			
Restaurants	13 (1)	6 (1)	13 (1)
Hotels	10 (2)	4 (2)	2 (3)
Wiener Cafés und Konditoreien	7 (3)	4 (2)	4 (2)
Einrichtungen insgesamt	30	14	19

(nach E. FRIEDEL, 1886, S. 158-164)

Tabelle 2   Funktionale Ausstattung der Straße Unter den Linden 1925 und 1971

	Anzahl und Rangfolge (in Klammern) der Einrichtungen	
	1925[1]	1971[2]
I. Einzelhandelsgruppen		
Automobile	18 (1)	1 (4)
Juwelier- und Bijouteriewaren	17 (2)	1 (4)
Damen- und Herrenmoden (einschl. Pelzbekleidung)	15 (3)	5 (1)
Zigarren (bzw. Tabakwaren)	13 (4)	1 (4)
Kunst und Kunstgewerbe	6 (5)	2 (3)
Blumen	3 (6)	– –
Schokoladen	2 (7)	– –
Optik	2 (7)	– –
Papier	2 (7)	– –
Feinkost	1 (8)	1 (4)
Parfümerie	1 (8)	– –
Apotheke	1 (8)	– –
(Spezial-)Buchhandel	1 (8)	4 (2)
Beleuchtungskörper	1 (8)	– –
Geldschränke	1 (8)	– –
Meißner Porzellan	– –	1 (4)
Schallplatten und Noten	– –	1 (4)
Lederwaren	– –	1 (4)
Sport/Campingartikel	– –	1 (4)
Bulgarische Artikel	– –	1 (4)
Einzelhandelsgruppen insgesamt	84	20
II. Dienstleistungseinrichtungen (ohne öffentliche Einrichtungen)		
Reisebüros	19 (1)	2 (1)
Banken	6 (2)	1 (2)
Cafés	5 (3)	2 (1)
Restaurants	4 (4)	2 (1)
Hotels	2 (5)	2 (1)
Zeitungsbüros	1 (6)	– –
Nachrichtenagentur	– –	1 (2)
Theaterkasse	– –	1 (2)
	37	10
Einrichtungen insgesamt	121	30

[1] Nach W. VOLK, 1972, S. 37.
[2] Nach eigenen Kartierungen 1971

| Tabelle 3 | Branchenstruktur der Ladengeschäfte in der Friedrichstraße im Jahre 1935 (zwischen der Leipziger Straße und dem Bahnhof Friedrichstraße) |

	Anzahl der Einrichtungen		
	Absolute Zahl		Anzahl in v.H.
	insgesamt	davon Filialbetriebe	
Zigarrenhandlungen	13		
Damen- und Herrenbekleidung (insgesamt), davon:	61	29 (= 47,5%)	33,3
1. Damenmodewarengeschäfte:			
Damenkonfektion und Bekleidungshäuser	5		
Wäsche und Korsetts	5		
Damenhüte	2		
Wollwaren	1		
Pelze	1		
Damenmodewarengeschäfte insgesamt	14		
2. Herrenbekleidung:			
Herrenartikel	19		
Herrenhüte	6		
Herrenkonfektion	4		
Uniformen	2		
Herrenstoffe	1		
Herrenbekleidung insgesamt	32		
Geschäfte für "echten Schmuck und Silberwaren"	14		
Briefmarkenhandlung	6		
Waffenhandlung	1		
Weitere charakteristische Branchen: Geschäfte für Registrierkassen, Vervielfältigungsapparate, Büromaschinen, Optik und Foto, Füllfederhalter usw.			
Insgesamt	183	89 (= 48,5%)	100%

(nach H. BORSTORFF, 1935, S. 133 ff.)

| Tabelle 4 | Funktionale Ausstattung der Leipziger Straße im Jahre 1932 |

	Anzahl der Einrichtungen		
	Absolute Zahl		Anzahl in v. H.
	Insgesamt	davon Filialbetriebe	
I. Einzelhandel			
1. Nahrungs- und Genußmittel:			
Schokoladen	6		
Tabakwaren	3		
Kaffee	2		
Fleischwaren	2		
Weinhandlung	1		
Delikatessen	1		
Nahrungs- und Genußmittel insgesamt	15	14	11
2. Textil- und Bekleidungsartikel:			
Wäsche	15		
Damenbekleidung	14		
Herrenartikel	9		
Damen- und Herrenschuhe	7		
Damenhüte	5		
Pelze	4		
Herrenkonfektion	3		
Textil- und Bekleidungsartikel insgesamt	67	35	48
3. Sonstiger Bedarf, davon:			
Juweliere und Uhrenhandel	8		
Lederwaren	6		
Sonstiger Bedarf insgesamt	56	33	41
I. insgesamt	138	82	100
II. Leerstehende Läden			
III. Dienstleistungseinrichtungen (Cafés, Restaurants usw.)	13		
Einrichtungen insgesamt	158		

(nach W. LIPPMANN, 1933, S. 24 ff.)

Tabelle 5   Branchenstruktur der Ladengeschäfte in der Leipziger Straße im Jahre 1935

	Anzahl der Einrichtungen		
	Absolute Zahl		Anzahl in v.H.
	insgesamt	davon Filialbetriebe	
1. Nahrungs- und Genußmittel:			
(1) Schokoladenhandlungen	11	11	
(2) Zigarrenhandlungen	4		
2. Damen- und Herrenbekleidung insgesamt:	74	55	49,3
davon:			
(1) Damenmodewarengeschäfte:			
Damenkonfektion und Bekleidungshäuser	15		
Wäsche und Korsetts	9		
Wollwaren	5		
Damenhüte	4		
Damenstoffe	3		
Pelze	3		
Damenmodewarengeschäfte insgesamt	39		
(2) Herrenbekleidungsgeschäfte:			
Herrenartikel	12		
Herrenstoffe	2		
Herrenkonfektion	1		
Herrenbekleidungsgeschäfte insgesamt	15		
(3) Schuhe	7	7	
(4) Lederwaren	4	3	
(5) Schirme	3	3	
3. Parfümerien	5	4	
4. Optik und Foto	3	3	
5. Nähmaschinen	2	2	
Weitere charakteristische Branchen: Lampen, Haushaltswaren, Gardinen, Spitzen, Bett- und Tischwäsche, Betten, Metallwaren, Glas und Porzellan, Füllfederhalter, Kaffee			
Ladengeschäfte (ohne Warenhäuser) insgesamt	150	109	100

(nach H. BORSTORFF, 1935, S. 133 ff.)

Tabelle 6   Funktionale Ausstattung des Kurfürstendamms zwischen Kaiser-Wilhelm-Gedächtniskirche und Knesebeckstraße im Jahre 1932

	Anzahl der Einrichtungen		
	Absolute Zahl		Anzahl in v.H.
	insgesamt	davon Filialbetriebe	
I. Einzelhandel			
1. Nahrungs- und Genußmittel			
Süßwaren	4		
Feinkost	3		
Tabakwaren	2		
Nahrungs- und Genußmittel insgesamt	9	9	11
2. Bekleidungsartikel, davon:			
Damenkleidung (Damenmoden, Strickmoden usw.)	11		
Damenwäsche	7		
Schuhe	5		
Damenhüte	3		
Pelze	3		
Bekleidungsartikel insgesamt	36	11	44,5
3. Sonstiger Bedarf, davon:			
Parfümerie	6		
Automobile	3		
Sonstiger Bedarf insgesamt	36	15	44,5
Einzelhandel insgesamt	81	35	100
II. Leerstehende Läden	8		
III. Dienstleistungs- und Darbietungsgewerbe	44		
Einrichtungen insgesamt	133		

(nach W. LIPPMANN, 1933, S. 33 ff.)

| Tabelle 7 | Funktionale Ausstattung der Wilmersdorfer Straße (Berlin-Charlottenburg) im Jahre 1932 |

	Anzahl der Einrichtungen		
	Absolute Zahl		Anzahl in v. H.
	insgesamt	davon Filialbetriebe	
I. Einzelhandel			
1. Nahrungs- und Genußmittel, davon:			
Süßwaren	18		
Kaffee	16		
Tabakwaren	15		
Kolonialwaren und Feinkost	14		
Fleischwaren	11		
Butter	10		
Backwaren	10		
Obst und Gemüse	7		
Milch	2		
Nahrungs- und Genußmittel insgesamt	115	39	37
2. Bekleidungsartikel, davon:			
Damenwäsche i. w. S.	22		
Schuhe	18		
Herrenartikel	15		
Pelzwaren	9		
Damenkonfektion	8		
Damenhüte	7		
Stoffe und Seiden	6		
Herrenkonfektion	6		
Schirme und Stöcke	4		
Bekleidungsartikel insgesamt	98	21	32
3. Sonstiger Bedarf, davon:			
Juwelier und Uhrenhandel	11		
Wohnungsausstattungen	9		
Drogen	7		
Sonstiger Bedarf insgesamt	95	12	31
Einzelhandel insgesamt	308	72	100
II. Leerstehende Läden	14		
III. Handwerks- und Dienstleistungsbetriebe, davon:	41		
Schankwirtschaften	13		
Konditoreien	2		
Weiterhin: Bankfilialen, Färbereifilialen, Wettannahmen usw.			
Einrichtungen insgesamt	363		

(nach W. LIPPMANN, 1933, S. 39 ff.)

| Tabelle 8 | Einzelhandelsausstattung der Wilmersdorfer Straße (Berlin-Charlottenburg) im Abschnitt Kant- bis Bismarckstraße im Jahre 1932 |

	Anzahl der Einrichtungen		
	Absolute Zahl		Anzahl in v.H.
	insgesamt	davon Filialbetriebe	
1. Nahrungs- und Genußmittel	25	11	29
2. Bekleidungsartikel	40	19	47
3. Sonstiger Bedarf	20	6	24
Einrichtungen insgesamt	85	36	100

(nach W. LIPPMANN, 1933, S. 42)

Tabelle 9 West - Berlin: Bettengrößenklassen der Beherbergungsbetriebe 1937 - 1972 [1]

Jahr	bis 10	Bettengrößenklassen			
		11-20	21-50	51-100	über 100
1937[2]	172	266	114	27	13
1956	109	150	57	11	4
1961	90	158	68	14	11
1966	74	176	129	26	21
1972[3]	32	157	124	41	31
		Betten			
1937[2]	1415	3794	3333	2055	2801
1956	778	1933	1553	768	661
1961	724	2205	1919	956	2357
1966	674	2587	3852	1869	4115
1972[3]	257	2147	3618	2636	6450

Tabelle 10 West - Berlin: Gliederung der Beherbergungskapazität nach Stadtbezirken 1956 und 1972 [4]

Bezirke	Beherbergungskapazität									
	Betriebe					Betten				
	1956		1972		Zu-oder Abnahme	1956		1972		Zu-oder Abnahme
	abs.	%	abs.	%	abs.	abs.	%	abs.	%	abs.
2 Tiergarten	9	2,7	19	4,9	+ 10	87	1,5	2120	14,0	+ 2033
3 Wedding	2	0,6	1	0,3	- 1	73	1,3	67	0,4	- 6
6 Kreuzberg	27	8,2	17	4,4	- 10	518	9,1	630	4,2	+ 112
7 Charlottenburg	146	44,1	173	44,9	+ 27	2874	50,5	6348	42,0	+ 3474
8 Spandau	9	2,7	12	3,1	+ 3	139	2,4	281	1,9	+ 142
9 Wilmersdorf	50	15,1	88	22,9	+ 38	741	13,0	3378	22,4	+ 2637
lo Zehlendorf	17	5,1	18	4,7	+ 1	331	5,8	466	3,1	+ 135
11 Schöneberg	51	15,4	32	8,3	- 19	606	10,6	1226	8,1	+ 620
12 Steglitz	11	3,3	11	2,9	-	159	2,8	273	1,8	+ 114
13 Tempelhof	6	1,8	4	1,0	- 2	93	1,6	71	0,5	- 22
14 Neukölln	3	0,9	6	1,6	+ 3	72	1,3	151	1,0	+ 79
20 Reinickendorf	-	-	4	1,0	+ 4	-	-	97	0,6	+ 97
Insgesamt	331 =	100%	385 =	100%	+ 54	5693 =	100%	15108 =	100%	+ 9415

1) Quelle: E.WETH, 1972, S. 257
2) 1937: Ende Oktober
3) Ab 1971 veränderte Größenklassen: 1-9, 10-19, 20-49, 50-99, über 100
4) Nach statistischen Angaben in: E. WETH, 1972, S. 258

Tabelle 11	Ost-Berlin: Stadtzentrum
	Einzelhandelsausstattung der Hauptgeschäftsstraßen und -bereiche 1971/73

Anzahl der Einzelhandelsbetriebe

Bedarfsstufen, Branchen und Bedarfsgruppen (in Klammern)	Straße Unter d. Linden	Friedrich- straße	"Zentraler Bereich" (Rathaus- und Karl- Liebknecht-Str.)	Bereich Alexanderplatz	Gesamt- zahl abs.	%
Bedarfsstufe 1:						
(2) Damenmoden, einschl. Pelzbekleidung	3	-	1	1	5	
(2) Herrenkonfektion	1	-	-	-	1	
(2) Stoffe	1	-	-	-	1	
(2) Schuhe	-	-	-	1	1	
(3) Porzellan (Meißner)	1	-	-	-	1	
(3) Haushaltsgeräte (groß)	-	2	1	-	3	
(5) Schreibgeräte	-	1	-	-	1	
(6) Radio/Fernsehen	-	-	-	1	1	
(6) Kino/Foto/Optik	-	-	-	1	1	
(6) Musikinstrumente	-	-	1	-	1	
(6) Jagdwaffen,-bekleidung u. -zubehör	-	-	-	1	1	
(6) Skiausrüstung u. -bekleidung	-	-	1	-	1	
(8) Möbel	-	-	1	1	2	
(9) Automobile	1	-	-	-	1	
(10) (Ostsee-)Schmuck	-	-	1	-	1	
(10) Uhren/Schmuck	1	-	-	-	1	
Bedarfsstufe 1 insgesamt	8	3	6	6	23=30,7%	
Bedarfsstufe 2:						
(1) Spezialsortimente der Nahrungs-u.Genußmittelbranche	2	4	3	-	9	
(2) Bekleidungskaufhaus	-	-	1	-	1	
(2) Schuhe	-	-	2	-	2	
(2) Lederwaren	1	-	1	-	2	
(2) Textilkaufhaus	-	1	-	-	1	
(2) Wäsche	-	1	-	-	1	
(2) Strümpfe	-	1	-	-	1	
(2) Kleintextilien u. Kurzwaren	-	1	-	-	1	
(3) Porzellan	-	-	1	-	1	
(4) Kosmetik-u. Parfümeriewaren	-	1	1	-	2	
(4) Optiker	-	1	1	-	2	
(4) Apotheke	-	2	-	-	2	
(5) Kunsthandlung/Schreibwaren	-	1	-	-	1	
(5) Kunstgewerbliche Artikel	2	-	1	-	3	
(5) Kunstgewerbe/Kleinmöbel	-	-	-	1	-	
(5) Bücher/Kunstgewerbe	-	-	1	-	1	
(5) Bücher/Antiquariat	4	2	1	1	8	
(5) Schreibwaren	-	1	-	-	1	
(5/6) Kunstsalon (Kunstbücher, -drucke,Schallplatten,Noten)	1	-	-	-	1	
(6) Geschenke/Spielwaren	-	1	-	-	1	
(6) Schallplatten	-	-	1	-	1	
(6) Artikel f. Sport u. Camping	1	-	-	-	1	
(6) Anglerbedarf	-	-	-	1	1	
(10) Blumen	-	-	-	1	1	
Bedarfsstufe 2 insgesamt	11	17	14	4	46=61,3%	
Bedarfsstufe 3:						
(1) Lebensmittel	-	1	-	-	1	
(1) Fleischwaren	-	1	-	-	1	
(1) Konditor- u. Backwaren	-	1	-	-	1	
(4) Waren f. Körper-u. Gesundheitspflege	-	-	-	1	1	
(5) Zeitschriften	-	1	1	-	2	
Bedarfsstufe 3 insgesamt	-	4	1	1	6= 8%	
Bedarfsstufe in 1 - 3 insgesamt	19	24	21	11	75=100%	
Berliner Markthalle	-	-	1	-	1	
Warenhaus "Centrum"	-	-	-	1	1	
Gesamtzahl der Einrichtungen	19	24	22	12	77	

1) Quelle: Eigene Erhebungen der Bereiche Straße Unter den Linden, Friedrichstraße und Alexanderplatz (einschließlich des neueren Abschnittes der Karl-Marx-Allee) im August 1971 sowie des sog. "zentralen Bereiches"(Rathausstraße u. K.-Liebknecht-Str.) im Nov.1973

Tabelle 12 — Ost-Berlin: Stadtzentrum
Bedarfsgruppengliederung der Einzelhandelsausstattung der Hauptgeschäftsstraßen und -bereiche 1971/73[1]

Bedarfsgruppen	Anzahl der Verkaufsstellen	
	absolut	in v.H.
(1) Lebens- u. Genußmittel	12	16,0
(2) Bekleidung u. Textilien	17	22,7
(3) Hausratbedarf	5	6,7
(4) Körperpflege- u. Heilbedarf	7	9,3
(5) Bildung u. Kunst	19	25,3
(6) Unterhaltungsbedarf	9	12,0
(7) Arbeits- u. Betriebsmittelbedarf	-	-
(8) Wohnungseinrichtungsbedarf	2	2,7
(9) Fahrzeuge	1	1,3
(10) Schmuck- u. Zierbedarf	3	4,0
	75	100,0

Tabelle 13 — West-Berlin: Banken, Sparkassen und Versicherungen 1968[2]

	West-Berlin insgesamt	davon im weiteren Zooviertel[3]	
	abs.	abs.	%
Landeszentralbank in Berlin (Hauptverwaltung der Deutschen Bundesbank)	1	1	100
Bank- oder Sparkassenzentrale (mit untergeordneten Filialen bzw. Zweigstellen)	8	4	50
Bank/Sparkasse	69	42	61
Bank-oder Sparkassenfiliale bzw. -zweigstelle	257	24	9,3
	335	71	21,2
Versicherung (Bezirksdirektion, Filialdirektion)	161	81	50,3
Versicherungsagentur bzw. -vermittlung	948	101	10,7
	1.109	182	16,4
Insgesamt	1.444	253	17,5%

[1] Die Bedarfsgruppengliederung bezieht sich auf die in der Tabelle 11 aufgewiesene Branchenverteilung in den Hauptgeschäftsstraßen bzw. -bereichen. Ausgenommen wurden hier lediglich das Warenhaus Centrum (Alexanderplatz) und die Einrichtungen der "Berliner Markthalle" (Karl-Liebknecht-Straße).
[2] Quelle: Branchen-Fernsprechbuch Berlin 1968/69
[3] D.h. innerhalb des in der Abb. 22 räumlich begrenzten Gebietes

Tabelle 14		West-Berlin: Hotels und Pensionen 1970[1]	

	West-Berlin insgesamt	davon im weiteren Zooviertel[2]	
	abs.	abs.	%
Internationale Hotels	32	22	rd. 69
Hotels	75	21	28
Hotelpensionen	154	80	52
Pensionen	126	82	rd. 65
Insgesamt	387	205	53

Tabelle 15		West-Berlin: Gaststätten- und Unterhaltungsgewerbe 1968[3]	

	West-Berlin insgesamt	davon im weiteren Zooviertel[4]	
	abs.	abs.	%
Gaststätten[5]	3.289	289	rd. 9
Konditoreien und Cafés	230	27	rd. 12
Bars	130	58	rd. 45
Filmtheater,	136	24	rd. 18
davon Ur- bzw. Erstaufführungstheater	21	17	81

1) Quelle: Verkehrsamt Berlin (Hrsg.), Hotelführer durch Berlin West, 1970/71
2) D.h. innerhalb des in der Abb. 22 räumlich begrenzten Gebietes
3) Quellen: Branchen-Fernsprechbuch Berlin 1968/69 und K.BAEDECKER, 1966
4) D.h. innerhalb des in der Abb. 22 räumlich begrenzten Gebietes
5) Einschließlich Imbißstuben und Trinkhallen

Tabelle 16 — West-Berlin: Ärztliche Einrichtungen 1968[1]

	West-Berlin insgesamt abs.	davon im weiteren Zooviertel abs.	%
Praktischer Arzt	1 091	76	7
Facharzt	ca. 1 563	124	7,9
Zahnarzt	1 421	113	8
Fachzahnarzt	24	3	12,5
Insgesamt	ca. 4 099	316	7,7

Tabelle 17 — West-Berlin: Ausgewählte Vermittlungs- und Beratungsdienste 1968[2]

	West-Berlin Insgesamt abs.	davon im weiteren Zooviertel[3] abs.	%
Rechtsanwälte und Notare	1 052	317	rd. 30
Wirtschaftsprüfer	ca. 113	26[4]	23
Wirtschaftsprüfungsgesellschaften	23	17[5]	rd. 74
Steuerberater und Steuerbevollmächtigte	ca. 1 204	125[6]	rd. 10
Steuerberatungsgesellschaften	10	2	20
Immobilien	353	85	rd. 24
Filmverleihunternehmen	35	20	rd. 57
Vermittlungseinrichtungen des Reise- und Fremdenverkehrs:			
Reisebüros von Luftverkehrsgesellschaften	17	17	100
Reise- und Verkehrsbüros	289	55	19

[1] Quelle: Branchen-Fernsprechbuch Berlin 1968/69
[2] Quelle: Branchen-Fernsprechbuch Berlin 1968/69
[3] d.h. innerhalb des in der Abb.24 räumlich begranzten Gebietes
[4] davon 11 zugleich Steuerberater
[5] davon 2 zugleich Steuerberatungsgesellschaft
[6] davon 18 Steuerberater und 107 Steuerbevollmächtigte

Tabelle 18 — West-Berlin: Kurfürstendamm-Bereich
Dienstleistungseinrichtungen und spezielle Einrichtungen der Wirtschaft 1971[1]

Dienstleistungsgruppen und -arten	Kurfürstendamm	Nebenstraßenabschnitte	Insgesamt abs.	in v.H.
(1) Öffentliche Verwaltungsdienste:				
Oberfinanzdirektion	1	-	1	
Rechnungshof von Berlin	-	1	1	
Polizeistation	-	1	1	
Vertretungen fremder Staaten:				
Franz. Generalkonsulat	1	-	1	
Niederl. Handelsvertretung	-	1	1	
(1) insgesamt	2	3	5	= 0,6
(2) Verbände u. Interessengemeinsch.:				
Kulturverbände u.ä. Interessengem.	1	12	13	
Wirtschaftsverbände (einschl. Berufsverb. d. Handwerks)	9	9	18	
(2) insgesamt	10	21	31	= 3,5
(3) Versicherungs- u. Bankwesen:				
Versicherung	18	6	24	
Versicherungsagentur	4	-	4	
Bank/Sparkasse	8	2	10	
Bausparkasse	4	-	4	
Bank- o. Sparkassenfiliale	5	-	5	
Wechselstube	1	-	1	
(3) insgesamt	40	8	48	= 5,4
(4) Beherbergungsgewerbe:				
Internationales Hotel	4	2	6	
Hotel	4	4	8	
Hotelpension	9	10	19	
Pension	2	11	13	
(4) insgesamt	19	27	46	= 5,2
(5) Vermittlungseinrichtungen d. Reise- u. Fremdenverkehrs:				
Ausländisches Reisebüro	1	3	4	
Reisebüro einer Luftfahrtges.	2	-	2	
Normales Reisebüro	8	5	13	
Reiseorganisationsgesellschaft	2	-	2	
Büro f. Stadtrundfahrten	1	1	2	
(5) insgesamt	14	9	23	= 2,6
(6) Gaststätten- u. Unterhaltungsgewerbe:				
Weinlokal	1	1	2	
Gaststätte/Restaurant	17	15	32	
Restaurant u. Café m. Konzert	1	-	1	
Restaurant u. Café	3	-	3	
Café u. Konditorei	4	-	4	
Bierlokal/Kneipe	1	3	4	
Imbißstube/Würstchen-Stand	2	1	3	
Bar/Diskothek	-	10	10	
Spielkasino/Billard	1	2	3	
Filmtheater: Erstaufführungskino	5	-	5	
Normales Kino	1	2	3	
(6) insgesamt	36	34	70	= 7,9
(7) Spezielle Kultur- u. Bildungseinr.:				
Theater	3	-	3	
Kulturzentrum	1	-	1	
Institut	1	3	4	
Dokumentarfilmsammlung	-	1	1	
Kunstsammlung	-	1	1	
(7) insgesamt	5	5	10	= 1,1
(8) Privat Ausbildungseinrichtungen:				
Ausbildungsinst. f. Psychoanalyse	-	1	1	
Ballettschule	-	1	1	
Mannequin-Schule	1	-	1	
Sportschule	-	1	1	
Sprachenschule	1	2	3	
Schreibmaschinenschule	1	1	2	
(8) insgesamt	3	6	9	= 1,0

Tabelle 18 (Fortsetzung)

Dienstleistungsgruppen und -arten	Anzahl der Einrichtungen			
	Kurfürstendamm	Nebenstraßen-abschnitte	Insgesamt abs.	in v.H.
(9) Weitere gehobene private Dienstl.:				
(9.1.) Gesundheitsfürsorge:				
Mediz. Fachinst. o. - labor	1	2	3	
Facharzt	21	14	35	
Prakt. Arzt	2	1	3	
Zahnarzt/Dentist	8	8	16	
Krankengymnastik/Heilpraktiker	1	1	2	
Sauna	-	1	1	
(9.1.) insgesamt	33	27	60	= 6,8
(9.2.) Rechtspflege:				
Ausländischer Rechtsanwalt	3	-	3	
Rechtsanwalt/Notar	46	49	95	
(9.2.) insgesamt	49	49	98	= 11,0
(9.3.) Wirtschafts-, Finanzberatung, -vermittlung etc.:				
Wirtschaftsprüfer	-	5	5	
Wirtschaftsprüfungsgesellschaft	4	-	4	
Steuerberater/Steuerbevollmächt.	5	8	13	
Steuerberatungsgesellschaft	-	1	1	
Wirtschafts- u. Finanzberatung	4	6	10	
Immobilien/Vermögens- u. Güterverwaltung/ Finanzierungen	33	19	52	
(9.3.) insgesamt	46	39	85	= 9,6
(9.4.) Sonstige Einrichtungen:				
Technische Büros (Ingenieur- u. Architekturbüros)	12	9	21	
Werbeagentur	9	9	18	
Presseagentur	2	1	3	
Detektivbüro	1	3	4	
Verschiedene	2	5	7	
(9.4.) insgesamt	26	27	53	= 6,0
(9) insgesamt	**154**	**142**	**296**	**= 33,3**
(10) Dienstleistungen des Handwerks:				
Autoreparatur	-	1	1	
Edelsteinschleiferei	-	1	1	
Fotostudio	5	-	5	
Friseur	3	12	15	
Installateur	-	2	2	
Kosmetik	4	5	9	
Orthopädische Schuhmacherei	-	1	1	
Polsterei/ Dekorateur	-	1	1	
Teppich- u. Kunststopferei	-	1	1	
Schuhreparatur	-	1	1	
(10) insgesamt	**12**	**25**	**37**	**= 4,2**
(11) Einfache Service-Leistungen:				
Briefmarkenauktion	1	-	1	
Bügelanstalt/ Reinigung	1	2	3	
Fußpflege/ Massage	3	3	6	
Verleih v. Konsum- u. Gebrauchtgütern	-	2	2	
Theaterkasse	2	1	3	
Wettannahme/ Zeitungsannahme	2	-	2	
(11) insgesamt	**9**	**8**	**17**	**= 1,9**
(12) Spezielle Einrichtungen d. Wirtschaft:				
Firmenverwaltungen, -zweigstellen etc.	95	70	165	
Groß- und Außenhandel	4	12	16	
Bekleidungsgewerbe	65	48	113	
(12) insgesamt	**164**	**130**	**294**	**= 33,1**
(1) - (12) insgesamt	**469**	**419**	**888**	**= 100,0 %**

1) Eigene Erhebung des Kurfürstendamm-Bereiches zwischen Leibnizstraße im Westen und Joachimstaler Straße im Osten im August 1971. Zur Abgrenzung vgl. Abb. 26.

Tabelle 19	West - Berlin: Zoorandgebiet
	Dienstleistungseinrichtungen und spezielle Einrichtungen der Wirtschaft 1971[1]

Dienstleistungsgruppen und -arten	Anzahl der Einrichtungen					
	Kurfürstendamm[2]	Tauentzienstr.[3]	Europa-Center	Übrige Straßen	Insgesamt abs.	i.v.H.
(1) Öffentliche Verwaltungsdienste:						
Senatsverwaltung (Finanzen)	-	1	-	1	2	
Finanzamt (Nebenstelle)	-	2	-	-	2	
Presse- u. Informationsbüro d. BRD (Vertretung Berlin)	-	-	1	-	1	
Ausländisches Konsulat	-	1	-	1	2	
(1) insgesamt	-	4	1	2	7	= 1,3
(2) Verbände u. Interessengemeinsch.:						
Kulturverband	-	1	1	4	6	
Berufsverband (berufsständ. Kammer)	1	-	-	-	1	
Wirtschaftsverband	-	1	1	1	3	
(2) insgesamt	1	2	2	5	10	= 1,9
(3) Versicherungs- u. Bankwesen:						
Versicherung (Bezirks- o. Filialdirektion)	-	8	-	14	22	
Versicherungsagentur	1	2	1	1	5	
Bank	1	4	1	3	9	
Bausparkasse (Bezirksdirektion, Vertretung)	1	1	-	1	3	
Bank- o. Sparkassenfiliale	1	1	-	5	7	
(3) insgesamt	4	16	2	24	46	= 8,5
(4) Beherbergungsgewerbe:						
Internationales Hotel	-	-	1	-	1	
Hotel	1	-	-	-	1	
Hotelpension	1	-	-	3	4	
Pension	-	-	-	1	1	
(4) insgesamt	2	-	1	4	7	= 1,3
(5) Vermittlungseinrichtungen des Reise- u. Fremdenverkehrs:						
Ausländ. Reisebüro	-	1	-	1	2	
Ausländ. Fremdenverkehrswerbung	-	1	-	-	1	
Reisebüro einer (ausländ.) Luftverkehrsgesellschaft	1	-	3	12	16	
Normales Reisebüro	1	-	1	1	3	
Reiseorganisationsgesellschaft/ -agentur	-	-	-	2	2	
Büro f. Stadtrundfahrten	-	-	-	1	1	
(5) insgesamt	2	2	4	17	25	= 4,6
(6) Gaststätten- und Unterhaltungsgewerbe:						
Gaststätte/Restaurant	4	-	6	18	28	
Restaurant u. Café	-	-	2	-	2	
Café u. Konditorei	1	-	1	1	3	
Bierlokal/Kneipe	-	-	3	-	3	
Imbißstube/ -stand	-	-	1	7	8	
Kabarett	-	-	1	-	1	
Bar/ Nachtklub/ Tanzcasino	-	-	1	2	3	
Filmtheater: Erstaufführungskino	2	-	-	-	2	
Normales Kino	-	-	1	2	3	
(6) insgesamt	7	-	16	30	53	= 9,8
(7) Spezielle Kultur- u. Bildungseinrichtung:						
Wiss. Institut	-	-	-	1	1	
(7) insgesamt	-	-	-	1	1	= 0,2

1) Quelle: Erhebung des Zoorandgebietes im August 1971 (Berlin-Praktikum). Zur räumlichen Abgrenzung vgl. Abb. 27. Eingeschlossen sind außerdem die Einrichtungen in der sog. "Hilton-Kolonnade" (Budapester Straße)

2) Zwischen Breitscheid-Platz (einschließlich Haus No. 11) und Joachimstaler Straße.

3) Ohne Europa-Center

Tabelle 19 (Fortsetzung)

Dienstleistungsgruppen und -arten	Anzahl der Einrichtungen					
	Kurfürstendamm	Tauentzienstr.	Europa-Center	Übrige Straßen	Insgesamt abs.	l.v.H.
(8) Private Ausbildungseinrichtungen:						
(8) insgesamt	-	1	3	2	6 =	1,1
(9) Weitere gehobene private Dienstleistungen:						
(9.1.) Gesundheitsfürsorge:						
Mediz. Spezialinstitut	1	-	-	-	1	
Facharzt	1	-	10	1	12	
Prakt. Arzt	-	-	1	3	4	
Zahnarzt	1	-	1	5	7	
Gesundheitsbad	-	1	-	1	2	
(9.1.) insgesamt	3	1	12	10	26 =	4,8
(9.2.) Rechtspflege:						
Rechtsanwalt/ Notar	5	18	2	10	35 =	6,5
(9.3.) Wirtschafts-, Finanzberatung, Vermittlung etc.:						
Steuerberater/ Wirtschaftsprüfer	3	-	1	6	10	
Wirtschafts- u. Finanzberatung	-	1	1	-	2	
Finanzierungsgesellschaft	-	2	2	2	6	
Immobilien, Vermögens- u. Grundstücksverwaltung	4	4	4	8	20	
(9.3.) insgesamt	12	25	10	26	73 =	13,5
(9.4.) Sonstige Einrichtungen:						
Technische Büros (Ingenieur- u. Architekturbüros)	4	9	-	3	16	
Werbeagentur	2	1	1	5	9	
Verschiedene	3	1	3	8	15	
(9.4.) insgesamt	9	11	4	16	40 =	7,4
(9) insgesamt	29	55	28	62	174 =	32,2
(10) Dienstleistungen d. Handwerks:						
Fotostudio	1	-	-	1	2	
Friseur/ Kosmetik	-	1	-	4	5	
Geigenbau u. -reparatur	-	-	-	2	2	
Sattlerei	-	-	-	1	1	
(10) insgesamt	1	1	-	8	10 =	1,9
(11) Einfache Service-Leistungen:						
Autovermietung	-	-	1	-	1	
Fußpflege	-	1	-	1	2	
Kinderstube f. Warenhauskunden	-	-	-	1	1	
Reinigungsannahme	-	-	-	3	3	
Vervielfältigungsanstalt	-	-	-	1	1	
(11) insgesamt	-	1	1	6	8 =	1,5
(12) Spezielle Einrichtungen d. Wirtschaft:						
Firmenverwaltungen,-zweigstellen, -vertretungen	14	20	26	49	109	
Großhandel	-	-	1	4	5	
Außenhandel	-	1	4	-	5	
Bekleidungsgewerbe	7	4	15	48	74	
(12) insgesamt	21	25	46	101	193 =	35,7
(1) - (12) insgesamt	67	107	104	262	540 =	100,0 %

Tabelle 20 — West-Berlin: Übersicht über die Bedarfsgruppen- und Bedarfsstufengliederung der Fach- und Spezialgeschäfte in den untersuchten Zentren 1971 [1]

Anzahl der Einrichtungen

Bedarfsgruppen/Bedarfsstufen	Kurfürstendamm-Bereich abs.	%	Zoorandgebiet abs.	%	Schloßstraße abs.	%	Wilmersdorfer Straße abs.	%	Badstraße und Brunnenstraße abs.	%
Bedarfsgruppen:										
(1) Lebens- u. Genußmittel	27	10,2	22	10,2	28	10,6	21	14,5	60	26,9
(2) Bekleidung u. Textilien	87	33,0	71	33,0	90	34,0	56	38,6	61	27,4
(3) Hausrat	14	5,3	14	6,5	19	7,2	7	4,8	11	4,9
(4) Körperpflege- u. Heilbedarf	24	9,1	18	8,4	27	10,2	17	11,7	23	10,3
(5) Bildung und Kunst	30	11,4	19	8,8	23	8,7	6	4,1	11	4,9
(6) Unterhaltungsbedarf	15	5,7	18	8,4	24	9,1	8	5,5	16	7,2
(7) Arbeits- und Betriebsmittelbedarf	2	0,8	3	1,4	6	2,3	2	1,4	4	1,8
(8) Wohnungseinrichtungsbedarf	17	6,4	13	6,0	19	7,2	13	9,0	15	6,7
(9) Fahrzeuge	12	4,5	-	-	3	1,1	2	1,4	6	2,7
(10) Schmuck- u. Zierbedarf	36	13,6	37	17,2	26	9,8	13	9,0	16	7,2
Insgesamt	264	100,0	215	100,0	265	100,0	145	100,0	223	100,0
Bedarfsstufen:										
Stufe 1	92	34,8	69	32,1	53	20,0	22	15,2	29	9,1
Stufe 2	155	58,7	127	59,1	184	69,4	104	71,7	198	62,5
Stufe 3	17	6,4	19	8,8	28	10,6	19	13,1	90	28,4

Tabelle 21 — West-Berlin: Kurfürstendamm-Bereich
Bedarfsstufen- und Bedarfsgruppengliederung und Verkaufsraumflächen der Fach- und Spezialgeschäfte 1971

Anzahl und Verkaufsraumflächen der Einrichtungen

Bedarfsstufen und Bedarfsgruppen	Kurfürstendamm Anzahl d. Geschäfte abs.(=%)	Verkaufsraumfläche [4] (m²) abs.(=%)	Nebenstraßenabschnitte [3] Anzahl abs.(=%)	Verkaufsr. (m²) abs.(=%)	Insgesamt Anzahl abs.(=%)	Verkaufsraumfläche (m²) abs.(=%)
Bedarfsstufe 1:						
(2) Bekleidung	13	3405	5	324	18	3729
(3) Hausratbedarf	5	840	1	83	6	923
(5) Bildung und Kunst	1	61	10	934	11	995
(6) Unterhaltungsbedarf	7	1047	2	95	9	1142
(7) Arbeits- u. Betriebsmittelbedarf	2	304	-	-	2	304
(8) Wohnungseinrichtungsbedarf	5	754	9	1428	14	2182
(9) Fahrzeuge	8	2218	4	1390	12	3608
(10) Schmuck- u. Zierbedarf	16	982	4	226	20	1208
Bedarfsstufe 1 insgesamt	57 (41,6)	9611 (55,4)	35 (27,6)	4480 (33,7)	92 (34,8)	14091 (46,0)
Bedarfsstufe 2:						
(1) Lebens- u. Genußmittel	9	614	8	684	17	1298
(2) Bekleidung u. Textilien	35	4257	34	3753	69	8010
davon: nur Damenkonfektion und -wäsche	10	1200	2	171	12	1371
(Damen-) Modeboutique	6	336	17	1302	23	1638
Schuhe	9	1247	2	521	11	1768

1) Quelle: Erhebungen im August 1971 (Berlin-Praktikum). Vgl. Abgrenzungen der Hauptzentrums-Teilbereiche und Nebengeschäftszentren in Abbn. 26, 27, 29, 31, 32 und 33.
2) Quelle: Eigene Erhebung des Kurfürstendamm-Bereiches (August 1971), vgl. Abb. 26.
3) Vgl. Abgrenzung der Nebenstraßenabschnitte in der Abb. 26.
4) Die mittels Kartierung und anschließender Flächenberechnungen gewonnenen Daten, die auch jeweils Schaufenster- und sonstige Ausstellungsflächen einschließen, sind lediglich "beste Schätzungen". Sie können nur als "Orientierungsdaten" gelten !

Tabelle 21 (Fortsetzung)

Anzahl und Verkaufsraumflächen der Einrichtungen

Bedarfsstufen und Bedarfsgruppen	Kurfürstendamm		Nebenstraßenabschnitte		Insgesamt	
	Anzahl d. Geschäfte abs.(=%)	Verkaufsraumfläche (m²) abs.(=%)	Anzahl abs.(=%)	Verkaufsr. (m²) abs.(=%)	Anzahl abs.(=%)	Verkaufsraumfläche (m²) abs.(=%)
(3) Hausratbedarf	4	476	4	264	8	740
(4) Körperpflege- und Heilbedarf	10	512	13	920	23	1432
(5) Bildung und Kunst	6	702	10	863	16	1565
(6) Unterhaltungsbedarf	2	210	4	582	6	792
(8) Wohnungseinrichtungsbedarf	1	328	2	102	3	430
(10) Schmuck- und Zierbedarf	6	347	7	389	13	736
Bedarfsstufe 2 insgesamt	73 (53,3)	7446 (42,9)	82 (64,8)	7557 (56,8)	155 (58,7)	15003 (48,9)
Bedarfsstufe 3:						
(1) Lebens- u. Genußmittel	3	78	7	1135	10	1213
(4) Körperpflege u. Heilbedarf	–	7	1	75	1	75
(5) Bildung und Kunst	3	151	–	–	3	151
(10) Schmuck- u. Zierbedarf	1	63	2	62	3	125
Bedarfsstufe 3 insgesamt	7 (5,1)	292 (1,7)	10 (7,9)	1272 (9,6)	17 (6,4)	1564 (5,1)
Bedarfsstufen 1 - 3 insgesamt	137 (100)	17349 (100)	127 (100)	13309 (100)	264 (100,0)	30658 (100,0)

Tabelle 22 West - Berlin: Kurfürstendamm - Bereich
Angebotstiefen und Bedarfsstufengliederung der Fach - und Spezialgeschäfte 1971 [1]

Angebotstiefen [2] Stufen	Bedarfsstufen [3]			insgesamt
	1	2	3	
1	10,2	18,2	1,9	30,3
2	17,0	28,4	3,4	48,9
3	7,6	12,1	1,1	20,8
insgesamt	34,8	58,7	6,4	100,0

Tabelle 23 West - Berlin: Kurfürstendamm - Bereich
Schaufenstergestaltung und Bedarfsstufengliederung der Fach - und Spezialgeschäfte 1971 (in v.H.) [1]

Schaufenstergestaltung [4] Stufen	Bedarfsstufen [3]			insgesamt
	1	2	3	
1	21,2	35,2	1,5	58,0
2	11,0	21,2	2,7	34,8
3	2,7	2,3	2,3	7,2
insgesamt	34,8	58,7	6,4	100,0

1) Quelle: Eigene Erhebung des Kurfürstendamm-Bereiches im August 1971. Zur Abgrenzung des Kurfürstendamm-Bereiches vgl. Abb. 26
2) Vgl. die Ausführungen unter V.2.1.2.2.
3) Vgl. die Ausführungen unter V.2.1.2.4.
4) Vgl. die Ausführungen unter V.2.2.1.

Tabelle 24 **West - Berlin: Zoorandgebiet**
Bedarfsstufen - und Bedarfsgruppengliederung der Fach - und Spezialgeschäfte 1971[1]

Anzahl der Geschäfte

Bedarfsstufen und Bedarfsgruppen	Kurfürstendamm[2] und Tauentzienstr.[3] abs.	%	Europa-Center abs.	%	Übrige Straßen[4] abs.	%	Insgesamt abs.	%
Bedarfsstufe 1:								
(2) Bekleidung u. Textilien	3		5		3		11	
(3) Hausratbedarf	2		2		3		7	
(4) Körperpflege- und Heilbedarf	-		1		1		2	
(5) Bildung und Kunst	2		2		4		8	
(6) Unterhaltungsbedarf	1		1		4		6	
(7) Arbeits- und Betriebsmittelbedarf	-		-		2		3	
(8) Wohnungseinrichtungsbedarf	5		1		5		11	
(10) Schmuck- und Zierbedarf	6		6		9		21	
Bedarfsstufe 1 insgesamt	20	= 32,3	18	= 28,1	31	= 34,8	69	= 32,1
Bedarfsstufe 2:								
(1) Lebens- und Genußmittel	7		4		1		12	
(2) Bekleidung und Textilien	21	= 33,9	15	= 23,4	24	= 27,0	60	= 27,9
(3) Hausratbedarf	2		4		1		7	
(4) Körperpflege- und Heilbedarf	5		4		7		16	
(5) Bildung und Kunst	-		6		2		8	
(6) Unterhaltungsbedarf	2		5		5		12	
(8) Wohnungseinrichtungsbedarf	-		1		1		2	
(10) Schmuck- und Zierbedarf	1		6		3		10	
Bedarfsstufe 2 insgesamt	38	= 61,3	45	= 70,3	44	= 49,4	127	= 59,1
Bedarfsstufe 3:								
(1) Lebens- und Genußmittel	1		1		8		10	
(5) Bildung und Kunst	1		-		2		3	
(10) Schmuck- und Zierbedarf	2		-		4		6	
Bedarfsstufe 3 insgesamt	4	= 6,5	1	= 1,6	14	= 15,7	19	= 8,8
Bedarfsstufen 1-3 insgesamt	62	= 100,0	64	= 100	89	= 100,0	215	= 100,0

[1] Quelle: Erhebung des Zoorandgebietes im August 1971 (Berlin-Praktikum)
[2] Zwischen Breitscheid-Platz (einschließlich Haus No. 11) und Joachimstaler Straße
[3] ohne Europa-Center
[4] Vgl. Abb. 27

Tabelle 25   West-Berlin: Nebengeschäftszentren Schloßstraße und Wilmersdorfer Straße
Bedarfsstufen- und Bedarfsgruppengliederung der Fach- und Spezialgeschäfte 1971[1]

Bedarfsstufen und Bedarfsgruppen	Anzahl der Geschäfte Schloßstraße[2] insgesamt abs.	%	'Forum Steglitz'[3] abs.	%	Wilmersdorfer Straße[4] abs.	%
Bedarfsstufe 1:						
(2) Bekleidung u. Textilien	8	3,0	3	4,1	4	2,8
(3) Hausratbedarf	5	1,9	–	–	1	0,7
(4) Körperpflege- u. Heilbedarf	1	0,4	1	1,4	1	0,7
(5) Bildung und Kunst	3	1,1	1	1,4	3	2,1
(6) Unterhaltungsbedarf	13	4,9	4	5,4	2	1,4
(7) Arbeits- u. Betriebsmittelbedarf	3	1,1	1	1,4	–	–
(8) Wohnungseinrichtungsbedarf	6	2,3	3	4,1	3	2,1
(9) Fahrzeuge	2	0,8	1	1,4	1	0,7
(10) Schmuck- und Zierbedarf	12	4,5	4	5,4	7	4,8
Bedarfsstufe 1 insgesamt	53	20,0	18	24,3	22	15,2
Bedarfsstufe 2:						
(1) Lebens- und Genußmittel	14	5,3	3	4,1	7	4,8
(2) Bekleidung und Textilien	82	30,9	22	29,7	52	35,9
(3) Hausratbedarf	14	5,3	6	8,1	6	4,1
(4) Körperpflege- und Heilbedarf	24	9,0	4	5,4	14	9,7
(5) Bildung und Kunst	14	5,3	6	8,1	1	0,7
(6) Unterhaltungsbedarf	11	4,2	3	4,1	6	4,1
(7) Arbeits- und Betriebsmittelbedarf	3	1,1	1	1,4	2	1,2
(8) Wohnungseinrichtungsbedarf	13	4,9	2	2,7	10	6,9
(9) Fahrzeuge	1	0,4	–	–	1	0,7
(10) Schmuck- und Zierbedarf	8	3,0	2	2,7	5	3,4
Bedarfsstufe 2 insgesamt	184	69,4	49	66,2	104	71,7
Bedarfsstufe 3: insgesamt						
(1) Lebens- und Genußmittel	14	5,3	4	5,4	14	9,7
(2) Körperpflege- und Heilbedarf	2	0,8	–	–	2	1,4
(5) Bildung und Kunst	6	2,3	–	–	2	1,4
(10) Schmuck- und Zierbedarf	6	2,3	3	4,1	1	0,7
Bedarfsstufe 3 insgesamt	28	10,6	7	9,5	19	13,1
Bedarfsstufen 1-3 insgesamt	265	100,0	74	100,0	145	100,0

1) Quelle: Erhebung der Nebengeschäftszentren im August 1971 (Berlin-Praktikum).
   Zur Abgrenzung der Zentren vgl. Abb. 30 und 31
2) Einschließlich der in der Abb. 43 abgegrenzten Nebenstraßenabschnitte und 'Forum Steglitz'
3) Ausschließlich der Einrichtungen des Wochenmarktes im 'Forum Steglitz'
4) Einschließlich der in der Abb. 31 abgegrenzten Nebenstraßenabschnitte

Tabelle 26 West - Berlin: Nebengeschäftszentrum Schloßstraße
Angebotstiefen und Bedarfsstufengliederung der Fach - und Spezialgeschäfte 1971 (in v.H.)[1]

Angebotstiefen[2]	Bedarfsstufen[3]			
Stufen	1	2	3	insgesamt
1	7,1	16,6	1,2	24,9
2	12,0	49,0	9,1	70,1
3	0,4	4,6	-	5,0
insgesamt	19,5	70,1	10,4	100,0

Tabelle 27 West - Berlin: Nebengeschäftszentrum Schloßstraße
Schaufenstergestaltung und Bedarfsstufengliederung der Fach - und Spezialgeschäfte 1971 (in v.H.)[1]

Schaufenstergestaltung[4]	Bedarfsstufen[3]			
Stufen	1	2	3	insgesamt
1	2,5	5,5	-	8,0
2	15,5	48,3	4,6	68,5
3	1,7	16,0	5,9	23,5
insgesamt	19,7	69,7	10,5	100,0

Tabelle 28 West - Berlin: Nebengeschäftszentrum Wilmersdorfer Straße
Angebotstiefen und Bedarfsstufengliederung der Fach - und Spezialgeschäfte 1971 (in v.H.)[5]

Angebotstiefen[2]	Bedarfsstufen[3]			
Stufen	1	2	3	insgesamt
1	2,2	5,8	-	8,0
2	14,5	63,0	11,6	89,1
3	-	2,2	0,7	2,9
insgesamt	16,7	71,0	12,3	100,0

Tabelle 29 West - Berlin: Nebengeschäftszentrum Wilmersdorfer Straße
Schaufenstergestaltung und Bedarfsstufengliederung der Fach - und Spezialgeschäfte 1971 (in v.H.)[5]

Schaufenstergestaltung[4]	Bedarfsstufen[3]			
Stufen	1	2	3	insgesamt
1	0,7	5,8	-	6,5
2	15,2	52,2	9,4	76,8
3	0,7	12,3	3,6	16,7
insgesamt	16,7	70,3	13,0	100,0

1) Quelle: Erhebung des Nebengeschäftszentrums im August 1971 (Berlin-Praktikum). Zur Abgrenzung des Zentrums vgl. Abb. 30
2) Vgl. die Ausführungen unter V.2.1.2.2.
3) Vgl. die Ausführungen unter V.2.1.2.4.
4) Vgl. die Ausführungen unter V.2.2.1.
5) Quelle: Erhebung des Nebengeschäftszentrums im August 1971 (Berlin-Praktikum). Zur Abgrenzung des Zentrums vgl. Abb. 32

Tabelle 30 West-Berlin: Übersicht über die Gruppierung der Dienstleistungseinrichtungen und speziellen Einrichtungen der Wirtschaft in den untersuchten Zentren 1971[1]

Gruppen	Kurfürstendamm Bereich abs.	%	Zoorandgebiet abs.	%	Schloßstraße abs.	%	Wilmersdorfer Straße abs.	%	Badstraße und Brunnenstraße abs.	%
(1) Öffentliche Verwaltungsdienste	5	0,6	7	1,3	3	1,8	2	1,5	3	1,3
(2) Verbände u. Interessengemeinschaften	31	3,5	10	1,9	3	1,8	8	6,2	3	1,3
(3) Versicherungs- und Bankwesen	48	5,4	46	8,5	16	9,5	12	9,2	10	4,5
(4) Beherbergungsgewerbe	46	5,2	7	1,3	-	-	1	0,8	-	-
(5) Vermittlungseinrichtungen des Reise- und Fremdenverkehrs	23	2,6	25	4,6	7	4,2	3	2,3	8	3,6
(6) Gaststätten- und Unterhaltungsgewerbe	70	7,9	53	9,8	27	26,1	24	18,5	57	25,4
(7) Spezielle Kultur- und Bildungseinrichtungen	10	1,1	1	0,2	1	0,6	-	-	1	0,4
(9) Weitere gehobene Dienstleistungen (insgesamt)	296	33,3	174	32,2	65	38,7	39	30,0	57	25,4
(9.1.) Gesundheitsfürsorge	60	6,8	26	4,8	44	26,2	12	9,2	49	21,9
(9.2.) Rechtspflege	98	11,0	35	6,5	9	5,4	9	6,9	5	2,2
(9.3.) Wirtschafts-, Finanzberatung, -vermittl.	85	9,6	73	13,5	8	4,8	14	10,8	2	0,9
(9.4.) Sonstige Einricht.	53	6,0	40	7,4	4	2,4	1	0,8	1	0,4
(10) Dienstleistungen d. Handwerks	37	4,2	10	1,9	13	7,7	8	6,2	35	15,6
(11) Einfache Service-Leistungen	17	1,9	8	1,5	17	10,1	6	4,6	21	9,4
(12) Spezielle Einricht. d. Wirtschaft	294	33,1	193	35,7	12	7,1	27	20,8	24	10,7
Insgesamt	888	100,0	540	100,0	168	100,0	130	100,0	224	100,0

Tabelle 31 West-Berlin: Nebengeschäftszentrum Schloßstraße
Dienstleistungseinrichtungen und spezielle Einrichtungen der Wirtschaft 1971[2]

Dienstleistungsgruppen und -arten	Schloßstraße[3] ohne 'Forum Steglitz'	'Forum Steglitz'	Nebenstraßenabschnitte[4]	Insgesamt
(1) Öffentliche Verwaltungsdienste:				
Rathaus (Bezirksverwaltung)	1	-	-	-
Arbeitsamt (Außenstelle)	-	1	-	1
Postamt	1	-	-	1
(1) insgesamt	2 = 2,1 %	1 = 5,3 %	-	3 = 1,8 %
(2) Verbände u. Interessengemeinsch.:				
Politische Partei	1	-	-	1
Grundbesitzerverein	2	-	-	2
(2) insgesamt	3 = 3,2 %	-	-	3 = 1,8 %
(3) Versicherungs- u. Bankwesen:				
Versicherung	3	-	2	5
Sparkasse	-	1	-	1
Bausparkasse	-	-	1	1
Normale Bank-/Sparkassenfiliale	8	-	1	9
(3) insgesamt	11 = 11,7 %	1 = 5,3 %	4 = 7,3 %	16 = 9,5 %
(5) Vermittlungseinrichtungen d. Reise- u. Fremdenverkehrs:				
Reisebüro	4 = 4,3 %	1 = 5,3 %	2 = 3,6 %	7 = 4,2 %

1) Quelle: Erhebung im August 1971 (Berlin-Praktikum)
   Vgl. Abgrenzungen der Hauptzentrums-Teilbereiche und Nebengeschäftszentren in den Abbn. 26, 27, 29, 31, 32 und 33
2) Quelle: Erhebung des Nebengeschäftszentrums Schloßstraße im August 1971 (Berlin-Praktikum)
3) Schloßstraße mit dem Walther-Schreiber-Platz und dem Hermann-Ehlers-Platz bis zur Ecke Grunewaldstraße im Süden einschließlich anschließender Abschnitte der Rheinstraße (bis Ecke Peschkestraße) und der Bundesallee (einschließlich Postamt Friedenau) (vgl. Abb. 30)
4) Vgl. Abgrenzung der Nebenstraßenabschnitte in der Abb. 30

Tabelle 31 (Fortsetzung)

Dienstleistungsgruppen und -arten	Anzahl der Einrichtungen			
	Schloßstraße ohne 'Forum Steglitz'	'Forum Steglitz'	Nebenstraßenabschnitte	Insgesamt
(6) Gaststätten- u. Unterhaltungsgewerbe:				
Gaststätte / Restaurant	4	4	4	12
Café/ Konditorei	2	2	1	5
Cafeteria	-	2	-	2
Imbißlokal	2	1	2	5
Spielsalon (m. Automaten)	-	1	-	1
Bowling- u. Kegelcenter	-	1	-	1
Kino	-	-	1	1
(6) insgesamt	8 = 8,5%	11 = 57,9%	8 = 14,5%	27 = 16,1%
(7) Spezielle Kultur- u. Bildungseinr.:				
Stadtbücherei	-	-	1 = 1,8%	1 = 0,6%
(8) Private Ausbildungseinrichtungen:				
Fahrschule	1	-	1	2
Tanzschule	1	-	-	1
Kampfsportschule	-	1	-	1
(8) insgesamt	2 = 2,1%	1 = 5,3%	1 = 1,8%	4 = 2,4%
(9) Weitere gehobene private Dienstl.:				
(9.1.) Gesundheitsfürsorge:				
Facharzt	14	-	3	17
Prakt. Arzt	8	-	1	9
Fachzahnarzt f. Kieferorthop.	1	-	-	1
Zahnarzt	5	1	7	13
Kurbad	1	-	-	1
Krankengymnastik/Fußpflege	3	-	-	3
(9.1.) insgesamt	32 = 34,0%	1 = 5,3%	11 = 20,0%	44 = 26,2%
(9.2.) Rechtspflege:				
Rechtsanwalt / Notar	7 = 7,4%	-	2 = 3,6%	9 = 5,4%
(9.3.) Wirtschafts-, Finanzberatung, -vermittlung etc.:				
Steuerberater/Steuerbevollmächtiger	1	-	1	2
Finanzierungsbüro	1	-	-	1
Immobilien	4	-	-	4
Wohnungsmakler	1	-	1	1
(9.3.) insgesamt	6 = 6,4%	-	2 = 3,6%	8 = 4,8%
(9.4.) Sonstige Einrichtungen:				
Technisches Büro	1	-	-	1
Detektivbüro	1	-	-	1
Filmvertretung	1	-	-	1
Diamantgutachter	1	-	-	1
(9.4.) insgesamt	4 = 4,3%	-	-	4 = 2,4%
(9) insgesamt	49 = 52,1%	1 = 5,3%	15 = 27,3%	65 = 38,7%
(10) Dienstleistungen des Handwerks:				
Friseur	2	2	7	11
Kosmetik	1	-	1	2
(10) insgesamt	3 = 3,2%	2 = 10,5%	8 = 14,5%	13 = 7,7%
(11) Einfache Service-Leistungen:				
Autovermietung	-	-	1	1
Bestattungen	-	-	2	2
Leihhaus	1	-	1	2
Paßbildanfertigung	1	-	1	2
Reinigung	-	-	3	3
Spedition	2	-	1	3
Wettannahmestelle	-	-	2	2
Zeitungsannahme	1	-	1	2
(11) insgesamt	5 = 5,3%	-	12 = 21,8%	17 = 10,1%
(12) Spezielle Einrichtungen d. Wirtschaft:				
Firmenverwaltungen u. -vertretungen	5	1	-	6
Groß- u. Außenhandel	1	-	-	1
Bekleidungsgewerbe	1	-	4	5
(12) insgesamt	7 = 7,4%	1 = 5,3%	4 = 7,3%	12 = 7,1%
(1) - (12) insgesamt	94 =100,0	19 =100,0	55 =100,0	168 =100,0

1) Ohne Schneidereien, die zum Bekleidungsgewerbe (12) gerechnet wurden.

Tabelle 32 West - Berlin: Nebengeschäftszentrum Wilmersdorfer Straße
Dienstleistungseinrichtungen und spezielle Einrichtungen der Wirtschaft 1971 [1]

Dienstleistungsgruppen und -arten	Anzahl der Einrichtungen		
	Wilmersdorfer Straße	Nebenstraßen- abschnitte	Insgesamt
(1) Öffentliche Verwaltungsdienste:			
Ausländisches Konsulat	–	1	1
Supranationale Arbeitsgruppe	–	1	1
(1) insgesamt	–	2 = 2,6 %	2 = 1,5 %
(2) Verbände u. Interessengemeinsch.:			
Kulturverbände	1	2	3
Berufs- u. Wirtschaftsverbände	1	4	5
(2) insgesamt	2 = 3,8 %	6 = 7,7 %	8 = 6,2 %
(3) Versicherungs- u. Bankwesen:			
Versicherung	3	1	4
Versicherungsagentur	–	1	1
Bank- o. Sparkassenfiliale	6	1	7
(3) insgesamt	9 = 17,3 %	3 = 3,8 %	12 = 9,2 %
(4) Beherbergungsgewerbe:			
Hotel	1 = 1,9 %	–	1 = 0,8 %
(5) Vermittlungseinrichtungen d. Reise- u. Fremdenverkehrs:			
Reisebüro	1 = 1,9 %	2 = 2,6 %	3 = 2,3 %
(6) Gaststätten- u. Unterhaltungsgewerbe:			
Gaststätte / Restaurant	4	4	6
Café / Konditorei	1	1	2
Kneipe	–	2	2
Imbißlokal	8	3	11
Bar	–	1	1
Kino	–	2	2
(6) insgesamt	13 = 25,0 %	11 = 14,1 %	24 = 18,5 %
(9) Weitere gehobene private Dienstl.:			
(9.1.) Gesundheitsfürsorge:			
Facharzt	6	2	8
Prakt. Arzt	1	–	1
Zahnarzt	2	–	3
(9.1.) insgesamt	9 = 17,3 %	3 = 3,8 %	12 = 9,2 %
(9.2.) Rechtspflege:			
Rechtsanwalt/Notar	3 = 5,8 %	6 = 7,7 %	9 = 6,9 %
(9.3.) Wirtschafts-, Finanzberatung, -vermittlung etc.:			
Steuerberater/ Steuerbevollmächt.-		2	2
Finanzierungsbüro/Grundstücksvermittler/ Immobilien/ Vermögens-, Güterverwaltung	2	10	12
(9.3.) insgesamt	2 = 3,8 %	12 = 15,4 %	14 = 10,8 %
(9.4.) Sonstige Einrichtungen:			
Filmverleih- u. -vertrieb	1	–	1 = 0,8 %
(9) insgesamt	15 = 28,8 %	24 = 30,8 %	39 = 30,0 %
(10) Dienstleistungen des Handwerks			
Friseur	1	4	5
Buchbinderei	1	–	1
Wandgestaltung	1	–	1
Änderungsschneiderei	–	1	1
(10) insgesamt	3 = 5,8 %	5 = 6,4 %	8 = 6,2 %
(11) Einfache Service-Leistungen:			
Autovermietung/Transporteur	1	1	2
Fußpflege	1	–	1
Reinigungsannahme	–	3	3
(11) insgesamt	2 = 3,8 %	4 = 5,1 %	6 = 4,6 %
(12) Spezielle Einrichtungen der Wirtschaft:			
Firmenverwaltungen u. -vertretungen	5	21	26
Bekleidungsgewerbe (Fabrikation)	1	–	1
(12) insgesamt	6 = 11,5 %	21 = 26,9 %	27 = 20,8 %
(1) - (12) insgesamt	52 = 100,0 %	78 = 100,0 %	130 = 100,0 %

1) Quelle: Erhebung d. Wilmersdorfer S. zw. Bismarckstr. u. Mommsenstr. (August 1971), vgl. Abb. 31

Tabelle 33 West-Berlin: Nebengeschäftszentrum Badstraße - Brunnenstraße
Bedarfsstufen- und Bedarfsgruppengliederung und Verkaufsraumflächen der Fach- und Spezialgeschäfte 1971[1]

Bedarfsstufen und Bedarfsgruppen	Bad- und Brunnenstraße[2]		Nebenstraßen-abschnitte[3]		Insgesamt	
	Anzahl d. Geschäfte abs. (=%)	Verkaufsraumflächen[4] (m²) abs. (=%)	Anzahl abs. (=%)	Verkaufsr. (m²) abs. (=%)	Anzahl abs. (=%)	Verkaufsr. (m²) abs. (=%)
Bedarfsstufe 1:						
(2) Bekleidung	1	30	1	30	2	60
(3) Hausratbedarf	2	285	–	–	2	285
(4) Körperpflegebedarf	1	12	–	–	1	12
(6) Unterhaltungsbedarf	4	493	1	90	5	583
(8) Wohnungseinrichtungsbedarf	2	1852	2	1984	4	3863
(9) Fahrzeuge	4	933	–	–	4	933
(10) Schmuck- und Zierbedarf	10	463	1	24	11	487
Bedarfsstufe 1 insgesamt	24 (10,8)	4068 (21,7)	5 (5,3)	2128 (26,8)	29 (9,1)	6196 (23,2)
Bedarfsstufe 2:						
(1) Lebens- u. Genußmittel	24	1174	3	123	27	1297
(2) Bekleidung u. Textilien	60	6003	13	640	73	6643
(3) Hausratbedarf	9	712	11	424	20	1136
(4) Körperpflege u. Heilbedarf	16	1050	5	245	21	1295
(5) Bildung und Kunst	4	126	2	94	6	220
(6) Unterhaltungsbedarf	12	868	9	263	21	1131
(7) Arbeits- u. Betriebsmittelbedarf	4	659	1	35	5	694
(8) Wohnungseinrichtungsbed.	13	1434	5	480	18	1914
(9) Fahrzeuge	2	211	2	1690	4	1901
(10) Schmuck- u. Zierbedarf	2	32	1	54	3	86
Bedarfsstufe 2 insgesamt	146 (65,5)	12269 (65,4)	52 (55,3)	4048 (50,9)	198 (62,5)	16317 (61,1)
Bedarfsstufe 3:						
(1) Lebens- u. Genußmittel	36	1855	21	1312	57	3167
(4) Körperpflegebedarf	6	250	3	113	9	363
(5) Bildung und Kunst	7	170	7	156	14	326
(10) Schmuck- u. Zierbedarf	4	144	6	197	10	341
Bedarfsstufe 3 insgesamt	53 (23,8)	2419 (12,9)	37 (39,4)	1778 (22,4)	90 (28,4)	4197 (15,7)
Bedarfsstufen 1-3 insges.	223 (100,0)	18756 (100,0)	94 (100,0)	7954 (100,0)	317 (100,0)	26710 (100,0)

1) Quelle: Erhebung des Nebengeschäftszentrums im August 1971 (Berlin-Praktikum).
2) Einschließlich Kleine Behmstraße und kurzer Abschnitte der Koloniestraße, Schwedenstraße und Exerzierstraße (vgl. Abb. 33)
3) Vgl. Abgrenzung der Nebenstraßenabschnitte in den Abbn. 33 und 34
4) Die mittels Kartierung und anschließender Flächenberechnungen gewonnenen Daten, die auch jeweils Schaufenster- und sonstige Ausstellungsflächen einschließen, sind lediglich "beste Schätzungen". Sie können nur als "Orientierungsdaten" gelten.

Tabelle 34   West - Berlin: Nebengeschäftszentrum Badstraße - Brunnenstraße
Angebotstiefen und Bedarfsstufengliederung der Fach- und Spezialgeschäfte 1971 (in v.H.)[1]

Angebotstiefen[2]	Bedarfsstufen[3]			
Stufen	1	2	3	insgesamt
1	2,6	8,8	1,9	13,3
2	4,5	35,7	21,4	61,6
3	1,3	18,2	5,5	25,0
insgesamt	8,4	62,7	28,8	100,0 Prozent

Tabelle 35   West - Berlin: Nebengeschäftszentrum Badstraße - Brunnenstraße
Schaufenstergestaltung und Bedarfsstufengliederung der Fach- und Spezialgeschäfte 1971 (in v.H.)[1]

Schaufenstergestaltung[4]	Bedarfsstufen[3]			
Stufen	1	2	3	insgesamt
1	–	1,3	0,3	1,6
2	8,3	41,2	18,2	67,7
3	1,6	19,2	9,9	30,7
insgesamt	9,9	61,7	28,4	100,0 Prozent

1) Quelle: Erhebung des Nebengeschäftszentrums im August 1971 (Berlin-Praktikum).
   Zur Abgrenzung des Zentrums vgl. Abbn. 33 und 34
2) Vgl. die Ausführung unter V.2.1.2.2.
3) Vgl. die Ausführung unter V.2.1.2.4.
4) Vgl. die Ausführung unter V.2.2.1.

Tabelle 36 West - Berlin: Nebengeschäftszentrum Badstraße - Brunnenstraße
Dienstleistungseinrichtungen und spezielle Einrichtungen der Wirtschaft 1971[1]

Dienstleistungsgruppen und -arten	Anzahl der Einrichtungen		
	Badstraße und Brunnenstraße[2]	Nebenstraßen-abschnitte[3]	Insgesamt
(1) Öffentliche Verwaltungsdienste:			
Bezirksverwaltung (Abteilung, Amtsstelle)	1	1	2
Kirchl. Gemeindeverwaltung	-	1	1
(1) insgesamt	1 = 0,6 %	2 = 3,1 %	3 = 1,3 %
(2) Verbände u. Interessengemeinsch.:			
Türkische Union Deutschland	1	-	1
Zeugen Jehovas	-	1	1
Grundbesitzerverein	1	-	1
(2) insgesamt	2 = 1,3 %	1 = 1,6 %	3 = 1,3 %
(3) Versicherungs- u. Bankwesen:			
Versicherung (Bezirkstelle, Filiale)	1	2	3
Bank-/Sparkassenfiliale	7	-	7
(3) insgesamt	8 = 5,0 %	2 = 3,1 %	10 = 4,5 %
(5) Vermittlungseinrichtungen d. Reise- u. Fremdenverkehrs:			
Ausländisches Reisebüro	1	2	3
Normales Reisebüro	4	1	5
(5) insgesamt	5 = 3,1 %	3 = 4,7 %	8 = 3,6 %
(6) Gaststätten- u. Unterhaltungsgewerbe:			
Gaststätte / Restaurant	3	3	6
Café / Eiscafé	5	1	6
Bierlokal / Kneipe	11	8	19
Imbißstube / -stand	16	3	19
Spiel"hölle"	4	-	4
Kino	2	1	3
(6) insgesamt	41 = 25,6 %	16 = 25,0 %	57 = 25,4 %
(7) Spezielle Kultur- u. Bildungseinr.:			
Stadtbücherei	1 = 0,6 %	-	1 = 0,4 %
(8) Private Ausbildungseinrichtungen:			
Fahrschule	4 = 2,5 %	1 = 1,6 %	5 = 2,2 %
(9) Weitere gehobene private Dienstl.:			
(9.1.) Gesundheitsfürsorge:			
Röntgeninstitut	1	-	1
Zahnärztl. Laboratorium	-	1	-
Facharzt	17	5	22
Prakt. Arzt	12	2	14
Zahnarzt	10	1	11
(9.1.) insgesamt	40 = 25,0 %	9 = 14,1 %	49 = 21,9 %
(9.2.) Rechtpflege:			
Rechtsanwalt/Notar	4 = 2,5 %	1 = 1,6 %	5 = 2,2 %
(9.3.) Wirtschafts-, Finanzberatung, -vermittlung etc.:			
Steuerbevollmächtigter	-	1	1
Grundstücksverwaltung	1	-	1
(9.3.) insgesamt	1 = 0,6 %	1 = 1,6 %	2 = 0,9 %
(9.4.) Sonstige Einrichtungen:			
Werbeagentur	1 = 0,6 %	-	1 = 0,4 %
(9) insgesamt	46 = 28,8 %	11 = 17,2 %	57 = 25,4 %

1) Quelle: Erhebung des Nebengeschäftszentrums Badstraße - Brunnenstraße im August 1971 (Berlin-Praktikum)
2) Einschließlich Kleine Behmstraße und kurzer Abschnitte der Koloniestraße, Schwedenstraße u. Exerzierstraße (vgl. Abb. 33)
3) Vgl. Abgrenzung der Nebenstraßenabschnitte in den Abbn. 33 und 34

Tabelle 36 (Fortsetzung)

Dienstleistungsgruppen und -arten	Anzahl der Einrichtungen		
	Badstraße und Brunnenstraße	Nebenstraßen-abschnitte	Insgesamt
(10) Dienstleistungen des Handwerks: [1]			
Autoreparatur	2	3	5
Elektroreparatur	3	1	4
Friseur	7	6	13
Installateur / Klempnerei	2	-	2
Kosmetiksalon	-	1	1
Puppenreparatur	1	-	1
Reifendienst	1	-	1
Schlosserei	1	1	2
Schuhreparatur	1	5	6
(10) insgesamt	18 = 11,3 %	17 = 26,6 %	35 = 15,6 %
(11) Einfache Service-Leistungen:			
Bestattungen	2	1	3
Fußpflege / Masseur	2	-	2
Mietservice f. Konsum- u. Gebrauchtgüter (Leihhaus)	2	-	2
Reinigung	5	5	10
Wettannahmestelle	2	1	3
Zeitungsannahmestelle	1	-	1
(11) insgesamt	14 = 8,8 %	7 = 10,9 %	21 = 9,4 %
(12) Spezielle Einrichtungen d. Wirtschaft:			
Firmenverwaltungen, -zweigstellen, -vertretungen	4	-	4
Großhandel	7	2	9
Bekleidungsgewerbe	9	2	11
(12) insgesamt	20 = 12,5 %	4 = 6,3 %	24 = 10,7 %
(1) - (12) insgesamt	160 = 100,0 %	64 = 100,0 %	224 = 100,0 %

Tabelle 37

Ost-Berlin: Schönhauser Allee und Karl-Marx-Allee
Bedarfsgruppengliederung der Einzelhandelsbetriebe 1971 [2]

	Anzahl der Einzelhandelsbetriebe							
	Schönhauser Allee						Karl-Marx-Allee	
Bedarfsgruppen	Privathandel		Staatl. bzw. sozialist. Handel		Insgesamt			
	abs.	%	abs.	%	abs.	%	abs.	%
(1) Lebens- und Genußmittel	15	22,7	24	25,3	39	24,2	37	37
(2) Bekleidung u. Textilien	18	27,3	30	31,6	48	29,8	24	24
(3) Hausratbedarf	4	6,1	8	8,4	12	7,5	10	10
(4) Körperpflege- und Heilbedarf	8	12,1	7	7,4	15	9,3	5	5
(5) Bildung und Kunst	4	6,1	5	5,3	9	5,6	6	6
(6) Unterhaltungsbed.	3	4,5	10	10,5	13	8,1	11	11
(7) Arbeits- und Betriebsmittelbedarf	3	4,5	-	-	3	1,9	-	-
(8) Wohnungseinrichtungsbedarf	3	4,5	4	4,2	7	4,3	2	2
(9) Fahrzeuge	1	1,5	1	1,1	2	1,2	1	1
(10) Schmuck- u. Zierbedarf	7	10,6	5	5,3	12	7,5	4	4
(11) Industriewaren aller Art	-	-	1	1,1	1	0,6	-	-
Insgesamt	66	100,0	95	100,0	161	100,0	100	100,0

1) Ohne Schneidereien, die zum Bekleidungsgewerbe (12) gerechnet wurden.
2) Quelle: Eigene Erhebung der Einzelhandelsbetriebe der Karl-Marx-Allee zwischen Strausberger Platz und Niederbarnimstr. sowie der Schönhauser Allee bis zur Einmündung der Eberswalder Straße bzw. der Dimitroffstraße im Süden und einschließlich eines südlichen Abschnittes der Berliner Straße bis zur Einmündung der Thulestraße (August 1971). Unberücksichtigt blieben einige kleine Kioske.

Tabelle 38 — Ost-Berlin: Schönhauser Allee und Karl-Marx-Allee
Bedarfsstufen- und Bedarfsgruppengliederung der Einzelhandelsbetriebe 1971 [1]

Bedarfsstufen und Bedarfsgruppen	Schönhauser Allee abs.	%	Karl-Marx-Allee abs.	%
Stufe 1:				
Einzelhandelsbetriebe, vorwiegend mit Waren des aperiodischen Bedarfs:				
(2) Bekleidung und Textilien	3	1,9	-	-
(3) Hausratbedarf	4	2,5	4	4
(4) Körperpflege- und Heilbedarf	3	1,9	-	-
(5) Bildung und Kunst	1	0,6	-	-
(6) Unterhaltungsbedarf	5	3,1	3	3
(7) Arbeits- und Betriebsmittelbedarf	1	0,6	-	-
(8) Wohnungseinrichtungsbedarf	5	3,1	2	2
(9) Fahrzeuge	2	1,2	1	1
(10) Schmuck- und Zierbedarf	4	2,5	2	2
Stufe 1 insgesamt	28	17,4	12	12
Stufe 2:				
Einzelhandelsbetriebe, vorwiegend mit Waren des periodischen Bedarfs:				
(1) Lebens- und Genußmittel	13	8,1	15	15
(2) Bekleidung und Textilien	45	28,0	24	24
(3) Hausratbedarf	8	5,0	6	6
(4) Körperpflege- und Heilbedarf	11	6,8	4	4
(5) Bildung und Kunst	5	3,1	4	4
(6) Unterhaltungsbedarf	8	5,0	8	8
(7) Arbeits- und Betriebsmittelbedarf	2	1,2	-	-
(8) Wohnungseinrichtungsbedarf	2	1,2	2	2
(10) Schmuck- und Zierbedarf	8	5,0	-	-
(11) Industriewaren aller Art	1	0,6	-	-
Stufe 2 insgesamt	103	64,0	63	63
Stufe 3:				
Einzelhandelsbetriebe, vorwiegend mit Waren des täglichen Bedarfs:				
(1) Lebens- und Genußmittel	26	16,1	22	22
(4) Körperpflege- und Heilbedarf	1	0,6	1	1
(5) Bildung und Kunst	3	1,9	2	2
Stufe 3 insgesamt	30	18,6	25	25
Stufen 1 - 3 insgesamt	161	100,0	100	100

1) Quelle: Eigene Erhebung der Einzelhandelsbetriebe der Karl-Marx-Allee zwischen Strausberger Platz und Niederbarnimstr. sowie der Schönhauser Allee bis zur Einmündung der Eberswalder Straße bzw. der Dimitroffstraße im Süden und einschließlich eines südlichen Abschnittes der Berliner Straße bis zur Einmündung der Thulestraße (August 1971). Unberücksichtigt blieben einige kleine Kioske.

Tabelle 39 — Ost-Berlin: Schönhauser Allee und Karl-Marx-Allee
Ausstattung mit Dienstleistungseinrichtungen 1971[1]

Gliederung der Dienstleistungseinrichtungen	Schönhauser Allee abs.	%	Karl-Marx-Allee abs.	%
(1) Zentrale Organe der Parteien:				
Bezirksverband der CDU	1	1,1	-	
(4) Zentrale Organe der Massenorganisationen und Interessengemeinschaften:				
FDGB (Kreisvorstand)	-		1	
Nationale Front (Kreisausschuß)	-		1	
FDJ (Kreisleitung)	-		1	
Ges.f. Deutsch-Sowjet. Freundschaft	-		1	
Ges.z. Verbreitung wiss. Kenntnisse (Kreisvorstand)	-		1	
Innere Mission d. Evgl. Kirche	2		-	
Gemeinschaftshaus Nordost	1		-	
(4) insgesamt	3	3,3	5	11,1
(5) Zentrale Einrichtungen der Wirtschaft:				
Verwaltung d. HO-Fachhandel Leder u. Schuhe	1		-	
Betriebsgaststättenprüfung d. HO	1		-	
HO-Gaststätten-Handelsleitung	-		1	
HO-Fachhandel Berlin: Haushalt-Technik (Direktor)	-		1	
VEB Elektronikhandel	-		1	
(5) insgesamt	2	2,2	3	6,7
(7) Versicherungs- und Bankwesen:				
Verwaltung der Sozialversicherung	-		1	
Bank- oder Sparkassenfiliale	2		2	
(7) insgesamt	2	2,2	3	6,7
(8) Stadtverwaltung:				
Einrichtungen des Rates d. Stadtbezirks (Bezirksschwesternstation)	2		-	
Kommunale Wohnungsverwaltung im Stadtbezirk	-		1	
(8) insgesamt	2	2,2	1	2,2
(9) Zentrale Einrichtungen der Kultur und Volksbildung:				
Galerie	-		1	
Volkshochschule	-		1	
Volksbücherei	-		1	
Verkehrserziehungszentrum	-		1	
Privatschule f. Maschinenschreiben	1		-	
Institut f. Weiterbildung	1		-	
Filmtheater	2		1	
(9) insgesamt	4	4,3	5	11,1
(10) Einrichtungen des Gaststättenwesens:				
Spezialitätenrestaurant	1		-	
Gaststätte	9		5	
(davon Restaurant Klasse S)	-		(3)	
Bar/ Tanzcafé	3		1	
Café / Konditorei / Milchbar	5		4	
Kneipe/ Bierausschank	2		-	
Imbißstube / Hähnchen-Grill	4		3	
(10) insgesamt	24	26,1	13	28,8
(11) Vermittlungseinrichtungen des Reise- und Fremdenverkehrs:				
Reisebüro einer Luftfahrtgesellschaft	-		3	
Normales Reisebüro	-		2	
(11) insgesamt	-		5	11,1

Tabelle 39 (Fortsetzung)

Gliederung der Dienstleistungseinrichtungen	Anzahl der Dienstleistungseinrichtungen			
	Schönhauser Allee		Karl-Marx-Allee	
	abs.	%	abs.	%
(12) Weitere gehobene Dienstleistungen:				
(12.1) Gesundheitsfürsorge:				
Röntgen-Institut	1		–	
Stadtambulatorium	–		1	
Facharzt	4		–	
Tierarzt	1		–	
Prakt. Arzt	3		–	
Zahnarzt	4		–	
Krankengymnastin	1		–	
(12.1) insgesamt	14	15,2	1	2,2
(12.2) Vermittlungs- und Beratungsdienste:				
Rechtsanwaltkollegium	1		–	
Steuerberater / Werbeagentur	2		–	
(12.2) insgesamt	3	3,3	–	
(12) insgesamt	17	18,5	1	2,2
(13) Dienstleistungen des Handwerks und einfache Service-Leistungen:				
Annahmestelle f. Altstoffhandel	–		1	
Druckerei	3		–	
Friseur	7		2	
Goldschmied	1		–	
Karosserie-Werkstatt	1		–	
Klempnerei / Installateur	3		–	
Kosmetik-Salon	1		1	
Motoren-Werkstatt	1		–	
Schilderherstellung	1		–	
Schlosserei	2		–	
Schreibbüro	1		–	
Schuh- und Strumpfreparatur	3		–	
Uhrenreparatur	1		–	
Vermittlung für Gebrauchtwarenkauf und Zimmer	1		–	
Wäscherei/ Reinigungsannahme	5		1	
Wettannahme	5		1	
Zeitungsannahmestelle	–		1	
(13) insgesamt	36	39,1	7	15,6
(14) Sonstige zentrale Dienstleistungseinrichtungen:				
Postamt	1		1	
Kindergarten	–		1	
(14) insgesamt	1	1,1	2	4,4
(1) - (14) insgesamt	92	100,0	45	100,0

1) Quelle: Eigene Erhebung der Dienstleistungseinrichtungen der Karl-Marx-Allee zwischen Strausberger Platz und Niederbarnimstr. sowie der Schönhauser Allee bis zur Einmündung der Eberswalder Straße bzw. der Dimitroffstraße im Süden und einschließlich eines südlichen Abschnittes der Berliner Straße bis zur Einmündung der Thulestraße (August 1971).

2. Anlagen

Ruhr-Universität Bochum Anlage 1
Geographisches Institut

B e r l i n - P r a k t i k u m 1968
Leitung: H.J.Buchholz, H.Heineberg, A.Mayr

K A R T I E R U N G S B O G E N   (GESCHÄFTSSTRASSENABSCHNITTE)

Straße: . . . . Hausnummer: . . . . . .
Datum der Kartierung: . . . .

I. P H Y S I O G N O M I E D E S G E B Ä U D E S

1) Geschoßzahl: ☐

2) Breite in m: ☐

3) Baualter und -zustand:
   1. vor 1945, nicht modernisiert ☐
   2. vor 1945, aber gesamte Fassade modernisiert ☐
   3. vor 1945, nur Schaufensterfront modernisiert ☐
   4. Neubau (nach 1945) ☐

4) Art der Reklame:
   1. Leuchtreklame auf d. Dach
      a) stehende Fernreklamezeilen ☐
      b) bewegte Fernreklamezeilen ☐
   2. Reklamezeilen an d. Fassade
      a) stehende Leuchtreklamezeilen ☐
      b) bewegte Leuchtreklamezeilen ☐
      c) nicht beleuchtete Reklamezeilen ☐
   (Jeweils die Anzahl eintragen!)

5) Reklame-Vitrinen vor dem Gebäude ☐
   1. davon eigene Nutzung ☐
   2. davon fremde Nutzung ☐

II. N U T Z U N G D E S E R D G E S C H O S S E S

1) <u>E i n z e l h a n d e l</u>

   1. Lage- und Größenplan der Geschäfte: z.B.

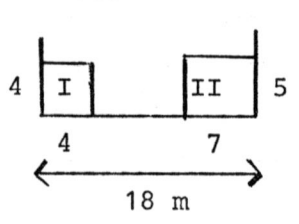

   ```
   4 | I |   | II | 5
        4      7
        ←— 18 m —→
   ```

   2. Gesamte Schaufensterlänge (einschl. Passagen) je Geschäft:

      I:

      II:

      III:

2) Sonstige sichtbare Nutzung des Erdgeschosses
   (mit Lage- und Größenskizze und genauer Angabe der Branche)

III. NUTZUNG DER OBEREN GESCHOSSE

	Branchen (genaue Kennzeichnung)
1. Geschäfte	
2. Dienstleistungen	
3. Großhandel	
4. Sonstiges Gewerbe	

3. Genaue Charakterisierung der Geschäfte:

	I	II	III
B r a n c h e (z.B. Schuhgeschäft)			
Aufzählung der geführten (ausgestellten) W a r e n - g r u p p e n (Wichtigste Gruppen unterstreichen)			
Sichtbare Angebotsbreite innerhalb der Haupt-Warengruppen (niedrig, durchschnittlich, groß)			
Relatives Preisniveau d. Warenangebots (niedrig, normal, hoch, sehr hoch)			
Einstellung im Warenangebot auf eine bestimmte Käuferschicht oder "Geschmacksrichtung" (z.B. Twen-Mode, "Stilkrempel")			
Art der Dekoration: a) Sind überhaupt Verkaufswaren ausgestellt?			
b) Sind nur Verkaufswaren ausgestellt?			
c) Sind die Waren mit dekorativen Accessoires ausgestellt?			
d) Allgemeine Bewertung: einfach, durchschnittlich, elegant			
Sonstige Kennzeichnung:			

Ruhr-Universität Bochum
Geographisches Institut

Anlage 2

BERLIN - PRAKTIKUM
Leitung: Heinz Heineberg

Zentrenausstattungen in W-Berlin
Kartierungsanleitung 1: Einzelhandel[1]

I. Bedarfsstufen der Fach- und Spezialgeschäfte

1	blau	Geschäfte mit ausschließlich oder größtenteils langlebigen, hochwertigen und selten verlangten Warenangeboten
2	grün	Geschäfte mit mittelwertigen und/oder mittelfristig nachgefragten Warenangeboten
3	gelb	Geschäfte mit niederen, kurzfristig oder täglich verlangten Warenangeboten
rote Umrahmung		Kaufhaus (= großes Fachgeschäft, z. B. Möbelkaufhaus)
II, III ...		Anzahl der als Verkaufsflächen genutzten Geschosse

II. Gruppierung der Einzelhandelsgeschäfte nach „Bedarfsgruppen" und „Bedarfsstufen"

1. Lebens- und Genußmittel

Stufe 2
- nur Kaffee und Tee
- nur Spirituosen
- nur Süßwaren
- nur Wild und Geflügel
- nur Obst und Gemüse (mit großer Auswahl)
- nur Fisch und Fischkonserven
- Tabakwaren (mit überdurchschnittlich großem Angebot und teueren Artikeln, bes. Pfeifen)
- Delikatessen (soweit deutlich von normalen Lebensmitteln unterschieden)
- Reformwaren

Stufe 3
- Fleischwaren
- Milch und Milchprodukte
- Obst und Gemüse (einfach)
- Back- und Konditoreiwaren
- normale Tabakwaren
- Feinkost und gewöhnliche Lebensmittel

2. Bekleidung und Textilien

Stufe 1
- hochwertige Pelzbekleidung
- nur exklusive und sehr teure Mode-Spezialartikel (z. B. exklusive Brautmoden)
- teure Lederbekleidung

Stufe 2
- Damenmoden oder Herrenkonfektion
- Damen- oder Herrenwäsche
- Damen- oder Herrenhüte
- Spezial-Kinderbekleidung
- Berufskleidung
- Damenmoden und Herrenkonfektion
- Damen- und Herrenwäsche
- Damen- und Herrenhüte
- Schuhe
- Lederwaren
- Schirme
- Handschuhe, Krawatten
- (Damen-)Modeboutique
- „Herrenausstatter"
- Oberbekleidung mit Wäsche
- Textilien allgemein, jedoch nur wenig Oberbekleidung
- Kleintextilien, Kurzwaren

3. Hausratbedarf

Stufe 1
- Kühlschränke, Herde, Spezialmaschinen (soweit diese Artikel das Sortiment maßgeblich bestimmen und es sich nicht um geringwertige Fabrikate handelt)
- nur Nähmaschinen
- Sanitäre Einrichtungen (soweit der Verkauf kleinerer Artikel nicht überwiegt)
- Porzellanwaren (soweit es sich überwiegend um ein teures Sortiment handelt)

Stufe 2
- Glas- und Porzellanwaren, Töpfereiartikel
- Seifengeschäfte
- Haushaltwaren aller Art
- Heimwerkerbedarf („Hobby-Läden")
- Kerzen
- Elektroartikel

4. Körperpflege- und Heilbedarf

Stufe 1
- Hörgeräte
- Perückenfachgeschäft

Stufe 2
- nur Kosmetik- bzw. Parfümeriewaren
- nur orthopädische Artikel
- Optiker
- Apotheke
- alle Sanitätswaren
- Spezialdrogerie (mit großem Kosmetikangebot)
- Hygieneartikel („Sex shops")

Stufe 3
- Drogerie mit breitem Angebot (incl. Fotoarbeiten)
- Apotheke mit Drogerie

5. Bildung und Kunst

Stufe 1
- nur Kunstgegenstände, Antiquitäten (falls es sich nicht um geringwertige Artikel bzw. Altwaren handelt)

Stufe 2
- Bücher
- Bücher und Kunstgegenstände
- Bücher, Schreibwaren, Kunstgewerbe
- Kunstgewerbe-Boutique
- Schreibwaren
- Schreibwaren und Bücher

Stufe 3
- Schreibwaren, Zeitungen, Zeitschriften (Tabakwaren)
- populäre Bücher

6. Unterhaltungsbedarf

Stufe 1
- Radio-, Fernseh- und Magnetophongeräte (soweit der Verkauf dieser Artikel nicht hinter demjenigen von Schallplatten oder geringerwertigen Artikeln zurücksteht)

Fotografische und optische Artikel (außer Optiker) (entweder stark spezialisiertes oder überdurchschnittlich breites Angebot)
Spezielle, teure Musikinstrumente (Klaviere, Orgeln etc.)

Stufe 2
nur Schallplatten
Radio, Fernsehen, Schallplatten (mit einfacher Ausstattung und geringer Angebotstiefe)
Musikalien
Briefmarken
Fotografische Artikel (einfaches Angebot)
Spielwaren
Zoologische Artikel
Sportartikel

7. Arbeits- und Betriebsmittelbedarf

Stufe 1
Büromaschinen und gehobene Büroausstattung
Hochwertige Maschinen und Apparate anderer Branchen
nur Waffen

Stufe 2
Metallwaren, Werkzeuge, Handwerkerbedarf (keine ausgesprochenen Hobby-Läden)
Stahlwaren und Waffen
Papier- und Schreibwaren, Zeichen- und Malbedarf (soweit überwiegend für gewerbliche Käufer)

8. Wohnungseinrichtungsbedarf

Stufe 1
Möbel
(soweit der Verkauf über geringwertige Polstermöbel, Küchen und Wohnzimmer wesentlich hinausgeht)
nur Lampen
(soweit es sich überwiegend um relativ teure Artikel handelt)
Teppiche
(soweit nicht mit dem überwiegenden Verkauf von Tapeten, Farben und Dekorationsartikeln verbunden)

Stufe 2
Möbel (geringwertige Polstermöbel, Kleinmöbel etc.)
Gardinen und Dekorationen
Bettwaren
Tapeten, Bodenbeläge, Farben, geringwertige Teppiche

9. Fahrzeuge

Stufe 1 Automobile, teure Motorräder
Stufe 2 Automobilzubehör, Ersatzteile
Motorradzubehör, einfache Mopeds
Fahrräder und Fahrradzubehör
Stufe 3 Tankstelle

10. Schmuck- und Zierbedarf

Stufe 1
hochwertiger Schmuck und/oder Uhren (soweit es sich nicht nur um den Verkauf von Galanteriewaren, billigen Uhren, Weckern und Küchenuhren handelt)
Steinmarkt
teure Souvenirs

Stufe 2
Modeschmuck, Steinschmuck
Vereinsartikel
Blumen (soweit teures Sortiment)
Reiseandenken
Geschenkartikel

Stufe 3 Blumen (soweit einfaches, normales Angebot)

11. Einzelhandelsgeschäfte mit Waren aller Art:

braun Gemischtwarengeschäft

rot, schräg-schraffiert Kleinpreis-Warenhaus

rot, kreuz-schraffiert normales (Groß-)Warenhaus

I, II, ... Anzahl der als Verkaufsflächen genutzten Geschosse

III. Art und Aufwand der Schaufensterdekoration

------ einfach, unwirksam
―――― durchschnittlich, normal, überladen
▬▬▬ gut, elegant, exklusiv
(blau)

Entw. Heinz Heineberg

Anlage 3

Bedarfsstufengliederung des Einzelhandels in der DDR[2]

Stufe 1:

Waren des aperiodischen Bedarfs

o Luxus- und ausgewählte Spitzenerzeugnisse der Textil- und textilen Konfektionsherstellung sowie der Schuh-, Lederwaren-, Rauchwaren- und Hutherstellung (sog. „Exquisit"-Erzeugnisse),
Wohnraumtextilien und Tapeten,
Möbel,
Musikinstrumente,
Turn- und Sportgeräte sowie Teilsortiment,
Campingbedarf,
elektrische Haus- und Heizgeräte,
Haushalts- und Wirtschaftsgroßgeräte,
+ sehr teures Porzellan und Kristallglas,
Teilsortiment Werkzeuge,
Beleuchtungskörper,
Foto, Kino, Optik,
Uhren und Schmuck,
Straßenfahrzeuge, Ersatzteile und Bereifung,
+ Kinderwagen und -betten,
+ Gemälde

Stufe 2:

Waren des periodischen Bedarfs

* Spezialsortimente der Nahrungs- und Genußmittelbranche,
folgende häufig umgesetzte „Industriewaren":
Schuhe, Galanterie- und Sattlerwaren,
Bekleidungs- und Wäschestoffe,
konfektionierte Oberbekleidung,
Wirk- und Strickwaren,
Leib- und Haushaltswäsche,
Teilsortiment Kurz- und Modewaren,
Spielwaren sowie Artikel für Sport und Camping,
Teilsortiment Papier und Bürobedarf,
Teilsortiment Haushalts- und Wirtschaftswaren (einschl. Eisen- und Kleinmetallwaren, ohne Haushalts- und Wirtschaftsgroßgeräte),
+ Teilsortiment Fotomaterial,
Teilsortiment Elektromaterial,
Teilsortiment Artikel für Körper- und Gesundheitspflege,
Lacke und Anstrichmittel,
+ Schallplatten und Noten,
+ Geschenkartikel, kunstgewerbliche Artikel,

+ Briefmarken und Münzen,
+ Blumen und Gartenartikel

Stufe 3:

Waren des täglichen Bedarfs:

Gesamtsortiment der Nahrungs- und Genußmittel (* außer Wild, Geflügel und hochwertige Genußmittel),
Artikel für die Körper- und Gesundheitspflege, Wasch-, Reinigungs- und Pflegemittel für den Haushalt,
Teilsortiment Kurzwaren,
Teilsortiment Papier und Bürobedarf (* Schulbedarf),
Teilsortiment Haushalts- und Wirtschaftswaren (* Kleinhaushaltswaren),
Teilsortiment Elektromaterial,
+ Zeitungen und Zeitschriften (Kiosk)

Anlage 4

Gliederung der Dienstleistungseinrichtungen in den untersuchten Zentren West-Berlins[3]

1. **Öffentliche Verwaltungsdienste**

    Gebietskörperschaften:
    Bund,
    Städtische Verwaltungsstellen (Senat),
    Bezirksverwaltung,
    Vertretungen fremder Staaten:
    Konsulate,
    Handelsvertretungen etc.
    Inter- und supranationale Behörden etc.

2. **Verbände und Interessengemeinschaften**

    Politische Verbände:
    Politische Parteien,
    Vereinigungen m. polit. Zielen
    Kulturverbände:
    religiös-kirchliche Verbände,
    wissenschaftliche Verbände,
    Verbände der Volksbildung,
    Organisationen des Sports
    Berufsverbände:
    Arbeitgeberverbände,
    Gewerkschaften,
    Berufsständige Kammern
    Wirtschaftsverbände:
    (einschl. Berufsverbände des Handwerks)

3. **Versicherungs- und Bankwesen**

    Versicherungen:
    Versicherung (Zentrale / Bezirks- oder Filialdirektion)
    Versicherungsagentur/-vermittlung
    Banken:
    Bank- oder Sparkassenzentrale (mit untergeordneten Filialen bzw. Zweigstellen),
    Bank/Sparkasse (auch Zweigstelle),
    Bausparkasse (Vertretung),
    Bank- oder Sparkassenfiliale,
    Wechselstube

4. **Beherbergungsgewerbe**

    Internationales Hotel,
    Hotel,
    Hotelpension/Pension,
    Fremdenheim

5. **Vermittlungseinrichtungen des Reise- und Fremdenverkehrs**

    Ausländisches Reisebüro,
    Ausländische Fremdenverkehrswerbung,
    Reisebüro einer (ausländischen) Luftverkehrsgesellschaft,
    Normales Reisebüro,
    Reiseorganisationsgesellschaft/-agentur
    Büro für Stadtrundfahrten

6. **Gaststätten- und Unterhaltungsgewerbe**

    Gaststätte/Speiserestaurant,
    Restaurant und Café (mit Konzert),
    Café und Konditorei,
    Cafeteria/Snackbar,
    Bierlokal/Kneipe,
    Eisdiele,
    Imbißstube/Würstchen-Stand/Hähnchen-Grill,
    Bar/Nachtclub/Diskothek/Spielkasino
    Filmtheater: Erstaufführungskino, normales Kino

7. **Spezielle Kultur- und Bildungseinrichtungen**

    Theater (Schauspiel, Oper, Operette),
    Konzertsaal,
    öffentl. Bibliothek,
    Kulturzentrum,
    Museum,
    Institute (z. B. Goethe-Institut)

8. **Private Ausbildungseinrichtungen**

    z. B. Ballettschule, Fachschule für Datenverarbeitung, Fahrschule, Mannequin-Schule, Sportschule, Sprachenschule, Wirtschaftsfachschule

9. **Weitere gehobene private Dienstleistungen**

    Gesundheitsfürsorge:
    Mediz. Fachinstitut/-labor,
    Facharzt,
    Praktischer Arzt,
    Zahnarzt/Dentist,
    Heilpraktiker/Krankengymnastik
    Rechtspflege:
    Rechtsanwalt/Notar
    Wirtschafts-/Finanzberatung und -vermittlung:
    Wirtschaftsprüfer, -beratung,
    Steuerberater/Steuerbevollmächtigter,
    Wirtschafts- und Finanzberatung,
    Immobilien / Vermögens- und Güterverwaltung
    Sonstige Einrichtungen:
    Technische Büros (Architektur-, Ingenieur- und Baubüro),
    Detektivbüro,
    Filmverleihgesellschaft,
    Presseagentur,
    Rechenzentrum,
    Übersetzungsdienst,
    Werbeagentur usw.

10. **Dienstleistungen des Handwerks**

    z. B. Friseur, Schuhreparatur, Stempel- und Schilderherstellung, Zahntechniker

11. **Einfache Service-Leistungen**

    z. B. Fußpflege, Heißmangel, Reinigungsannahmestelle, Verleih von Hausrat, Wettannahmestelle

12. **Spezielle Einrichtungen der Wirtschaft**

    Firmenverwaltungen, -zweigstellen, -vertretungen,
    Großhandel,
    Außenhandel,
    Bekleidungsgewerbe

Anlage 5

Gliederung der Dienstleistungseinrichtungen in der DDR[4]

1. **Zentrale Organe der Parteien**

    Zentralkomitee der SED,
    Übrige Parteizentralen (-leitung, -vorstand),
    Partei-Bezirksleitung,
    Partei-Kreisleitung

2. **Staatliche Behörden und Dienststellen**
   Staatsrat,
   Volkskammer,
   Ministerrat,
   Ministerium,
   Abteilung eines Ministeriums/Staatssekretariat,
   Sonstige zentrale Dienststellen

3. **Ausländische Vertretungen**
   Botschaft,
   Generalkonsulat,
   Handelsvertretung,
   „Haus des Außenhandels"

4. **Zentrale Organe der Massenorganisationen und Interessengemeinschaften**
   Internationale Leitung (Sekretariat),
   Zentralleitung,
   Bezirksleitung,
   Kreisleitung,

5. **Zentrale Einrichtungen der Wirtschaft** (außer Ministerien)
   Außenhandel:
     Außenhandelsunternehmen der DDR,
     Sonstige Außenhandelsorgane der DDR,
   Binnenhandel:
     Hauptdirektion des volkseigenen Einzelhandels (HO),
     Bezirksdirektion d. HO,
     Zentrale Warenkontore (ZWK),
     Großhandelsgesellschaften (GHG) und Großhandelskontor,
     Weitere spezifische Handelsorgane
   Ökonomische Führungsorgane der Industrie:
     Vereinigungen Volkseigener Betriebe (VVB)
     (Direktion, Hauptabteilung etc.)

6. **Verlagseinrichtungen:**
   Verlagsstandort,
   Chefredaktion,
   Redaktion

7. **Versicherungs- und Bankwesen:**
   Staatliche Versicherung der DDR,
   Nebenstelle der Staatlichen Versicherung,
   Sonstige Versicherungszentralen,
   Staatsbank der DDR,
   Geschäftsbanken:
     Nationale Zentraldirektion einer Bank,
     Nebenstelle einer Zentraldirektion/Industriebankfiliale,
     Bezirksdirektion / Berliner Stadtkontor / Regionalfiliale einer Bank / Hauptstelle der Stadtsparkasse bzw. der Berliner Volksbank,
     Lokale Filiale / Zweigstelle / Wechselstelle einer Bank oder Sparkasse

8. **Stadtverwaltung (Magistrat)**
   Oberbürgermeister / Sekretariat des Magistrats / Abteilungen,
   Außenstellen: Abteilungen / Referate und sonstige Ämter,
   Einrichtungen der Räte der Stadtbezirke

9. **Zentrale Einrichtungen der Wissenschaft, Kultur und Volksbildung**
   Hauptstandort einer Hochschule/Akademie/Universität,
   Universitätsklinik,
   Wissenschaftliches Institut/Fakultät,
   Museum/Galerie/Ausstellung,
   Kongreßhalle,
   Kulturzentrum/Kulturhaus,
   Fachschule,
   Öffentliche Bibliothek/Archiv,
   Theater,
   Puppentheater,
   Filmtheater,
   Cabaret,
   Varieté

10. **Einrichtungen des Hotel- und Gaststättenwesens:**
    Interhotel,
    Hotel,
    Gaststätte (außer Hotelrestaurant),
    Weinrestaurant/Weinstube,
    Nachtbar/Tanzcafé,
    Café/Konditorei,
    Milchbar/Eisbar/Espresso,
    Selbstbedienungslokal/Cafeteria,
    Imbißstube/„Automaten"-Imbiß/Hähnchen-Grill,
    Bierlokal/Kneipe,
    Bowlingzentrum mit Restaurant

11. **Vermittlungseinrichtungen des Reise- und Fremdenverkehrs:**
    Ausländisches Reisebüro/Flugreisebüro,
    „Haus des Reisens" (Reisebüro und Stadtbüro d. Interflug),
    Reisebüro der DDR (Zweigstelle, Abteilung),
    Berlin — Information Service
    Grenzübergangsstelle

12. **Weitere gehobene Dienstleistungseinrichtungen:**
    Gesundheitswesen:
      Städt. Krankenhaus,
      Poliklinik,
      Stadtambulatorium,
      Staatliche Arztpraxen
    Rechtswesen:
      Militärgericht,
      Stadtgericht,
      Generalstaatsanwaltschaft,
      Staatsanwalt,
      Rechtsanwaltkollegium,
    Sonstige Einrichtungen

13. **Dienstleistungen des Handwerks und einfache Service-Leistungen**

14. **Sonstige zentrale Dienstleistungseinrichtungen**

Entwurf: Heinz Heineberg

---

[1] Mit einzelnen nachträglichen Ergänzungen.

[2] Dieser Einteilung liegt die „Schlüsselliste 1964 zum Warenumsatz und Warenfonds" (Staatsverlag der DDR, 1963) zugrunde, die von H. *Karsten,* G. *Nicolai* und H. *Paeper* (1964, S. 40 ff.) übernommen wurde. Die mit O versehenen Waren wurden entsprechend der „Anordnung über Exquisit-Verkaufsstellen" (1962) hinzugefügt. Einige Ergänzungen nach H. *Paeper* (1963, S. 410) sind mit einem * gekennzeichnet. Das Zeichen + bedeutet eigene Ergänzung.

[3] Die Gliederung basiert auf einer für das Berlin-Praktikum 1971 (Leitung: H. Heineberg) erstellten Kartierungsanleitung.

[4] Die folgende Aufstellung kann durch weitere Einrichtungen ergänzt werden. Berücksichtigt wurden lediglich die in den untersuchten Zentren Ost-Berlins lokalisierten Dienstleistungs„branchen".

Bochumer Geographische Arbeiten

Herausgegeben vom Geographischen Institut der Ruhr-Universität Bochum
durch Dietrich Hafemann · Karlheinz Hottes · Herbert Liedtke · Peter Schöller
Schriftleitung: Alois Mayr

Heft 1 **Bochum und das mittlere Ruhrgebiet**
(Als Festschrift zum 35. Deutschen Geographentag erschienen), 1965, 215 Seiten, 128 z. T. farbige Abbildungen und Karten. Gebunden 36,– DM (vergriffen)

Heft 2 **Fritz-Wilhelm Achilles: Hafenstandorte und Hafenfunktionen im Rhein-Ruhr-Gebiet**
1967, XII, 169 Seiten, 55 Abbildungen und Karten. Gebunden 24,– DM (vergriffen)

Heft 3 **Alois Mayr: Ahlen in Westfalen**
Siedlung und Bevölkerung einer industriellen Mittelstadt mit besonderer Berücksichtigung der innerstädtischen Gliederung, 1968, XIV, 174 Seiten, 29 Tabellen, 19 Abbildungen, 31 Karten (davon 11 farbig), 20 Bilder. Gebunden 28,– DM (vergriffen). Veröffentlichung erschien zugleich als Band 2 der „Quellen und Studien zur Geschichte der Stadt Ahlen" (Selbstverlag der Stadt Ahlen); Lieferung in dieser Ausgabe noch möglich. Halbleinen 29,– DM

Heft 4 **Horst Förster: Die funktionale und sozialgeographische Gliederung der Mainzer Innenstadt**
1969, 94 Seiten, 21 Abbildungen, 42 Tabellen, 4 Bildtafeln, 4 beigegebene Karten (davon 2 farbig). Kartoniert 27,– DM

Heft 5 **Heinz Heineberg: Wirtschaftsgeographische Strukturwandlungen auf den Shetland-Inseln**
1969, 142 Seiten, 27 Tabellen, 54 einzelne Karten und Diagramme, 10 Bilder (z. T. Luftaufnahmen). Kartoniert 27,– DM

Heft 6 **Dietrich Kühne: Malaysia – Ethnische, soziale und wirtschaftliche Strukturen**
1970, 286 Seiten, 23 Abbildungen und Karten. Kartoniert 26,– DM (vergriffen)

Heft 7 **Zur 50. Wiederkehr des Gründungstages der Geologischen Gesellschaft zu Bochum**
(Festschrift mit 6 Beiträgen), 1970, 80 Seiten, 7 Karten, 41 Abbildungen. Kartoniert 20,– DM

Heft 8 **Hanns Jürgen Buchholz: Formen städtischen Lebens im Ruhrgebiet – untersucht an sechs stadtgeographischen Beispielen**
1970, 100 Seiten, 9 Farbkarten, 17 Abb., 16 Bilder, davon 7 Luftbilder, 51 Tabellen. Kartoniert 29,– DM (vergriffen)

Heft 9 **Franz-Josef Schulte-Althoff: Studien zur politischen Wissenschaftsgeschichte der deutschen Geographie im Zeitalter des Imperialismus**
1971, 259 Seiten. Kartoniert 20,– DM

Heft 10 **Lothar Finke: Die Verwertbarkeit der Bodenschätzungsergebnisse für die Landschaftsökologie, dargestellt am Beispiel der Briloner Hochfläche**
1971, 104 Seiten, 5 Abbildungen, 16 Tabellen, 6 beigegebene Karten (davon eine farbig mit achtseitiger Erläuterung). Kartoniert 36,– DM

Heft 11 **Gert Duckwitz: Kleinstädte an Nahe, Glan und Alsenz**
Ein historisch-geographischer, wirtschafts- und siedlungsgeographischer Beitrag zur regionalen Kulturlandschaftsforschung, 1971, 172 Seiten, 23 Tabellen, 48 Karten und Diagramme. Kartoniert 20,– DM

Heft 12 **Hans-Winfried Lauffs: Regionale Entwicklungsplanung in Südbrasilien Am Beispiel des Rio dos Sinos-Gebietes**
1972, 232 Seiten, 27 Tabellen, 27 Abbildungen, 2 Farbkarten. Kartoniert 32,– DM

Heft 13 **Ländliche Problemgebiete. Beiträge zur Geographie der Agrarwirtschaft in Europa**
Mit Beiträgen von H. M. Bronny, J. Dodt, D. Glatthaar, H. Heineberg, A. Mayr, J. Niggemann, 1972, 208 Seiten, 30 Abbildungen. Kartoniert 32,– DM

Heft 14 **Peter Schöller, Hans H. Blotevogel, Hanns J. Buchholz, Manfred Hommel: Bibliographie zur Stadtgeographie. Deutschsprachige Literatur 1952–1970**
1973, 158 Seiten. Kartoniert 14,– DM

Heft 15 **Liberia 1971**
Ergebnisse einer Studienbereisung durch ein tropisches Entwicklungsland. Von K. Hottes, H. Liedtke, J. Blenck, B. Gerlach, G. Grundmann, H. H. Hilsinger, H. Wiertz, 1973, 170 Seiten, 11 Tabellen, 53 Abb. Kart. 20,– DM

Heft 16 **Trends in Urban Geography**
Reports on Research in Major Language Areas. Edited by Peter Schöller. 1973, 75 Seiten, 4 Tabellen, 6 Abbildungen. Kartoniert 24,– DM

Heft 17 **Manfred Hommel: Zentrenausrichtung in mehrkernigen Verdichtungsräumen an Beispielen aus dem rheinisch-westfälischen Industriegebiet**
1974, XII, 186 Seiten, 82 Tabellen, 23 Karten und Diagramme. Kartoniert 28,– DM

Heft 18 **Hans Heinrich Blotevogel: Zentrale Orte und Raumbeziehungen in Westfalen vor der Industrialisierung (1780–1850)**
1975, X, 268 Seiten, 13 Tabellen, 63 Abbildungen. Gebunden 46,– DM

Heft 19 **Hans-Ulrich Weber: Formen räumlicher Integration in der Textilindustrie der EWG**
1975, XII, 114 Seiten, 45 Abbildungen, 28 Tabellen. Kartoniert 32,– DM

Heft 20 **Klaus Brand: Räumliche Differenzierungen des Bildungsverhaltens in Nordrhein-Westfalen**
1975, XI, 167 Seiten, 15 Abbildungen, 16 Karten, 31 Tabellen. Kartoniert 29,– DM

Heft 21 **Winfried Flüchter: Neulandgewinnung und Industrieansiedlung vor den japanischen Küsten. Funktionen, Strukturen und Auswirkungen der Aufschüttungsgebiete (umetate-chi)**
1975, XII, 192 Seiten, 28 Abbildungen, 16 Tabellen, 8 Bilder. Kartoniert 23,– DM

Heft 22 **Karl-Heinz Schmidt: Geomorphologische Untersuchungen in Karstgebieten des Bergisch-Sauerländischen Gebirges**
Ein Beitrag zur Tertiärmorphologie im Rheinischen Schiefergebirge. 1975, XII, 170 Seiten, 1 Karte, 24 Abbildungen, 17 Tabellen. Kartoniert 26,– DM

FERDINAND SCHÖNINGH - PADERBORN

Bochumer Geographische Arbeiten

Herausgegeben vom Geographischen Institut der Ruhr-Universität Bochum
durch Dietrich Hafemann · Karlheinz Hottes · Herbert Liedtke · Peter Schöller
Schriftleitung: Alois Mayr

Heft 23 **Horst-Heiner Hilsinger: Das Flughafen-Umland**
Eine wirtschaftsgeographische Untersuchung an ausgewählten Beispielen im westlichen Europa. 1976, 152 Seiten, 13 Fotos und Luftbilder, 9 Tabellen. Kartoniert 25,— DM

Heft 24 **Niels Gutschow: Die japanische Burgstadt**
1976, 138 Seiten, zahlreiche Fotos, Karten, Tabellen und Abbildungen. Kartoniert 19,— DM

Heft 25 **Arnhild Scholten: Länderbeschreibung und Länderkunde im islamischen Kulturraum des 10. Jahrhunderts**
Ein geographiehistorischer Beitrag zur Erforschung länderkundlicher Konzeptionen. 1976, 148 Seiten, 4 Abbildungen, 3 kartographische Skizzen. Kartoniert 24,— DM

Heft 26 **Fritz Becker: Neuordnung ländlicher Siedlungen in der BRD**
Pläne — Beispiele — Folgen. 1976, 120 Seiten, 23 Tabellen, 13 Karten, 8 Abbildungen. Kartoniert 26,— DM

Heft 27 **Werner Rutz: Indonesien — Verkehrserschließung seiner Außeninseln**
1976, 182 Seiten, 16 mehrfarbige Karten, 62 Tabellen, 2 Graphiken. Kartoniert 58,— DM

Heft 28 **Wolfgang Linke: Frühestes Bauerntum und geographische Umwelt**
Eine historisch-geographische Untersuchung des Früh- und Mittelneolithikums westfälischer und nordhessischer Bördenlandschaften. 1976, 205 Seiten, 14 Tabellen, 9 Verbreitungskarten, 93 Karten mit Katalog. Kartoniert 28,— DM

Heft 29 **Dorothee Hain: Velbert — ein kontaktbestimmter Wirtschaftsraum**
1977, 228 Seiten, 57 Tabellen, 12 Abbildungen, 37 Karten. Kartoniert

Sonderreihe

Band 1 **Wilhelm von Kürten: Landschaftsstruktur und Naherholungsräume im Ruhrgebiet und in seinen Randzonen**
1973, 320 Seiten, 12 Tabellen, 47 Abbildungen und Karten (teils mehrfarbig und großformatig). Geb. 128,— DM

Band 2 **Julius Hesemann: Geologie Nordrhein-Westfalens**
1975, 416 Seiten, 119 Tabellen, 225 Abbildungen, Geb. 98,— DM

Band 3 **Detlef Schreiber: Entwurf einer Klimaeinteilung für landwirtschaftliche Belange**
1973, 104 Seiten, 20 Abbildungen, 13 teils farbige Karten im Anhang. Kartoniert 56,— DM

Band 4 **Werner Mikus: Verkehrszellen**
Beiträge zur verkehrsräumlichen Gliederung am Beispiel des Güterverkehrs der Großindustrie ausgewählter EG-Länder. 1974, 192 Seiten, 15 Tabellen, 25 Karten, 35 Abbildungen. Kartoniert 80,— DM

Band 5 **Dirk Bronger: Formen räumlicher Verflechtung von Regionen in Andhra Pradesh/Indien als Grundlage einer Entwicklungsplanung**
Ein Beitrag der Angewandten Geographie zur Entwicklungsländerforschung. 1976, 268 Seiten, 43 Karten (teils mehrfarbig und großformatig), 43 Tabellen, 10 Figuren und Diagramme. Gebunden 134,— DM

Band 6 **Karlheinz Hottes und P. Michael Pötke: Ausländische Arbeitnehmer im Ruhrgebiet und im Bergisch-Märkischen Land**
Eine bevölkerungsgeographische Studie. 1977, 110 Seiten und 114 Seiten Anhang, 83 Tabellen, 64 Karten und 20 Abbildungen. Kartoniert 88,— DM

Band 7 **Heinz Pape: Er Riad**
Stadtgeographie und Stadtkartographie der Hauptstadt Saudi-Arabiens. 1977, 150 Seiten, 47 Abbildungen, 16 Tabellen, 8 Fotos, 5 Kartenbeilagen im Anhang. Kartoniert 84,— DM

Band 8 **Jürgen Dodt und Alois Mayr (Hrsg.): Bochum im Luftbild**
Festschrift zum 20jährigen Bestehen der Gesellschaft für Geographie und Geologie Bochum e. V. 1976, 140 Seiten, 3 Tabellen, 6 Abbildungen, 43 Luftbilder. Gebunden 28,— DM

Band 9 **Heinz Heineberg: Zentren in West- und Ost-Berlin**
Untersuchungen zum Problem der Erfassung und Bewertung großstädtischer funktionaler Zentrenausstattungen in beiden Wirtschafts- und Gesellschaftssystemen Deutschlands. 1977, 208 Seiten, 40 Abbildungen, 39 Tabellen, 5 Anlagen im Anhang

FERDINAND SCHÖNINGH - PADERBORN